The
Complete Works
of
Yu Wujin

俞 吾 金 全 集

第 6 卷

马克思主义哲学
研究文集

（上）

俞吾金 著

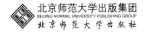
北京师范大学出版集团
BEIJING NORMAL UNIVERSITY PUBLISHING GROUP
北京师范大学出版社

俞吾金教授简介

————————

俞吾金教授是我国著名哲学家，1948 年 6 月 21 日出生于浙江萧山，2014 年 10 月 31 日因病去世。生前任复旦大学文科资深教授、哲学学院教授，兼任复旦大学学术委员会副主任暨人文学术委员会主任、复旦大学学位委员会副主席暨人文社科学部主席、复旦大学国外马克思主义与国外思潮研究中心（985 国家级基地）主任、复旦大学当代国外马克思主义研究中心（教育部重点研究基地）主任、复旦大学现代哲学研究所所长；担任教育部社会科学委员会委员、教育部哲学教学指导委员会副主任、国务院哲学学科评议组成员、全国外国哲学史学会常务理事、全国现代外国哲学学会副理事长等职；曾任德国法兰克福大学和美国哈佛大学访问教授、美国 Fulbright 高级讲座教授。俞吾金教授是全国哲学界首位长江学者特聘教授、全国优秀教师和国家级教学名师。俞吾金教授是我国八十年代以来在哲学领域最具影响力的学者之一，生前和身后出版了包括《意识形态论》《从康德到马克思》《重新理解马克思》《问题域的转换》《实践与自由》《被遮蔽的马克思》等在内的 30 部著作（包括合著），发表了 400 余篇学术论文，在哲学基础理论、马克思主义哲学、外国哲学、国外马克思主义、当代中国哲学文化和美学等诸多领域都有精深研究，取得了令人瞩目的成就，为深入推进当代中国哲学研究做出了杰出和重要的贡献。

本卷编校组

方　珏　吴　猛　赵明哲

序　言

　　俞吾金教授是我国哲学界的著名学者，是我们这一代学人中的出类拔萃者。对我来说，他既是同学和同事，又是朋友和兄长。我们是恢复高考后首届考入复旦大学哲学系的，我们住同一个宿舍。在所有的同学中，俞吾金是一个好学深思的榜样，或者毋宁说，他在班上总是处在学与思的"先锋"位置上。他要求自己每天读150页的书，睡前一定要完成。一开始他还专注于向往已久的文学，一来是"文艺青年"的夙愿，一来是因为终于有机会沉浸到先前只是在梦中才能邂逅的书海中去了。每当他从图书馆背着书包最后回到宿舍时，大抵便是熄灯的前后，于是那摸黑夜谈的时光就几乎被文学占领了。先是莎士比亚和歌德，后来大多是巴尔扎克和狄更斯，最后便是托尔斯泰和陀斯妥耶夫斯基了。好在一屋子的室友都保留着不少的文学情怀，这情怀有了一个共鸣之地，以至于我们后来每天都很期待去分享这美好的时刻了。

　　但是不久以后，俞吾金便开始从文学转到哲学。我们的班主任老师，很欣赏俞吾金的才华，便找他谈了一次话，希望他在哲学上一展才华。不出所料，这个转向很快到来了。我们似乎突然发现他的言谈口吻开始颇有些智者派的风格了——这一步转得很合适也很顺畅，正如黑格尔所说，智者们就是教人熟悉思维，以代替"诗篇的知识"。还是在本科三年级，俞吾金就在《国内哲学动态》上发表了他的哲学论文《"蜡块说"小考》，这在班里乃至于系里都引起了不小的震动。不久以后，他便在同学中得了个"苏老师"（苏格拉底）的雅号。看来并非偶然，他在后来的研究中曾对智者派（特别是普罗泰戈拉）专门下过功夫，而且他的哲学作品中也长久地保持着敏锐的辩才与文学的冲动；同样并非偶然，后来复旦大学将"狮城舌战"（在新加坡举行的首届国际华语大专辩论赛）的总教练和领队的重任托付给他，结果是整个团队所向披靡并夺得了冠军奖杯。

本科毕业后我们一起考上了研究生，1984 年底又一起留校任教，成了同事。过了两年，又一起考上了在职博士生，师从胡曲园先生，于是成为同学兼同事，后来又坐同一架飞机去哈佛访学。总之，自 1978 年进入复旦大学哲学系以来，我们是过从甚密的，这不仅是因为相处日久，更多的是由于志趣相投。这种相投并不是说在哲学上或文学上的意见完全一致，而是意味着时常有着共同的问题域，并能使有差别的观点在其中形成积极的和有意义的探索性对话。总的说来，他在学术思想上始终是一个生气勃勃地冲在前面的追问者和探索者；他又是一个犀利而有幽默感的人，所以同他的对话常能紧张而又愉悦地进行。

作为哲学学者，俞吾金主要在三个方面展开他长达 30 多年的研究工作，而他的学术贡献也集中地体现在这三个方面，即当代国外马克思主义、马克思哲学、西方哲学史。对他来说，这三个方面并不是彼此分离的三个领域，毋宁说倒是本质相关地联系起来的一个整体，并且共同服务于思想理论上的持续探索和不断深化。在我们刚进复旦时，还不知"西方马克思主义"为何物；而当我们攻读博士学位时，卢卡奇的《历史与阶级意识》已经是我们必须面对并有待消化的关键文本了。如果说，这部开端性的文本及其理论后承在很大程度上构成了与"梅林—普列汉诺夫正统"的对立，那么，系统地研究和探讨国外马克思主义的立场、观点和方法，就成为哲学研究(特别是马克思主义哲学研究)的一项重大任务了。俞吾金在这方面是走在前列的，他不仅系统地研究了卢卡奇、科尔施、葛兰西等人的重要哲学文献，而且很快又进入到法兰克福学派、存在主义的马克思主义、弗洛伊德主义的马克思主义、结构主义的马克思主义，等等。不久，哲学系组建了以俞吾金为首的当代国外马克思主义教研室，他和陈学明教授又共同主编了在国内哲学界影响深远的教材和文献系列，并有大量的论文、论著和译著问世，从而使复旦大学在这方面成为国内研究的重镇并处于领先地位。2000 年，教育部在复旦建立国内唯一的"当代国外马克思主义研究中心"(人文社会科学重点研究基地)，俞吾金自此一直担任该基地的主任，直到 2014 年去世。他组织并领导了内容广泛的理论引进、不断深入的学术研究，以及愈益扩大和加深的国内外交流。如果说，40 年前人们对当代国外马克思主义还几乎一无所知，而今天中国的学术界已经能够非常切近地追踪到其前沿了，那么，这固然取决于学术界同仁的共同努力，但俞吾金却当之无愧地属于其中的居功至伟者之一。

当俞吾金负责组建当代国外马克思主义学科时，他曾很热情地邀请我加入团队，我也非常愿意进入到这个当时颇受震撼而又所知不多的新领域。但我所在的马克思主义哲学史教研室却执意不让我离开。于是他便对我说：这样也好，"副本"和"原本"都需要研究，你我各在一处，时常可以探讨，岂不相得益彰? 看来他对于"原本"——马克思哲学本身——是情有独钟的。他完全不能满足于仅仅对当代国外马克思主义的各种文本、观点和内容的引进介绍，而是试图在哲学理论的根基上去深入地理解它们，并对之开展出卓有成效的批判性发挥和对话。为了使这样的发挥和对话成为可能，他需要在马克思哲学基础理论的研究方面获得持续不断的推进与深化。因此，俞吾金对当代国外马克思主义的探索总是伴随着他对马克思哲学本身的研究，前者在广度上的拓展与后者在深度上的推进是步调一致、相辅相成的。

在马克思哲学基础理论的研究领域，俞吾金的研究成果突出地体现在以下几个方面。第一，他明确主张马克思哲学的本质特征必须从其本体论的基础上去加以深入的把握。以往的理解方案往往是从近代认识论的角度提出问题，而真正的关键恰恰在于从本体论的层面去理解、阐述和重建马克思哲学的理论体系。我是很赞同他的这一基本观点的。因为马克思对近代哲学立足点的批判，乃是对"意识"之存在特性的批判，因而是一种真正的本体论批判："意识在任何时候都只能是被意识到了的存在，而人们的存在就是他们的现实生活过程。"这非常确切地意味着马克思哲学立足于"存在"——人们的现实生活过程——的基础之上，而把意识、认识等等理解为这一存在过程在观念形态上的表现。

因此，第二，就这样一种本体论立场来说，马克思哲学乃是一种"广义的历史唯物主义"。俞吾金认为，在这样的意义上，马克思哲学的本体论基础应当被把握为"实践—社会关系本体论"。它不仅批判地超越了以往的本体论(包括旧唯物主义的本体论)立场，而且恰恰构成马克思全部学说的决定性根基。因此，只有将马克思哲学理解为广义的历史唯物主义，才能真正把握马克思哲学变革的实质。

第三，马克思"实践"概念的意义不可能局限在认识论的范围内得到充分的把握，毋宁说，它在广义的历史唯物主义中首先是作为本体论原则来起作用的。在俞吾金看来，将实践理解为马克思认识论的基础与核心，相对于近代西方认识论无疑是一大进步；但如果将实践概念限制在认识论层面，就会忽视其根本而首要的本体论意义。对于马克思来说，至为关键的是，只有在实践的本体论层面上，人们的现实生活才会作为决定性的存在进入到哲学的把握中，从而，人们的劳动和交往，乃至于人们的全部社会生活和整个历史性行程，才会从根本上进入到哲学理论的视域中。

因此，第四，如果说广义的历史唯物主义构成马克思哲学的实质，那么这一哲学同时就意味着"意识形态批判"。因为在一般意识形态把思想、意识、观念等等看作是决定性原则的地方，唯物史观恰恰相反，要求将思想、意识、观念等等的本质性导回到人们的现实生活过程之中。

在此意义上，俞吾金把意识形态批判称为"元批判"，并因而将立足于实践的历史唯物主义叫做"实践诠释学"。所谓"元批判"，就是对规约人们的思考方式和范围的意识形态本身进行前提批判，而作为"实践诠释学"的历史唯物主义，则是在"元批判"的导向下去除意识形态之蔽，从而揭示真正的现实生活过程。我认为，上述这些重要观点不仅在当时是先进的和极具启发性的，而且直到今天，对于马克思哲学之实质的理解来说，依然是关乎根本的和意义深远的。

俞吾金的博士论文以《意识形态论》为题，我则提交了《历史唯物主义的主体概念》和他一起参加答辩。答辩主席是华东师范大学的冯契先生。冯先生不仅高度肯定了俞吾金对马克思意识形态批判理论的出色研究，而且用"长袖善舞"一词来评价这篇论文的特点。学术上要做到长袖善舞，是非常不易的：不仅要求涉猎广泛，而且要能握其枢机。俞吾金之所以能够臻此境地，是得益于他对哲学史的潜心研究；而在哲学史方面的长期探索，不仅极大地支持并深化了他的马克思哲学研究，而且使他成为著名的西方哲学史研究专家。

就与马哲相关的西哲研究而言，他专注于德国古典哲学，特别是康德、黑格尔哲学的研究。他很明确地主张：对马克思哲学的深入理解，一刻也离不开对德国观念论传统的积极把握；要完整地说明马克思的哲学革命及其重大意义，不仅要先行领会康德的"哥白尼式革命"，而且要深入把握由此而来并在黑格尔那里得到充分发展的历史性辩证法。他认为，作为康德哲学核心问题的因果性与自由的关系问题，在"按照自然律的因果性"和"由自由而来的因果性"的分析中，得到了积极的推进。黑格尔关于自由的理论可被视为对康德自由因果性概念的一种回应：为了使自由和自由因果性概念获得现实性，黑格尔试图引入辩证法以使自由因果性和自然因果性统一起来。在俞吾金看来，这里的关键在于"历史因果性"维度的引入——历史因果性是必然性的一个方面，也是必然性与自由相统一的关节点。因此，正是通过对黑格尔的精神现象学、法哲学和历史哲学等思想内容的批判性借鉴，马克思将目光转向人类社会发展中的历史因果性；但马克思又否定了黑格尔仅仅停留于单纯精神层面谈论自然因果性和历史因果性的哲学立场，要求将这两种因果性结合进现实的历史运动中，尤其是使之进入到对市民社会的解剖中。这个例子可以表明，对马克思哲学之不断深化的理解，需要在多大程度上深入到哲学史的领域之中。正如列宁曾经说过的那样：不读黑格尔的《逻辑学》，便无法真正理解马克思的《资本论》。

就西方哲学的整体研究而言，俞吾金的探讨可谓"细大不捐"，涉猎之广在当代中国学者中是罕见的。他不仅研究过古希腊哲学（特别是柏拉图和亚里士多德哲学），而且专题研究过智者派哲学、斯宾诺莎哲学和叔本华哲学等。除开非常集中地钻研德国古典哲学之外，他还更为宏观地考察了西方哲学在当代实现的"范式转换"。他将这一转换概括为"从传统知识论到实践生存论"的发展，并将其理解为西方哲学发展中的一条根本线索。为此他对海德格尔的哲学下了很大的功夫，不仅精详地考察了海德格尔的"存在论差异"和"世界"概念，而且深入地探讨了海德格尔的现代性批判及其意义。如果说，马克思的哲学变革乃是西方哲学范式转换中划时代的里程碑，那么，海德格尔的基础存在论便为说明这一转换提供了重要的思想材料。在这里，西方哲学史的研究再度与马克思哲学的研究贯通起来：俞吾金不仅以哲学的当代转向为基本视野考察整个西方哲学史，并在这一思想转向的框架中理解马克思的哲学变革，而且站在这一变革的立场上重新审视西方哲学，特别是德国古典哲学和当代西方哲学。就此而言，俞吾金在马哲和西哲的研究上可以说是齐头并进的，并且因此在这两个学术圈子中同时享有极高的声誉和地位。这样的一种研究方式固然可以看作是他本人的学术取向，但这种取向无疑深深地浸染着并且也成就着复旦大学哲学学术的独特氛围。在这样的氛围中，当代国外马克思主义的研究要立足于对马克思哲学本身的深入理解之上，而对马克思哲学理解的深化又有必要进入到哲学史研究的广大区域之中。

今年10月31日，是俞吾金离开我们10周年的纪念日。十年前我曾撰写的一则挽联是："哲人其萎乎，梁木倾颓；桃李方盛也，枝叶滋荣。"我们既痛惜一位学术大家的离去，更瞩望新一代学术星丛的冉冉升起。十年之后，《俞吾金全集》由北京师范大学出版社出版了——这是哲学学术界的一件大事，许多同仁和朋友付出了积极的努力和辛勤的劳动，我们对此怀着深深的感激之情。这样的感激之情不仅是因为这部全集的告竣，而且因为它还记录了我们这一代学者共同经历的学术探索道路。一代人有一代人的使命，俞吾金勤勉而又卓越地完成了他的使命：他将自己从事哲学的探索方式和研究风格贡献给了复旦哲学的学术共同体，使之成为这个共同体悠长传统的组成部分；他更将自己取得的学术成果作为思想、观点和理论播洒到广阔的研究领域，并因而成为进一步推进我国哲学学术的重要支点和不可能匆匆越过的必要环节。如果我们的读者不仅能够从中掌握理论观点和方法，而且能够在哲学与时代的关联中学到思想探索的勇气和路径，那么，这部全集的意义就更其深远了。

吴晓明

2024 年 6 月

主编的话

一

2014年7月16日，俞吾金教授结束了一个学期的繁忙教学工作，暂时放下手头的著述，携夫人赴加拿大温哥华参加在弗雷泽大学举办的"法兰克福学派对资本主义的批判"的国际学术讨论会，并计划会议结束后自费在加拿大作短期旅游，放松心情。但在会议期间俞吾金教授突感不适，虽然他带病作完大会报告，但不幸的是，到医院检查后被告知脑部患了恶性肿瘤。于是，他不得不匆忙地结束行程，回国接受治疗。接下来三个月，虽然复旦大学华山医院组织了最强医疗团队精心救治，但病魔无情，回天无力。2014年10月31日，在那个风雨交加的夜晚，俞吾金教授永远地离开了我们。

俞吾金教授的去世是复旦大学的巨大损失，也是中国哲学界的巨大损失。十年过去了，俞吾金教授从未被淡忘，他的著作和文章仍然被广泛阅读，他的谦谦君子之风、与人为善之举被亲朋好友广为谈论。但是，在今天这个急剧变化和危机重重的世界中，我们还是能够感到他的去世留下的思想空场。有时，面对社会的种种不合理现象和纷纭复杂的现实时，我们还是不禁会想：如果俞老师在世，他会做如何感想，又会做出什么样的批判和分析！

俞吾金教授的生命是短暂的，也是精彩的。与期颐天年的名家硕儒相比，他的学术生涯只有三十多年。但是，在这短短的三十多年中，他通过自己的勤奋和努力取得了耀眼的成就。

1983 年 6 月，俞吾金与复旦大学哲学系的六个硕士、博士生同学一起参加在广西桂林举行的"现代科学技术和认识论"全国学术讨论会，他们在会上所做的"关于认识论的几点意见"（后简称"十条提纲"）的报告，勇敢地对苏联哲学教科书体系做了反思和批判，为乍暖还寒的思想解放和新莺初啼的马克思主义哲学新的探索做出了贡献。1993 年，俞吾金教授作为教练和领队，带领复旦大学辩论队参加在新加坡举办的首届国际大专辩论赛并一举夺冠，在华人世界第一次展现了新时代中国大学生的风采。辩论赛的电视转播和他与王沪宁主编的《狮城舌战》《狮城舌战启示录》大大地推动了全国高校的辩论热，也让万千学子对复旦大学翘首以盼。1997 年，俞吾金教授又受复旦大学校长之托，带领复旦大学学生参加在瑞士圣加仑举办的第 27 届国际经济管理研讨会，在该次会议中，复旦大学的学生也有优异的表现。会后，俞吾金又主编了《跨越边界》一书，嘉惠以后参加的学子。

俞吾金教授 1995 年开始担任复旦大学哲学系主任，当时是国内最年轻的哲学系主任，其间，复旦大学哲学系大胆地进行教学和课程体系改革，取得了重要的成果，荣获第五届全国高等学校优秀教学成果一等奖，由他领衔的"西方哲学史"课程被评为全国精品课程。在复旦大学，俞吾金教授是最受欢迎的老师之一，他的课一座难求。他多次被评为最受欢迎的老师和研究生导师。由于教书育人的杰出贡献，2009 年他被评为上海市教学名师和全国优秀教师，2011 年被评为全国教学名师。

俞吾金教授一生最为突出的贡献无疑是其学术研究成果及其影响。他在研究生毕业后不久就出版的《思考与超越——哲学对话录》已显示了卓越的才华。在该书中，他旁征博引，运用文学故事或名言警句，以对话体的形式生动活泼地阐发思想。该书妙趣横生，清新脱俗，甫一面世就广受欢迎，成为沪上第一理论畅销书，并在当年的全国图书评比中获"金钥匙奖"。俞吾金教授的博士论文《意识形态论》一脱当时国内博士论文的谨小慎微的匠气，气度恢宏，新见迭出，展现了长袖善舞、擅长宏大主题的才华。论文出版后，先后获得上海市哲学社会科学优秀成果一等奖和国家教委首届人文社会科学优秀成果一等奖，成为青年学子做博士论文的楷模。

俞吾金教授天生具有领军才能，在他的领导下，复旦大学当代国外马克思主义研究中心 2000 年被评为教育部人文社会科学重点研究基地，他本人也长期担任基地主任，主编《当代国外马克思主义评论》《国外马克思主义研究报告》《国外马克思主义与国外思潮译丛》等，为马克思主义的国际交流建立了重要的平台。他长期担任复旦大学哲学学院的外国哲学学科学术带头人，参与主编《西方哲学通史》和《杜威全集》等重大项目，为复旦大学成为外国哲学研究重镇做出了突出贡献。

俞吾金教授的学术研究不囿一隅，他把西方哲学和马克思哲学结合起来，提出了许多重要的概念和命题，如"马克思是我们同时代人""马克思哲学是广义的历史唯物主义""马克思哲学的认识论是意识形态批判""从康德到马克思""西方哲学史的三次转向""实践诠释学""被遮蔽的马克思""问题域的转换"等，出版了一系列有影响的著作和文集。由于俞吾金教授在学术上的杰出贡献和影响力，他获得各种奖励和荣誉称号，他是全国哲学界首位"长江学者奖励计划"特聘教授，在钱伟长主编的"20 世纪中国知名科学家"哲学卷中，他是改革开放以来培养的哲学家中的唯一入选者。俞吾金教授在学界还留下许多传奇，其中之一是，虽然他去世已经十年了，但至今仍保持着《中国社会科学》发文最多的记录。

显然，俞吾金教授是改革开放后新一代学人中最有才华、成果最为丰硕、影响最大的学者之一。他之所以取得令人瞩目的成就，不仅得益于他的卓越才华和几十年如一日的勤奋努力，更重要的是缘于他的独立思考的批判精神和"为天地立心、为生民立命"的济世情怀。塞涅卡说："我们不应该像羊一样跟随我们前面的羊群——不是去我们应该去的地方，而是去它去的地方。"俞吾金教授就是本着这样的精神从事学术的。在他的第一本著作即《思考与超越》的开篇中，他就把帕斯卡的名言作为题记："人显然是为了思想而生的；这就是他全部的尊严和他全部的优异；并且他全部的义务就是要像他所应该的那样去思想。"俞吾金教授的学术思考无愧于此。俞吾金教授以高度的社会责任感从事学术研究。复旦大学的一位教授在哀悼他去世的博文中曾写道："曾有几次较深之谈话，感到他是一位勤奋的读书人，温和的学者，善于思考社会与人生，关注现在，更虑及未来。记得 15 年前曾听他说，在大变动的社会，理论要为长远建立秩序，有些论著要立即发表，有些则可以暂存书箧，留给未来。"这段话很好地刻画了俞吾金教授的人文和道德情怀。

正是出于这一强烈担当的济世情怀，俞吾金教授出版和发表了许多有时代穿透力的针砭时弊的文章，对改革开放以来的思想解放和文化启蒙起到了推动作用，为新时期中国哲学的发展做出了重要贡献。但是，也正因为如此，他的生命中也留下了很多遗憾。去世前两年，俞吾金教授在"耳顺之年话人生"一文中说："从我踏进哲学殿堂至今，30 多个年头已经过去了。虽然我尽自己的努力做了一些力所能及的事情，但人生匆匆，转眼已过耳顺之年，还有许多筹划中的事情没有完成。比如对康德提出的许多哲学问题的系统研究，对贝克莱、叔本华在外国哲学史上的地位的重新反思，对中国哲学的中道精神的重新阐释和对新启蒙的张扬，对马克思哲学体系的重构等。此外，我还有一系列的教案有待整理和出版。"想不到这些未完成的计划两年后尽成了永远的遗憾！

二

俞吾金教授去世后，学界同行在不同场合都表达了希望我们编辑和出版他的全集的殷切希望。其实，俞吾金教授去世后，应出版社之邀，我们再版了他的一些著作和出版了他的一些遗著。2016年北京师范大学出版社出版了他的《哲学遐思录》《哲学随感录》《哲学随想录》三部随笔集，2017年北京师范大学出版社出版了《从康德到马克思——千年之交的哲学沉思》新版，2018年商务印书馆出版了他的遗作《新十批判书》未完成稿。但相对俞吾金教授发表和未发表的文献，这些只是挂一漏万，远不能满足人们的期望。我们之所以在俞吾金教授去世十年才出版他的全集，主要有两个方面的原因。一是俞吾金教授从没有完全离开我们，学界仍然像他健在时一样阅读他的文章和著作，吸收和借鉴他的观点，思考他提出的问题，因而无须赶着出版他的全集让他重新回到我们中间；二是想找个有纪念意义的时间出版他的全集。俞吾金教授去世后，我们一直在为出版他的全集做准备。我们一边收集资料，一边考虑体例框架。时间到了2020年，是时候正式开启这项工作了。我们于2020年10月成立了《俞吾金全集》编委会，组织了由他的学生组成的编辑和校对团队。经过数年努力，现已完成了《俞吾金全集》二十卷的编纂，即将在俞吾金教授逝世十周年之际出版。

俞吾金教授一生辛勤耕耘，留下650余万字的中文作品和十余万字的外文作品。《俞吾金全集》将俞吾金教授的全部作品分为三个部分：(1)生前出版的著作；(2)生前发表的中文文章；(3)外文文章和遗作。

俞吾金教授生前和身后出版的著作(包含合著)共三十部，大部分为文集。《俞吾金全集》保留了这些著作中体系较为完整的7本，包括《思考与超越——哲学对话录》《问题域外的问题——现代西方哲学方法论探要》《生存的困惑——西方哲学文化精神探要》《意识形态论》《毛泽东智慧》《邓小平：在历史的天平上》《问题域的转换——对马克思和黑格尔关系的当代解读》。其余著作则基于材料的属性全部还原为单篇文章，收入《俞吾金全集》的《马克思主义哲学研究文集（上、下）《外国哲学研究文集（上、下）》以及《国外马克思主义研究文集（上、下）》等各卷中。这样的处理方式难免会留下许多遗憾，特别是俞吾金教授的一些被视为当代学术名著的文集（如《重新理解马克思》《从康德到马克思》《被遮蔽的马克思》《实践诠释学》《实践与自由》等）未能按原书形式收入到《俞吾金全集》之中。为了解决全集编纂上的逻辑自洽性以及避免不同卷次的文献交叠问题（这些交叠往往是由于原作根据的不同主题选择和组织材料而导致的），我们不得不忍痛割爱，将这些著作打散处理。

俞吾金教授生前发表了各类学术文章 400 余篇，我们根据主题将这些文章分别收入《马克思主义哲学研究文集（上、下）《国外马克思主义哲学研究文集》《外国哲学研究文集（上、下）》《马克思主义中国化研究文集》《中国思想与文化研究》《哲学观与哲学教育论集》《散论集》（包括《读书治学》《社会时评》和《生活哲思》三卷）。在这些卷次的编纂过程中，我们除了使用知网、俞吾金教授生前结集出版的作品和在他的电脑中保存的材料外，还利用了图书馆和网络等渠道，查找那些散见于他人著作中的序言、论文集、刊物、报纸以及网页中的文章，尽量做到应收尽收。对于收集到的文献，如果内容基本重合，收入最早发表的文本；如主要内容和表达形式略有差异，则收入内容和形式上最完备者。在文集和散论集中，对发表的论文和文章，我们则按照时间顺序进行编排，以便更好地了解俞吾金教授的思想发展和心路历程。

除了已发表的中文著作和论文之外，俞吾金教授还留下了多篇已发表或未发表的外文文章，以及一系列未发表的讲课稿（有完整的目录，已完成的部分很成熟，完全是为未来出版准备的，可惜没有写完）。我们将这些外文论文收集在《外文文集》卷中，把未发表的讲稿收集在《遗作集》卷中。

三

《俞吾金全集》的编纂和出版受到了多方面的支持。俞吾金教授去世后不久，北京师范大学出版社就表达了想出版《俞吾金全集》的愿望，饶涛副总编辑专门来上海洽谈此事，承诺以最优惠的条件和最强的编辑团队完成这一工作，这一慷慨之举和拳拳之心让人感佩。为了高质量地完成全集的出版，出版社与我们多次沟通，付出了很多努力。对北京师范大学出版社饶涛副总编辑、祁传华主任和诸分卷的责编为《俞吾金全集》的辛勤付出，我们深表谢意。《俞吾金全集》的顺利出版，我们也要感谢俞吾金教授的学生赵青云，他多年前曾捐赠了一笔经费，用于支持俞吾金教授所在机构的学术活动。经同意，俞吾金教授去世后，这笔经费被转用于全集的材料收集和日常办公支出。《俞吾金全集》的出版也受到复旦大学和哲学学院的支持。俞吾金教授的同学和同事吴晓明教授一直关心全集的出版，并为全集写了充满感情和睿智的序言。复旦大学哲学学院原院长孙向晨也为全集的出版提供了支持。在此我们表示深深的感谢。

《俞吾金全集》的具体编辑工作是由俞吾金教授的许多学生承担的。编辑团队的成员都是在不同时期受教于俞吾金教授的学者，他们分散于全国各地高校，其中许多已是所在单位的教学和科研骨干，有自己的繁重任务要完成。但他们都自告奋勇地参与这项工作，把它视为自己的责任和荣誉，不计得失，任劳任怨，为这项工作的顺利完成付出自己的心血。

作为《俞吾金全集》的主编，我们深感责任重大，因而始终抱着敬畏之心和感恩之情来做这项工作。但限于水平和能力，《俞吾金全集》一定有许多不完善之处，在此敬请学界同仁批评指正。

汪行福　吴　猛

2024 年 6 月

目　录

1981年

实践是认识论中的一个环节[①]

　　黑格尔是把实践看作认识论中一个环节的。列宁在谈到这个问题时说过："毫无疑问，在黑格尔那里，在分析认识过程中，实践是一个环节，并且也就是向客观的（在黑格尔看来是'绝对的'）真理的过渡。因此，当马克思把实践的标准列入认识论时，他的观点是直接和黑格尔接近的：见关于费尔巴哈的提纲。"[②]列宁在对黑格尔的这一思想予以肯定的同时，进行了改造，从而丰富和发展了黑格尔的这一思想，使其成为辩证唯物主义认识论的重要内容。学习、研究列宁的有关论述，有助于加深对实践问题的理解。

一、实践是联系主体和客体的
一个环节

　　人们要认识客观世界，沟通和客观世界的联系，唯一的办法就是通过实践。列宁明确指出，

---

　　① 原载《江淮论坛》1981 年第 3 期，第 97—99 页。收录于《江淮论坛》编辑部编：《大学生论文集》，人民出版社 1983 年版；俞吾金：《生活与思考》，复旦大学出版社 2011 年版，第 17—20 页。——编者注

　　② 列宁：《哲学笔记》，人民出版社 1960 年版，第 228 页。

人的认识向客体的运动是通过实践进行的，并把主体和客体比作两条线，认为这两条线的"交错点＝人的和人类历史的实践"①。

"交错点"这一比喻是极为深刻的。一方面，它表明，实践是人们认识客观世界的过渡环节，必由之路；另一方面，它也表明，在实践这一环节上，主客观是统一的、紧密联系在一起的。说实践是主观的，因为它是"主观见之于客观的东西"②；说实践是客观的，因为实践的主体、工具、对象都具有物质性，实践是人们改造客观世界的物质活动。其实，只要承认实践是主体和客体之间的中介、"交错点"，就必然得出实践具有两重性（主观性、客观性）的结论。

有人忽视实践的主观目的性，而把实践的客观性、物质性任意地加以夸大。这样实际上就否定了实践的"交错点"性质，把它和客观实在简单地等同起来。诚然，实践的客观性是必须强调的，当黑格尔在《逻辑学》中论及这一点时，列宁曾予以充分肯定。但是，实践毕竟是人类有目的、有意识的活动。正是在这个意义上，列宁也把它称作"合目的性的活动"。其实，人们要想在实践中达到预期的结果，其主观目的是否正确，是否符合客观规律，起着举足轻重的作用。随着科学的高速度发展，特别是随着控制论、信息论、系统论等"软科学"的诞生，主观目的性在实践结构中所占的地位越来越重要。

由此可见，孤立地、片面地强调实践的客观性、物质性，必然使实践本身趋于僵化。只有把实践看作认识向客体运动的中间环节，看作主观和客观的统一体，才能充分发挥人们在实践中的主观能动作用，做好每一项工作。

---

① 列宁：《哲学笔记》，人民出版社 1960 年版，第 310 页。
② 《毛泽东选集》第 2 卷，人民出版社 1991 年版，第 477 页。

二、实践是推动认识向前发展的一个环节

列宁指出："理论观念（认识）和实践的统一——要**注意**这点——这个统一正是在认识论中。"①这就是说，认识和实践作为认识论中的两个环节，是有机地统一在一起的。但人们通常是从实践是认识的基础这一意义上来理解两者关系的。这样一来，也就没有把实践理解为活生生的环节，而仅仅理解为认识的固定不变的起点。这无疑是偏颇的。要知道，人们的任何实践活动都是在一定认识的指导下进行的。"最蹩脚的建筑师从一开始就比最灵巧的蜜蜂高明的地方，是他在用蜂蜡建筑蜂房以前，已经在自己的头脑中把它建成了。"②我们至多只能说实践是获得新的认识的基础，而不能笼统地说实践是认识的基础，因为实践本身已经包含着认识、包含着主观性的一面。认识和实践是两个相互作用、密不可分的环节。如果我们沿着它们的相互作用一直向开端追溯，就会发现，只有物质世界才是人类认识的最终的基础和前提，而实践不过是人们认识客观世界的手段。正如列宁指出的：

> 对象、物、物体是在我们之外，不依赖于我们而存在着的，我们的感觉是外部世界的映象。这个结论是由一切人在生动的人类实践中作出来的，唯物主义自觉地把这个结论作为自己认识论的基础。③

因此，当我们说实践是认识的基础时，这句话只具有片面的真理性。只有把实践理解为推动认识不断向前发展的环节，才符合经典作家

---

① 列宁：《哲学笔记》，人民出版社 1960 年版，第 236 页。
② 马克思：《资本论》第 1 卷，人民出版社 1975 年版，第 202 页。
③ 《列宁选集》第 2 卷，人民出版社 1972 年版，第 101 页。

的原意。"实践、认识、再实践、再认识，这种形式，循环往复以至无穷，而实践和认识之每一循环的内容，都比较地进到高一级的程度。"①在这一无限发展的前进运动的系列中，如果我们抽出"认识、再实践、再认识"这一片段，就会发现实践是联结二次认识的中间环节。没有实践，人们的认识就不可能提高，不可能深化，从认识论的意义上说，实践的目的是推动认识向前发展。

在通常的情况下，由于人们没有把实践理解为二次认识的中介，因此总是把改造客观世界作为实践的目的。这样不仅无意义，而且有害。说它无意义，因为实践本身就是人们改造客观世界的物质活动。如果说，人们改造客观世界的目的是改造客观世界，那就是空洞的同义反复。我们只能说，人们认识世界的目的是改造世界。说它有害，是因为它忽略了从主观上努力总结实践经验，不断提高人们认识水平这一重要方面。这就是我们的实践常常流于盲目的根源之一。因为不把实践作为深化认识的环节来看待，光实践而不注意总结经验，不提高认识，实际上也就割裂了认识和实践的关系，把实践排斥到认识论外面去了。正如列宁在批判马赫时曾经指出的："但马赫认为，实践是一回事，而认识论完全是另外一回事；人们可以把它们并列在一起，不用前者来制约后者。"②这种割裂开来、对立起来的做法显然是错误的。

三、某一具体实践只是人类全部实践中的一个环节

列宁指出："同实在事物的无限多的方面中的一面相符合的标准（＝实践）。"③这就是说，客观世界是纷繁复杂、无限多样的，人们在某一特定的范围内进行的具体的实践活动，从横向来看，只是同时期进行的

---

① 《毛泽东选集》第 1 卷，人民出版社 1991 年版，第 296—297 页。
② 《列宁选集》第 2 卷，人民出版社 1972 年版，第 139 页。
③ 列宁：《哲学笔记》，人民出版社 1960 年版，第 310 页。

人类全部实践活动总和中的一个方面、一个环节。因此，某一具体的实践作为检验认识的标准，只具有局部的、片面的意义。比如说，某一地区围湖造田提高了粮食产量。单从局部看，便可以说实践证明它是正确的。但如果从更广的范围来衡量，发现它破坏了自然界的生态平衡，影响了其他地区的气候和粮食产量，就应该说实践证明并不正确。全局的检验比起局部的检验来，无疑更具有真理性。懂得这一点，就不会把某一具体实践对认识的检验结果绝对化。

列宁在谈到实践时还指出："这些交错点是矛盾的统一，就是说，在运动（＝技术、历史等等）的一定环节上，存在和非存在这两个消逝着的环节在一刹那间相符合。"①在列宁看来，人类的实践活动是一个无限延续的历史过程。人们在每一特定时刻进行的实践活动，从纵向来看，只是这个总过程中的一个承上启下的环节。而这个环节本身也是一个过程，是存在和非存在的矛盾的统一，因而它作为检验认识的标准，也只具有相对的意义。实践对认识的检验有一个过程，需要经过由物质到精神，由精神到物质的多次反复才能完成。

实践标准实质上决不能**完全地**证实或驳倒人类的任何表象。这个标准也是这样的"不确定"，以便不至于使人的知识变成"绝对"，同时它又是这样的确定，以便同唯心主义和不可知论的一切变种进行无情的斗争。②

从列宁上述两个方面的论述可以看出，只有把某一具体实践理解为人类全部历史实践活动总和中的一个环节，才不会使我们的认识凝固化、僵化，才能彻底划清和唯心主义、形而上学的界限，在实践中不断发展真理、丰富真理。

① 列宁：《哲学笔记》，人民出版社 1960 年版，第 310 页。
② 《列宁选集》第 2 卷，人民出版社 1972 年版，第 142 页。

列宁关于实践是认识论中一个环节的思想集中地体现了辩证法和认识论的一致性。这一光辉思想为我们深入开展实践标准问题的讨论、正确估价实践在认识论中的地位和作用提供了重要的理论依据，应该引起广大理论工作者的重视。

1982年

略谈将思维和存在的关系作为
哲学基本问题的认识过程^①

倪君岵同志在《关于哲学基本问题的第二方面》^②一文中引证了费尔巴哈在《宗教本质讲演录》中的一大段话，并根据列宁《哲学笔记》对这段话的评价，得出了这样的结论："事实上从内容看，恩格斯无疑是受费尔巴哈《宗教本质讲演录》中有关思想的影响，并且吸取了其中积极的思想成果。在《费尔巴哈论》中他进一步改造并完整地论述了思维和存在关系问题是哲学基本问题的定理。"

我们并不否认，费尔巴哈的这段话对恩格斯产生过一定的影响，但是应该进一步明确指出，在欧洲哲学史上，并不是费尔巴哈首先论证了思维和存在的关系是哲学的基本问题；而列宁在《哲学笔记》中摘录费尔巴哈的这段话时，写道："参看恩格斯的'费尔巴哈论'中的同一问题。"^③他并没有认定恩格斯关于哲学基本问题的思想是在费尔巴哈这段话的影响下提出的，列宁只是指

① 原载《南京大学学报（哲学·社会科学版）》1982 年第 1 期。收录于俞吾金：《文化密码破译》，上海远东出版社 1995 年版，第 239—241 页。——编者注

② 倪君岵：《关于哲学基本问题的第二方面》，《南京大学学报（哲学·人文科学·社会科学版）》1981 年第 1 期。

③ 列宁：《哲学笔记》，人民出版社 1960 年版，第 63 页。

出，费尔巴哈在这段论述中提出的问题，实质上就是恩格斯在《费尔巴哈论》中提出的哲学基本问题。所以进一步指出这一命题的原端，搞清楚恩格斯主要受了谁的影响，是十分必要的。

应该指出，最早意识到思维和存在关系问题在哲学史上的地位和作用的是黑格尔。黑格尔认为，这一问题是贯穿全部哲学史的，古希腊哲学家柏拉图提出的"一和多""单纯者和殊异者"实际上就是思维和存在的关系，特别是近代哲学，"它意识到了思维与存在的对立"①。在另一处，黑格尔更明确更完整地表述了这一思想："现时哲学观点的主要兴趣，均在于说明思想与客观对立的性质和效用，而且关于真理的问题，以及关于认识真理是否可能的问题，也都围绕思想与客观的对立问题而旋转。"②黑格尔还以这一问题标准，划分了"唯物论"和"主观的唯心论"或"绝对唯心论"的不同阵营。③

在黑格尔之后，海涅在1833年发表的《论德国宗教和哲学的历史》这部名著中也直截了当地谈到这一问题。海涅写道："自远古以来，关于人类思维的性质，亦即关于精神的认识底最后根源，关于观念的发生就存在着两种相反的见解。"海涅认为，凡是把观念说成是与生俱来的，那就是"唯心主义"，反之，另一种见解则是"唯物主义"。④ 众所周知，费尔巴哈的《宗教本质讲演录》一书是在海涅论述这个问题15年之后即1848年出版的。姑且不论费尔巴哈是否受到黑格尔和海涅的影响，至少恩格斯在1886年提出哲学基本问题前读过黑格尔、海涅、费尔巴哈的这些论著，这就是说，他并不只是在费尔巴哈的影响下才提出这个问题的。

恩格斯在《费尔巴哈论》中提出哲学基本问题时，主要强调了以下三

---

① ［德］黑格尔：《哲学史讲演录》第4卷，贺麟、王太庆等译，上海人民出版社2013年版，第9页。

② ［德］黑格尔：《小逻辑》，贺麟译，商务印书馆1980年版，第93页。

③ 同上书，第115、127页。

④ ［德］海涅：《论德国宗教和哲学的历史》，海安译，商务印书馆1974年版，第57、58页。

点：第一，哲学基本问题特别是近代哲学面临的重大问题。第二，哲学基本问题的第一方面把哲学家划分成唯物主义和唯心主义两大阵营。第三，哲学基本问题还有第二个方面，即思维和存在有否同一性、世界是否可认识的问题。黑格尔在那段话中说的"关于认识真理是否可能的问题"正是恩格斯后来强调的哲学基本问题的第二个方面，而费尔巴哈没有像黑格尔那样明确地把这一方面看作哲学基本问题的一个有机的组成部分。

根据上述理由，我认为，恩格斯关于哲学基本问题的思想主要是在黑格尔的影响下提出的，这不仅因为黑格尔最早地、最完整地提出了这个问题，也不仅在于他对这个问题作过大量的论述，而且在于他以思维和存在这对最高的、最纯粹的哲学范畴表述了这个问题。尽管他是站在唯心主义立场上提出这个问题的，而且也没有把这个问题明确规定为"哲学基本问题"，但黑格尔在这个问题上的重大影响是不应该忽视的。

飞跃是渐进过程的中断吗？[①]

  飞跃是马克思主义哲学中的一个基本概念。目前，国内一般流行的观点都把它定义为渐进过程的中断。我认为，这一定义不甚妥当，有进一步探讨的必要。

  首先，从历史上看，是黑格尔最早把飞跃理解为渐进过程的中断。黑格尔在他的早期著作《精神现象学》的序言中论及精神活动时写道："但是，犹如在母亲长期怀胎之后，第一次呼吸才把过去仅仅是逐渐增长的那种渐变性打断——一个质的飞跃——从而生出一个小孩来那样，成长着的精神也是慢慢地静悄悄地向着它新的形态发展，一块一块地拆除了它旧有的世界结构。"[②]在这里，黑格尔已经把飞跃表述为"渐变性"的"打断"。在《逻辑学》中，他结合水的例子，进一步指出："当水改变其温度时，不仅热因而少了，而且经历了固体、液体和气体的状态，这些不同的状态不是逐渐出现的；而正是在交错点上，温度改变的单纯渐进过程突然中断了，遏止了，另

---

  ① 原载《江海学刊》1982 年第 5 期，第 42—43 页；《新华文摘》1982 年第 12 期全文转载。收录于俞吾金：《生活与思考》，复旦大学出版社 2011 年版，第 26—28 页；《哲学随想录》，北京师范大学出版社 2016 年版，第 61—64 页。——编者注

  ② ［德］黑格尔：《精神现象学》（上），贺麟、王玖兴译，商务印书馆 1979 年版，第 7 页。

一状态的出现就是一个飞跃。"①黑格尔不仅肯定了飞跃即渐进过程的中断，而且强调指出，渐进过程的中断是在"交错点"，即"尺度"上发生的。黑格尔的这些观点，也就是我们现在理解飞跃概念的主要理论依据。但人们却忽略了，黑格尔在之后出版的、晚年又经过多次精心修订的《小逻辑》一书中，已经放弃了上述提法。在该书中，黑格尔在论述感性认识向理性认识的过渡时，使用了飞跃概念。从他的论述可以看出他保留了以前多次阐述过的飞跃是质变的思想，但不再把飞跃表述为量的渐进过程的中断。显然，这不是出于偶然的疏忽，也不是出于缩减篇幅的需要，而是因为他发现了："量的这种超出自身的倾向，甚至在尺度中，也同样保持着。"②这一看法和《逻辑学》中提出的渐变在尺度中被中断的思想恰好相反。根据黑格尔晚年的观点，在质变中，在飞跃中，量变（即渐变）过程并没有完全中断，而是同样地保持着。也就是说，黑格尔在晚年已经意识到把飞跃理解为渐进过程的中断是不妥当的。遗憾的是，我们至今仍然恪守着他在《逻辑学》一书中提出的旧观点。

其次，从理论上看，把飞跃理解为渐进过程的中断也有一定的片面性。第一，强调飞跃在事物发展、变化中的地位和作用，对于坚持辩证法、批判形而上学来说无疑是绝对必要的，但把飞跃表述为渐进过程的中断，容易在理论上造成这样的印象：渐进过程和飞跃是绝对对立的，在任何时候、任何条件下，人们只有抛开渐变、抛开改良，只讲飞跃，只讲革命才能奏效。这样一来，渐变过程与飞跃之间的相互依存，互为前提的内在联系便被割裂开来了。第二，用渐进过程的中断来表示飞跃，虽然在一定程度上揭示了量变向质变的转化，但却忽视了量变和质变之间的相互渗透。无数事实表明，渐进过程并不是一个单纯的量变的过程，它也包含、渗透着部分质变。反之，正如黑格尔所指出的，在事物的尺度上发生的飞跃也不是一个单纯的质变过程，而是包含、渗透着

---

① ［德］黑格尔：《逻辑学》（上），杨一之译，商务印书馆1966年版，第403—404页。
② ［德］黑格尔：《小逻辑》，贺麟译，商务印书馆1980年版，第238页。

量变。这是因为尺度并不是数学中的假想的、抽象的点，而是一个现实的、处在时空中的点。因此，飞跃必然是一个过程，是一个"质的交错"，即旧质的量迅速地衰亡，新质的量迅速地扩张的统一的过程。在飞跃中，旧质的量的变化仍然继续着，直到飞跃过程结束，新质整个地形成的刹那间，旧质的渐进过程才真正地被中断了。所以，不能说飞跃是渐进过程的中断，至多只能说，飞跃的结果是旧质的渐进过程的中断。只有这样理解，才能如实地描绘出量变和质变之间相互渗透、相互转化的错综复杂的情况。第三，用渐进过程的中断来解释飞跃，着眼点在于说明新旧事物之间的区别，但却忽视了新旧事物之间的联系。其实，飞跃作为辩证的否定，更需要把它作为联系的环节、发展的环节加以强调。

最后，从实践的发展来看，也迫切需要我们对飞跃的概念作出更全面、更科学的表述。黑格尔前期提出的飞跃即渐进过程的中断的论述，是在批判莱布尼茨的"自然界是不飞跃的"知性形而上学的思想时阐发的。这一论断不仅对自然科学的研究，而且对当时德国的资产阶级革命来说，都有重大的理论影响。而列宁在《黑格尔〈逻辑学〉一书摘要》中着重摘录和发挥黑格尔的这一思想，目的是反对第二国际推行的修正主义，为无产阶级的暴力革命提供理论依据。正如列宁所写的："资本主义自己替自己造成了掘墓人，自己造成了新制度的因素，但是，如果没有'飞跃'，这些单个的因素便丝毫不能改变事物的总的状况，不能触动资本的统治。"[①]不用说，列宁当时对黑格尔飞跃思想的阐释和发挥，也具有重大的理论意义和现实意义。但是，随着实践和科学的发展，人们越来越多地观察到质变和量变之间相互渗透的错综复杂的自然现象和社会现象，越来越感到，在肯定飞跃作用的前提下，也要充分估计到渐进过程的地位和作用。这样，用渐进过程的中断来解释飞跃就暴露出一定的片面性。实践迫切需要我们对飞跃的概念作出新的概括。

---

① 《列宁选集》第 2 卷，人民出版社 1972 年版，第 393 页。

我认为，飞跃可定义为：旧事物向新事物的过渡，这种过渡是在渐进过程发展到度量关系交错点上发生的，是以质变为根本特征的变化形式。这种定义，既说明了飞跃和渐进的区别，又肯定了它们之间的联系和转化；既表明了飞跃的本质特征是质变，又不排斥飞跃中包含着量变；既揭示了新旧事物的区别，又强调了它们之间的联系和过渡。当然，这一定义也难免包含不足之处，希望学术界就这一问题展开深入的讨论，以求得比较一致的意见。

个人的道德实践也是一种社会实践[①]

个人的道德实践是不是一种社会实践？搞清这个问题，对于推动伦理学研究的深入，有重要意义。

过去有些同志所以否认个人的道德实践是一种社会实践，我认为主要有三方面原因。

一是把个人在道德观念上的修养和个人的道德实践这两个不同的概念混同起来了。其实前者是一种精神活动，当然不属于社会实践的范围，而后者则是指个人在一定道德观念的支配下进行的具体的道德活动，如礼貌待人、遵法守纪等，是主观见之于客观的东西，这两者是有原则区别的。

二是把个人的道德实践看作脱离社会的、纯粹个人的活动。这个看法同样是站不住脚的。马克思早就说过："人的本质并不是单个人所固有的抽象物。在其现实性上，它是一切社会关系的总和。"[②]社会是由人组成的，每一个人在进行道德实践活动的时候，都直接地或是间接地处理着人和人之间的关系，即社会关系。事实上，任何个人都不可能去从事脱离社会的、纯粹个人的道

---

① 载《社联通讯》1982年第11期，第37页。——编者注
② 《马克思恩格斯选集》第1卷，人民出版社1972年版，第18页。

德活动。

三是把不同阶级的个人从事道德实践的不同内容简单地等同起来。众所周知，不少剥削阶级的代表人物也都重视个人的道德实践，但他们所讲的这种实践归根结底是在利己主义道德准则的支配下进行的。在社会主义社会里，我们提倡的个人的道德实践则是在无产阶级的道德准则——集体主义原则的指导下进行的。因此，无产阶级所讲的"个人的道德实践"和剥削阶级所讲的"个人的道德实践"包含着完全不同的内容。我们不必因为剥削阶级的代言人使用过类似"个人的道德实践"这样的概念，就把它摒斥于社会实践概念的内容之外。

个人的道德实践包括在社会实践范围内，这一点，经典作家是肯定的。马克思说："社会生活在本质上是**实践的**。"①个人的道德实践作为社会生活的一个不可缺少的组成部分，自然也是一种社会实践。我们知道，黑格尔是把个人的道德实践称作"善"的。列宁评价说："实质：'善'是'对外部现实性的要求'，这就是说，'善'被理解为人的实践＝要求（1）和外部现实性（2）。"同时，列宁批评黑格尔仅仅把实践理解成"善"是"狭隘的，片面的"②。在列宁看来，个人的道德实践属于社会实践是不言而喻的。列宁反对的只是把实践仅仅理解为个人的道德实践这种狭隘的看法。

今天一些人对社会实践这一概念的理解正好与黑格尔相反：恰恰把个人的道德实践排除在社会实践概念之外。似乎人们在进行各项实践活动的时候，可以不从事任何道德实践活动。这是不可思议的。

我们只有正确理解个人的道德实践也是社会实践的内容之一，才能把伦理学的研究引向深入。

---

① 《马克思恩格斯选集》第1卷，人民出版社1972年版，第18页。
② 列宁：《哲学笔记》，人民出版社1960年版，第229、227页。

"两种否定因素"说质疑①

李达主编的《唯物辩证法大纲》(以下简称《大纲》)对于事物的否定因素做了这样的解释,事物的否定因素有两种不同的情况:"一种情况是,事物的否定因素代表着新的更高级的事物。……另一种情况是,事物的否定因素代表着已被战胜但还未被彻底消灭的旧事物的残余(它在已被否定的旧事物中曾居于肯定因素的地位)。"②

我想提出几点不同看法,供研究。

首先,从"否定"的性质说起。马克思说过:辩证法在"对现存事物的肯定的理解中同时包含对现存事物的否定的理解,即对现存事物的必然灭亡的理解"③。马克思这里说的"否定"因素,显然是指事物内部前进的、革命的因素。因为只有这一因素的作用才能导致现存事物的必然灭亡;而《大纲》所说的"反动的否定因素",至多只能延缓事物的发展进程,却无法导致现存事物的必然灭亡。如按《大纲》的说法,在封建社会的后期,封建势力是肯定因素,资本主义势力是否定因素;而在资本主义社会建立之后,封建残余势

---

① 原载《社联通讯》1982年第12期。收录于俞吾金:《文化密码破译》,上海远东出版社1995年版,第229—231页。——编者注

② 李达:《唯物辩证法大纲》,武汉大学出版社2007年版,第268页。

③ 马克思:《资本论》第1卷,人民出版社2004年版,第22页。

力倒过来变成了否定因素，而资本主义势力则变成了肯定因素。这无异于说，矛盾双方可互为否定因素。这样一来，肯定因素与否定因素之间的本质差别就被取消了。其实，在封建势力和资本主义势力这对确定的矛盾中，即使在资产阶级占据统治地位之后，这两者之间肯定与否定的关系仍然是不可逆转的。

其次，从"否定"的内容来看。列宁指出："辩证法的特征的和本质的东西并不是单纯的否定，并不是任意的否定，并不是怀疑的否定、动摇、疑惑（当然，辩证法自身包含着否定的因素，并且这是它的最重要的因素），并不是这些，而是作为联系环节、作为发展环节的否定，是保持肯定的东西的，即没有任何动摇、没有任何折衷的否定。"①这就是说，否定并不是简单地说不，或宣布某一事物不存在，而是作为联系和发展的环节，既保留旧事物中合理的东西，又抛弃其不合理的东西。《大纲》所说的"反动的否定因素"如何对新事物进行否定或扬弃呢？毫无疑问，它会把新事物中的一切合理的东西统统加以抛弃。而这样的"否定"，正是列宁批判的那种"徒然的否定"，即虚无主义。显然，如果承认"两种否定因素"，那就无法从理论上规定"否定"的科学内容。

最后，从否定之否定的系列来看。经典作家认为，两次前进的否定，构成否定之否定的系列，发展的第三阶段尽管在某些特征和特性上重复第一阶段，但是在更高基础上的重复，较之第一阶段更高级、更完善。按"两种否定因素"说，那么，否定之否定就不是螺旋式的运动，而是循环式的运动。假如封建残余势力在资本主义社会实现了复辟，这算"第一次否定"；不久，资产阶级通过反复辟的斗争重又取得了政权，这算"第二次否定"。这种"否定之否定"就只是一种循环，因为其第一阶段和第三阶段都是资本主义社会。何况"反动的否定因素"对新事物的否定只具有偶然的意义；如果这"第一次否定"不能实现，"第二次否定"就根

---

① 列宁：《哲学笔记》，人民出版社 1960 年版，第 244 页。

本无法进行。如果否定因素也可作"反动的因素"解,那么否定之否定规律也就被否定了。

所以,我认为"两种否定因素"说是不科学的,应代之以正确的说法:否定因素即事物内部的代表发展方向的革命的进步的因素。

1983年

应当把道德实践的概念引入伦理学①

近年来，我国的伦理学研究方兴未艾，取得了一定的进展，这是十分可喜的现象。但也应当看到，现行的伦理学体系还是很不完备的，甚至忽视了对某些基本理论的研究。比如道德实践这一重要的概念就应当被引入伦理学，使之成为马克思主义伦理学中的一个基本的概念。马克思早就说过："社会生活在本质上是**实践的**。"②人们的道德生活作为人们全部社会生活的一个不可缺少的组成部分，在本质上也是实践的，或者说得更明白些，道德生活就是一种社会实践。恩格斯在其晚期著作中，具体地发挥了马克思这方面的思想，曾经使用了"爱情和友谊的实践""订立婚约的实践"③等这样的概念。可见，马克思和恩格斯虽未直接使用道德实践这个概念，但这一概念对于他们说来是不言而喻的。本文认为，把道德实践的概念引入伦理学，对于马克思主义伦理学的建设是有重要意义的。

首先，只有把道德实践的概念引入伦理学，才能使伦理学成为一门独立的科学。现行的伦理

---

① 原载《伦理学与精神文明》1983 年第 3 期，第 5—6 页。收录于俞吾金：《文化密码破译》，上海远东出版社 1995 年版，第 294—298 页。——编者注

② 《马克思恩格斯选集》第 1 卷，人民出版社 1972 年版，第 18 页。

③ 《马克思恩格斯选集》第 4 卷，人民出版社 1972 年版，第 230、76 页。

学体系几乎都满足于泛泛地谈论社会实践而不谈道德实践。只要人们不改变这种做法，那也就是说，他们始终是把伦理学作为哲学的一个分支而不是作为一门独立的科学来看待的，因为社会实践是一个哲学概念，而不是伦理学专用的术语。伦理学必须有与其本身相适应的概念，那就是道德实践。

人们之所以排斥这个概念，其理由是：单独的、纯粹的道德活动是没有的，道德活动总是和其他的实践活动混在一起的，因此没有必要把它作为一项单独的实践活动提出来。这个看法是值得商榷的：（1）如果说没有纯粹的道德活动的话，那么也同样没有纯粹的生产斗争、阶级斗争或科学实验。比如，阶级斗争常常表现在生产斗争和科学实验中，为什么我们要把它作为一项单独的实践活动提出来呢？既然阶级斗争可以作为一项单独的实践活动，为什么道德实践就不可以呢？（2）道德实践固然有和其他实践活动相渗透的一面，但也有其他实践活动所无法代替、无法包容的一面。比如，恩格斯谈到的"爱情和友谊的实践""订立婚约的实践"总不能简单地归到生产斗争、科学实验或阶级斗争中去。由此可见，把道德实践作为一项单独的实践活动提出来完全是可行的。随着社会和历史的发展，特别是在社会主义社会里，由于资本主义生产资料私有制的废除，人们的道德水准普遍地提高，纯粹出于道德目的的活动，如义务劳动、集体做好事等日益普遍。现实生活也迫切要求我们用道德实践的概念来概括和说明各种道德活动。因此，只有把道德实践的概念引入伦理学，系统地运用它来解释各种伦理现象，才可能使伦理学成为一门完整的、独立的科学。

其次，只有把道德实践的概念引入伦理学，才能完整地说明道德意识的来源问题。我国目前出版的伦理学著作一般都认为，道德意识来源于人们的经济活动。这种活动具体表现为生产、交换的实践，在阶级对立的社会内，同时也表现为阶级斗争的实践。诚然，这种说法主要揭示了道德意识的起源，但它并不全面。恩格斯说过："人们自觉地或不自觉地，归根到底总是从他们阶级地位所依据的实际关系中——从他们进行生产和交换的经济关系中，吸取自己的道德观念。"①人们常常把恩格斯的这段话作为上述观点的依据，却忽略了恩格斯在这里使用的"归根到底"这个词。这个词表明，经济活动虽然最终制约着道德意识，但它并不是道德意识的直接的来源。换言之，在经济活动和道德意识之间还应该有一些中介性的活动。这些活动究竟是什么呢？我们认为，它包括政治实践、道德实践、艺术实践等多种活动，而其中最主要的则是道德实践。这就是说，道德实践才是人们的道德意识的直接来源。比如，人们关于爱情和友谊方面的道德观念，虽然最终来源于他们所处的经济关系，但却直接是从爱情和友谊的实践（道德实践的一个组成部分）中概括和总结出来的。忽略道德实践的直接作用，单纯用经济活动、经济关系来解释道德意识的起源，就会使唯物史观的运用简单化，从而得出片面的结论。

这种倾向在我们现行的伦理学体系中无疑是存在的。比如，人们习惯于把"道德行为"作为伦理学的一个基本概念，并把它解释为在一定的道德意识支配下表现出来的有利或有害于他人和社会的行为。这一解释尽管正确地肯定了道德意识对道德行为的指导作用，但却忽略了问题的另一方面，即道德意识本身正是直接从道德行为的基础上形成和发展起来的。既然实践是认识的最贴近的基础，那就必然得出结论说，道德实践是道德意识的最贴近的基础。否定这一点，也就必然把道德行为看作一种纯粹受道德意识支配的、消极的活动。这从理论上看显然是说不通的。比如，我们现在开展的"学雷锋，做好事"的活动，一方面固然是为了使共产主义的道德意识现实化，使理论化为行动，从而有益于他人，有益于社会，但另一方面也是为了通过这一活动进一步陶冶、发展人们的共产主义的道德意识，坚定人们的道德信念，锻炼人们的道德意志。否认后一方面，否定道德实践是道德意识产生、发展的直接的基础，就无法准确地从理论上说明道德意识的起源和发展。

---

① 《马克思恩格斯全集》第 20 卷，人民出版社 1971 年版，第 102 页。

最后，只有把道德实践的概念引入伦理学，才能对道德活动的内容作出科学的概括。众所周知，马克思以前的哲学家通常把实践理解为单个人的行为。从这一思想出发，他们又进而把道德活动理解为单个人的行为，并使用了道德行为这个概念。我们现行的伦理学体系不但承袭了这个传统的概念，而且也承袭了对这个概念所作的传统的理解，即把它理解为一种个体性的道德活动，这样就必然忽视对群体性道德实践的研究，从而也就忽视了对马克思主义的实践观在各门学科的建设中所起的革命变革作用的研究。根据马克思主义的观点，实践不仅包括单个人的行动，更重要的是，它表现为群体性的、社会性的活动。比如，光靠各自独立的、单个人的实践，无产阶级根本不可能取得政权，实现社会主义；只有把无产者联合为一个阶级，在适当的条件下进行社会革命（群体性的实践活动），才可能获得成功。马克思主义还认为，只有通过群体性的实践活动，才能从根本上提高、发展人们的道德意识。马克思说过：“**推翻**统治阶级的那个阶级，只有在革命中才能抛掉自己身上的一切陈旧的肮脏东西，才能建立社会的新基础。”①

在社会主义社会里，尽管个体性的道德活动，如修养、慎独等仍起着一定的作用，但群体性的道德活动的作用更为突出了。如文明礼貌月活动、“学雷锋，做好事”的活动以及举行集体婚礼等都是群体性道德实践的具体表现。从上面的分析可以看出，道德行为作为一个传统的、陈旧的概念，已不能概括群体性的道德活动，它应该被内涵更加丰富、更具有科学性的道德实践概念所取代。运用道德实践这一概念，我们就能准确地说明一切道德活动（不管它是个体性的还是群体性的）和道德现象，使马克思主义伦理学的整个体系更臻于完善。

---

① 《马克思恩格斯全集》第 3 卷，人民出版社 1960 年版，第 78 页。

《辞海》"理性认识"条目存疑^①

    《辞海》"理性认识"条目（见《辞海》哲学分册第 62 页）在表述上有许多模糊不清的地方，有必要提出来商榷。

    第一，条目没有全面地阐述感性认识和理性认识之间的相互关系。诚然，条目在谈到感性认识和理性认识具有性质上的不同的基础时，也提到它们之间的"互相联贯"。但从条目对"互相联贯"一词所作的解释可以看出，它仅限于下述意思，即理性认识必须"依赖于"感性认识，感性认识必须"发展到"理性认识。在这里，感性认识和理性认识互相渗透这层关系被忽略了。其实，互相渗透是感性认识和理性认识相互关系中的一个重要侧面。黑格尔早就告诉我们："在人的一切直观中都有思维。同样，思维是〔贯穿〕在一切表象、记忆中，一般讲来，在每一精神活动和在一切意志、欲望等等之中的普遍的东西。"^②尽管黑格尔是从唯心主义的立场出发，即从强调思想不但构成外界事物的实体而且构成精神性东西的普遍实体的角度出发来说明表象和思维的关系

---

    ① 原载《社联通讯》1983 年第 4 期。收录于俞吾金：《文化密码破译》，上海远东出版社 1995 年版，第 227—228 页。——编者注

    ② 〔德〕黑格尔：《小逻辑》，贺麟译，商务印书馆 1980 年版，第 80 页。

的，但他毕竟深刻地揭示了感性认识和理性认识之间互相"贯穿"、互相渗透的重要关系。从马克思主义的认识论来看，感性认识和理性认识之间的互相渗透是不言而喻的。在感性认识阶段，已经存在着理性认识的萌芽因素。人的感觉之所以常常具有"定向性"，是理性干预感觉、渗透于感觉中的缘故。理性认识中也渗透着感性认识。比如，数学的抽象的公式需要借助直观的图形来解释。如果忽略感性认识和理性认识之间的相互渗透，就不可能对它们之间的辩证关系作出全面而透彻的说明，也不可能对思维的能动性作出充分的描述。

第二，条目认为理性认识比感性认识"更深刻、更正确、更全面地反映客观事物"，这个说法是不严密的。尽管理性认识是认识的高级阶段，属于概念、判断、推理式的认识，但它本身也有正确和错误之分。这是因为人们在运用概念进行判断和推理时，也常常会发生错误。错误的理性认识不但不会"更深刻、更正确、更全面地反映客观事物"，而且会比感性认识更严重地脱离客观事物，甚至把客观事物的真相或本质完全掩盖起来。条目的上述说法实际上是把理性认识与真理等同起来了，因为只有真理才能全面地、深刻地、正确地反映客观事物及其规律。

第三，条目认为，"认识的真正任务在于经过感性认识而达于理性认识"，这个说法同样也失之笼统。既然理性认识有正确和错误之分，那么，仅仅使我们的认识达到理性认识是不够的，应当还要进一步使它达到正确的理性认识即真理。因此，认识的真正任务应该是经过感性认识而达到真理性的理性认识。只有这样，人们的认识才能正确地指导自己的实践活动，并在实践中达到预期的目的。

"否定之否定"规律新释[①]

否定之否定规律是马克思哲学的基本规律之一，也是目前争论比较集中、比较激烈的一个理论焦点。本文认为，要将这一规律的讨论引向深入，光重复一些旧有的、人所共知的论据是不够的。而在这方面，马克思和恩格斯关于人类社会发展形态的论述，为我们重新认识这个规律的实质提供了重要的思想资源。

一、新的探索视角

马克思从分析个人和生产资料所有制的关系这一角度出发，把封建主义社会—资本主义社会—共产主义社会作为一个否定之否定的序列。他这样写道："从资本主义生产方式产生的资本主义占有方式，从而资本主义的私有制，是对个人的、以自己劳动为基础的私有制的第一个否定。但资本主义生产由于自然过程的必然性，造成了对自身的否定。这是否定的否定。"[②]在马克思看来，共产主义社会

[①] 原载《复旦学报(社会科学版)》1983年第3期，第78—79页；《新华文摘》1983年第7期全文转载。收录于俞吾金：《生活与思考》，复旦大学出版社2011年版，第33—35页；《哲学随想录》，北京师范大学出版社2016年版，第65—68页。——编者注
[②] 马克思：《资本论》第1卷，人民出版社1975年版，第832页。

的目的并不是重建私有制，而是在资本主义社会已经提供的成熟的物质条件的基础上，在生产资料共同占有的基础上，重建个人所有制。

与马克思不同的是，恩格斯从不同的视角出发，对人类社会发展的序列做出了不同的描述。在第一种情况下，他从考察土地所有制的变化入手，把原始共产主义社会—有阶级社会（包括奴隶社会、封建社会和资本主义社会）—共产主义社会作为一个否定之否定的系列，并强调指出，实现共产主义土地公有制的要求，"并不是要恢复原始的公有制，而是要建立高级得多、发达得多的公共占有形式"①。在第二种情况下，当他从文化艺术发展的角度去考察人类社会的发展变化时，他又把奴隶社会（古希腊罗马）—封建社会（欧洲中世纪）—资本主义社会（始于文艺复兴的欧洲社会）作为一个否定之否定的序列。他指出："随着君士坦丁堡的兴起和罗马的衰落，古代便完结了。中世纪的终结是和君士坦丁堡的衰落不可分离地联系着的。新时代是以返回到希腊人而开始的。——否定的否定。"②在第三种情况下，当他从平等的角度出发去分析人类社会的发展变化时，他又赞同卢梭的意见，把原始社会—奴隶社会和封建社会—资本主义社会看作一个否定之否定的系列，并解释道，奴隶社会、封建社会中暴君对平民的压迫否定了原始人所拥有的旧的自发的平等，但暴君的压迫又进而"转变为更高级的社会契约的平等。压迫者被压迫。这是否定的否定"③。从上面的论述可以发现，在三种不同的情况下，恩格斯借用否定之否定的规律，对人类社会的发展序列做出了不同的阐发。

二、新的理解结果

在马克思和恩格斯关于人类社会发展形态系列的说明中，蕴含着他

---

① 恩格斯：《反杜林论》，人民出版社 1970 年版，第 136 页。
② 恩格斯：《自然辩证法》，人民出版社 2018 年版，第 36—37 页。
③ 恩格斯：《反杜林论》，人民出版社 1970 年版，第 138 页。

们对否定之否定规律的极其深刻的理解。我们从中至少可以引申出以下三点结论。

其一，否定必然是质变，否定之否定必然是由两次连续的否定构成的。但问题在于，当人们分析比较复杂的事物时，通常所说的质变并不是指事物整个质的变化，而是指事物某一方面的特定的质，即属性的变化。如上所述，当马克思从个人和生产资料所有制的关系这一特定的质上去分析社会发展的系列时，他认为资本主义社会和封建主义社会之间存在着质的不同；而当恩格斯从土地所有制这一特定的质上去看待人类社会发展的序列时，他认为资本主义社会与奴隶社会、封建主义社会之间并无质的差别。这就明确地告诉我们，在考察比较复杂的事物时，质变总是具体的，总是指事物的某方面的特定的质的变化。只有牢牢地抓住这一点，才能正确地理解否定和否定之否定规律的实质。有的学者恰好忽略了这一点，他们从不区分简单的事物和复杂的事物，在任何情况下都是笼统地谈论事物整个质的否定和变化。这样一来，就必然对否定是质变这一根本性的思想发生动摇和怀疑，有的学者甚至得出了"否定，只是事物存在形式的变化，不等于事物质变"的结论。由此出发，否定之否定规律的必要性和重要性也就被弱化了。

其二，否定之否定的周期不能抽象地、笼统地加以考察，而必须结合某一特定的视角才能确定。从马克思和恩格斯上面列举的实例可以看出，假如离开个人和生产资料所有制的关系、离开土地所有制、离开平等或压迫、离开文化艺术等社会生活中的特定的视角来抽象地谈论人类社会发展的否定之否定的周期，那就是一件没有意义的事。正如列宁早就告诉我们的那样，马克思主义的活的灵魂就是坚持对具体问题作出具体的分析。也有的学者在谈论否定之否定的周期时，常常忽略了这一点，他们喜欢把恩格斯在上面列举的第一个实例，即原始共产主义社会—有阶级社会—共产主义社会的否定之否定的周期绝对化、凝固化，看作任何社会演化的固定不变的周期。实际上，这个周期只有在土地所有制变化的特定的前提下来考察时才是合理的、有效的。

其三，肯定—否定—否定之否定（即正题—反题—合题）这一三段式，决不像有些学者所认为的那样，是一个表面的、形式主义的公式，而是事物发展变化中必定会遵循的内在规律。诚然，黑格尔在某些情况下曾经形式主义地、牵强附会地运用过三段式，但这决不等于说，三段式就是形式主义，就是牵强附会。需要加以抛弃的并不是三段式本身，而是形式主义地使用三段式的方法。从马克思和恩格斯关于人类社会发展序列的论述可以看出，他们从来没有以形式主义的方式使用过三段式，从来没有把三段式作为现成的公式套用到外部事物上。相反，他们总是从实际出发，在深入地、细致地分析事物运动的基础上，告诉人们，事物的运动是遵循肯定—否定—否定之否定的三段式来进行的。正如恩格斯在评价马克思所举的实例时曾经说过的那样，"当马克思把这一过程称为否定的否定时，他并没有想到要以此来证明这一过程是历史地必然的。相反地，在他历史地证明了这一过程部分确已实现，部分还一定会实现以后，他才指出，这还是一个按一定的辩证规律完成的过程。这就是一切"[①]。也正因为如此，马克思和恩格斯才把完全不同的人类社会发展序列展示在我们的面前。

综上所述，只有从实际出发，坚持具体问题具体分析，才可能正确地理解并运用否定之否定规律。事实上，这也正是马克思和恩格斯关于人类社会发展序列的一系列论述给予我们的最深刻的启示。

---

① 恩格斯：《反杜林论》，人民出版社 1970 年版，第 132 页。

全面生产理论的意义^①

　　马克思的全面生产理论不但为我们重新阐释马克思哲学提供了一把钥匙，而且这种重新阐释必定会导致这样的结果，即马克思哲学也就是全面生产理论。以往对马克思哲学的阐释都是以马克思的狭义生产理论，即物质生产理论作为出发点的。由于这种阐释方式割裂了物质生产与其他三种生产形式之间的有机联系，通常会导致以下两个结果。

　　一是"经济决定论"。由于物质生产主要是在经济领域内得到阐释的，因而在强调它的基础性作用时极易导致"经济决定论"。恩格斯在逝世前已经意识到这种倾向的危害性，他在 1890 年 9 月 21 日致约·布洛赫的信中指出：

　　　　……根据唯物史观，历史过程中的决定性因素**归根到底**是现实生活的生产和再生产。无论马克思或我都从来没有肯定过比这更多的东西。如果有人在这里加以歪曲，说经济因素是**唯一**决定性的因素，那末他就是

---

　　① 原载《社联通讯》1983 年第 8 期。收录于俞吾金：《被遮蔽的马克思》，人民出版社 2012 年版，第 398—401 页，《从康德到马克思：千年之交的哲学沉思》，北京师范大学出版社 2017 年版，第 488—502 页。——编者注

把这个命题变成毫无内容的、抽象的、荒诞无稽的空话。①

恩格斯告诉我们，在现实生活中，上层建筑的各种因素，如阶级斗争的政治形式、法律、哲学、政治理论、宗教观念等，也会发挥重要的作用，必须认真地考察一切因素之间的相互作用。

> 否则把理论应用于任何历史时期，就会比解一个最简单的一次方程式更容易了。②

恩格斯的批评无疑是正确的，但由于他对马克思的生产理论的理解是片面的，至多停留在"生活的生产"，即物质生产＋人的生产的层面上，忽略了精神生产和社会关系的生产的重要地位和作用，所以他仍然没有有效地从理论上阻止以后的阐释者继续掉进"经济决定论"的窠臼。

二是"辩证唯物主义和历史唯物主义论"。由于物质生产涉及人与自然之间的关系，而人的生产又涉及人与人之间的自然关系，所以，只要人们停留在对马克思生产理论的狭义的、片面的理解上，就必定会把他的哲学的基础部分理解为以自然为对象的理论，这正是以自然作为自己对象的辩证唯物主义应运而生的一个原因。然后，人们再在辩证唯物主义的基础上推广出以社会作为对象的历史唯物主义。这种"辩证唯物主义和历史唯物主义论"不仅使马克思哲学二元化了，而且磨平了它与一般唯物主义的本质差别。有人也许会申辩说：辩证唯物主义不同于一般唯物主义，因为辩证法已经融入唯物主义中去了。但辩证唯物主义仍然是以抽象的物质作为自己的基础的，只要它不更换这个基础，即使给它穿上辩证法的外套也是无济于事的。

必须指出，造成这种阐释结果的决定性原因之一乃是对于物质生产

---

① 《马克思恩格斯选集》第 4 卷，人民出版社 1972 年版，第 477 页。
② 同上。

和人的生产同步的精神生产和社会关系的生产的忽视。举例来说，当人们在辩证唯物主义中的认识论部分讨论人的认识机制时，如果人的精神生产，特别是社会关系的生产的维度是缺席的，那么认识机制，甚至于认识者和认识对象的本质就完全不可能得到正确的把握。马克思曾经说过：

> 黑人就是黑人。只有在一定的关系下，他才成为**奴隶**。纺纱机是纺棉花的机器。只有在一定的关系下，它才成为**资本**。脱离了这种关系，它也就不是资本了，就像**黄金**本身并不是**货币**，砂糖并不是砂糖的**价格**一样。①

所以，认识论如果脱离先行地制约着认识者和认识对象的社会关系，它就是一个空洞的、无意义的领域。

当我们把全面生产理论阐释为马克思哲学的时候，不但可以避免像"经济决定论"或"辩证唯物主义和历史唯物主义论"这样错误的阐释结果的出现，而且也克服了把马克思哲学二元化的阐释方式，从而使马克思哲学的整体生命获得了再现。马克思哲学的出发点不是想象的主体的想象的活动，而是"从事实际活动的人"②，而人的全部实际活动也就是全面生产。正是从全面生产，即物质生产、人的生产、精神生产和社会关系的生产的有机统一的理论出发，马克思哲学的全部内容得到了完整的显示，因为马克思所思索的一切哲学问题，如人、家庭、市民社会、生产力、生产关系、阶级、国家、意识形态、权力、社会革命、实践、物质、世界、自然、异化、时间、空间、认识、真理、科学、辩证法、价值等，都可以通过全面生产的理论得到合理的说明。

然而，在现代社会生活的背景下，我们对这四种生产之间的结构关

---

① 《马克思恩格斯选集》第 1 卷，人民出版社 1995 年版，第 344 页。
② 《马克思恩格斯选集》第 3 卷，人民出版社 1972 年版，第 30 页。

系的理解和阐释必须从马克思那里获得新的引导。马克思在谈到现代土地制度的变迁时指出：

> 一切关系都是由社会决定的，不是由自然决定的。①

同样地，马克思在谈到现代社会中的个人只有作为交换价值的生产者才能存在时，也指出：

> 这种情况就已经包含着对个人的自然存在的完全否定，因而个人完全是由社会所决定的；②

那么，马克思所说的"社会"又是什么意思呢？他告诉我们：

> 社会不是由个人构成，而是表示这些个人彼此发生的那些联系和关系的总和。③

也就是说，马克思所说的"社会"本质上就是"社会关系"。这就启示我们，应当把马克思对一切哲学问题的思索都恢复到社会关系的框架中去。我们这里之所以用"恢复"这个词，因为它始终内在于马克思的全部哲学理论中，只不过是马克思哲学的阐释者们把它完完全全地遗忘了。也就是说，在现代社会中，社会关系的生产是最具本质性的生产形式，因为它像一只看不见的手，不仅存在于物质生产、人的生产和精神生产的整个过程中，也存在于马克思所探索的一切哲学领域和哲学问题中，并深刻地显示出马克思哲学的基本倾向和革命态度。要言之，在现代社会中，哲学本质上是社会哲学，因此，应该充分认识社会关系的生产在

---

① 《马克思恩格斯全集》第 46 卷(上册)，人民出版社 1979 年版，第 234 页。
② 同上书，第 200 页。
③ 同上书，第 220 页。

全面生产中的前提性的地位和作用。

综上所述，为了恢复马克思哲学的本真精神，必须对它重新进行阐释，而全面生产理论正是重新阐释马克思哲学的尝试之一。

"设置对立面"考释①

　　"设置对立面"是毛泽东同志提出的一个重要哲学命题。近几年来，学术界就这个命题展开了一些讨论，但意见纷纭，莫衷一是。本文想就这一命题的理论来源及真实含义提出一些自己的想法，以供大家参考。

　　"设置对立面"的思想一直可追溯到古代。在古希腊，辩证法一词的意思就是指持有对立观点的二人之间的对话和论战。柏拉图的大部分著作都是采用这种方式写成的。显然，在有些古代哲学家看来，"思维矛盾的揭露以及对立意见的冲突，是发现真理的最好方法"②。可见，辩证法一词的初衷就有着设置对立面的含义。

　　在西方哲学史上，最先明确地提出设置对立面思想的是德国唯心主义哲学家费希特，但费希特在提法上稍有不同，他提的是"树立对立面"或"设定对立面"。"树立"或"设定"和毛泽东同志说的"设置"在词义上是十分接近的。费希特从主观唯心主义的立场出发，提出了自我建立自我、自我建立非我、自我与非我统一这三条基本原理。

---

　　① 原载《解放新论（未定文稿）》1983 年 11 月 23 日。收录于俞吾金：《文化密码破译》，上海远东出版社 1995 年版，第 234—238 页。——编者注
　　② 《斯大林文选 1934—1952》，人民出版社 1962 年版，第 178 页。

他认为自我"产生非我的活动，亦即树立对立面的活动"，而非我就是"被树立起来的对立面"①。正如黑格尔指出的，费希特"把非我，把基于我自己的能动性而设定的对立面想象为一个异己的东西"②。

在这里，费希特显然是把"树立对立面"作为建立其整个知识学体系的根本方法提出来的。一方面，他肯定了自我是能思维的、能动的，它产生出它的各种规定。他不像康德那样列举范畴，而是力图通过"树立对立面"的方法，把一切范畴从自我中推演出来，并使之系统化。另一方面，通过"树立对立面"的方法，他竭力使抽象的自我或意识和"异己的"非我或现实统一起来，以便克服康德的二元论，实现思维和存在的和解。这些思想包含着合理的因素，但在这个命题的阐述上，费希特也有严重的局限性：第一，他是在主观唯心主义的基础上提出这个命题的，他所说的"自我"并不是现实的，不过是"形而上学地改了装的、**脱离**自然的**精神**"③。由精神去"树立"它的对立面物质世界，这显然夸大了精神的能动性，给人一种主观武断的印象。第二，费希特的第一条基本原理（自我建立自我），实际上即 A＝A，它"是抽象的，它不包含差别在它里面"④。从无差别的同一出发去产生对立面根本是不可能的。第三，费希特把第三条基本原理（自我与非我统一）理解为双方的"相互限制"，"也就是没有达到主体与客体或自我与非我之完备的、真实的统一"⑤。这表明费希特在方法论上是很不彻底的。

黑格尔站在客观唯心主义的立场上推进了费希特的"树立对立面"的思想。黑格尔指出："实体作为主体是纯粹的简单的否定性，唯其如此，

---

① 北京大学哲学系：《十八世纪末—十九世纪初德国哲学》，商务印书馆 1975 年版，第 171、170 页。

② ［德］黑格尔：《哲学史讲演录》第 4 卷，贺麟、王太庆译，商务印书馆 1997 年版，第 323 页。

③ 《马克思恩格斯全集》第 2 卷，人民出版社 1957 年版，第 177 页。

④ ［德］黑格尔：《哲学史讲演录》第 4 卷，贺麟、王太庆等译，上海人民出版社 2013 年版，第 321 页。

⑤ 同上书，第 334 页。

它是单一的东西分裂为二的过程或树立对立面的双重化过程，而这种过程则又是这种漠不相干的区别及其对立的否定。"①黑格尔还把包摄一切的主体——绝对精神的发展看作一个向自身回复的圆圈，"而这种回复正就是通过这种树立对立面的活动和在这种活动本身中进行的"②。

和费希特比较起来，黑格尔在这个命题上的思想可以说是大大地前进了一步。一方面，他反对费希特和谢林的抽象同一性的观点，主张同一总是具体的，包含差别和否定性在内的，他把对立面的存在扩展到绝对精神的整个发展过程的始终。因此，在他那里，树立对立面并不是像费希特那样，主观任意地去创设对立面，而是使主体内部本来就潜在的对立面充分发挥出来，加以明朗化。另一方面，黑格尔并未把树立对立面看作主体分裂出客体的单一的过程，而是看作主体分裂出客体，又扬弃或否定客体，在更高点上回复到自身的双重化的过程。正是通过这样的理解，黑格尔沟通了对立统一规律和否定之否定规律之间的本质联系，从而大大地推进并丰富了在费希特那里还处于雏形的某些合理的思想。当然，在黑格尔那里，树立对立面的思想仍然有严重的局限性。他的客观唯心主义的立场使他把"树立对立面"看作精神特有的活动，看作纯粹逻辑范畴的推演。另外，他力图在合题中调和对立面，这就使他的辩证方法失去了应有的革命锋芒，充分反映出当时德国资产阶级的软弱性和两面性。

毛泽东同志对德国古典哲学的思想成果是十分重视的，尽管我们没有材料可以直接证明毛泽东同志研究过费希特和黑格尔的哲学，但至少可以推断，毛泽东同志通过对马克思主义经典作家著作的研究对德国古典哲学，尤其是黑格尔的哲学有充分的了解。在这个意义上，我们也可以说，毛泽东同志提出的"设置对立面"的思想渊源于德国古典哲学。当

---

① ［德］黑格尔：《精神现象学》上卷，贺麟、王玖兴译，商务印书馆1979年版，第11页。

② ［德］黑格尔：《精神现象学》下卷，贺麟、王玖兴译，商务印书馆1979年版，第265页。

然，必须看到，毛泽东同志的这个命题是站在马克思主义哲学的立场上，结合社会主义社会的客观现实提出的，所以，它不仅是科学的，而且具有丰富的内涵。

比较起来，毛泽东同志的"设置对立面"的思想接近于黑格尔而不同于费希特。"设置对立面"并不像有些人理解的那样，是凭主观愿望和想象，随意地去制造矛盾，制造对立面。这样理解显然是有悖于毛泽东同志的本意的。早在《矛盾论》中，毛泽东同志就强调了矛盾的客观性和普遍性。有些人也许会问：既然矛盾是客观存在的，为什么还要去"设置"呢？道理很简单，矛盾客观存在是一回事，但人们是否意识到它的存在，是否敢于去揭露它、解决它，又是另一回事。设置对立面就是要人们正视矛盾，避免单一的观点，就是要创造一定的条件揭露矛盾，使之向好的方面转化。

毛泽东同志打比方说："为什么要种牛痘？就是人为地把一种病毒放到人体里面去，实行'细菌战'，跟你作斗争，使你的身体里头产生一种免疫力。"[①]这个比方生动地体现了"设置对立面"的基本含义。毛泽东同志关于要重视反面教育作用的论述；关于真善美的东西和假恶丑的东西相比较而存在，相斗争而发展的论述；关于百花齐放，百家争鸣，开展批评和自我批评的论述，都充分体现了设置对立面的光辉思想。与费希特和黑格尔相比，毛泽东同志的"设置对立面"的思想除在出发点上截然相反以外，还具有以下两个显著的特点。

第一，在费希特和黑格尔那里，设置对立面不过是思辨哲学用以进行范畴推演的一种方法，而毛泽东同志则把它从哲学家的书斋里解放出来，赋予它以实践的意义。首先，设置对立面是一种领导艺术，反对一见矛盾就捂，就禁，甚至试图把对立面消灭掉的单打一的政策，认为只有敢于正视矛盾，揭露矛盾才能从根本上搞好领导工作；其次，设置对立面也是一种科学的认识方法，它体现了辩证法和方法论的紧密结合。

---

① 《毛泽东文集》第 7 卷，人民出版社 1999 年版，第 196 页。

比如，毛泽东同志号召那些学过唯物主义和辩证法的同志再"补学一点它的对立面唯心主义和形而上学"①。如果不懂这个对立面，你对唯物主义和辩证法的理解是不可能巩固的。可以说，这个例子在认识论中具有普遍的意义。再次，设置对立面也是一种探讨真理的方法，它要求人们对于不同的，尤其是错误的意见不采取简单的粗暴的做法，认为"只有采取讨论的方法，批评的方法，说理的方法，才能真正发展正确的意见，克服错误的意见，才能真正解决问题"②。

第二，毛泽东同志的"设置对立面"既不是像费希特那样，把矛盾简单地"树立"起来，也不是像黑格尔那样，最后把矛盾调和起来，它的目的是解决矛盾，促使矛盾向好的方向转化。从客观上讲，是要把坏事转变成好事，从主观上讲，则是要提高认识，增强对错误意见、对各种纷繁复杂的客观现象的鉴别能力。

总之，毛泽东同志关于"设置对立面"的思想具有重要的理论意义和现实意义。在今天我们特别需要进行艰巨的正本清源工作，从理论上搞清它的渊源和真谛，以便正确地理解它、运用它。

---

① 《毛泽东选集》第 5 卷，人民出版社 1977 年版，第 346 页。
② 同上书，第 391 页。

1984年

要重视研究马克思关于精神生产的理论①

马克思关于精神生产的理论是他整个生产理论中的有机组成部分，也是他所创立的历史唯物主义学说中的基本内容。但长期来，这一重要理论未引起人们的充分关注。笔者尝试就此谈一些浅见。

一、关于精神生产理论的主要论述

马克思对精神生产的论述，主要集中在以下三部著作中。

1.《德意志意识形态》

精神生产的概念最初出现在这部著作中。马克思恩格斯在叙述个人的真正的精神财富完全取决于他的现实关系的财富的思想时，这样写道："仅仅因为这个缘故，各个单独的个人才能摆脱各种不同的民族局限和地域局限，而同整个世界的生产（也包括精神的生产）发生实际联系，并且可能有力量来利用全球的这种全面生产（人们所

① 原载《复旦（未定文稿）》1984 年第 1 期。收录于俞吾金：《寻找新的价值坐标——世纪之交的哲学文化反思》，复旦大学出版社 1995 年版，第 181—191 页。——编者注

创造的一切）。"①在这里，马克思恩格斯不仅提出了"精神的生产"的概念，更重要的是，他们始终把它作为"全面生产"的一项基本的内容来看待。弄清"全面生产"概念的含义，是我们了解马克思的精神生产理论的必不可少的前提。从结果上来考察，"全面生产"包括人类所创造的一切；从活动的种类上来考察，它包括人类从事的一切生产活动。从后一种意义上来看，马克思和恩格斯认为，"全面生产"包括三种不同的生产活动：一是物质生活资料的生产；二是人类自身的生产；三是精神的生产。那么，究竟什么是精神生产呢？马克思和恩格斯在下面的论述中做了进一步的解释和发挥："思想、观念、意识的生产最初是直接与人们的物质活动，与人们的物质交往，与现实生活的语言交织在一起的。观念、思维、人们的精神交往在这里还是人们物质关系的直接产物。表现在某一民族的政治、法律、道德、宗教、形而上学等的语言中的精神生产也是这样。"②精神生产也就是"思想、观念、意识的生产"，由于这三个词几乎具有相同的含义，所以也可称为"意识的生产"③。又由于政治、法律、道德、宗教、哲学、艺术等都是意识的具体形式，所以，它们的生产也就是精神生产的具体表现。

上述三种生产虽然都是"全面生产"的有机组成部分，但它们却处在不同的层次上，起着不同的作用。马克思和恩格斯通常把前两种生产合称为"生活的生产"或"直接生活的物质生产"，并把它看作人类社会发展的最终的决定性因素，而把精神生产看作是在直接生活的物质生产的基础上进行的，并且归根结底受到这一基础制约的一种从属性的生产活动。

马克思和恩格斯写道："'精神'从一开始就很倒霉，注定要受物质的'纠缠'，物质在这里表现为震动着的空气层、声音，简言之，即语

---

① 《马克思恩格斯选集》第 1 卷，人民出版社 1972 年版，第 42 页。
② 同上书，第 30 页。
③ 同上书，第 42 页。

言。"①同样，精神生产最初也直接受到物质生产的"纠缠"。在原始社会，由于物质生产极端落后，人类像牲畜一样地服从自然界的权力。与此相应的是，"自然宗教"作为对自然界的一种纯粹动物式的意识，成了人类精神生产的最初产物。以后，随着物质生产力的提高，需要的增长和人口的增多，随着私有制和阶级的产生，"精神劳动"和"物质劳动"发生了分离。从这时候起，人们才开始在精神生产中系统地构造出神学、哲学、道德、宗教、艺术、伦理等各种具体的意识形式。或者如马克思和恩格斯所说的，"意识才能摆脱世界而去构造'纯粹的'理论、神学、哲学、道德等等"②。也正是从这时候起，精神生产才不再和物质生产发生直接的联系。这种联系是通过交往关系即"市民社会"的中介而发生的。从表面上看，精神生产似乎开始远离物质生产，但问题的实质并没有变化，精神生产归根到底仍然受到物质生产的决定和制约。"支配着物质生产资料的阶级，同时也支配着精神生产的资料，因此，那些没有精神生产资料的人的思想，一般地是受统治阶级支配的。"③在阶级对立的社会中，统治阶级不仅拥有社会上占统治地位的物质力量，而且它的成员"还作为思维着的人，作为思想的生产者而进行统治，他们调节着自己时代的思想的生产和分配"④。

2.《政治经济学批判(1857—1858年草稿)》

在该书中，马克思进一步阐述了精神生产的基本理论。在论述货币作为发达的生产要素只能存在于雇佣劳动存在的地方时，马克思写道："在那里，货币不但决不会使社会形式瓦解，反而是社会形式发展的条件和发展一切生产力即物质生产力和精神生产力的主动轮。"在另一处，当他谈起农奴制生产关系的解体时，又说："只要更仔细地考察，同样可以发现，所有这些关系的解体，只有在物质的(因而还有精神的)生产

---

① 《马克思恩格斯选集》第1卷，人民出版社1972年版，第35页。
② 同上书，第36页。
③ 同上书，第52页。
④ 同上。

力发展到一定水平时才有可能。"①在这里，马克思不仅首次提出了"精神生产力"的重要概念，而且阐述了它和"物质生产力"以及货币、生产关系等诸经济因素之间的交互作用。特别值得注意的是，马克思在这份手稿中还提出了另一个重要的思想——物质生产和精神生产发展的不平衡关系。他写道："**物质生产的发展例如同艺术生产的不平衡关系。**"②在马克思看来，艺术的一定的繁盛时期决不是同社会的一般发展成比例的，因而也决不是同仿佛是社会组织的骨骼的物质基础的一般发展成比例的。就某些艺术形式，例如史诗来说，现代就比不上希腊人或莎士比亚的时代。马克思在这里谈的虽然是"艺术生产"这种具体的精神生产形式，但这些论述无疑具有更广泛的意义。它表明了物质生产虽然最终制约着精神生产，但精神生产也有一定的相对独立性，也有自己独特的发展规律。精神生产和物质生产不是成比例地向前发展的。

3.《剩余价值理论》

在该书中，马克思批判了昂利·施托尔希在物质生产和精神生产关系问题上的反历史态度，强调指出："要研究精神生产和物质生产之间的联系，首先必须把这种物质生产本身不是当作一般范畴来考察，而是**从一定的历史的**形式来考察。例如，与资本主义生产方式相适应的精神生产，就和与中世纪生产方式相适应的精神生产不同。如果物质生产本身不从它的**特殊的历史的**形式来看，那就不可能理解与它相适应的精神生产的特征以及这两种生产的相互作用。"③与前两部著作比起来，马克思在这里更明确地阐述了具有一定历史形式的物质生产和精神生产之间的相互关系。他既肯定了精神生产必须适应物质生产，又肯定了精神生产的能动性，肯定了它对物质生产的反作用，进而把它们称为"两种生产"，要求人们历史地考察它们之间的"相互作用"。这表明马克思一直坚持着"全面生产"的理论，始终把精神生产看作总体性生产概念的一个

---

① 《马克思恩格斯全集》第 46 卷(上册)，人民出版社 1979 年版，第 173、505 页。
② 同上书，第 47 页。
③ 《马克思恩格斯全集》第 26 卷(第 1 分册)，人民出版社 1972 年版，第 296 页。

组成部分。在该书中,马克思还进一步阐发了精神生产的根本属性和阶级属性之间的内在联系,强调只有从历史地考察物质生产出发,"才能够既理解统治阶级的意识形态组成部分,也理解一定社会形态下自由的精神生产"①。

我们认为,马克思关于精神生产的理论并不是偶然出现的、不成熟的理论,而是在其思想成熟时期提出的,以后又经多次发挥的一贯的、成熟的理论。单是马克思在上述三部著作中使用的"精神生产""精神劳动""精神生产资料""思想的生产和分配""观念、思想等等的生产者""精神生产力""精神生产部门""精神资本"等一系列规范性的概念,就已经为我们勾勒出精神生产理论的大致轮廓。同时,马克思关于精神生产的理论在内容上也是很完整的。

二、提出精神生产理论的历史动因

马克思提出精神生产理论的历史动因是什么?要回答这个问题,必须先追溯一下当时的历史背景。

19 世纪三四十年代,黑格尔的思辨唯心主义哲学在德国思想界占据统治地位。根据黑格尔的理论,绝对精神或宇宙精神是脱离任何物质关系、脱离任何个人和任何统治阶级利益的一种抽象的实体。这种实体同时也是一种主体,它不断地运动着,把自己外化出去并且从这种外化再返回到自身,人类社会发展的历史不过是绝对精神运动中的一个阶段、一个附属的因素罢了。这种精神观,在黑格尔逝世以后仍然牢固地统治着历史研究的领域。1835 年,施特劳斯出版了《耶稣传》,发挥了黑格尔在宗教哲学中已经指出的《圣经》中关于耶稣的一些故事只是神话传说的思想。不久,布鲁诺·鲍威尔起来反对该书中阐述的福音神话发生

---

① 《马克思恩格斯全集》第 26 卷(第 1 分册),人民出版社 1972 年版,第 296 页。

说，证明许多福音故事都是作者虚构的。当时，两人的争论是在"自我意识"对"实体"的斗争这一哲学幌子下进行的。之后，这一争论越出了宗教的界限，扩展为这样一个问题：在世界历史中起决定作用的力量是"实体"呢，还是"自我意识"？最后，又出现了施蒂纳，他用他的至上的"唯一者"压倒了至上的"自我意识"。这场延续多年的争论加速了黑格尔学说的解体。但是，争论各方都没有越出黑格尔思辨哲学的基地。甚至连费尔巴哈这样杰出的哲学家也不能摆脱这种影响。正如马克思和恩格斯所指出的："当费尔巴哈是一个唯物主义者的时候，历史在他的视野之外；当他去探讨历史的时候，他决不是一个唯物主义者。"①这样，当马克思和恩格斯一起创立唯物史观的时候，就不可避免地要对黑格尔以及作为"黑格尔哲学的支脉"而出现的施特劳斯、布鲁诺·鲍威尔、费尔巴哈、施蒂纳等人在历史研究中所奉行的唯心主义的精神观（具体表现为哲学观、伦理观、宗教观、政治观、法律观、艺术观等）进行彻底的清算。这一清算是通过《黑格尔法哲学批判》《论犹太人问题》《1844年经济学哲学手稿》《神圣家族》《德意志意识形态》等一系列著作完成的。尤其是《德意志意识形态》，从书名上看，就表明了马克思对精神问题的极度重视。事实上，在当时的历史条件下，不对扑朔迷离的精神现象作出科学的解释，不对德意志意识形态这个"奥吉亚斯牛圈"进行彻底的清理，唯物史观既不可能阐述出来，也不可能为无产阶级所接受，并成为他们的精神武器。正是在这样深刻的历史背景下，马克思提出了精神生产这一重要理论。具体动因可以归结为以下三点。

第一，从仿佛淹没一切的绝对精神背后拯救出历史活动的真正的主体——现实的人。马克思一针见血地指出，黑格尔的绝对精神是一种"超人的抽象精神"，而他的《逻辑学》不过是"精神的**货币**"②。在《德意志意识形态》中，马克思和恩格斯进一步批判了施蒂纳"根据历史材料来

---

① 《马克思恩格斯选集》第1卷，人民出版社1972年版，第50页。
② 《马克思恩格斯全集》第3卷，人民出版社2002年版，第317页。

证明精神的最高统治"的"全部戏法"。施蒂纳的"戏法"是：先把统治者的思想同统治者本身分割开来，从而承认思想或精神在历史上的统治；继而又通过"概念的自我规定"，在这些思想或精神之间建立某种神秘的秩序和联系；最后，为了消除这种"自我规定着的概念"的神秘的外观，又把它变成历史上代表着"概念"的许多人物——哲学家、思想家、思维着的人，而这些人又被规定为历史的创造者和统治者。正如马克思指出的："这样一来，就把一切唯物主义的因素从历史上消除了，于是就可以放心地解开缰绳，让自己的思辨之马自由奔驰了。"①马克思的精神生产理论正是为了消除这种忽视人（实际上是人民群众）的历史作用的唯心主义的精神观而提出的。可以毫不夸张地说，单是精神生产这一概念的提出，就已经孕育着精神观方面的一场革命。精神既然是被生产出来的，那就是说，它是受动的，在它后面必然有一个生产者，这个生产者也就是现实的人。"人们是自己的观念、思想等等的生产者，但这里所说的人们是现实的，从事活动的人们，他们受着自己生产力的一定发展以及与这种发展相适应的交往（直到它的最遥远的形式）的制约。"②这就是说，精神并不是超人的存在物，更不是历史活动的主体，精神是始终和人联系在一起，并由人生产和创造出来的。现实的人不仅是物质生产的主体，而且是精神生产的主体，总之，是一切历史活动的主体。可见，正是通过精神生产的理论，马克思把历史活动的真正的主体——现实的人从抽象的逻辑精神的重压下解放出来，从而揭去了笼罩在唯心主义精神观上的第一道灵光圈。

第二，从仿佛独立的、自我运动着的精神实体后面找出深藏着的物质关系。如前所述，根据黑格尔的唯心主义精神观，绝对精神是自我规定着、自我运动着的现实的存在物，而自然界和人类历史反倒成了抽象精神的产物，成了精神的环节即思想物。同样，当费尔巴哈把人类各个

---

① 《马克思恩格斯全集》第1卷，人民出版社1972年版，第55页。
② 同上书，第30页。

历史时期的交替仅仅看作宗教的变迁时，他丝毫没有离开黑格尔的立场。在《神圣家族》一书中，马克思借用"果实"这个一般观念，深刻地批判了这种本末倒置的精神观："思辨的理性在苹果和梨中看出了**共同的**东西，在梨和扁桃中看出共同的东西，这就是'**果实**'。具有不同特点的现实的果实从此就只是**虚幻**果实，而它们的真正的本质则是'**果实**'这个'实体'。"①在《德意志意识形态》中，马克思运用精神生产的理论来继续这方面的批判工作。在马克思看来，精神生产既然是一种生产，那就一定有生产的对象，有被加工的东西，这就是人们的社会活动和物质关系："意识一开始就是社会的产物，而且只要人们还存在着，它就仍然是这种产物。"②不是精神决定物质，而是物质决定精神，不是意识决定存在，而是存在决定意识。这就是蕴含在马克思精神生产理论中的根本思想。也正是从这一思想出发，马克思和恩格斯进而得出了下述结论：意识的一切形式和产物不是可以用精神的批判来消灭的，只有实际地推翻这一切唯心主义谬论所由产生的物质关系，才能把它们消灭。因此，"历史的动力以及宗教、哲学和任何其他理论的动力是革命，而不是批判"③。从这些论述可以看出，马克思恩格斯已不再满足于纯思想的批判，而是诉诸实践，诉诸革命，诉诸无产阶级的解放斗争。正是通过精神生产的基本理论，马克思告诉我们，所谓独立的精神实体是根本不存在的，精神现象始终依附于物质关系。正如精神生产归根到底由物质生产决定一样。这样一来，笼罩在唯心主义精神观上的第二道灵光圈被揭去了，唯物史观的最重要的基础被奠定了。

第三，从仿佛是普遍的思想或精神的背后，揭示出其鲜明的阶级属性。无论是黑格尔，还是布鲁诺·鲍威尔、施蒂纳或者费尔巴哈，当他们考察历史运动时，通常把统治阶级的思想和统治阶级本身分割开来，使这些思想普遍化，并把它们称作该时代的一般思想。他们无力透过精

---

① 《马克思恩格斯全集》第 2 卷，人民出版社 1957 年版，第 72 页。
② 《马克思恩格斯选集》第 1 卷，人民出版社 1972 年版，第 35 页。
③ 同上书，第 43 页。

神现象的错综复杂的外表洞见其阶级倾向。而下面两种情况又助长了他们的迷惑：一是统治阶级内部总是有两部分人，一部分是思想家，另一部分是从事实际活动的统治者。这两部分人常常发生分裂，甚至发展为某种程度的对立和敌视；二是每一个企图代替旧统治阶级地位的新阶级总是赋予自己的思想以普遍性的形式，把它们描绘成唯一合理的、有普遍意义的思想。马克思的精神生产理论也正是为分析、阐明这些问题而提出的。在马克思看来，精神生产既然是一种生产，那就需要有一定的生产资料。马克思把这种资料称之为"精神生产资料"。所谓"精神生产资料"，在当时的历史条件下，主要指用于出版书、报、刊物的纸张、印刷机、出版社等。如前所述，支配着物质生产资料的阶级，同时也支配着精神生产资料。所以，在每一特定的历史条件下，占统治地位的思想都不可能是整个时代、整个社会的思想，而只能是"那些使某一个阶级成为统治阶级的各种关系的表现，因而这也就是这个阶级的统治的思想"①。马克思从精神生产只能适应于物质生产这一根本规律出发，深刻地揭露出精神生产在阶级对抗的社会中所必然具有的阶级属性。正是这一重大的发现，为人们分析错综复杂的精神现象提供了指导性的线索。比如上面我们提到的统治阶级中两部分人的对立只具有相对的、从属的意义，一旦该阶级的统治受到威胁时，对立和敌视都会自行消失。另外，试图争得统治权的新阶级之所以以全社会的代表的身份出现，之所以赋予自己的思想以普遍的意义，一方面是为了获得其他受压迫阶级的支持，另一方面是因为这个阶级的利益在当时存在的那些关系的压力下还来不及发展为特殊阶级的特殊利益。可见，正是通过精神生产和精神生产资料与物质生产和物质生产资料之间的关系，马克思引导人们洞见了精神现象的阶级本质，从而揭去了笼罩在唯心主义精神观上的第三道也是最后一道灵光圈，使唯物史观的表述完全成为可能。

在《德意志意识形态》一书中，马克思主要阐述了物质生产最终决定

① 《马克思恩格斯选集》第 1 卷，人民出版社 1972 年版，第 52 页。

精神生产的根本原理，因为当时面临的主要任务是对唯心主义的精神观作出透彻的分析和批判。在《政治经济学批判（1857—1858 年草稿）》和《剩余价值理论》这两部著作中，马克思在阐述这一根本原理的同时，又强调了精神生产和物质产生的"相互作用"，强调了精神生产的能动性。由此可见，马克思的精神生产的理论是完整的、全面的，我们不应该片面地加以理解。

三、研究精神生产理论的重要意义

如果说，马克思在一百多年前提出精神生产的理论有着深刻的历史意义的话，那么，我们今天重提马克思的这一理论，并主张对它开展深入的研究，对加强社会主义精神文明的建设也是有积极意义的。

首先，马克思关于精神生产和物质生产相互作用的论述使我们懂得，物质文明（物质生产的产物）和精神文明（精神生产的产物）也处在不可分割的联系中。一方面，社会主义精神文明的建设归根到底要以发展社会主义的物质生产为前提，同时，由于物质生产对精神生产的作用总是通过交往关系或生产关系的中介而发生的，这就要求我们在大力发展物质生产的同时，也要切实地改革、调整社会主义的生产关系，使之为精神文明的建设和文化生活的繁荣创造条件。另一方面，我们又要充分看到精神生产对物质生产的反作用，要充分利用现有的精神生产资料，特别是电影、电视、广播、出版等，大力宣传马克思主义，努力发展科学、教育、文化艺术等精神生产部门，以便为现代化建设提供强大的思想动力。

其次，马克思关于精神生产和物质生产发展不平衡的论述使我们明白，科学、教育、艺术、哲学等事业的发展有一定的相对独立性，有自己的特殊规律。我们应当重视和研究社会主义精神生产的规律，发扬民主，坚持双百方针，切实提高社会主义的精神生产力。

最后，由于在社会主义社会内仍然存在着精神劳动和物质劳动的分工，广大知识分子就必然成为精神生产的骨干力量。要发展社会主义的精神文明，就一定要保证党的知识分子政策的贯彻和落实，使他们肩负起提高全民族思想觉悟和科学文化水平的重任。总之，只要我们坚定地遵循马克思精神生产的基本理论前进，我国社会主义精神文明的建设一定会出现空前繁荣的局面。

道德实践应列为社会实践的
基本内容之一①

　　道德实践是人们在一定的道德观念支配下从事的实际活动。按理说，它应该是社会实践的一个重要组成部分。但长期来，它却一直被排斥于社会实践概念的内容之外。之所以出现这种情况，主要有以下三个方面的原因。

　　第一，人们常常把道德意识上的修养和道德实践这两个不同的概念混同起来，把道德实践看作修身养性的精神活动。其实，两者是有严格区别的，前者仅仅是主观方面的精神活动，而后者则是主观见之于客观的感性活动。当人们还没有把自己的道德观念付诸行动的时候，道德实践是不存在的，相反，当人们依据一定的道德观念去行动的时候，不管它们承认与否，这都是道德实践。众所周知，黑格尔是用"善"来称呼道德实践的。列宁评价说："实质：'善'是'对外部现实性的要求'，这就是说，'善'被理解为人的实践＝要求(1)和外部现实性(2)。"②在列宁看来，道德实践之属于社会实践是不言而喻的，列宁反对的

---

① 载《求索》1984 年第 4 期，第 58—59 页。——编者注
② 列宁：《哲学笔记》，人民出版社 1960 年版，第 229 页。

只是把社会实践全部归结为道德实践的狭隘的做法。

第二，人们通常把道德实践看作脱离社会的、纯粹个人的活动，认为它缺乏社会性，因而不属于社会实践。这种看法同样是站不住脚的。要知道，道德是调整人与人之间以及人与社会之间的关系的行动规范的总和，因此，任何道德实践都直接地或间接地体现着社会关系，都不可避免地具有社会性。事实上，在任何社会形态里，任何个人都不可能去从事脱离社会的纯粹个人的道德活动。马克思在批判费尔巴哈时曾经指出："**直观的**唯物主义，即不是把感性理解为实践活动的唯物主义，至多也只能做到对'市民社会'单个人的直观。"①所以谁如果把道德实践理解为孤立的、纯粹个人的活动，实际上就是停留在直观的唯物主义的立场上。

第三，不少人认为道德实践已经包含在三大实践（生产斗争、阶级斗争和科学实验）中，没有必要把它作为一项单独的实践活动提出来，有人甚至主张干脆把道德实践并入阶级斗争的范围之内，这种看法是偏颇的。诚然，道德实践有和三大实践相互渗透、相互联系的一面，但也有自己相对独立的一面。比如说，人们在爱情、友谊、家庭等方面的道德实践就不属于生产斗争和科学实验的范围，更不能轻易地归之于阶级斗争。马克思主义认为，在阶级社会中，"道德始终是阶级的道德"②，但又指出，道德实践不能简单地归结为阶级斗争的实践，因为在未来的共产主义社会，在阶级彻底消灭之后，道德还将存在下去，而且只有在那时，"真正人的道德才成为可能"③。可见，三大实践是不能取代道德实践的。

---

① 《马克思恩格斯选集》第 1 卷，人民出版社 1972 年版，第 18 页。
② 恩格斯：《反杜林论》，人民出版社 2018 年版，第 99 页。
③ 同上。

应当重视辩证法三大规律
在伦理学研究中的作用①

本文的主旨在于阐明辩证法三大规律在伦理学研究中的重大作用，以便丰富伦理学的方法理论，从而促进伦理学研究的健康发展。

一、对立统一规律在伦理学
研究中的作用

首先，对立统一规律作为最高层次的规律为我们通常使用的伦理学方法，即历史的方法、阶级分析的方法和理论联系实际的方法提供了理论基础。根据对立统一规律，矛盾是一切事物发展变化的源泉和动力，人们的道德意识也正是如此，一方面，它和一定的社会条件，尤其是社会经济关系处在矛盾的关系中；另一方面，它本身也包含着各种对立的、相互矛盾的道德观念。主要由于这两方面的矛盾的作用，才使道德意识表现为历史现象，处在不断的发展和变化之中，从

① 原载《伦理学与精神文明》1984 年第 4 期，第 8—10 页。收录于俞吾金：《文化密码破译》，上海远东出版社 1995 年版，第 299—304 页。——编者注

而使我们运用历史分析的方法，即结合不同历史时期的社会条件来探求道德发生、发展的内在规律的方法成为可能。在阶级对抗的社会中，道德意识和伦理学说内部不同观点的冲突和矛盾归根结底反映着不同阶级的利益或要求，表现着一定的阶级关系和阶级矛盾。正因为这个缘故，我们对阶级社会中的道德意识的研究必须采用阶级分析的方法。同样，正因为道德意识由于上述矛盾的作用而处在不断的发展变化中，这就要求我们在伦理学研究中也必须采用理论和实际相结合的方法，不但要领会、掌握马克思主义的伦理学说，而且要从实际出发，运用这一学说来研究新材料新情况，从而丰富和发展马克思主义的伦理学说。

其次，对立统一规律为我们辩证地阐述道德范畴的本质提供了指导思想。我国目前出版的伦理学著作一般都把义务、良心、荣誉、幸福列为基本的道德范畴，并且习惯于就这些范畴本身的规定性来孤立地考察这些范畴。要克服这种片面地理解道德范畴的倾向，就应该把与这些道德范畴相对立的另一些道德范畴一起引进来加以研究。具体地说，就是把义务与权利、良心与恶念、荣誉与耻辱、幸福与痛苦辩证地结合起来加以探讨。既然我们承认善与恶是一对既对立又统一的道德范畴，为什么又不把对立统一的思想引入上述各对道德范畴的研究中去呢？

最后，对立统一规律为我们正确地理解道德评价中的行为善恶的问题和动机效果的关系问题提供了根本的方法。在马克思之前对善恶关系作出最深刻的分析的是黑格尔。黑格尔分别把善恶看作意志的肯定方面和否定方面，认为它们是相互依存，不可分割地联系在一起的："恶也同善一样，都是导源于意志的，而意志在它的概念中既是善的又是恶的。"[①]黑格尔还进一步肯定了恶的历史作用。在《反杜林论》《费尔巴哈与德国古典哲学的终结》等著作中，恩格斯批判并剔除了黑格尔善恶观中的唯心主义成分，充分肯定并发挥了其中的辩证法因素。这就告诉我们，只有运用对立统一规律来把握善恶之间的内在联系，才不会像杜林

---

① ［德］黑格尔：《法哲学原理》，范扬、张企泰译，商务印书馆1961年版，第145页。

那样把善恶看作绝对对立和不变的东西，才能在道德评价中作出正确的判断。

动机和效果的关系也一样。在伦理学史上，有些著名的哲学家正由于不能运用对立统一的方法来看待这一关系，所以常常陷入片面的"动机论"或"效果论"的错误之中。黑格尔看到了动机和效果之间的统一。但他解决这一关系的出发点始终是错误的，马克思主义的经典作家则不是从绝对理念出发，而是从实际出发来阐述两者之间的关系。毛泽东同志说："唯心论者是强调动机否认效果的，机械唯物论者是强调效果否认动机的，我们和这两者相反，我们是辩证唯物主义的动机和效果的统一论者。"①可见，只有牢牢地掌握对立统一规律，才可能对动机与效果的关系问题作出正确的分析，从而使道德行为的评价问题得以健康地开展。

二、量变质变规律在伦理学研究中的作用

首先，量变质变规律为我们研究错综复杂的道德现象提供了极为重要的方法。我们以往的研究都比较重视道德现象的质的方面，即注重对道德现象做定性的分析。具体做法是：（1）比较重视用阶级分析的方法来说明某些具体的道德现象的来龙去脉和阶级倾向；（2）比较重视对某些典型的道德现象（好的或是坏的）做集中的分析。这些方法固然是需要的，但与此同时，我们也应该重视对道德现象进行定量的分析和研究。这在社会主义社会中具有特别重要的意义。比如，就一个学校、一个工厂或任何其他类型的单位而言，其普遍的道德水准究竟如何，光靠定性分析是反映不出来的。量变质变规律告诉我们，质和量是紧密相关，不可分割地统一在一起的，只讲量不讲质固然不行，但只讲质不讲量同样

---

① 《毛泽东选集》第 3 卷，人民出版社 1991 年版，第 868 页。

不行。在定性分析的基础上，注重定量分析，有助于我们大兴调查研究之风，掌握丰富的材料，从而在这些材料的基础上科学地总结、阐发道德发展的规律。

其次，量变质变规律也为我们重视道德教育问题提供了理论依据。正是通过持久的、各种形式的道德教育活动，才使共产主义道德逐步积累起来，并转化为英雄人物的内在道德品质和坚定的道德信念，从而使他们敢于在关键时刻毫不犹豫地践行自己的道德观念。如果从方法论上加以总结，就会发现，道德教育正起着"量"的积累的作用，正是在这种一点一滴积累的基础上，人们的道德观念在质上发生了变化和升华。反之，放松道德教育，就会使坏的道德意识乘虚而入，从而使良好的道德风气发生蜕化。无论是正面的还是反面的教训都告诉我们，共产主义道德教育是一刻也不能放松的。只有从实际出发，采用各种可行的方式，深入、广泛、持久地开展道德教育，才能使共产主义道德观念深入人心，使人们的道德水准有普遍的提高。

最后，量变质变规律使我们足以对道德行为的"度"的问题引起充分的重视。从伦理学发展史上看，许多哲学家都注意到了这个问题。比如，亚里士多德认为："我们首先必须注意，过度与不及，均足以败坏德行。"①他举例说，饮食就有一个度的问题，过多或过少都会损害健康。他反对走极端，主张"适度""中道"。过去，人们总是片面地指责亚氏的这一理论是中庸之道，这显然是不公正的。平心而论，亚氏关于道德行为变化中的"适度"问题不仅充满着朴素的辩证法思想，而且实际上也提出了伦理学研究中必须注意的重大的课题。在亚氏之后重视这个问题，并且从方法论上给予深刻说明的哲学家，首先要推黑格尔。黑格尔在叙述量变超出度而引起质变的思想时，特别强调指出，这不是学究式的玩笑，而是"于实际生活，特别是对伦理关系也异常重要"②。"在道

---

① 周辅成：《西方伦理学名著选辑》（上），商务印书馆 1964 年版，第 293 页。
② 黑格尔：《小逻辑》，贺麟译，商务印书馆 1980 年版，第 237 页。

德方面，只要在'有'的范围内来加以考察，也同样有从量到质的过渡；不同的质的出现，是以量的不同为基础的。只要量多些或少些，轻率的行为会越过尺度，于是就会出现完全不同的东西，即犯罪，并且，正义会过渡为不义，德行会过渡为恶行。"①这就告诉我们，度的问题始终是道德行为评价中的重要问题。"度"的思想也为人们进行道德实践时防止各种片面化的倾向提供了指导思想。

三、否定之否定规律在伦理学研究中的作用

首先，否定之否定规律为道德遗产继承问题的科学解决提供了方法论基础。根据否定之否定规律，辩证的否定既不是排斥一切、抛弃一切的虚无主义，也不是保留一切，毫不触动旧东西的折中主义、调和主义，辩证的否定是质变，是扬弃，是包含肯定内容的否定，是作为联系环节的否定。从辩证的否定观出发，我们就必然对人类的道德遗产采取批判继承即扬弃的态度。我们会通过历史的、辩证的分析，小心地剔除几千年来道德遗产中的糟粕，而继承、发展其优秀的成分，反对道德遗产继承问题上形形色色的错误理论，特别是虚无主义理论。

其次，否定之否定规律也为我们重视和研究各种新出现的道德观念、道德范畴提供了理论依据。根据否定之否定规律，任何事物内部都包含着肯定方面和否定方面。前者维持现状，而后者则力图打破现状，并通过和前者的矛盾运动推动事物向前发展。人们的道德观念也同样包含着这两个方面。从这一思想出发，我们就不应当把历史上已经提出的某些道德范畴和目前我们正在使用的一些道德范畴看作绝对的、一成不变的东西，而应当清醒地意识到，道德观念、道德范畴在其自身的否定因素的作用下始终不断地运动着、变化着、发展着。特别是在社会主义

① ［德］黑格尔：《逻辑学》（上），杨一之译，商务印书馆1966年版，第405页。

社会里，人们的经济生活和人与人之间的经济关系发生了根本的改变，这就为新的伦理现象，新的伦理观念，新的伦理规范和范畴的出现创造了极好的条件。比如，近年来在青年中出现的举办集体婚礼的活动，就是一种旧社会从未有过的崭新的伦理现象。对这种现象如何从理论上进行概括、总结，并提炼出与之相适应的道德范畴，这正是我们需要加以研究的。

最后，否定之否定规律也为我们合理地阐述道德发展的历史规律提供了基本的方法。和对立统一规律与质变量变规律不同的是，否定之否定规律更富于历史感，它能指导我们在较长的历史时期中去揭示道德发展的规律。根据这一规律，事物的发展变化总是表现为否定之否定的曲折的过程。在发展的高级阶段上，总是在一定程度上重复着低级阶段的特征。比如，卢梭在《论人类不平等的起源和基础》中阐发了他的平等观。他认为，原始状态的人是平等的，但这种平等后来又被奴隶社会和封建社会的极端不平等所取代，而这种不平等在资本主义兴起后，又被更高级的契约的平等所否定。恩格斯认为，卢梭描绘的平等观的发展过程正是一个否定之否定的过程。恩格斯关于平等观的论述为我们分析各历史时期的道德观念的变化规律提供了榜样。对于马克思主义伦理学说，光是简单地按历史秩序来解释各种道德观念的发展还是不够的，还要善于把不同历史时期的道德观念和范畴进行比较研究，以便在较长的历史中揭示其宏观的发展规律，从而在这一基础上建设起伦理学史这门重要的学科。

综上所述，辩证法的三大规律在伦理学的研究中起着极为重要的作用。它们从不同角度指导着我们去分析、研究各种道德现象，总结道德意识发展的规律。

1985年

略论道德评价与历史评价的关系^①

用政治评价吞并道德评价和历史评价是不公道的，在进行道德评价时，首先要问是以封建主义的、资产阶级的，还是无产阶级的道德标准在评价，要普遍提高人们在道德评价中的水平，就必须继续批判封建主义的伦理思想。

一、问题的提出

神话常常是哲学思考的起点。在希腊神话中，有一个有趣的故事：一个名叫普鲁克拉斯提斯的强盗总是守在路边，迫使每个过路人都躺到他所设置的一张特殊的床上去，如果过路人的身体比床长，就把他的腿锯掉，如果太短，就把他拉长。在读这个故事时，人们都觉得普鲁克拉斯提斯是一个别出心裁而又蛮横无理的人物。但深入思考下去就会发现，每个人心中都有一个普鲁克拉斯提斯。区别在于，人们度量周围世界和人、物的，不是物质之床，而是精神之床，即人们心中的一定的评价标准或评价尺度。

---

① 原载《文汇理论探讨(内稿)》1985 年第 7 期，第 3—10 页。收录于俞吾金：《俞吾金集》，黑龙江教育出版社 1995 年版，第 3—10 页。——编者注

从这个角度去透视生活，就会发现生活是由一系列评价活动构成的。当人们在谈论周围的人、物或事件时，实际上都自觉或不自觉地在进行评价。凡有人的地方都有评价，评价涵盖一切，渗透到社会生活的每个细胞之中。就对人的评价而言，形式更为多样。从一个基层单位里对先进人物的推选到对申请入团、入党的对象的考察，从干部的任用到第三梯队人员的确定，无一不体现着对人的评价。而在现今的评价中，大量出现的则是道德评价和历史评价。

尤其值得引起人们注意的是，我国正处在经济体制改革的伟大的社会革命中。这场革命的冲击波正震撼着人们的心灵，引起了人们的价值观、道德观和历史观的深刻的变化，从而也必不可免地引起人们的评价标准或评价尺度的深刻的变化。特别是一些改革型人物的沉浮，集中反映出不同评价标准之间的激烈冲突。

这样一来，道德评价和历史评价的关系问题也就成了哲学思考的重大课题。对这个课题的思考、探索、讨论和解答必将对现实生活产生重要的指导作用。

二、历史的考察

如果说历史是一种评价的话，那么，评价也必然表现为一个历史的过程，换言之，在不同历史时期的评价标准之间，存在着重大的差异。

从 20 世纪 50 年代末到党的十一届三中全会前，由于"左"的思想的影响，人们把全部评价都归结为一种评价——政治评价。在当时的历史条件下，道德评价和历史评价虽然存在，但不过是政治评价的附庸，换言之，政治评价吞并了道德评价和历史评价。而政治的核心内容是阶级斗争为纲，也就是说，政治评价的核心是阶级立场的评价。那时看一个人，最重要的就是政治表现或阶级斗争的觉悟，其他问题则一概视为小节置于一边。党的十一届三中全会提出了把党的工作中心转移到经济建设上来的伟大决定，这一决定使人们的评价标准发生了根本性的变化。由于阶级斗争为纲的口号不提了，原来意义上的极左的政治评价就成了一个空壳，渐渐退隐下去。于是，道德评价和历史评价的重要性日益显露出来，并获得了独立的地位。如果说不少刊物报纸上的"道德法庭"专栏的出现是道德评价重新振兴的一个象征的话，那么，对科学技术、知识和人才的普遍重视则是历史评价重新崛起的标志。

总之，在当前的新的历史条件下，不仅道德评价和历史评价的地位日益突出，而且这两者之间的关系也成了人们日益关心的课题。

三、意义的分析

所谓道德评价，也就是用一定的道德观念，特别是善恶观念去评价周围的人和事件。在哲学的眼光看来，最令人困惑的现象莫过于概念、观念和现实的分离或不一致。在道德评价中最值得注意的问题是，有些人把封建主义的、资产阶级的道德观念误认为无产阶级的、社会主义的道德观念而加以坚持。

以列夫·托尔斯泰的《安娜》为例，不少读者在读这部小说时，都把同情的目光投向了卡列宁而不是投向安娜。当他们这样评价的时候，自认为是坚持了正确的评价标准，实际上，他们的评价标准仍然没有超出旧的封建的道德观念的窠臼。

例子充分表明，抽象地谈论道德评价是容易的，但要正确地实践它却非易事。

所谓历史评价，就是对周围的人和事件的历史作用（进步还是后退）作出评价。这个评价标准看起来是很简单的，其实是很复杂的问题。首先，有一个站在什么样的立场上来做历史评价的问题。如果站在旧事物的立场上，那就必然会觉得一切新事物都是格格不入的，反之，站在新事物的立场上，就会作出截然不同的历史评价。

其次，历史评价还有一个目前和长远、局部和全局的关系问题。不能简单地以成败论英雄，在成功和进步、失败和倒退之间画等号。试以苏联电影《第二梯队在行动》为例。从影片的开头就可以预见到，一个月试验的结果不可避免地会失败，事实上，当上级规定试验在一个工厂中进行，并且只有一个月的期限时，它的悲剧性的结果已经蕴含在这一计划中了，因为改革并不能一蹴而就，它是全局性的、长期而艰巨的革命。从眼前看，这一试验虽然失败了，但从长远看，它的进步的历史作用是不可否定的。反之，也有另一类现象。比如，假设某个地区采用围湖造田的方法获得大量的土地，从而大幅度地提高了粮食的产量。如果光从这个地区来看，必然会得出围湖造田具有进步的历史作用的结论，但从周围的乃至更大的地区的范围来看，人们发现这个地区的围湖造田破坏了生态平衡，从而对其他地区的环境产生了严重的影响。这就是说，在局部范围内有意义的事件，在全局范围内并不一定有意义。总之，历史评价既不能坐井观天，以眼前的利益为转移，也不能偏于一隅，以局部的得失为归依，必须立足全局，立足长远的利益，才可能对具体的历史人物和事件作出正确的评价。

总的看来，道德评价和历史评价都是具体的，不存在一个先验的，到处可以搬用的固定不变的模式。在这两个评价的运用中，必须坚持具体问题具体分析的原则。

四、复杂的关系

现在我们来看看道德评价和历史评价之间的关系。

在马克思主义之前，对这两大评价的关系的认识主要有两种观点。一种观点以康德为代表，把道德观念从而也把道德评价看得高于一切。康德主张，除了天上的星斗以外，人内心的出于理性的绝对命令的道德观念是最崇高的。康德的道德学说力图强化并提高人们的道德责任，在这方面，它的价值是不朽的，影响是永恒的，但他提倡的绝对命令和善良意志还是太理想化了，因而显得苍白无力。由于康德无限地重视道德评价的作用，也就把历史评价完全置于从属的地位上。

另一种观点的代表人物是黑格尔，黑格尔虽然也是唯心主义者，但他的思想却深深地扎根于现实的土壤中。他把康德的从单个人出发的道德改变为从整个市民社会出发的伦理，正是基于这样的现实的考虑，他特别重视历史评价的作用，把道德评价看作一种从属的、次要的东西。他认为，历史就是由观念和情欲的经纬线交织而成的，并主张代表时代精神的伟大历史人物在前进时，可以蹂躏无辜的小草。

道德评价(善恶)与历史评价(进步或倒退)冲突的结局就是悲剧。悲剧的全部意义在于，从旧的道德评价的角度看来是恶的东西，同时又是历史进步的杠杆，又是在历史评价中应予肯定的东西。黑格尔在谈到苏格拉底之死时，就说过："他的遭遇并非只是他本人的个人浪漫遭遇，而是雅典的悲剧，希腊的悲剧，它不过是借此事件，借苏格拉底而表现出来而已。"①

马克思主义创始人批判地继承了整个德国古典哲学，尤其是黑格尔的哲学思想，从而对上述两大观点进行了历史性的综合。根据马克思主义的观点，道德评价和历史评价是紧密地联系在一起的，其中历史评价始终起着基础的、主导的作用。这不仅因为道德是从属于上层建筑的，而历史则是实际生活，正是这种实际生活制约着人们思想的一般意向，还因为任何道德观念本身也处在历史发展的洪流中，这就是说，道德评价在一定程度上可以通过历史评价来加以透视。马克思主义创始人关于奴隶社会比原始社会进步的观点，关于资产阶级反封建的革命作用的分析，都表明了他们对历史评价的高度重视。在肯定历史评价的主导作用的前提下，马克思和恩格斯又充分肯定了道德评价的必要性，并主张在

---

① 黑格尔:《哲学史讲演录》第 2 卷，贺麟、王太庆等译，商务印书馆 1960 年版，第 46 页。

现代社会的三大道德(基督教的封建主义道德、资产阶级道德和无产阶级的道德)中,"现在代表着现状的变革、代表着未来的那种道德,即无产阶级的道德,肯定拥有最多的能够长久保持的因素"①,从而主张,在道德评价中,必须坚持无产阶级的道德评价标准。无产阶级虽然和封建主义者一样从道德上谴责资产阶级,但他们谴责的方向正好相反。前者是站在更先进的时代需要的立场上,后者则是为了使历史开倒车。

五、简短的结论

从上面的探讨中,我们可以引申出如下的结论。

第一,历史评价是基本的,这是从马克思主义的唯物史观中必然引申出的结论。用这一眼光去透视现实生活,特别是去评价改革型人物和改革中发生的各种事件,我们首先关心的是在整个改革的全局和长远的利益中,这些人和事件所起的历史作用。是进步的,就要肯定和发扬;是退步的,就要否定和摈弃。这是我们进行正确评价的基本出发点。

第二,在历史评价的基础上,我们也必须充分肯定道德评价的重要性和必要性。我们反对尼采的非道德主义,反对用历史评价去吞并道德评价。但我们坚持认为,在进行道德评价时,一定要认真思索一下:究竟我用以评价周围的人和事件的道德标准是封建主义的、资产阶级的,还是无产阶级的。无疑,我们应该坚持的是无产阶级的、社会主义的道德标准。从这样的视界出发,道德评价才可能真正是高瞻远瞩的。在评价人物时,我们常讲"德才兼备"。"德"和"才"就大致上对应于道德评价和历史评价。问题是"德"的具体内容,究竟是一个唯唯诺诺,善于搞好各方面关系的人更有德?还是一个敢于坚持自己的正确意见,敢于进行批评和自我批评的人更有德?这样的问题在理论上是容易回答的,正如

---

① 恩格斯:《反杜林论》,人民出版社 2018 年版,第 98 页。

一句法国谚语所讲的，人人都在别人身上主持公道，但一牵涉到评价者本人的利益，情况就复杂得多了。显然，要达到那种道德评价和历史评价的综合观点绝非易事，读一读马克思的《路易·波拿巴》就会明白，这不仅需要辩证法的卓越艺术，而且需要艰苦的研究和深刻的洞察。

第三，要普遍地提高人们在道德评价中的水平和素质，就要继续批判封建主义和资本主义的道德观念。从我国的具体国情来看，批判封建意识，特别是封建伦理思想是一项长期的、艰巨的工作。

总而言之，道德评价和历史评价的关系问题是一个重大的课题。运用马克思主义的观点予以正确的回答正是哲学必须向生活递交的一份答卷。

开创比较马克思主义的研究①

一、问题的提出

我国是以马克思主义为指导思想的国家。无论是四化建设的实际，还是经济体制改革的实践；无论是精神文明的建设，还是理论研究、教学改革的需要，都向我们提出了一个亟待解决的严峻的课题：在当前的历史条件下，如何学习、宣传、运用马克思主义的学说？如果换一种说法，也就是马克思主义的研究如何现代化的问题。

对这个重大的问题，许多理论工作者、宣传工作者和教学工作者都在认真地思索，并提出了许多积极的建议和设想。然而从全局上来透视，这些思想是破多于立的，并且是零星的，更多地拘泥于细节和具体问题的。笔者认为，要从根本上推进上述问题的解决，就既不能停留于一般的号召，也不能满足于细节上的改革，必须建立一

① 原载《解放新论(未定文稿)》1985 年 9 月 18 日。收录于俞吾金：《寻找新的价值坐标——世纪之交的哲学文化反思》，复旦大学出版社 1995 年版，第 295—300 页。——编者注

门新的学科，即比较马克思主义。

比较马克思主义的宗旨是通过对现代世界各国的形形色色的马克思主义学派的比较研究，站在现实的高度上丰富并加深对马克思主义学说的理解，激发回答现实问题的灵感。当我们这样做的时候，我们实际上正在使马克思主义的研究现代化，或者至少可以说，在这方面迈出了具有重要意义的一步。建立起比较马克思主义这门新学科，也就在前进的道路上确立起一块界碑，一个明确的努力目标。这样，我们关于哲学改革的许多零星的、具体的设想就在这门学科中被条理化、科学化并被积淀下来了。更富有意义的是，比较马克思主义这门新学科的建立，将为我国的马克思主义研究走向世界，跻身于最先进的行列创造条件。

二、关于可行性的思考

现在让我们来做显微镜下的考察。先来看看，"比较马克思主义"这个概念本身是否可行。必须指出在这一概念中出现的"马克思主义"实际上指的是马克思主义的各个流派。严格的本来意义上的马克思主义只有一个，那就是马克思和恩格斯的全部著作。当马克思和恩格斯去世以后，列宁是马克思主义的最权威的解释者和实践者，而当列宁去世以后，毛泽东同志和中国共产党成了马克思列宁主义学说的最受重视的解释者和实践者之一。但与此同时，我们也必须看到，各国的革命者和理论家在不同的历史条件和不同的国情的基础上，形成了对马克思主义学说的不同的理解。各种各样的马克思主义流派相继出现。如果把马克思和恩格斯的全部著作视作被理解的对象的话，那么各种各样的马克思主义流派就是对对象的理解。后者并不等于前者，但前者的意义必须从后者中显露出来。因此，我们这里说的"比较马克思主义"，并不是说，马克思和恩格斯创立了各种各样的可供比较的马克思主义，而是说，在马克思与恩格斯逝世以后，尤其在列宁逝世以后，对马克思主义的理解和解释存在着多种多样的模式，在这些不同的模式之间进行比较是有意义的。

有人也许会问，既然比较是在马克思主义的各个流派中进行的，为什么不把这门新学科命名为"比较马克思主义流派"呢？这里有两个原因：一是"比较马克思主义流派"这一提法比较冗长，不如"比较马克思主义"简洁，实际上，在"马克思主义"前冠以"比较"一词，也已经限定了"马克思主义"的含义，它只可能指称各种各样的马克思主义学派，因为严格意义上的马克思主义只有一个，不存在进行比较的问题，比较只能运用于两个以上的对象。二是称马克思主义学派为"马克思主义"的做法也已约定俗成，无可厚非。如"西方马克思主义"就是西方国家，尤其是西欧各国马克思主义学派的一个总称，有些具体的学派也以"马克思主义"自居，如"结构主义的马克思主义""存在主义的马克思主义""新弗洛伊德主义的马克思主义""新实证主义的马克思主义"等，即使它们不这样称呼自己，别人也会这样称呼它们（本文限于题旨，在这里不对这些学派做具体的分析和批判）。在我国的马克思主义研究中，虽然谈不上有什么学派或主义，但也存在性质上类似的情形。举例来说，一个哲学工作者写了一部专著，书名叫《马克思主义哲学原理》，大家看后并不觉得奇怪。严格地讲，书名似应改为《我对马克思主义哲学原理的理解》，至于这种理解在多大程度上合乎马克思主义的全部著作所蕴含的哲学原理，这并不是由哪个人说了算，而是必须通过学术争论来解决。好在这一切都已约定俗成，谁也不会把某个研究者撰写的关于马克思主义的专著，看作马克思主义创始人本人的著作，因此，"比较马克思主义"的提法也就是切实可行的了。

有人也许还会担忧地问："建立比较马克思主义的新学科，会不会影响马克思主义在我国的指导地位呢？"我们的回答是否定的。马克思主义作为科学的世界观之所以拥有巨大的真理性和强大的生命力，是因为"它并没有抛弃资产阶级时代最宝贵的成就，相反地却吸收和改造了两千多年来人类思想和文化发展中一切有价值的东西"①。在当代，对马克思主义的学习、宣传、研究也不能脱离世界文化发展的总潮流。毛泽东曾多次批评过那种"单打一"的观点。事实上，这种在思想上封闭的"单打一"的做法反而会危及马克思主义的生命力和指导地位。马克思主义的研究也必须"开放"，必须加强和世界文化潮流的接触与交流。建立比较马克思主义的新学科正旨在加强这种交流和接触，以便从中吸取一切有价值的东西，在实践中不断丰富和发展马克思主义。只有这样做才是积极的，才能真正维护马克思主义的指导地位。因此，开展比较马克思主义的研究正是为了坚持和加强马克思主义的指导地位。

建立比较马克思主义的新学科，不仅是可行的，而且是迫切的。因为各种马克思主义流派的存在不是一个理论问题，而是一个现实问题。许多当代的马克思主义的研究者，如列斐伏尔、伽罗蒂、弗兰尼茨基等都意识到了这个问题，并把它提出来了。同样，对各种马克思主义流派进行比较研究，也不是一个理论问题，而是一个现实问题。在我国马克思主义研究者撰写的专著或论文中，经常可以找到这种比较的痕迹。全部问题在于，这些比较还是零星的、不自觉的。只有有意识地把这种比较研究上升为一门学科，这方面的研究才可能系统化、科学化。

就马克思主义研究的力量而言，我国是比较雄厚的。我们有一支人数众多的理论队伍，其中既有学术上造诣很深的老专家，也涌现出了不少思想活跃、基础扎实的中青年理论工作者。这就为比较马克思主义的研究提供了有利条件。

总之，开创比较马克思主义的研究是切实可行的，它将对我国各方面的工作产生积极的、深远的影响。

---

① 《列宁选集》第4卷，人民出版社2012年版，第890页。

三、设想与建议

现在该讨论比较马克思主义这门学科本身的一些情况了。关于这门学科的宗旨，我们在前面已经论及，这里就不再重复了。下面主要讨论这门学科的性质、研究对象和方法。

比较马克思主义应是比较文化中的一个分支学科，但它是一个极为重要的分支学科。它本身又可进一步作出如下的划分：

	比较马克思主义哲学
比较马克思主义	比较马克思主义经济学
	比较马克思主义社会学

在这里需作出说明的是，"比较马克思主义社会学"中的"社会学"不是通常意义上的社会学，而是关于社会主义的理论和实践。在这方面进行比较研究，对于在实践中丰富和发展马克思主义的科学社会主义理论说来，是极为必要的。

比较马克思主义的三个部分是密切联系、不可分割的，它们的关系既体现了马克思主义的主要来源，也体现了它的科学性和完整性。

比较马克思主义的主要研究范围和对象是：对列宁逝世以后，即从20世纪二三十年代起开始形成的各种马克思主义学派、思潮和有影响的观点进行比较研究。当然，在进行这样的比较的同时，也不可避免地要涉及马克思主义学说内部的比较，如青年马克思和晚年马克思的比较，马克思主义创始人在不同历史时期的观点之间的比较等。外在的横向的比较是和内在的纵向的比较紧密联系在一起的。也只有这样去理解，比较的方法才能获得丰富的含义。

比较马克思主义的主导性方法是比较。这种方法主要有以下四种具体的形式：

1. 以学派为对象进行比较

2. 以人为对象进行比较

3. 以观点为对象进行比较

4. 以地区或国家为单位进行比较

在这四种具体的方法中，第一种是基本的，第三种是实质性的，因为所有的比较归根结底都是观点的比较，就第四种具体方法而言，涉及的主要区域和国家是：苏联、东欧各国、中国、西欧各国等。

这是笔者关于比较马克思主义这门新学科的初步设想，本文只是起一个抛砖引玉的作用，目的是促使理论界正视这个问题，有必要时，还可开展讨论以求得比较一致的意见。

中国是以马克思主义为指导思想的国家，这是我们自始至终都必须加以坚持的。中国理应走在马克思主义研究的前列，作出无愧于我们这个伟大民族的巨大的贡献。

我们孜孜以求，我们翘首以待。

1986年

哲学基本问题所蕴含的方法论问题①

大约一个世纪以前，恩格斯在他的《路德维希·费尔巴哈和德国古典哲学的终结》中，明确地提出了全部哲学，特别是近代哲学的基本问题。对哲学基本问题的这种提法，严格地廓清了唯物主义和唯心主义、可知论和不可知论的分野，对哲学以及哲学史的研究产生了深远的影响。

这一卓越的思想，不仅是哲学发展的巨大成果，而且是对哲学发展的科学抽象。由于这一抽象，各派哲学的对立及其斗争被更加深刻地把握住了。

然而，值得注意的是，在对哲学基本问题的理解中，往往出现某种简单化和片面化的倾向，以为只要把某种哲学思想简单地还原为唯物主义和唯心主义，就已经从假象中获得了真理。

造成这种倾向的基本原因在于不理解哲学基本问题的全部含义。本文试图根据恩格斯的提示和哲学发展至今的历史，对哲学基本问题做一历史反思。这个探讨所由出发的两个问题是：第一，如何准确地理解、阐释、运用哲学基本问题

---

① 本文作者为吴晓明、俞吾金、欧阳光伟，载《中国社会科学》1986 年第 1 期，第107—124 页。——编者注

的理论？第二，哲学基本问题本身是否也有一个不断丰富、发展和完善的问题？不难看出，第二点是更加重要、更加深刻的问题。我们的见解是，必须在丰富和完善的意义上坚持哲学基本问题的理论，必须把人们通常对哲学基本问题仅仅从世界观、认识论两个方面去理解，扩展为从世界观、认识论、方法论三个方面去理解。我们的论述包括如下要点：(1)对哲学基本问题的近代提法；(2)恩格斯对问题的解答，立即提示了哲学基本问题所蕴含的方法论问题；(3)揭示哲学基本问题所固有的世界观、认识论、方法论三个方面的含义，可以使我们对这一问题有一个更完整、更全面的理解；(4)试图通过这一理解勾勒出近代哲学、马克思主义哲学和当代哲学的基本轮廓。

一

恩格斯指出："……思维对存在、精神对自然界的关系问题，全部哲学的最高问题，象一切宗教一样，其根源在于蒙昧时代的狭隘而愚昧的观念。但是，这个问题，只是在欧洲人从基督教中世纪的长期冬眠中觉醒以后，才被十分清楚地提了出来，才获得了它的完全的意义。"[①]

思维与存在的关系问题并不是悟性的自由想象物或创造物，而是在人类思想的发展过程中必然要被意识到并被提出来的重大问题。古代希腊哲学已经朦胧地感觉到这一问题，并用朴素的语言表达了它。

基督教的基本观念，正如亨利希·海涅正确指出的那样，是精神世界和物质世界的分裂、敌对；是灵魂和肉体的不和、互相仇视。基督教世界的主题便是高扬精神和灵魂，贬斥物质和肉体，在这方面是无须再举出许多例证的。

因此，中世纪哲学使得精神世界和物质世界的对立从古代淳朴的、

---

① 《马克思恩格斯选集》第4卷，人民出版社1972年版，第220页。

未分裂的观念中摆脱出来，并从而具有了非常鲜明的色彩。与基督教观念——精神世界和物质世界的分裂、灵魂和肉体的敌对——相吻合，中世纪的哲学进一步探讨了"思想中的东西"（即思维）与"实存的宇宙"（即存在）之间的差异。不言而喻，神学的一切争论，正是建立在思维与存在、精神与物质、灵魂与肉体的无限差异之上的。

然而，"近代哲学则把这个差异发展成为对立，并且以消除这一对立作为自己的任务"①。按照黑格尔的观点，近代哲学的兴趣就在于把握住思维与存在这一最抽象的两极之间的和解，基督教世界和中世纪哲学从古代的观念中分裂出两个截然对立的世界，从而使近代哲学在它出生之日起就直接面对着这种最高的分裂，亦即一种最抽象的对立——思维与存在的对立；而近代哲学兴趣的转折点，就是要掌握"思维与存在的和解"。

恩格斯在《路德维希·费尔巴哈和德国古典哲学的终结》中，首先明确地把这个问题概括为哲学的基本问题或最高问题。他写道："全部哲学，特别是近代哲学的重大的基本问题，是思维和存在的关系问题。"②并明确指出，哲学基本问题的第一方面，即思维和存在何者居先、何者为第一性的问题，乃是区分唯物主义和唯心主义的唯一准则。

不仅如此，恩格斯又立即指出了哲学基本问题的第二个方面，也就是思维和存在的同一性问题，即："我们关于我们周围世界的思想对这个世界本身的关系是怎样的？我们的思维能不能认识现实世界？我们能不能在我们关于现实世界的表象和概念中正确地反映现实？"③这个所谓"思维和存在的同一性问题"，尽管引起过无数的争论，但我们以为，恩格斯是说得再明确不过的了，几乎用不着附加任何解释。

由此我们看到，在恩格斯那里，问题被十分清楚地提了出来：

---

① ［德］黑格尔：《哲学史讲录》第 4 卷，贺麟、王太庆等译，上海人民出版社 2013 年版，第 7 页。

② 《马克思恩格斯选集》第 4 卷，人民出版社 1972 年版，第 219 页。

③ 同上书，第 221 页。

（1）思维和存在何者为第一性？（什么是本原的，是精神，还是自然界？）

（2）思维和存在有没有同一性？（我们的思维能认识现实世界，还是不能认识？）在这里，我们还可以发现，恩格斯对问题的这种提法，立即提示了哲学基本问题所蕴含的方法论问题，即：

（3）思维和存在是怎样同一的？确切说，如果思维和存在有同一性的话，它们是怎样同一的？如果思维和存在没有同一性的话，它们何以不能同一？①

哲学基本问题这三个层次的含义，回答的不是"是否如此"，而是何以如此、怎样如此。不言而喻，哲学基本问题这三个层次的含义不是三个不同的问题，而是同一个问题的三个层次，换句话说，是哲学基本问题内在的三个有机联系的基本含义。实际上，任何一种哲学的世界观、认识论和方法论都处于不可分割的内在联系中：这种联系本身是内容丰富、生动活泼的，因而也是错综复杂的，任何割裂这种有机的联系，以求简单地理解问题的意图都会引出偏谬的结论。

正是由于忽视了这种联系，由于没有明确地意识到基本问题所蕴含的方法论问题，并使之进入哲学基本问题的综合理解，方法论问题于是游离了出来，形成了两组完全无关的对立：唯物主义与唯心主义；辩证法和形而上学。并且似乎是这两者之间不同的自由组合，形成了不同的哲学观点和见解。例如，普列汉诺夫曾经断言，马克思和恩格斯在所谓哲学本身的问题上始终保持着与费尔巴哈相同的观点，而马克思的认识论实际上就是费尔巴哈的认识论，差别只是方法问题。因此，尽管普列汉诺夫一再重申方法问题的极端重要性，甚至说方法是学说的灵魂，但他仍然把马克思的辩证法看作与其唯物主义基础本质上无关的东西，把费尔巴哈未曾达到历史唯物主义，仅仅看作一种方法上的失误，而与其

---

① 为了简便起见，我们一般用"思维和存在是怎样同一的？"来概括这一问题，而把否定的理解（即"思维和存在何以不能同一？"）作为同一问题的特殊形式。

唯物主义的基本立场无关。殊不知费尔巴哈之所以不能越出的那个界限，而马克思在那个界限之外所建树的哲学变革，正在于二者之不同的唯物主义基础，而这不同的基础，引导了不同的认识论和方法论，进而引导了不同的历史论。

但是，这种内在联系并不能使我们得出结论说，构成哲学基本问题各个层次的含义，能够互相取代，彼此还原，能够以某一层次来消解其他。例如，把不可知论和形而上学还原为唯心主义(理由是，世界本来是可以认识的，本来是辩证地运动着的，不可知论和形而上学歪曲了这些事实，所以归根结底是唯心主义，如此等等)。须知，历史上大多数不可知论者恰恰就是"羞羞答答的"唯物主义者，而形而上学方法的代表人物正是文艺复兴以来第一代彻头彻尾的唯物主义哲学家；恩格斯早就说过，唯物主义和唯心主义除了关于世界本原问题的理解之外，没有任何别的意思，也不能在任何别的意义上被使用。因此，这样简单的还原法是没有任何根据的，这种形式主义的理解在哲学史上除了看到唯物主义和唯心主义这两个标签以外，看不到任何别的东西。

因此，我们的观点是：哲学基本问题包含着世界观、认识论、方法论的含义，这三个层次具有内在的有机联系，它们构成一个全面的、综合的整体，哲学家通过它来报导宇宙，而我们通过它来窥见哲学家们威武地行进，来展现哲学思想之丰富多彩、有血有肉的话剧。

简言之，我们意欲明确地在哲学基本问题中揭示出它所蕴含的方法论问题，力图把方法论原则整合进对哲学基本问题的理解之中，力图抽象出一个既是普遍的、又能达到具体的理解方案。而关于这一点的进一步阐明，则应当考察哲学的历史。

二

前面，我们以最抽象的方式揭示了哲学基本问题所蕴含的方法论，现在我们试图绘出一个稍微具体一点的面貌。

从逻辑上说，思维和存在是怎样同一或不同一的问题，包含着两个基本的规定，一是中介，二是方法。中介是指思维和存在之间的媒介物或统一物，方法则是指思维和存在发生联系的方式或状态。说得具体一点，如果思维和存在有同一性的话，它们是以何物为中介的同一，这种同一的方式或状态是怎样的，如果思维和存在没有同一性的话，它们之间的障碍（一种特殊意义的中介）是什么，这种不同一的方式或状态是怎样的。中介和方法是相互作用、相互联系的，是共时性的，很难说何者居前、何者在后。但是，就逻辑而言，思维与存在同一（或不同一）的中介是更为根本的，它制约着方法的大致方向和性质。

从哲学史上看，尽管中介这个概念是近代德国哲学明确提出的，尽管方法论与世界观、认识论之统一只是由于黑格尔才明确地被意识到，但实际上，历史上的任何一种哲学，特别是近代哲学，在论述思维和存在的关系时，都不可避免地要涉及对中介的选择问题。中介的表现形式是多种多样的，有时思维以自身为中介去统一存在，有时存在以自身为中介去统一思维，有时中介又是思维和存在的统一物。中介作为主导原则，无论是直接还是间接，总是指向一定的方法。因此，任何哲学，总是具有一定的方法论的。科学哲学家费耶阿本德以"反方法"（against method）自居，但他的"反方法"也仍然不失为一种特殊的方法，即多元主义的方法。换言之，不可能存在一种实际上不从属于任何方法论的哲学。

让我们来看哲学史。为了能够简要地说明问题，我们在近代哲学中选择三个带有根本性的方向，（1）以笛卡儿和斯宾诺莎为代表的理智形而上学；（2）由经验主义所引导的 18 世纪法国唯物主义；（3）以黑格尔为代表的德国唯心主义。

（1）近代哲学的基本精神，是和解中世纪所造成的各种对立，其间最高的对立，是思维与存在的对立。

在笛卡儿和斯宾诺莎那里，思维和存在怎样同一的问题，是通过理智形而上学的方式来建立联合的。

在近代哲学的创始人笛卡儿看来，实际上存在着两类实体，一类是思维的东西，另一类是与广延相联系的东西；一种实体可以不依靠另一种实体而明确地得到理解。由于二者是截然不同的，因而就产生了沟通它们的必要：笛卡儿把"神"设定为沟通二者的中介。

斯宾诺莎取消了笛卡儿的二元论，直接地说出了这种深刻的统一性，只有唯一的实体——神——是真的、实在的；思维和广延是实体的两个属性，而实体是绝对的统一本身。如果说，在笛卡儿那里，神作为二元实体的中介，仿佛是在二者之外的第三样东西，那么在斯宾诺莎那里，思维和存在、精神和广延无非是唯一实体的不同属性；斯宾诺莎同样把"神-实体"设定为思维与存在的中介，然而却采取了泛神论的形式。

因此我们看到，思维和存在怎样同一，首先就是以何物为中介的同一。在笛卡儿和斯宾诺莎那里，采取了以神为中介的同一，这种同一的方式，直接具有方法论的意义。这就是说，从逻辑的观点看，思维与存在以何物为中介，本身还不是方法，但它直接指向方法，规定着方法的一般方向。

以神作为思维与存在统一的中介，在当时的历史条件下，就必须一方面使神成为一切有限物的根据，另一方面要用某些根据来说明神。于是我们看到，笛卡儿在其形而上学中保留着安瑟伦的本体论证明，斯宾诺莎许多逻辑的形式论证，他们二人同样使用欧氏几何学的哲学表达方式，因为在当时似乎还没有一种其他方法能像几何学那样，可以配得上神之完满与神之尊严。

这种方法与经验哲学的传统密切相关。它认为抽象孤立的思想概念本身是自足的，并主张通过一些谓词和命题，便可获得关于绝对的知识。因此，这种方法是独断论的，它于两个相反的论断中作非此即彼的裁决。①

---

① "其主要特点，在于以抽象的有限的知性规定去把握理性的对象，并将抽象的同一性认作最高原则。……这种形而上学未能达到具体的同一性，而只是固执着抽象的同一性。"参见[德]黑格尔：《小逻辑》，贺麟译，商务印书馆1980年版，第109页。

必须指出，斯宾诺莎的实体至少有一个伟大的基本贡献：它是思维和存在的统一，这个基础哺育和滋养了近代哲学。① 正是在这个意义上，黑格尔说："斯宾诺莎是近代哲学的重点：要么是斯宾诺莎主义，要么不是哲学。"②

在斯宾诺莎和其他知性形而上学家那里，思维与存在的联合由神或神性暂时地完成了。但是，无论是存在的原则还是思维的原则，客观的原则还是主观的原则，都尚未得到充分的发展。哲学的运动必待几个世纪的努力，才能有效地把这两种原则发挥彻底，而完成这一使命并为更高阶段的统一开辟了道路的，则是法国的唯物主义和德国的唯心主义。

(2)18 世纪的唯物主义者和斯宾诺莎一样，承认思维与存在的统一，但却开拓了解决思维与存在关系问题的新的方向，即通过以存在吞并思维，以物质吞并精神的方式，来重建这种统一。因此，这种学说从客体的或者直观的形式去理解事物、现实和感性，从而彻底地发挥了存在的原则，即感性的原则、物质的原则、自然界的原则。

法国的哲学家们接受了洛克对于笛卡儿"天赋观念"的批判以及把心灵设定为一块没有内容的白板的学说，并且在"思维是物质的属性"这个主题上，回到了斯宾诺莎的实体。

那么，思维和存在是怎样同一的呢？

在法国哲学家看来，思维不过就是感觉的东西，确切说，是感觉之各类变形，精神的全部活动实质上都可以归结到感觉。进而言之，感觉一方面是物质本身的能力；另一方面感觉无非就是物质间的相互作用。因此，真实存在的是物质，并且仅仅是物质；任何思维的东西、精神的东西、感觉的东西都可以而且应当被归诸物质。心灵是有广袤的，灵魂

---

① 在这个意义上，法国唯物主义者称自己是斯宾诺莎主义者，费尔巴哈说斯宾诺莎是近代思辨哲学的罪魁祸首，谢林是它的复兴者，而黑格尔是它的完成者；普列汉诺夫把费尔巴哈、马克思和恩格斯的学说称为"斯宾诺莎的类"。

② ［德］黑格尔：《哲学史讲演录》第 4 卷，贺麟、王太庆译，商务印书馆 1978 年版，第 100 页。

是物质性的，而人是机器。

由此可见，在法国唯物主义者那里，思维与存在、物质与精神的统一，是通过把思维归结到存在，用物质吞没精神的方式建立起来的。这是一个伟大的尝试，在这个新的方向中，思维与存在统一的中介即是存在（物质）自身。

以存在、物质为基础的统一，直接指向这种唯物主义的方法。它是单纯客体的原则，直观的原则，因而也是被动的原则。

由于这种被动的原则，法国唯物主义者和洛克一样，把感觉的东西、精神的东西看作是现成对象直接提供的，思维的一切规定都是外面给予的，在这一点上，黑格尔说得完全正确，"它谦逊到这样一种程度以致忘记了它自己的能动性"[1]。

法国唯物主义的方法是以机械论为特征的，这既同其被动的原则相吻合，又同当时科学的发展相一致。毫无疑问，法国哲学家们是在当时科学已经达到的高度上进行思考的，当他们把思维归诸物质并且仅仅归诸物质的时候，他们的方法正是在当时迅速发展起来的关于物质的科学中汲取灵感的。[2]

法国唯物主义的建树极端重要，它试图以一种唯物主义的客观原则，来解决思维与存在的关系问题；它试图不依靠任何权威、任何抽象的形而上学[3]来考察自然；它以健全的常识和健全的理性，来反对宗教和迷信；它提出了一些关于具体统一的伟大思想，与各种抽象的形而上学理智规定相对立。但是，随着哲学的进一步发展，以存在吞并思维、物质吞并精神来建立二者之统一的尝试失败了，它完全忽视并取消了能

---

① ［德］黑格尔：《哲学史讲演录》第4卷，贺麟、王太庆译，商务印书馆1978年版，第153页。

② 他们的方法论是与他们的世界观正相一致的：他们的方法论，依赖于他们对于思维与存在统一问题的解决，适应着它也制约着它。反过来也一样：思维与存在统一问题的解决有赖于方法论的选择，而此一选择，又往往与科学、技术的发展密切相关。正因为如此，哲学世界观必然随着科学、技术的发展而改变自己的形态。

③ 按指17世纪意义上的形而上学。

动的方面和主观的方面："这种努力由于否定了自然界的目的概念和生命概念，也否定了精神界的精神概念和自由概念，所做到的仅仅是抽象出一个本身无规定的自然，以及感觉、机械作用、自利和效用。"①

(3)德国唯心主义是法国唯物主义的真理。

德国唯心主义在解决思维与存在关系的问题上，采取了与法国唯物主义正相反的方向。换句话说，它以思维吞并存在、以精神吞并物质的方式，来建立思维与存在的统一。因此，德国唯心主义的最终结论是：物质世界是精神的异在，或自然界仅只由于无限主体的创造活动而存在。

黑格尔哲学的中心支柱是思维与存在的统一（谢林已经回到了斯宾诺莎的巨像面前），亦即绝对——唯一的实体。但是在黑格尔看来，斯宾诺莎具有两种属性的实体是死板的、僵化的、没有运动的。因此，"一切问题的关键在于：不仅把真实的东西或真理理解和表述为实体，而且同样理解和表述为主体"②。简言之：实体，活的实体即主体。

如是观之，黑格尔最终所完成的那个绝对（绝对理念、绝对精神），不是别的，正是思维与存在的统一。它们是怎样统一的呢？

在黑格尔看来，这个统一本身恰恰就是主体，是无限的思维，绝对的我。"在理念的否定的统一里，无限统摄了有限，思维统摄了存在，主观性统摄了客观性。理念的统一是思维、主观性和无限性，……"③因此，德国唯心主义实际上最终以思维吞并存在，以精神吞并物质的方式，来统一二者，在它那里，思维与存在统一的中介即是思维自身。

以思维、我、精神为基础的同一，是抽象主观性的原则，是抽象的能动原则和抽象的创造原则。这种主导原则引导了唯心主义的思辨

---

① ［德］黑格尔：《哲学史讲演录》第4卷，贺麟、王太庆译，商务印书馆1978年版，第219页。

② ［德］黑格尔：《精神现象学》（上），贺麟、王玖兴译，商务印书馆1979年版，序言第10页。

③ ［德］黑格尔：《小逻辑》，贺麟译，上海人民出版社2009年版，第366页。

方法，而黑格尔最卓越的思想之一，就是自觉地意识到方法即是内容的灵魂和概念自身。辩证法是绝对精神、无限主体之能动的创造性原则。

黑格尔的方法是主观辩证法，他的方法并非游离于唯心主义之外的东西。在当时的历史条件下，辩证法也只能采取这样一种形式，即抽象主观性的形式。因为当主观的能动原则尚未在唯心主义的炼狱中发挥出来之前，更高的综合是不能做出的，辩证法的合理形态是无从发现的。因此，在德国唯心主义的背景中，由于把存在归结为思维，换句话说，对事物、现实、感性仅仅从主观方面去理解，所以德国哲学才能契合一种发展能动方向的可能——一种抽象的发展，并为之找到一种辩证法的表达——歪曲的、颠倒的表达。①

诚然，我们对于近代哲学的勾勒是非常粗浅的，但我们借此所要说明的是：思维与存在的关系问题——它们的统一、和解——是近代哲学的中心兴趣，亦是哲学面临的基本问题。这不仅是一个何者为第一性的问题，也是一个有没有同一性的问题，对于我们所讨论的主题而言，则更是一个如何同一（如何不同一）、怎样同一（怎样不同一）的问题，即思维与存在以何者为中介的同一，这一中介的主导原则，以及与之相适应的方法问题。否则，我们就不能理解，为什么最初的统一须得采取上帝的联合，并采取知性形而上学的表达方式；我们也不能理解，为什么法国哲学家本质上"不错"的唯物主义世界观却以被动性为特征，并采取了机械论的方法；我们同样也不能理解，为什么德国唯心主义能够"胜利和富有内容地"复辟 17 世纪的形而上学，抽象地发展了能动的创造方面，并阐发出宏伟的辩证法思想。要而言之，就理论来说，其解答均在于说明思维与存在是怎样统一的这个问题。②

① 显然，详细地阐明和论述这一问题，不属于本文所讨论的范围。
② 当然，就现实历史而言，此问题的解决还广泛地牵扯到时代的背景、"心理-文化"氛围，社会条件和社会状况等。但就我们所讨论的范围，主要在于指出，哲学基本问题两方面的内在关联。

因此，哲学基本问题的合理解决不仅仅停留在关于唯物主义和唯心主义这一抽象之中，相反，哲学基本问题的透视理应是一综合的观点，是指向具体理解的过程，是它们的辩证法。这个辩证法用关于"为什么"和"怎么样"的理解，来丰富、充实、综合"是什么"的理解，正是这种理解，使我们可能扬弃原本抽象的观点，而达于哲学思想之丰富活跃的内容。

因此，在我们看来，唯物主义和唯心主义的分野无疑是正确的，但这只是哲学基本问题的一个方面（尽管是一个无比重要的方面），因而仅仅停留在这个层次上是片面的，其所以是片面的，因为在它本来可以通过这个正确的抽象来综合理解的时候，却放弃了理解。

三

我们同样试图通过哲学基本问题的综合透视来理解马克思的新唯物主义，由此可以得出怎样的结论。我们讨论三个问题。

(一) 费尔巴哈的意义

费尔巴哈对于黑格尔的批判同样是从思维和存在统一的立场出发的。在费尔巴哈看来，黑格尔消除了康德哲学中特别明显地表现出来的思维与存在的矛盾；黑格尔的绝对是"主体—客体""思维—存在"；但是这个统一本身又仅仅是思维，即绝对的精神主体。因此，费尔巴哈指出，这是完全任意地抹杀问题的一个方面，唯心主义不是建立思维与存在的统一，而是破坏这种统一。

根据费尔巴哈的意见，思维和存在的统一，只有以人为这种统一的基础的时候才有意义，因为人无非就是具有思维能力的物质存在。人是这样的一种中介：无论是物质或精神、存在或思维，都在他中间联合起来，亦即在"主体—客体"中联合起来。在这里，没有排除矛盾中的任何一个要素：人之吃饭、说话、思想，无非因为它是主客一体罢了。

费尔巴哈试图以人为中介，来解决思维与存在的真正统一。因此，他坚决地拒绝唯心主义以思维吞并存在的立场。至于费尔巴哈拒绝唯物主义，一方面如恩格斯所说，是由于他对唯物主义的名称怀有偏见；另一方面则在于，他同样不满意于旧唯物主义以存在来吞并思维的统一方式。这是他脱离旧唯物主义的意向：他坚决地反对那种试图"从同一源泉中引申出自然规律和人类规律"的人。

因此，当普列汉诺夫以为，费尔巴哈以"人"作为其哲学推论的出发点，只是方法论上的一个方式问题，而不是世界观的任何特点问题时[①]，普列汉诺夫则说错了。他只看到费尔巴哈对哲学基本问题第一方面的唯物主义立场，而没有理解费尔巴哈怎样来建立思维和存在的统一，怎样试图避开旧唯物主义以存在吞并思维的理解，即怎样试图以人作为哲学推论的出发点来真正解决矛盾，而不是排除矛盾的一个要素、一个方面。[②]

但是，费尔巴哈再也不能前进的那个界限在于：他把思维和存在的统一、"主体—客体"即人本身仅仅理解为直观着和感觉着的存在物，而自然界始终主要是直观和感觉的客体——这就是费尔巴哈退步的意向，是他倒退到 18 世纪唯物主义的意向。在这里，他完全撇开了自然界同

---

① 参见［苏］《普列汉诺夫哲学著作选集》第 3 卷，生活·读书·新知三联书店 1962 年版，第 140 页。

② 为了公平起见，我们必须引证普列汉诺夫的一个重要见解："唯物主义的反对者反驳说，意识不能用物质现象来说明。我希望，上面对费尔巴哈观点的叙述已经向读者表明，这个反驳完全没有触及费尔巴哈的唯物主义学说的基础：即主观现象世界只是客观现象世界的另一方面。谁想用客观世界来说明主观世界，从前者之中引伸出后者，他就表明，他完全不懂得费尔巴哈的唯物主义。这种学说，也如斯宾诺莎的学说一样并不从另一个方面引伸出上述的一个方面，而只是确定它们都属于统一的整体。"普列汉诺夫的这一见解是完全正确的，但是，他见到了这一点而没有很好地理解这一点。结果是，由于不深入考察思维与存在如何统一的问题，他把费尔巴哈哲学的这一基本见解推广到所有唯物主义者那里："其实，在这一点上，费尔巴哈的唯物主义同近代的其他各种唯物主义（至少是最主要的）也是毫无分歧的。"普列汉诺夫没有看到，法国唯物主义者的极大部分，以及"四十年代的唯物主义小贩们"，在这一点上是与费尔巴哈不同的，因为他们正是从客观世界中引申出主观世界，把后者归结为前者，用前者吞并后者。参见［苏］《普列汉诺夫哲学著作选集》第 3 卷，汝信、刘若水、何匡译，生活·读书·新知三联书店 1962 年版，第 767 页。

以自己的活动改造自然界的人的关系，而与法国唯物主义者一样，把自然界仅仅看成被直接赋予的，把感觉和直观的内容视为对象从外部直接提供的。

因此，在费尔巴哈那里，统一思维与存在的中介是人，然而是纯粹从自然的观点来理解的人。

对于思维与存在之统一的这种理解，使得费尔巴哈失去了哲学思想已经获致的宝贵财富，即创造的原则和能动的原则以及批判的否定的辩证法，费尔巴哈没有看到，黑格尔哲学的那个秘密，即以否定之否定为形式的辩证运动，是一切存在的自我肯定的行动和自我创造的形式。

马克思一语中的："从前的一切唯物主义——包括费尔巴哈的唯物主义——的主要缺点是：对事物、现实、感性，只是从**客体**的或者**直观**的形式去理解，而不是把它们当作**人的感性活动**，当作**实践**去理解，不是从主观方面去理解。"[①]

(二)实践观是马克思的思有统一观

显而易见，费尔巴哈试图以不消除矛盾一方的方式来建立思维和存在统一(思有统一)的设想，是一个本质上正确，并且极其重要的基本思想，这个思想同样为马克思和恩格斯所具有。关于这一点，只要读一读他们的早期著作便不难了解。此外，普列汉诺夫也有过一个重要的说明。[②]

因此，当费尔巴哈意欲把"现实的人"作为思维与存在统一的基础时，他并没有错；全部问题在于，费尔巴哈没有正确地理解这个"主

---

① 《马克思恩格斯选集》第1卷，人民出版社1972年版，第16页。

② 普列汉诺夫："我怀着充分的信心断言，马克思和恩格斯在他们的发展中的唯物主义时期从来没有抛弃过斯宾诺莎的观点。"此外，普列汉诺夫在回忆他1889年拜会恩格斯的时候说："恩格斯严厉地斥责施泰恩，说他所用的'自然哲学的唯物主义'一词是极不精确的。我问道：'那末，依您的意思，斯宾诺莎老人把思维与广延说成无非是同一实体的两个属性，该是对的了？'恩格斯回答说：'当然，斯宾诺莎老人是完全对的。'"参见[苏]《普列汉诺夫哲学著作选集》第2卷，生活·读书·新知三联书店1961年版，第404页。

体—客体"(思维与存在统一)的本质，即人自身。

"诚然，费尔巴哈比'纯粹的'唯物主义者有巨大的优越性：他也承认人是'感性的对象'。但是，毋庸讳言，他把人只看做是'感性的对象'，而不是'感性的活动'。"①必须强调指出，这是一个带有根本性的、至关重要的原则差别；正是这一差别，引导出马克思批判费尔巴哈的全部理由。

在费尔巴哈把"主体—客体"理解为"人自身"的地方，马克思把它理解为"现实的历史的人"；在费尔巴哈只看到单纯的直观和感觉的地方，马克思见到了工业和社会状况；在费尔巴哈把思维与存在统一于"感性的对象"的地方，马克思把它统一于"感性的活动"。这种活动不是别的，正是马克思在著名的十一条论纲中天才地阐发出来的实践观点："环境的改变和人的活动的一致性，只能被看作是并合理地理解为革命的实践。"

和费尔巴哈想要达到而未曾达到的目标一致，马克思把现实的人理解为思维与存在统一的基础；但是和费尔巴哈不同，在马克思看来，只有把人不仅理解为"感性的对象"，而且理解为"感性的活动"，理解为实践，才能达到对于人的准确把握，才能使之成为思维与存在统一的现实基础。

因此，正是在思维与存在怎样同一的问题上，费尔巴哈不同于18世纪的法国哲学家，而马克思又不同于上述二者：实践观是马克思的思有统一观（即以实践为思维与存在统一的中介），是马克思哲学唯物主义的第一要义。一方面，实践是思维、意识、观念的基础——"不是从观念出发来解释实践，而是从物质实践出发来解释观念的东西"②；另一方面，实践是现存感性世界的基础——"这种活动、这种连续不断的感性劳动和创造、这种生产，是整个现存感性世界的非常深刻的基础"③。

---

① 《马克思恩格斯选集》第 1 卷，人民出版社 1972 年版，第 50 页。
② 同上书，第 43 页。
③ 同上书，第 49 页。

正是在这样的意义上，马克思谈到了历史的自然和自然的历史，谈到了工业中向来很著名的"人和自然的统一性"①，谈到了抽象物质观点的唯心主义方向。

这是一个伟大的、具有划时代意义的变革；这是一个从本质上目前仍未超越的巨大综合。自从中世纪造成了思维与存在、灵魂与肉体的巨大分裂和互相敌视以来，近代哲学历尽几个世纪的艰苦探索，终于裹挟着斯宾诺莎的宏伟精神，以及充分发挥了的客观原则和主观原则，在一个新的高度上重建了思维与存在的统一，灵魂与肉体的和解。

（三）能动的创造原则被整合进唯物主义的基础之中

由于把实践确定为思维与存在统一的中介，马克思把自己的学说称为"实践的唯物主义"，并决然地与"直观的唯物主义，即不是把感性理解为实践活动的唯物主义"划清了界限。正是在哲学基本问题的综合理解中，我们才能见到这一界限的根据，并发现唯物主义所完成的一个重要转向：能动的创造原则被整合进唯物主义的基础之中。

没有疑问，这是一种彻底的唯物主义：因为它坚决地用感性的活动，用物质实践来揭示现实的生活过程"在意识形态上的反射和回声的发展"。需要指出的只有一点，即"感性的活动"决不比"感性的对象"更少感性，而从物出发的学说也决不比从物质实践出发的学说更是唯物主义。②

同时，正是由于把思有统一的中介理解为实践，即理解为感性的活动，由唯心主义抽象地发展起来的能动原则和创造原则直接进入了唯物主义的基础，并获得了合理的形态。"……实际上和对**实践的**唯物主义者，即**共产主义者**说来，全部问题都在于使现存世界革命化，实际地反对和改变事物的现状。"③不仅环境创造人，人也创造环境；问题已不再

---

① 《马克思恩格斯选集》第 1 卷，人民出版社 1972 年版，第 49 页。

② 这个解说只是希望那些以为"实践的唯物主义"不够纯洁的人们大可放心。相反，倒是这种学说才有可能把唯物主义的原则发挥彻底呢！

③ 《马克思恩格斯选集》第 1 卷，人民出版社 1972 年版，第 48 页。

是解释世界，而在于改变世界。

因此，这种唯物主义诉诸"能动的生活过程"，诉诸"物质实践"，诉诸"活动""创造"和"生产"。在马克思关于实践、生产劳动的卓越阐发中，可以清楚地看到，目的和目的因在唯物主义的基础中自觉地出现了。

新唯物主义的思维与存在统一的学说，即"实践批判"的观点，直接指向合理形态的辩证方法：辩证法不再是绝对精神的自我回旋，而作为物质实践之本质结构和主导的创造原则，一方面揭示出自然界的发展历程，另一方面则现实地展开思维和观念的前进运动。

正是在思维与存在怎样同一的问题上，马克思与旧唯物主义采用了不同的解决方式，从而取消了旧唯物主义的被动性。认识不是单纯的直观，思维的任何规定也决不是外部直接给予的，而是在实践过程中艰难地铸造出来的："人的思维的最本质和最切近的基础，正是**人所引起的自然界的变化**，而不单独是自然界本身；人的智力是按照人如何学会改变自然界而发展的。"①

因此，在哲学基本问题三层次的透视中，我们发现，能动的创造原则是新世界观的内在生命，是植根于这一唯物主义基础本身的。由于以往把方法论游离于哲学基本问题之外，仿佛能动性与马克思的唯物主义基础无关，是由于外部的要素而附加上去的；仿佛马克思的唯物主义基础是一回事，而其辩证法是另一回事。于是我们时常看到，一面是照搬旧唯物主义，另一面是谈论辩证法，仿佛讲完这两面便道出了马克思主义哲学：这决不是思想的真实进程，这是变戏法。

例一：普列汉诺夫在 1898 年的著作中，把拉美特利、费尔巴哈、马克思和恩格斯统统归到"斯宾诺莎的类"，指出他们的唯物主义实则是相同的，并批评马克思，说他误解了费尔巴哈，因为费尔巴哈是了解"实践批判"活动的。费尔巴哈的缺陷仅仅在于，他忽视了辩证法，他没

---

① 《马克思恩格斯选集》第 3 卷，人民出版社 1972 年版，第 551 页。

有把唯物主义推广到历史领域。① 但是，普列汉诺夫恰恰没有分析，在这些唯物主义者那里，思维与存在的统一是怎样建立的，他没有看到，问题正在于：费尔巴哈为什么不能运用辩证法，为什么不可能在历史领域真正贯彻唯物主义，其根本原因就在于，他对思维与存在的统一本身，缺乏一种正确的理解，在于他不了解"批判实践活动"，在于其唯物主义基础本身就没有能动的创造原则，从而使得辩证法的运用成为不可能，费尔巴哈不是没用唯物主义来解释历史，但是他的哲学唯物主义一进入历史领域，便立即转向唯心主义。须知爱尔维修就曾把他的唯物主义推广到社会生活方面，其结果是众所周知的。

例二：《联共(布)党史简明教程》四章二节从《神圣家族》中摘引了一段话，来说明马克思的唯物主义观点："决不可以把思维同那思维着的物质分开。物质是一切变化的主体。"②这根本就不是马克思本人的观点，而是霍布斯的观点。正是在同一页上，马克思把霍布斯的观点称之为"片面的""敌视人的"唯物主义。这不能说是一种误引，问题在于理解。难道霍布斯学说之"片面的""敌视人的"性质与其唯物主义基础无关吗？难道马克思和霍布斯是同样的一种唯物主义吗？那么，当我们在严肃地阐述马克思的唯物主义时，又有什么权利用霍布斯来偷换马克思呢？

造成此种误解的根本原因，就在于把思有统一问题的解决，看成与方法论的主导原则截然无关的问题；在于把方法论仅仅看成偶然的、任意的、外在的形式。这是抽象的观点，它把思维与存在怎样同一的问题抽象掉了，它不要全面的透视，而宁愿只要一个向度。须知停留于这种理解，新唯物主义便被肢解了，内在的联系被分裂了，活的灵

---

① 参见[苏]《普列汉诺夫哲学著作选集》第 3 卷，生活·读书·新知三联书店 1962 年版，第 776—777 页。

② 《马克思恩格斯全集》第 2 卷，人民出版社 1957 年版，第 164 页。前面还有的几句话是这样的："无形体的实体也像无形体的物体一样，是一个矛盾。物体、存在、实体是同一种实在的观念。"此外，国内的许多教科书和论文中都有这种同样的引证。

魂被阉割了，在本来应该看到活人的地方，只看到无生命的四肢、躯干和头颅。① 再重复一遍，辩证法之为能动的创造原则，不是从外部附加给马克思的，而是植根于新唯物主义基础本身的。

四

我们之所以从哲学基本问题的理解中，明确地揭示出方法论问题，实则试图能由此达到综合的批判观点，而通过这种全面的，引向具体的理解方案，来消除形式主义的简单还原。这对于当代哲学——特别是20世纪西方哲学——的研究和探讨，尤为重要。诚然，我们对于这个主题，尚不能得出一般的结论；但我们愿就此而提出一些问题，来说明理解方式的具体化是极为重要的。

19世纪末和20世纪初，随着社会生活的激烈动荡和自然科学的普遍危机，黑格尔哲学的逻辑图式主义和泛理性主义遭到了激烈的批判，对于"不可容忍的体系化"的反动，一方面是非理性主义的复辟，另一方面是实证地清除思辨的企图。

一个重要的特征是，当代哲学对待哲学史和传统的哲学问题的态度，发生了重要的变化。20世纪上半期的许多哲学流派都指望哲学的革命或力图在某种程度上改造哲学的功能、对象和方法。近年来，罗蒂试图对于"什么是哲学"的问题作出一反传统的解释，即哲学通过维持在具有不同规范的理论之间的持续不断的对话而使人日益开化。因此，罗蒂把维特根斯坦、海德格尔和杜威的后期著作作为当代哲学思想的重点；他们引进了一种新的地形图，在这里，以前曾经是非常重要的特征

---

① 往往有这样的情形，只要世界观单一向度的人，主张马克思离狄德罗、费尔巴哈更近一些；只要方法论单一向度的人，则主张马克思离费希特、黑格尔更近一些。但是，如果停留在这种抽象之中，而不从内部揭示其间的深刻联系，则此种争端既是永无休止，又是不会有什么结果的。

完全消失了，这样，他们便把我们引向了"'革命的'哲学(按库恩的'革命的'科学的意义来理解)的时代"①。

与此相关的另一个重要特征是，方法问题凸显，成为当代哲学引人注目的中心：分析哲学的方法，现象学的方法，释义学方法，结构主义方法，心理分析方法，存在主义的辩证方法，等等。许多哲学家从各自专业的研究领域，提取出一系列极有价值的研究手段和辅助学科，使之扩张为一种哲学的方法论，并泛化为理解世界的主导原则。因此，在这种场合，哲学基本问题的方法论理解便显得更为重要了。

不难看出，方法问题的突出，与当代哲学对传统哲学问题的不满有着密切的关联。当代哲学的一个重要趋向便是试图更新原先哲学思维的范型，试图放弃"基础主义"，即不再把哲学奠定在一劳永逸的"绝对"的基础上，而去寻求一些灵活的、可塑的哲学原则，一些治疗性的方案。

因此，如果说对于当代哲学来说，哲学基本问题的理解仍然是可能的话，那么必须附加一个重要的说明，即哲学基本问题的排列方式：(1)思维和存在何者为第一性。(2)思维和存在的同一性问题：a. 思维和存在有没有同一性；b. 思维和存在是怎样同一或不同一的。这只是一种逻辑上的顺序，而哲学家并不是按照上述图式进行思考的。哲学基本问题之两方面三层次的逻辑次序并不等同于每一哲学家实际思考哲学问题的次序。过去，由于把二者混为一谈，其结果就是，不管某个哲学家实际上是怎样思考的，而规定他必须这样思考。例如，有的教科书认为："需要强调的是，无论何种哲学学说，对于所有这些方面问题的解决，都是以对于哲学基本问题的第一方面即思维和存在何者为第一性的问题的解决为前提的。"②这是没有根据的，因为事实并非全然如此。

哲学家们思考问题的出发点，往往是以前哲学思想所遗留下来的某些具体问题，或其时代的现实生活所提出的重大问题，并且受制于一定

---

① ［美]罗蒂：《哲学和自然之镜》，李幼蒸译，商务印书馆 2003 年版，导言第 4 页。

② 肖前、李秀林、汪永祥主编：《辩证唯物主义原理》，人民出版社 1981 年版，第 9 页。

的文化背景。事实上，特别是在现代西方哲学中，哲学家们思考问题更多的是从科学、历史、道德、心理学或语言学等具体学科出发的，逐步引申到哲学问题，特别是哲学的"最高问题"。例如，皮亚杰发生认识论的思考起点是认识的形成和起源的问题，他采取了发生学的方法，从研究儿童心理的发展入手，从而把动作作为主体和外界（客体）联系的最重要的中介，然后在得出了两种经验说时，才最终触及哲学的最高问题。

然而，是否因为当代哲学家往往不是从思维和存在的关系入手而表明哲学基本问题的理解为无效呢？例如，克罗齐认为，"由于时代不同和民族不同，占上风的哲学问题时而是有关道德的，时而是有关政治的，有关宗教的，时而是有关自然科学和数学的"①。这无疑是正确的，但克罗齐由此而得出结论说，哲学问题是无限的，其中任何一个问题都不能算是根本的。关于一个基本问题的概念在本质上与把哲学看作历史的概念是不相容的，因此，哲学并不存在一个基本问题。

在这里，克罗齐没有区分哲学问题的不同层次，而把有没有哲学基本问题（或最高问题）同哲学问题的历史形态混淆起来了。然而，当代哲学的发展，似乎重新激起了对于"形而上学"的兴趣，一部分哲学家试图为传统的哲学问题争取权利，试图为形而上学问题恢复名誉。

特别值得注意的是后期实证主义。其"批判理性主义"的一支，不仅力图给予科学知识及其研究方法以更为宽泛的解释，使其转入本体论问题的广大领域，而且从诸多方面引导了对于一般世界观问题的研究。伴随着后期实证主义诸流派向本体论的转向，出现了诸如"科学唯物主义""科学实在主义"等概念。

本体论问题之重新受宠是当代哲学发展极有意义的后果之一：对于逻辑实证主义纲领的批判，确认了形而上学问题之不可排除性。实在的问题、存在的问题、世界的问题重新被提了出来，语言的本质、

---

① ［意］克罗齐：《历史学的理论和实际》，傅任敢译，商务印书馆 1982 年版，第 121 页。

共相的本质、思维和意识的本质，激起了人们强烈的兴趣。而问题只要被提出来，就需要加以理解，从而就会有不同的见解，有不同的世界观。

由于这一趋向只是在目前发生，所以我们可能还缺乏历史的眼光来最终概括此趋向的意义。但是有两个提示是明显的：第一，传统的哲学问题（其中心是思维与存在的关系问题）是哲学思考所无法取消的，试图排除形而上学问题的企图无从证明其哲学一劳永逸地脱离了传统哲学的活动；第二，传统的哲学问题是在新的前提和条件下被思考的，而且必然从新的角度得到审查。例如，当代语言哲学的某种观点试图不取消形而上学，而把它建立在语言分析的基础上（斯特劳森）。不仅如此，随着科学知识的大踏步前进，大量新的哲学问题被提了出来。

因此，哲学基本问题在当代哲学的发展中并没有表明为无效，换句话说，思维与存在的关系问题，仍然以这样或那样的方式，被判定为或者隐蔽或者公开的归宿。但是，哲学基本问题的透视对于当代哲学来说，远不是更为简单的事情，相反，它要复杂得多、困难得多。因为在它的世界观和理论表述之间，在它隐蔽的形而上学基础和方法论之间，出现了许许多多（有时是无比复杂的）中间环节。在近代哲学中，情形比较简单，思维与存在是明确地使用的基本概念，二者如何统一，其中介和方法之间的关系较为容易确定。但是，当代哲学有时候根本就不使用思维与存在这样的范畴，在这种情况下，哲学基本问题的透视之可能性，完全依赖于认真的研究来揭发其形而上学的基础。它要求一种耐心的辩证法，要求一种虽然困难但却是具体的综合，正如黑格尔所说，思想家不应当安于任何肯定的结论，而应当从多方面去观察对象，逐渐形成完备的全面研究。那种简单地把当代哲学家揪到硫酸池里洗个澡，使之合于某种公式，贴上某种标签的做法，实在是极其幼稚的。

由此我们可以暂时得出一般意见。

第一，思维与存在的关系问题仍然是当代哲学的基本问题，但问题的提法和性质发生了重要的变化。

第二，当代哲学所凸显的方法论不是没有根基的，其根基就是通过迂回曲折的途径所接触的形而上学基础。

第三，当代哲学的理论表述经由一系列环节接触传统的哲学问题，接触哲学的最高问题。这一系列环节不是可以简单地排除掉的无意义的东西，相反，这是一些很重要的、表明其具体性的中介，它们为我们理解当代各种哲学观点提供了可能性。因为正是这些环节向我们表明，当代的哲学是如何处理传统的哲学问题的，它是从怎样的角度和方式来接近问题和理解问题的，它提出了什么新的问题。

第四，当代哲学特别地强化了关于中介和方法的思考，因而特别地突出了哲学基本问题所蕴含的方法论问题的理解。当代哲学并不仅仅是作为"反面教员"同马克思主义对峙着，相反，它提出了许多极有价值的问题、接近问题的方式和方法，无论是失败的尝试，还是富有内容的努力，都扩大了哲学知识的范围，为我们批判地汲取其有价值的合理成分提供了可能。

最后需要指出的是，尽管哲学基本问题所蕴含的方法论问题已经提示了具体化的要求，提示了深入研究和慎重批判（在"批判"的本来意义上）的要求，但哲学基本问题的理解方案还不是，也决不能取代具体的研究本身。它只是一张导航图，确切说，一个抽象。如果我们终究不想把这个科学的抽象变成毫无内容、毫无意义的恶劣抽象的话，那就必须在研究过程中，不断地深入对象的各个层次，不断地由抽象上升到具体；同时不断地调节理解方案本身，充实它的内容，扩张它的视界。而我们特别地讨论哲学基本问题的方法论层次，其真正用意亦在于此。

因此，哲学基本问题作为一理解方案，其性质正如马克思在谈到唯物史观时所说的那样："……对现实的描绘会使独立的哲学失去生存环境，能够取而代之的充其量不过是从对人类历史发展的观察中抽象出来的最一般的结果的综合。这些抽象本身离开了现实的历史就没有任何价值。它们只能对整理历史资料提供某些方便，指出历史资料的各个层次间的连贯性。"①理解了这一点，任何的科学抽象或基本原理就不再是"灰色的、暗淡的、死气沉沉的"教条，而成为我们认识世界和改造世界的伟大工具。

---

① 《马克思恩格斯选集》第1卷，人民出版社1972年版，第31页。

1987年

论马克思的社会人类学思想[①]

不久前出版的《马克思恩格斯全集》中文版第45卷收入了马克思的四个文化人类学笔记，总篇幅达474页。这是马克思在1879—1881年阅读马克西姆·柯瓦列夫斯基、路易斯·摩尔根、亨利·萨姆纳·梅恩和约翰·拉伯克的著作时写下的摘要和评语，是他晚年留下的一份极为珍贵的思想资料。

这四个笔记的原件都收藏在阿姆斯特丹的国际社会历史研究所内。美国人类学家克拉德在该所的合作下，经过研究，于1972年首次以原文编辑出版了《卡尔·马克思的民族学笔记》一书，在西方学术界产生了重大的影响。近十年来，尽管西方的人类学家们对马克思的学说毁誉不一，但都众口一词地承认，人类学思想是马克思学说的重要组成部分。魏思曼在《人类学与马克思主义》一书的序言中声称"作为一个人类学家和一个马克思主义者，我的兴趣是指出马克思主义与人类学的相关性"[②]。莫里斯·布洛赫在《马克思主

① 原载《复旦学报(社会科学版)》1987年第1期，第37—44页；《新华文摘》1987年第5期全文转载。收录于俞吾金：《寻找新的价值坐标——世纪之交的哲学文化反思》，复旦大学出版社1995年版，第192—207页。——编者注

② James W. Wessman, *Anthropology and Marxism*, Cambridge: Schenkman, 1981, p. 9.

义与人类学》一书中指出；"在马克思主义的发展中，人类学起着一个中心的作用。"①

本文拟就马克思人类学研究的思想历程及其晚年的人类学思想的基本内容和重要启示进行初步的探讨，以期国内哲学界能注意和重视马克思在这方面的重大贡献。

一、马克思人类学研究的思想历程

人类学有体质人类学和文化人类学之分，文化人类学又有狭义和广义之别，狭义的文化人类学，即社会人类学或民族学，广义的文化人类学则还包括语言人类学、史前考古学等。

一般说来，把马克思的人类学思想称作社会人类学是比较合适的，这尤其表现在马克思关于"人的本质并不是单个人所固有的抽象物，实际上，它是一切社会关系的总和"②的著名论述中。马克思对资产阶级人类学家所获得的成果进行过许多研究，但正如一些西方学者所指出的，他在这方面的研究并不是很系统，也没有把人类学作为一门单独的学科来看待。事实上，马克思之所以对当时的人类学著作怀着浓厚的兴趣，主要目的是批判地继承这些文化研究的成果，以便检验、修正并丰富他所创立的历史唯物主义理论。

马克思对人类学问题的思考和探索，并不像西方学者所认为的那样，是断断续续的，甚至只是晚年的事情，而是贯穿他一生的理论活动之中。如前所述，马克思的人类学思想本质上表现为社会人类学，而他对社会人类学问题的思考和探索，在其思想发展的不同时期又采用了不同的角度。马克思在社会人类学研究方面的思想历程大致上可以划分为

---

① Maurice Bloch, *Marxism and Anthropology*, Oxford: Clarendon Press, 1983, p. 4.

② 《马克思恩格斯选集》第 1 卷，人民出版社 1972 年版，第 18 页。

三个阶段。

(一)哲学阶段

在马克思早期的理论生涯中，他主要是从哲学的角度来关注并研讨社会人类学问题的。

根据马克思的《柏林大学毕业证书》的记载，不满 20 岁的马克思在 1836—1837 年度冬季学期中主修过斯特芬斯教授讲解的人类学的课程，听课的态度是"勤勉"，他对这门科学是十分关注的。

1841 年是马克思思想发展中极为重要的一年。这年出版的费尔巴哈人本主义哲学的代表作《基督教的本质》，猛烈地抨击了思辨宗教哲学，重新恢复了人在哲学中的地位。恩格斯后来在回忆时写道："马克思曾经怎样热烈地欢迎这种新观点，而这种新观点又是如何强烈地影响了他(尽管还有批判性的保留意见)，这可以从《神圣家族》中看出来。"①费尔巴哈的人本主义哲学极大地影响了马克思对诸如财产、家庭、市民社会、国家等社会人类学问题的思考和探索。马克思指出："费尔巴哈把形而上学的**绝对精神**归结为'**以自然为基础的现实的人**'，从而完成了**对宗教的批判**。同时也巧妙地拟定了**对黑格尔的思辨**以及一切**形而上学的批判的基本要点**。"②这表明，费尔巴哈的人本主义哲学不仅是他批判一切形而上学的基本要点，而且也是马克思批判一切形而上学的基本要点。这一思想集中表现在《黑格尔法哲学批判》一书中。马克思批判黑格尔把家庭、市民社会、国家等现实的社会形式仅仅看作理念的各种规定，肯定了人永远是这一切社会形式的本质；同时，这些形式也是一切人所共有的，因而表现为人的现实普遍性。在《1844 年经济学哲学手稿》中，我们可以更清楚地窥见马克思的社会人类学见解与费尔巴哈人本主义哲学的内在联系。马克思不但反复重申人、感性、自然界的重要性，而且强调抽象的、孤立的、与人分离的自然界，对于人来说实际上等于

---

① 《马克思恩格斯选集》第 4 卷，人民出版社 1972 年版，第 218 页。
② 《马克思恩格斯全集》第 2 卷，人民出版社 1957 年版，第 177 页。

无。马克思写道："在人类历史中即在人类社会的形成过程中生成的自然界，是人的现实的自然界；因此，通过工业——尽管以异化的形式——形成的自然界，是真正的、人本学的自然界。"①这里，"人类学的自然界"也就是社会。因为自然界的属人的本质只有对社会的人来说才是存在的，所以社会本身体现为人与自然界的统一。马克思把这种统一视作人的实现了的自然主义和自然界的实现了的人本主义。这表明他当时的社会人类学思想主要是从哲学的角度进行阐发的。而且其哲学思想总的说来仍未摆脱费尔巴哈的人本主义的影响。然而，马克思通过对政治经济学的初步的研究，特别是对异化劳动的剖析，已经看到费尔巴哈所涉的宗教异化只发生在人的意识领域中，只有经济异化才真正地触及现实生活。于是，马克思和费尔巴哈之间的思想裂痕出现了，马克思开始为他的社会人类学的思想寻找新的哲学基础。

在《关于费尔巴哈的提纲》和《德意志意识形态》中，马克思批判了费尔巴哈的直观的唯物主义和抽象的人本主义，初步阐发了唯物史观的立场和方法，并指出："它的前提是人，但不是处在某种幻想的与世隔绝、离群索居状态的人，而是处在于一定条件下进行的现实的、可以通过经验观察到的发展过程中的人。"②这里说的"现实的人"，是指处在一定的生产方式以及与这种方式相适应的交往方式（即市民社会）中的人，因而，社会人类学的真正的哲学基础应当奠立在对市民社会的科学的分析中，"而对市民社会的解剖应该到政治经济学中去寻求"③。这样一来，马克思对社会人类学的探讨就从哲学的角度转换到政治经济学的角度。

（二）政治经济学的阶段

在马克思准备并写作《资本论》的过程中，他主要是从政治经济学的角度来思索并阐发社会人类学问题的。

---

① 马克思：《1844年经济学哲学手稿》，人民出版社2018年版，第86页。
② 《马克思恩格斯选集》第1卷，人民出版社1972年版，第31页。
③ 《马克思恩格斯选集》第2卷，人民出版社1995年版，第32页。

马克思通过对政治经济学的长期的潜心研究，在写于 1867 年 7 月的《资本论》第一版序言中，阐述了两个对社会人类学研究说来至关重要的结论：(1)现在的社会即资本主义社会并非坚实的结晶体，而是一个能够变化并经常处于变化过程中的有机体；(2)社会的演进是有规律的，社会经济形态的发展是一种自然历史过程。不管个人在主观上怎样超脱各种关系，他在社会意义上总是这些关系的产物。这两个结论表明：一方面，马克思奠定了以现实的人的交往活动为研究中心的社会人类学的科学基础；另一方面，他强调资本主义社会不过是一种历史的形态，处在不断的发展变化中。后一方面的思想暗示，马克思并不满足于从结构上为社会人类学寻找一个经济学的基础，而是力图把社会人类学奠基在更为宽广、更为深远的历史背景上。事实上，光停留于对资本主义经济形态的研究，还远远不能揭示出财产、家庭、政治权力、国家的起源，从而对社会人类学的探索还只能处在若明若暗之中。上述后一方面思想在《德意志意识形态》中已初现端倪，马克思提到了资本主义生产方式前的三种所有制的形式。但正如莫里斯·布洛赫所认为的，马克思的论述还是模糊的，粗线条的。[1] 在 1857—1858 年的《经济学手稿》中，马克思专门辟出一章来阐述资本主义生产以前的各种形式，即亚细亚的、古代的、日耳曼的所有制形式。他批判了资产阶级经济学家把资本看作永恒的和自然的生产形式的观点，强调资本主义经济只是一种历史的形式。为了深化对社会人类学的研究，马克思的目光进一步由政治经济学转向文化，转向对资本主义前的社会形态，尤其是原始社会的研究。莫里斯·布洛赫说："显而易见，马克思感到，在他能够完成一本关于前资本主义社会的著作之前，他必须更多地探明这些社会及其转变。他的晚年主要致力于这一工作。"[2]

---

[1] Maurice Bloch, *Marxism and Anthropology*, Oxford：Clarendon Press，1983，p. 33.

[2] Maurice Bloch, *Marxism and Anthropology*, Oxford：Clarendon Press，1983，p. 43.

（三）文化学的阶段

马克思晚年主要是从文化学的角度来探索社会人类学的问题的。

马克思从 1868 年开始读毛勒的著作《马尔克制度、农户制度、乡村制度、城市制度和公共治权的历史概论》，1876 年读他的《德国领主庄园、农户和庄户制度史》；同时又读了哈克斯特豪森的《俄国的土地制度》；在逝世前的几年中，又潜心研读了马·柯瓦列夫斯基的《公社土地占有制，其解体的原因、进程和结果》(第一册)，路易斯·亨利·摩尔根的《古代社会》，亨利·詹姆斯·萨姆纳·梅恩的《古代法制史讲演录》和约·拉伯克的《文明的起源和人的原始状态》等著作。这些著作在内容上涉及经济、政治、法律、哲学、宗教、道德等学科，构成了对社会人类学问题的综合的、文化学的、动态的剖视。马克思晚年的社会人类学研究成果的系统表述，我们可以从恩格斯的《家庭、私有制和国家的起源》一书中看出来。

上述三个阶段在时间上并不是截然分开的，而是相互重叠、交叉的。理解马克思的这一思想历程以后，我们就比较容易抛弃以下两种错误的见解：一是北美的激进的"辩证人类学"，它拘泥于马克思早期的人类学研究，无视马克思中、后期思想的重要发展，而把马克思主义等同于"哲学人类学"[1]。二是法国的"结构主义"把马克思的经济研究与人类学研究作为科学与前科学对立起来，完全忽视了马克思经济研究的目的乃是为人类学寻找一个科学的支点，两者息息相关，缺一不可。[2]

总之，只有把握了马克思在人类学研究中的整个思想历程，才能正确理解马克思晚年的人类学思想的真谛。

---

[1]　Tom Bottomore，*A Dictionary of Marxist Thought*，Cambridge：Harvard University Press，1983，p. 23.

[2]　也有人类学家，如福斯看到了从经济角度深入探究人类学基础的极端重要性。参见他的论文《这个怀疑主义的人类学家？》，Maurice Bloch ed.，*Marxist Analyses and Social Anthropology*，London：Malaby Press，1975，p. 30.

二、马克思晚年人类学思想的基本内容

在马克思的四个人类学笔记中，最重要的是摩尔根《古代社会》一书的摘要，篇幅占全部笔记一半以上。马克思不仅详尽地摘录了摩尔根著作中许多有价值的见解，而且在摘录中改造了原书的结构——把从生产技术和智力的发展到政治观念的发展再到家族观念和财产观念的发展，改成从生产技术和智力的发展到家庭形式的变化再到财产观念和政治观念的发展，从而克服了摩尔根历史观的不彻底性。恩格斯的《家庭、私有制和国家的起源》一书正是根据马克思改动后的结构写成的。马克思十分重视摩尔根的人类学思想，并"曾打算联系他的……唯物主义的历史研究所得出的结论来阐述摩尔根的研究成果"①。根据恩格斯的看法，马克思之所以特别重视摩尔根，是因为后者在美国以自己的方式重新发现了马克思在40年前发现的唯物主义历史观，并以此为指导，在把野蛮时代和文明时代加以对比的时候，在主要点上得出了与马克思相同的结果。恩格斯的这一见解为我们正确地把握马克思晚年人类学思想的要点提供了一把钥匙。这些要点主要是以下三个方面。

(一)家庭形式的变化

家庭，是社会人类学研究的基本对象。恩格斯指出："在六十年代开始以前，根本谈不到家庭史。历史科学在这一方面还是完全处在摩西五经的影响之下。"②家庭史的研究始于德国人类学家巴霍芬1861年出版的《母权论》。其伟大贡献是：揭示出原始人有过群婚的状态，因而世系只能从母方来确定，这导致了母权制的产生。马克思肯定了巴霍芬的功绩，他在摩尔根叙述原始群的生活的地方写了这样的评语："在这里只

---

① 《马克思恩格斯选集》第4卷，人民出版社1972年版，第1页。
② 同上书，第5页。

有**母权**能够起**某种**作用。"①但马克思也批评了巴霍芬用文明人的家庭观念去评价原始人的婚姻观念时所持的实用主义态度："如果**巴霍芬**认为这种普那路亚婚姻是'**非法的**',那么,那一时代的人也许要认为**今日从**兄弟姊妹或表兄弟姊妹之间**结婚**,近的和远的,**大多数**都是**血亲婚配**,正如亲兄弟和亲姊妹**之间结婚**一样。"②遗憾的是《母权论》及其贡献和弱点都未引起同时代人类学家的充分注意。比如,梅恩就既不知道巴霍芬的母权制为何物,也没有认真研读过摩尔根在这方面的著作,以致竟把印度现存的私人家庭看作原始氏族发展的基础。拉伯克则接受了巴霍芬的弱点,把文明人的淫婚或卖淫和原始人的群婚等同起来了。

马克思认为,只有在摩尔根的《古代社会》一书中,家庭史的描述才真正地上升到科学的境界。

摩尔根的一个基本观点是,家庭从来不是静止不动的,它是一个能动的要素,处在由较低级的形式向较高级的形式的发展中,反之,亲属制度却是被动的,它把家庭经过一个长久时期所发生的进步记录下来,并且只有当家庭已经发生根本变化的时候,它才发生根本变化。因此,原始人的亲属称谓常常是落后于当时的家庭形式的。这一观点具有重要的方法论意义,即通过对现有土著部落(如易洛魁部落)亲属制度的研究,来追溯先前存在过的家庭形式。马克思在笔记中把亲属制度所具有的被动性和滞后性推广到意识形态上,他这样写道:"同样,**政治的、宗教的、法律的以至一般哲学的体系,都是如此。**"③在马克思看来,如同亲属制度总是落后于家庭形式的发展一样,政治、宗教、法律、哲学的体系也总是落后于生活的变化的,因此我们也可以从这些体系中推断出先前生活的某些痕迹。在这里,马克思实际上提出了一个社会人类学研究中的普遍的方法论问题。

摩尔根的另一个基本观点是,在巴霍芬的启发下,他通过多年的实

---

① 《马克思恩格斯全集》第 45 卷,人民出版社 1985 年版,第 338 页。
② 同上书,第 565 页。
③ 同上书,第 354 页。

地考察，确定了原始的母权制氏族是一切文明民族的父权制氏族以前的阶段。这一重大发现使摩尔根得以首次描绘出家庭史的略图：从杂乱性交关系中发展出来的第一种家庭形式是血缘家庭；第二种家庭形式是普那路亚家庭；第三种家庭形式是在氏族与氏族之间的婚姻中产生的对偶家庭；第四种家庭形式是父权制家庭；第五种家庭形式是与文明时代相适应的专偶制家庭。摩尔根推断说，既然家庭形式随社会的变化而变化，那么，随着文明的发展，家庭形式可能会发生新的变化。

马克思特别关注专偶婚制的起源和实质。专偶制家庭产生时的一个根本特征是把妻子儿女和一定数量的奴仆置于父权之下。马克思写道："**傅立叶认为专偶婚制和土地私有制是文明时代**的特征。现代家庭在萌芽时，不仅包含着 servitus(**奴隶制**)，而且也包含着**农奴制**，因为它从一开始就是同田野耕作的**劳役**有关的。它以**缩影**的形式包含了一切后来在社会及其国家中广泛发展起来的对抗。"①在马克思看来，专偶制家庭不仅是文明社会的细胞，而且是其全部冲突和对抗得以发展起来的一个缩影。这种家庭形式并不像一些资产阶级人类学家所认为的那样，是永恒的，而是按照摩尔根绘出的家庭史略图发展而来的，特别是在日益增长的财富问题的催化下产生出来的。马克思关于家庭问题的论述不仅丰富了历史唯物主义的理论，而且对社会人类学的研究有重要指导意义。

(二)财产关系的发展

摩尔根与马克思思想比较接近的一个地方是，十分强调财产在人类发展中的重大作用，他说："无论怎样高度估计**财产**对人类文明的**影响**，都不为过甚。财产曾经是把雅利安人和闪米特人从野蛮时代带进文明时代的力量。"②在他看来，管理机关和法律的建立，主要就是为了创造、保护和享有财产，甚至在文明时期中，给人类带来专制政体、帝国主义、君主制的，也都是统治着社会的财产因素。总之，财产是社会人类

---

① 《马克思恩格斯全集》第 45 卷，人民出版社 1985 年版，第 366 页。
② 同上书，第 377 页。

学之谜。

摩尔根的一个重要观点是，财产是随着生活资料所依赖的生存技术的发展而增加起来的，财产的增长与发现和发明齐头并进，而关于占有和继承财产的法规所依据的习俗，则是由社会组织的发展状况和水平决定的。这表明，财富是在人类的生产活动中产生并增长起来的，战争与暴力只能转移财产，使某些获胜者富裕起来。这是马克思十分赞同的观点。

摩尔根还揭示了原始人财产关系发展中的三种继承法：死者的财产被分给其所在氏族的成员；分给同宗的亲属，而将其余的氏族成员除外；分给其子女。这引起了马克思的巨大兴趣。在马克思看来，摩尔根已经以自己的方式解开了私有财产的起源这个社会人类学之谜。

在其他三个人类学笔记中，马克思也摘引了一些段落，得出了一些重要的结论。他认为，柯瓦列夫斯基的《公社土地占有制》的一个卓越之处是注意到了印度僧侣通过接受施与在财产私有化的过程中所起的作用。马克思评价道："所以，**僧侣贼徒**{pack}**在家庭财产个体化的过程中**起着主要作用。"[1]他还谴责了殖民者在加速土著部落或农村公社的财产的私有化过程中所起的粗暴的、恶劣的作用。马克思寓意深刻地指出，由于私有财产的形成和公社团体的瓦解，"一切人反对一切人的战争开始了"[2]。马克思关于私有财产起源方面的一些观点，由恩格斯在《家庭、私有制和国家的起源》一书中做了系统的发挥。

（三）管理机构的演化

这个问题实际上是政治权力或国家的起源问题，无疑也是社会人类学所探讨的中心课题。马克思在人类学笔记中批判了同时代的人类学家在这个问题上的不少糊涂见解。比如，格莱斯顿在《世界的少年时代》一书中，竟把希腊英雄时代的酋长（巴赛勒斯）描写成国王和公侯。马克思

---

① 《马克思恩格斯全集》第45卷，人民出版社1985年版，第258页。
② 同上书，第304页。

评论道："欧洲的学者们大都是天生的宫廷奴才，他们把巴赛勒斯变为现代意义上的君主。"①马克思也批评了梅恩，因为他在《古代法制史讲演录》一书中把整个原始状态解释为"**群体对其成员的专制**"②。又如马克思指出，弗里曼在《诺曼人征服史》一书中对管理权力的蜕变，即部落首领变为封建领主做了轻易的解释，是"因为他把他应该解释的东西——即享有特权者**总是**形成了**公社的特殊阶级或者特殊部分**——作为前提"③。这样，他就不可能对管理机构和权力的演变作出任何有价值的说明。

马克思认为，在管理机构和权力的演化问题上作出了比较科学的说明的，仍然是摩尔根．因而他大量地摘录了摩尔根这方面的论述。

摩尔根通过深入的研究指出，最古老的社会组织是氏族、胞族和部落，当时并不存在文明社会意义上的国家。在这些社会组织中，氏族是基础。氏族的最主要权力机构是氏族会议，它讨论涉及总体利益的大问题，并有权选举或罢免酋长、酋帅。酋长处理和平时期的事务，酋帅则领导军事行动；酋长和氏族发生关系，酋帅则和部落发生关系。原始部落中，酋长会议是最高管理机关，在野蛮时期低级阶段的部落联盟出现后，产生了酋长会议和最高军事首长平行并列的管理机关，前者执掌民政，后者执掌军务，以指挥几个部落联合作战。马克思认为，最高军事首长这一职位的设立，并使之永久化，是人类历史上一个"**不可避免的不幸的**"大事④。由于民政权力与军事权力的分离，管理机关发生了根本的变化；前者是后来的奴隶社会的最高行政长官的萌芽，后者则演变为国王。

马克思联系财富和家庭形式的变化，说明了从原始氏族的管理机关到国家产生的必然性。马克思告诉我们，财产的发展和继承是专偶婚制

---

① 《马克思恩格斯全集》第45卷，人民出版社1985年版，第510页。
② 同上书，第640页。
③ 同上书，第585—586页。
④ 同上书，第453页。

产生的基本前提，而与这两者相伴随的，是政治国家的产生。他强调说，国家看来是至高无上的独立的存在本身，看来是第一性的东西（梅恩就是这样看的），实际上这只是一种表象，因为国家离不开一定的经济条件，"这种条件是国家赖以建立的基础，是它的前提"①。从而也就表明，当社会经济的发展达到迄今尚未达到的阶段，它也会消失。马克思在批判地分析摩尔根《古代社会》和梅恩的《古代法制史讲演录》的基础上，全面地阐述了国家理论，特别是国家的实质和起源的理论。这是马克思在社会人类学研究中得出的重要结论。

综上所述，马克思晚年的人类学思想是十分丰富的（本文阐述的只是其中的一些要点），应该引起我们的特别重视。

三、马克思晚年人类学思想的重要启示

马克思人类学笔记的理论意义和现实意义远远超出了人类学本身的研究范围。这里，我们着重讨论这些笔记对于重新认识、重新理解马克思整个学说的极端重要性。

第一，把马克思主义学说的主要来源局限在德国古典哲学、法国空想社会主义学说和英国古典政治经济学上是远远不够的。事实上，这种传统观点多年来一直影响着我们对马克思整个学说及其精神实质的理解。

我们丝毫不否认，列宁所作出的关于马克思主义学说的上述三个主要来源的分析在当时是深刻的。然而，列宁虽然读过恩格斯的《家庭、私有制和国家的起源》，但并没有看到马克思晚年的人类学手稿；况且，由于列宁在政治和革命斗争中的大量工作，没有时间对人类学进行深入的研究。达尔文的《物种起源》问世后，西方文化界掀起了人类学研究的

---

① 《马克思恩格斯全集》第 45 卷，人民出版社 1985 年版，第 647 页。

热潮，无论是德国、法国还是英国、美国都出版了不少这方面的著作。马克思当时居住在伦敦，得以接触麦克伦南、泰勒及摩尔根等人的著作。因此，在探索马克思主义学说的思想来源时，决不能撇开人类学，特别是摩尔根学说对马克思的重大影响。

第二，马克思晚年的人类学思想，是青年马克思和成熟的马克思的思想的会合点。

自从马克思的《1844年经济学哲学手稿》问世以来，西方出现了所谓"两个马克思"的理论，力图把以《手稿》为代表的青年马克思和以《资本论》为代表的成熟的马克思对立起来。这种见解显然是错误的。从前述关于马克思的思想历程可以看出，社会人类学是马克思一生研究的主题。所不同的是，青年马克思主要从哲学上来探讨社会人类学；成熟期的马克思主要从经济学上来探讨社会人类学；晚年的马克思主要从文化学的角度来探讨社会人类学——从哲学、政治、经济、历史、宗教、道德、法律等多种角度进行文化学的综合性探讨。恰恰是在晚年的人类学研究中，体现了马克思的人本主义精神与科学精神的高度的统一。一方面，马克思以唯物史观和从现代资本主义社会的研究中得出的一系列科学结论为指导，剖析并阐发了家庭形式、财产关系和管理观念的发展；另一方面，马克思的全部论述都贯串着一种强烈的人道主义的精神。他肯定了氏族成员之间的平等："血缘纽带不容产生任何形式完备的贵族；兄弟关系继续存在于平等感中。"①与此相关的是，马克思谴责了文明社会的虚伪和堕落，特别谴责了英、法、西班牙等殖民主义者侵害并破坏土著部落生活的种种残暴行径。他在谈到资本家阶级侵入原始公社内部，从而使之迅速瓦解时无限感慨地说："一切人反对一切人的战争开始了。"这句话集中显示出马克思主义学说的人道主义精神。马克思晚年的人类学笔记是对"两个马克思"论调的最有力的驳斥。在马克思的学说中，人本主义精神和科学精神始终是统一的。早在《1844年经济学哲学

---

① 《马克思恩格斯全集》第45卷，人民出版社1985年版，第471页。

手稿》中，马克思就已指出："自然科学往后将包括关于人的科学，正像关于人的科学包括自然科学一样：这将是一门科学。"①当然，马克思在不同的时期总是偏重某一方面的研究，但其基本宗旨是解开人类社会发展之谜，换言之，就是探索社会人类学面临的最深层的课题。马克思晚年的人类学思想显示了这种统一。在这个意义上我们可以说，不读马克思晚年的人类学笔记，就不能真正地理解马克思。

第三，在晚年的人类学笔记中，马克思倡导了一种更博大、更深远的历史方法。

早在1857—1858年的《经济学手稿》中，马克思已强调要深入考察前资本主义的各种社会形态，他写道："对我们来说更为重要的是，我们的方法必然包含着历史考察之点。"②这里提到的历史考察的方法已不局限于资本主义社会本身，而是扩大到以前的历史形态中去了。马克思晚年更强调这种历史方法的扩大。摩尔根在《古代社会》中指出：自从文明时代开始以来所经过的时间，只有人类已经经历过的生存时间的一小部分。马克思在这句话旁边写了这样的批语："而且是很小的一部分。"（398页）这一批语表达出马克思的一个强烈的愿望，即历史方法的运用不能局限于有文字记载的历史中。因为这段历史只不过是迄今为止整个人类发展史中的一段很短的时间。历史方法的视界必须扩展到人类原始历史即史前史中去；如果仅局限在有文字记载的历史范围之内，对文明时代的理论问题的研究就不可能得出完整的结论。试以《共产党宣言》中"到目前为止的一切社会的历史都是阶级斗争的历史"这句话为例。恩格斯在1888年的英文本上加了这样一个注："确切地说，这是指有**文字**记载的历史。在1847年，社会的史前状态，全部成文史以前的社会组织，几乎还完全没有人知道。后来，哈克斯特豪森发现了俄国的土地公有制，毛勒证明了这种所有制是一切条顿族的历史发展所由起始的社会基

---

① 马克思：《1844年经济学哲学手稿》，人民出版社2018年版，第87页。
② 《马克思恩格斯全集》第46卷（上册），人民出版社1979年版，第458页。

础，而且人们逐渐发现，土地公有的村社是从印度起到爱尔兰止各地社会的原始形态。最后，摩尔根发现了氏族的真正本质及其对部落的关系，这一卓绝发现把这种原始共产主义社会的内部组织的典型形式揭示出来了。"①这段话说明了研究史前史的极端重要性。写到这里，我不禁想起了我国文化讨论中常常提起的所谓"寻根意识"。人们通常认为，先秦时期的著作，尤其是老、庄、孔、孟就是中国传统文化思想之"根"了。殊不知，他们仍然停留在枝叶上；真正的思想之根应该到史前社会中去寻找。

总之，马克思晚年的人类学笔记为我们打开了一个新的视界。这些笔记中的深邃的思想不仅对人类学研究，而且对马克思主义研究乃至整个人类文化的研究，都有重要的意义。

---

① 《马克思恩格斯选集》第 1 卷，人民出版社 1972 年版，第 251 页。

也谈黑格尔哲学的"秘密"①

马克思对黑格尔哲学，尤其是《精神现象学》作过精深的研究。在《1844年经济学哲学手稿》（以下简称《手稿》）中，马克思曾称《精神现象学》是"黑格尔哲学的真正诞生地和秘密"②，在《德意志意识形态》中，马克思和恩格斯又把它称为"黑格尔的圣经"③。

我国学术界对马克思在这里使用的"诞生地"一词含义的理解，没有重大分歧，然而对"秘密""圣经"这两个词，尤其是"秘密"一词的理解却并非如此。通常流行的观点是："诞生地"和"秘密"与"圣经"的意思基本上相同。所谓"秘密"，是指《精神现象学》的"最后成果"，即"作为推动原则和创造原则的否定性的辩证法"，也就是它的"合理内核"和它包含的"批判的成分"④。

我们认为，上述观点是值得商榷的。事实上，马克思所说的黑格尔哲学的"秘密"，并非指"否定性的辩证法"这一"合理内核"或"批判的成

---

① 原载《复旦学报（社会科学版）》1987年第6期，第7—13页。收录于俞吾金：《寻找新的价值坐标——世纪之交的哲学文化反思》，复旦大学出版社1995年版，第51—64页。——编者注

② 《马克思恩格斯全集》第3卷，人民出版社2002年版，第316页。

③ 《马克思恩格斯全集》第3卷，人民出版社1960年版，第163页。

④ ［德］黑格尔：《精神现象学》上卷，贺麟、王玖兴译，商务印书馆1979年版，"译者导言"第26—27页。

分"，而恰恰是指黑格尔哲学本身的**非批判性**和**神秘主义**，是指《精神现象学》已经以潜在的方式包含着这种即将成长起来的非批判性和神秘主义。因此，"秘密"与"合理的内核"或"批判的成分"根本不能等同起来；至于"秘密"和"圣经"，在意思上虽然相近，但也应该从完全不同的角度去加以说明。

一

要客观地、正确地理解马克思所说的黑格尔哲学的真正"秘密"，就必须了解马克思当时所处的历史条件以及他在哲学领域里所从事的主要工作和希望达到的主要目的。我们可以从以下四个方面来透视当时，尤其是德国思想界的历史状况。

第一，所谓"秘密"，顾名思义，是指一些比较深层的，人们很少注意或很难领会、把握的东西。那么，在当时的历史条件下，即在 19 世纪 40 年代，黑格尔的"否定性的辩证法"有没有可能成为这样的"秘密"呢？马克思在 1873 年写的《资本论》第 1 卷的第二版跋中回顾 19 世纪 40 年代的情况时指出，当时"黑格尔辩证法还很流行"，它"成了德国的时髦东西"①。恩格斯在《路德维希·费尔巴哈和德国古典哲学的终结》一书中讲到黑格尔学派的解体时，这样写道："特别重视黑格尔的**体系**的人，在两个领域(指宗教和政治——引者)中都可以成为相当保守的；认为辩证**方法**是主要的东西的人，在政治上和宗教上都可以属于最极端的反对派。"②从这些论述可以看出，黑格尔的辩证法在当时德国思想界应该说是人所共知的。而知道黑格尔辩证法的人当然不会不知道他的辩证法所固有的"肯定—否定—否定之否定"的结构。因此，在当时的历史条

---

① 《马克思恩格斯全集》第 23 卷，人民出版社 1972 年版，第 24 页。
② 《马克思恩格斯选集》第 4 卷，人民出版社 1972 年版，第 216 页。

件下，马克思所要揭示的黑格尔哲学的"秘密"不可能是指黑格尔的"否定性的辩证法"。

第二，从马克思、恩格斯对以布·鲍威尔为代表的"批判的神学家"或"批判的批判"和黑格尔哲学之间的关系所作的分析、批判中也可以得出类似的结论。马克思和恩格斯认为，布·鲍威尔等人虽然对宗教以及虔诚派教徒进行了猛烈的抨击和批判，但这一批判"直到它的最后的挣扎，都没有离开过哲学的基地。这个批判虽然没有研究过它的一般哲学前提，但是它谈到的全部问题终究是在一定的哲学体系，即黑格尔体系的基地上产生的"①。在《神圣家族》一书中，马克思和恩格斯特别谈到布·鲍威尔和施特劳斯之间关于"自我意识"与"实体"的争论。在这场争论中，施特劳斯以斯宾诺莎为出发点，布·鲍威尔则以费希特为出发点。乍看起来，他们的争论似乎超出了黑格尔哲学的范围，但实际上，正如马克思和恩格斯所指出的："**施特劳斯**和**鲍威尔**关于**实体**和**自我意识**的争论，是在**黑格尔**的思辨范围之内的争论。"②

马克思特别强调，以布·鲍威尔为首的神学家们不是一般地从黑格尔的哲学出发，而主要是从黑格尔的辩证法出发的。在《手稿》中，马克思把"黑格尔的**辩证法**和整个德国哲学"称作批判的神学家们的"诞生地"③。马克思谴责他们到处搬弄黑格尔辩证法的诸要素，但对自己同黑格尔辩证法的关系却完全缺乏认识，特别是没有意识到，现在已经到了应该"同自己的母亲即黑格尔辩证法批判地划清界限的时候"④。总之，批判的神学家们把黑格尔的辩证法现成地拿过来充作自己的批判方法，对它采取了盲目崇拜的、完全非批判的态度。马克思在《手稿》中还特意引证了布·鲍威尔在《基督教真相》一书中关于"自我意识"的一段论述，然后指出："这些说法连语言上都和黑格尔的观点毫无区别，而且

---

① 《马克思恩格斯全集》第 3 卷，人民出版社 1960 年版，第 21 页。
② 《马克思恩格斯全集》第 2 卷，人民出版社 1957 年版，第 176—177 页。
③ 《马克思恩格斯全集》第 42 卷，人民出版社 1979 年版，第 47 页。
④ 同上书，第 157 页。

无宁说是在逐字逐句重述黑格尔的观点。"①马克思还提到布·鲍威尔的《复类福音作者》一书，认为鲍威尔在该书中进行的批判活动表明，他"对于同黑格尔辩证法的关系是多么缺乏认识"②。在与《手稿》同年写作的《神圣家族》一书中，马克思和恩格斯以同样辛辣的笔调嘲讽了这些批判的神学家们搬弄黑格尔辩证法的拙劣做法，指出"批判的批判的辩证法"具有"莫测高深的词句"③，在他们那里，辩证法甚至成了谈论爱情时所必须携带的"护照"④，以致马克思和恩格斯干脆把他们的辩证法称为"神灵似的辩证法"⑤。

由上可以看出，被批判的神学家们到处搬弄、滥用的黑格尔的辩证法当然不可能是黑格尔哲学的"秘密"。马克思当时说的"秘密"肯定是指批判的神学家们尚未意识到的，尚未与之划清界限的东西，而这种东西正是深深地潜伏在黑格尔的哲学，特别是他的辩证法之中的。

第三，从马克思和恩格斯对费尔巴哈哲学所作的分析、批判中，可以看出马克思当时所说的黑格尔哲学的"秘密"究竟是什么。在写作《手稿》和《神圣家族》时，马克思和恩格斯还没有完全摆脱费尔巴哈哲学的影响。当时，他们较多注意的正是费尔巴哈哲学的积极的一面。在《手稿》中，马克思高度赞扬了费尔巴哈对黑格尔的哲学，尤其是对他的辩证法所作的批判，认为这一批判奠定了整个实证批判的基础："**费尔巴哈是唯一对黑格尔辩证法采取严肃的、批判的态度的人**；只有他在这个领域内作出了真正的发现，总之他真正克服了旧哲学。"⑥费尔巴哈的一个伟大功绩在于，他洞察黑格尔辩证法的实质和底蕴，深刻地揭露了黑格尔的否定的辩证法所包含的神秘主义和非批判性。费尔巴哈这样解释黑格尔的辩证法：黑格尔是从绝对的和不变的抽象，即从宗教和神学出

---

① 《马克思恩格斯全集》第 42 卷，人民出版社 1979 年版，第 156 页。
② 同上书，第 157 页。
③ 《马克思恩格斯全集》第 2 卷，人民出版社 1957 年版，第 12 页。
④ 同上书，第 26 页。
⑤ 同上书，第 95 页。
⑥ 《马克思恩格斯全集》第 42 卷，人民出版社 1979 年版，第 157—158 页。

发的，接着他又否定或扬弃了宗教和神学，设定了现实的、感性的、实在的东西，但最后，他又扬弃或否定了现实的、感性的、实在的东西，从而在宗教哲学中重新恢复了宗教和神学的地位。在费尔巴哈看来，这就是黑格尔的否定之否定的三段式，或者说，这就是黑格尔的否定的辩证法。马克思肯定了费尔巴哈批判黑格尔辩证法的根本方向，并明确指出：由于黑格尔把人和自我意识等同起来，所以人的异化了的对象，人的异化了的、本质的现实性，实际上就成了异化的意识或异化的思想，因此，在黑格尔那里，"否定"不外"是异化的抽象的因而无内容的和非现实的表现"，"否定的否定"则"不外是对这种无内容的抽象所作的抽象的、无内容的扬弃"①。这充分表明了黑格尔的哲学，尤其是他的辩证法，在现有形态上的非批判的、神秘主义的实质。而批判的神学家却竭力"搬弄黑格尔辩证法诸要素来反对费尔巴哈对黑格尔辩证法的批判"，但他自己呢，却"既不打算也无力使这些要素同批判正确地联系起来，他只是神秘地以黑格尔辩证法所**固有的**形式搬弄这些要素"②。这就明确告诉我们，马克思在《手稿》中题为"对黑格尔的辩证法和整个哲学的批判"这部分所要揭露的黑格尔哲学的"秘密"，正是其哲学，尤其是其辩证法所暗含的神秘主义的、非批判的成分。

这一点，我们在《神圣家族》一书中可以找到更有力的依据。在该书中，马克思和恩格斯在批判自以为揭示了黑格尔哲学体系的"秘密"，而实际上始终是黑格尔思想方式的俘虏的布·鲍威尔等人时，指出："然而，到底是谁揭露了'体系'的秘密呢？是**费尔巴哈**。是谁摧毁了概念的辩证法即仅仅为哲学家们所熟悉的诸神的战争呢？是**费尔巴哈**。是谁不是用'**人的意义**'（好像人除了是人以外还有什么其他的意义似的！）而是用'**人**'本身来代替包括'无限的自我意识'在内的破烂货呢？是**费尔巴哈**，而且仅仅是**费尔巴哈**。"③在这里，马克思和恩格斯把费尔巴哈对黑

---

① 《马克思恩格斯全集》第 42 卷，人民出版社 1979 年版，第 176 页。
② 同上书，第 47 页。
③ 《马克思恩格斯全集》第 2 卷，人民出版社 1957 年版，第 118 页。

格尔哲学体系的"秘密"的揭露，和他对黑格尔的概念辩证法即"诸神的战争"的摧毁相提并论，这表明黑格尔哲学的"秘密"正表现在其辩证法的神秘性和非批判性上。与费尔巴哈相反，批判的神学家们既然对黑格尔的辩证法采取了全盘接受的、无批判的态度，当然也就不可能揭示黑格尔哲学的"秘密"。奥古斯特·科尔纽认为："揭露了黑格尔体系的'秘密'、亦即抽象概念的非现实性的，不是批判的批判（虽然它这样自我吹嘘），而是用具体的人和真正的人的生活代替了抽象概念及其辩证法的费尔巴哈。"①这里说的"抽象概念的非现实性"，也正是指黑格尔的唯心主义哲学的神秘性和非批判性。当然，马克思和恩格斯也批评了费尔巴哈对黑格尔辩证法的有价值的一面（即其"合理内核"）的忽视。这证明，黑格尔哲学的"秘密"决不可能等同于其哲学的"合理内核"。

第四，马克思和恩格斯当时在哲学战线上的主要任务是彻底清算黑格尔学派（包括布·鲍威尔为代表的青年黑格尔派）的唯心主义哲学，尤其是唯心主义的、神秘主义的辩证法，在批判的基础上阐明自己的新的世界观。这也能帮助我们理解马克思当时所说的黑格尔哲学的"秘密"到底指什么。恩格斯在《卡尔·马克思〈政治经济学批判〉》一文中谈到黑格尔的辩证法时，强调指出："黑格尔的方法在它**现有的**形式上是完全不适用的。"②恩格斯认为，这一方法的实质是唯心的、思辨的，只有经过唯物主义的改造才能为我所用。马克思在 1868 年写给约·狄慈根的信中表示他一旦卸下经济负担，就准备动手写一部《辩证法》的专著。马克思认为，"辩证法的真正规律在黑格尔那里已经有了，自然是具有神秘的形式。必须把它们从这种形式中解放出来……"③在 1873 年的《资本论》第 1 卷第二版跋中，马克思更明确地指出："将近三十年以前，当黑

① ［法］奥古斯特·科尔纽：《马克思恩格斯传》第 2 卷，刘丕坤等译，生活·读书·新知三联书店 1965 年版，第 315 页。
② 《马克思恩格斯选集》第 2 卷，人民出版社 1972 年版，第 120 页。
③ 《马克思恩格斯全集》第 32 卷，人民出版社 1974 年版，第 535 页。

格尔辩证法还很流行的时候，我就批判过黑格尔辩证法的神秘方面。"①
这里说的"将近三十年前"，指的正是马克思写《手稿》《神圣家族》《德意志意识形态》等著作的时候。这表明马克思和恩格斯在 40 年代所要重点揭露的正是黑格尔辩证法的"神秘方面"。

事实上，在当时的历史条件下，为了建立新的唯物主义的学说，马克思和恩格斯不仅透彻地批判了黑格尔哲学，尤其是他的方法论中的神秘主义倾向，而且也无情地抨击了布·鲍威尔等批判的神学家们的神秘主义倾向。在《神圣家族》中，马克思和恩格斯以嘲弄的口吻说，批判的神学家在以范畴的形式掌握了整个现实，并把人的一切活动都消融在思辨的辩证法中之后，"它又在用思辨的辩证法重新创造世界。不言而喻，以批判的思辨形式来创造世界的这种奇迹，为了不致遭到'亵渎'，只能用**神秘剧**的形式晓诸未入圣门的群众"②。在《德意志意识形态》中，马克思和恩格斯更深刻地揭露了始终只是在同现实的影子作斗争的批判的神学家的实质，指出"不仅是它的回答，而且连它所提出的问题本身都包含着神秘主义"③。事实上，在当时的历史背景下，马克思和恩格斯如果不深入批判黑格尔学派的唯心主义、神秘主义的倾向，也就根本不可能创立历史唯物主义学说。

上面四个方面的分析至少可以表明，马克思当时所说的黑格尔哲学的"秘密"并不是作为《精神现象学》的最后成果的"否定性的辩证法"，并不是指《精神现象学》中包含的"批判的成分"，当然也就更不是黑格尔哲学的"合理内核"了。

二

读者如果细心地阅读一下马克思当时写下的一些重要的论著的话，

---

① 《马克思恩格斯全集》第 23 卷，人民出版社 1972 年版，第 24 页。
② 《马克思恩格斯全集》第 2 卷，人民出版社 1957 年版，第 67 页。
③ 《马克思恩格斯全集》第 3 卷，人民出版社 1956 年版，第 21 页。

就会发现，马克思本人已经以清楚明白的语言回答了自己所提出的关于黑格尔哲学的秘密问题。

在《手稿》中，马克思说过一段非常重要的，但又常常被人们忽视的话："在《现象学》中，尽管已有一个完全否定的和批判的外表，尽管实际上已包含着那种往往早在后来发展之前就有的批判，黑格尔晚期著作的那种非批判的实证主义和同样非批判的唯心主义——现有经验在哲学上的分解和恢复——已经以一种潜在的方式，作为萌芽、潜能和秘密存在着了。"[①]正是在这个意义上，马克思才把《精神现象学》称之为黑格尔哲学的"秘密"。诚然，马克思在《手稿》中也强调，在《精神现象学》中隐藏着批判的一切要素，而且这些要素已经以远远超过黑格尔观点的方式准备好和加工过了，特别是《现象学》紧紧地抓住了人的异化、抓住了劳动的本质问题，但这一切仍然是虚无缥缈的，因为"在《现象学》中出现的异化的各种不同形式，不过是意识和自我意识的不同形式……也就是说，其结果是纯思想的辩证法"，而"黑格尔唯一知道并承认的劳动是抽象的**精神的劳动**"[②]。黑格尔批判并否定了一切，但这一切都是在神秘的、浓密的思辨的以太中完成的，正如马克思早年在《黑格尔讽刺短诗》中嘲讽的那样：

"我给你揭示一切，我献给你的仍是一无所有！"[③]

如果说，在 19 世纪六七十年代，当法国知识界把黑格尔当作"死狗"来看待时，马克思公开承认自己是这位大思想家的学生，那么，在 19 世纪 40 年代，当这些批判的神学家们正在无分析地滥用黑格尔的辩证法时，马克思的主要工作正在于揭露黑格尔辩证法在其现有形态上的神秘性和非批判性。正如奥古斯特·科尔纽所看到的：马克思在《手稿》中同黑格尔论战时，首先反对的是黑格尔的"人、自然界和社会关系的

① 《马克思恩格斯全集》第 42 卷，人民出版社 1979 年版，第 161—162 页。
② 同上书，第 162—163 页。
③ 《马克思恩格斯全集》第 40 卷，人民出版社 1982 年版，第 651 页。

神秘化""劳动神秘化"和"辩证法神秘化(使它变成了唯心主义辩证法、概念底辩证法)"①。由此可见,《手稿》本身已经正确地告诉我们,黑格尔哲学的"秘密"就是神秘主义和非批判性,或者说,就是非批判的实证主义和同样非批判的唯心主义。

当然,这尽管是内证,但还仅仅是孤证。下面,我们再从马克思的一些其他的著作中看看马克思对同一个问题的论述。1843 年夏,马克思写了《黑格尔法哲学批判》这一巨著。在该书中,马克思全面地分析了黑格尔关于法、道德、伦理(特别是市民社会和国家)的学说,批判了黑格尔用新眼光来解释旧世界观的那一套非批判的神秘主义的做法,他指出:"这种**非批判性**,这种**神秘主义**,既构成了现代国家制度形式(〔χατ'έξοχήν〕它的等级形式)的一个谜,也构成了黑格尔哲学、主要是他的**法哲学**和**宗教哲学**的秘密。"②在这里,马克思毫不含糊地、直截了当地告诉我们:黑格尔哲学的"秘密"就是它的非批判性和神秘主义。在 1844 年 9—11 月写成的《神圣家族》一书中,马克思和恩格斯在"'观点'的被揭露了的秘密"一节中指出:黑格尔把世界头足倒置起来,他的"现象学"的全部目的就是要证明自我意识是唯一的、无所不包的实在,因而"在黑格尔的'现象学'中,人类自我意识的各种异化形式所具有的**物质的、感觉的、实物的**基础**被置之不理**,而全部破坏性工作的结果就**是最保守的**哲学"③。他们还进而指出,批判的神学家的总秘密就是使陈旧的思辨的胡说死灰复燃,特别是"鲍威尔的这种勇气的**秘密**就在于**黑格尔**的'现象学'"④。在《手稿》中,马克思把《现象学》看作黑格尔哲学的"秘密",在这里,又把它看作是鲍威尔的勇气的秘密。而鲍威尔的"勇气"又是什么呢?那就是进行无休止的思辨,就是像黑格尔一样,把

---

① 〔法〕奥古斯特·科尔纽:《马克思恩格斯传》第 2 卷,刘丕坤等译,生活·读书·新知三联书店 1965 年版,第 239 页。
② 《马克思恩格斯全集》第 1 卷,人民出版社 1956 年版,第 348 页。
③ 《马克思恩格斯全集》第 2 卷,人民出版社 1957 年版,第 244 页。
④ 同上。

自我意识看作唯一的、无所不包的实在。由此可见，马克思所说的黑格尔哲学的"秘密"正是指其"思辨的原罪"①的一面，即神秘的、唯心的、非批判的一面。在"思辨结构的秘密"一节中，马克思和恩格斯借用"水果"这一形象的比喻，揭露了黑格尔的思辨结构，实际上也就是黑格尔哲学的"秘密"。马克思和恩格斯指出，黑格尔先从现实的苹果、梨、扁桃中得出"果实"这个一般的观念，然后把它抽象化、独立化为一种实体，并进而指出这种实体同时又是主体，它是能动的，它通过扬弃或否定自己的方式又返回到现实的苹果、梨、扁桃中，最后，通过否定之否定又回复、消融于自身之中。这样一来，现实的苹果、梨、扁桃反倒成了抽象的东西，成了理智的产物，而抽象的"果实"倒成了实在的、本质的东西。马克思和恩格斯把这种神秘的思辨的结构看作**黑格尔方法的基本特征**②。如前所述，费尔巴哈在批判黑格尔的辩证法时抓住的也正是这方面的东西，而马克思在《手稿》中说的**"神秘的主体—客体"**在其自身内部的"纯粹的、**不停息**的旋转"③指的也正是同样的东西。总之，黑格尔的思辨结构的秘密也就是黑格尔哲学的"秘密"，也就是它自身潜伏着的那种神秘主义和非批判性。

从马克思主义经典作家的上述论述中同样可以看出，马克思当时所说的黑格尔哲学的"秘密"，是指以萌芽状态出现在《现象学》中的神秘主义、唯心主义和非批判性。正是也仅仅是在这个意义上，马克思才把《精神现象学》看作黑格尔哲学的"秘密"。

三

在讨论了马克思所说的黑格尔哲学的"秘密"的确切含义之后，我们

---

① 《马克思恩格斯全集》第 2 卷，人民出版社 1957 年版，第 246 页。
② 同上书，第 75 页。
③ 《马克思恩格斯全集》第 42 卷，人民出版社 1979 年版，第 176 页。

就有条件来考察它和马克思所说的其他的概念，即"圣经""最后成果""合理内核"之间的关系了。

我们来分析一下，马克思和恩格斯说《现象学》是黑格尔的"圣经"到底是什么意思。这段话出现在《德意志意识形态》一书中。马克思和恩格斯在批判施蒂纳把现实的世界历史转换为黑格尔的怪影、思想的历史的唯心主义和神秘主义的观点时指出："在'现象学'这本黑格尔的圣经中，在'圣书'中，个人首先转变为'意识'，而世界转变为'对象'，因此生活和历史的全部多样性都归结为'意识'对'对象'的各种关系。"①而这各种关系又可被归结为三种根本的关系，即意识对作为真理的对象的关系、作为真理的东西的意识对对象的关系和意识对作为对象的真理的关系。"在黑格尔那里，第一种关系也被了解为圣父，第二种关系被了解为基督，第三种关系被了解为圣灵，等等。"②从上下行文可以看出，马克思恩格斯仅仅是在下述的特定的意义上，即《现象学》同"圣经"或"圣书"一样，充满着神秘性和虚幻性的意义上，才把《现象学》称为"黑格尔的圣经"的。正是在这个特定的意义上，"秘密"和"圣经"的意思才基本相同，因为它们指的都是黑格尔哲学的神秘的、非批判的一面。如果把"秘密"理解为"否定性的辩证法"，理解为"合理内核"，然后又在这个意义上把它和"圣经"看作意思基本相同的词，那就完全误解了马克思的本意。

至于"最后成果"一词，马克思在《手稿》中是这样论述的："黑格尔的**《现象学》**及其最后成果——作为推动原则和创造原则的否定性的辩证法——的伟大之处首先在于，黑格尔把人的自我产生看作一个过程，把对象化看作失去对象，看作外化和这种外化的扬弃；因而，他抓住了**劳动的**本质，把对象性的人、现实的因而是真正的人理解为他**自己的劳动**的结果。"③所谓"最后成果"，简言之，也就是"否定性的辩证法"，这一点我们在文章的开头就早已指明了。"最后成果"指的正是《现象学》中的

---

① 《马克思恩格斯全集》第 3 卷，人民出版社 1960 年版，第 163 页。
② 同上。
③ 《马克思恩格斯全集》第 42 卷，人民出版社 1979 年版，第 163 页。

积极因素、批判因素，而"秘密"指的正是《现象学》中的消极因素、非批判的因素。这两个词的含义是完全对立的，但又共存于黑格尔哲学，尤其是他的辩证法之中。马克思主义经典作家当时的哲学使命就是要揭露黑格尔哲学的"秘密"，在新的唯物主义的基础上继承并发展黑格尔的"否定性的辩证法"。

那么，马克思所说的"合理内核"又是什么意思呢？马克思的原话是这样的："辩证法在黑格尔手中神秘化了，但这决不妨碍他第一个全面地有意识地叙述了辩证法的一般运动形态。在他那里，辩证法是倒立着的。必须把它倒过来，以便发现神秘外壳中的合理内核。"①不用说，"秘密"和"合理内核"的含义也是正相反对的，这一点我们前面也已阐明了。这里需要着重说明的是"合理内核"和"最后成果"这两个用语在意义上的差异。这种差别主要表现在以下两个方面：一方面，"合理内核"是就黑格尔整个哲学，尤其是他的整个辩证法思想而言的，而"最后成果"则专指《现象学》而言，前者在内容上应该包括后者，换言之，是包容关系而不是并列关系。事实上，马克思在阐述黑格尔辩证法的"合理内核"时，概括了以下三点：(1)辩证法在对现存事物的肯定的理解中，同时包含着对现存事物的否定的、必然灭亡的理解；(2)辩证法对每一种既成的形式都是从不断运动中，因而也是从它的暂时性方面去理解；(3)辩证法不崇拜任何东西，按其本质来说，它是批判的和革命的②。这里说的第一、第二层意思和"最后成果"即"否定性的辩证法"基本相同。可见"合理内核"和"最后成果"是包容关系。另一方面，"最后成果"的说法是在1844年提出的，马克思把它的伟大之处首先归结为"黑格尔把人的自我产生看作一个过程"这一点上，这尽管表明了马克思在这个问题上的深刻的见解，但同时也表明，他还没有完全摆脱费尔巴哈人本主义的影响。与此不同的是，"合理内核"的说法是在1873年提出的，

---

① 《马克思恩格斯全集》第23卷，人民出版社1972年版，第24页。
② 参见《马克思恩格斯全集》第23卷，人民出版社1972年版，第24页。

这时，马克思的思想已经步入晚期，不用说是完全成熟了。因此，马克思可以对黑格尔的整个哲学思想，特别是他的辩证法作出更全面、更科学的评价。根据上述两方面的理由，我们认为，在严格的理论意义上，"合理内核"和"最后成果"（即"否定性的辩证法"）这两个词是不应该等同起来的。

综上所述，我们认为，搞清楚马克思当时所说的"秘密"一词的确切含义，并在此基础上弄明白马克思所说的"圣经""最后成果""合理内核"等词的准确含义，不是无谓的言词之争，相反，它将帮助我们深入地理解黑格尔哲学的实质，正确地把握马克思和恩格斯当时思想发展的脉络。本文提出的见解可能也存在偏谬之处，诚望学术界前辈及同行不吝赐教。

1988年

论历史唯物主义中的"个人"概念①

在我国的马克思主义哲学原理的教科书和历史唯物主义的论著中，几乎无例外地都要辟出专门的篇幅来讨论"人民群众和个人在历史上的作用"问题。这一现象表明，人们已充分地认识到，"个人"这一概念是历史唯物主义理论乃至整个马克思主义哲学学说中的一项重要的内容。然而，善于思索的读者在深入地研读了有关教科书和论著之后，就会发现，它们几乎无例外地误解乃至歪曲了马克思关于"个人"问题的见解。正是这种思维上的误置导致了现实生活中对"个人"问题的轻视。在我国，人道主义意识和民主意识的淡薄，竞争、创新、开拓精神的缺乏和家长制作风及平均主义思潮的泛滥，都与"个人"问题没有在理论上得到合理的解决有关。

理论界普遍存在的对"个人"问题的错误见解有如下几点。

第一，以为"个人"包含在"人民群众"之中，

---

① 原载《文汇理论探讨（内稿）》1988 年第 1 期。收录于俞吾金：《寻找新的价值坐标——世纪之交的哲学文化反思》，复旦大学出版社 1995 年版，第 65—73 页；《俞吾金集》，黑龙江教育出版社 1995 年版，第 459—467 页；《重新理解马克思——对马克思哲学的基础理论和当代意义的反思》，北京师范大学出版社 2005 年版，第 246—251 页，题为"'普通个人'的地位和作用"；《俞吾金哲学随笔（2）：哲学随感录》，北京师范大学出版社 2016 年版，第 312—319 页。——编者注

所以，只要阐述了人民群众在历史上的作用问题，也就等于阐述了个人在历史上的作用问题。这是一种根深蒂固的误解。然而，说得俏皮一点，哲学家们看不到的东西却为某些机智的营业员一语道破了。当顾客批评他们不能很好地为人民服务时，他们常常反唇相讥："为人民服务并不等于为你服务呀。"这句平常不过的话中包含着一个深刻的道理，即肯定人民群众的历史作用并不就等于肯定个人的历史作用。诚然，我们不否认，作为整体的人民群众在创造物质财富和精神财富、在进行社会变革和革命中的伟大作用，可是，光提人民群众的概念，并把这一概念独立化、凝固化之后，势必会减弱甚至抛弃对个人问题的思考。要言之，个人失去了自己的独立性和特殊性，消解在人民群众的汪洋大海之中了。

以为马克思主义的创始人在谈及历史的发展时，只涉及作为整体的人民群众的作用而不提及普通的个人，完全是一种误解。马克思说过："人们的社会历史始终只是他们的个体发展的历史，而不管他们是否意识到这一点。"①恩格斯在谈及历史的创造时，也提出，每一个人的意志都不等于零，都对合力有所贡献。过去我们讲群众路线，搞群众运动，看到的都是积极的方面，却没有注意到问题的另一面，即对个人和个体性的埋没。单纯的群众的观念之所以根深蒂固，正是对我们所处的经济状况的一种反映，正表明了以群体（如村社）生产为基础的自然经济的巨大力量和以原子式的个人之间的契约关系为基础的商品经济的薄弱。马克思说："交换手段拥有的社会力量越小，交换手段同直接的劳动产品的性质之间以及同交换者的直接需求之间的联系越是密切，把个人互相联结起来的共同体的力量就必定越大——家长制的关系，古代共同体，封建制度和行会制度。"②这就告诉我们，在我国商品经济发展不充分的具体国情下，光强调作为群体的人民群众的作用，忽视个人的作用，恰

---

① 《马克思恩格斯全集》第 27 卷，人民出版社 1972 年版，第 478 页。
② 《马克思恩格斯全集》第 46 卷（上册），人民出版社 1979 年版，第 104 页。

恰带有某种传统意识的成分。

第二，在谈及个人的概念时，它仅仅是指历史上的少数杰出人物，至于普通的个人则统统被纳入人民群众的范畴中。这样一来，就在普通的个人和杰出的个人之间画出了鸿沟。似乎可以作为独立人格出现的，可以受到普遍的尊重的只是杰出人物。这种见解蕴含着等级特权思想的残余，所以老黑格尔在某处说过，在中国皇帝的面前，人人都等于零。这种见解与资产阶级的"人人平等"的口号比较起来，也是一种退步。比如，我们常常提"尊重人才"的口号，却从来没有看到这一口号本身存在的不足。众所周知，人才，即有比较突出的才能的人，在全部个人的总和中总是少数，因而在"尊重人才"的口号中，实际上受到尊重的总是少数人。如果人才的使用单位带有强烈的功利主义意识的话，那它们尊重的就仅仅是"才"，而不是"人"。因此，比较合理的提法是："尊重人格，尊重人才"。没有对每个个人的人格的普遍尊重，是不可能真正尊重人才的。

上面的分析表明，我们在论述个人的概念时，仅仅关涉杰出人物是多么偏谬。

第三，把个人与个人主义的概念等同起来。在人们的思想中存在着一种奇怪的逻辑，似乎一提到杰出的个人的作用，就是唯物史观；而一提到普通的个人的作用，就是个人主义；人们还进一步把个人主义理解为资产阶级意识形态的核心。这样一来，就造成了一种态势，仿佛只要一提及个人，也就落入资产阶级意识形态的窠臼中去了。然而，即使我们承认个人、个人主义是资产阶级意识形态的基本原则，我们也还是要用历史的眼光审视这一基本原则的得失。

黑格尔在《精神现象学》中论述了古代伦理精神（即宗法精神）在历史发展中的破裂以及由此而异化出来的原子式的社会。他写道："普遍物已破裂成了无限众多的个体原子，这个死亡了的精神现在成了一个平等（原则），在这个平等中，所有的原子个体一律平等，都象每个个体一样，各算是一个个人（person）。"①在黑格尔看来，这种以个人为基础的原子式的社会的出现，是历史的必然，这也等于肯定了资本主义社会出现的必然性。马克思通过对政治经济学的潜心研究，更深刻地洞察到，从原始的自然血缘关系和从以统治服从关系为基础的地方性联系中分离出个人或个性的进步的历史意义。马克思高瞻远瞩地说："要使**这种**个性成为可能，能力的发展就要达到一定的程度和全面性，这正是以建立在交换价值基础上的生产为前提的，这种生产力在产生出个人同自己和同别人的普遍异化的同时，也产生出个人关系和个人能力的普遍性和全面性。……留恋那种原始的丰富，是可笑的，相信必须停留在那种完全空虚之中，也是可笑的。"②马克思明确地告诉我们，资本主义生产关系的兴起造成了异化现象的加剧，这是它带来的消极因素，然而与此相伴而来的积极因素则是，个人从血亲的或地方性的共同体中解放出来了，个人的能力获得了全面发展的可能性。按照马克思的观点，个人的独立正是历史进步的重要标志。

对待个人主义乃至整个资产阶级意识形态，也不能以一种超历史的方式来讨论。在特定的历史条件下，个人主义的思潮也具有无可否认的进步的意义。马克思和恩格斯在《共产党宣言》中虽然批评了资产阶级把一切都浸没在利己主义的冰水之中，但同时也毫不迟疑地肯定了它在历史上的进步作用。

更何况，我们不能把个人与个人主义简单地等同起来。肯定普通个人的历史作用，与提倡个人主义根本是风马牛不相及的。值得注意的倒是问题的另一方面，即关于群体和集体主义的提法并不是全都合理的，尤其当人们把它们看作压抑和束缚个性的一种力量时更是如此。社会主义社会理应为个人才能和关系的发展创造更多更好的条件。

第四，把普通的个人视为"螺丝钉"的观点。西方马克思主义的创始

---

① ［德］黑格尔：《精神现象学》下卷，贺麟、王玖兴译，商务印书馆 1981 年版，第33 页。

② 《马克思恩格斯全集》第 46 卷（上册），人民出版社 1979 年版，第 108—109 页。

人卢卡奇在 1923 年出版的《历史与阶级意识》一书中，曾经批判了资本主义社会普遍流行的"物化意识"。这种意识把物（商品）的价值看得比人更高，甚至对物产生了极度的崇拜心理。把人视为"螺丝钉"正是物化意识的一种表现。有人也许会申辩说，这不过是一种象征性的说法，然而这里的象征却具有实质性的意义，它显示了象征背后的文化密码，即根深蒂固的物化意识。

把普通的个人视作"螺丝钉"，也就等于把他的独立人格、他的主体性和创造性推入到硫酸池中去了。苏联哲学家曾对这种见解进行过透彻的批评。伊利切夫说："人，并不是机器上的一个由某种最高的、凌驾在他上面的神秘力量所开动的螺丝钉。每一个人都是自己生活和自己人民的生活的自觉建设者。"①这充分表明，把个人视作"螺丝钉"的见解是与马克思主义的人道主义完全格格不入的。

从思想史上来看，这种观点也是十足的倒退。18 世纪的法国唯物主义哲学家拉美特利曾经提出过"人是机器"的著名命题。尽管这一命题是力学观点在哲学中的一种泛化，具有浓厚的机械论唯物主义的味道，然而，它毕竟把人看作一架完整的、独立的机器，也就是说，它或多或少地承认了个人的某种独立性。可是，螺丝钉的比喻却进一步把人从一架完整的机器贬损为一颗螺丝钉，一个零件。这样一来，即使是在象征性的意义上，个人人格的独立性也被剥夺了。

上面，我们分析了关于个人概念的四种流行的、错误的见解。这表明，在历史唯物主义原理部分，我们虽然接纳了"个人"这一概念，但对它的内涵及作用却做了偏谬的理解。我们有充分的理由认为，"个人"的概念在历史唯物主义理论中应居于中心的地位。

首先，随着改革的深入、市场经济的发展，具有自觉的创造性的个人正在不断地从自然经济和半自然经济的共同体中分离出来。如果说，社会主义市场经济的发展是确立个人独立人格的根本前提的话，那么，

---

① 贾泽林等编译：《苏联哲学纪事》，生活·读书·新知三联书店 1979 年版，第 245 页。

个人的独立人格的确立反过来则推动了社会主义市场经济的发展。这就是说，突出个人（主要指普通个人）的作用并不是脱离实际生活的幻想，恰恰相反，倒是实际生活的迫切的需要。改革实践表明，在封建特权和家长制作风严重的地方，个体经济常常无从立脚，这是因为个人被禁锢在一层坚硬的群体的外壳之中，无法发挥自己的创造作用。

其次，只有充分肯定个人的历史作用，才能真正地建立健全社会主义民主，才能真正地摒弃以家族宗法观念为核心的旧的伦理观念，确立以社会主义初级阶段为基础、以未来共产主义的理想为蓝图的新的伦理观。不应该在过去的尘埃中寻找出路，出路仍然隐伏在现实生活中，隐伏在现实的个人的身上。也就是说，不能因为某些个人在追求物质利益上的腐化堕落而取消个人的独立性，把他塞回到自然经济的共同体中囚禁起来，这实在有因噎废食之嫌。实际上，某些个人的腐化堕落不但不是强化了他个人的独立人格的结果，相反，倒是他自己否定了自己的独立人格，把自己贬损为动物的结果。真正的个人意识，真正的独立人格体现在个人的理性尊严和自由意志中，体现在道德上的自律中。我们主张，在理性和欲求之间建立必要的张力。中国的理学家崇尚"存天理，去人欲"，这完全是对生命的否定，对生活的践踏；反之，西方的有些哲学家把人看作欲求的化身，完全否定理性的约束作用，这也就是把人重新降低为动物了。要言之，在理性与欲求的关系中要讲一个适度性。这里，除了有道德上的自律之外，还要有道德上的他律和法律的约束。这就是说，真正的出路是互补的两个方面，即社会主义民主和法制的健全与精神文明建设的开展。这两方面的工作的目的并不是压抑个性，而是提高和纯化个性，使个人保持理性和道义上的尊严。

最后，如果我们深入阅读马克思的著作的话，就会发现，马克思的唯物史观以现实的个人为出发点，而以全面发展的个人为归宿。在《德意志意识形态》中，马克思在谈到他的正在形成的唯物史观的观察方法时指出："它的前提是人，但不是某种处在幻想的与世隔绝、离群索居状态的人，而是处在一定条件下进行的、现实的、可以通过经验观察到的发展过程中的人。"①在马克思看来，费尔巴哈所强调的个人归根结底是抽象的，只有处在现实的社会关系和现实生活中的个人才是具体的。马克思认为，从现实的个人出发，历史就不再像唯心主义者所描绘的那样，是"想象的主体的想象的活动"了。这充分表明，现实的个人正是马克思的唯物史观的出发点。在《共产党宣言》中，马克思在描绘共产主义社会时说："在那里，每个人的自由发展是一切人的自由发展的条件。"②这就是说，每个人的自由发展正是共产主义伟大理想的标志。

综上所述，对历史唯物主义理论乃至整个马克思主义哲学原理中"个人"概念的内涵、地位和作用必须作出新的思考和探讨。哲学再也不能用沉默的态度来对待那些实际生活所提出的迫切问题了。它应当把思想的闪电注入现实生活中，推动现实生活向前发展，以建立自己的不朽的业绩。

---

① 《马克思恩格斯全集》第 3 卷，人民出版社 1960 年版，第 30 页。
② 《马克思恩格斯选集》第 1 卷，人民出版社 1972 年版，第 273 页。

论两种不同的自由观[①]

　　自由观历来是我国哲学界讨论的一个重要课题。近年来，随着大量翻译、介绍西方人本主义思潮的学术著作的出版，关于自由的讨论成了热点问题。可是，由于人们没有认真地对马克思主义经典作家的自由概念进行细致的语义分析，从而没有把认识论意义上的自由概念与人类学本体论意义上的自由概念严格地区别开来，由此在理论上造成了不少误解和混乱。我们试图通过下面的论述来澄清这个问题上的思想混乱。

一、认识论意义上的自由

　　在我国出版的辩证唯物主义教材中，几乎无例外地讨论到自由与必然的关系问题。这些讨论所引申出来的共同结论是：自由是对必然的认识和对客观世界的改造。我们不妨把这种自由观称

　　① 原载《光明日报》1988 年 5 月 2 日。收录于俞吾金：《寻找新的价值坐标——世纪之交的哲学文化反思》，复旦大学出版社 1995 年版，第 45—50 页；《俞吾金集》，黑龙江教育出版社 1995 年版，第 124—129 页；《被遮蔽的马克思》，人民出版社 2012 年版，第154—159 页；《重新理解马克思——对马克思哲学的基础理论和当代意义的反思》，北京师范大学出版社 2005 年版，第 127—131 页；《生活与思考》，复旦大学出版社 2011 年版，第 81—85 页；《哲学随想录》，北京师范大学出版社 2016 年版，第 76—81 页。——编者注

为认识论意义上的自由概念。

在《反杜林论》一书中，恩格斯对这种认识论意义上的自由概念做出了经典性的说明：

> 自由不在于幻想中摆脱自然规律而独立，而在于认识这些规律，从而能够有计划地使自然规律为一定的目的服务。……因此，意志自由只是借助于对事物的认识来作出决定的能力。因此，人对一定问题的判断**愈是自由**，这个判断的内容所具有的**必然性**就愈大；而犹豫不决是以不知为基础的，它看来好像是在许多不同的和相互矛盾的可能的决定中任意进行选择，但恰好由此证明它的不自由，证明它被正好应该由它支配的对象所支配。因此，自由是在于根据对自然界的必然性的认识来支配我们自己和外部自然界。①

在这段话中，恩格斯有两处使用了"认识"概念，一处使用了"不知"的概念。其实，"不知"不过是"认识"的一种否定的表达方式。恩格斯的上述论断表明，他主要不是从人的社会历史存在，如一定的政治观、宗教观、法律观和道德观的角度，而是从认识论的角度来讨论自由问题的。这尤其表现在他关于人对客观事物及其规律的认识愈深入，判断也就愈自由的见解上。

恩格斯认为，黑格尔是第一个正确地叙述了自由与必然之间关系的哲学家。这表明，他的自由概念与黑格尔的自由概念有着直接的联系。众所周知，黑格尔的自由概念比较强调以下两个方面：第一，自由并不就是普通人所认为的任性或为所欲为；第二，未被认识的必然性是盲目的。这两方面的意思合起来也就是说：自由是对必然的认识。恩格斯上面的论述实际上是在唯物主义的基础上，对黑格尔的自由概念所作的发挥。

---

① 《马克思恩格斯选集》第3卷，人民出版社1972年版，第153—154页。

毋庸置疑，这种认识论意义上的自由概念的形成和提出具有自己的意义。它告诉我们，自由并不是在幻想中摆脱外在的必然性的束缚，相反，自由正是以外在的必然性为客观前提的。人们对客观事物的认识越深入，他们在判断、选择和决定上就越自由。不尊重并遵循客观规律的人迟早会在现实中失败。然而，认识论意义上的自由也有其明确的适用范围，它主要表明的是作为认识者的主体与客观事物及其规律的关系，主要涉及人们在科学技术的名义下改造外部自然界的实践活动，亦即人与自然之间的关系。如果把认识论意义上的自由概念认作自由的唯一表现形式，把它加以绝对化并运用到其他场合中去，那就可能引起理论上的混乱。

二、本体论意义上的自由

　　本体论有各种各样的形式。传统的本体论以精神或物质为本体，这里说的人类学本体论意谓以人的生存结构为本体和出发点的哲学学说。这种本体论在当代存在主义思潮中获得了典型的理论表现。人类学本体论意义上的自由概念正是从人的生存结构这一本体论现象出发，对自由概念的含义作出规定的，它主要涉及人们在政治、法律、宗教、道德方面的实践活动，亦即人与人之间的关系。

　　这种自由概念在萨特的学说中表现得最为突出。萨特从"存在先于本质"这一存在主义的第一原理出发，指出：

　　　　没有决定论——人是自由的，人就是自由（Man is freedom）。①

---

　　① J-P. Sartre, *Existentialism and Humanism*, London：Eyre Methuen LTD, 1978, p. 34.

人的存在的特殊性正表现在人是自由的这一特征上，人是被判处为自由的。他是赤裸裸地被抛掷到这个世界上来的，他既无任何帮助，也无任何借口，他必须在自己的行动中，即一连串的选择中造就自己，确定自己的本质。

就人类学本体论意义上的自由概念的理论渊源而言，一直可以追溯到康德。康德把理性分为纯粹理性和实践理性，前者涉及认识论问题，实际上为认识论和科学技术实践意义上的自由确定了界限；后者主要关联道德、政治、法和宗教的问题，实际上涉及人类学本体论意义上的自由问题。康德说：

> 自由即是理性在任何时候都不为感觉世界的原因所决定。①

在这里，他突出的是作为道德实践主体的人的意志（即"实践理性"）的自决性。在康德看来，如果人的意志不是自由自决的，那就不可能对自己的行为承担道德和法律责任。然而，在叔本华看来，康德所强调的意志自由仍然是不彻底的，因为他主张纯粹理性为意志立法，所以，意志仍然是受理性束缚的。叔本华认为，生命意志是本体，是第一性的，人的认识则是第二性的，是服务于生命意志的。这实际上肯定了人类学本体论意义上的自由比认识论意义上的自由更为根本。这一思想对海德格尔、萨特等人都产生了重大的影响。

总之，人类学本体论意义上的自由强调个体在社会行为中的自我意识和不可推卸的责任感。离开这种自我意识和责任感，个体的历史性就被消解了，个人就成了一个抽象的认识容器。萨特的自由概念所要突出的正是这种自我意识和责任感，所以，对他的自由概念的得失应当从人类学本体论的角度进行考察和批评。

---

① ［德］康德：《道德形而上学原理》，苗力田译，上海人民出版社 1986 年版，第 107 页。

三、两种自由观的根本区别

人们常用认识论意义上的自由概念去评论，甚至取代人类学本体论意义上的自由概念，但由于这两个概念在理论含义上的重大区别，这种做法只能引起思想上的混乱。

首先，这两种自由概念的客观基础不同。认识论意义上的自由是以自然规律为基础的。恩格斯强调，他说的自然规律，不仅是指外部自然界的规律，而且也指支配人本身的肉体存在和精神存在的规律。但是，一方面，他没有深入讨论这些规律之间的差异，这里涉及的主要是它们的共同点；另一方面，他强调的重点始终是外部自然界的规律。所以，紧接着前面我们引证的那一段论述，恩格斯又写道：

> 因此，自由是在于根据对自然界的必然性的认识来支配我们自己和外部自然界。①

诚然，人类学本体论意义上的自由并不否认外部自然界的规律的存在。一个不会游泳的人如果跳到深水里去寻找什么"自由"，这种自由肯定是虚幻的，自然规律会准确无误地起作用，也就是说，他马上会被淹死。包括萨特在内，谁都不会怀疑这一点。然而，人类学本体论意义上的自由主要是以社会生活和人与人之间的关系作为自己的客观基础的。在自然界，自然规律可以脱离人的因素而起作用，而在社会生活中，一切活动都是在人的参与下才得以发生的。所以，一讨论到政治、法律、道德、宗教范围内的实践活动，我们就不得不诉诸本体论意义上的自由概念。

---

① 《马克思恩格斯选集》第3卷，人民出版社1972年版，第154页。

其次，这两种自由概念所对应的主体的内涵不同。认识论意义上的自由所对应的是一个作为纯粹认识者的主体，因为认识论的目的是区分真假（即真理和谬误），要正确无误地揭示客观事物的真相，就必须排除主体的情感因素和价值因素的干扰。与此相反，本体论意义上的自由所对应的是一个寻求生存的社会主体。对于这样的主体而言，世界首先是作为意义的世界呈现在他的眼前的，即这个世界必须对他有用，必须能维持他的生存；只有在满足了这种基本的生存需要以后，他才可能以纯粹认识者的目光去系统地探究这个世界。所以，这样的主体不但不排除情感因素和价值因素，相反，其自由正关系到这样的因素。如果深入地分析下去，就会发现，即使作为纯粹认识者的主体，只要一跨进真实的社会生活中，尽管他研究的仍然是外部自然界的问题，但还是会受到情感因素和价值因素的左右。哥白尼、伽利略、布鲁诺、塞尔维特等人的遭遇就是一个明证。在任何情况下，生存问题都是人类面对的首要问题。人类所寻求的根本自由是生存上的自由，至于人类所寻求的认识、理性和科学上的自由，归根到底是为生存上的自由服务的。

最后，对外部必然性的认识并不就等于解决了生存上的自由问题。在单纯认识论意义上的自由的范围之内，我们可以说，人们对外部自然界规律的认识愈深入，他们在改造世界的实践活动中就愈自由。但决不能轻易地把这一结论推广到人类学本体论的自由所属的范围中，即推广到人们的社会生活中。在实际生活中，自由与选择是含义极为丰富的概念，其中不仅蕴含着科学与认识论的问题，更重要的是蕴含着政治、宗教上的信念问题和道德、法律上的责任感问题。

恩格斯说，"犹豫不决是以不知为基础的"，这里的"知"涉及的显然只是认识论问题。然而，在许多场合下，当人们处于犹豫不决的状态时，并不是出于对外在必然性的无知，而是出于一种非常复杂的心理，特别是出于某种道德责任或宗教信仰方面的冲突。无知可以使人犹豫不决，知同样可以使人犹豫不决。假设一个通晓社会发展规律的革命者被捕了，他必须在一个小时内作出下面的选择：或者是变节以求生存，或者是牺牲自己以维护革命的利益。在这一小时中，如果他的思想出现过犹豫，我们能说这是出于他的无知吗？不，他对一切都知道得清清楚楚，他还会犹豫不决。因为这里的自由和选择问题远远超出了科学与认识论的范围，它触及生命、情感、道德责任感、政治或宗教信仰等重大问题。萨特在谈到克尔凯郭尔的学说时曾经指出："克尔凯郭尔是正确的，人类的悲伤、需要、激情和痛苦是一些原生的实在，是知识既不能克服也不能改变的东西。"①这充分表明，仅仅停留在认识论意义上的自由概念是远远不够的。

---

① Jean-Paul Sartue, *The Search for Method*, New York：Alfred A. knopf, p. 12.

1991年

发展马克思主义哲学的当代意义①

  释义学在当代已引起人们的广泛兴趣，其中心问题始终是围绕解释者与文本的关系而展开的。狭义上的文本是指艺术作品、各类著作等，广义上的文本则指整个人化世界。马克思从未使用过 Hermeneutik 这个词，但在他的哲学思想中，却包含着一种可以深化释义学研究的批判性的与建设性的见解。同时，释义学的特殊的研究角度也为我们全面地理解马克思的哲学思想提供了新的途径。法兰克福学派成员致力于把马克思主义哲学和释义学结合起来，这是一种值得重视的趋向。

  在某种意义上，我们可以把马克思主义的哲学称为实践释义学。马克思不仅主张通过革命的实践活动来改造整个现存世界，而且也主张以人的实践活动为出发点来解释我们现在用文本这个概念所指称的所有的对象。马克思在《关于费尔巴哈的提纲》中写道：哲学家们只是对世界作了不同的解释，而关键在于改变世界。② 人们在理解马克思的这句话时，常常过分简单地把马克思

---

① 载《学术月刊》1991 年第 3 期，第 38—42 页，题为"'马克思主义与现代西方哲学'学术讨论述要"，其中俞吾金发言标题为"发展马克思主义哲学的当代意义"。——编者注

② 译文不同于中文本。K. Marx, F. Engels, *Werke*, *Gesamtausgabe Band 3*, Berlin: Dietz Verlag, 1969, S. 7.

主义哲学作为改变世界的哲学与只是满足于解释世界的旧哲学对立起来，从而忽略了马克思主义哲学也蕴含着解释世界的一面。事实上，马克思主义哲学如果不能准确地理解并解释世界，也就无法有效地改造世界。

马克思又说："全部社会生活本质上是实践的。所有把理论引向神秘主义的神秘东西，都能在人的实践及对这一实践的领悟中找到合理的解决。"①这就是说，人们的理论或观念，不管是真实的还是虚幻的，都是他们的现实活动、生产和交往的表现。如果现实关系在人们的观念或理论上的表现是虚幻的、神秘的，甚至是颠倒的，那么这一现象的根源归根结底仍然要到实践活动的局限性以及由此而来的狭隘的社会关系中去寻找。马克思的这一见解为我们理解各种观念和文本提供了一把钥匙。

马克思并不满足于泛泛地谈论实践概念，而是从生存论的观点出发，紧紧地抓住人类实践活动的基本形式——生产劳动。马克思揭示了现代文明社会中普遍存在的物化意识，从而不仅指明了解读在这种社会形态中产生的各种文本的方向，也指明了文本创造者与解读本身的生存状况与局限性。马克思的实践释义学，为我们索解各种社会形态下出现的观念、理论和文本提供一个新的向度。

---

① K. Marx, F. Engels, *Werke*, *Gesamtausgabe Band* 3, Berlin: Dietz Verlag, 1969, S. 7.

马克思哲学本体论思路历程[①]

  西方学者胡塞尔、海德格尔、伽达默尔等人对本体论的研究近年来对国内理论界产生了一定的影响，尤其是在卢卡奇的社会存在本体论学说的影响下，国内的马克思主义哲学的研究也开始转入本体论思考的方向。

  检视一下已发表的论文就会发现，对马克思的本体论学说大致上有以下几种不同的理解模式：一是物质本体论，二是物质-实践本体论，三是实践本体论，四是社会存在本体论。本文不打算针对上述各种理解模式来阐明自己的见解，只是就上述各种理解模式共同忽视的问题——马克思本体论学说的演化做一探讨。这方面的探讨正是我们正确地理解马克思本体论学说的实质的先决条件之一。

  人所共知的一个事实是：马克思很少提到"本体论"这一概念，但这决不等于说，马克思的哲学没有本体论的基础。诚如奎恩指出的：任何哲学体系都有自己的"本体论承诺"。马克思的哲

  ① 原载《学术月刊》1991 年第 11 期，第 1—6 页。收录于俞吾金：《俞吾金集》，黑龙江教育出版社 1995 年版，第 468—480 页；《寻找新的价值坐标——世纪之交的哲学文化反思》，复旦大学出版社 1995 年版，第 208—219 页；《重新理解马克思——对马克思哲学的基础理论和当代意义的反思》，北京师范大学出版社 2005 年版，第 197—208 页；《被遮蔽的马克思》，人民出版社 2012 年版，第 197—208 页。——编者注

学当然也并不是例外。马克思的本体论学说经历了以下五个发展阶段：自我意识本体论、情欲本体论、实践本体论、生产劳动本体论和社会存在本体论。

一、自我意识本体论

在康德哲学中，现象界和本体界的划分乃是一个根本的原则。前者是经验范围的东西，后者则是超经验范围的东西，人们运用知性范畴所能认识的只是经验的东西，而不是超验的东西。这就是说，本体是人的认识所无法通达的。在康德那里，本体，具体地说，就是灵魂、自由和上帝。它们是不可知的，但又是人的实践理性的先导。

黑格尔建立了现象和本质之间的辩证关系，从而扬弃了现象界和本体界、经验界和超验界之间的对立，用认识可通达的绝对理念取代了康德的不可知的本体或物自体。黑格尔的哲学作为绝对唯心论，实际上就是绝对理念本体论。黑格尔学派解体后，施特劳斯抓住了"实体"的原则，布·鲍威尔则抓住了"自我意识"的原则，并发生了激烈的争论。青年马克思从康德、费希特哲学中感受到那种追求自由和理性的理想主义，从而使他倾向于"自我意识"的原则。马克思的博士论文就是他重视"自我意识"问题的确证。

马克思在其《博士论文》的新序言草稿中指出，伊壁鸠鲁派、斯多葛派和怀疑派"他们是**自我意识的哲学家**"①。这三派"自我意识"的哲学，乃是黑格尔在哲学史研究中的基本观点。但是，黑格尔又强调，其中的怀疑派哲学更多地体现了"自我意识"的觉醒，而伊壁鸠鲁只是进一步说明原子本身。"伊壁鸠鲁的本质，事物的真理，和留基波与德谟克里特

---

① 《马克思恩格斯全集》第 40 卷，人民出版社 1982 年版，第 286 页。

一样，乃是原子与虚空。"①也就是说，黑格尔并没有充分认识伊壁鸠鲁确立的"自我意识"在哲学史上的地位和重要作用。

马克思认为，伊壁鸠鲁的原子论乃是典型的弘扬自我意识的哲学："**正如原子不外是抽象的、个别的自我意识的自然形式，感性的自然也只是客观化了的、经验的、个别的自我意识，而这就是感性的自我意识**。"②马克思还发现了伊壁鸠鲁的自然哲学优于德谟克利特的自然哲学的地方，即伊壁鸠鲁肯定了偶性的作用，肯定了原子的偏斜运动，从而高扬了"自由意志"和"自我意识"的作用。

《博士论文》表明，当时马克思的哲学思想处于黑格尔和布·鲍威尔的影响下，信奉的是自我意识本体论。这不仅因为马克思把"自我意识"看作原子和自然的基础，而且把它理解为本体论意义上的存在的根基。

马克思认为，康德在《纯粹理性批判》中对上帝存在的本体论证明的驳斥是缺乏说服力的。康德非但没有驳倒上帝存在的本体论证明，反而加强了这个证明。马克思主张从另外的角度来理解上帝存在的本体论证明的实质：对上帝的存在的证明不外是对人的本质的自我意识存在的证明，对自我意识存在的逻辑说明，例如，本体论的证明。当我们思索"存在"的时候，什么存在是直接的呢？自我意识。③"自我意识"是一种直接的存在，它是所有其他存在的基础。在这个意义上，上帝存在的本体论证明的实质不过是自我意识存在的本体论证明。

马克思的自我意识本体论虽然未摆脱黑格尔唯心主义的影响，但它具有深刻的哲学内涵，它肯定了哲学本体论的真正根基在人身上。

---

① ［德］黑格尔：《哲学史讲演录》第3卷，贺麟、王太庆译，商务印书馆1981年版，第60页。

② 《马克思恩格斯全集》第40卷，人民出版社1982年版，第233页。

③ 同上书，第285页。参阅贺麟先生翻译的单行本。编译局本把Gott译为"神"不妥，应按贺译本译为"上帝"。

二、情欲本体论

马克思关于情欲本体论的论述主要出现在《1844 年经济学哲学手稿》(以下简称《手稿》)中。当时，马克思的思想主要处在费尔巴哈的影响之下。费尔巴哈人本主义哲学的一个基本特点是用"感性""欲望"这样的概念来对抗醉醺醺的思辨。他写道："人的最内秘的本质不表现在'我思故我在'的命题中，而表现在'我欲故我在'的命题中。"①在费尔巴哈看来，"欲"是人的存在的最根本的前提，因而具有本体论的意义。

在《手稿》中，马克思强调，黑格尔所说的"自我意识"实际上是人，人并不是纯粹思维的、精神性的存在物，人是对象性的、感性的存在物，因为人能感受痛苦，所以人是有情欲的存在物，情欲(Die Leidenschaft)、激情(Die Passion)是人强烈追求自己的对象的本质力量②。与费尔巴哈一样，马克思把"情欲"提升到本体论的高度，但由于切入了国民经济学的研究，马克思思考这个问题的视野比费尔巴哈更为开阔、深邃。马克思指出：人的感觉、情欲等等不仅是在[狭隘]意义上的人类学的规定，而且是对存在(自然界)的真正本体论的肯定。③ 就是说，情欲不仅仅是人类学中规定人的主观情感的范畴，它不仅自身是一种本体论的存在，而且也是对它的对象——自然界的存在的一种本体论确证；另一方面，马克思又说，只有通过发达的工业，也就是以私有财产为中介，人的情欲的本体论存在(das ontologische Wesen der menschlichen Leidenschaft)才能在总体上、合乎人性地实现④。在人与自然的直接联

---

① [德]费尔巴哈：《费尔巴哈哲学著作选集》上卷，荣震华等译，商务印书馆 1984 年版，第 591 页。

② 《马克思恩格斯全集》第 42 卷，人民出版社 1979 年版，第 169 页。译文有更动。

③ 同上书，第 150 页。译文有更动，此处的德语词 Wesen 不应译为"本质"，应译为"存在"。

④ 同上书，第 150 页。此处 Wesen 也译为"存在"。

系中，人的情欲是不可能完全地、合乎人性地得到实现的，这样的实现只有借助于发达的工业和私有财产的媒介，而工业和私有财产正是情欲即人的本质力量的打开了的书本。费尔巴哈则囿于自然主义的眼光，并没有把工业和私有财产看作人的情欲的本体论存在充分展开的必要条件。

马克思还进一步分析了货币作为财产的最普遍的象征，在情欲与对象、生活与生活资料、人与人的存在之间的媒介作用。"货币的力量多大，我的力量就多大。货币的特性就是我——货币持有者的特性和本质力量。因此，我**是**什么和我**能够**做什么，这决不是由我的个性来决定的。"①如果我是丑的，货币能使我变为美的；如果我是邪恶的，货币能使我变为善良的；如果我是无能的，货币能使我变成万能的。总之，货币是人的本质力量的真正的延伸，是使人的欲望由想象过渡到实在的真正的创造力。

如果说在《博士论文》中，马克思坚持的是自我意识本体论的思想，在论述康德对上帝存在的本体论证明的驳斥时，强调想象的一百塔勒与实在的一百塔勒具有同样的价值，而在《手稿》中，马克思已转移到情欲本体论的人本主义的立场，看到了想象与实在之间的差异。马克思写道："以货币为基础的有效的需求和以我的需要、我的情欲、我的愿望等等为基础的无效的需求之间的差别，是**存在**（Sein）与**思维**（Denken）之间的差别，是只在我心中**存在**的观念和那作为**现实对象**在我之外对我存在的观念之间的差别。"②这就告诉我们，思维中的东西还不是真正存在的东西，只有通过货币的媒介，情欲的本体论存在才能真正得到实现。

在《手稿》中，由于马克思还未摆脱费尔巴哈的影响，其基本立场表现为情欲本体论，表现为人的本质力量本体论，但必须看到，马克思的不少思想已超出了情欲本体论的范围。首先，马克思把人理解为社会存

---

① 《马克思恩格斯全集》第42卷，人民出版社1979年版，第152页。
② 同上书，第154页。译文有更动。

在物，马克思对工业、财产、货币的重视表明他关注的始终是社会存在的问题；其次，马克思也十分重视实践的作用，强调"**理论的**对立本身的解决，**只有**通过**实践**方式，只有借助于人的实践力量，才是可能的"①。此外，马克思还深入地探讨了劳动在现实的人形成过程中的作用，分析了异化劳动的产生、结果及其扬弃的条件。马克思的这些见解蕴含着他的本体论学说继续演变的重要基因。

三、实践本体论

马克思关于实践本体论的思想集中体现在《关于费尔巴哈的提纲》（以下简称《提纲》）一文中。如前所述，在《1844 年经济学哲学手稿》中，马克思尚未摆脱费尔巴哈思想的影响，因而总是从人的本质出发来讨论各种问题，所谓"情欲"就是人的本质力量的一种表现形式。在《提纲》中，马克思批判了费尔巴哈的思想，特别是他关于人的本质的思想，从而形成了实践本体论。

马克思指出，"费尔巴哈把宗教的本质归结于**人的**本质。但是，人的本质并不是单个人所固有的抽象物。在其现实性上，它是一切社会关系的总和"②。费尔巴哈从直观的唯物主义出发，撇开社会历史联系来思考人的本质，从而把人的本质理解为"类"，理解为一种内在的、无声的、把许多个人纯粹自然地联系起来的共同性。显然，从这样的人的本质出发，至多只能做到对市民社会的单个人的直观，不可能揭示出社会的内在矛盾和实际的运动法则。

既然人的本质在其现实性上是一切社会关系的总和，那就应当着眼于社会生活本身来探寻其本体论上的根基。这个根基，马克思的回答是

---

① 《马克思恩格斯全集》第 42 卷，人民出版社 1979 年版，第 127 页。
② 《马克思恩格斯选集》第 1 卷，人民出版社 1972 年版，第 18 页。

实践。

首先，马克思指出，实践是人的全部理论和认识的基础："社会生活在本质上是**实践的**。凡是把理论导致神秘主义方面去的神秘东西，都能在人的实践中以及对这个实践的理解中得到合理的解决。"①这表明，马克思的思想已与以黑格尔为代表的德国唯心主义思潮彻底划清了界限，认识到社会生活的本质内容不是精神的，而是实践的。人的实践活动不仅是人的精神活动和思维活动的基础，而且也是检验人的思维是否具有客观真理性的标准。

其次，属人世界或人的周围的世界不外是人的实践活动的产物。马克思写道："从前的一切唯物主义——包括费尔巴哈的唯物主义——的主要缺点是：对事物、现实、感性，只是从**客体**的或者**直观**的形式去理解，而不是把它们当作是**人的感性活动**，当作**实践**去理解，不是从主观方面去理解。"②也就是说，以往的唯物主义者总是用抽象的物质的眼光去看待周围的事物乃至整个属人世界，因而把人的活动与周围世界的形成分离开来了。实际上，周围世界正是人的实践活动所创造的。唯心主义者虽然肯定了人的精神活动的积极作用，但这种肯定也只是停留在抽象的层次上，他们并不理解现实的实践活动本身。比如，在黑格尔那里，劳动不过是抽象的精神劳动的代名词。所以，唯心主义者同样不能对世界的本质作出合理的说明。

最后，马克思强调，革命的实践活动乃是改变环境（物质力量和精神力量的统一物）的根本前提。18世纪的唯物主义者片面地把人理解为环境和教育的产物，但忘记了环境也正是由人来改变的。否认人的活动是受动性和能动性的统一，也会导致唯心主义和神秘主义的理论。正是革命的实践活动才是扬弃人和环境对立的真正前提。费尔巴哈致力于把宗教世界归结于世俗基础，但在做完这一工作以后，他又提出了以"爱"

---

① 《马克思恩格斯选集》第1卷，人民出版社1972年版，第18页。
② 同上书，第16页。

为核心的新宗教，从而重又退回到宗教世界中去了。他没有意识到，更重要的工作是深入地分析世俗基础的自我分裂和自我矛盾，并用革命实践的途径来解决这种矛盾，从而最终地消除宗教世界。这充分表明，费尔巴哈也不理解革命的、实践批判活动的意义。

马克思不仅把实践理解为属人世界的基础，而且把它作为自己哲学思想的根本标志："哲学家们只是用不同的方式**解释**世界，而问题在于**改变**世界。"①实践本体论的形成标志着马克思的新世界观的形成，也正是在这个意义上，恩格斯把马克思的这份《提纲》称作是"包含着新世界观的天才萌芽的第一个文件"②。

四、生产劳动本体论

实践本体论形成之后，马克思全部哲学思想的发展都没有离开过这一基本立场。在《德意志意识形态》中，马克思一再重申，意识的一切形式和产物是不可能用精神的批判来消灭的，历史的动力以及一切意识形态发展的动力是革命实践，而不是批判，因而"对**实践的**唯物主义者（den praktischen Materialisten），**即共产主义者**说来，全部问题都在于使现存世界革命化，实际地反对和改变事物的现状"③。马克思之所以在"唯物主义者"这个词的前面加上"实践的"这一定语，正是为了表明他不同于以物质本体论或感性直观本体论为基础的一切旧唯物主义者的态度。

既然马克思坚持的是实践本体论的立场，这里又提出生产劳动本体论是什么意思呢？我们的回答是：马克思在《德意志意识形态》中形成的生产劳动本体论乃是其实践本体论思想的进一步深化。因为，人的实践

---

① 《马克思恩格斯选集》第 1 卷，人民出版社 1972 年版，第 19 页。
② 《马克思恩格斯选集》第 4 卷，人民出版社 1972 年版，第 208—209 页。
③ 《马克思恩格斯全集》第 3 卷，人民出版社 1960 年版，第 48 页。

活动具有多种多样的形式，马克思作为革命者所强调的改造现存世界的实践乃是最重要的实践形式之一。然而，这种实践形式并不是任意的，随时都可以发动起来的，它的成熟与否取决于一种最基本的实践形式，即生产劳动。"这种活动、这种连续不断的感性劳动和创造、这种生产，是整个现存感性世界的非常深刻的基础，只要它哪怕只停顿一年，费尔巴哈就会看到，不仅在自然界将发生巨大的变化，而且整个人类世界以及他（费尔巴哈）的直观能力，甚至他本身的存在也就没有了。"[1]

在这段论述中，马克思表达了三层意思。

第一，生产劳动是属人的自然界变化和发展的本体论前提。在马克思看来，如果抽象地谈论自然界，自然界确实具有某种先于人类历史的优先性；如果具体地谈论自然界，自然界就表现为"历史的自然"，而先于这样的自然界存在则是人的生产劳动。

第二，生产劳动是整个人类世界存在和发展的本体论前提。马克思认为，人类生存的第一个前提也就是一切历史的第一个前提：即人们为了能够创造历史，必须能够生活；为了生活，首先需要解决衣、食、住的问题，因此，第一个历史活动就是生产满足这些需要的资料。离开人的生产劳动，整个人类世界便无法存在并延续下去。

第三，生产劳动是现实的人生存、交往和发展的本体论前提。"实体""人的本质""自我意识""唯一者"等，所有这些概念的现实基础，正是每个人和每一代通过连续不断的生产劳动而现成地承受下来的生产力、资金和社会交往关系的总和。只要不是抽象地谈论"人"，而是谈论现实的人的话，就不得不追溯到其得以生存的历史前提——生产劳动的一定的形式中。

鉴此，马克思的生产劳动本体论进一步深化了实践本体论的内涵，成了他阐释一切社会现象的基本出发点。马克思关于"生活的生产""意识的生产""思想的生产""精神生产"以及后来的"艺术生产"等提法都是

---

[1] 《马克思恩格斯全集》第 3 卷，人民出版社 1960 年版，第 50 页。

在生产劳动本体论的基础上形成起来的。在这个意义上，我们也可以把马克思的整个哲学思想称为广义生产理论。

五、社会存在本体论

马克思的社会存在本体论思想在《1844年经济学哲学手稿》中已见端倪，在《1857—1858年经济学手稿》和《资本论》中则得到了充分的展开。社会存在本体论正是他在生产劳动本体论的基础上深入解剖资本主义社会现实的产物。

马克思关于"社会存在"的论述是以分析资本主义社会的生产劳动的产物——商品价值的两重性为出发点的。马克思指出："价值的第一个形式是**使用价值**，是反映个人对自然的关系的日用品；价值的第二个形式是与使用价值**并存**的**交换价值**，是个人支配他人的使用价值的权力，是个人的社会关系。"①在这里，使用价值对应的是商品的自然存在，交换价值对应的则是商品的社会存在。由于资本主义的生产劳动是以交换价值为目的的，因而"产品成为商品；商品成为交换价值；商品的交换价值是商品内在的货币属性；商品的这个货币属性作为货币同商品相脱离，取得了一个同一切特殊商品及其自然存在形式相分离的一般社会存在"②。

显然，"社会存在"概念是相对于"自然存在"的概念而言的。狭义的"自然存在"指商品的自然属性，广义的"自然存在"也包括人的自然属性（饮食男女）和自然科学作为研究对象的整个自然界；狭义的"社会存在"指交换价值、货币、资本等，广义的"社会存在"则指人和物（商品）所处的一切社会关系。马克思认为，"社会存在"并不是在任何社会形态中都

① 《马克思恩格斯全集》第46卷（上册），人民出版社1979年版，第124—125页。
② 同上书，第91—92页。

是无条件地占主导地位的："在土地所有制处于支配地位的一切社会形式中，自然联系还占优势。在资本处于支配地位的社会形式中，社会、历史所创造的因素占优势。"①在资本主义以前的生产方式中，自然作为巨大的异己的力量与人相对峙，当时普遍流行的"自然崇拜"的观念表明了自然存在的优先性；在资本主义生产方式中，自然被降低为人的使用价值，甚至连作为直接生存源泉的土地耕作，也变成了纯粹依存于社会关系的间接的生存根源，所以马克思说："一切关系都是由社会决定的，不是由自然决定的。"②马克思还指出，以交换价值为生产目的的资本主义制度从一开始已包含着对个人的强制，"个人只有作为交换价值的生产者才能存在，而这种情况就已经包含着对个人的自然存在的完全否定，因而个人完全是由社会所决定的"③。

人的生产劳动是人改造自然的一种活动，人在改造自然时必定结成一定的社会关系。在资本主义生产方式之前，尤其是在分工和交换还没有发展起来的原始公社中，人们之间的社会关系在相当程度上仍然是一种自然的血统的关系，人们也直接消费从生产劳动中获得的产品。在资本主义生产方式中，生产劳动的直接目的是用于交换，而交换必须在社会中进行，因而交换价值、货币、资本和随之而发展起来的一切社会存在形式成了雇佣劳动得以实现的必不可少的伴生物。社会存在的所有形式和生产劳动本身一样具有本体论上的先在性。反之，在资本主义生产方式中，物和人的自然存在由于与社会存在相分离，也就显得越来越间接、越来越不重要了。所以，社会存在本体论乃是马克思研究资本主义生产劳动及其方式的重要结果。

综上所述，自我意识本体论和情欲本体论是不成熟的，后来被马克思抛弃了；实践本体论→生产劳动本体论→社会存在本体论，体现了马克思本体论学说的不断发展和深化。生产劳动是实践的基本形式，社会

---

① 《马克思恩格斯全集》第 46 卷(上册)，人民出版社 1979 年版，第 45 页。
② 同上书，第 234 页。
③ 同上书，第 200 页。

存在又是生产劳动，尤其是资本主义的生产劳动得以实现的前提。这三种本体论学说各有其特定的含义，不能相互取代。马克思的哲学作为改造客观世界的革命理论，可以称为实践本体论，它主要体现的是革命的、批判的实践活动在整个人类历史发展中的本体论上的优先性；马克思的哲学作为批判地解释客观世界的理论，就其一般形式而言，可称为生产劳动本体论。这种本体论表明，生产劳动，物质生活资料的生产是人类全部历史的第一个前提，无疑具有本体论上的优先性；就马克思的哲学作为批判地解释客观世界的特殊形式而言，又可称为社会存在本体论。毋庸讳言，任何社会形态的生产劳动都有与之相应的社会存在形式，但只有在资本主义社会中，社会存在才和自然存在相分离，其本体论上的优先性才得到了充分的展现。就主要之点而言，社会存在本体论乃是马克思批判地解释资本主义社会的理论。在这个意义上，我们可以把马克思的社会存在本体论称作基本本体论，其宗旨是先行地澄明我们所要探讨的一切问题的社会历史特征；实践本体论和生产劳动本体论可称作一般本体论，其宗旨是先行地澄明历史活动的一般前提。

1992年

马克思的意识考古学方法[①]

我们这里说的"考古学"，并不是人们通常所理解的以古代文物为考察和研究对象的学问，而是指"意识考古学"，即以资本主义社会以前各种社会意识形式为分析、考察对象的学问。所以，马克思的意识考古学也不同于当代法国哲学家福柯提出的知识考古学，后者主要研究各门科学的话语之间的内在联系。

马克思本人并未使用过"意识考古学"这样的提法，但他从历史唯物主义的基本立场出发，不仅对一般意识的起源和本质作了科学的说明，而且提出了一整套研究资本主义以前的社会存在及其意识的理论和方法。我们创制"意识考古学"这个新词，是为了把马克思这方面的理论和方法系统地阐述出来，用以指导我们对文化，尤其是传统文化的研究。

在《德意志意识形态》这部划时代的哲学著作中，马克思写道："意识在任何时候都只能是被

---

① 原载《探索与争鸣》1992 年第 3 期，第 12—15 页。收录于俞吾金：《俞吾金集》，黑龙江教育出版社 1995 年版，第 481—488 页；《寻找新的价值坐标——世纪之交的哲学文化反思》，复旦大学出版社 1995 年版，第 312—319 页；《重新理解马克思——对马克思哲学的基础理论和当代意义的反思》，北京师范大学出版社 2005 年版，第 339—349 页；《俞吾金哲学随笔（3）哲学随想录》，北京师范大学出版社 2016 年版，第 257—263 页。——编者注

意识到了的存在，而人们的存在就是他们的实际生活过程。"①这段话可以看作马克思的意识考古学的最基本的原理。只有从这一基本原理出发，人们才能正确地理解并运用马克思的意识考古学的方法。马克思的意识考古学方法主要包括以下四方面的内容。

一、逆溯法

人们常常从达尔文的进化论或自然发生论的角度出发去理解马克思的历史方法，似乎马克思的历史方法就是对事物（如人类社会）从低级到高级、从简单到复杂的发展形态的描述和说明。实际上，马克思的历史方法作为研究方法，不是"顺序法"，而是"逆溯法"。

马克思指出："人体解剖对于猴体解剖是一把钥匙。反过来说，低等动物身上表露的高等动物的征兆，只有在高等动物本身已被认识之后才能理解。因此，资产阶级经济为古代经济等等提供了钥匙。"②也就是说，马克思对社会存在、意识，尤其是经济观念和范畴的研究，并不是按照从古至今的自然发展顺序进行的，而是从今溯古逆向进行的。马克思并没有说"猴体解剖是人体解剖的钥匙"，而是说"人体解剖是猴体解剖的钥匙"。为什么呢？因为在低等动物身上表露出来的某些征兆，只有在高等动物那里才充分展现出来，才能为人们所理解。同样，资本主义社会是历史上最发达的和最复杂的生产组织，通过对它的结构、关系及对这一复杂结构、关系在观念、范畴上的表现的考察，同样可以透视一切已经覆灭的社会形式的结构、关系及其在观念、范畴上的表现。因此，从研究方法上来看，从对资本主义社会的剖析入手，逆溯过去考察古代社会反而是更容易的。比如，两千多年来，人们关于"价值"这一简

---

① 《马克思恩格斯全集》第 3 卷，人民出版社 1960 年版，第 29 页。
② 《马克思恩格斯全集》第 46 卷（上册），人民出版社 1979 年版，第 43 页。

单范畴的研究并没有得到什么结果，"而对更有内容和更复杂的形式的分析，却至少已接近于成功。为什么会这样呢？因为已经发育的身体比身体的细胞容易研究些"①。

那么，马克思的意识考古学的逆溯法的实施是否受一定条件制约呢？那是毫无疑问的。这个条件就是要先行地获得对资本主义社会和意识的批判的识见。马克思认为，"基督教只有在它的自我批判在一定程度上，可说是在可能范围内准备好时，才有助于对早期神话作客观的理解。同样，资产阶级经济只有在资产阶级社会的自我批判已经开始时，才能理解封建的、古代的和东方的经济"②。这就是说，对资本主义社会及其意识的批判的识见乃是理解古代社会（包括东方社会）及其意识的必不可少的钥匙。在马克思看来，如果一个学者还没有以批判的方式理解资本主义社会及其意识，还把资本主义生产方式理解为永恒的、自然的生产方式，他是不可能正确地理解资本主义以前的社会形式和意识的。马克思本人就是先以批判的眼光透彻地研究了资本主义社会后，才逆溯过去研究资本主义以前的社会形式的。这就告诉我们，意识考古学的出发点是"考今"。在这个意义上，我们不能泛泛地说，不懂得历史，就不懂得今天；而应倒过来说，不懂得今天，就不会懂得历史。

二、归化法

所谓"归化法"，也就是意识向生活的还原。既然意识在任何时候只能是被意识到了的存在，而存在也就是人们的生活过程，因此就可以通过归化法，揭示出古代各种意识形式背后的真实生活。

生活每天都在变化，向前发展，而意识作为对生活的反映，总是相

---

① 马克思：《资本论》第 1 卷，人民出版社 1975 年版，第 7—8 页。
② 《马克思恩格斯全集》第 46 卷（上册），人民出版社 1979 年版，第 44 页。

对保守和落后，这可以理解为意识的滞后性。黑格尔在分析哲学这种意识形式的特点时就说过："密纳发的猫头鹰要等黄昏到来，才会起飞。"①也就是说，哲学作为关于世界的抽象的意识，要到现实结束其形成过程时才会出现。摩尔根在分析古代社会时，也强调说，家庭是一个能动的、不断变化的因素，亲属制度和称谓则是被动的、保守的、滞后的。马克思在阅读这段话时写下了这样的评语："同样，政治的、宗教的、法律的以至一般哲学的体系，都是如此。"②

由于意识的这种滞后性，先前的生活形式虽然已经灭亡，但反映这种生活形式的意识仍然作为遗迹而残留着，比如神话、传说、原始宗教等，就是通过口头或文本的形式保留下来的先前生活的遗迹。不少学者由于不懂得意识的这一特征，常常在对古代文化的研究中迷失了方向。比如，英国学者托马斯·斯托兰奇在研究印度法时，发现印度妇女结婚时的聘金在她死后是按她本人的特殊的继承方式相传的。斯托兰奇称这种现象是"反常现象"，并对它的存在感到迷惑不解。马克思批评说："这种'**反常现象**'不过是以**氏族女系继承制**即原始继承制为基础的古代**正常规则**的片断的、仅限于一部分财产的**残迹**。"③因为所有印度的法律文献和注疏都是在由女性世系过渡到男性世系之后很久才写成的，所以斯托兰奇对印度妇女在聘金继承上的某种自主性感到迷惑。承认意识的这种滞后性并运用归化法，上述"残迹"就成了印度古代存在女系社会的重要证据。由此一斑即可见归化法在古代文化研究中的重要意义。

在论述马克思的意识考古学的归化法时，尚需说明，这种意识向现实的归化是指意识向以前曾经存在过的现实的归化，而不是指意识向将来的现实的归化。比如，英国历史学家格鲁特不但不把神话看作是对已经湮没的先前的现实的一种反映，反而认为，正是神话创造了现实。马克思驳斥道："由于**血族联系**（尤其是专偶婚制发生后）已经湮远，而过

---

① ［德］黑格尔：《法哲学原理》，范扬、张企泰译，商务印书馆1979年版，第14页。
② 《马克思恩格斯全集》第45卷，人民出版社1985年版，第354页。
③ 同上书，第637页。

去的现实看来是反映在**神话的幻想**中，于是老实的庸人们便作出了而且还在继续作着一种结论，即**幻想的系谱**创造了现实的氏族！"①这充分表明，没有历史唯物主义的立场，就不可能正确地运用意识考古学的归化法。

三、去蔽法

马克思认为，意识是在人们的生产劳动中形成并发展起来的。意识的基本特征是实践的。在有阶级存在的社会中，意识则成了包含许多具体形式的意识形态。意识形态主要是由统治阶级中的一部分人——意识形态家根据统治阶级的根本利益编造出来的。所以，以私有制为基础的社会形式的意识形态的根本特征是用幻想的联系来歪曲、掩蔽现实生活中的真实的联系。在马克思看来，历史可以从自然史和人类史这两个方面加以考察，"我们所需要研究的是人类史，因为几乎整个意识形态不是曲解人类史，就是完全撇开人类史"②。既然意识形态总是掩蔽真实的东西，去蔽就成了意识考古学的一项基本任务。恩格斯认为，马克思之所以发现了人类历史发展的规律，因为他先行地完成了去意识形态之蔽的工作。

所以，在研究古代文化时，必须努力做好去蔽的工作。比如，原始宗教对自然力的无限夸大，对所有事物的神秘化；古代政治史、法律史对王权起源的神秘的解释；古代史学对土地所有权问题的回避等，都表明了在对古代文化和意识的研究中去蔽的极端重要性。那么，意识考古学中去蔽的基本方法是什么呢？那就是历史唯物主义的方法，在对有阶级存在的社会的意识的研究中，这一方法表现为阶级分析的方法。正如

---

① 《马克思恩格斯全集》第 45 卷，人民出版社 1985 年版，第 504 页。
② 《马克思恩格斯全集》第 3 卷，人民出版社 1960 年版，第 20 页。

列宁指出的:"马克思主义给我们指出了一条指导性线索,使我们能在这种看来迷离混沌的状态中发现规律性。这条线索就是阶级斗争的理论。"①既然意识对实在的扭曲和掩蔽以统治阶级的根本利益为出发点,那么,意识考古学中的去蔽法实质上就是阶级分析法。

在意识和意识形态的研究中,去蔽的必要性和先行性表明,马克思的意识考古学本质上是批判的考古学,其核心则表现为意识形态批判。没有这种奠基于历史唯物主义基础上的批判的识见,意识考古必然会迷失方向。

四、差异法

马克思意识考古学中的差异法有两方面的含义。

一方面:虽然人体解剖是猴体解剖的先导,但必须看到人体和猴体的差异,不能把它们简单地等同起来。马克思把意识考古学中这种抹杀差异的方法称为"逆序法"。比如,拉伯克像麦克伦南和巴霍芬一样,"**把群婚和淫婚**等同起来;实际上清楚得很,**淫婚**是一种以**卖淫**为前提的形式(卖淫只是作为**婚姻**——不论是群婚之类的婚姻还是一夫一妻制的婚姻——**之对立物**而存在的)。因此,这是逆序法"②。这就是说,必须看到文明社会的淫婚和原始社会的群婚的根本差异,不能戴着文明社会的眼镜去看待古代社会。正如恩格斯所说的,"如果戴着妓院眼镜去观察原始状态,那便不可能对它有任何理解"③。同样,在政治经济学研究中,也不能把现代意义上的地租和以前的代役租、什一税简单地等同起来。强调现代社会及其意识与古代社会及其意识的差异,还要排除那种把现在视为过去目的的"未来完成式"的研究方法,这种方法只满足于

① 《列宁选集》第2卷,人民出版社1972年版,第587页。
② 《马克思恩格斯全集》第45卷,人民出版社1985年版,第660—661页。
③ 《马克思恩格斯选集》第4卷,人民出版社1972年版,第31页。

从过去去寻找现在的萌芽。正如马克思所批评的："好像后一个时期历史乃是前一个时期历史的目的，例如，好像美洲的发现的根本目的就是要引起法国革命。"①这种黑格尔式的思辨唯心主义的研究方法也应该加以避免。马克思之所以强调意识没有独立的发展史，正是强调要从不同历史时期的物质资料的生产方式出发去解释意识，从而也充分肯定了不同历史时期的意识的差异性。

另一方面：必须看到东、西方社会演化的不同路向，从而充分认识东、西方文化和意识的差异。这方面的见解也构成了马克思意识考古学的一个重要内容。在马克思看来，东、西方社会的发展一般都要经过三大形态，但从原生形态到次生形态的演化却经历了不同的路向："在现实的历史上，雇佣劳动是从奴隶制和农奴制的解体中产生的，或者象在东方和斯拉夫各民族中那样是从公有制的崩溃中产生的。"②马克思对亚细亚的、古代的和日耳曼的生产方式的差异的分析，乃是我们在意识考古中必须遵循的重要方法。看不到这些差异，就不可能对古代东、西方文化的异同作出合理的说明。

综上所述，马克思的意识考古学方法乃是他的人类学方法的一个重要的侧面，也是唯物史观的方法论的一个组成部分。通过对它的了解和把握，势必丰富并深化我们对整个马克思主义哲学的理解，并对传统文化的研究产生积极的影响。

---

① 《马克思恩格斯全集》第 3 卷，人民出版社 1960 年版，第 51 页。
② 《马克思恩格斯全集》第 46 卷（上册），人民出版社 1979 年版，第 14 页。

论历史评价与道德评价的关系^①

  我们正处在继往开来，革故鼎新的伟大历史时期。各种新事物层出不穷，各种新观念纷然杂陈，必然与陈旧的、传统的事物和观念发生激烈的冲突。这种冲突越来越多地从我们的理论著作和文学艺术作品中反映出来，其焦点则集中在历史评价与道德评价的关系上。在这种情况下，运用马克思主义的历史唯物主义的基本立场，正确地认识历史评价和道德评价的内涵，理顺这两者之间的关系，无论是从我们对各种社会现象的认识、对各种理论的和文学艺术思潮的剖析来说，还是从全社会的精神文明的建设来说，都具有重要的意义。

一、道德评价和历史评价会产生
尖锐的对立和冲突

  要搞清楚历史评价与道德评价的关系，必须先弄明白这两个概念的基本内涵。什么是历史评价？历史评价的内涵是十分丰富的，就主要之点

  ① 原载《文汇报》1992 年 4 月 10 日。收录于俞吾金：《寻找新的价值坐标——世纪之交的哲学文化反思》，复旦大学出版社 1995 年版，第 286—292 页；《生活与思考》，复旦大学出版社 2011 年版，第 122—126 页。——编者注

而言，历史评价就是对历史人物和历史现象在整个历史发展中的作用作出判断。历史评价有两种基本的类型：一是逆历史潮流的发展而动，站在维护旧事物的立场上来批评新事物、新人物、新观念。从唯物史观的基本立场看来，这种类型的历史评价是错误的，是应予否定的。二是顺应历史潮流的发展，自觉地站在维护新事物的立场上来批判旧事物、旧观念，歌颂新事物、新观念。尤其是把社会生产力的发展作为历史进步的最根本的判断依据。马克思主义的历史评价是以坚持社会生产力的发展，维护历史进步、维护新事物的生存和发展为基本出发点的。

什么是道德评价？与历史评价一样，道德评价的内涵也是十分丰富的，就主要之点而言，道德评价是对历史人物和历史现象作出善或恶的判断。道德评价也有两种基本的类型：一是站在失去了存在理由的旧的道德观念的立场上，把一切新事物、新观念统统斥之为恶。比如，孔子从维护周礼的立场出发，把当时出现的许多新事物、新观念都斥之为"礼崩乐坏"便是一个明证。马克思主义者是以现存世界的改造为己任的，自然不会赞成这种维护旧观念的道德评价类型。二是站在代表未来发展方向的新观念的立场上，把旧事物、旧观念看作恶的东西。马克思主义者总是努力从新事物中抽绎出新的道德观念，作为道德评价的基点。

历史评价的两种类型和道德评价的两种类型处在错综复杂的关系中。在一般情况下，当新事物产生的时候，与之相应的新的、系统的道德观念不可能马上形成。于是，人们常常用传统的、根深蒂固的道德观念来评价新事物和不成熟的新观念，从而形成了道德评价与历史评价之间的尖锐的对立和冲突。恩格斯批评费尔巴哈忽视了对道德上的恶所起的历史作用的研究，指出："在黑格尔那里，恶是历史发展的动力借以表现出来的形式。这里有双重的意思，一方面，每一种新的进步都必然表现为对某一神圣事物的亵渎，表现为对陈旧的、日渐衰亡的、但为习惯所崇奉的秩序的叛逆，另一方面，自从阶级对立产生以来，正是人的恶劣的情欲——贪欲和权势欲成了历史发展的杠杆。"①恩格斯的这段话揭示了一个极为深刻的真理，即从传统道德观念看来是恶的东西，从历史上看常常是进步的。这就是说，马克思主义的经典作家在评价任何现象时，始终把维护新事物发展的历史评价放在第一位。这一唯物史观的基本立场为我们确立正确的道德评价的观念，剖析种种社会现象和见解提供了一把重要的钥匙。

二、对社会主义商品经济要坚持历史评价优先于道德评价

当代中国，在经济体制改革的推动下发展起来的有计划的市场经济不仅是经济生活中的一件大事，而且也是整个社会生活中的一件大事。市场经济所引起的巨大的社会效应是双重的。一方面，它以神奇的力量唤起了人们的创造力和追求新生活的热情，市场活了，经济活了，生产得到了迅速的发展，人民的物质文化生活水平提高了，精神面貌和观念也发生了积极的变化；另一方面在市场经济的发展中也出现了一些负面的现象，产生了一定的消极的影响。

于是，我们经常可以在不同的场合下听到如下的见解：当前的社会风气是物欲横流，人心不古，只有弘扬儒家的思想，特别是孔子的伦理思想，才能挽狂澜于既倒，才能促使新人格的形成并改变社会风气。这种见解也以不同的方式出现在学术论著和文学艺术作品中。究竟应该如何看待这种见解呢？

首先，这里涉及的正是历史评价与道德评价的冲突问题。中国社会的最根深蒂固的观念之一是"重本抑末"，对市场经济的发展取排斥的态度。一方面，这种传统的观念构成了中国社会市场经济长期不发展的意识形态方面的原因之一；另一方面，中国市场经济长期不发展又成了这

---

① 《马克思恩格斯选集》第4卷，人民出版社1972年版，第233页。

种观念得以延续的现实基础。站在传统观念的立场上对今天的市场经济作道德评价，必然会引申出否定性的结论来。看到市场经济在东方社会主义国家发展中的历史作用，乃是列宁晚年对社会主义理论和实践的卓越贡献之一。我们对这个问题同样是有一个认识过程的，站在进步的历史评价的立场上，就不会对今日的市场经济持否定的态度。

持有上述见解的人也许会申辩说，他们视之为"恶"的东西并不是市场经济本身，而是市场经济发展中出现的一些消极的现象和观念。乍看起来，这种辩解是很有道理的，实际上辩解者采取的正是一种非历史的态度。第一，正如交通工具的发展也必然蕴含着交通事故的发生一样，市场经济的发展必然蕴含着某些消极因素的出现。谁如果幻想在这个世界上没有任何交通事故发生的话，那就只能废弃所有的交通工具。同样，谁如果幻想市场交换在每一个场合都必须以绝对公平和道德的方式来进行的话，那就只能取消市场经济了。第二，凡是稍稍熟悉市场经济发展史的人都知道，在市场经济刚兴起的时候，由于相应的法律，特别是经济法不可能马上制订出来，会出现混乱的现象，等到市场经济发展到一定的阶段上，这些现象就会渐渐减少。谁如果幻想市场经济在起步的时候不伴随任何混乱的现象发生，那就只能取消市场经济。当然，我们这样说并不是为市场经济发展中出现的消极因素辩护，我们只是主张，不应该用浪漫主义的、纯粹的道德主义的目光看待社会现象，而应该用现实的、历史的态度去分析社会现象。

其次，持上述见解的人把在市场经济的发展中形成的社会风气斥之为物欲横流、人心不古也是片面的。市场经济本身蕴含着对人欲的肯定。我们谈消费，谈广告，谈市场，实际上就是在谈人欲。社会主义市场经济的发展还刚刚起步，在这种情况下，主要问题是合理的人欲还远未充分地表现并得到满足。从中国文化的主调上来看，人欲始终处在受压制的地位上。宋明理学倡"存天理去人欲"说，完全把人欲与天理对立起来。道家讲"无欲"，佛家讲"灭欲"，都对人欲取排拒的、否定的态度，这种现象和中国经济的长期不发展也是互为因果的。黑格尔高度评价了人欲在历史发展中的伟大作用，马克思主义的经典作家认为，黑格尔这方面的见解是异常深刻的。马克思认为，人的情欲乃是一种本体论的存在，人只有先解决了吃、喝、住、穿这些问题，即满足了基本欲求之后，才可能去从事政治活动、精神活动和其他活动。肯定人欲在历史发展中的巨大的作用，坚持历史评价优先于道德评价，正是唯物史观的基本态度。

最后，弘扬儒家的伦理思想是否能塑造出适合今天的市场经济生活的新的人格呢？我们的回答也是否定的。《论语》云："君子务本，本立而道生；孝弟也者，其为人之本与?"这里把以自然血缘关系为纽带的"孝弟"作为人与人之间关系的基础，所要否定的正是人的独立的人格。而当代中国社会正在发展的是社会主义的市场经济，这种经济生活所呼求的正是独立的、以人与人之间的平等关系为基本特征的新人格。所以，主张用儒家的伦理思想来塑造适合于今天的新人格，完全是南辕北辙，一厢情愿。我们这样说是否是对传统文化取虚无主义的态度呢？我们认为，这是风马牛不相及的。我们只是主张，新人格的基础部分，即独立的个体、个体与个体之间的平等的关系，只能从今天中国的社会主义市场经济生活中抽绎出来，而不能从古代中国人的家族本位制的生活方式、从《论语》中抽绎出来。只有在解决了新人格的基础部分后，才谈得上批判地借鉴传统的道德观念，如儒家的"信"的观念难道不应该成为从事市场经济活动的新人格的一个重要的构成要素吗？

综上所述，从唯物史观的立场看来，我们前面提到的那种流行的见解是站不住脚的。只有坚持把进步的历史评价放在第一位，才能从传统的、不正确的道德观念的影响下摆脱出来，正确地评价今天中国正在发展着的市场经济。

三、对社会主义市场经济实施进步的道德评价

在对今日最重要的社会现象——社会主义市场经济的分析中，我们

坚持历史评价优先于道德评价的立场，是否意味着我们不重视道德评价，对市场经济中出现的种种消极因素取听之任之的态度呢？我们的回答也是否定的。事实上，邓小平关于加强社会主义精神文明建设的思想不仅表明了我们对道德评价的重视，而且也表明了我们对市场经济发展中出现的消极因素所采取的积极态度。加强社会主义精神文明建设的主要含义有以下几点。

第一，充分认识社会主义精神文明建设的必要性。市场经济不仅仅是一种单纯的经济活动，也是一种综合的文化活动。历史和实践一再表明，没有较高的文化素质，市场经济是难以发展的。

第二，坚持社会主义精神文明的建设意味着对社会主义的市场经济实施进步的道德评价。这里的道德评价的作用是双重的：一方面，反对从传统的道德观念，对市场经济做否定性的道德评价，强调从市场经济中抽绎出来的基本观念，如"平等""公平""我为人人，人人为我"等，与传统的等级制的道德观念比较是进步的，应予提倡和发扬；另一方面，又主张从社会主义、共产主义的更高的道德观念出发来批评市场经济发展中出现的错误的道德观念。要言之，我们不仅在历史评价上，而且在道德评价上都对社会主义市场经济持肯定的态度，在此基础上，努力从更高的道德理想出发来引导、提高全社会的道德水准。

第三，坚持社会主义精神文明建设的一个基本任务是确立社会主义的法的精神。如果说，原始的伦理精神是自然经济的对应物的话，那么，法的精神则是市场经济的对应物。没有合理的健全的法制，市场经济是不可能发展起来的。市场经济发展中出现的不少混乱的、消极的现象都与法制的不健全和法的观念的缺乏有关。总之，形成以社会主义社会的法和道德观念为基础的社会主义精神文明乃是进行现代化建设的一个根本保证。

关于发展问题的哲学思考^①

黑格尔在《法哲学原理》一书中曾把哲学喻为从黄昏时候才起飞的密纳发的猫头鹰，意思是说，哲学只能对已发生的事件作事后的总结，却不能同步地思考现在，更不能超前地探索将来。今天，世界已发生了巨大的变化，哲学再也不能以黑格尔的方式仅仅沉湎于对历史的回忆和反观中了，哲学不应该把自己的轴心安置在过去，而应该安置在现在，安置在未来，它的视域应该有一个哥白尼式的转折。

关于发展问题的讨论虽然离不开对历史的反省，但立足点和重点却始终落在现在，落在将来。正如斯宾格勒所说的："不要从过去寻求计算尺！"关于发展问题的研究不仅对指导今天的生活、预测将来的变化有重大的意义，而且也改造了哲学本身，使哲学思考进入一种崭新的境界中。

一、"发展"问题研究范围的界定

"发展"乃是描绘事物运动变化的、具有普遍

① 原载《天津社会科学》1992 年第 4 期。收录于俞吾金：《寻找新的价值坐标——世纪之交的哲学文化反思》，复旦大学出版社 1995 年版，第 261—267 页。——编者注

意义的概念，我们这里并不打算泛泛地谈论这个概念，而是要把它的含义限定在对当代社会，尤其是当代中国社会的运动、变化上。"发展"作为动词在英文中的对应词是 develop，西方人习惯于用 develop 的现在分词 developing 来指称那些比较落后的，特别是第三世界的发展中国家，也习惯于用 develop 的过去分词 developed 来指称那些先进的、发达的国家。由此可见，"发展中的"或"发展了的（发达的）"这两个不同时态的分词区分了不同性质、不同状态的社会。如果把"发展"这个动词和"当代中国社会"这个主词联系起来，我们所要研究的主要领域也就显现出来了。毋庸讳言，当代中国是一个发展中的国家，它虽然具有其他发展中国家的共性，但又具有自己的特性，具有自己的独特的发展路向。

澄明我们的主要研究范围是当代中国社会的发展，这不仅把我们的研究对象具体化了、明确化了，而且也确立了我们探讨发展问题的价值坐标。为什么这么说呢？因为当代的不同国家在其发展中面临着完全不同的实践需要和理论需要。比如，对于已处于后工业社会中的发达国家来说，如何消解人的孤独感是一个重大的理论问题，但对于东方的发展中国家，尤其是中国说来，工业化的过程还刚刚开始，市场经济的发展也起步不久，要适应这种经济的发展，就要形成独立的人格，要形成独立的人格，首先要从观念上把个人从家族本位的传统文化中分离出来，没有独立的个人，又何以确立契约关系，何以使市场经济健康地运作起来。在这个意义上可以说，如果西方人在逃避孤独的话，中国人恰恰需要确立某种孤独感，这种孤独感与人格是与生俱来的。如果个人在任何重大事情的决定上都可以依赖他人或某个团体，那么，他既没有孤独感，也不会有独立的人格。个人作为独立的人格必须自己选择，自己作出决定，自己承担自己行为的道德和法律的责任，因此，孤独感并不是附着在人格上的某种偶然的东西，而是内在于独立人格的。

所以，如果我们人云亦云地跟在西方人后面去批判"孤独感"，我们在判断中国当代社会的发展时也就失去了价值坐标。在探讨其他问题时也是如此。鉴于此，我们必须澄清，我们的价值坐标并不是空泛的、飘荡无定的，它是从当代中国社会的特殊国情，特别是市场经济的发展所必然蕴含着的价值取向中抽绎出来的。也就是说，我们必须从当代中国社会的现实需要出发来探讨现、当代中国社会的发展问题。

二、社会发展中的协调问题

正如我们在研究其他社会形式的发展时所遇到的情况一样，研究当代中国社会的发展，一个至关重要的问题是：社会各要素之间在发展中的协调问题。

当代中国社会是一个活生生地发展着的总体，从结构上看，主要是由政治、经济和观念文化这三大要素构成的，这三大要素之间的协调发展乃是当代中国社会得以健康发展的根本前提。当前，我们正在进行经济体制上的改革，这一改革必然在政治上和观念文化上表现出来。因而，在经济体制改革的同时，我们也必须自觉地推进政治体制和观念文化的改革。如果固守与经济体制改革的基本方向相冲突的旧的体制和观念，经济体制的改革就不可能继续下去。我们在这里说的协调，并不是无原则的协调，这一协调是基于马克思主义者对社会发展的根本规律的认识。根据马克思的唯物史观，推动社会发展的基础性力量乃是现实生活的生产和再生产，社会各因素之间的相互关系都是围绕经济关系的中轴线而展开的。这就是说，在当代中国社会的发展中，经济建设是中心，是我们协调一切关系的依据和出发点。如果说，观念文化是对经济关系的反映的话，那么，政治就是经济的集中表现。尽管政治和观念文化对经济关系拥有一定的反作用，但归根到底，它们仍是由经济关系决定的，也就是说，不能以它们为出发点去协调经济关系。马克思在批判类似的唯心主义的历史观时指出："中世纪不能靠天主教生活，古代世界不能靠政治生活。相反，这两个时代谋生的方式和方法表明，为什么在古代世界政治起着重要作用，而在中世纪天主教起着主要作用。此外，例如只要对罗马共和国的历史稍微有点了解，就会知道，地产的历史构成罗马共和国的秘史。而从另一方面说，唐·吉诃德误认为游侠骑士生活可以同任何社会经济形式并存，结果遭到了惩罚。"①在马克思看来，从已经过时的政治和观念文化出发去协调经济关系，就会像唐·吉诃德一样撞得头破血流。

在当代中国社会的发展中协调好经济、政治、观念文化之间的关系是个大题目，具体地还可以分出许多小题目，如物质文明建设与精神文明建设之间的关系、人的素质的现代化和环境的现代化之间的关系、社会政治生活中个体与总体的关系、观念文化中科学精神与人文主义精神的关系等。只有从经济建设这个中心和基础出发，协调好各方面的关系，当代中国社会才能健康地向前发展。

三、社会发展研究的方法论问题

在对社会发展问题的研究中，最常见的两种方法是：实证主义的方法和形而上学的方法。前者拘泥于对经验资料的实证的研究，常常把握不住当代中国社会的总体性质及发展方向，后者拘泥于任意的、抽象的理论思维，不注重对现实生活的分析，当然也不可能对当代中国社会的实际状况作出正确的说明。这两种方法看起来是对立的，实际上却是相通的、互补的。马克思在批判亚当·斯密和大卫·李嘉图的研究方法时说："粗率的经验主义，一变而为错误的形而上学、经院主义，挖空心思要由简单的、形式的抽象，直接从一般规律引出各种不可否认的经验现象，或用狡辩，说它们本来和这个规律相一致。"②这就是说，在这两种研究方法中，不管我们选择哪一种，都不可能真正地认识当代中国社

---

① 马克思：《资本论》第1卷，人民出版社1975年版，第99页。
② 马克思：《剩余价值学说史》第1卷，人民出版社1975年版，第68页。

会发展状况。那么，我们如何才能既不忽视实证的经验资料，又不忽视对当代中国社会的总体上的理论把握呢？那就得采用马克思的"抽象到具体"的研究方法。正如马克思指出的："分析经济形式，既不能用显微镜，也不能用化学试剂。二者都必须用抽象力来代替。"①一方面要大量地占有经验材料，另一方面又要运用抽象力在思维中再现出当代中国社会的总体结构和真实状况。只有这样才可能对当代中国社会的发展作出科学的说明。

四、社会发展中的连续性和非连续性问题

"发展"这一概念不仅包含着量变（即连续性）的含义，也包含着质变（即非连续性）的含义。只承认连续性，就会忽视当代中国社会与传统中国社会的重大的差异；反之，只承认非连续性，又容易陷入虚无主义，看不到当代中国社会与传统中国社会之间的内在联系。

在对发展理论的研究中，如何处理好连续性与非连续性的关系呢？笔者认为，当代中国社会处在急剧的转型过程中，因而对社会发展中的非连续性的研究应当是基础性的、占主导地位的。以文化的发展和转型为例，传统中国社会的文化主要是以原始伦理精神为主导的，这种精神的社会基础则是以自然的血缘关系为纽带的家族本位制度。在宗法家族中，家族作为总体乃是一种至高无上的力量，而个人则是微不足道的，正如黑格尔所说："当初在伦理世界里，个别的人只在他作为家庭的普遍血缘时才有效准，才是现实的。在那种情况下的个别的人，乃是无自我的、死亡了的精神。"原始伦理精神是以人与人之间的垂直的、不平等的关系为根本特征的，它和正在商品经济的基础上形成起来的法的精神是格格不入的，当代中国社会普遍存在的人情与法律之间的冲突便是这

---

① 《马克思恩格斯选集》第 2 卷，人民出版社 1972 年版，第 206 页。

两种精神冲突的一个缩影。法的精神是以独立的人格，以人与人之间的平等关系为根本特征的。黑格尔说："伦理意识本质是直接趋向着法律或法权发展的。"也就是说，从原始伦理精神发展为法的精神乃是一种历史的必然。当代中国文化的发展就处在从原始伦理精神到法的精神的转型过程中，因此，重要的是认识这两种文化精神的非连续性的关系，在批判原始伦理精神的同时，积极推进法的精神的发展。只有首先承认非连续性，承认这两种文化精神之间的本质差异，才能以法的精神为基础来建构当代中国社会的新的文化精神，然后才有条件更多地考虑连续性方面，即对传统文化的继承方面。在新文化的基础没有澄清之前，抽象地、泛泛地谈论对传统文化的继承问题乃是毫无意义的举动。

五、东西方社会发展的比较问题

在东西方社会发展状况的比较研究中，最值得注意的是两个问题。一个问题是：只见差异，不见共性。诚然，东方社会，尤其是中国社会的发展与西方社会的发展之间存在着很大的差异，但我们却不能忽视它们的共同点。比如，无论是中国，还是西方国家，在现代化过程中都必然要发展市场经济，走工业化道路，与世界经济市场沟通。研究当代中国社会发展的人，不管如何强调中国的特殊性，这三点都是无法回避的。不应该以强调特殊性而否定普遍法则。

另一个问题是：只有引入形态学的时间观，对东西方社会发展的研究才有可能达到科学的境界。如果比较 1992 年的中国社会和 1992 年的美国社会，那就只可能显出两大社会在外观上的差异，从形态学的时间观看来，它们实际上是不可比的。我们这里说的形态学的时间观，不是斯宾格勒和汤因比意义上的时间观，而是以马克思的三大社会形态为视域的时间观。根据这种社会形态的时间观，只有处在同一形态的同一阶段上的社会形式才有可比性。

论马克思的人化自然辩证法①

　　自然是马克思主义哲学的基本观念，马克思学说中的自然是以人的实践活动和工业为中介的，是人化了的自然。在这个意义上，自然辩证法实质上是人化的自然辩证法。它关涉的主要是人与自然的辩证关系、人与自然关系和人与人之间关系的辩证关系、自然科学和人的科学的辩证关系。人化自然辩证法乃是马克思整个辩证法学说中的一个基本组成部分。

　　自从马克思的《1844 年经济学哲学手稿》和《经济学手稿（1857—1858）》相继问世以来，国际学术界对马克思的自然观产生了广泛而又持久的兴趣。这尤其表现在卢卡奇、萨特、伽罗蒂、A. 施密特等人所作的创造性研究中。20 世纪 80 年代初以来，我国学术界也开始关注这一问题，并出版了一些论著。但总的说来，这方面的研究还刚刚起步。

　　笔者认为，对马克思自然观的研究不应纠缠于所谓自然界的"先在性"这类初始的问题上，而

---

　　①　原载《学术月刊》1992 年第 12 期，第 20—24 页。收录于俞吾金：《俞吾金集》，黑龙江教育出版社 1995 年版，第 489—499 页；《寻找新的价值坐标——世纪之交的哲学文化反思》，复旦大学出版社 1995 年版，第 301—311 页；《重新理解马克思——对马克思哲学的基础理论和当代意义的反思》，北京师范大学出版社 2005 年版，第 331—338 页。——编者注

应紧紧抓住马克思的"人化的自然"的概念，阐发出马克思的人化自然辩证法思想，进而对马克思的整个辩证法学说乃至整个哲学体系作出新的说明。

一、"人化的自然"概念的含义和特征

除了"人化的自然"概念外，马克思还提出了"人类学的自然"（die anthropologische Natur）和"历史的自然"（eine geschichtliche Natur）的概念。所以，要阐发马克思的人化自然的辩证思想，首先必须搞清楚这些概念的基本含义和关系。

马克思在《1844年经济学哲学手稿》中论述人的感觉的形成及其丰富性写道："不仅五官感觉，而且所谓精神感觉、实践感觉（意志、爱等等），一句话，**人的**感觉、感觉的人性，都只是由于**它的**对象的存在，由于**人化的**自然界，才产生出来的。"①马克思这里所说的"人化的自然"是指作为人的感觉、认识和实践活动对象的自然界，即被人的精神活动和实践活动打上了印记的那部分自然界。只要人类生存着、活动着，自然界就处在不断地被人化的过程中。反之，也正是在自然被人化的过程中，人的感觉和需求变得越来越丰富多样。

在马克思看来，人的周围环境的改变，人化的自然的形成和发展都是人的本质力量的确证。也正是在这个意义上，他把工业称作为人的本质力量打开了的书本，并把通过工业的媒介而形成的自然称为"人类学的自然"。马克思写道："在人类历史中即在人类社会的产生过程中形成的自然界是人的**现实的**自然界；因此，通过工业——尽管以**异化的**形式——形成的自然界，是真正的、**人类学的**自然界。"②与"人化的自然"

---

① 《马克思恩格斯全集》第42卷，人民出版社1979年版，第126页。
② 同上书，第128页。

概念一样，"人类学的自然"概念在《1844 年经济学哲学手稿》中也只出现一次。如果说，马克思是从感觉的对象化及其发展的角度来提出"人化的自然"的概念的，那么，在这里，"人类学的自然"的概念则是在阐释"自然科学"（die Natur wissenschaft）与"人的科学"（die menschliche wissenschaft）的统一时使用的。尽管马克思在这里是把通过工业的异化形式而形成的自然界称为"人类学的自然"，但我们没有理由得出结论说，这个概念只能用来表述处于异化状态中的自然界。实际上，"人类学的自然"和"人化的自然"的概念一样具有普遍性，强调的都是自然界的对象化和人化。因此，这两个概念尽管是从不同的角度提出来的，却具有相同的含义。

在《德意志意识形态》这部重要的论著中，马克思在批判布·鲍威尔把自然与历史对立起来的错误观点时指出："关于'自然和历史的对立'问题，好像这是两种互不相干的'东西'，好像人们面前始终不会有历史的自然和自然的历史。"①在马克思看来，人们周围的自然界是人类世世代代活动的结果，是历史的产物。只有结合人类世世代代的活动来考察并说明自然界，这个自然界对于人来说才是真正的、现实的自然界。马克思使用"历史的自然"的概念，旨在说明历史与自然之间的不可分离性。既然历史是由人类的活动造成的，所以"历史的自然"的概念并不比"人化的自然"或"人类学的自然"的概念具有更多的内涵。

在辨明上述三个基本概念的内涵及统一性之后，让我们进一步分析一下，马克思通过这些概念，尤其是"人化的自然"的概念，究竟要揭示出自然的哪些特征。

马克思晚年在批评阿道夫·瓦格纳的《政治经济学教科书》时曾经指出："在一个学究教授看来，人对自然的关系首先并不是**实践的**即以活动为基础的关系，而是**理论的**关系……人处在一种**对作为**满足他的需要的资料的**外界物的关系中**。但是，人们决不是首先'处在这种对**外界物**

---

① 《马克思恩格斯全集》第 3 卷，人民出版社 1960 年版，第 49 页。

的理论关系中'。正如任何动物一样，他们首先是要**吃**、**喝**等等，也就是说，并不'处在'某一种关系中，而是**积极地活动**，通过活动来取得一定的外界物，从而满足自己的需要。（因而，他们是从生产开始的。）"①显然，按照马克思的看法，在对人与自然关系问题的考察中，重要的不是先从认识上把人与自然的概念抽象出来进行理论上的探讨，而是要从人类生存和发展的全部实践活动的基础上来探讨人与自然的关系。这就是说，在"人化的自然"概念的全部含义中，实践因素比认识因素更为根本。实践性是马克思所谈论的自然界的第一个特征。

马克思所探讨的自然界的第二个特征是它的社会历史性。这尤其体现在马克思对"排除历史过程的、抽象的自然科学的唯物主义"②的批判上。费尔巴哈的直观唯物主义也有着与这种朴素实在论同样的缺点，因此正如马克思所批评的，费尔巴哈不懂得即便是他眼前的樱桃树也只是数世纪之前依靠商业的结果才在这个地区出现的。在对自然的历史形态的分析中，马克思特别注重对资本主义社会形态下的自然的分析，因此强调通过工业的媒介来认识自然的变化。

马克思所讨论的自然的上述两个特征，都与人不可分离地联系在一起。所以，马克思说："被抽象地孤立地理解的、被固定为与人分离的**自然界**，对人说来也是无。"③这句话从否定方面告诉我们，只有紧紧抓住"人化自然"的概念，才能真正深入马克思自然观的堂奥。

二、马克思人化自然辩证法的基本内容

尽管马克思从未使用过"人化自然辩证法"的概念，但却以人的实践活动，尤其是生产劳动为媒介，系统地发挥了人化自然辩证法的思想。

---

① 《马克思恩格斯全集》第 19 卷，人民出版社 1963 年版，第 405 页。
② 马克思：《资本论》第 1 卷，人民出版社 1975 年版，第 410 页注。
③ 《马克思恩格斯全集》第 42 卷，人民出版社 1979 年版，第 178 页。

（一）人与自然的辩证关系

在马克思看来，人与自然是不可分离地联系在一起的。一方面，人是靠自然界来生活的，离开自然，人就失去了获得物质生活资料的可能性，从而无法生存下去。正是在这个意义上，马克思说："自然界，就它本身不是人的身体而言，是人的**无机的身体**。"①另一方面，自然界的人的本质只有对社会的人说来才是存在的；因为只有在社会中，自然界对人说来才是人与人联系的纽带，才是人的现实生活的要素。也只有在社会中，人的自然的存在对他说来才是他的人的存在，从而自然界对他说来才成为人。在这个意义上，马克思说："**社会**是人同自然界的完成了的本质的统一。"②离开社会，人与自然的关系便无法索解。

人作为社会存在物，作为有意识的类的存在物的基本特征是他所从事的自由自觉的活动，即劳动。人的才能正表现在他能通过劳动来改造整个自然，并从自然中超拔出来。

在劳动中，人致力于从自然界攫取生活资料，致力于塑造一个和谐的"人化的自然"，但在一定的社会形态中，由于异化劳动的存在，作为人的劳动对象的自然却开始与劳动者相分离，相对立了。马克思说："异化劳动从人那里夺去了他的生产的对象，也就从人那里夺去了他的**类生活**，即他的现实的、类的对象性，把人对动物所具有的优点变成缺点，因为从人那里夺走了他的无机的身体即自然界。"③同时，由于劳动的自发性，人实际上成了自然界的破坏者。人与自然的和谐让位于人与自然的尖锐的对立。在马克思看来，农耕活动最初的影响是有益的。但随着这种活动的规模的不断扩大，特别是某些地区，如希腊，美索不达尼亚等对森林的乱砍滥伐，导致了土地的荒芜。自然界的生态平衡一经破坏，它就倒过来对人类实施报复。

按照马克思的预见，资本主义社会归根结底不能解决好人与自然的

---

① 《马克思恩格斯全集》第 42 卷，人民出版社 1979 年版，第 95 页。
② 同上书，第 122 页。
③ 同上书，第 97 页。

关系，只有在以公有制为基础的未来共产主义社会中，联合起来的生产者才可能合理地调节人与自然之间的物质交换，从而真正达到人与自然的统一。人的劳动在全社会的范围内由自发走向自觉的过程，也就是人与自然达到辩证统一的过程。

(二)人与自然的关系和人与人之间关系的辩证关系

马克思认为，人与人之间的直接的、自然的、必然的关系是男女之间的关系："在这种**自然的**、类的关系中，人同自然界的关系直接就是人和人之间的关系，而人和人之间的关系直接就是人同自然界的关系，就是他自己的自然的规定。"[1]如果说，在现代文明社会内，男女之间的关系具有深刻的丰富的社会文化内涵的话，那么在史前人类社会中，这种关系则主要表现为一种自然的、直接的关系。在原始的社会形态中，自然是作为一种完全异己的有无限威力的力量与人们相对抗的，人们同它的关系完全像动物同它的关系一样，人对自然界的意识也是一种纯粹动物般的意识，即自然宗教。人与自然之间的这种狭隘关系是与极度不发展的、以直接的血缘关系为纽带的人与人之间的关系互为因果的。正如马克思指出的："人们对自然界的狭隘的关系制约着他们之间狭隘的关系，而他们之间的狭隘的关系又制约着他们对自然界的狭隘的关系。"[2]这样，我们就会明白，无休止地抓住自然界的"先在性"问题，把自然界描述为脱离我们而存在的实体，并没有抓住马克思自然观的真谛。这种被马克思批评为"抽象物质的或者不如说是唯心主义的方向"恰恰表现为自然宗教或自然崇拜的残余；表现为人类早期思想的特征。所以，恩格斯说："唯物主义的自然观不过是对自然界本来面目的朴素的了解，不附加以任何外来的成分，所以它在希腊哲学家中间从一开始就是不言而喻的东西。"[3]

随着劳动和分工的发展，人与自然关系和人与人之间关系发生了

---

① 《马克思恩格斯全集》第42卷，人民出版社1979年版，第119页。
② 《马克思恩格斯全集》第3卷，人民出版社1960年版，第35页。
③ 恩格斯：《自然辩证法》，人民出版社1971年版，第177页。

重大的变化，这尤其体现在以工业革命为先导的西方资本主义社会中，一方面，人越是成功地改造自然界，人与人之间在劳动中的分工和协作关系就越扩大。但随着财富的积累和私有制的产生，人与人之间的对立和冲突也变得越来越尖锐。马克思在分析异化劳动的各种表现时指出："人同自己的劳动产品、自己的生命活动、自己的类本质相异化这一事实所造成的直接结果就是**人同人相异化**。当人同自身相对立的时候，他也同**他人**相对立。"①另一方面，在资本主义的雇佣劳动制度下，当人作为自由劳动者出现的时候，当人与人之间的分工协作关系获得了巨大的发展的时候，人对自然的改造和利用也达到了前所未有的程度："与这个社会阶段相比，以前的一切社会阶段都只表现为人类的**地方性发展**和**对自然的崇拜**。只有在资本主义制度下自然界才不过是人的对象，不过是有用物。"②当自然从被崇拜、被神化的对象降低为"有用物"之后，人与自然的关系也被倒转过来了，与这一变化同步的是，人也开始肆意地破坏自然界，从而给自己的生存带来了严重的危机。

按照马克思的看法，要使人与自然和人与人之间的关系获得辩证的解决，就必须扬弃异化劳动，扬弃私有制，从根本上解决好人与人之间的关系，而这一使命是属于共产主义的："这种共产主义，作为完成了的自然主义，等于人道主义，而作为完成了的人道主义，等于自然主义，它是人和自然界之间、人和人之间的矛盾的**真正**解决，是存在和本质、对象化和自我确证、自由和必然、个体和类之间的斗争的真正解决。"③

从人与自然的历史关系看，自然最初表现为人的统治者，接着又下降为有用物，最后与人达到和解与统一。与此相应的是，人与人之间的关系也经历了三个阶段的发展，即从最初的人与人之间的狭隘的依赖关

①　《马克思恩格斯全集》第 42 卷，人民出版社 1979 年版，第 97—98 页。
②　《马克思恩格斯全集》第 46 卷（上册），人民出版社 1979 年版，第 393 页。
③　《马克思恩格斯全集》第 42 卷，人民出版社 1979 年版，第 120 页。

系到建立在普通交换基础上的全面的然而异化的关系，最后达到个人全面发展并和他人和谐相处的关系。马克思这方面的论述深刻地启示我们：只有深入地剖析人与人之间关系的历史发展，才能科学地说明人与自然之间的辩证关系。

（三）自然科学与人的科学的辩证关系

从康德以来，自然科学与人的科学，或者说，科学与生活一直是相分离的。马克思不同意康德的观点，在《1844年经济学哲学手稿》中，他反复重申，人是社会存在物，甚至当人在从事很少同别人直接交往的科学活动时，这种活动也是以社会生活作为基础的。不仅研究科学的人所需要的材料，而且他进行思考的语言，都是社会给予的："说生活有它的**一种**基础，**科学**有它的另一种基础——这根本就是谎言。"①在马克思看来，被康德称之为"纯粹的"自然科学的东西，不过是由于工业和商业的发展，由于人们的感性活动才获得材料，达到自己的目的。自然科学也不是消极地置身于生活之外的东西，它反过来通过工业日益在实践上进入人的生活，改造人的生活："**工业**是自然界同人之间，因而也是自然科学同人之间的**现实的**历史关系。"②马克思进而主张自然科学今后将包括人的科学，正像人的科学包括自然科学一样，也就是说，它们将成为一门科学。

在《德意志意识形态》中，马克思又把自然史和人类史看作历史科学的两个方面，并强调它们是彼此相互制约的。这就告诉我们，不管是自然科学还是人的科学，归根结底都是人的存在方式。它们尽管是有差异的，但最终都辩证地统一在人的社会生活中。在当代哲学的发展中，人文主义思潮和科学思潮在人类学、释义学、交往理论、新托马斯主义等思潮中的不断融合一再证明马克思的上述预见是多么深刻。

---

① 《马克思恩格斯全集》第42卷，人民出版社1979年版，第128页。
② 同上。

三、马克思人化自然辩证法思想的理论意义

我们有必要先来分析一下人化自然辩证法概念与恩格斯的"自然辩证法"概念的关系。

诚然,恩格斯没有像马克思那样全面地探讨过人与自然的关系,但如果我们不拘泥于字面上的表达的话,就会发现,恩格斯的自然概念,实际上也就是马克思的人化自然的概念。恩格斯在批评自然科学与哲学对人的活动的忽视时说:"人的思维的最本质和最切近的基础,正是**人所引起的自然界的变化**,而不单独是自然界本身;人的智力是按照人如何学会改变自然界而发展的。"①这是清楚不过地表明,恩格斯始终是以人的实践活动作基础来探讨自然界的,他关注的并不是脱离人的自然界本身,而是"人所引起的自然界的变化"。因此,恩格斯择以为研究对象的正是人化自然。正如马克思批评那种排除历史过程的自然科学的唯物主义一样,恩格斯也批评那种自然主义的历史观,指责这种观点只看到自然对人的作用,忽视了人改变自然、为自己创造新的生存条件的活动。他举例说,日耳曼民族移入时期的德意志"自然界"现在只剩下很少很少了,人通过自己的活动几乎已经把整个德意志自然界都改变了。在《自然辩证法》中,恩格斯还强调,自然科学的发展正是通过生产的推动来实现的。所有这一切都表明,恩格斯并不想脱离人、人的活动和社会历史来讨论自然问题。以人的活动为基础和媒介的自然辩证法归根结底是人化自然的辩证法。那么,人化自然的辩证法究竟有哪些理论意义呢?

首先,它使马克思的辩证法思想得到了完整的阐述。对恩格斯的自然辩证法思想取简单否定态度的许多西方学者,把马克思的辩证法仅仅

---

① 恩格斯:《自然辩证法》,人民出版社 1971 年版,第 209 页。

理解为一种人与人之间关系的辩证法，从而忽略了对人与自然的辩证关系的探讨。马克思在《德意志意识形态》的一个脚注中指出："到现在为止，我们只是主要考察了人类活动的一个方面——人们**对自然的作用**。另一方面，是**人对人的作用**。"①前面已经指出，人与自然的辩证关系和人与人之间的辩证关系是不可分割地联系在一起的。在对马克思的辩证法的探讨中，只有自始至终把人化自然的辩证法和社会发展的辩证法（亦即人与人关系的辩证法）综合起来，才可能引申出准确的结论来。

其次，只有通过人化自然的概念，我们才能完整地把握马克思的整个哲学体系。在现行的"辩证唯物主义与历史唯物主义"的教科书体系中，自然与社会、自然与人是相互分离的。当我们离开人、离开社会历史、抽象地论述自然界自身的运动规律时，看起来是坚持了唯物主义的观点，实际上，这种类似于费尔巴哈所坚持的抽象的、直观的唯物主义，归根结底只是一种唯心主义的观点。马克思指出："当费尔巴哈是一个唯物主义者的时候，历史在他的视野之外；当他去探讨历史的时候，他决不是一个唯物主义者。在他那里，唯物主义和历史是彼此完全脱离的。"②只有引入人化自然或历史的自然的概念，才能从根本上扬弃这种哲学体系中内含的自然与社会、自然与人的二元对立，使马克思的哲学体系获得一种整体的生命力。

最后，人化自然辩证法的首要之点不是人与自然的理论关系，而是人与自然的实践关系。承认这一辩证法的合理地位，也就相应地肯定了实践概念在马克思学说中的基础作用。不能仅仅从认识论的框架内来谈论实践概念。实践是一个生存论意义上的本体论概念，是理解人与自然，人与人之间关系的基础和出发点。在这个意义上我们说，马克思主义归根结底是实践唯物主义。马克思主义不光强调通过实践活动来改变整个现存世界，而且也从实践出发来解释所有现象，"全部社会生活在

---

① 《马克思恩格斯全集》第 3 卷，人民出版社 1960 年版，第 41 页。
② 同上书，第 51 页。

本质上是**实践的**。凡是把理论引到神秘主义方面去的神秘东西,都能在人的实践中以及对这个实践的理解中得到合理的解决"①。只有坚持马克思主义的实践观点,才能从根本上扬弃抽象的唯物主义的观点,进入新的实践释义学的视界。

---

① 《马克思恩格斯全集》第 3 卷,人民出版社 1960 年版,第 8 页。

1993年

马克思主义的第四个来源
和第四个组成部分[①]

——纪念马克思逝世 110 周年

马克思逝世以来，历史走过了 110 个年头。马克思生前写下的一系列重要手稿在 20 世纪 30 年代以来相继问世，马克思所开创的事业，不论是从理论上看，还是从实践上看，都取得了巨大的发展，也在一定的范围内遭受了挫折。今天，纪念马克思逝世 110 周年的最好的方式，莫过于结合新的历史条件和新发现的手稿，重新认识马克思主义的理论构架，重塑其完整的理论形象。

本文尝试对关于马克思主义的来源和组成部分的传统见解作出新的反思和探讨，以求正于方家。

一

在 1913 年 3 月出版的《启蒙》杂志上，列宁

---

① 原载《学术月刊》1993 年第 8 期，第 12—18 页。收录于俞吾金：《俞吾金集》，黑龙江教育出版社 1995 年版，第 500—514 页；《寻找新的价值坐标——世纪之交的哲学文化反思》，复旦大学出版社 1995 年版，第 320—333 页；《重新理解马克思——对马克思哲学的基础理论和当代意义的反思》，北京师范大学出版社 2005 年版，第 3—14 页；《实践与自由》，武汉大学出版社 2010 年版，第 155—167 页。——编者注

发表了著名论文《马克思主义的三个来源和三个组成部分》。这篇论文指出：

> 马克思的学说是人类在十九世纪所创造的优秀成果——德国的哲学、英国的政治经济学和法国的社会主义的当然继承者。[①]

在列宁看来，19世纪的德国哲学、英国政治经济学和法国社会主义构成了马克思主义的三个来源。基于这样的思考，列宁自然而然地认为，哲学、政治经济学和科学社会主义乃是整个马克思主义体系的三大组成部分。列宁这一见解的影响是如此之深远，以致迄今为止大部分关于马克思主义的教科书和研究著作都沿用了这种说法。

在当时的历史条件下，列宁关于马克思主义的三个来源和三个组成部分的观点是卓有见地的。首先，列宁肯定了马克思主义与世界文明发展之间的内在联系。马克思主义绝不是偏离世界文明发展大道的、故步自封的学说，而是对人类先进的思想成果，尤其是对哲学、政治经济学和社会主义的最伟大的代表学说的批判地继承。其次，列宁揭示了马克思主义学说的最基本的理论构架，从而引导人们去把握马克思主义的最本质的东西，而不是使他们停留在一些枝节性的问题上。最后，列宁不仅阐述了马克思与德国古典哲学之间的理论联系，而且强调了哲学在马克思主义整个思想体系中的基础的、核心的地位，唯物史观的诞生以及在唯物史观的指引下剩余价值学说的创立乃是科学社会主义的理论前提。马克思不仅是一个划时代的经济学家、社会学家，也是一个划时代的哲学家，这一点恰恰是列宁的上一代人和同时代其他人所忽视的。库诺·费舍在九卷本的《新哲学史》中只用两句话提到了马克思；宇伯威格在《从十九世纪初到当代的哲学史纲要》一书中只用几行字提及马克思的唯物史观；朗格在《唯物主义史》一书中只是在一些脚注中提到了马克

[①] 《列宁选集》第2卷，人民出版社1976年版，第441—442页。

思，称其为"活着的最伟大的政治经济学史专家"①，仿佛马克思在哲学上只是一个小角色而从来没有发动过划时代的变革一样。从这样的对照可以看出，列宁关于马克思主义的三个来源和三个组成部分的论述，特别是对马克思的哲学思想的论述具有何等重要的理论意义。

然而，在列宁这篇著名的论文发表 80 周年的今天，随着马克思的大量手稿，尤其是 1857—1858 年的经济学手稿和晚年的人类学笔记的问世(由于客观历史条件的限制，这些手稿和笔记中的大部分内容列宁都未阅读过)，随着社会主义运动的中心由西方转移到东方，有关东方社会的种种理论问题开始浮现出来。在这种情况下，仅仅从上述三个来源和三个组成部分解释马克思主义学说的整个理论构架已显出局限。

第一，三个来源和三个组成部分的说法从根本上未摆脱从"欧洲中心论"出发来理解马克思主义的特殊视角。众所周知，以黑格尔和费尔巴哈为代表的德国古典哲学、以亚当·斯密和大卫·李嘉图为代表的英国古典经济学和以圣西门、傅立叶为代表的法国空想社会主义乃是欧洲思想家反省欧洲社会的现实生活的产物。诚然，马克思一生的主要精力都用于对欧洲社会的研究，但不能否认，马克思并未把自己的研究热情局限在欧洲社会的范围内，相反，中、晚年的马克思对非欧社会，尤其是东方社会的种种问题表现出越来越强烈的理论兴趣。正是这方面的研究使马克思看到了东方社会与欧洲社会的一系列重大的差异，从而实际上解构了蕴含在德国古典哲学、英国古典经济学和法国空想社会主义学说中的"欧洲中心论"倾向。在这种情况下，仍然从"欧洲中心论"的角度来诠释马克思主义就显得不合适了。比如，不少东方学者简单地把欧洲社会演进的"五大社会形态"搬用到对东方社会的历史发展进程的分析上。这种教条主义的态度表明，他们既未挣脱"欧洲中心论"的羁绊，也未把握马克思主义学说的真精神。

---

① Karl Korsch, *Marxism and Philosophy*, New York: Monthly Review Press, 1970，pp. 29-30, note.

第二，三个来源和三个组成部分的说法无形中把马克思主义的整个理论局限在对欧洲近代社会的分析这一领域内。德国古典哲学、英国古典经济学和法国空想社会主义都是近代资本主义社会的结晶，虽然它们也或多或少地反思了资本主义生产方式以前的社会生活和观念，但它们反思的重点始终落在近代社会的框架内。马克思的研究触角则远远地伸展到近代欧洲社会之先。青年马克思对古希腊文学艺术、对德谟克利特和伊壁鸠鲁的原子论学说和罗马法的研究，晚年马克思对资本主义生产方式前的各种社会形态的研究，尤其是对东方古代社会的研究，便是很好的证明。这些研究表明，要完整地理解马克思主义，就不能仅仅停留于马克思关于近代欧洲社会的研究结论。比如，马克思通过对欧洲古代社会和中世纪社会的探讨，驳斥了那种以为古代社会靠政治生活、中世纪靠宗教生活的错误见解，指出：

> 很明白，中世纪不能靠天主教生活，古代世界不能靠政治生活。相反，这两个时代谋生的方式和方法表明，为什么在古代世界政治起着主要作用，而在中世纪天主教起着主要作用。此外，例如只要对罗马共和国的历史稍微有点了解，就会知道，地产的历史构成罗马共和国的秘史。而从另一方面说，唐·吉诃德误认为游侠生活可以同任何社会经济形式并存，结果遭到了惩罚。①

马克思的这段论述不正是我们理解欧洲古代社会和中世纪的一把钥匙吗？可见，仅仅在近代社会的框架内理解并诠释马克思主义是不够的。

第三，三个来源和三个组成部分的见解无法解答在东方社会，尤其是古代东方社会研究中出现的种种问题，而既然从 20 世纪初以来，社会主义运动的中心已经转移到东方，那么，马克思在研究东方社会中所引申出来的那些结论必然显露出愈来愈重要的意义。可是，仅仅停留在

---

① 马克思：《资本论》第 1 卷，人民出版社 1975 年版，第 99 页注 33。

三个来源和三个组成部分的见解上，马克思关于东方社会的理论必然会遭到忽视，至少会被贬损为游离于其基本理论之外的附带性的、枝节性的东西。这样一来，马克思主义就失去了它的完整的理论形象。

综上所述，列宁关于马克思主义的三个来源和三个组成部分的论述是有重要的理论意义和历史意义的，但在理论和实践都有了巨大发展的今天，原封不动地沿用列宁的这一论述并不是真正科学的态度。应当在新的理论高度上丰富并发展列宁的见解，以便在当代生活的背景中重新塑造出马克思主义学说的完整的形象。

二

我们认为，在列宁已提到的马克思主义的三个主要来源和主要组成部分之外，马克思主义还有第四个主要来源和主要组成部分，那就是英、美、德、俄的人类学思想。

在德国古典哲学的思想宝库中，人类学乃是一个重要的传统。康德、黑格尔和费尔巴哈都对人类学的产生和发展作出过重大贡献，从而使马克思在青年时期就受到这方面思想的重大影响。马克思的父亲在1835年给马克思的信中就提到过康德的《人类学》，而马克思在大学求学时，很早就对人类学的课程发生了兴趣，据马克思的《柏林大学毕业证书》记载，马克思在1836—1837年度的冬季学期听了斯特芬斯教授讲授的人类学课程，其听课的态度是"勤勉"。1837年，马克思在《献给父亲的诗册》中，写下了题为"医生的人类学"的诗篇。后来，在费尔巴哈的人类学思想的感染下，马克思在《1844年经济学哲学手稿》中曾使用了"真正的、人类学的自然"①的概念。在作为马克思的新世界观形成的标志之一的《德意志意识形态》一书中，马克思指出，历史可以划分为自

---

① 《马克思恩格斯全集》第42卷，人民出版社1979年版，第128页。

然史和人类史，而"我们所需要研究的是人类史，因为几乎整个意识形态不是曲解人类史，就是完全撇开人类史"①。马克思对人类史的重视是与他对人类学的兴趣密切联系在一起的。然而，在19世纪三四十年代，马克思感兴趣的人类学本质上还是哲学人类学，在当时，诉诸经验和实际调查的实证人类学尚未发展起来。

正如恩格斯在《共产党宣言》1888年英文版上加的一个注中所指出的："在1847年，社会的史前状态，全部成文史以前的社会组织，几乎还完全没有人知道。后来，哈克斯特豪森发现了俄国的土地公有制，毛勒证明了这种所有制是一切条顿族的历史发展所由起始的社会基础；而且人们逐渐发现，土地公有的村社是从印度起到爱尔兰止各地社会的原始形态。最后，摩尔根发现了氏族的真正本质及其对部落的关系，这一卓绝发现把这种原始共产主义社会的内部组织的典型形式揭示出来了。"②在这里，恩格斯主要从古代社会组织逐步被发现的角度论述了实证人类学的产生和发展。如果从总体上考察，实证人类学主要是从达尔文的《物种起源》一书出版后形成并发展起来的，到19世纪七八十年代，实证人类学的研究盛极一时，对当时英美和欧洲思想界产生了重大的影响。马克思对人类学的实证材料的兴趣远在实证人类学产生之前就已形成了。1848年欧洲革命失败后，马克思被迫移居伦敦，开始潜心研究政治经济学所涉及的大量实证资料，这一研究自然而然地使马克思对人类学的兴趣从哲学层面转向实证层面。马克思在《1857—1858年经济学手稿》中关于"资本主义生产之前的各种形式"的论述表明，早在《物种起源》一书出版前，马克思已通过对大量历史著作、军事著作、法学著作和经济学著作等提供的实证资料的阅读，对古代社会的人类生活状况作了深入的研究。

从19世纪60年代起到逝世前，马克思阅读了实证人类学方面的大

---

① 《马克思恩格斯全集》第3卷，人民出版社1960年版，第20页。
② 《马克思恩格斯选集》第1卷，人民出版社1972年版，第251页。

量著作，如巴霍芬的《母权论》、毛勒的《德国领土庄园、农户和庄户制度史》、麦克伦南的《原始婚姻》、泰勒的《人类原始历史和文明产生的研究》和《原始文化》、达尔文的《人类起源和性的选择》、格莱斯顿的《世界的少年时代》、梅恩的《东方和西方的农村公社》、摩尔根的《人类家庭的血亲制度和姻亲制度》、班克罗夫特的《北美太平洋沿岸各州的土著居民》等。晚年马克思比较重视并在阅读中做了大量札记的人类学著作是：拉伯克的《文明的起源和人的原始状态》、梅恩的《古代法制史讲演录》、摩尔根的《古代社会》、柯瓦列夫斯基的《公社土地占有制，其解体的原因、进程和结果》、菲尔的《印度和锡兰的雅利安人村社》。这些札记构成了马克思晚年人类学笔记的主要内容，它们和马克思关于古代社会研究的其他论述一起，构成了马克思主义的第四个来源和第四个组成部分。

把英、德、美、俄的人类学看作马克思主义的第四个来源和第四个组成部分，主要是基于以下的理由。

第一，如前所述，英国古典经济学、德国古典哲学和法国空想社会主义的研究虽然为马克思研究近代欧洲社会的发展规律提供了极为珍贵的思想资料，但是，近代欧洲社会毕竟是中古乃至远古的欧洲社会演化的结果，不熟悉以前的社会形态，要对欧洲社会发展的整个历史概貌作出判断是不可能的。恩格斯在与马克思一样透彻地研究了美国人类学家摩尔根的人类学著作《古代社会》后，对这本书的理论意义作出了高度评价："摩尔根的伟大功绩，就在于他在主要特点上发现和恢复了我们成文历史的史前的基础，并且在北美印第安人的血族团体中找到了一把解开古代希腊、罗马和德意志历史上那些极为重要而至今尚未解决的哑谜的钥匙。"[1]当然，摩尔根的功绩并不是凭空产生的。在他之前，瑞士人类学家巴霍芬的《母权论》揭开了家庭史研究的帷幕，特别是他通过对历史和宗教传说的研究，发现了人类原始状态中的群婚制，当然，这一重大的发现还常常和他的许多其他幻想纠缠在一起；接着，英国人类学家

---

[1] 《马克思恩格斯选集》第4卷，人民出版社1972年版，第2页。

麦克伦南在《原始婚姻》一书中进一步揭示出蒙昧人中存在的"外婚制"现象，并认定母权制的世系制度是最初的制度；稍后，英国人类学家拉伯克在《文明的起源和人的原始状态》一书中认定群婚制是不可否认的历史事实。所有这些都为摩尔根的伟大发现奠定了基础。一方面，摩尔根开辟了从亲属制度入手来恢复相应的家庭形式的新的研究途径；另一方面，他通过对美洲印第安人氏族的研究，发现母权制氏族乃是后来建立的一切父权制氏族的前提。这一发现"使摩尔根得以首次绘出家庭史的略图……非常清楚，这样就在原始历史的研究方面开辟了一个新时代"①。恩格斯还认为，摩尔根的这一发现堪与达尔文的进化理论和马克思的剩余价值理论媲美。这充分表明了人类学研究成果的极端重要性，而这方面的研究成果正是专注于近代欧洲社会的德国古典哲学、英国古典经济学和法国空想社会主义所没有的；同时也表明，马克思主义从来不游离于人类文明发展的大道之外，马克思主义创始人的目光并不局限于近代欧洲社会，而是及时地研究并吸收了同时代的人类学研究成果，用以充实、丰富并发展自己的理论。晚年马克思停下了《资本论》的写作而大量阅读人类学的著作，晚年恩格斯撰写《家庭、私有制与国家的起源》以执行马克思的"遗言"，这些都表明人类学的研究已构成他们整个学说的重要来源和组成部分。

第二，正是人类学的研究使马克思的理论视野扩大到整个非欧社会，尤其是东方社会的全部历史阶段，从而揭示了非欧社会，尤其是东方社会的发展规律。早在 1853 年 6 月致恩格斯的信中，马克思通过对有关东方社会的历史、经济、法律、宗教等方面的著作的研究，已引申出这样的结论："东方（他指的是土耳其、波斯、印度斯坦）一切现象的基础是不存在土地私有制。这甚至是了解东方天国的一把真正的钥匙。"②在《1857—1858 年经济学手稿》中，马克思不仅把东方社会的生产

---

① 《马克思恩格斯选集》第 4 卷，人民出版社 1972 年版，第 14 页。
② 《马克思恩格斯〈资本论〉书信集》，人民出版社 1976 年版，第 80 页。

方式称之为"亚细亚生产方式",并把它列入"前资本主义的所有制形式"中,而且深刻地揭示了这种生产方式的基本特征。在《资本论》第 1 卷中,马克思揭示了亚洲社会的发展总是停滞不前的奥秘:"这些自给自足的公社不断地按照同一形式把自己再生产出来,当它们偶然遭到破坏时,会在同一地点以同一名称再建立起来,这种公社的简单的生产机体,为揭示下面这个秘密提供了一把钥匙:亚洲各国不断瓦解、不断重建和经常改朝换代,与此截然相反,亚洲的社会却没有变化。这种社会的基本经济要素的结构,不为政治领域中的风暴所触动。"①在晚年的人类学笔记中,马克思进一步论述了东方社会与西方社会的差异。比如,在对俄国人类学家柯瓦列夫斯基的《公社土地占有制》一书的阅读中,马克思评论道:"由于在印度有'采邑制'、'公职承包制'(后者根本不是封建主义的,罗马就是证明)和荫庇制,所以柯瓦列夫斯基就认为这是西欧意义上的封建主义。别的不说,柯瓦列夫斯基忘记了农奴制,这种制度并不存在于印度,而且它是一个基本因素。"②马克思坚决反对把从欧洲社会研究中抽象出来的基本概念,如"封建主义"等简单地套用到东方社会上去,他通过对人类学所提供的各种实证资料的研究,揭示了东方社会演化的不同路向和特殊规律。所有这些都表明,对英、美、德、俄的人类学的探讨对马克思主义说来并不是无足轻重的,而是其学说的一个相对独立的、有机的组成部分。

第三,只有承认英、美、德、俄的人类学思想是马克思主义的一个主要来源和主要组成部分,才能完整地说明马克思思想发展的脉络。马克思的《1844 年经济学哲学手稿》于 1932 年初次出版后,西方出现了"两个马克思"说热,把青年马克思的思想作为"人道主义"而与成熟时期的马克思的思想(作为"科学主义")对立起来。这一虚幻的对立之所以产生,一个十分重要的原因是当时西方的学者对晚年马克思的人类学思想

---

① 马克思:《资本论》第 1 卷,人民出版社 1975 年版,第 396—397 页。
② 《马克思恩格斯全集》第 45 卷,人民出版社 1985 年版,第 283—284 页。

尚缺乏了解。自美国人类学家克拉德于 1972 年首次出版马克思晚年的人类学笔记以来，这一虚幻的对立也就自然而然地消解了。马克思晚年的人类学笔记不仅表明，人道与科学的精神在马克思的思想发展中不但不是对立的，而是始终融贯在一起的，而且表明，马克思思想的发展经历了青年时期（主要是哲学研究和批判）、成熟时期（政治经济学研究和批判）、晚年时期（实证人类学研究和批判）这三个不同的阶段。①晚年马克思的思想既体现出人道主义精神和科学精神的高度统一，又体现出马克思对全人类的生存状况特别是对东方社会的生存状况的越来越多的关注。显然，撇开晚年马克思对人类学的研究来考察马克思思想的发展，必然会导致对马克思和马克思主义的不全面或不充分的了解。

可见，把英、美、德、俄的人类学思想看作马克思主义的第四个来源和第四个组成部分，乃是我们在马克思和马克思主义的研究中必然会引申出来的结论。那么，在马克思主义学说中，哲学、经济学、社会主义理论、人类学这四者的关系究竟如何呢？一方面，新哲学观——唯物史观的创立为马克思研究经济学、社会主义和人类学奠定了思想基础。众所周知，当马克思运用唯物史观去探究经济学时，便发现了剩余价值，而正是这一发现使社会主义由空想变为科学；与此同时，由于马克思发现了现代资本主义社会的运动规律，也就为将前资本主义社会，尤其是古代社会作为研究对象的人类学的研究奠定了思想前提；马克思常说的"人体解剖对于猴体解剖是一把钥匙"②表达的也正是这个意思。另一方面，人类学的研究又倒过来促进了哲学、经济学和社会主义理论的不断深化。比如，在写于 1847 年到 1848 年初的《共产党宣言》中，有这样一句话："到目前为止的一切社会的历史都是阶级斗争的历史。"③恩

---

① 参见俞吾金：《论马克思的社会人类学思想》，《复旦学报（社会科学版）》1987 年第 1 期。

② 《马克思恩格斯全集》第 46 卷（上册），人民出版社 1979 年版，第 43 页。

③ 《马克思恩格斯选集》第 1 卷，人民出版社 1972 年版，第 250 页。

格斯在《共产党宣言》1888 年的英文版中给上面这句话加了这样一个注——"确切地说，这是指有文字记载的历史"①，因为人类学的研究已经表明，在原始社会中，并不存在阶级和阶级斗争。恩格斯的这个注表明了人类学研究对马克思主义的极端重要性。不用说，恩格斯晚年的人类学研究，对家庭、私有制和国家起源问题的探索也极大地丰富了马克思主义的哲学、经济学和社会主义理论。

从上面的论述可以看出，正是英、美、德、俄的人类学思想构成了马克思主义的第四个来源和第四个组成部分。舍此，我们就不能完整地理解马克思主义。

三

今天，在重新反省列宁当时关于马克思主义的三个来源和三个组成部分的论述的基础上，肯定英、美、德、俄的人类学思想是马克思主义的第四个来源和第四个组成部分，绝不是文字游戏，而是具有重要的理论意义和现实意义。

首先，形成这样一个认识，有利于全面地、准确地、完整地理解马克思主义学说。随着《1857—1858 年经济学手稿》和晚年人类学手稿的发表，马克思的人类学思想越来越引起人们的重视，然而，这种重视似乎还没有达到这样的一个层面，即全面反省马克思主义学说的来源和整体结构的层面。在不少论述马克思主义学说的专著和教科书中，人们对马克思主义理论来源和理论构架的认识仍然局限于英国古典经济学、德国古典哲学和法国空想社会主义，仿佛马克思的人类学思想乃是游离于他的基本理论构架之外的某种不重要与不确定的因素。这种流行的思维方法既阻碍了人们对马克思人类学思想的深入研究，也不利于全面地、完

---

① 《马克思恩格斯选集》第 1 卷，人民出版社 1972 年版，第 251 页。

整地、准确地理解并把握马克思主义。恩格斯在评价摩尔根时，不仅看到了他的伟大发现在人类学发展史上的划时代意义，而且也看到了他的巨大的哲学意义："摩尔根在美国，以他自己的方式，重新发现了四十年前马克思所发现的唯物主义历史观，并且以此为指导，在把野蛮时代和文明时代加以对比的时候，在主要点上得出了与马克思相同的结果。"①从这里可以看出，马克思主义创始人对英、美．德、俄人类学思想的批判性研究构成马克思主义整个学说中的有机的、不可或缺的组成部分，撇开这个部分，马克思主义学说中的许多基本环节，如三大社会形态理论、国家的性质和起源理论、两种生产的理论、家庭、氏族、阶级、私有制的理论等，便都变得无法索解，马克思主义作为一种完整的世界观的理论形象也就受到影响。在这个意义上可以说，是否把英、美、德、俄的人类学思想视为马克思主义的一个主要来源和主要的组成部分，乃是是否能全面、完整、准确地理解马克思主义的契机。

其次，形成这样一个认识，有利于解构马克思主义研究中的"欧洲中心论"倾向。马克思认为欧洲社会是沿着原始社会、奴隶社会、封建社会、资本主义社会、未来共产主义社会的方式向前发展的，然而马克思从不简单地把"五大社会形态"的公式套到非欧社会，尤其是东方社会上，而是主张具体问题具体分析。比如，在分析资本主义雇佣劳动的产生时，马克思指出："在现实的历史上，雇佣劳动是从奴隶制和农奴制的解体中产生的，或者象在东方和斯拉夫各民族中那样是从公有制的崩溃中产生的。"②这就告诉我们，某些东方和斯拉夫的民族由于西方资本主义的入侵，可能越过奴隶制和农奴制而直接进入以雇佣劳动为根本特征的资本主义生产关系。马克思本人竭力超越以"欧洲中心论"眼光去看待东方社会，然而，马克思主义的某些追随者（包括一部分东方学者在

---

① 《马克思恩格斯选集》第 4 卷，人民出版社 1958 年版，第 1 页。
② 《马克思恩格斯全集》第 46 卷（上册），人民出版社 1979 年版，第 14 页。

内)却煞费苦心地运用仅适合于欧洲社会演化的"五大社会形态"理论去分析、说明东方社会的演化,这使他们根本不能把握东方社会演化的特殊规律。历史和实践都表明,"欧洲中心论"的理论框架已给东方社会的发展造成了严重影响。东方社会要沿着健康的轨道向前发展,就不能用教条主义的态度去照搬马克思关于欧洲社会的论述,而是要深入领悟马克思关于亚细亚生产方式的理论,把马克思主义的普遍真理与东方社会的具体情况结合起来。在这个意义上我们可以说,深入研究马克思的人类学思想,对于东方人来说具有特别重要的意义。

最后,形成这样一个认识,有利于东方人认清自己面对的特殊的历史状况,从而以更高的自觉性来创造历史,使历史沿着有利于人民群众的方向向前发展。在给维·伊·查苏利奇的复信草稿中,马克思分析了俄国农村公社的两重性:一方面,公有制及公有制造成的各种社会关系使公社基础稳定;另一方面,房屋的私有、小块土地耕种和产品的私人占有,又使个人获得发展。如果积极地创造历史条件来发展前一方面,逐步把土地的个体耕作发展为集体耕作,它就可能"不通过资本主义制度的卡夫丁峡谷,而把资本主义制度的一切肯定的成就用到公社中来"①。如果听凭各种破坏公社的因素(如国家财政搜刮、高利贷等)发展,就会导致农村公社的灭亡,重走西方资本主义社会发展的道路。一方面,马克思的"三大社会形态"(人的自然的依赖关系、以物的依赖性为基础的人的独立性、个人的全面发展)告诉我们,无论是东方社会还是西方社会,市场经济都是不可逾越的发展阶段;另一方面,马克思基于对东方社会演化的深入研究,又非常谨慎地提出了"跨越卡夫丁峡谷"的可能性问题。如果说,俄国人因忽视马克思的人类学思想,最终未能抓住历史发展的有利契机的话,那么,中国人在改革开放中形成的"社会主义市场经济"的新体制正是马克思的人类学思想的光辉体现。

---

① 《马克思恩格斯全集》第19卷,人民出版社1963年版,第436页。

综上所述，肯定英、美、德、俄的人类学思想是马克思主义的第四个来源和第四个组成部分，乃是在新的历史条件下理解、丰富并发展马克思主义的理论起点。只有理解并把握马克思主义的真精神和整体理论结构，科学社会主义事业才能健康地向前发展。

1994年

关于唯物史观及其历史命运的思考①

马克思的划时代的哲学创造——唯物史观是在 19 世纪 40 年代中期形成并发展起来的。将近一个半世纪以来，这一崭新的哲学观在世界范围内产生了无与伦比的重大影响，但它的发展不是一帆风顺的，而是充满了坎坷和曲折。对唯物史观的精神以及它在马克思的整个哲学体系中的地位和作用的认识迄今为止仍然存在着种种错误的见解。

在《社会主义从空想到科学的发展》这部重要的论著中，恩格斯写道："这两个伟大的发现——唯物主义历史观和通过剩余价值揭破资本主义生产的秘密，都应当归功于马克思。由于这些发现，社会主义已经变成了科学。"②也就是说，唯物史观和剩余价值理论乃是科学社会主义的理论基础。如果进一步分析的话，就会发现，剩余价值理论也是马克思运用唯物史观分析资本主义社会的一个结果。可见，唯物史观乃是科学社会主义的最根本的理论基础。如果我们不能正确领悟并把握唯物史观的真精神的话，势必对科

---

① 原载《学术月刊》1994 年第 7 期，第 30—38 页。收录于俞吾金：《寻找新的价值坐标——世纪之交的哲学文化反思》，复旦大学出版社 1995 年版，第 74—94 页。此处根据《寻找新的价值坐标》版本有所增补。——编者注

② 《马克思恩格斯选集》第 3 卷，人民出版社 1972 年版，第 424 页。

学社会主义的理论和实践带来严重的影响。

今天，社会主义事业在一些国家遭受了巨大的挫折。应该如何看待近几年来发生的一系列重大的历史事件？应该如何总结社会主义事业遭受挫折的经验教训？我们的回答是：必须回到马克思的唯物史观的真精神上去。也就是说，只有澄清马克思的唯物史观的基本立场，排除机械决定论特别是历史唯心论的种种谬见的影响，才能促使社会主义事业沿着马克思所指明的健康的理论轨道向前发展。所以，重温马克思的唯物史观的基本理论和历史命运，深刻认识我们面临着的紧迫的历史使命，具有特别重要的理论意义和现实意义。

一

人们通常都说马克思的哲学就是辩证唯物主义，但究竟什么是辩证唯物主义？辩证唯物主义与历史唯物主义的关系究竟如何呢？对这两个问题的回答一般又依据斯大林在《联共(布)党史简明教程》中写的《辩证唯物主义和历史唯物主义》一文。斯大林写道："它所以叫作辩证唯物主义，是因为它对自然界现象的看法、它研究自然界现象的方法、它认识这些现象的方法是辩证的，而它对自然界现象的解释、它对自然界现象的了解、它的理论是唯物主义的。""历史唯物主义就是把辩证唯物主义的原理推广去研究社会生活，把辩证唯物主义的原理应用于社会生活现象，应用于研究社会，应用于研究社会历史。"①

斯大林的上述论断蕴含着以下三层意思：第一，马克思先从哲学上研究自然，创立辩证唯物主义，然后，在运用辩证唯物主义研究社会时，才创立了历史唯物主义；第二，辩证唯物主义是以自然界或物

---

① 《联共(布)党史简明教程》，人民出版社 1975 年版，第 115—116 页。

质世界①作为研究对象的，自然界或物质世界乃是辩证法的载体；第三，辩证唯物主义不同于历史唯物主义，后者是在前者的基础上"推广"出来的。这三层意思是否符合马克思哲学的本意和真实的思想历程呢？这是值得商榷的。

诚然，青年马克思对自然和自然哲学怀有一定的兴趣，他的博士论文就是研究德谟克利特的自然哲学和伊壁鸠鲁的自然哲学的差别的。但是，我们决不能由此得出结论说，马克思是先研究自然，然后才去研究社会的。首先，马克思在撰写博士论文前两年，即1837年给父亲的信中，已强调"没有哲学我就不能前进"②。但他当时主要关心的并不是自然哲学，而是黑格尔和青年黑格尔派的法哲学、宗教哲学和政治哲学。如果再往前追溯到马克思于1835年写下的中学毕业论文——《青年在选择职业时的考虑》的话，就会更清楚地发现，马克思的理论兴趣一开始就集中在社会历史而不是自然和自然科学方面。其次，马克思的博士论文并不是为自然哲学而研究自然哲学，而是通过对伊壁鸠鲁的原子偏斜说的肯定，弘扬自我意识、自由意志在社会历史中的作用。所以，马克思研究的虽是自然问题，实际着眼的却是社会问题。再次，马克思本人也表明，他当时的主要兴趣并不在自然哲学方面。在1841年年底至1842年年初为博士论文撰写的新序言草稿中，马克思强调："由于从事更能引起直接兴趣的政治和哲学方面的著作，现在还不允许我完成对这些哲学体系的综述，由于我不知道何时才有机会重新回到这一题目上来。"③最后，马克思在1859年的《政治经济学批判》序言中回顾自己青年时期思想发展的历程时，根本就没有提到自己早年对自然和自然哲学的研究。在马克思看来，他是通过从对法的关系的研究到对市民社会的解

---

① 接受斯大林上述论断的艾思奇认为，"世界是物质的世界，永远按照自己固有的规律运动着、发展着。这是辩证唯物主义世界观的出发点"。参见艾思奇主编《辩证唯物主义历史唯物主义》，人民出版社1978年版，第29页。

② 《马克思恩格斯全集》第40卷，人民出版社1982年版，第13页。

③ 同上书，第286页。

剖来创立唯物史观的，而不是通过从对自然的研究到对社会的研究来创立唯物史观的。

诚然，除了博士论文之外，马克思在《1844 年经济学哲学手稿》《神圣家族》《德意志意识形态》等著作中对自然问题作了不少论述，但马克思的论述恰恰强调了以下的结论，即理解自然不是理解社会的前提，相反，理解社会才是理解自然的真正前提。马克思在批判费尔巴哈的直观的、抽象的自然观时指出："他没有看到，他周围的感性世界决不是某种开天辟地以来就已存在的、始终如一的东西，而是工业和社会状况的产物，是历史的产物，是世世代代活动的结果。"又说："如果没有工业和商业，自然科学会成为什么样子呢？甚至这个'纯粹的'自然科学也只是由于商业和工业，由于人们的感性活动才达到自己的目的和获得材料的。"[1]也就是说，只有先理解工业、商业和社会状况，才能真正认识自然和自然的变化。这充分表明，马克思哲学观形成的真实的路线不是由自然到社会，而是由社会到自然。

那么，马克思的哲学作为辩证唯物主义，其辩证法的载体是不是如斯大林说的，是与人和社会生活相分离的自然或物质世界呢？回答同样是否定的。在《1844 年经济学哲学手稿》中，马克思批判了那种"抽象物质的或者不如说是唯心主义的方向"，指出："被抽象地孤立地理解的、被固定为与人分离的自然界，对人说来也是无。"[2]在《德意志意识形态》中，马克思进一步指出："这种先于人类历史而存在的自然界，不是费尔巴哈在其中生活的那个自然界，也不是那个除去澳洲新出现的一些珊瑚岛以外今天在任何地方都不再存在的、因而对于费尔巴哈说来也是不存在的自然界。"[3]由此可见，马克思理论视野中的自然始终是被实践和工业充分人化的、处在资本主义历史形态中的自然，而不是抽象的、与人类社会分离的自然。所以在马克思那里，辩证法的载体既不是抽象的

---

① 《马克思恩格斯全集》第 3 卷，人民出版社 1960 年版，第 48—50 页。
② 《马克思恩格斯全集》第 42 卷，人民出版社 1979 年版，第 178 页。
③ 《马克思恩格斯全集》第 3 卷，人民出版社 1960 年版，第 50 页。

精神性的东西，也不是抽象的物质性的东西，而是人的实践活动，从根本上看，就是人的生产劳动。

在《1844 年经济学哲学手稿》中，马克思写道："黑格尔的《现象学》及其最后成果——作为推动原则和创造原则的否定性的辩证法——的伟大之处首先在于，黑格尔把人的自我产生看作一个过程，把对象化看作失去对象，看作外化和这种外化的扬弃；因而，他抓住了劳动的本质，把对象性的人、现实的因而是真正的人理解为他自己的劳动的结果。"①也就是说，黑格尔辩证法的载体是劳动，但他理解的劳动只是抽象的精神劳动，因而归根到底其辩证法的载体是精神性的东西，即绝对精神。在《神圣家族》中，马克思指出，"在黑格尔的体系中有三个要素：斯宾诺莎的实体，费希特的自我意识，……黑格尔那里的绝对精神"。施特劳斯和鲍威尔各自拘执于"实体"和"自我意识"，只有"费尔巴哈把形而上学的绝对精神归结为'以自然为基础的现实的人'，从而完成了对宗教的批判，同时也巧妙地拟定了对黑格尔的思辨以及一切形而上学的批判的基本要点"②。但是，费尔巴哈所谓"现实的人"仍然是抽象的、直观的、主要体现自然属性的人，所以费尔巴哈在批判黑格尔的唯心主义的辩证法时，仍未对辩证法的载体作革命性的改造。只有马克思才从唯物史观的基本立场出发，把黑格尔的绝对精神理解为现实中进行物质生产的个人，从而使人的生产劳动成了辩证法的真正的载体。这充分表明，马克思的哲学特别是其辩证法的基础不是脱离人的自然或物质世界，而是人的实践活动，特别是人的生产劳动。

至于斯大林从辩证唯物主义"推广"出历史唯物主义的论断能否成立的问题，如果由马克思本人来回答，答案还是否定的。马克思说："那种排除历史过程的、抽象的自然科学的唯物主义的缺点，每当它的代表越出自己的专业范围时，就在他们的抽象的和唯心主义的观念中立刻显

---

① 《马克思恩格斯全集》第 42 卷，人民出版社 1979 年版，第 163 页。
② 《马克思恩格斯全集》第 2 卷，人民出版社 1957 年版，第 177 页。

露出来。"①也就是说，以脱离人类历史和社会的自然或物质世界为基础的唯物主义，一进入其他领域，尤其是历史的领域，就会变成唯心主义。在这方面，费尔巴哈是一个最典型的例子。马克思批评说："当费尔巴哈是一个唯物主义者的时候，历史在他的视野之外；当他去探讨历史的时候，他决不是一个唯物主义者。在他那里，唯物主义和历史是彼此完全脱离的。"②马克思的这段重要论述不仅告诉我们，从一般的唯物主义（包括斯大林意义上的辩证唯物主义）"推广"不出历史唯物主义，而且从反面告诉我们，唯物主义与历史结合，即历史唯物主义才是其哲学的真正的基础和出发点。

研究自然史不能撇开人类史，那么，先行地研究人类史，会不会出现撇开自然史的情形呢？如果按照黑格尔的思辨哲学来理解人类史，人类史就会蜕变为脱离自然史的、形而上学地改了装的精神的历史；而根据马克思的唯物史观来研究人类史，不但不会撇开自然史，反而为自然史的研究奠定了科学的基础。如果说，在资本主义以前的社会形式，尤其是原始社会形式中，自然是作为一种强大的异己的力量与人相对峙的话，那么在资本主义社会中，自然则仅仅是作为人的有用物、作为使用价值出现的。也就是说，在资本主义的历史状态中，自然已被工业和商业充分人化，成了马克思在《1844 年经济学哲学手稿》中说的"人化了的自然"或"人类学的自然"。那种在近代，甚至当代哲学中仍然保留着的对抽象的实体、自然和物质世界的崇拜，乃是马克思早就批判过的原始人的自然崇拜观念的遗迹。正因为自然已被充分人化，所以，离开人类史，离开人与人之间的社会的、历史的联系，就不可能真正懂得自然史。需要的不是从抽象的自然推导出现实的人的社会历史，而是反过来，从现实的人的社会历史，推导出以人的生产劳动为中介的历史的自然。马克思的唯物主义之所以被称为历史唯物主义，其根本出发点和前

---

① 马克思：《资本论》第 1 卷，人民出版社 1975 年版，第 410 页注 89。
② 《马克思恩格斯全集》第 3 卷，人民出版社 1960 年版，第 51 页。

提正体现在对社会历史观的革命性改变上。

马克思说，"对现实的描述会使独立的哲学失去生存环境，能够取而代之的充其量不过是从人类历史发展的观察中抽象出来的最一般的结果的综合。这些抽象本身离开了现实的历史就没有任何价值"①。也就是说，旧哲学（包括各种历史哲学在内）都已经终结了，代之而起的是唯物史观，即辩证地描述社会历史活动基础和内在联系的新的唯物主义的学说。

从上面的分析和论述中，我们完全能得出这样的结论：马克思的哲学是辩证唯物主义，而辩证唯物主义也就是历史唯物主义。历史唯物主义是马克思的划时代的哲学创造之所在，马克思并没有创立过历史唯物主义之外的任何其他的哲学。在马克思的整个学说中，历史唯物主义决不是第二性的、被"推广"出来的东西，而是其他一切学说的基础、前提和出发点。掌握马克思主义哲学的真精神，就要回到历史唯物主义这个基点上去。唯有唯物史观才是我们正确地分析、理解一切社会历史现象的指导性线索。

<h1 style="text-align:center">二</h1>

在《德意志意识形态》中，马克思对唯物史观的基本原理做了初步的表述，尽管马克思采用了"物质生产""交往关系"等新术语，但这些术语的内涵及其与旧术语的相互关系还不是十分清晰。而在《政治经济学批判》序言中，马克思完全运用自己的范畴体系对唯物史观做了经典性的论述。马克思说："物质生活的生产方式制约着整个社会生活、政治生活和精神生活的过程。不是人们的意识决定人们的存在，相反，是人们

---

① 《马克思恩格斯全集》第 3 卷，人民出版社 1960 年版，第 31 页。

的社会存在决定人们的意识。"①马克思的上述论断是唯物史观的核心思想，但正如恩格斯在 1893 年致弗·梅林的信中所说的那样，由于当时探讨的重点是从作为基础的经济事实中引申出政治观念、法权观念和其他意识形式，在一定程度上忽视了对观念之间的相互联系及观念对现实的反作用问题的论述，以致马克思学说的某些追随者把唯物史观理解为"经济唯物主义"或"经济决定论"。比如，拉法格在《卡尔·马克思的经济唯物主义》一文中认为："人类社会的民事的和政治的制度、宗教、哲学体系和文学都是植根于经济环境里。它们在经济的土壤里获得自己盛衰的因素。历史哲学家应当在经济的环境里——也只有在这中间——找出社会进化和革命的基本原因。"②这里明显地具有把唯物史观简单化、机械化的倾向。正是针对这种不断增长着的错误倾向，恩格斯在 1890 年致约·布洛赫的信中对唯物史观的基本理论作出了新的表述。他这样写道："……根据唯物史观，历史过程中的决定性因素归根到底是现实生活的生产和再生产。无论马克思或我都从来没有肯定过比这更多的东西。如果有人在这里加以歪曲，说经济因素是唯一决定性的因素，那么他就是把这个命题变成毫无内容的、抽象的、荒诞无稽的空话。经济状况是基础，但是对历史斗争的进程发生影响并且在许多情况下主要是决定着这一斗争的形式的，还有上层建筑的各种因素……"③恩格斯还认为，历史是许多单个意志相互冲突的产物，"每个意志都对合力有所贡献，因而是包括在这个合力里面的"④。

恩格斯的上述论断表明，要避免把历史唯物主义理解为机械决定论，就必须明白，历史唯物主义也就是辩证唯物主义。就是说，只有用辩证的眼光去看待整个历史过程，才可把握马克思的唯物史观的基本精神。问题的关键在于，第二国际、第三国际，甚至迄今为止的许多理论

---

① 《马克思恩格斯选集》第 2 卷，人民出版社 1972 年版，第 82 页。
② ［法］拉法格：《唯心史观和唯物史观》，王子野译，三联书店 1965 年版，第 39 页。
③ 《马克思恩格斯选集》第 4 卷，人民出版社 1972 年版，第 477 页。
④ 同上书，第 479 页。

家都认为恩格斯的上述论断就是对唯物史观的完整表述，这就使辨明这个问题成为正确理解唯物史观的关键。

我们认为，恩格斯的上述论断主要是针对那种把唯物史观变形为机械决定论的错误倾向而发的，并不是对唯物史观的完整的表述。应该说，恩格斯在这里论述的还只是观察、分析一般历史进程的两个层面。第一个层面是总体决定的层面，即所有相互作用、相互冲突着的因素共同决定历史事变和进程；第二个层面是经济关系决定的层面，即不管历史现象如何错综复杂，经济关系总是在归根到底的层面上发生作用。在这里，恩格斯并未涉及他和马克思对具体的历史事变的分析。众所周知，马克思分析具体的历史事变的最经典的著作是《路易·波拿巴的雾月十八日》。恩格斯在 1885 年为马克思的这部著作的第三版所写的序言中指出，马克思"对当前的活的历史的这种卓越的理解，他在事变刚刚发生时就对事变有这种透彻的洞察，的确是无与伦比"①。具体的历史事变总是瞬息万变的，在历史事变的不同发展阶段上，来自历史总体的不同要素会相继跃居主导地位，所以，光凭上面我们提到的分析一般历史过程的两个层面，碰到活的具体的历史事件时我们仍然会茫然失措，"否则把理论应用于任何历史时期，就会比解一个最简单的一次方程式更容易了"②。在对具体的历史事变的分析中，对每一发展阶段的决定性因素的发现和把握，构成唯物史观的基本环节之一，也构成了历史辩证法的活的灵魂。所以列宁说："马克思辩证法要求对每一特殊的历史情况进行具体的分析。"③毛泽东在《矛盾论》中关于主要矛盾和矛盾的主要方面的论述，亦正对唯物史观的这一基本环节的卓越论述和创造性的发展。

由此看来，被完整地、正确地理解的马克思的唯物史观应是由以下三个层面组成的综合性理论。第一个层面是总体决定。这一层面要求人

---

① 《马克思恩格斯选集》第 1 卷，人民出版社 1972 年版，第 601 页。
② 《马克思恩格斯选集》第 4 卷，人民出版社 1972 年版，第 477 页。
③ 《列宁选集》第 2 卷，人民出版社 1976 年版，第 857 页。

们看到各种因素在历史事变和进程中的交互作用，从而具有一种高于局部和各个因素的总体性的、全局性的眼光；但是若仅仅停留在这个层面上，说所有的因素都在历史事变和进程中发生作用，就等于什么也没有说，因为那些在历史事变和进程中起主导作用的因素尚未抽绎出来，所以必须进入第二个层面，即阶段决定的层面。也就是说，要从历史事变和进程的各个发展阶段中找出决定不同阶段的基本发展方向的主导性因素，即通过对历史事变和进程的具体分析，比较深入地把握各发展阶段的主要矛盾和主要问题。但光停留在这个层面上容易被错综复杂的偶然性所迷惑，失去对历史事变和进程的更深刻的基础的领悟，所以还必须由此进入到第三个层面，即经济关系决定的最基本的层面。在某些情况下，经济关系的因素也会直接出现在第二个层面上、作为历史事变和进程中的某一阶段的主导性因素呈现出来。在这种情况下，经济关系同时在第二、第三个层面上发挥作用。但在更多的情况下，经济关系则在第三个层面上发挥着间接的、归根到底的作用。

因此，只有辩证地把握这三个层面的关系，才谈得上完整地、正确地理解马克思的唯物史观，才谈得上把握马克思主义哲学的真精神。在分析活生生的历史事变时，如果只坚持第三个层面，那是机械的经济决定论的观点，如果不承认第三个层面，那是历史唯心论的观点；如果只坚持第二个层面，就有可能陷入偶因论的观点，如果完全撇开第二个层面，那至多只能成为一个公式主义者，活的历史完全在他的视野之外；如果只坚持第一个层面，那还仅仅停留在对历史的初步的、整体的知觉上，如果完全撇开第一个层面，就会陷入因素论的观点中。这充分表明，历史唯物主义同时也就是辩证唯物主义，只有把上述三个层面辩证地综合起来，才能真正通达历史唯物主义的境界。

马克思和恩格斯相继去世后，在第二国际的理论家那里，唯物史观面临的最根本的危险是被曲解为机械的经济决定论。这种理论只从第三个层面上来观察和分析历史事变和进程，完全不顾其他因素，如政治斗争、观念意识、人的活动的作用等，使人成了客观经济法则的盲目崇拜者和消极的旁观者。这一错误的理论曾受到第二国际的著名理论家拉布里奥拉、普列汉诺夫等人的批判。拉布里奥拉指出："问题不在于只是发现和确定社会基础，然后把人变成已经不是由天意，而是由经济范畴操纵的傀儡。……简单说来，要写的是历史，而不是历史的骨架子，要叙述历史事件的过程，而不要抽象化，要记叙和解释整个的历史，而不是把它仅仅分解为一些单个因素并分析这些因素。"①普列汉诺夫也批判了民粹派的经济唯物主义的观点，主张"用社会生活的综合观点来代替因素论这一社会分析的成果"②。这表明拉布里奥拉、普列汉诺夫这样的理论家，力图综合第三层面和第一层面来理解唯物史观。他们既肯定了经济因素在归根到底的层面上的决定作用，又主张从总体决定的层面上来把握历史事变和进程。然而，遗憾的是，他们都停留在对历史进程和事变的抽象的分析上，忽略了对具体的历史事变的具体分析，即忽略了我们上面提到的第二个层面。所以，像普列汉诺夫、考茨基这样的理论家一遇到第一次世界大战这样活生生的历史事变，立刻丧失了理论上的洞察力，堕落为机会主义者和沙文主义者。与他们不同，列宁不仅把握着第一、第三个层面，而且也以卓越的政治家和哲学家的敏感牢牢地把握着第二个层面，即对具体的历史事变的本质和各发展阶段的主导性因素能迅速而正确地加以理解和掌握。列宁一再强调："马克思主义的最本质的东西、马克思主义的活的灵魂：具体地分析具体的情况。"③所以，列宁不但没有在当时俄国的异常复杂的历史事件中迷失方向，反而不失时机地领导布尔什维克和工人群众取得了十月革命的伟大胜利。实践表明，列宁是马克思的唯物史观的真正的继承者。

列宁逝世以后，唯物史观的发展又面临着新的路向和新的挑战。第一个路向是以斯大林为代表的东方社会主义国家的理论家对唯物史观的

----

① ［意］拉布里奥拉：《关于历史唯物主义》，杨启潾等译，人民出版社 1984 年版，第 136—137 页。

② 同上书，第161 页。

③ 《列宁选集》第 4 卷，人民出版社 1972 年版，第 290 页。

研究。如前所述，斯大林把历史唯物主义理解为辩证唯物主义"推广"到社会领域的结果，而斯大林意谓的辩证唯物主义又是以抽象的、与人和社会分离的自然或物质世界为对象的，正如我们在前面分析过的那样，从这样的见解出发，不但"推广"不出历史唯物主义，反而会不可避免地陷入历史唯心主义的泥淖之中。

第二个路向是以卢卡奇、柯尔施、葛兰西及法兰克福学派的成员为代表的西方马克思主义者对唯物史观的研究。卢卡奇、葛兰西和柯尔施作为西方马克思主义的早期代表，在总结中、西欧革命失败的经验教训时，主要批判了第二国际庸俗的马克思主义者仅仅拘泥于唯物史观的第三个层面的经济宿命论的错误观念，提倡唯物史观的第一层面，即总体决定层面的重要性。卢卡奇说："总体性的范畴，整体对部分的无所不在的优先性，是马克思从黑格尔那里接受过来，而又卓越地把它转化为一个全新的科学的基础方法论的实质。"①尽管强调唯物史观的第一层面是必要的，但在这样做的时候，"左"的政治倾向又导致了他们理论上的失误。一方面，他们把第一层面看作比第三层面更根本的、更优先的层面；另一方面，在总体范畴的背后，他们主要强调的是"阶级意识"或"意识形态"的因素。这两方面合起来，必然导致以意识和意志的作用为基础的历史唯心主义。卢卡奇等人的思想对法兰克福学派产生了重要的影响。到了哈贝马斯那里，竟以晚期资本主义社会的重要特征——国家干预经济和社会生活为主要的理由，宣称马克思的唯物史观的基本理论已经过时，主张"重建历史唯物主义"。哈贝马斯显然忽略了马克思下面这段重要的论述："在存在国家（在原始公社等之后）——即政治上组织起来的社会——的地方，国家决不是第一性的；它不过看来如此。"②也就是说，即使在晚期资本主义社会中，国家也不是第一性的，它对社会生活及经济生活的干预方式和干预程度归根到底仍然是由经济关系的实

——————————

① Georg Lukacs, *History and Class Consciousness*, trans. Rodney Livingstone, Cambridge, Boston: The MIT Press, 1971, p. 27.

② 《马克思恩格斯全集》第 45 卷，人民出版社 1985 年版，第 645 页。

际状况和需要决定的。夸大国家权力的作用正是以意志和意识为中心的唯心史观发展的逻辑结果。

第三个路向是以卡尔·波普为代表的实证主义的理论家对唯物史观的研究。波普在《历史决定论的贫困》《开放社会及其敌人》《猜想与反驳》等著作中对马克思的唯物史观提出了全面的批评和挑战。波普认为，马克思强调观念发生和发展的社会条件，特别是经济条件是对的，但又认为"马克思的经济主义——他强调经济背景是任何一种发展的最终基础——是错误的，事实是站不住脚的。我认为社会经验清楚地表明，在某些情况下观念的影响（也许得到宣传的支持）可能超过并取代经济力量。何况，即使说不了解经济背景就无法充分了解精神发展，那么，如果不了解例如科学或宗教观念的发展，至少也同样无法了解经济发展"①。波普试图以历史发展进程中各种因素都处在相互影响和相互作用中为理由，把经济因素和其他各种因素等量齐观，从而消除掉经济因素的基础性的、归根到底层面上的作用。② 波普显然忘记了马克思的唯物史观所揭示的一个简单的事实，即人们首先必须吃、喝、住、穿，然后才能从事政治、科学、艺术、宗教等活动。在马克思和恩格斯看来，历史进程中的各个因素之间的相互作用是不言而喻的，全部问题在于，这种相互作用并不是无条件的、漫无边际的，而是"在归根到底不断为自己开辟道路的经济必然性基础上的互相作用"。抽掉唯物史观的第三个层面，把历史进程中的一切因素等量齐观，必然导致偶因论，导致对历史运动法则的否定。

从上面的论述可以看出，在俄国十月革命之前，唯物史观遭受的主要危险是被曲解为机械的经济决定论；在十月革命之后直到当代，唯物史观遭受的主要危险则是被曲解为唯心史观。唯物史观的历史命运启示我们，在当前，维护马克思的唯物史观的基本理论，批判唯心史观的种

---

① ［英］卡尔·波普：《猜想与反驳——科学知识的增长》，傅季重等译，上海译文出版社 1986 年版，第473 页。
② 阿尔都塞的"多元决定论"也具有同样的错误倾向。

种错误观念，乃是理论工作者面临的重要任务之一。

三

马克思的唯物史观在中国的历史命运同样是坎坷曲折的。俄国十月革命的一声炮响给中国送来了马克思列宁主义。中国共产党成立之后，其早期领导人对唯物史观的理解还是不深的，而斯大林哲学思想中的机械唯物论倾向也对一些领导人产生了不良的影响，这是中国共产党的早期革命活动屡经挫折的理论原因之一。在长征途中确立了毛泽东的领导地位，才使情况发生了根本性的变化。毛泽东不仅有丰富的革命实践斗争的经验，而且有极高的理论天赋。他撰写的一系列论著，尤其是《矛盾论》，显示出他对马克思的唯物观的基本理论的卓越的理解和创造性的把握。

在《矛盾论》中，毛泽东批判了机械唯物论的观点，指出："诚然，生产力、实践、经济基础，一般地表现为主要的决定的作用，谁不承认这一点，谁就不是唯物论者。然而，生产关系、理论、上层建筑这些方面，在一定条件之下，又转过来表现其为主要的决定的作用，这也是必须承认的。"[1]这就是说，决不能用一种固定的公式去套社会历史过程，这一过程是活生生的，瞬息万变的、是由诸多矛盾构成的复杂总体。在过程发展的每一阶段上，都会有某一历史因素、某一矛盾跃居到主导地位上，对其他因素、其他矛盾产生决定性的影响。所以，毛泽东反复强调："离开具体的分析，就不能认识任何矛盾的特性。我们必须时刻记得列宁的话：对于具体的事物作具体的分析。"[2]这些思想表明，毛泽东和列宁一样，完整地把握了马克思的唯物史观的真精神，亦即正确地把

---

① 《毛泽东选集》第 1 卷，人民出版社 1991 年版，第 325 页。
② 同上书，第 317 页。

握了唯物史观三个层面之间的活生生的辩证关系。在毛泽东那里，历史唯物主义同时就是辩证唯物主义，是对活生生的社会历史过程的深刻洞察和把握。中国革命的胜利表明，毛泽东是马克思和列宁的唯物史观的基本理论的卓越继承者。

在对生产资料私有制的社会主义改造基本完成后，中国进入了全面建设社会主义的新时期。1956 年 9 月通过的八大政治报告明确指出：社会主义在我国已经基本上建立起来。国内的主要矛盾已经不再是无产阶级与资产阶级的矛盾，而是人民对于经济文化迅速发展的需要同当前经济文化不能满足人民需要的状况之间的矛盾。从这一新时期所面临的主要矛盾出发，党的中心工作无疑是领导全国人民集中力量搞经济建设，实现国家工业化，满足人民日益增长的物质文化需要。八大制定的政治路线是完全正确的，它体现了中国共产党对马克思的历史唯物主义基本理论的深刻领悟。

在 1978 年召开的十一届三中全会上，中国共产党从理论上清算了"文化大革命"中的种种历史唯心主义的谬见，作出了把全党工作的中心转移到社会主义经济建设中去的重大战略决策。这不仅表明我们党重新恢复并确认了党的八大的政治路线，而且在指导思想上又回到了历史唯物主义轨道上。在这方面，邓小平的伟大理论贡献是不可磨灭的。

邓小平说："按照历史唯物主义的观点来讲，正确的政治领导的成果，归根结底要表现在社会生产力的发展上，人民物质文化生活的改善上。"[1]这里有两层意思：第一层意思是，社会生产力的发展，人民物质文化生活的改善，乃是巩固并发展社会主义事业的根本前提；第二层意思是，正确的政治领导决不与这一根本前提相对立或相脱离。换言之，社会主义现代化建设就是我们当前的最大政治。所以，邓小平反复重申："离开了经济建设这个中心，就有丧失物质基础的危险。其他一切

---

① 《邓小平文选》第 2 卷，人民出版社 1994 年版，第 128 页。

任务都要服从这个中心，围绕这个中心，决不能干扰它。"①中国共产党制定的"一个中心，两个基本点"的基本路线正是邓小平思想的光辉结晶，是我们党在理论上成熟的根本标志，克服了1989年以后出现的一股否定以经济建设为中心的"左"的思潮。

回顾马克思的唯物史观在其发展进程中所遭遇到的历史命运，我们深切地感受到以下几点。

第一，坚持马克思的唯物史观的基本理论乃是繁荣并发展科学社会主义事业的根本保证。历史一再昭示我们，当我们沿着唯物史观的理论轨道前进时，我们的事业就欣欣向荣，当我们偏离唯物史观的理论轨道时，我们的事业就会遭受挫折。如果说，1978年开始的实践标准问题的大讨论是马克思的唯物史观在中国复兴的一个先兆的话，那么，在社会主义事业在某些国家遭受巨大的挫折的今天，全面地理解并把握唯物史观的基本精神，认真地总结经验教训，看清前进的道路，就具有特别重要和紧迫的意义。

第二，坚持以经济建设为中心，不断改善人民群众的物质文化生活，乃是唯物史观在社会主义历史时期的最根本的体现。在马克思看来，物质生产的领域乃是一个必然王国，不管人类社会发展到怎样的新阶段，"这个领域始终是一个必然王国。在这个必然王国的彼岸，作为目的本身的人类能力的发展，真正的自由王国，就开始了。但是，这个自由王国只有建立在必然王国的基础上，才能繁荣起来"②。这就是说，即使在未来的共产主义社会中，真正的自由也不是任性，而是在遵循经济运动的客观规律、巩固和发展这一必然王国的基础上达到的。所以，坚持以经济建设为中心（除了爆发大规模的战争外）绝不是权宜之计，而是贯穿整个社会主义历史时期的根本任务。

第三，只有同时把历史唯物主义理解为辩证唯物主义，才能真正把

---

① 《邓小平文选》第2卷，人民出版社1994年版，第250页。
② 马克思：《资本论》第3卷，人民出版社1975年版，第927页。

握它的三个分析层面之间的活生生的、辩证的关系；才不会把它当作教条和公式到处搬用，而是把它当作分析各种活生生的、错综复杂的历史现象的指南。也就是说，历史辩证法并不是某种和历史唯物主义相分离的东西，而是历史唯物主义的生命和灵魂。坚持具体问题具体分析乃是马克思的全部学说的活力之所在。

认识论之元批判[①]

  如果检视一下近年来发表的各种哲学研究的成果，我们发现，认识论的研究乃是一个热点。这方面的研究在细节上似乎已经铺张开了，已涉及诸如人工智能、认识与评价关系、当代自然科学的认识方法等新问题。然而，与这种细节上的热情相反，人们却很少去反思对认识论的存在和发展具有决定性意义的重大问题，如认识论在整个哲学中的地位和作用、认识论的前提等。总之，人们用非批判的、自然思维的态度去探讨认识论的诸问题，从而把整个认识论的研究导入到一种无根基的、悖谬的状态中。认识论的元批判就是要从生存论本体论的立场出发，扬弃这种自然思维的态度，重新反思认识论研究的前提性问题。

  这种自然思维态度的第一个表现是在哲学与认识论之间画等号。常常有人说，哲学就是认识论，哲学史就是认识论史。这种见解完全以前叔本华、前马克思或前海德格尔的方式进行思考，完全停留在苏格拉底—柏拉图—亚里士多德的传

  ① 原载韩民青、夏永翔主编：《我的哲学思想：当代中国部分哲学家的学术自述》，广西人民出版社 1994 年版。收录于俞吾金：《寻找新的价值坐标——世纪之交的哲学文化反思》，复旦大学出版社 1995 年版，第 38—44 页；《俞吾金集》，黑龙江教育出版社 1995 年版，第 204—211 页。——编者注

统思维定式中。亚里士多德在《形而上学》一书中开宗明义写下的第一句话是："求知是人类的本性。"这里的错失不在于肯定人类的求知的冲动，而在于把求知看作人类的最根本的冲动。其实，求知并不是人类最原始的冲动，人首先得生存在这个世界上，然后才能去认识这个世界。叔本华在《作为意志和表象的世界》一书中告诉我们，生存意志是第一性的，认识是第二性的，归根到底，认识不是自由的、独立的，从根本上看，它的功能是为生存意志进行筹划。马克思在《德意志意识形态》一书中也指出，任何人类历史的第一个前提无疑是有生命的个人的存在。如果撇开人的生存活动来探索认识论问题，那就必然把认识论研究置于无根基状态中；扩而言之，把哲学归结为这样的认识论，也必然会把哲学置于飘荡无根的状态中。

有人或许会反驳说：在我们的"辩证唯物主义与历史唯物主义"的教科书中，不是强调实践和生活是人的全部认识活动的基础吗？这不表明我们的认识研究从来没有脱离过生存论基础吗？这种反驳看起来是有力的，其实是很苍白的，因为它注重的只是问题的外观而不是它的实质。我们不妨作一些具体的分析。

在"辩证唯物主义与历史唯物主义"的教科书中，自然观（物质观）、认识论、方法论、范畴论都是归在"辩证唯物主义"部分的，而生存论、社会结构论和意识形态论等则是归在"历史唯物主义"部分的。在这一教科书的理论构架中，"辩证唯物主义"是基础部分，而"历史唯物主义"乃是把"辩证唯物主义"推广到社会历史中的结果。这一结构表明，我们的自然观、方法论、范畴论，尤其是认识论，从根本上说是以脱离社会历史，即以前生存论的方式表述出来的。我们虽然反复强调，实践和生活是认识论的基本的观点，然而实际情形是：在我们的认识论研究中，实践和生活这两个概念仅仅起着套话的作用。一方面我们只是着眼于与认识有关的角度去理解并界定这两个概念，从而窄化了它们的丰富的内涵，事实上，在实践和生活中的相当一部分内容是认识和概念所把捉不住的；另一方面，我们只是在形式上把实践作为认识的基础，实际上，认识的真正基础乃是在"辩证唯物主义"部分中先于认识论而表述出来的自然观或物质观。我们认为，世界统一于物质，这一旧唯物主义者（如狄德罗、霍尔巴赫）早已设定的本体论前提从根本上磨平了生存着的人和现成地存在着的、非人的存在物之间的差异，从而使我们的全部认识论探讨自觉地或不自觉地以物质本体论为前提，而与生存论失之交臂。

细细地推敲起来。我们常用的"实践是认识的基础"的表达方式也是有语病的，至少是不严格的。因为实践作为有目的的活动本身就蕴含着一定的认识，换言之，实践概念之所以成立，在它的内在结构中已包含着一定的认识。因此，我们至多只能说，实践是达到新的认识的基础，但却不能简单地说，实践是认识的基础，因为这后一种说法一方面把认识看作完全外在于实践的并与之相对的某个东西，另一方面则完全抽去了实践活动中主观目的和认识的要素，这种缺乏主观性的残缺不全的实践概念实质上就是物质概念，这也从一个角度印证了我们在上面已阐述的一个见解，即通常认识论研究的真正基础乃是无批判地从旧唯物主义那里接受过来的物质本体论。

要摆脱传统认识论研究的旧框架，关键在于理解马克思划时代哲学变革的实质，马克思哲学变革的实质是创立了历史唯物主义，而历史唯物主义也就是辩证唯物主义，也就是说，根本不存在那种与历史唯物主义相分离的、又是其理论基础的所谓"辩证唯物主义"。换言之，马克思并没有创立历史唯物主义之外的任何哲学理论，而历史唯物主义也就是生存论本体论。因此，只有澄清认识论的本体论前提，认识论研究才可能进入一个新的境界。

自然思维态度的第二个表现是在认识论研究中无前提地谈论主体、客体这样的概念。当我们开口谈论"主体""客体"这样的概念时，我们已无批判地把它们作为已然存在的东西来进行探讨，然而，我们却并没有虑及它们的正当性和有效性。

第一，"主体"概念是相对于认识者——人而言的，我们可以说，认识者是人，但却不可以说人就是认识者，因为人永远多于一个单纯的认识者，人不仅有感觉、知性和理性，也有本能、情感、欲望和意志，即使人处在认识的过程中，人的后一方面属性也不会消失，人可能在一定的范围内压抑这些属性，但却不可能消灭这些属性，而"主体"或"认识主体"这样的概念仅仅把人看作由感觉、知性和理性组成的，也就是说，通常的认识论研究在研究认识主体人之前，已先把人非人化了，已先行地割断了人的认识活动和人的本能、情感、欲望和意志的关联，而不了解这些环节，我们就无法解释人的认识旨趣是如何产生的，其认识内容又是如何确定的。

第二，如果我们具体地而不是抽象地谈论作为认识主体的人，那么人就不是一个超越一切历史时代的纯粹的认识容器，相反，每一个具体的人作为认识主体，都是社会存在物。人们总是生活在具体的社会历史条件之下，而这方面的条件制约着他们在认识活动中的大致水平和方向。马克思在分析产生拉斐尔艺术的历史条件时曾经指出："和其他任何一个艺术家一样，拉斐尔也受到他以前的艺术所达到的技术成就、社会组织、当地的分工以及与当地有交往的世界各国的分工等条件的制约。像拉斐尔这样的个人是否能顺利地发展他的天才，这就完全取决于需要，而这种需要又取决于分工以及由分工产生的人们所受教育的条件。"①马克思的这些论述不仅适合于作为艺术家的人，也适合于作为认识主体的人。为什么古代哲学家大多倾向于自然（或物质）本体论，而现代哲学家则大多倾向于社会存在本体论，这就与他们所处的社会历史阶段有关。在古代，自然作为一种支配人的巨大的力量与人相对峙，因而自然本体论是无法避免的；在现代，由于工业和科学技术的高度发展，自然已降为人的使用价值，因而社会存在本体论的出现也不是偶然的。

作为认识对象的外部事物，即"客体"虽然是无生命的，但通过与不同历史时期的人的联系，也具有客观的社会历史内涵。当我们的教科书中讲世界统一于物质时，我们坚持的正是物质本体论，这种本体论从不

---

① 《马克思恩格斯全集》第3卷，人民出版社1960年，第459页。

询问物质形态的具体历史内容，因而从不超出抽象唯物主义的眼界。比如，面对着一只杯子，抽象唯物主义者告诉我们，这是一个物体，是我们认识的一个客体，在这样表达的时候，抽象唯物主义者已把杯子和人的生存活动分离开来。而从历史唯物主义或生存论的本体论看来，杯子乃是人劳动的产物，在人类历史发展的一定阶段上，杯子是一种私有财产。马克思主张扬弃私有制，也就是要改变人对物的某种占有方式，而私有财产只不过是一定社会关系中的物。归根到底，不过是生存着的人的关系的一种表现，因而当国民经济学家把资本看作物时，马克思却把它理解为人与人之间的社会关系。由此可见，从抽象唯物主义和抽象认识论的角度来谈论"客体"，"客体"的社会历史内涵就被一笔勾销了，这种理解方式虽然自称为"马克思主义的认识论"，其实完全停留在旧唯物主义那里而根本未进入马克思的理论视野。

第三，把"主体"与"客体"的关系作为现成的关系来谈论，必然会导致二元论：一方面，是与外部世界绝缘的主体；另一方面则是与主体相对峙的外部世界。这种把统一的现象世界切成两大块的做法表明，我们完全错失了生存论本体论的立场。从生存论本体论的目光看来，人并不是一个与世界绝缘的"主体"，人要和他人发生联系，因而其存在必然表现为"共在"。用马克思的话来说，人的本质并不是单个人所固有的抽象物，而本质上是一切社会关系的总和。海德格尔把人的存在称之为"在世之在"，正是要告诉我们，世界并不是外在于人的某个东西，世界内在于人的生存活动之中，是随人的生存活动而展开的。从生存论的本体论看，人和世界是不可分地交织在一起的。一旦我们从主客体之间的关系来探索认识论问题，认识论所要展示的真理就已从我们视野中消失了，因为我们通常把真理理解为主观和客观的统一或主体与客体的统一，既然这种统一是以割裂为前提的，因此，必然和人的生存的真理失之交臂。

自然思维态度中认识论研究中的第三个表现是把认识的本质理解为人的感官和思维能力对外部世界的反映，人在认识过程中先达到感性认识，然后进一步上升为理性认识，并把获得的认识运用到新实践活动中去，从而形成了"个别——一般—个别"的认识公式。然而，人的认识活动真正能从"个别"出发吗？我们的回答是否定的。除非我们把从事某一认识活动前的某个人的心灵像洛克一样假定为"白板"，否则，真实的认识是不可能从"个别"开始的，因为某个人在认识"个别"之前，他的心灵中已有某种一般性的观念．我们常常把它称之为"先入之见"。比如，波普就说过，理论先于观察。不同的观众一起看《哈姆雷特》为什么会作出不同的评价，正是因为他们的先入之见是不同的。所以，真实的认识公式就转化为"一般（先入之见）—个别（认识对象）——一般（新的融合的见解）"。这样一来，整个认识论研究的方向就转移到下面这个前提上，即如何看待认识者的先入之见在整个认识过程中的作用？显然，不回答这个问题以及与这个问题有关的认识的前结构的问题，我们的认识论研究本质上仍然停留在前康德的水平上。

自然思维态度在认识论研究中的第四个表现是无批判地使用现成的语言。人们常常把语言视为交流思想的工具，其实，语言的作用远过于此。我们不妨倒过来说，只有人才是语言的工具，从形式方面看，语言必须遵循一定的语法和逻辑；从内容方面看，语言以及由语言组成的文本并不是空洞的东西，而总是以一定的社会意识为导向的，社会意识并不是外在于语言的东西，而是随语言一起表达出来的。作为认识主体的人在刚出生的时候还是一个自然存在物，人要参与社会生活，要转化为社会存在物，就必须接受教化，即使教化者也得先成为受教化者，而教化主要是通过语言来进行的，而语言和文本又是通过社会意识的导引而凝聚起来的。这样，作为认识主体的人，当他具有独立的认识能力时，他已漂浮在语言之中，他的独立性和主体性不过是一种虚假的外观，他可以喋喋不休地说"我发现……""我认为……""我主张……"其实，这里的"我"不过是浸透了特定的社会意识的语言而已。显然，在人们对他们出生后逐步接受的既定的社会意识获得批判性检视之前，他们是不可能以独立的、创造性的方式从事认识活动的。人是作为"在社会意识中的存在物"的方式出现的，因而在认识论研究中，我们需要先行地研究认识主体飘浮于其中的语言和社会意识的本质，这一前提性的研究如果不展开的话，整个认识论研究必然处在飘荡无根的状态下，因为社会意识中的某些内容会阻塞我们通达真理的道路。作为认识客体的对象，也无例外地漂浮在语言中，因为我们必须用语言去命名对象，我们认识活动中与之打交道的常常是对象的"名"而不是对象本身，而名实关系又常常是错位的，这也需要我们在认识论研究前先行地弄清名实关系，从而确定，我们的真正的认识对象是什么。

上面的论述表明，我们在营造认识论大厦时常常忘记了对大厦的基础部分的牢靠性进行必要的检视，这就很可能把认识论研究导向误区或纠缠在一些细小的枝节问题上。要求知必先去蔽，而要去蔽就得回到人生存在世的基本的、本真的状态中去。所以，生存论本体论的立场的澄清必将使认识论研究获得新的起点，认识论之元批判的目的就是要把我们引回到这一新的起点上。

教育是创造人的事业①
——用哲学的眼光看教育

甲：我很高兴，越来越多的人已经认识到教育问题的重要性和急迫性。

乙：这也正是我们今天能在这里讨论哲学与教育关系问题的基本条件之一。不过，我多少有些担忧，因为我不知道我们的讨论从何处入手更能把握住问题的实质。

甲：这也正是我思考了很久的问题。我觉得，我们的讨论应该从生活世界的细胞——现实的人开始。现实的人既是任何有意义的哲学，尤其是马克思主义哲学思考的出发点，也是任何有意义的教育理论思考的真正的出发点。遗憾的是，我们的哲学家和教育家很少联合起来探讨他们研究的共同对象——现实的人。哲学家兴致勃勃地谈论着作为认识主体的人的主观能动性，可是，他们忘记了，他们视之为认识主体的人正是教育的产物。同样地，教育家讨论的主要是接受教育的人，他们常常忽略对教育者本身的考察，而对接受教育的人的考察也停留在对家庭教育和学校教育的分析上，很少触及对接受教育的人所

---

① 原载《教育：跨世纪工程的思考》，广西教育出版社 1994 年版，第 107—120 页。收录于俞吾金：《俞吾金集》，黑龙江教育出版社 1995 年版，第 212—224 页。——编者注

处的意识形态和传统文化氛围分析，也很少涉及对教育者和接受教育者的社会性格的分析。

我想，如果我们的讨论能从这些哲学家和教育家所忽视的问题入手的话，就不会流于一般的老生常谈。

乙：这个主意好极了，只是我们如何具体地加以实施呢？

甲：我考虑，我们的讨论可以围绕以下三个问题来展开。第一个问题是：自然存在、教化和社会性格；第二个问题是：语言、意识形态和传统；第三个问题是：教育过程中的"循环"现象。

乙：好吧。我们先从第一个问题开始。你说的"自然存在"指的是不是人的自然属性方面的存在呢？

甲：正是。人们通常说，"人是社会动物"。这个说法显示了人的两重性：一方面，社会历史性构成人的本质特征，这正是人与其他动物相区别的地方；另一方面，人仍然是动物，人具有自己的自然属性，人是自然的一部分。在这个意义上，人也是自然存在物。

乙：也就是说，人既是社会存在物，又是自然存在物。那么，这两种存在特性之间的关系究竟如何呢？

甲：作为自然存在物，人是天生如此的，但是作为社会存在物，却是后天的，是通过教化才达到的。中国古人很重视教化的问题。《毛诗正义》云："风，风也，教也，风以动之，教以化之。"荀子说："神莫大于化道。"（《劝学》），把文化上的熏陶教化看作非常重要的事情。

乙：西方学者也十分重视教化问题，古希腊哲学家苏格拉底就是一个著名的代表。他之所以被判处死刑，据说是因为他的思想熏陶、迷惑了当时的不少青年人。

甲：中国人讲的"教化"在德语中的对应词是 Bildung，这个词来自动词 bilden，有"构成""组成"的含义，Bildung 在英语中的对应词是 formation，来自动词 form，也有"构成""组成"的含义；同样，Bildung 在法语中的对应词是 formation，来自动词 former，也有"构成""形成"的含义。

乙：这恐怕不是偶然的。在西方人看来，人接受教化的过程也就是人本身生成的过程。

甲：确切地说，是作为社会存在物的人生成的过程。在黑格尔看来，教化是自然存在的异化。他说："个体在这里赖以取得客观标准和现实性的手段，就是教化。个体真正的原始的本性和实体乃是使其自然存在发生异化的东西。"①

乙：这个思想太深刻了。在黑格尔看来，正是通过教化，人才从单纯的自然存在物转化为社会存在物。作为绝对的唯心主义者的黑格尔虽然把人的社会存在理解为精神存在，但仍然猜测到了人的社会存在特性的重要性。马克思则直截了当地说出了下列思想："个人是社会存在物。"②

甲：在人主要是社会存在物的意义上，我们完全可以说，教化创造了人。

乙：在当代西方社会中，宗教的力量已经衰落下去了。代之而起的是另一个重大的话题，即"教育创造了人"。法国结构主义的马克思主义者阿尔都塞认为，"事实上，在今天，学校已取代教会，起着占主导地位的意识形态国家机器的作用"③。

甲：在讨论"教化或教育创造了人"这样的命题时，顺便说明一下"教化"与"教育"这两个概念之间的关系看来是必要的。"教育"在德、英、法文中分别为：erziehen、education、education。如果我们以 erziehen 为例作语源分析的话，它的基础动词是 ziehen，有"种植""栽培"的含义，加上前缀 er- 后，erziehen 这一动词具有"陶冶""教育"的含义，它的名词化也就是 erziehen。教育的目的和教化一样，也是使人成为适合

① G. W. F. Hegel, *Phaenomenologie des Geistes*, Frankfurt am Main：Suhrkamp Verlag, 1986, S. 364.

② K. Marx, *Pariser Manuskripte*, Berlin：Dietz Verlag, 1987, S. 84.

③ Louis Althusser, *Essays on Ideology*, trans. G. Lock, London：Verso Books, 1984, p. 31.

于现实生活的社会存在物。所以，就宽泛的含义而言，教育和教化可以看作是一个词。当然，教育还有比较严格的含义，即专指学校里的教学过程。

乙：比较起来，"教化"这个词具有更浓厚的理论气息，但既然我们是从哲学上讨论问题，也就没有必要把它和"教育"这个词严格地区分开来。我觉得，重要的是，通过教育或教化，人主要接受了哪些东西，导致了怎么样的结果。

甲：你的问题提得好极了。我认为，教化或教育的主要作用有两个方面：一方面是使被教育者获得进入现实的社会生活的必要的知识，这个方面我们留待后面再讨论；另一方面是使被教育者形成一种"社会性格"（social character）。

乙：这种社会性格和"个人性格"（individual character）究竟有何区别呢？能不能说每个人都具有这两方面的性格呢？

甲：我是这样理解的：毫无疑问，每个健康的人都具有自己的个人性格，这些性格是因人而异的，但如果深入地分析下去的话，就会发现，生活在同一文化和同一社会历史时期中的大多数人的个人性格中蕴含着某些共同的性格成分。这些性格成分也是我们所要讨论的社会性格。

乙：我想，人们常说的所谓中国人的"中庸"、美国人的"开朗"、法国人的"豪爽"、英国人的"保守"、德国人的"缜思"等，指的正是在不同的文化类型中形成的不同的社会性格吧。

甲：正是这样。实际上，西方人说的社会性格也就是我们中国学者经常提到的所谓"国民性"。如果说，鲁迅对中国国民性的消极方面作过深刻的批判的话，那么，毛泽东更多注意的则是中国国民性的积极方面。如果把他们的思想综合起来的话，就可以对中国人的社会性格获得一个全面的了解。

乙：事实上，马克思很重视教化或教育与社会性格形成之间的关系。在《共产党宣言》中，马克思指出："资产者唯恐其灭亡的那种教化，对于绝大多数人来说不过是把人变为机器的附属品罢了。"①也就是说，资产者力图通过教化使大多数人具有像机器一样受动的社会性格。

甲：在马克思和弗洛伊德的影响下，西方有些学者，如赖希、弗洛姆，都十分注重对教育与社会性格形成之间关系的研究。尤其是赖希，分析了家庭教育在社会性格形成中的重要作用。事实上，教育在社会性格形成中的作用还可以有更宽泛的理解。当学校在确定并表扬优秀学生的时候，当报纸杂志、电台、电视在介绍先进人物的时候，当文学艺术家致力于塑造典型性格的时候，无不都在致力于对特定的社会性格模式的塑造工作。

乙：在这个意义上，教育工作者的责任特别重大，因为他们所从事的是特殊的生产工作，即生产人的工作。作为社会存在物的人的生产和再生产，乃是社会共同体和文化生活得以延续的基本前提。如果说，哲学要研究现实的人的话，就不能撇开对教育与人的关系的思考。

甲：我完全同意你的看法。如果你不反对的话，我们现在可以讨论第二个问题：语言、意识形态和传统了。

乙：我当然赞成。记得正是黑格尔，他把语言理解为教化的现实，也就是说，教化正是通过语言而实现的。

甲：这个问题太重要了，但它并没有引起研究教育理论的学者的充分重视。人们通常认为，语言是人（交流思想）的工具。他们常常忘记了，在更深层的意义上，人实际上是语言的工具。人不断地使用着语言，这不过是一种表面的现象，事实上，语言如同一条大河，个人如同泡沫一样漂浮在这条大河上。个人的生命是有限的，而语言则是永存的。人接受教化或教育的过程，也就是学习语言的过程。在某种意义上，学习语言是获得教化的最基本的前提。

乙：不少学者认为，语言是一种中性的东西，你对这个问题又如何理解呢？

---

① Marx-Engels, *Ausgewaehlte Werke*, Band 1, Berlin: Dietz Verlag, 1989, S. 433.

甲：如果我们把抽象的，尚未投入使用的语言作为考察的对象。语言似乎是某种中性的，无倾向性的东西：一方面，从形式上看，说出来或写出来的语言都要受到语法和逻辑的限制。比如说，"我到伦敦去"这句话是合乎语法的，但"伦敦到我去"则是不符合语法的，因而是别人无法理解的；另一方面，从内容上看，语言本质上是实践的，在确定的谈话情景或书写情景中，语言并不是抽象的、中性的东西，而是具体的、体现一定的思想倾向的东西。比如，旧时儿童学习语言的《三字经》就不光是语言读本，也是思想教育的读本。

乙：我明白你的意思了。就拿《三字经》的开首语"人之初，性本善"来说，它教给儿童的就不仅是六个汉字，而且是孟子的"性本善"的学说。这就是说，语言只要一投入使用中，就不再是空洞的外壳，而是具有具体内容的东西了。

甲：正是这样。在古今中外的童蒙读物中，甚至在相当一部分儿童教科书中，都有不少童话故事。这类故事千差万别，但其共同结构是，谴责狼、鳄鱼、狐狸等动物的凶残和狡猾，歌颂兔子、山羊、松鼠等动物的善良和机智。蕴含在这类寓言故事中的一种基本的道德思想是，强者是恶的，弱者是善良的。其实，在自然界中，到处起作用的是自然法：狼比兔子更强健，因而狼追逐并吃掉兔子乃是题中应有之义。

乙：我明白你的意思了。

甲：可见，在教化或教育的过程中，从来就不会有单纯地学习一门语言这回事，学习语言就必然会涉及课文，涉及一定的思想意识了。

乙：你的意思是不是这样：实际使用中的语言从来就不是空泛的、抽象的，它总是体现出一定的意识形态的价值取向。

甲：说得完全正确。语言的问题，在质上是意识形态的问题。当我们学会一种语言的时候，也就学会了、接受了一种体现在这种语言中的意识形态。如果说，语法和逻辑构成语言的形式的话，那么，意识形态则构成语言的内涵。

乙：也就是说，在教育或教化中，人们通过语言的媒介所获得的知识总是植根于一定的意识形态的。西方著名语言学家维特根斯坦认为，语言不是静止的，语言就是语言游戏，语言游戏是一种生活形式，是以一定的世界图式，即信念为背景的。这里说的"世界图式"或"信念"也就是意识形态，不过作者并没有达到这样的明确的意识罢了。当代著名的西方马克思主义者哈贝马斯则认为，语言就是意识形态的，并力图建立以意识形态批判为核心的新的释义学思想。

甲：法国结构主义的马克思主义者阿尔都塞坚持的也正是意识形态批判的立场。他说："一个社会或一个时代的意识形态无非是该社会或该时代的自我意识，即在自我意识的表象中包含、寻求并自发地找到其形式的直接素材，而这种自我意识又透过其自身的神话体现着世界的总体。"①所谓"神话"，也就是通过颠倒的、幻想的方式反映着现实世界。阿尔都塞还认为，通过教育的作用，意识形态不仅对人的意识发生重大的影响，还成了人的潜意识中的权威。他甚至说，"人本质上是一个意识形态的动物"②。

乙：阿尔都塞这方面的思想确实是振聋发聩的。一个人可能成为文盲，即文字之盲，但却不可能成为文化之盲，意识形态之盲。人出生之后，不仅要呼吸物质的空气，也要呼吸精神的空气。这一精神的空气也就是意识形态的氛围。人要在一个社会中生活下去，就要懂得社会生活的基本法则，这就是我们通常说的"教养"。这个词在英、德、法文中的对应词分别是 culture、kultur 和 culture，也就是"文化"的意思。因此，说一个人有教养，也就是说他有文化，即已归属于一个社会的意识形态的境界之中。阿尔都塞认为，马克思刚出生时，也处在意识形态的襁褓之中，正是后来通过对意识形态的批判，马克思才创立了自己独特的思想体系。

甲：马克思正是通过意识形态批判，即在意识形态之上，才创立历

---

① L. Althusser, *For Marx*, London：Verso，1977，p. 144.

② Louis Althusser, *Lenin and Philosophy*，*and Other Essays*，New York：Monthly Review Press，1971，p. 171.

史唯物主义的伟大学说的。恩格斯认为，马克思的划时代的发现正在于揭示了意识形态掩蔽下的一个简单的事实，即人要先解决吃、喝、住、穿的问题，然后才能去重视政治和精神活动。

乙：马克思和恩格斯对意识形态的掩蔽性和虚假性的揭露，可以说是批判地继承了黑格尔的思想。在黑格尔看来，教化就是自身异化了的精神。在教化世界中一切都是颠倒的，个人无法从中摆脱出来，就连退隐于木桶中的第欧根尼也还是受这一颠倒世界制约的。

甲：黑格尔的思想是深刻的，但囿于唯心主义的立场，他并没有阐明教化与意识形态颠倒性的真正根源。马克思则告诉我们，这种颠倒性归根到底是由统治阶级的根本利益决定的。在物质资料生产上占统治地位的阶级，在精神生产上也必然会占统治地位，因而，教化或教育始终是从属于统治阶级的根本利益的。

乙：我觉得，马克思的下述论断是特别重要的："在不同的所有制形式上，在生存的社会条件上，耸立着由各种不同的情感、幻想、思想方式和世界观构成的整个上层建筑。整个阶级在它的物质条件和相应的社会关系的基础上创造和构成这一切。通过传统和教育承受了这些情感和观点的个人，会以为这些情感和观点就是他们行为的真实动机和出发点。"①我体会，这段话中有三层意思：第一，意识形态，即观念的上层建筑是在一定的物质条件和相应的社会关系的基础上形成起来的；第二，人们是通过传统和教育的方式来接受意识形态的；第三，人们总是把已接受的意识形态所包含的特定的情感和观点作为自己行为的真实动机和出发点，也就是说，个人的主体性是虚设的，真正的主体性属于意识形态。

乙：你上面提到的马克思这段话的第二层意思，涉及教育与传统和意识形态的关系，是很有启发的。任何意识形态既是对一定的物质生活条件的反映，又是对历史上的传统思想文化的一种继承。在这个意义

---

① Marx-Engels, *Ausgewaehlte Werke*, Band 1, Berlin: Dietz Verlag, 1989, S. 337.

上，意识形态的教育也就是传统的教育。

甲：我同意你的观点，但必须补充说，这里的"传统"的含义应当辨明。就抽象的含义而言，传统包含以前流传下来的一切观念、制度和文物；就具体的含义而言，不同时代的人们对传统的理解和解释都是不同的。举例说来，同样是对先秦文化，西汉、魏晋、宋、明、清时代的人们对其理解都是不同的。

乙：那么，我们也可以说，即使在同一时代中，人们对传统的理解也是各不相同的。

甲：我承认这一点。但如果我们深入地思考下去就会发现，每一时代对以前传统的理解都会有一种占主导地位的见解，这种见解必定是与该时代的统治阶级的根本利益相契合的。正是每一个时代的统治阶级的根本利益，构成对传统文化的不同的选择和复兴。

乙：也就是说，只有抽象地谈论传统的时候，传统才是混沌的；当我们从确定的时代出发，具体地谈论传统的时候，传统总是透明的。

甲：每一时代的教育与教化都是从该时代的意识形态的根本价值取向出发来选择传统的。在这个意义上可以说，教育是传统和意识形态之间的媒介。因此，空洞地讨论传统与某个时代的关系是毫无意义的。

乙：记得恩格斯说过："在一切意识形态领域内传统都是一种巨大的保守力。"①这就是说，马克思和恩格斯所倡导的共产主义教育正是要与传统观念实行彻底的决裂。

甲：我们下面可以讨论第三个问题，即教育过程中的"循环"现象了。"循环"这个词在英、德、法这三种语言中的对应词分别是：circle、kreis、cercle，都有"圆圈"的含义，表明这里涉及一种周而复始、经常出现的现象。我认为，在教育过程中出现的"循环"现象主要有两种，我们先来讨论第一种，即人与教育和环境之间的关系。

乙：一方面，教育和环境是由人创造的；另一方面，人又受到教育

---

① Marx-Engels, *Ausgewaehlte Werke*, Band 6, Berlin: Dietz Verlag, 1990, S. 312.

和环境的制约。这正是教育哲学所面对的最根本的"循环"现象之一。正是马克思，为理解这种现象指出了一条明确的道路。马克思写道："有一种唯物主义的学说，认为人是环境（Uwstande）和教育（Erzithung）的产物，因而认为改变了的人是另一种环境和改变了的教育的产物，这种学说意识到了：环境正是由人来改变的，而教育者本人一定是受教育的。因此，这种学说必然会把社会分成两部分，其中一部分高出于社会之上。环境的改变和人的活动的一致，只能被看作是并合理地理解为革命的实践。"①

甲：马克思的这段话对于教育理论的研究确实具有根本性的指导意义。首先，马克思告诉我们，18世纪的法国唯物主义者已是片面地看到了环境和教育对人的决定作用。例如爱尔维修就认为，人是环境和教育的产物。人通过教育而接受了政治、法律、宗教、伦理等观念，这些观念为人的一切行为提供了界限，而人能在这个界限中活动。在不同的教育和环境中会产生出另一种人。按照这样的见解，社会就被划分为两部分人，一部分是高高在上的教育者，另一部分则是被教育者。

乙：接下来，马克思又批评了这种片面的见解，特别强调了"教育者本人一定是受教育的"这一重要事实。也就是说，教育者并不是从天而降的，他本身的思想也是由他所接受的教育所造成的。如果说，被教育者不一定是教育者的话，那么，教育者则必定首先是被教育者。一个人可能逃避学校的教育，但却无法逃避社会的教育和教化，否则，他就不可能进入一个社会并在其中生活下去。从这样的角度看问题，教育者并没有高高在上的特权，他倒需要经常反省以前接受的教育，以便在自己的教育活动中作出创造性的努力来，不然，他就只是他已经接受的东西的传声筒而已。

甲：最后，马克思强调，只有革命的实践活动才能真正解决人与环境和教育之间的辩证关系。一方面，环境和教育束缚着人的思想和行

---

① 《马克思恩格斯选集》第8卷，1969年德文版第5页。

为，另一方面，人的思想并不是教育的消极的分泌物。人与动物的一个重要区别是：任何固定的观念都不可能把整个人类的思想框住，人总会在实践活动中扬弃陈旧的、不合适的观念，趋奉新的、适合实际的观念。从历史唯物主义的观点来看，一切观念，包括教育的观念的产生、发展和改变，归根到底是由人们的物质生活实践决定的。

乙：在这个意义上，要真正地搞好教育事业，就必须不断地把目光投向生活，根据生活本身提出的长远的而非急功近利的要求来确定教育的内容。像18世纪的唯物主义者一样，阿尔都塞也片面地停留在环境和教育对人的决定性作用上，他甚至把历史看作无主体的过程，这表明他仍未充分理解马克思所强调的革命实践活动的意义。

甲：总之，人创造教育，教育创造人，乃是同一过程的两个方面。两者不可偏废。现在我们可以转到教育过程中的第二种"循环"现象上来了。这种现象的一般表现是：教育的一个重要目的是培养被教育者的创造性思维，但教育过程既然是传授已形成的知识，又不可避免地会对创造性思维形成某种阻抗。

乙：我觉得，这个问题是很复杂的。从现实的眼光来看，创造性思维的形成总是有一定的基础的。一个人如果不接受各种知识，他的创造性思维就成了无源之水；反之，已经接受的知识又会阻止创造性思维的形成。一些杰出的物理学家，如普朗克，之所以不能提出相对论，是因为他在思想上无法摆脱他通过教育已接受的、牛顿的绝对时空观的影响。爱因斯坦之所以能提出相对论，他所接受的马赫的怀疑主义思想起了很重要的作用。

甲：美国著名的科学哲学家库恩认为，在科学研究中存在着两种不同的思维方式，一种是"收敛式思维"，另一种是"发散式思维"。前者严格地按照范式所规定的方向和范围进行思维，因而是一种常见式的思维方式，后者则是一种敢于抛弃旧范式，敢于开拓新方向的变革性的思维方式。库恩批评西方的传统教育偏重前者而忽略后者，因而显然是有害的，他主张在这两种思维方式之间建立必要的张力。

乙：我觉得，库恩的见解是值得引起高度重视的。教育的实施应当有利于使受教育者形成两种不同的能力：一种是批判和消解旧知识的能力，另一种是开拓并创造新知识的能力。

甲：我十分赞成你的意见。人们通常认为，学习就是获得某种知识。这是一种近视的看法。

乙：既要传授知识，又要使被教育者不囿于这种知识，不失去自己的创造性，这确实是教育学所面临的难题。我觉得，要解决这个难题，以下的一些做法是值得考虑的：第一，应当把教育的立足点真正转移到受教育者这边来。德国学者姚斯建立了"接受美学"，为什么我们不能建立"接受教育学"，从受教育者的角度来重新探索全部教育的环节呢？第二，教育的根本方法不是灌输知识，而是启发受教育者的思考。不是因为教育者存在，才需要适合于教育者的受教育者，而是因为受教育者的存在，才需要适合于受教育者的教育者。教育工作者是否应当有这样的观念？第三，在教育中提倡一定的怀疑精神和创新精神，反对死记硬背，反对不动脑筋的人云亦云。

甲：归根到底，教育是创造人的事业。教育问题无疑是社会主义建设事业中的一个极为重要的问题。

乙：现代化归根到底是人的现代化。必须重视教育，这就是我们向时代发出的呼吁。

1995年

再论马克思的哲学本体论①

　　直到最近，我才见到柳林先生的论文《关于马克思哲学本体论：从俞吾金的"演化"说谈起》。这篇论文是与我已发表的论文《马克思哲学本体论思路历程》（以下简称《历程》）（《学术月刊》1991年第 11 期）进行商榷的，这当然是我非常欢迎的。因此，我特意撰写此文，既对柳林先生提出的问题进行答复，也进一步阐发自己对马克思的哲学本体论的新的思考。

　　第一，马克思是否论述过本体论问题？我在《历程》中有两处提到马克思对本体论问题的论述：一处是在马克思的《博士论文》中，马克思在谈到康德对上帝存在的本体论证明的驳斥时，指出：康德从区分真实的塔勒和想象的塔勒入手来驳斥这一证明是苍白无力的。

　　　　与此相反，康德所举的例子倒反而会加强本体论的证明。真实的银元与想象中的神灵具有同样的存在。②

---

①　原载《哲学战线》1995 年第 1 期。收录于俞吾金：《俞吾金集》，学林出版社 1998年版，第 299—309 页。——编者注
②　马克思：《博士论文》，人民出版社 1961 年版，第 94 页。

而人的所有的想象都出于人的自我意识，正是在这个意义上，马克思发挥道：

> 上帝存在的证明或者不外是对于本质的人的自我意识的存在的证明，自我意识的存在的逻辑说明。例如，本体论的证明。①

在马克思看来，既然上帝不过是人的自我意识的产物，那么，从逻辑上看，自我意识才是真正的本体论上的存在。柳林先生说："这里明确表述的是自我意识的'本体论证明'，而不是'自我意识的本体论'。"诚然，马克思没有使用"自我意识的本体论"这样的概念，但他既然已对自我意识作了本体论证明，不正蕴含着他对这一本体论的承认吗？另一处是在马克思的《1844年经济学哲学手稿》"货币篇"中，马克思有"对存在（自然界）的真正本体论的肯定"和"人的情欲的本体论的存在"②这样的提法，柳林先生批评说："即使这段引文也不能确证马克思的本体论曾经是'情欲本体论'，因为上述提法与明确表述的'情欲本体论'比较，毕竟有重大区别。"诚然，我们也承认，这两种表述是有区别的，但只要我们不从字面而是从问题的实质出发，难道看不出"人的情欲的本体论的存在"这种提法中蕴含着"情欲本体论"吗？

按照柳林先生的意见，如果后人只能一字不差地搬用马克思的概念的话，那么我们的全部研究必然会进入注经式研究的死胡同中去。当然，为了满足柳林先生追求字面意义的好奇心，我愿意再举出两个例子来说明马克思对本体论问题的论述，而我在撰写《历程》一文时，限于篇幅，并没有把它们列举出来。

第一个例子在马克思的《伊壁鸠鲁哲学·笔记一》中。马克思这样写道：

---

① 马克思：《博士论文》，人民出版社1961年版，第94—95页。
② 马克思：《1844年经济学—哲学手稿》，人民出版社1979年版，第103页。

一般为了阐明伊壁鸠鲁哲学及其内在辩证法的思想进程，重要的是要注意到，尽管原则是某种想象的、对于具体世界是以存在形式表现出来的东西，但辩证法，即这些本体论的规定（自身已失去本质性的绝对事物的一种形式）的内在实质，只能这样地显示出来：由于这些规定是直接的，一定会同具体世界发生不可避免的冲突；在它们和具体世界的特殊关系中揭示出来，它们只是具体世界的观念性的一种想象的、对于本身来说是外在的形式，并且不是作为前提，而只是作为具体东西的观念性而存在着。因此，它们的规定是不真实的，是自我扬弃的。①

从上下文的关系可以看出，马克思在这里提到的"本体论的规定"是指"必然性""联系""差别""运动"这样一些属于辩证法探讨范围的概念。一方面，马克思指出，由于这些"本体论的规定"只是具体世界在观念上的一种想象的表述方式，因而它们既不是真实的，也不可能成为具体世界的前提；另一方面，马克思也肯定了伊壁鸠鲁哲学的重要性，正是通过对这些"本体论的规定"的辩证的表达，他提出了"原子偏斜说"，从而肯定了人的自由意志的作用。

第二个例子见于马克思的《伊壁鸠鲁哲学·笔记二》。马克思在提到早期的希腊哲人时，指出：

……这些哲人因此一方面只在最片面、最一般的本体论规定中表现绝对的东西，而另一方面他们本身又是一种自我封闭的实体在现实中的显露。②

马克思在这里提到的早期希腊哲人主要是指泰利士、阿那克西米尼、阿

---

① 《马克思恩格斯全集》第40卷，人民出版社1982年版，第38—39页。
② 同上书，第66页。

那克西曼德等人，而这里说的"最片面、最一般的本体论规定"指的正是这些哲人提出的"水""气""无限者"等。他们力图用这样的规定去阐明整个宇宙，在这样做的时候，他们也磨平了自己作为人的存在和其他物质实体之间的差异。马克思认为，从诡辩学派和苏格拉底起，潜在地也从阿那克萨哥拉起，情况才发生了变化，逐渐觉醒的主观精神才成了哲学的原则。

从上面两个例子可以看出，虽然青年马克思使用的是"本体论的规定"这样的概念，但这样的表述不正是以对哲学本体论的存在的认可为前提吗？诚然，从我们目前已掌握的材料可以看出，成熟时期的马克思（包括晚年马克思）没有再使用过"本体论"的概念，并且马克思本人也没有明确地说明为什么他后来不使用这个概念了。但我想，马克思写在《德意志意识形态》中的下面这段话或许可以为我们解除这方面的困惑提供一把钥匙：

> 对哲学家们说来，从思想世界降到现实世界是最困难的任务之一。语言是思想的直接现实。正像哲学家们把思维变成一种独立的力量那样，他们也一定要把语言变成某种独立的特殊的王国。这就是哲学语言的秘密，在哲学语言里，思想通过词的形式具有自己本身的内容。从思想世界降到现实世界的问题，变成了从语言降到生活中的问题。①

尽管马克思只在青年时期使用过"本体论"的概念，但对马克思这方面的思想进行深入的探讨，从而弄清马克思思想发展的基本线索是有意义的。

第二，在马克思未系统地、十分明确地表述自己的本体论见解的情况下，后人是否能对马克思这方面的思想进行研究和阐发，我们的回答

---

① 《马克思恩格斯全集》第 3 卷，人民出版社 1960 年版，第 525 页。

是肯定的。当代美国哲学家蒯因曾提出了著名的"本体论承诺"的思想，根据这一思想，任何一个理论体系总会作出某物（可以是物质性的事物、精神性的事物，也可以是这两种事物的结合物）存在的本体论承诺，即使某个理论家是不赞成乃至否定本体论的，他也无法逃避乃至否定他不自觉地作出的本体论承诺。"本体论承诺"的思想虽然是蒯因最早明确地提出来的，但是这一思想的基本精神在马克思的《博士论文》中已见端倪，马克思这样写道：

> 一定的国家对于异国的特定的神灵来说，就同理性的国家对于一般神灵来说一样，就是一个这个神灵停止其存在的地方。①

在马克思看来，不管何种东西，不管这种东西是如何子虚乌有，只要它被一些人的表象所接受并现实地影响着这些人的思想和行为，那么，对于这些人来说，它就是一种本体论上的存在物。

用这样的思想来反观马克思哲学本身，我们发现，马克思虽然很少使用本体论的概念，但他仍然作出了本体论上的承诺。《历程》所考察的正是马克思本体论思想的演化史，确切说，是马克思所作的本体论承诺的演化史。

柳林先生认为，"确立马克思的哲学本体论，无疑要依据马克思本人的一些提法，也就是他对自己的哲学本体论的明确表述"。这一见解表明，一方面柳林先生完全不了解蒯因的"本体论承诺"思想的重要性及它在学术界的广泛影响；另一方面柳林先生如果不知道匈牙利学者卢卡奇的《社会存在本体论》、美国学者古尔德的《马克思的社会本体论》都是探讨马克思的本体论学说的，那就未免太孤陋寡闻了。按照柳林先生的逻辑，如果马克思未明确地表述过自己的本体论学说，后人就不能探讨他这方面的思想，那上面提到的这两部在学术界引起广泛关注和讨论的

---

① 马克思：《博士论文》，人民出版社 1961 年版，第 94 页。

著作岂不是无聊的语言游戏？

还须指出的是，柳林先生如果把上述见解坚持到底，虽然有些迂腐，但还不失为逻辑上的英雄，然而，他笔锋一转，竟异想天开地提出了所谓"人本体论"的新观点，并"举重若轻"地引申道："'人本体论'这一启示，实际上提出了关于马克思本体论问题的另一解决办法。"现在轮到我们倒过来向他请教了：请问马克思在哪里曾明确地表述过"人本体论"的想法？连形式逻辑中的同一律都不遵守的人居然热衷于论辩，这不是显得很滑稽吗？

更为重要的是，柳林先生的见解还蕴含着他臆想出来的某种特殊的逻辑：我们在研究任何一个人的思想时，只能无条件地根据这个人对自己思想的表述为准，如果这个逻辑能成立的话，那我们的研究工作真是太轻松了，只要把每个被研究者关于自己思想的宣言读一遍就行了。但即使这样，问题还是会产生，如海德格尔和雅斯贝尔斯都不承认自己是存在主义者，但不少研究者还是把他们看作存在主义思潮的主要代表人物；又如施密特和哈贝马斯都不承认自己是法兰克福学派的成员，但许多研究者仍然认定他们是法兰克福学派的重要成员。如果按照柳林先生的上述逻辑，这些研究者岂非都是在胡说八道吗？事实上，每一个具有健全理智的人都会明白，我们在研究某个人的思想时，果然应当重视他本人对自己思想的表述，但更应重视他实际上说了什么和做了什么。

第三，当我们闭口不谈马克思的哲学本体论时，是否我们自己也撇开了一切本体论的立场？反之，当我们承认马克思的哲学本体论思想时，是否马克思提到过的所有概念都具有本体论上的优先性？我们的回答是否定的。人所共知，在传统的哲学教科书体系中，"世界观"的概念取代了本体论的概念，人们还进一步把"世界观"表述为关于世界的学问。然而，认为更换一个名词就能改变问题的实质乃是一种天真的诡辩法。事实上，传统的哲学教科书体系都是以物质本体论为基础的，当它们强调世界统一于物质时，正是以这样的本体论为前提的。所以，传统教科书虽然不谈本体论，但这决不表明它们已摆脱了本体论。要言之，人们只能摆脱某种类型的本体论，但永远无法摆脱一切本体论。全部问题在于：人们究竟把马克思的哲学本体论理解为何种类型的本体论。在《历程》一文中，我曾提出，马克思的本体论经历了"自我意识本体论""情欲本体论""实践本体论""生产劳动本体论"和"社会存在本体论"五个发展阶段。这一结论是在深入地探讨马克思思想发展史的基础上提出来的，可是柳林先生却竭力要给人造成这样的印象，即我的上述结论是十分随意地得出的。他写道："像俞吾金同志那样，引用马克思论述过或强调过的什么以确定马克思的本体论，是很没有说服力的。因为这样做的结果，会逻辑地把俞文推翻。马克思何尝没有论述过，甚至强调过存在、自然界或物质的重要性？如果把这些论述也当作马克思哲学本体论的确证，那么，他的本体论思路历程恐怕就不是五个阶段的问题了。"显然，柳林先生在提到"存在""自然界""物质"这样的概念时，根本没有深入地去想一下，马克思究竟是如何看待这些概念的，他究竟是否可能用这样的概念来表述自己的本体论思想，而我在撰写《历程》一文时，恰恰对这些概念都经过一番思考。

首先，让我们来看"存在"概念。在《博士论文》中，当马克思谈到上帝存在的本体论证明时，指出：

> 试问：当我们思索它的时候，什么存在是直接的？回答只能说：自我意识。①

在马克思看来，假定上帝是存在的话，那么更直接、更根本的存在是自我意识，因为上帝正是人的自我意识创造出来的。既然马克思在这里谈到了存在概念，为什么我们不像柳林先生所希望的那样，把马克思这一阶段的本体论思想概括为"存在本体论"呢？道理很简单：一方面，本体论就是研究存在的本质和意义的，所以，"存在本体论"这一提法本身就

———————

① 马克思：《博士论文》，人民出版社 1961 年版，第 95 页。

是用语上的混乱；另一方面，当"存在"这一概念既可用来说明上帝，又可用来说明自我意识或其他的东西时，它绝不可能显示出马克思这一阶段的本体论思想的特征。在这一阶段中，马克思更多地受到的乃是黑格尔，尤其是强调自我意识的布鲁诺·鲍威尔的影响，在某种意义上，他的博士论文正是他的自我意识本体论的一个确证。在这里，我们不妨引证马克思为其博士论文所写的新序言草稿中的一段话：

> 只是现在，伊壁鸠鲁派、斯多葛派和怀疑派体系为人理解的时代才算到来了。他们是自我意识的哲学家。①

所以，我们确定马克思这一阶段的本体论为"自我意识本体论"决不是随意的。柳林先生也许会提出这样的疑问，既然你认为"存在本体论"是一种用语上的混乱，为什么你又说马克思本体论的第五个发展阶段是"社会存在本体论"呢？要回答这个问题并不困难，因为在马克思之前的不少哲学家谈存在时，实际上指的总是自然存在，而马克思认为，在现代文明社会中，社会存在已与自然存在相分离，并且发挥着越来越重要的作用。比如，马克思在谈到现代文明社会的商品和货币时指出：

> 商品作为交换价值的一切属性，在货币上表现为和商品不同的物，表现为和商品的自然存在形式相脱离的社会存在形式。②

在商品那里，自然存在（使用价值）和社会存在（交换价值）还是统一的，而在货币那里，剩下的只是社会存在形式了，而货币，尤其是转化为资本的货币在现代文明社会中起着根本性的作用。所以，在这种情况下，把马克思这一阶段的本体论称之为"社会存在本体论"正是对马克思思想

---

① 《马克思恩格斯全集》第 40 卷，人民出版社 1982 年版，第 286 页。
② 《马克思恩格斯全集》第 46 卷（上册），人民出版社 1979 年版，第 90 页。

的准确的阐发。

其次，让我们来看看"自然界"概念。我们知道，费尔巴哈是把人和自然作为他的哲学的本体论前提的，如果马克思像柳林先生所推论的那样，也把费尔巴哈意义上的、与人相分离的自然界作为其本体论基础的话，那他就是费尔巴哈主义者，而不是马克思主义者了。所以，根据《历程》的逻辑，柳林先生是推不出"自然（界）本体论"来的，马克思与费尔巴哈的区别在于，他总是从人的实践活动这一中介出发来谈论自然界，所以他谈的自然始终是"人化了的自然"或"人类学的自然"，而不是柳林先生以抽象的方式提到的所谓"自然界"。

最后，让我们来看看"物质"概念。柳林先生认为，按照《历程》的逻辑，也能推演出一个"物质本体论"。这不仅曲解了《历程》的主旨，更重要的是曲解了马克思的思想。马克思本人正是"物质本体论"的坚决的反对者。在《1844年经济学哲学手稿》中，当马克思谈到自然界的属人的本质时，强调"自然科学将失去它的抽象物质的，或者无宁是唯心主义的倾向"[①]抽象地谈论物质，乃是17、18世纪的唯心主义者的态度，而马克思总是从实践活动，特别是生产劳动出发来考察周围世界的。因此，我们可以说马克思的本体论是"实践本体论"或"生产劳动本体论"，而决不会像柳林先生所想象的那样，推演出一个"物质本体论"。

第四，"人本体论"绝不是马克思的思想，也不是《历程》所要表达的主旨。柳林先生说："在笔者看来，俞吾金同志所设计的马克思本体论学说的五个发展阶段，贯穿着一个始终不变的思想，即人本体论。"如果说这一说法给了我过多的荣誉的话，那么也给了我过多的侮辱。一方面，马克思本体论学说的五个发展阶段并不是我凭主观想象"设计"出来的，而是对马克思本体论思想发展的一种客观的说明；另一方面，马克思从不像以前的人文主义者、启蒙学者或国民经济学家一样，抽象地谈论"人""人性"等概念，从而也决不可能提出"人本体论"。即便柳林先生

---

① 马克思：《1844年经济学—哲学手稿》，人民出版社1979年版，第81页。

引证马克思的"我们的出发点是从实际活动的人"这样的论述，也决不可能根据出发点来命名马克思的本体论。如果这种逻辑能够成立的话，那么黑格尔的逻辑体系是从"存在"出发的，我们就应该把他的本体论称作"存在本体论"了。马克思在批评费尔巴哈时写道：

> 费尔巴哈把宗教的本质归结于人的本质。但是，人的本质并不是单个人所固有的抽象物，实际上，它是一切社会关系的总和。①

这就告诉我们，马克思从不抽象地谈论人，他总是通过社会关系来探讨人的问题。实际上，马克思谈的"社会存在"的本质含义也就是社会关系。马克思批判商品拜物教的中心任务也就是要揭示物与物之间关系背后的人与人之间的关系。从这样的角度来思考，我认为，马克思的本体论就其一以贯之的含义说来，不是柳林先生所说的"人本体论"，而是"社会关系本体论"。

---

① 《马克思恩格斯全集》第 3 卷，人民出版社 1960 年版，第 5 页。

向经典马克思主义回归[①]

马克思逝世已经一百多年了，在这段时间中，由于生活世界发生的一系列变动，也由于马克思的一些手稿、遗著和笔记的出版，人们对马克思主义作出了种种不同的、新的解释，并由此而形成了形形色色的马克思主义流派，这些流派常常抓住马克思学说中的某一个方面或片段进行发挥，并相互争论和驳难，以致人们很难对它们的真实价值作出客观的判断。但从 20 世纪 80 年代末以来一些自称为马克思主义的流派沉默了乃至销声匿迹了，而一些富有历史责任感的马克思主义者却陷入了沉思之中。作为这一历史性沉思的引人注目的结果之一就是向经典马克思主义回归，理解并探讨这一重要的现象正是理论工作者义不容辞的任务。

一

要探讨这一现象，首先要搞清楚：什么是经典马克思主义？第一种流行的见解认为，马克思、恩格斯、列宁、斯大林都是公认的马克思主

---

① 载《马克思主义与现实》1995 年第 2 期，第 49—56 页。——编者注

义的经典作家。在这个意义上，经典马克思主义也就是马克思、恩格斯、列宁、斯大林的马克思主义。我们认为，这种见解是不确切的。诚然，恩格斯、列宁、斯大林在马克思主义的发展史上都占有重要的地位，然而，他们对马克思主义的理解和解释与马克思本人对马克思主义的理解和解释是存在差异的。人们常常对这一点讳莫如深，其实，承认差异才是研究的真正起点。恩格斯在致康·施米特的信中这样写道："正像马克思关于 70 年代末的法国'马克思主义者'所曾经说过的：'我只知道我自己不是马克思主义者。'"①马克思的这一断语今天仍具有丰富的历史内涵。

第二种见解认为，经典马克思主义也就是马克思的马克思主义。这种见解虽然比前者更接近真理，但仍然失之简单。在涉及此问题时，我们必须注意下面的情形：1932 年首次出版了马克思的《1844 年经济学哲学手稿》，1939—1941 年首次出版了马克思的《1857—1858 年经济学手稿》，1972 年出版了晚年马克思的《人类学笔记》。所以，用"马克思的马克思主义"这一概念既可指称以《1844 年经济学哲学手稿》为代表的青年马克思的思想，也可指称《资本论》写作时期的马克思的思想，同样也可指称以《人类学笔记》为代表的晚年马克思的思想。最后，马克思的马克思主义也可从总体上指称马克思的全部思想。总之，马克思的马克思主义也是一个失之笼统的概念。

经典马克思主义的概念主要不应根据马克思思想发展的某个时段来界定，而应大致根据马克思主义的早期传播情况来界定。在马克思主义的早期传播中，影响较大的是以下三部著作：一是《共产党宣言》，二是《政治经济学批判》，三是《资本论》第 1 卷。如果从社会学角度看，《共产党宣言》是经典性文本；如果从经济学角度看，《政治经济学批判》和《资本论》第 1 卷是经典性文本；如果从哲学上看，《政治经济学批判》"序言"和《资本论》"第一版序""第二版跋"虽然篇幅很小，却是经典性的

---

① 《马克思恩格斯选集》第 4 卷，人民出版社 1972 年版，第 474 页。

文本。

我们这里谈的经典马克思主义，主要是从哲学角度入手的，也就是以上面提到的二序一跋为经典性文本的。那么，经典马克思主义的核心见解是什么呢？我认为有两条：第一条体现在马克思下面这段论述中："我的观点是：社会经济形态的发展是一种自然历史过程。不管个人在主观上怎样超脱各种关系，他在社会意义上总是这些关系的产物。"①第二条体现在马克思的另一段论述中："无论哪一个社会形态，在它们所能容纳的全部生产力发挥出来以前，是决不会灭亡的；而新的更高的生产关系，在它存在的物质条件在旧社会的胎胞里成熟以前，是决不会出现的，所以人类始终只提出自己能够解决的任务，因为只要仔细考察就可以发现，任务本身，只有在解决它的物质条件已经存在或者至少是在形成过程中的时候，才会产生。"②这两段话表达了一个完整的意思，即社会历史运动是服从客观的法则的；这种法则是不以个人的主观意志和想象为转移的；一个社会即使探索到了自身运动的自然规律，它还是既不能跳过也不能用法令取消自然的发展阶段，但是它能缩短和减轻分娩的痛苦③；社会改革和革命都不是任意的，人类始终只提出自己能够解决的任务。

二

在大致界定了经典马克思主义的含义之后，现在我们进一步来探讨一下，它在传播和发展的过程中演化出来的新的类型。

第一种类型是以考茨基为代表的第二国际的马克思主义，说得更确切一些，是考茨基的"科学的马克思主义"，是考茨基了解了马克思关于

---

① 马克思：《资本论》第 1 卷，人民出版社 1975 年版，第 12 页。
② 《马克思恩格斯选集》第 2 卷，人民出版社 1972 年版，第 83 页。
③ 参见《资本论》第 1 卷，人民出版社 1975 年版，第 11 页。

社会经济形态的发展是自然历史过程的理论，试图像理解适合于自然界的万有引力定律一样来理解马克思关于资本主义经济发展规律的理论。在这种科学主义思潮的影响下，经典马克思主义被解释为纯粹的经济决定论，这样一来，革命阶级的任何努力都被取消了，正如本·阿格尔所指出的："科学的马克思主义往往未能超越纯粹的决定论，从而失去其指导和帮助早期革命阶级斗争的潜在能力。"①

第二种类型是以列宁为代表的第三国际的马克思主义。列宁通过对俄国资本主义发展和世界资本主义发展的分析，得出了如下的结论，即世界资本主义的发展已进入帝国主义阶段，各帝国主义国家在政治、经济等方面的发展是不平衡的，它们为了争夺殖民地和势力范围，常常引发战争，这就为无产阶级从世界资本主义统治的薄弱环节打开缺口，从而为社会主义革命在一个或数个国家取得胜利创造了有利条件。列宁的理论在俄国十月革命中得到了证实。十月革命刚取得胜利不久，卢森堡就指出了它的伟大意义，但同时又直率地批评了它潜在的危机："没有普选，没有不受限制的出版和集会自由，没有自由的意见交锋，任何公共机构的生命就要逐渐灭绝，就成为没有灵魂的生活，只有官僚仍是其中唯一的活动因素，……这固然是一种专政，但不是无产阶级专政，而是一小撮政治家的专政，就是说，纯粹资产阶级意义上的专政，雅各宾派统治意义上的专政（苏维埃代表大会从三个月召开一次推迟到六个月）。"②

第三种类型是以卢卡奇、葛兰西为代表的新马克思主义。这里之所以使用"新马克思主义"而不使用"西方马克思主义"的概念，是因为后一个概念的包容性不强，而"新马克思主义"则可包容"西方马克思主义""东欧新马克思主义""欧洲共产主义"等各种以马克思主义自居的思潮。

---

① ［加］本·阿格尔：《西方马克思主义概论》，慎之等译，中国人民大学出版社1991年版，第122页。
② ［德］卢森堡：《论俄国革命》，《国际共运史研究资料》，人民出版社1981年版，第90页。

新马克思主义作为对以考茨基为代表的"科学的马克思主义"的一个反拨，其基本特征是重视人的实践、意志、意识和文化的作用。十月革命刚取得胜利，葛兰西就在意大利《前进报》上发表了题为"反对《资本论》的革命"一文，强调布尔什维克革命的成功已以实际行动驳斥了马克思关于社会主义革命将在先进的资本主义国家率先取得胜利的结论，这表明："历史中的决定性因素，并不是冷冰冰的经济事实，而是人，社会中的人，处在彼此的关系中、彼此达成一致，并通过这些接触（文明）发展出一种集体的、社会的意志的人。人们来理解经济事实，判断它们并使它们适应于他们的意志，直到这变成经济的推动力和塑造客观现实，这种现实生存着，运动着，并变得像火山熔岩之流那样，可以无论怎样地被引向由人们的意志所决定的任何地方。"①这篇论文，尤其是这段论述表明，葛兰西对他所信奉的马克思主义作了唯意志主义的解释。在青年卢卡奇那里，我们发现了类似的倾向，卢卡奇的名著《历史与阶级意识》所要强调的正是阶级意识在历史发展进程中的作用，卢卡奇后来在回顾他写作此书的思想情况时说："我们都是以救世主自居的宗派主义者，我们相信世界革命明天即将发生。"②卢卡奇和葛兰西的思想对整个新马克思主义的发展产生了巨大的影响。

从传播的角度看，伯恩斯坦的进化论的社会主义是以修正马克思主义的方式出现的，尽管这一思潮后来成了民主社会主义的滥觞而产生很大的影响，然而毕竟和马克思主义已有距离；其部分思想也已为新马克思主义所吸纳；至于以托洛茨基为代表的第四国际的马克思主义，由于影响较小，我们在这里就不专门论述了。

总体来看，以考茨基为代表的马克思主义把经典马克思主义理解为经济决定论，从而完全抹杀了革命阶级的实践活动和主观意志，以列宁为代表的第三国际的马克思主义和以卢卡奇、葛兰西为代表的新马克思

---

① ［意］葛兰西：《实践哲学》，徐崇温译，重庆出版社 1990 年版，第 170—171 页。

② 杜章智：《卢卡奇自传》，李渚青、莫立知译，社会科学文献出版社 1986 年版，第 117 页。

主义都起来反对经济决定论。列宁领导十月革命取得胜利及后来制定"新经济政策"都表明，列宁既强调实践和意志的作用，又努力避免了唯意志主义的倾向，但列宁逝世后，唯意志主义逐渐滋长起来，斯大林在1938年宣布苏联进入共产主义就是一个明证。至于新马克思主义思潮则明显地表现出唯意志主义的"左"的特征。

苏联解体和东欧剧变终于使人们深刻地认识到实践和主观意志的局限性，新的先进的社会制度是不能用主体的意志和法令制造出来的，正是在这样的背景和认识的推动下，出现了向经典马克思主义的回归。

三

邓小平的思想作为当代中国的马克思主义，其本质特征是向经典马克思主义的回归，这正是邓小平高瞻远瞩地总结马克思主义发展史的经验教训的结果。

首先，邓小平提出，社会主义的本质是发展生产力，而发展生产力，一是要从"以阶级斗争为纲"转向"以经济建设为中心"；二是搞经济建设必须遵循经济活动本身的规律；三是肯定在当前的历史条件下，科学技术是第一生产力；四是强调发展是硬道理，只有通过发展，才能提高综合国力，并使人民普遍地富裕起来。在邓小平看来，撇开生产力的发展，只谈生产关系的改革，只讲"灵魂深处闹革命"，既不会改变现状，也不可能真正地提高人民的思想素质和水平。

其次，邓小平提出，要警惕右，但主要是防止"左"。所谓"左"正是唯意志主义的表现。"主要是防止'左'"，这句话最集中地体现了邓小平对经典马克思主义的领悟和回归。

最后，邓小平提出，要"两个文明"一起抓，这就既克服了只抓物质文明建设的经济决定论的片面性，又克服了只抓精神文明建设的唯意志主义的片面性，从而达到了对经典马克思主义精神的完整的理解，并在新的历史条件下恢复并发展了这种精神。

这种向经典马克思主义复归的新趋向，不光表现在邓小平的思想中，而且也表现在各国的马克思主义研究活动中，法国学者提出的"回到马克思那里去"的口号就是一个明证，这一新趋向的出现对当前的哲学研究提供了极有价值的启示。

第一，经典马克思主义不但没有像某些人所预言的那样，已经死亡，相反，在新的历史条件下，它正在走向复兴。德里达的《马克思的幽灵》或许可以说是一个重要的标志。当然，向经典马克思主义的回归并不是向传统的马克思主义教科书回归，相反，只有敢于突破传统教科书体系的框架，着眼于把握马克思学说的本真精神，向经典马克思主义的回归才是现实的。

第二，向经典马克思主义回归的实质是向马克思的历史唯物主义立场回归。在马克思的哲学思想中，历史唯物主义不是体现为最高成果出现的，而是体现为全部研究的起点和基础出现的。换言之，马克思哲学的基础不是一般唯物主义，也不是我们教科书中说的辩证唯物主义，而是历史唯物主义。离开历史唯物主义的根本立场，通向经典马克思主义的道路就被堵塞了，所以回归的基础是哲学，回归所要探讨的中心问题不是马克思哲学方法论或认识论，而是本质论，是对我们一切观念的根本前提的澄明。

第三，在人人都在谈论"发展"概念的时候，我们有必要从经典马克思主义的本真精神出发，来重新认识"发展"概念的真实含义。人们常常把"发展"理解为由主体制订出一套规划并加以实施，从而引起周围世界乃至整个社会的变化。这也就是说，人们主要是从由主观努力来引发社会变化的角度来理解这一概念的。显然，这种理解方式仍带有某种唯物主义的倾向。在西语中，development（英语）、développement（法语）和Entwicklung（德语）均有"显现""展现"的含义，因而照相底片冲洗中的"显影"也用这个词，这层意思乃是"发展"概念的最本质的含义。简言之，"发展"虽然离不开主体，离不开主体意志的幻想的投入与创造，但从根本上说，"发展"乃是已有的东西的展现，这种已有的东西一直扎根于传统之中，在这个意义上，"发展"乃是全部传统的展现。人们是在传统的规约下进行创造的，常常听到人们在抱怨，一个计划在实施中走了样，其实，走样绝不是偶然的，乃是传统的展现使然。从这样的意义上来理解"发展"，我们就不会满足于凭主观想象去制订各种规划，而是坚持从实际出发，深入地对我们置身于其中的传统进行反思，脚踏实地地从事我们的创造性工作。

马克思的实践释义学初探①

　　人所共知，在马克思本人的著作中，从未出现过 Hermeneutik 这个词，但这并不意味着马克思没有释义学理论。我的研究表明，马克思不仅创立了一种独特的理解和解释的理论——我把它称为"实践释义学"，而且他的这一理论在释义学迄今为止的发展中理应占据重要的地位。1991年，在《学术月刊》编辑部召开的一次讨论会上，我曾提出了有关这方面研究的一些初步的想法②；在 1993 年出版的拙著《意识形态论》中，我再次提到它，并指出："如果用一个新名词来表达的话，我们可以把马克思的唯物史观和意识形态学说称为'实践释义学'（die Hermeneutik der praxis）。"③在本文中，我打算对马克思的实践释义学理论作一个比较系统的论述，以就教于同行和专家。

----

　　① 原载《复旦学报（社会科学版）》1995 年第 3 期，第 96—102 页。《光明日报》1997年 7 月 26 日转载。收录于俞吾金：《俞吾金集》，黑龙江教育出版社 1995 年版，第 536—554 页；《俞吾金集》，学林出版社 1998 年版，第 348—351 页；《实践诠释学：重新解读马克思哲学与一般哲学理论》，云南人民出版社 2001 年版，第 76—96 页；《实践与自由》，武汉大学出版社 2010 年版，第 275—291 页；《重新理解马克思——对马克思哲学的基础理论和当代意义的反思》，北京师范大学出版社 2005 年版，第 403—417 页。——编者注

　　② 参见《学术月刊》1991 年第 3 期，第 38—42 页，其中俞吾金发言标题为"发展马克思主义哲学的当代意义"。

　　③ 俞吾金：《意识形态论》，上海人民出版社 1993 年版，第 336—337 页。

在论述马克思的实践释义学理论之前，有必要先来探讨一下这方面研究的现状及形成该现状的原因。

首先，我们来看看传统的马克思哲学的研究是如何看待这一问题的。只要把眼光停留在传统马克思哲学研究的视域内，马克思的理解和解释理论对于我们来说就是一个完全陌生的问题。这种情况的出现当然有多方面的原因，但从理论上分析起来，至少基于对马克思哲学的某种误解。

在《关于费尔巴哈的提纲》一文中，马克思写下了一段非常著名的论述，即"哲学家们只是用不同的方式解释（interpretiert）世界，问题在于改变（veröndern）世界"①。传统的马克思哲学的研究者们常常误解这段话的意思，似乎马克思主张，一切旧哲学都是"解释世界"的，唯独马克思本人的哲学是"改造世界"的。这种理解方式不但把马克思与以前的哲学家尖锐地对立起来了，而且也把"解释世界"和"改造世界"尖锐地对立起来了。其实，这段话的意思是：哲学家们"只是"（nur）停留在对世界的解释活动中，而马克思的哲学不"只是"解释世界，更重要的是诉诸实践活动，以便改变世界。这就是说，一方面，马克思与以前的哲学家的关系并不是全盘否定的关系，而是批判继承关系，至少在"解释世界"方面是如此；另一方面，在马克思那里，对世界的理解和解释活动是与改变世界的实践活动不可分离地交织在一起的。人作为理性的、有目的的存在物，他的行动是受他的大脑支配的，他对世界的理解和解释方式决定着他的行为方式，反之，人并不是以静观的方式去理解并解释世界的，从逻辑上来分析，人要理解并解释世界，首先就得生存在这个世界上，也就是说，人是在从事实践生存活动的基础上和过程中去理解并解

---

① 《马克思恩格斯选集》第1卷，人民出版社1995年版，第57页。

释这个世界的。

在这里，我们遭遇到一种双向互动的关系。一方面，理解和解释活动规约着人的实践方式；另一方面，这种活动又是在实践活动的基础上得以展开的。从逻辑关系上看，实践活动乃是理解和解释活动的前提。传统的马克思哲学的研究者们由于割裂了理解、解释活动和实践活动之间的内在联系，因而既不重视对马克思的理解和解释理论的研究，也看不到由于实践概念的引入，马克思在这个领域里已实现了一个划时代的革命。

其次，从西方释义学理论和历史研究的角度看，人们又是如何对待马克思的呢？在探讨释义学理论的发展历史时，西方学者的眼光主要局限在维柯、施莱尔马赫、德罗伊生、狄尔泰、海德格尔、伽达默尔、哈贝马斯、利科、姚斯等人物上，他们丝毫没有注意到马克思在这方面的卓越贡献。这是不是因为马克思没有使用"释义学"这一概念的缘故呢？我们的回答是否定的。因为其他被他们所看中的人也并非都使用了这一概念。比如维柯；又比如伽达默尔在《真理与方法：哲学释义学的基本特征》一书中以大量篇幅论述到的柏拉图、亚里士多德、康德、黑格尔、兰克、胡塞尔等人也都未使用过"释义学"的概念。这就表明，判断一个哲学家在释义学理论的发展史上是否拥有自己的位置，关键不在于他是否使用过"释义学"这个概念，而是要看他是否对释义学关注的核心问题——理解和解释理论的发展提供了新的、实质性的见解。

正是在这个问题上，马克思遭到了不公正的待遇。伽达默尔在谈到人们对宗教文本的理解和解释时写道："但是马克思主义者对此将说些什么呢？因为马克思主义者认为，只有当他们把宗教说教视为社会统治阶级利益的反映时，他们才理解所有的宗教说教。马克思主义者无疑不会接受这一前提，即人的此在是被上帝问题所支配的。"①在论述黑格尔

---

① ［德］伽达默尔：《真理与方法》（上），洪汉鼎译，上海译文出版社1992年版，第426—427页。

的辩证法思想时，伽达默尔又指出："黑格尔左派对单纯的理智和解（这种和解不能说明世界的真正变化）的批判，哲学转向政治的整个学说，在根本上不可避免都是哲学的自我取消。"并且他为这段论述作了如下的注释："这一点在马克思主义文献里直到今天还是明显可以看到的。"①由此可以看出：第一，伽达默尔没有把马克思和那些以马克思主义者自居的人区分开来。马克思本人在谈到当时的所谓法国的马克思主义者时曾说过这样的话："我只知道我自己不是马克思主义者。"②第二，伽达默尔批评马克思从政治的角度来理解、解释宗教和哲学问题，从而未触及此在在世的根本性问题，这也完全是对马克思的误解。实际上，马克思对释义学理论的卓越贡献之一正在于从经济—政治的维度出发，开辟了理解、解释世界和一切文本的新的通道，而正是经济—政治维度构成此在在世的根本内容。关于这一点，我们在下面论述海德格尔的见解时还会谈到。第三，在《真理与方法》一书中，伽达默尔对释义学的应用问题十分关注，并专门辟出一节的篇幅（标题是"亚里士多德释义学的现实意义"），高度评价了亚里士多德在《尼各马科伦理学》一书中提出的"实践知识"（phronesis），并论述了法学释义学的典范意义，同时指出："我们已经证明了应用不是理解现象的一个随后的和偶然的成分，而是从一开始就整个地规定了理解活动。"③奇怪的是，伽达默尔完全撇开了马克思关于理解、解释活动与实践活动关系的精辟论述，而这些论述远比亚里士多德的简单的"实践知识"的概念更为深刻地影响了释义学的发展。此外，他也完全忽略了马克思在《黑格尔法哲学批判》一书和其他著作中对法学释义学的发展所作出的巨大贡献。就是同一个伽达默尔，在他出版了《真理与方法》之后不久编选的《哲学读本》中，在马克思的名下选入

①　[德]伽达默尔：《真理与方法》（上），洪汉鼎译，上海译文出版社 1992 年版，第 442 页。
②　《马克思恩格斯选集》第 4 卷，人民出版社 1995 年版，第 695 页。
③　[德]伽达默尔：《真理与方法》（上），洪汉鼎译，上海译文出版社 1992 年版，第 416 页。

了他的三篇论著：《黑格尔法哲学批判导言》《关于费尔巴哈的提纲》和《商品的拜物教特征及其秘密》（此篇选自《资本论》第1卷）。显然，伽达默尔只是从一般哲学发展的角度上去肯定马克思的上述论著，而忽视了它们在释义学发展史上的重要作用。

最后，我们来看看，海德格尔和哈贝马斯又是如何认识并阐述马克思的理解和解释理论的历史地位及其作用的。与传统的马克思哲学的研究者和释义学理论及历史的研究者不同，海德格尔独具慧眼地看到了马克思学说的重要性。在《存在与时间》中，海德格尔确立了"此在释义学"（die Hermeneutik des Daseins），从而完成了释义学发展史上著名的本体论转折。在海德格尔看来，理解是此在存在的基本方式，此在释义学的宗旨乃是通过此在的生存活动来询问并展示存在的意义。后期的海德格尔虽然不再使用"释义学"的概念，但却充分肯定了马克思的学说在存在的意义的探索史上的重要地位："不管人们以何种立场来看待共产主义学说及其基础，从存在的历史的观点来看，一种对有世界历史意义的东西的基本体验已经在共产主义中确定不移地说出来了。"①在谈到马克思的异化理论时，他进一步强调说："因为马克思通过对异化的体验而达到了一个本质性的历史的维度，所以马克思的历史观优越于其他的历史学。但据我看来，由于胡塞尔和萨特都没有在存在中认识到历史事物的本质性，所以现象学和存在主义都没有达到可以和马克思主义进行一个创造性的对话的这一维度中。"②与伽达默尔对马克思学说持肤浅的批评态度不同，海德格尔深刻地洞见了马克思在理解并解释世界中的历史性深度。当然，他并没有明确地阐述马克思在释义学发展史上的历史地位，但他却暗示我们去从事这方面的探索。

海德格尔的"此在释义学"的一个重要的思想是：从理解的历史性出发，提出了理解的"前结构"（Vor-Struktur）的理论，从而从本体论的角

---

① M. Heidegger, *Ueber Den Humanismus*, Frankfurt am Main：Vittorio Klostermann, 1975, S. 27-28.

② Ibid., S. 27.

度肯定了"释义学循环"(der Zirkel der Hermeneutik)的正当性："决定性的事情不是从这个循环脱身，而是依照正确的方式进入这个循环。"①伽达默尔在《真理与方法》一书中，引入了"传统"(die Tradition)的概念，强调任何理解都是在传统的框架中展开的，从而把海德格尔的上述思想引向极端。他显然忘记了海德格尔关于"依照正确的方式进入这个循环"的见解所蕴含的深层意义，即理解者并不是他置身于其中的释义学境况的消极的适应者，而是积极的反思者。正是这一点被哈贝马斯抓住了，并成了他与伽达默尔进行论战的切入点。在哈贝马斯看来，理解者并不是传统的被动的承担者，而是它的积极的反思者和批判者。传统并不是一成不变的，它的演化及在某些历史时期的结构性转折正是由理解者的反思和批判所促成的。哈贝马斯强调，他所说的反思和批判并不是枝节之论，而是对释义学境况的总体上的澄清，它表现为马克思早已强调过的一个重要思想——意识形态批判。如果释义学不与意识形态批判相结合，它的正当性就是值得怀疑的。与海德格尔的"此在释义学"相类似，哈贝马斯的"批判的释义学"(die kritische Hermeneutik)也向我们指出了回归马克思，从而深化释义学研究的途径。

上面的论述试图表明，对马克思的理解、解释理论的研究现状并不是令人满意的。回归马克思是我们深化释义学研究的重要途径。

二

下面，我们将直接考察马克思的理解、解释理论，并通过这一考察来表明，为什么我们要用"实践释义学"的概念来命名马克思这方面的学说，以及马克思究竟为释义学的发展作出了哪些实质性的贡献。

---

① M. Heidegger, *Sein Und Zeit*, Tuebingen：Max Niemeyer，1986，S. 153.

(一)实践活动是全部理解和解释活动的基础

在几乎与马克思同时代的狄尔泰和狄尔泰以前的释义学研究中，人们通常是以静观的态度来研究观念和文本的，即使探索观念、文本与人们的实际生活之间的联系，也没有把实际生活理解为实践活动。马克思对释义学研究的第一个贡献是，把实践活动作为全部理解和解释活动的基础和前提引入了释义学。

首先，马克思指出，一切理解和解释活动都起源于实践。众所周知，任何理解活动要得以展开至少需要三个条件：第一，理解者生存在这个世界上；第二，理解者具有健全的理智；第三，语言。马克思告诉我们，这三个条件都是人类在实践活动，尤其是维持自己生存的生产劳动中创造出来的，因而人类的理解和解释活动都是紧紧地依附实践活动产生并发展起来的。然而，随着人类实践活动的发展，随着脑力劳动和体力劳动之间的分工的明确化，理解、解释与实践活动之间的内在联系越来越显得蔽而不明了。一种普遍的错觉和颠倒产生了：人们不但把观念和文本视为一个独立的世界，并力图以这个世界为基础去解释人类的实践活动。古典释义学也未能摆脱这种错觉。正是马克思，通过对理解和解释活动的起源的澄明，超越了这种普遍的错觉和颠倒："不是从观念出发来解释实践（praxis），而是从物质实践出发来解释观念的东西。"①

其次，马克思指出，一切理解和解释活动从内容上看都是指向实践活动的。在《关于费尔巴哈的提纲》中有一段著名的论述："社会生活在本质上是实践的。凡是把理论引向神秘主义的神秘东西，都能在人的实践中以及对这个实践的理解中得到合理的解决。"②这里有两层含义。第一层是：一切观念、理论、文本，从内容上看，都是指向实践活动的，即使是神秘主义的东西，比如，原始人普遍信奉的自然宗教、巫术和神

---

① 《马克思恩格斯全集》第 3 卷，人民出版社 1960 年版，第 43 页。
② 《马克思恩格斯选集》第 1 卷，人民出版社 1995 年版，第 56 页。

话，归根到底也是以一定的实践活动为蓝本的。第二层是：后人要准确地理解并解释前人留下的观念、理论和文本，必须先理解前人置身其中的实践活动。恩格斯在《家庭、私有制和国家的起源》一书中曾谈到下面这件轶事：瓦格纳在其《尼柏龙根》的歌词中涉及对原始社会的描述时说："谁曾听说哥哥抱着妹妹做新娘？"显然，瓦格纳是以现代社会的方式去理解原始人的观念和习俗的，马克思对此批评道："在原始时代，姊妹曾经是妻子，而这是合乎道德的。"①这充分表明，任何准确的理解和解释活动都不能封闭在观念和文本中，而总是要先行地澄清它们和它们由之而来的实践活动的内在联系。

最后，马克思指出，从一切理解和解释活动的功能来看，它们总是服务于人的生存实践活动的。比如，从历史上看，差不多每一个阶级起来革命时，都会把本阶级的利益解释成全社会的普遍利益，否则就不可能动员全社会的绝大多数成员起来参与该阶级的革命实践。所以马克思一针见血地指出："只有为了社会的普遍权利，个别阶级才能要求普遍统治。"②又如，宗教乃是人们对自身和世界的神秘的解释，宗教之所以产生并取得了长足的发展，就是因为它具有多种重要的功能。其中最常见的功能就是慰藉人们在生存活动中所遭遇到的苦难。马克思注重的是从政治上来揭示统治阶级维护宗教的功利性目的，也正是在这个意义上，他说："宗教是人民的鸦片。"③

综上所述，马克思通过把实践概念引入释义学而澄清了一切理解、解释活动的本体论前提。

（二）历史性是一切理解和解释活动的基本特征

在马克思看来，任何实践活动都是现实的人在既定的历史条件下所从事的活动，这种实践活动的历史性必然会导致理解和解释活动的历史性。马克思说过："每个个人和每一代当作现成的东西承受下来的生产

---

① 《马克思恩格斯选集》第4卷，人民出版社1995年版，第33页。
② 《马克思恩格斯全集》第1卷，人民出版社1956年版，第464页。
③ 同上书，第453页。

力、资金和社会交往形式的总和，是哲学家们想象为'实体'和'人的本质'的东西的现实基础，是他们神化了的并与之作斗争的东西的现实基础。"①不管理解者是否沉溺于以为他们的理解和解释活动是完全自由的幻想，他们实际上总是受到自己的历史性的制约的，他们的理解和解释活动总是在确定的历史性铺设的地平线上展开的。正是从理解和解释的历史性出发，马克思引申出以下三个结论。

第一，道德、宗教、形而上学和其他意识形式由此而失去了独立性的外观："它们没有历史，没有发展；那些发展着自己的物质生产和物质交往的人们，在改变自己的这个现实的同时也改变着自己的思维和思维的产物。"②马克思在这里要否定的并不是各种意识形式的历史，而是要否定认为它们具有自己独立的历史的幻觉！在马克思看来，各种意识形式在每一历史时期所具有的不同内涵在根本上都是由该时代的实践活动的历史性所决定的。这就启示我们，在解读任何历史时期的文本时，不能停留在文本文字的表面，而要善于发现该历史时期的实践活动通过理解、解释活动打在文本上的印记。

第二，在物质实践活动中占支配地位的统治阶级，其思想和观念也必然在理解和解释活动中占支配地位。马克思发挥道："例如，在某一国家里，某个时期王权、贵族和资产阶级争夺统治，因而，在那里统治是分享的，那里占统治地位的思想就会是关于分权的学说，人们把分权当作'永恒的规律'来谈论。"③在这里，马克思远比尼采、福柯等思想家更早地意识到权力与理解、解释和话语之间的内在联系，这种联系乃是隐藏在一切理解和解释活动深处的历史要素。

第三，近代社会的生产劳动表现为异化劳动，异化这种历史特征也必然赋予近代社会以来的各种理解和解释活动以深刻的影响。我们知道，这种影响的最普遍、最基本的表现形式是商品拜物教。对此，马克

---

① 《马克思恩格斯全集》第 3 卷，人民出版社 1960 年版，第 43 页。
② 同上书，第 30 页。
③ 同上书，第 52—53 页。

思说:"这种拜物教把物在社会生产过程中获得的社会的经济的性质,变为一种自然的、由这些物的物质本性产生的性质。"①古典经济学派虽然在一些具体问题上不乏真知灼见,可是在从总体上解读资本主义经济这一大文本时,却始终无法摆脱拜物教的影响,从而认定资本主义生产方式乃是一种自然的、永恒的方式。马克思从实践本体论出发,揭示了商品拜物教的起因:"劳动产品一旦作为商品来生产,就带上拜物教的性质,因此拜物教是同商品生产分不开的。"②这就为准确的理解和解释活动澄清了思想前提。

完全可以说,马克思的唯物史观和实践释义学是对一切抽象态度的摈弃,其宗旨是透显出一切理解和解释活动的不可超越的历史维度。

(三)意识形态批判是正确地进入释义学循环的道路

释义学循环的内涵是十分丰富的,但其核心内容则是:文本期待解释者作出客观的解释,但任何解释者在解释文本之前已具有先入之见,它是由理解的历史性所造成的。马克思虽然未直接地论述释义学的循环问题,但他既然对理解的历史性做了极为深刻的论述,自然蕴含着对释义学循环的认可。马克思的贡献在于,他把思考的重点始终放在如何正确地反思理解的历史性上,这实际上为正确地进入释义学循环指明了道路。

这条道路就是意识形态批判的道路。在马克思看来,一定历史时期的意识形态构成该时期的理解和解释活动的总体背景,换言之,构成了理解者和解释者的先入之见的基础和源泉。因此,当理解者和解释者对自己置身其中的意识形态缺乏反思和批判的理解时,是不可能正确地进入释义学循环的。以费尔巴哈、布·鲍威尔和施蒂纳为代表的青年黑格尔主义者之所以未能在理解和解释世界时提供新的识见,就是因为他们始终未能摆脱黑格尔意识形态的影响。

---

① 马克思:《资本论》第 2 卷,人民出版社 1975 年版,第 252 页。
② 马克思:《资本论》第 1 卷,人民出版社 1975 年版,第 89 页。

那么，理解者和解释者究竟如何像马克思所说的那样"跳出意识形态"①呢？道路只有一条，那就是退回到生存实践活动的地平线上去，确立起唯物主义的历史观，"这种历史观就在于：从直接生活的物质生产出发来考察现实的生产过程，并把与该生产方式相联系的、它所产生的交往形式，即各个不同阶段上的市民社会，理解为整个历史的基础；然后必须在国家生活的范围内描述市民社会的活动，同时从市民社会出发来阐明各种不同的理论产物和意识形式，如宗教、哲学、道德等等，并在这个基础上追溯它们产生的过程"②。相反，如果将理解和解释活动局限在文本之内，局限在单纯的思想、观念的范围之内，理解者和解释者必将失去对其先入之见的批判性反思，从而也就不可能正确地进入释义学循环。

(四)对语言独立王国的解构

语言是一切理解和解释活动的基本媒介，古典释义学和当代释义学(所谓"语言学转折"的一个通病是把语言视为独立王国，从而把全部理解和解释活动都封闭在这个独立王国之内。马克思在推进释义学理论发展方面的卓越贡献之一是揭示了语言在人的生存实践活动中的起源。在《评瓦格纳的"政治经济学教科书"》一文中，马克思指出："这种语言上的名称，只是作为概念反映出那种通过不断重复的活动变成经验的东西，也就是反映出，一定的外界物是为了满足已经生活在一定的社会联系中的人(这是从存在语言这一点必然得出的假设)的需要服务的。"③然而，随着人类社会的发展，随着哲学的产生和哲学家们自觉或不自觉地不断地使语言神秘化，语言仿佛成了某种独立的特殊的王国，它与人类生存实践活动之间的内在联系显得晦暗不明了。所以，马克思强调："哲学家们只要把自己的语言还原为它从中抽象出来的普通语言，就可以认清他们的语言是被歪曲了的现实世界的语言，就可以懂得，无论思

---

① 《马克思恩格斯全集》第3卷，人民出版社1960年版，第98页。

② 同上书，第42—43页。

③ 《马克思恩格斯全集》第19卷，人民出版社1963年版，第405页。

想或语言都不能独自组成特殊的王国，它们只是现实生活的表现。"①这就从根本上解构了把语言视为独立王国的普遍幻觉，从而把释义学从神秘化的、封闭的语言世界中解救出来了，促使人们去探讨语言在经验世界中之所指，即认识语言的实践功能。不管语言在理解和解释活动中多么重要，然而，它毕竟是人类的生存实践活动之手放出来的一只风筝。举例来说，在汉语中，"男"字意指在田里劳动的人；"物"字以"牛"为偏旁，光这两个字就已形象地勾勒出古代中国农耕社会的生存实践活动的画面。这就告诉我们，把语言、观念、思想、文本独立化，必定会把理解和解释活动导入误区。

（五）新的释义方法的引入

从释义学的发展历史来看，马克思的实践释义学不仅意味着本体论上的革命，同时也意味着方法论上的改弦更张。如果说，古典释义学在方法上更注重对语言、语法和文本的整体结构的研究的话，那么，马克思在方法上则更注重对理解和解释活动的前提进行研究。

马克思的释义学方法主要可以归结为两条：第一条是还原法。这种方法实际上肯定了两种文本的存在：一种是有待于理解和解释的观念上的文本；另一种是观念文本实际上意向着的生存实践活动的文本。第二种文本是隐藏在第一种文本之后的。还原法就是从第一种文本追溯到第二种文本，也就是从观念世界下降到现实世界，通过对现实世界的理解找到理解观念世界的钥匙。它从一开始就把理解和解释活动视为非封闭的、开放性的活动。它启示我们，唯有走出观念的文本，才能真正地理解这种文本。因为"意识在任何时候都只能是被意识到了的存在，而人们的存在就是他们的实际生活过程"②，所以，不管观念的文本是如何离奇、荒谬、颠倒，还原法始终是有效的。这种还原法在历史学释义学中具有特别重要的意义，因为它能使历史学家根据流传下来的文本，复

---

① 《马克思恩格斯全集》第 3 卷，人民出版社 1960 年版，第 525 页。
② 同上书，第 29 页。

制出文本所意向的、早已湮没无闻的实践生活方式。如摩尔根从亲属称谓结构还原出早期人类社会的结构等。第二条是考古法。马克思指出："人体解剖对于猴体解剖是一把钥匙。反过来说，低等动物身上表露的高等动物的征兆，只有在高等动物本身已被认识之后才能理解。"①在马克思看来，真正的理解方式不是像古典释义学所强调的那样，通过对理解者的历史性的消除（实际上是消除不了的），达到对以前文本的客观的理解，相反，只有在理解者对自己置身于其中的生活世界的本质达到批判的理解的前提下，他才能客观地理解以前的文本。比如，"基督教只有在它的自我批判在一定程度上，可说是在可能范围内准备好时，才有助于对早期神话作客观的理解。同样，资产阶级经济只有在资产阶级社会的自我批判已经开始时，才能理解封建的、古代的和东方的经济"②。这种方法也是敞开的，它所着眼的不是作为理解对象的文本，而是整个理解活动的前提，即理解者对自己的历史性的批判性认识。只有在逻辑上先行地解决了这个问题之后，对以前文本的客观的理解和解释才是可能的。

综上所述，马克思的释义学把实践概念引入一切理解和解释活动的基础的层面上，从而完成了释义学发展中的"哥白尼式的革命"，即不是从观念的文本出发来理解并解释人的生存实践活动，而是从人的生存实践活动出发来理解一切观念的文本。这实际上先于海德格尔澄明了释义学发展的本体论前提。事实上，马克思的实践释义学为我们昭示出释义学研究的根本方向。

三

马克思实践释义学理论的历史意义主要表现在以下两个方面。

---

① 《马克思恩格斯全集》第46卷（上册），人民出版社1979年版，第43页。
② 同上书，第44页。

第一，在释义学研究领域里作出了划时代的贡献。从释义学的发展史来看，马克思处于施莱尔马赫与狄尔泰之间，和德罗伊生完全是同时代人。早在 19 世纪 40 年代，马克思就已创立了唯物史观，确立了透视一切思想、观念和文本的参照系——生存实践活动，从而超越了以施莱尔马赫为代表的古典释义学的视界，为释义学的进一步的发展澄明了本体论的前提。然而，遗憾的是，马克思阐述其实践释义学的经典文本《关于费尔巴哈的提纲》到 1888 年才问世，另一个经典文本《德意志意识形态》直到 1932 年才出版，比海德格尔的《存在与时间》的面世还晚了五年。于 1911 年去世的狄尔泰由于历史条件的限制而未能深入地研究马克思，从而未能超出古典释义学的境界。海德格尔从现象学和先验论的方法入手，创立了"此在释义学"，从而明确地宣布了释义学研究的本体论转折。虽然这和马克思自称的"纯粹经验的方法"有别，然而，我们如果像马克思说的那样，把海德格尔的哲学的语言还原为普通语言的话，就会发现他们的释义学理论具有不少共同之处。

从前面的论述可以看出，马克思虽未使用"释义学"的概念，但却创造性地论述了释义学所关注的全部问题。马克思对释义学理论的最重要的贡献是以下两点。

其一，揭示了任何观念与文本的实践功能，即面向实践的意向性，从而肯定：理解和解释活动的本质乃是把握观念、文本与人的生存实践活动之间的内在联系。马克思的这一见解最典型地表现在他的法学释义学的观点上："法的关系正像国家的形式一样，既不能从它们本身来理解，也不能从所谓人类精神的一般发展来理解，相反，它们根源于物质的生活关系，这种物质的生活关系的总和，黑格尔按照 18 世纪的英国人和法国人的先例，概括为'市民社会'。"①而市民社会本质上是实践的，离开实践，一切观念和文本也就无从索解了。

其二，阐明了理解者从总体上批判地反思自己的历史性，即历史境

---

① 《马克思恩格斯选集》第 2 卷，人民出版社 1995 年版，第 32 页。

况（包括已接受的传统）的可能性——意识形态批判，从而表明，实践释义学也就是批判释义学，它把理解者对自己的历史境况的反思和清理看作正确地进入释义学循环，即客观地进行理解和解释活动的基本前提。在这方面，把马克思与海德格尔和伽达默尔作一个比较是富有启发性的。海德格尔主张从现象学的面向事物本身的原则出发来清理理解的前结构，从而确保理解者以正确的方式进入释义学循环。但从其后期思想的发展来看，既然他认为现象学和存在主义在对存在的历史性的把握上远不如马克思来得深刻，这也就等于承认了他早期这方面见解的局限性。至于伽达默尔虽然正确地指出了任何理解活动都是在传统中展开的，但他忽略了问题的另一个方面，即传统也是在创造性的理解中不断更新的；同时，传统也总是通过一定历史时期的意识形态折射出来，因而正是意识形态批判肯定了人创造传统和传统创造人之间的辩证关系，而这一辩证关系归根到底又是在实践活动的基础上展开的，所以马克思在批评 18 世纪的唯物主义者关于人与环境（教育）的二律背反时指出："环境的改变和人的活动的一致，只能被看作是并合理地理解为革命的实践。"①由此可见，唯有马克思的实践释义学才以最深刻的方式论述了释义学的循环问题，从而为释义学理论的全面发展奠定了基础。

第二，实践释义学本质上就是马克思哲学，通过对它的研究，整个马克思哲学的研究和发展将被奠立在新的基础上。这一转折主要体现在下面两点上。

其一，物质释义学将被实践释义学所取代。从释义学研究的视野来看，传统的马克思哲学的研究者通常把马克思哲学理解为物质释义学，即从物质本体论出发去理解和解释一切，如世界统一于物质、意识是物质发展到一定阶段的产物等。显然，这种理解方式完全违背了马克思本人的初衷。早在《关于费尔巴哈的提纲》中，马克思就开宗明义地指出："从前的一切唯物主义——包括费尔巴哈的唯物主义——的主要缺点是：

---

① 《马克思恩格斯全集》第 3 卷，人民出版社 1960 年版，第 4 页。

对事物、现实、感性，只是从客体的或者直观的形式去理解，而不是把它们当作人的感性活动，当作实践去理解，不是从主观方面去理解。"① 然而，马克思的这一至关重要的论述却一再遭到人们的忽视，包括马克思理论的批评者也被上述错误的理解方式所感染，以致对马克思的唯物主义取简单拒斥的态度。在这方面，独具慧眼的依然是海德格尔，他深刻地洞见了马克思的唯物主义的真谛："这种唯物主义的本质不在于一切只是物质这一主张中，而是在于一种形而上学的规定中，按照这种规定，一切存在者都呈现为劳动的质料。"②这就恢复了马克思哲学的真谛——实践释义学以及这一学说必然蕴含的人化自然的观点，即一切物质的存在物都不是抽象的，不是人直观的对象，而是人的生存实践活动中的要素。唯有从实践释义学的立场出发，我们才不会以经院哲学的方式去空谈所谓世界统一于物质的永恒命题，而是以实践的方式把马克思的物质观引向对商品拜物教的批判，从而在物与物的关系的外观下看到人与人关系的实质。

其二，抽象认识论将被意识形态批判所取代。抽象的物质释义学必然导致抽象的认识论，即假定一个抽象掉一切社会历史特征的认识主体，并探讨其认识的起源和本质。显然，这种抽象认识论也是不符合马克思的本意的。马克思在谈到自己的观察和认识方式时说："它的前提是人，但不是某种处在幻想的与世隔绝、离群索居状态的人，而是处在一定历史条件下进行的、现实的、可以通过经验观察到的发展过程中的人。"③在马克思看来，现实的人的最基本的活动乃是生存实践活动，其全部认识活动都是在这一活动的基础上展开并服务于这一活动的。因而，现实的人在认识任何外部事物之前已先行地植入了自己的历史性，而他又是在他所生活的历史时期的特定的意识形态的氛围中来理解自己

---

① 《马克思恩格斯全集》第 3 卷，人民出版社 1960 年版，第 3 页。

② M. Heidegger, *Ueber den Humanismus*, Frankfurt Am Maim: Suhrkamp verlag, 1975, S. 27.

③ 《马克思恩格斯全集》第 3 卷，人民出版社 1960 年版，第 30 页。

的历史性的，但"几乎整个意识形态不是曲解人类史，就是完全撇开人类史"①，所以不批判意识形态也就不能澄明自己的真正的历史性；不澄明真正的历史性，全部认识、理解和解释活动也就处于飘荡无根的状态下。这就启示我们，认识论的根本任务不是向外拓展，而是向内拓展；不是去询问：我将认识什么，而是去询问：我所具有的历史性允许我去认识什么，而正是后一个问题必然导致以意识形态批判取代抽象认识论的研究。

　　总之，从实践释义学的视角来重新理解释义学发展史和马克思哲学不失为一个重要的课题，笔者希望有更多的人来关注并参加这方面的讨论，从而把上述两个领域的研究不断引向深入。

---

　　① 《马克思恩格斯全集》第 3 卷，人民出版社 1960 年版，第 20 页。

重新认识马克思的哲学和
黑格尔哲学的关系[①]

　　自从马克思主义诞生以来，马克思的思想和黑格尔哲学的关系问题一直是国际理论界的热门话题，几乎每一个研究马克思的思想的人都会涉及这个话题。可是，遗憾的是，除了偶尔能见到的某些富于启发性的见解之外，人们对这个问题的认识在实质上差不多没有什么进展。

　　今天，我们之所以重提马克思的思想和黑格尔哲学的关系，把它作为重大理论问题进行探讨，不仅是因为随着马克思的大量遗著、手稿和笔记的面世，探讨这一问题的历史条件已经成熟，而且是因为对这一问题的理解直接规约着人们对马克思哲学的实质及其基本问题域的理解。从这个意义上说，重新认识马克思的思想和黑格尔哲学的关系也就是重新认识马克思的哲学。

---

　　① 原载《哲学研究》1995 年第 3 期，第 17—27 页。收录于俞吾金：《俞吾金集》，黑龙江教育出版社 1995 年版，第 515—535 页；《俞吾金集》，学林出版社 1998 年版，第 109—129 页；《实践与自由》，武汉大学出版社 2010 年版，第 110—130 页；《从康德到马克思——千年之交的哲学沉思》，北京师范大学出版社 2017 年版，第 331—357 页；《重新理解马克思——对马克思哲学的基础理论和当代意义的反思》，北京师范大学出版社 2005 年版，第 33—50 页，题为《马克思与黑格尔》；《传统重估与思想移位》，黑龙江大学出版社 2007 年版，第 326—340 页。——编者注

谈到马克思的思想和黑格尔哲学的关系，我们不能不首先注意到普列汉诺夫和列宁在这个问题上的解释，因为这种解释直接影响了我国理论界。

青年时期的普列汉诺夫曾是一个民粹主义者，流亡国外时接触了马克思主义，逐渐成为马克思主义的坚定信徒。他到伦敦去拜访过恩格斯，就一些理论问题与恩格斯展开过热烈的讨论，恩格斯高度赞扬了普列汉诺夫，肯定他理解并掌握了马克思主义。① 普列汉诺夫不仅翻译了马克思和恩格斯合著的《共产党宣言》并为之作序，还翻译了恩格斯的《出路》并为之作序和作注；在《黑格尔逝世六十周年》《论一元历史观之发展》等一系列论著中，论述了马克思与黑格尔的关系以及马克思哲学的基本性质。

首先，普列汉诺夫指出："谈论现代社会主义起源问题的人们，常常对我们说：马克思的哲学是黑格尔哲学的合乎逻辑的和必然的结果。这是正确的，但这是不完全的。很不完全的。马克思的承继黑格尔，正像丘比特的承继萨茨尔奴斯一样，是贬黜了后者的王位的。马克思的唯物主义哲学的出现，是人类思想史上绝无仅有的一次真正的革命，是最伟大的革命。"②这段论述表明，普列汉诺夫坚信，马克思是通过唯物主义立场的确立而扬弃黑格尔的唯心主义哲学的。

其次，普列汉诺夫强调，马克思在一般唯物主义立场的基础上批判地改造了黑格尔的辩证法，从而形成了自己的哲学。普列汉诺夫在谈到《哲学的贫困》的第二部分时写道："在那个时候，马克思已经把辩证法

---

① 参见[苏]米·约夫楚克等：《普列汉诺夫传》，宋洪训译，生活·读书·新知三联书店 1980 年版，第156 页。

② [苏]普列汉诺夫：《普列汉诺夫哲学著作选集》第 2 卷，生活·读书·新知三联书店 1962 年版，第507 页。

（它在黑格尔那里有着纯粹唯心主义的性质，在蒲鲁东那里也保存了这样的性质）放在唯物主义的基础上面了。"①也正是基于这一思想，普列汉诺夫认为："马克思和恩格斯的哲学不仅是唯物主义的哲学，而且是辩证的唯物主义。"②在这里，借助"辩证唯物主义"这一术语，普列汉诺夫强调的是马克思唯物主义的辩证性，其基本思路则是：马克思的哲学是由唯物主义（以费尔巴哈为媒介）和辩证法（以黑格尔为媒介）的结合而产生的。

最后，当普列汉诺夫把马克思哲学称之为"辩证唯物主义"的时候，拉布里奥拉则把马克思哲学称之为"历史唯物主义"，这两个不同的术语的使用引起了米海洛夫斯基的困惑，普列汉诺夫为此而答复道："……因为辩证唯物主义涉及历史，所以恩格斯有时将它叫作历史的。这个形容语不是说明唯物主义的特征，而只表明应用它去解释的那些领域之一。"③这一论述表明，普列汉诺夫实质上把历史唯物主义理解为辩证唯物主义在历史领域中的应用。这一基本思路后来在列宁和斯大林那里得到了明确的表述。

从上面的分析可以看出，普列汉诺夫关注的焦点始终集中在由思维与存在的关系所引发的唯物主义与唯心主义的两军对阵及对唯心主义辩证法的改造中。他虽然涉猎过黑格尔的许多著作，如《逻辑学》《历史哲学》《法哲学原理》《精神现象学》《美学》等，但探讨的重心始终落在黑格尔称之为"概念的阴影王国"的《逻辑学》上。

我们再来看看列宁是如何理解并解释马克思和黑格尔的关系的。从列宁对约翰·普连厄博士的《马克思和黑格尔》一书的摘要和评论可以看出，列宁十分重视对这一关系问题的探索。

---

① ［苏］普列汉诺夫：《普列汉诺夫哲学著作选集》第 3 卷，生活·读书·新知三联书店 1962 年版，第159 页。

② 同上书，第 79 页。

③ ［苏］普列汉诺夫：《普列汉诺夫哲学著作选集》第 2 卷，生活·读书·新知三联书店 1962 年版，第311 页。

首先，列宁认为，马克思与黑格尔的对立乃是唯物主义与唯心主义的对立。所以他说："我总是竭力用唯物主义观点来读黑格尔的著作：黑格尔学说是倒置过来的唯物主义（恩格斯的说法）——就是说，我大抵抛弃神、绝对、纯粹观念等等。"①这段论述蕴含着这样的意思，即马克思和恩格斯都是从一般唯物主义的立场出发来阅读并批判黑格尔的。那么，究竟什么是一般唯物主义呢？列宁在另一处写道："物质是第一性的。感觉、思想、意识是按特殊方式组成的物质的高级产物。这就是一般唯物主义的观点，特别是马克思和恩格斯的观点。"②列宁还进一步把由思维与存在关系引发的唯物主义和唯心主义的斗争上升到了路线斗争和党性原则的高度。

其次，列宁认为，黑格尔《逻辑学》的最高成就乃是辩证法，而正是马克思，批判地利用了这一最高成就，所以列宁写道："要继承黑格尔和马克思的事业，就应当辩证地研究人类思想、科学和技术的历史。"③正是基于这样的思考，列宁反复强调马克思主义哲学就是辩证唯物主义，在十月革命胜利后，列宁甚至还建议成立"黑格尔辩证法唯物主义之友协会"。

最后，在普列汉诺夫那里初步表述出来的关于历史唯物主义是辩证唯物主义在社会历史领域中的应用的思想被列宁明确地表达为"推广论"："马克思加深和发展了哲学唯物主义，使它成为完备的唯物主义哲学，把唯物主义对自然界的认识推广到对人类社会的认识。马克思的历史唯物主义是科学思想中的最大成果。"④后来斯大林的《论辩证唯物主义和历史唯物主义》一书以及书中关于"推广论"的更为明确的表述成了苏联、东欧和中国关于马克思主义哲学教科书的最经典的、最有影响的样板。

从列宁留下的哲学札记可以看出，列宁读过黑格尔的《逻辑学》《哲

---

① 列宁：《哲学笔记》，人民出版社1974年版，第104页。
② 《列宁选集》第2卷，人民出版社1995年版，第50页。
③ 列宁：《哲学笔记》，人民出版社1974年版，第154页。
④ 《列宁选集》第2卷，人民出版社1995年版，第443页。

学史讲演录》《历史哲学》，也留意过《精神现象学》，但他读得最认真、思考得最深入的还是《逻辑学》。他还说过这样一句名言："不钻研和不理解黑格尔的全部逻辑学，就不能完全理解马克思的《资本论》，特别是它的第 1 章。因此，半世纪以来，没有一个马克思主义者是理解马克思的!!"①这就告诉我们，马克思和黑格尔的关系本质上是马克思与黑格尔的逻辑学的关系，这一见解对后来的研究者产生了广泛的影响。

综上所述，按照普列汉诺夫和列宁的解释路线，黑格尔对马克思的影响主要是通过《逻辑学》，其次也通过《自然哲学》而发生的；由于费尔巴哈的媒介，马克思回到了一般唯物主义的立场上，从而与黑格尔的唯心主义划清了界限；在此基础上，马克思又批判地改造了黑格尔的辩证法，从而创立了辩证唯物主义，把辩证唯物主义推广到历史领域就产生了历史唯物主义。这就告诉我们，马克思哲学的基础和核心始终在一般唯物主义、辩证唯物主义那里。这样一来，对马克思哲学基础部分进行研究的问题域也被制定出来了。这一问题域主要是由以下问题构成的。

(1)思维(意识)与存在、精神与物质(自然)的关系，即哲学基本问题；(2)认识的起源、本质和辩证的发展过程；(3)辩证法的基本规律和范畴；(4)自然辩证法；(5)逻辑、认识论和辩证法的一致性；(6)真理的客观性，绝对真理和相对真理的辩证关系；(7)哲学史上的唯物主义和唯心主义、辩证法和形而上学之争。

这一问题域长期以来支配着苏联、东欧国家和中国的理论界，规约着哲学家们的思考方向。

二

20 世纪二三十年代以来，随着马克思的手稿、遗著和笔记的陆续

---

① 列宁：《哲学笔记》，人民出版社 1974 年版，第 191 页。

出版，随着人们对马克思哲学研究的深入，上面我们已论述过的那种对马克思与黑格尔关系的传统的解释模式，以及在这一模式的基础上形成的对马克思哲学的特定的问题域的理解也开始面临挑战。

在新发表的马克思的文稿中，与理解马克思和黑格尔的关系最为密切的是以下四个文本。

一是马克思写于 1843 年，而由苏共中央马克思列宁主义研究院于 1927 年第一次用原文发表的《黑格尔法哲学批判》。这部手稿对黑格尔《法哲学原理》一书中的第 261—313 节作了全面的分析和批判。马克思手稿的第一页没有保留下来，所以现在这个标题是苏共中央马克思列宁主义研究院加上去的。而普列汉诺夫和列宁至多通过《德法年鉴》读到《〈黑格尔法哲学批判〉导言》一文，却不可能读过《黑格尔法哲学批判》这部手稿。这部手稿问世后受到了某些学者的高度重视。意大利的马克思主义者德拉—沃尔佩把这部手稿译为意文，并认为它是马克思的最重要的文本之一。特别是 1989 年以来，各国的马克思主义研究者在反省苏联解体和东欧剧变时，普遍认为，社会主义社会必须重视法律，从而普遍加强了对马克思的法哲学思想，尤其是《黑格尔法哲学批判》一书的研究。

二是马克思写于 1844 年 4—8 月，第一次全文发表在《马克思恩格斯全集》1932 年国际版第一部分第 3 卷的《1844 年经济学哲学手稿》。在这部手稿的哲学部分，马克思着重分析了作为黑格尔哲学的真正诞生地和秘密的《精神现象学》。恩格斯在《卡尔·马克思》一文中没有提到这一部手稿，普列汉诺夫和列宁当然都不可能读过这部手稿。正如《黑格尔法哲学批判》显示出马克思和黑格尔的《法哲学原理》一书的重要联系一样，《1844 年经济学哲学手稿》则表明了马克思和黑格尔的《精神现象学》一书的重要联系。《1844 年经济学哲学手稿》发表后立即在国际学术界掀起了一场轩然大波。法兰克福学派的代表人物之一马尔库塞于同年发表了题为《论历史唯物主义的基础》的长篇论文，指出："马克思在 1844 年写的《1844 年经济学哲学手稿》的发表必将成为马克思主义研究史上的一个划时代的事件，这些手稿使关于历史唯物主义的起源、初始含义及整个'科学社会主义'理论的讨论置于新的基础之上，这些手稿也使人们能用一种更加富有成效的方法提出关于马克思和黑格尔之间的实际关系这个问题。"①在马尔库塞看来，《1844年经济学哲学手稿》已经表明，在黑格尔的著作中，马克思特别感兴趣的是《精神现象学》。

三是马克思和恩格斯写于1845—1846年，苏共中央马克思列宁主义研究院于1932年第一次全文用原文出版的《德意志意识形态》。这部手稿除了第二卷第四章曾发表于《威斯特伐里亚汽船》杂志1847年8月号和9月号外，其余部分（缺第二卷第二、三章），特别是对理解马克思和黑格尔关系最为重要的第1卷第一章，普列汉诺夫和列宁都不可能见到过。由于这部手稿的主要目的是批判费尔巴哈、布·鲍威尔、施蒂纳的历史哲学理论，因而其中频繁地提及或引证了黑格尔的《精神现象学》《历史哲学》《法哲学》《宗教哲学》《哲学史讲演录》等。无疑，这部手稿对我们重新理解马克思和黑格尔的关系有着极为重要的意义。

四是马克思的《1857—1858年经济学手稿》，这部手稿于1939年和1941年曾以原文分两册在莫斯科出版，当时编者加的标题是《政治经济学批判大纲（草稿）》。这部手稿普列汉诺夫和列宁也未接触过，它出版后曾引起国际学术界的广泛重视。阿尔弗莱特·施密特认为，它"对于理解黑格尔和马克思之间的关系来说是最为重要的，然而迄今未被人们利用过"②。在施密特看来，马克思的自然观不是抽象的、与人相分离的自然观，而是以社会实践为中介的自然观，因而在马克思与黑格尔的关系中，黑格尔的《精神现象学》《法哲学》起着十分重要的作用。

如果说，新材料的发现促使人们对马克思与黑格尔的关系作出新的思考的话，那么，对黑格尔、马克思的深入研究也促使人们用新的目光来看待这两位大思想家的关系。

---

① H. Marcuse，*Studies in Critical Philosophy*，Boston：Beacon Press，1972，p.3.
② A. Schmidt，*The Concept of Nature in Marx*，London：NLB，1971，p.17.

我们首先注意到的是卢卡奇的研究成果。他在这方面的创造性探索主要可以归结为以下三点。

第一，在早期代表作《历史与阶级意识》中，卢卡奇明确地提出，马克思主义是一种社会理论。正是从这样的见解出发，卢卡奇十分重视对历史唯物主义的研究，并把它理解为资本主义社会的自我知识，而历史唯物主义的基本任务之一是批判"物化意识"（reified consciousness），确立无产阶级作为革命主体的自觉的阶级意识。

第二，在流亡苏联时写下的《青年黑格尔》这部名作中，卢卡奇说，黑格尔"是试图认真地把握英国工业革命的唯一的德国思想家；也是在古典经济学的问题和哲学及辩证法之间建立联系的唯一的人"①。卢卡奇深入地分析了青年黑格尔在《伦理体系》《耶拿实在哲学》和《精神现象学》中对劳动、异化问题的论述，强调，"劳动的辩证法使黑格尔认识到，人类只能通过劳动走向上发展的道路，实现人的人性化和自然的社会化"②。这就告诉我们，一方面，青年黑格尔的思想，尤其是《精神现象学》对马克思的影响是巨大的；另一方面，在黑格尔和马克思那里，辩证法的最根本的含义不是体现在抽象的、与人相分离的自然上，而是体现在人改造自然的最基本的社会活动——劳动上。

第三，卢卡奇在深入钻研马克思的《1857—1858年经济学手稿》的基础上撰写出来的《社会存在本体论》这部晚年巨著中，虽然肯定"自然存在"是"社会存在"的一般前提，从而重新肯定了自然辩证法，然而，这部著作的研究重心始终落在社会存在问题上。在这部著作的第二部分中，卢卡奇列出的最重要的问题是：劳动、再生产、思想、意识形态、异化。我们看到，卢卡奇的问题域与前面列出的传统的问题域之间存在着重大的差异。

从卢卡奇的思路出发，阿尔弗莱特·施密特对马克思与黑格尔的关

① 《青年黑格尔》，1976年英文版，第 XXVi 页。
② 同上书，第 327 页。

系作出了进一步的探索。在《马克思的自然概念》这部著作中，一方面，施密特指出："如果马克思的唯物主义像今天仍在苏联和东欧盛行的那样，只是作为一种抽象的意识形态的表白的话，那么它就与那种低劣的唯心主义没有什么区别了。不是物质的抽象本性，而是社会实践的具体本性才是唯物主义理论的真正主题和基础。"①这里强调的是马克思的唯物主义和一般唯物主义之间的根本差异，从而启示我们，马克思绝不是通过对一般唯物主义的回归而与黑格尔的唯心主义相对立的。另一方面，施密特认为，"从实践上把客观主义与主观主义结合起来，构成黑格尔与马克思的劳动辩证法的特征，反映了现代知识论的基本立场"②。也就是说，应当从劳动辩证法的角度，即人与自然关系的角度来重新理解马克思和黑格尔的关系，理解自然辩证法。

综上所述，马克思的新手稿的问世和西方马克思主义者对马克思和黑格尔关系的新思考，使我们看到了黑格尔的《精神现象学》和《法哲学原理》对马克思的巨大影响，从而加深了这样的认识，即马克思始终关注的是社会历史和现实问题，因此，历史唯物主义才构成马克思哲学的基础、核心和出发点。

然而，平心而论，西方马克思主义者对马克思与黑格尔关系的认识也有种种不足之处。第一，争论的焦点常常集中在这样的问题上，即马克思和黑格尔的思想是基本一致的，还是完全对立的。黑格尔主义的马克思主义者、存在主义的马克思主义者和弗洛伊德主义的马克思主义者更多地关注马克思思想和黑格尔哲学之间的联系，而新实证主义的马克思主义者、结构主义的马克思主义者则更多地强调他们之间的对立关系。阿尔都塞甚至认为："今天我们比任何时候都更应该看到，黑格尔的影子是一个幻影。为了把这个幻影赶回到黑夜中去，我们必须进一步澄清马克思的思想。"③由于争论的情绪化和表面化，对马克思和黑格尔

---

① A. Schmidt, *The Concept of Nature in Marx*, London: NLB, 1971, pp. 39-40.

② Ibid., p. 115.

③ L. Althusser, *For Marx*, London: Verso, 1977, p. 116.

关系的探讨总是深不下去。第二，没有结合马克思本人思想的演变来探讨他和黑格尔的关系。第三，没有阐明为什么普列汉诺夫和列宁把黑格尔对马克思的影响主要理解为《逻辑学》的影响，并主张从一般唯物主义立场出发去解读《逻辑学》。第四，对辩证唯物主义、历史唯物主义、自然辩证法等概念的界定和论述缺乏清晰性，从而也缺乏对马克思哲学实质的总体把握和说明。

三

在对马克思的思想和黑格尔哲学关系问题认识的历史和现状做了一番简略的回顾之后，现在我们已经有条件对这一关系，从而也对马克思哲学的本质作出新的说明了。为便于理解起见，我们将按下面的问题进行论述。

(一)马克思本人是如何表述他与黑格尔之间的关系的

应当指出，马克思在这方面作过许多论述，就其有代表性的表述而言，大致可分为以下三个阶段。

第一阶段是 1843 年之前。在这个阶段中，马克思的思想从总体上看仍然处在黑格尔的影响之下。马克思在写于 1837 年 2—4 月献给父亲的诗册中，有一首"黑格尔讽刺短诗"，虽然对黑格尔哲学的空幻性有所批评，但也坦然承认，"我们已陷进黑格尔的学说"[1]。

第二阶段是从 1843 年到 19 世纪 40 年代末。在这个阶段中，马克思通过费尔巴哈和国民经济学研究的媒介，从总体上对黑格尔哲学取批判的态度。在《德意志意识形态》中，马克思批评费尔巴哈、布·鲍威尔等人仍然在黑格尔体系的基地上活动："对黑格尔的这种依赖关系正好说明了为什么在这些新出现的批判家中甚至没有一个人想对黑格尔体系

---

① 《马克思恩格斯全集》第 40 卷，人民出版社 1982 年版，第 652 页。

进行全面的批判，尽管他们每一个人都断言自己已超出了黑格尔哲学。"①从《黑格尔法哲学批判》到《哲学的贫困》都蕴含着马克思对黑格尔哲学体系的全面的、深刻的批判。

第三阶段是从 19 世纪 50 年代到 60 年代。在这个阶段中，黑格尔哲学的影响逐渐衰退，以致有些哲学家把他当作"死狗"而弃置一旁。在这种情况下，马克思在撰写《资本论》之前，重新浏览了黑格尔的某些著作，并在《资本论》第二版跋中指出："我要公开承认我是这位大思想家的学生，并且在关于价值理论的一章中。有些地方我甚至卖弄起黑格尔特有的表达方法。"②

从上面这些有代表性的表述中，我们可以引申出两点结论：第一，马克思系统地研究过黑格尔的著作；第二，马克思和黑格尔的关系是批判继承的关系，无论是黑格尔主义的马克思主义者（如卢卡奇）致力于把马克思黑格尔化，还是结构主义的马克思主义者（如阿尔都塞）力图割断马克思和黑格尔之间的理论联系，都是片面的，因而也是错误的。

(二)为什么主要从《逻辑学》和《自然哲学》角度来理解黑格尔对马克思的影响成为一种流行的理解方式

平心而论，这样的理解方式也是有其理由的。我们先来看马克思与《逻辑学》的关系。在《黑格尔法哲学批判》中，马克思在分析黑格尔的泛逻辑神秘主义时指出："整个法哲学只不过是对逻辑学的补充。"③尤其值得注意的是，马克思在 1858 年 1 月 14 日致恩格斯的信中提到关于《资本论》的准备性研究时写道："完全由于偶然的机会——弗莱里格拉特发现了几卷原为巴枯宁所有的黑格尔著作，并把它们当作礼物送给了我——我又把黑格尔的《逻辑学》浏览了一遍，这在材料加工的方法上帮了我很大的忙。如果以后再有功夫做这类工作的话，我很愿意用两三个印张把黑格尔所发现的，但同时又神秘化了的方法中所存在的合理的东

---

① 《马克思恩格斯全集》第 3 卷，人民出版社 1960 年版，第 21 页。
② 马克思：《资本论》第 1 卷，人民出版社 1975 年版，第 24 页。
③ 《马克思恩格斯全集》第 1 卷，人民出版社 1956 年版，第 264 页。

西阐述一番，使一般人都能够理解。"①

　　显然，《逻辑学》对马克思的影响是存在的，甚至像德拉·沃尔佩这样的学者在解读《黑格尔法哲学批判》时也认为，马克思这部著作的根本之点是通过对法哲学的基础——逻辑学的批判而确立了新的方法。然而，我们却不能由此而推断：对马克思来说，《逻辑学》是黑格尔的最重要的著作。为什么呢？因为《逻辑学》留意的是与一切现实相分离的、绝对的、纯粹的知识，它既是逻辑理念自身的辩证的运动，又是对这一运动的自我认识。然而，对于马克思来说，他关注的始终是人类社会的现实问题，他不愿意自己的思路被引向抽象的、学院化的问题。所以，对马克思来说，《精神现象学》比《逻辑学》更为重要："黑格尔的'现象学'尽管有其思辨的原罪，但还是在许多方面提供了真实地评述人类关系的因素。"②也正是基于同样的考虑，马克思强调，在剖析黑格尔哲学体系时，"必须从黑格尔的《现象学》即从黑格尔哲学的真正诞生地和秘密开始"③。

　　我们再来看黑格尔的《自然哲学》对马克思的影响。马克思的博士论文《德谟克利特的自然哲学和伊壁鸠鲁的自然哲学的差别》，以及为撰写论文做准备的七份笔记和阅读黑格尔《自然哲学》时写下的"自然哲学提纲"的三个方案都能使我们看到这种影响。然而，我们能不能作出如下的推断，即《自然哲学》对马克思有决定性的影响，从而马克思的唯物主义也就是承认自然是第一性的一般唯物主义的回归呢？显然不能，如果是那样的话，那么马克思的哲学和以自然为基础的费尔巴哈的唯物主义就没有什么差异了。马克思是为了研究伊壁鸠鲁的自然哲学而去解读黑格尔的《自然哲学》的，而他之所以研究伊壁鸠鲁，并不是出于对其自然哲学的纯粹学术上的兴趣，而是因为伊壁鸠鲁是启蒙思想家、自我意识哲学家，对他的研究是有利于当时德国的启蒙运动的。所以，当马克思

---

① 《马克思恩格斯全集》第 29 卷，人民出版社 1971 年版，第 250 页。
② 《马克思恩格斯全集》第 2 卷，人民出版社 1957 年版，第 246 页。
③ 《马克思恩格斯全集》第 42 卷，人民出版社 1979 年版，第 159 页。

在政治和哲学上面临更迫切的启蒙任务时，他甚至把博士论文的修订和出版工作也放到一边去了。① 更何况，在解读黑格尔的《自然哲学》时，马克思并未留下真正具有实质意义的札记。

事实上，在马克思读过的黑格尔著作中，他留下最多札记，做过最系统研究和评论的是《法哲学原理》和《精神现象学》两书。然而，马克思这方面的两部重要手稿《黑格尔法哲学批判》和《1844 年经济学哲学手稿》，普列汉诺夫和列宁都未读过，自然就很容易从《逻辑学》和《自然哲学》的角度去理解马克思和黑格尔的关系了。

（三）黑格尔的《法哲学原理》对马克思思想的形成和发展究竟产生了哪些重大的影响

在《〈政治经济学批判〉序言》中，当马克思回顾自己在《莱茵报》工作期间对有关物质利益的争议感到困惑时，这样写道："为了解决使我苦恼的疑问，我写的第一部著作是对黑格尔法哲学的批判性的分析，这部著作的导言曾发表在 1844 年巴黎出版的《德法年鉴》上。我的研究得出这样一个结果：法的关系正像国家的形式一样，既不能从它们本身来理解，也不能从所谓人类精神的一般发展来理解，相反，它们根源于物质的生活关系，这种物质的生活关系的总和，黑格尔按照十八世纪的英国人和法国人的先例，称之为'市民社会'，而对市民社会的解剖应该到政治经济学中去寻求。"②这段重要的论述表明，正是通过对黑格尔法哲学的批判性研究，马克思确立了两个思想：第一个思想是，法的关系根源于物质的生活关系。这一思想构成马克思全部法哲学理论的基础；第二个思想是，对市民社会的解剖应当诉诸政治经济学。这样一来，对黑格尔《法哲学原理》中的"市民社会"学说的批判性思考成了马克思思想演变，尤其是转向政治经济学研究的关键。不仅如此，市民社会的概念还成了马克思创立的新世界观——唯物史观的核心概念，因为"这个市民

---

① 参见《马克思恩格斯全集》第 40 卷，人民出版社 1982 年版，第 286 页。

② 《马克思恩格斯全集》第 13 卷，人民出版社 1962 年版，第 8 页。

社会是全部历史的真正发源地和舞台"①。

《法哲学原理》对马克思的重大影响还表现在下面两点上：第一，它使马克思认识到："人并不是抽象的栖息在世界之外的东西。人就是人的世界，就是国家，社会。"②因为黑格尔正是在家庭、市民社会和国家中来论述人的权利、义务和本质的。正是基于这方面的思考，马克思后来把人的本质理解为一切社会关系的总和。第二，它启发马克思形成了政治经济学研究的根本方法。如前所述，列宁认为，不理解黑格尔的《逻辑学》，就不可能理解马克思的《资本论》。其实，正如我们前面已引述过的、马克思在 1858 年 1 月 14 日致恩格斯的信中所阐明的那样，《逻辑学》主要是"在材料加工的方法上"帮了马克思的忙，而马克思研究政治经济学的根本方法——"从抽象上升到具体的方法"主要来自《法哲学原理》所提供的启示。马克思在论述这种科学的研究方法时指出："比如，黑格尔论法哲学，是从主体的最简单的法的关系即占有开始的，这是对的。"③马克思的《资本论》乃是这种研究方法的光辉典范。更不用说，《资本论》中关于占有、分工、契约、价值、人格、自由王国等许多论述，或直接以批判的方式引证了黑格尔的《法哲学原理》，或间接地体现了这部著作的影响。在这个意义上，或许我们更应该说，不理解黑格尔的法哲学，就不可能理解马克思的《资本论》乃至他的全部经济学说。

(四)黑格尔的《精神现象学》究竟对马克思思想的形成和发展产生了哪些重要的影响

首先，在马克思看来，《现象学》的中心任务在于它抓住了"人的异化"这一核心问题，展开对整个社会、国家、宗教领域的批判。④ 尽管这一批判被神秘化了，但它对马克思的启示是重大的。

其次，马克思发现，"黑格尔的《现象学》及其最后成果——作为推

① 《马克思恩格斯全集》第 3 卷，人民出版社 1960 年版，第 41 页。
② 《马克思恩格斯全集》第 1 卷，人民出版社 1956 年版，第 452 页。
③ 《马克思恩格斯全集》第 46 卷(上册)，人民出版社 1979 年版，第 39 页。
④ 参见《马克思恩格斯全集》第 42 卷，人民出版社 1979 年版，第 162 页。

动原则和创造原则的否定性的辩证法——的伟大之处首先在于,黑格尔把人的自我产生看作一个过程,把对象化看作失去对象,看作外化和这种外化的扬弃;因而,他抓住了劳动的本质,把对象性的人、现实的因而是真正的人理解为他自己的劳动的结果"①。这一发现之所以重要,在于马克思看到了《现象学》中的辩证法和《逻辑学》中的辩证法之间的差异。在《逻辑学》中,辩证法的承担者乃是逻辑理念,而在《现象学》中,辩证法的承担者乃是劳动,因而可以把这种辩证法表达为劳动的辩证法。尽管黑格尔只注意到劳动的积极方面而未注意到其消极的方面,尽管他唯一知道并承认的劳动是抽象的精神劳动,然而,《现象学》毕竟显示出人在劳动中的生成。这是《现象学》的伟大成果,马克思后来在谈到黑格尔的辩证法时指出:"在他那里,辩证法是倒立着的。必须把它倒过来,以便发现神秘外壳中的合理内核。"②这里说的"合理内核"并不是没有任何载体的、空洞的辩证法,而是劳动辩证法。当然,在马克思那里,劳动不再是抽象的精神劳动,而是从事物质生活资料生产的现实的劳动。所以,施密特把马克思和黑格尔(《现象学》中)辩证法称为劳动辩证法是卓有见地的。

最后,正是《现象学》中的"异化"和"劳动"概念启发了马克思,使他在考察国民经济学时提出了"异化劳动"这一概念。马克思后来对商品拜物教的批判正是在批判异化劳动的基础上逐步演化出来的。

从上面的分析可以看出,正如《法哲学原理》一样,《精神现象学》对马克思思想的形成和发展也有较之《逻辑学》和《自然哲学》更为重大的影响。

(五)马克思哲学的实质和问题域究竟是什么

在阐述这些问题之前,我们有必要再来回顾一下马克思对黑格尔的逻辑学→自然哲学的过渡的批判。马克思认为,这种从抽象向具体的过

---

① 《马克思恩格斯全集》第 42 卷,人民出版社 1979 年版,第 163 页。
② 马克思:《资本论》第 1 卷,人民出版社 1975 年版,第 24 页。

渡乃是牵强附会的，并指出，从逻辑学中引申出来的自然界必然是抽象的自然界："被抽象地孤立地理解的、被固定为与人分离的自然界，对人说来也是无。不言而喻，这位决心进入直观的抽象思维者是抽象地直观自然界的。"①这就启示我们，不光唯心主义者黑格尔从逻辑学出发推演不出现实的自然界，即使唯物主义者把逻辑学颠倒过来，从世界统一于物质（而不是逻辑理念）的一般唯物主义观点去探讨自然界，这个自然界仍然是抽象的，不是现实的。道理很简单，因为它与人的活动是相分离的。所以，在马克思看来，唯有"在人类历史中即在人类社会的产生过程中形成的自然界是人的现实的自然界"②。在费尔巴哈那里，自然界仍然是直观的对象，因而仍然是抽象的。这正说明了费尔巴哈虽然从一般唯物主义的立场出发批判了黑格尔的唯心主义哲学，但他并没有真正超越黑格尔。

我们丝毫不否认，马克思在摆脱黑格尔影响的过程中受到过费尔巴哈的唯物主义的启迪，但决不能由此断言，马克思是通过返回到一般唯物主义的立场而与黑格尔相对立的。在马克思思想转变的过程中，除了他的实践活动和费尔巴哈的影响这两个因素外，还有两个理论因素不容忽视：一是通过对《法哲学原理》的批判性解读，发现市民社会是全部历史的真正发源地和舞台；二是通过对《精神现象学》和国民经济学著作的批判性解读，马克思提出了"异化劳动"的新概念，并创立了以现实的人的劳动为载体或承担者的新的辩证法。正是这些因素的综合作用使马克思不是返回到一般唯物主义，而是直接创立了历史唯物主义这一划时代的新世界观。如果说，逻辑学的倒转是一般唯物主义的话，那么，现象学和法哲学的倒转应当是历史唯物主义。

在《德意志意识形态》中，马克思曾经对新世界观有一个著名的概括③，这一世界观后来在《〈政治经济学批判〉序言》中得到了更经典的表

---

① 《马克思恩格斯全集》第42卷，人民出版社1979年版，第178—179页。
② 同上书，第128页。
③ 参见《马克思恩格斯全集》第3卷，人民出版社1960年版，第42—43页。

述。那么，这种世界观，即历史唯物主义，在马克思整个哲学学说中的地位和作用究竟如何呢？

正是在这个关系到马克思哲学实质的根本问题上，我们与"推广论"的见解发生了分歧。按照这种见解，马克思先确立了一般唯物主义的立场，然后又批判地改造了黑格尔的辩证法，从而形成了以自然界为研究对象的辩证唯物主义，把辩证唯物主义推广到历史领域就形成了历史唯物主义。也就是说，马克思哲学的基础是一般唯物主义和辩证唯物主义，历史唯物主义不过是其引申出来的结果。这样一来，马克思哲学研究的重心就必然落在与历史领域相分离的一般唯物主义或辩证唯物主义的领域内，即落在抽象的物质或抽象的自然界上。于是，马克思哲学与旧哲学之间的界限就被取消了，不仅亚里士多德在《物理学》、霍尔巴赫在《自然体系》中谈论自然、物质、运动和时空，黑格尔在《自然哲学》的基础部分谈论的也正是这些问题，尽管他们选择的是不同的立场。

显然，从对黑格尔《逻辑学》的一般唯物主义倒转的基础上去理解马克思的哲学是不符合马克思思想的本质的。马克思说过："那种排除历史过程的、抽象的自然科学的唯物主义的缺点，每当它的代表越出自己的专业范围时，就在他们的抽象的和唯心主义的观念中立刻显露出来。"①"推广论"的要害在于，历史唯物主义只是作为"推广"的结果而出现的，换言之，作为"推广"之基础的一般唯物主义和辩证唯物主义是"排除历史过程的"。实际上，在马克思那里，历史唯物主义不是"推广"出来的结果，而是他全部学说的基础、核心和出发点。从历史唯物主义出发去解释自然，自然就不是与人相分离的"抽象的自然界"，而是"人化的自然界""历史的自然界"；从历史唯物主义出发去解释物质，就不会停留在"世界统一于物质"这类旧唯物主义已经意识到的、空洞的说法中，就会致力于对现代历史条件下物质的普遍形态——商品的拜物教的批判；从历史唯物主义出发去解释认识论，认识论就不再是脱离一切历

---

① 马克思：《资本论》第 1 卷，人民出版社 1975 年版，第 410 页注(89)。

史条件、满足于谈论主体—客体关系的抽象认识论，而是成了社会认识论或历史认识论；从历史唯物主义出发去解释辩证法，辩证法的承担者就不再是抽象的物质或抽象的自然界，而是劳动或人化自然，易言之，马克思的辩证法乃是历史辩证法，具体言之，则是劳动辩证法或人化自然辩证法。① 一言以蔽之，历史唯物主义乃是在考察一切问题之前先行地澄明历史性，也正是在这个意义上，马克思写道："我们仅仅知道一门唯一的科学，即历史科学。历史可以从两方面来考察，可以把它划分为自然史和人类史。但这两方面是密切相联的；只要有人存在，自然史和人类史就彼此相互制约。"②

从上面的论述可以看出，就其实质而言，马克思哲学就是历史唯物主义，历史唯物主义是马克思探究一切问题的前提和出发点。在马克思的哲学体系中并不存在以抽象物质和抽象自然界为研究对象的辩证唯物主义或自然辩证法。③ 如果一定要保留"辩证唯物主义"这一概念的话，那就必须改变它的内涵，即把它理解为历史唯物主义的代名词，它的功能不过是透显历史唯物主义所蕴含的历史辩证法的维度；而"自然辩证法"则应改为"人化自然辩证法"，以透显人在实践活动中与自然的辩证关系。进而言之，在马克思的哲学体系中，也不存在着一个一般唯物主义的基础。诚然，马克思有时也使用过"唯物主义"的概念，甚至在《资本论》第二版跋中也谈论过"我的方法的唯物主义基础"④。但从《关于费尔巴哈的提纲》《德意志意识形态》等著作和他对抽象的唯物主义的大量批判中可以看出，马克思努力划清自己和一般唯物主义之间的界线，虽然马克思有时也使用"唯物主义"这种表达形式，但明眼人一看就知道，他实际上意指的是历史唯物主义。事实上，在马克思那里，历史唯物主

---

① 参见俞吾金：《论马克思的人化自然辩证法》，《学术月刊》1992 年第 12 期。

② 《马克思恩格斯全集》第 3 卷，人民出版社 1960 年版，第 20 页。

③ "自然辩证法"（Naturliche Dialektik）这一概念最早是杜林先生提出的，参见他 1865 年出版的《自然辩证法：科学和哲学的新的逻辑基础》一书。

④ 马克思：《资本论》第 1 卷，人民出版社 1975 年版，第 20 页。

义不但不是以一般唯物主义为基础的，相反，正是以历史唯物主义为基础，马克思才深刻地揭示了一般唯物主义的局限性。

如果承认历史唯物主义是马克思哲学的最本质的内涵，那么，思维与存在的关系也不可能是马克思哲学的基本问题了。这一问题实际上是在对黑格尔的有关论述作一般唯物主义的倒转的基础上提出来的，而撇开人和社会历史，"存在"和"思维"都不过是抽象的。马克思在分析黑格尔的"思维"概念时指出："黑格尔为什么把思维同主体分离开来；但就是现在也已经很清楚：如果没有人，那么人的本质表现也不可能是人的，因此思维也不能被看作人的本质表现，即在社会、世界和自然界生活的有眼睛、耳朵等等的人的和自然的主体的本质表现。"①从历史唯物主义出发，也就是从从事实际活动的、现实的人出发。这样，哲学基本问题就显现为以下两个方面的辩证的统一：一是人对自然的关系，二是人对人的关系。② 基于这样的理解，不仅马克思和黑格尔关系中的被遮蔽的一面，即马克思与《法哲学原理》和《精神现象学》的重要关系被揭示出来了，而且对马克思哲学基础理论研究的问题域也将发生重大的转折，我们不妨列出这一问题域中的最基本的问题。

(1)现实的人和社会实践；(2)社会结构：生产力(包括科学技术)与生产关系、市民社会与政治社会；(3)劳动辩证法：劳动的异化与异化之扬弃；(4)交往关系(人与人之间的关系)；(5)人化自然(人与自然之间的关系)；(6)意识形态与社会认识论；(7)人的科学与自然科学、真理与价值、必然王国与自由王国的关系等。

这样，借助于对马克思和黑格尔关系的重新理解，我们对马克思哲学的实质和问题域也获得了新的认识。

---

① 《马克思恩格斯全集》第 42 卷，人民出版社 1979 年版，第 178 页。
② 参见《马克思恩格斯全集》第 3 卷，人民出版社 1960 年版，第 41 页。

从抽象认识论到意识形态批判^①

一

    长期以来，我国哲学研究的重心都落在认识论上，而在认识论研究中，我们的见解似乎已经铺张得很开了，换言之，我们的讨论已深入许多具体的细节之中。在这种盲目乐观的情绪的支配下，我们差不多忘记了对认识论的基础和实质的反思，仿佛认识论研究中所有重大的问题都已解决了。

    实际上，问题比我们想象的还要严重。由于我们以抽象的态度研究认识论，认识论已被抽象化了。它不但忽视了马克思在这方面作出的极有价值的思考，而且通过与传统的认识论思想的认同，堵塞了通向这一思考的道路。

    第一，我们现行的认识论研究的前提是抽象的，具体言之，认识论研究的前提是抽象的物质

---

    ① 原载《天津社会科学》1995 年第 5 期，第 9—12 页；《新华文摘》1995 年第 12 期全文转载。收录于俞吾金：《俞吾金集》，学林出版社 1998 年版，第 75—84 页；《哲学随想录》，北京师范大学出版社 2016 年版，第 153—157 页。本文的扩写版见俞吾金：《问题域的转换：对马克思和黑格尔关系的当代解读》，人民出版社 2007 年版，第 427—441 页；《被遮蔽的马克思》，人民出版社 2012 年版，第 99—115 页。——编者注

观。何谓"抽象的物质观"？那就是满足于抽象地谈论"世界统一于物质"，不从人的活动，尤其是生产劳动的中介入手去理解并解释物质世界。从这种抽象的物质观出发，当我们谈论认识问题，尤其是自然科学方面的认识问题时，必然会撇开自然界同人的活动之间的现实的历史关系——工业，从而把整个认识活动导向抽象化。在马克思看来，只有以人的活动及作为这一活动的产物——工业为媒介，"自然科学将失去它的抽象物质的或者不如说是唯心主义的方向"①。事实上，也只有从人的实践活动出发去认识自然界，这个自然界才不是抽象的，而是"现实的自然界"。

有人也许会辩解说：我们的认识论虽然从抽象的物质观出发，但不也谈论"实践是认识的基础"吗？乍看起来，这一说法似乎是很有道理的，但分析下去，问题就产生了。说"实践是认识的基础"的人并没有想到，实践作为人的有目的的活动本身也是包含认识在内的。我们假定在实践中包含的认识为"认识Ⅰ"，通过实践活动达到的新的认识为"认识Ⅱ"，那么我们至多只能说：实践是达到新的认识的基础，即实践是"认识Ⅱ"的基础，却不能笼统地说：实践是认识的基础。一旦坚持这一笼统的说法，实际上也就是把"认识Ⅰ"从实践中剥离出去了，而实践一旦减去了"认识Ⅰ"，也就等于把实践主体——人减去了，这样一来，实践也就成了"抽象的物质"的代名词，因而"实践是认识的基础"这句话的潜台词是"物质是认识的基础"。这充分表明，只要认识论的研究仍然以抽象的物质观为前提，即使我们成千次地谈论实践，这里的实践仍然是一个空壳。

第二，我们在现行的认识论研究中谈论的认识主体——人——是抽象的。我们满足于谈论人的认知能力、认识方法和认识活动中范畴的作用，却不去探讨人在从事任何实际的认识活动之前已经具有的认识的前结构。正是这一前结构在冥冥中规定着作为认识主体的人对认识客体的

———————

① 《马克思恩格斯全集》第42卷，人民出版社1979年版，第128页。

选择、他的认识的方向和认识的界限。在人对自己认识的前结构作出批判性的反思之前，人对外部世界的认识不可能取得实质性的进展。因此，撇开认识者在从事任何认识活动之前先于经验地具有的认识的前结构，认识者，即认识主体必然是抽象的。

有人也许会辩解说：在认识论研究中，我们不是十分重视对认识主体的社会性的强调吗？认识主体所从属的社会阶层及其实际利益常常是先于经验地对认识活动发生影响。诚然，在一定范围之内，这种辩解是合理的，但光停留在这层意思上，认识主体仍然是抽象的。为什么这么说呢？第一，认识者的社会地位乃是一种外在于认识活动的因素，它并不是普遍必然地起作用的，否则，我们只要了解认识主体的社会地位就能了解他的认识倾向了；而认识的前结构乃是一种内在的因素，它在认识活动中的作用具有普遍必然性。第二，认识者的社会地位是一个容易变动的因素，而认识的前结构则是在认识者从儿童时期起就已接受的、在长期的社会化过程中缓慢地形成起来的，尽管它也是可以改变的，但改变它绝非一件容易的事。第三，认识者的社会地位是在意识层面上讨论的问题，而认识的前结构则居于无意识的层面上。不管人们是否意识到它，是否承认它的作用，它总是任何认识活动的前提。在这个意义上，认识活动不光是对外部对象的捕捉和追逐，更重要的乃是居于无意识层面上的认识前结构在意识层面上的显现和展示。抽象的认识论研究关注的是认识主体如何运用自己的能力来捕捉外部世界，而全然不顾这种捕捉是在认识前结构的制约下才得以进行的。所以，苏格拉底把认识理解为回忆，笛卡儿提出"天赋观念"说，尤其是康德的先验唯心论，皮尔士的"信念"说和海德格尔的"理解的前结构"的学说等，都用不同的语言提出了认识的前结构的问题。而抽象认识论虽然也批评洛克的"白板"说，但从本质上看，仍然是在洛克认识论的旧靴子中打转。

第三，现行的认识论认识的主要对象——事物——也是抽象的，是和人的实践活动相分离的。对于这种认识论来说，墨水瓶是什么呢？不过是一个事物，它和自然界中的石块一样是服从自然规律的。这种认识方式把认识对象完全抽象化了。如果我们采用具体的、与人的活动相联系的角度来看墨水瓶，它就作为完全不同的对象呈现在我们的面前：墨水瓶并不是完全与人无关的自然物，相反，它是人的劳动的产物，换言之，是人的劳动的物化，它以工具的形式进入人的生活，使人的生存活动得以展现。在以商品经济为基本特征的社会中，事物不以工具的形式出现，就以待加工的原料或加工后的产品的方式出现。一言以蔽之，事物不是抽象的，它作为人的生活世界的构成要素，是具体的，直接影响着人的生活。当人的生产劳动处于异化状态时，物的世界也以异化的方式表现出来，这正是马克思所揭示的"商品拜物教"的现象。这种现象告诉我们，事物与事物的关系常常掩盖着人与人之间的关系。某些事物容易使我们了解这一点，如礼品不仅是一种感性的事物，更是一种看不见的社会关系；作为礼品的事物更是明确地说出了自己的存在理由，即它是为他人、为某种关系而降生到这个世界上来的。这就告诉我们，任何事物都不是孤立的、抽象的，它们不过是一定历史时期的社会关系的感性显现。只有把认识对象置于这一历史维度之中时，认识的抽象性才能被解构。

第四，现行认识论关于认识过程的研究也是抽象的。这尤其表现在"个别——一般——个别"的认识论公式之中。乍看起来，这个公式是无可厚非的，认识似乎总是从个别事物或现象出发的。然而，这不过是对认识过程的一种皮相的看法，如前所述，既然任何认识主体都先于经验地具有认识的前结构，因此，认识的真实过程乃是从这种前结构出发的，波普的著名见解"理论先于观察"正蕴含着这样的道理。如果认识都是从个别出发的，那么十个人读《红楼梦》就会引申出完全相同的一般性的结论。为什么十个人读《红楼梦》常常引申出不同的结论呢？因为他们的认识的前结构是有差异的，恰恰有一种他们自己未能意识到的先入之见制约着他们对《红楼梦》的解读。这样一来，真实的认识公式就变成下面这个样子了："一般（先入之见）——个别——一般（先入之见与个别融合后形成的见解）。"所以，"个别——一般——个别"的公式表明，现行的认识论还没有从洛克哲学的阴影中摆脱出来。

第五，现行认识论关于实践检验认识的见解也是抽象的，因为它注重的只是单个实践活动对单个认识命题的检验。它完全忽略了下面这一点，即从普遍联系中抽取出来的单个实践和单个命题都是抽象的。就单个实践活动而言，它是从人类实践活动总体中抽取出来的，因而具有偶然性，它对任何单个命题的证实或检验都只具有相对的、非常有限的意义；就单个命题而言，它总是从属于某一理论体系、信念体系或世界图式的，也就是说，在整个世界图式未被证伪之前，单个命题实际上是不可能被实践证伪的。民间流行的迷信的、伪科学的观念虽然一再在个别性的实践活动中被证伪，但这些观念仍然拥有广泛的影响。所以，以单个实践活动来检验单个认识命题的做法不但是抽象的、非现实的，而且必然把认识论研究导入支离破碎的经验主义和操作主义。

二

长期以来，我们一直停留在某种幻觉中，即认为我们在认识论研究中已经取得了可喜的成绩，其实，这些成绩不过是外观，真正说来，我们还没有找到认识论研究的正确的路径。我们上面对现行认识论的抽象化特征的批评便是一个证明。当然，认识论研究之所以被导入抽象化的迷途是有其原因的。

第一，"认识论主义"的思潮影响了不少研究者。这一思潮认为，就马克思哲学而言，本体论或世界观的问题早已解决，不需要再花力气，问题只是研究认识论。有的人认为，哲学就是认识论，哲学史就是认识史。这样一来，现行的认识论研究一开始就脱离了它的轨道，即对认识的本体论基础或前提的澄清，从而成了无根的浮萍，关于认识方法的强调则导致了无原则的诡辩。顺便指出，在传统文化的研究中，不少人热衷于所谓"智谋学"，而不注重对传统文化的根基和核心观念的检讨，正是这种"认识论主义"的典型表现之一。以为哲学就是认识论并不等于实际上可以撇开本体论。任何哲学学说，不管它对本体论采取何种态度，实际上它总是有其本体论前提的。如前所述，抽象认识论正是以抽象物质观为本体论前提的，而这种本体论恰恰是马克思所反对的："从前的一切唯物主义——包括费尔巴哈的唯物主义——的主要缺点是：对事物、现实、感性，只是从客体的或者直观的形式去理解，而不是把它们当作人的感性活动，当作实践去理解，不是从主观方面去理解。"[1]从马克思的实践本体论出发，抽象物质观就被扬弃了，也就是说，物质不是一种与人无关的、抽象的东西，而是人的实践活动，尤其是生产劳动中的一个要素。葛兰西很好地领悟了这一点，所以他说："物质本身并不是我们的主题，成为主题的是如何为了生产而把它社会地历史地组织起来，而自然科学则应当相应地被看作是一个历史范畴，一种人类关系。"[2]这就告诉我们，只有抛弃"认识论主义"的立场，自觉地检讨认识论的前提，把全部认识活动奠定在实践本体论的基础上，才可能从根本上杜绝抽象认识论态度的侵入。

第二，对唯物主义与唯心主义两条路线斗争的片面的、简单化的强调磨平了马克思的唯物主义与旧唯物主义的本质差异，从而导致把认识论研究嫁接在旧唯物主义的主干上。这样一来，认识论研究的主题就集中在对认识（意识）起源和本质的发生学式的探讨上，自然和物质世界在时间上的先在性、意识对物质的从属关系（世界统一于物质）、抽象主体的认识能力和认识方法就成了认识论研究中反复谈论的东西，而对整个认识过程的社会历史内涵则采取视而不见的态度。列宁在《唯物主义和经验批判主义》一书中对物质第一性、意识第二性，感觉是模写等观念的强调实际上已把认识论研究和一般唯物主义（包括旧唯物主义）结合起来了。所以柯尔施评论说："列宁总是从一个抽象的认识论的立场上来

---

① 《马克思恩格斯全集》第 3 卷，人民出版社 1960 年版，第 3 页。
② ［意］葛兰西：《实践哲学》，徐崇温译，重庆出版社 1990 年版，第 162 页。

阐述这些关系，他从不在意识的社会——历史形式的同样的平面上来分析知识，从不把它作为一种历史的现象，作为任何既定时代社会经济基础的意识形态方面的'上层建筑'，来加以探讨。"①所以，只要认识论研究与一般唯物主义联姻，它的抽象化就是不可避免的。

第三，在传统的教科书体系"辩证唯物主义和历史唯物主义"中，认识论被定位在"辩证唯物主义"部分，而"辩证唯物主义"又定位在"历史唯物主义"之前，这就告诉我们，"辩证唯物主义"是"历史唯物主义"的基础，而"辩证唯物主义"部分的全部内容都是可以撇开"历史唯物主义"部分所涉及的人、社会、历史来进行讨论的。所以，认识论的定位就表明，它只能是抽象的，脱离人的实践历史活动的。即便现行的认识论研究也涉及人、社会、历史这样的内容，但在这里起主导作用的乃是一种自然思维的态度，这些东西都是从外面引入认识论的，而不是从认识论探讨的根基处展示出来的。所以，尽管不少研究者反复强调实践在认识论中的前提性作用，人们在整个认识论研究中采取的依然是抽象化的态度。

综上所述，必须在认识论研究中遏制那种抽象化的、盲目乐观主义的态度，返回到一种危机意识中，并通过对现行认识论的批判性反思，在认识论的未来的研究中开辟出一条新的道路来。

三

现行的认识论研究要避免抽象化的态度，就必须进入意识形态批判的视域中，何以见得呢？

一方面，就认识对象而言，我们总有一个错觉，以为我们是以直接的、非中介的方式在认识事物、认识外部世界。实际上，我们是通过语

---

① Karl Korsch, *Marxism and Philosophy*, London: New Left Books, 1970, p.130.

言来认识世界和事物的。换一种说法，世界和事物飘浮在语言中。一只具体的猫是会死亡的，但猫这一概念却是永存的。在这个意义上，语言比事物更有力量；从历史上看，恐龙早已灭绝了，但在当代人的生活中，恐龙这个概念仍然通过像《侏罗纪公园》这样的作品以及市场上无数的恐龙玩具发生着重大的影响；更不要说那些在外部世界找不到对应物的概念，如司芬克斯、羊人、美人鱼、龙等对人的生活和实际认识活动的影响了。人自以为在认识外部世界和事物，实际上他认识的只是对象的语言表现。语言并不是抽象的，它乃是一个信念系统，打着认识者置身其中的意识形态的印记。我们在学习外语时，常常觉得自己是在接受一种新的语言，事实上，我们也在接受一套新的信念系统。因此，当我们在认识对象时，由于对象的语言表现从属于某一种意识形态，这种意识形态总是以强制的方式引导着认识的方向。我们前面分析的"商品拜物教"就是商品经济社会中意识形态的最基础、最核心的内容。为什么在特定的历史条件下，人们对事物（这里是商品）的认识会导致对物的崇拜，正是这种意识形态使然。因此，那种一味向外探求、追索的认识论研究在对认识对象的语言表现所从属的意识形态获得批判性识见之前，是不可能获得真正的认识成果的。

另一方面，就认识主体而言，他在认识任何对象之前，已有认识前结构和先入之见的参与。这种认识的前结构和先入之见正是意识形态通过教化的方式植入认识主体的。认识主体受教化的过程也就是社会化的过程，他与社会的认同乃是通过意识形态的媒介实现的。在这个意义上，我们可以把人称之为"在意识形态中之存在者"，把认识者称之为"在意识形态中之认识者"。也就是说，认识活动不仅是认识者的感觉器官对认识对象的捕捉和思维上的加工，而且是认识者已然认同的意识形态在认识活动中的展示。也正是从这一角度入手，阿尔都塞认为人本质上是意识形态动物。在现实生活中，当某个人在一个具体问题上提出一种新见解时，别人常常夸他能独立思考，有创新意识。其实，我们只能在非常有限的范围内使用这样的赞词。真正的独立思考和创新意识只能体现为对意识形态的问题框架的突破，而这种突破当然是以对意识形态的批评性反思为前提的。

通过这样的分析，我们发现，无论是认识对象、认识主体还是整个认识过程，都飘浮在意识形态中。我们常常加以夸大的主体性实质上乃是意识形态主体性，认识者不过是意识形态的传声筒或翻译者罢了。只要人们还不认为自己生活在意识形态中，他们的主体性就是虚假的；反之，当他们开始反思自己置身其中的意识形态时，他们的真实的主体性才开始显现出来。马克思和恩格斯合著的《德意志意识形态》之所以在马克思主义哲学史上占有极为重要的位置，正是因为它宣告了马克思主义学说的诞生，而这一新学说的诞生正是以马克思和恩格斯对德意志意识形态的批判性反思为标志的。马克思从来不以抽象的态度谈论认识论，可是他通过对意识形态批判的倡导，为认识论研究澄清了思想基础。

从抽象的认识论态度转化为对意识形态的批判性反思，正是马克思为认识论研究打开的新的道路。在这个意义上可以说，认识论研究的根本使命不是以发生学的方式去探讨认识的起源和本质，而是要阐明，意识形态在认识中的先行作用以及它是如何在认识过程中展现出来的，从而通过对意识形态的意识，达到新的认识。

不用说，意识形态批判也是有前提的，这一前提就是以实践本体论为根基的历史唯物主义。马克思的哲学也就是历史唯物主义，认识论是在历史唯物主义的基本理论的基础上展开的，它的中心任务是获得对意识形态的批判性识见，从而把握实在的本质，以指导人们对实在的改造。

论两种不同的历史唯物主义概念[①]

众所周知，历史唯物主义是马克思的两个伟大的发现之一，历史唯物主义与马克思哲学的关系问题是一个极为重要的理论问题。这一问题曾经引起广泛的讨论，但迄今为止并未取得实质性的进展。目前学术界流行的两种见解是：（1）马克思哲学即辩证唯物主义和历史唯物主义，历史唯物主义是把辩证唯物主义的原理推广到社会历史领域的结果；（2）历史唯物主义是马克思哲学的基础和核心。第二种见解确实与第一种见解有较大的区别，但问题在于，第二种见解与第一种见解一样，把历史唯物主义理解为仅仅适用于社会历史领域的学说，而且并未阐明作为马克思哲学的基础和核心的历史唯物主义与其他非基础和非核心部分之间的联系。尽管第二种见解比第一种见解更接近对马克思哲学的本质含义的把握，但归根到底，这两种见解都窄化了历史唯物主义的理论内涵，从而在一定程度上掩蔽了马克思哲学的划时代的贡献。

本文要提出的第三种见解是：历史唯物主义

① 原载《中国社会科学》1995 年第 6 期，第 96—107 页；日本《唯物论研究》1997 年第 1 期，译为日文。收录于俞吾金：《俞吾金集》，学林出版社 1998 年版，第 281—298 页；《重新理解马克思——对马克思哲学的基础理论和当代意义的反思》，北京师范大学出版社 2005 年版，第 132—146 页。——编者注

是马克思的划时代的哲学创造之所在，成熟时期的马克思并没有创立过历史唯物主义以外的任何其他的哲学。① 换言之，历史唯物主义就是马克思哲学。这样一来，本文中的历史唯物主义概念就获得了新的内涵。为了阐明本文的见解与上述两种见解之间的本质差异，为了使历史唯物主义，即马克思哲学的最重要的贡献得以透显，本文提出了关于历史唯物主义的两种不同的概念，即把上述两种见解所涉及的历史唯物主义称为"狭义的历史唯物主义概念"，而把本文所主张的历史唯物主义称之为"广义的历史唯物主义概念"。下面，我们将就这一主题展开具体的论述。

一

什么是"狭义的历史唯物主义概念"呢？我们把那种认为历史唯物主义仅仅适用于社会历史领域的观念称为"狭义的历史唯物主义概念"。这里涉及的社会历史领域也是狭义的，它对应于人们从未认真地反思过的哲学的"世界"概念（由自然、社会、思维这三大部分组成）中的"社会"部分。也就是说，"狭义的历史唯物主义概念"仅仅适用于这一"世界"图景中的"社会"部分。这一概念通过传统的哲学教科书至今仍在学术界拥有支配性的影响，之所以拥有如此大的影响，因为它与人们早已熟悉并接受的"推广论"是一起叙述出来的。

"推广论"，即把历史唯物主义理解为一般唯物主义或辩证唯物主义推广到社会历史领域的结果。它的形成、发展是有一个过程的。在《路德维希·费尔巴哈和德国古典哲学的终结》（原文的 der Ausgang 不应译为"终结"，而应译为"出路"）一书中，当恩格斯谈到马克思对黑格尔哲学的改造时写道："同黑格尔哲学的分离，在这里也是由于返回到唯物

_____

① 参见俞吾金：《关于唯物史观及其历史命运的思考》，《学术月刊》1994 年第 7 期。

主义观点而产生的结果。……只是在这里第一次对唯物主义世界观采取了真正严肃的态度，把这个世界观彻底地（至少在主要方面）运用（durchgefuehrt，此词也可译为"贯彻""实行"——引者注）到所研究的一切知识领域里去了。"①这段论述包含着两层意思。第一层意思是：马克思哲学的基础部分是唯物主义；第二层意思是：必须把唯物主义的世界观"运用"到一切知识领域（包括社会历史领域）中。所以，恩格斯实际上已经提出了这样的见解，即历史唯物主义是唯物主义在社会历史领域中的运用。当然，恩格斯所说的"唯物主义"是指现代唯物主义，而按他在《反杜林论》一书中的说法，现代唯物主义本质上是辩证的。因此，恩格斯虽然使用过"唯物主义辩证法"的术语②，而未使用过"辩证唯物主义"的概念，但已为这一概念的提出奠定了思想基础。这里已显露出一种倾向，即把马克思哲学的结构理解为两个层面：一是基础部分——现代唯物主义，对应于"世界"概念中的"自然"部分；二是应用部分——历史唯物主义，对应于"世界"概念中的"社会"部分。这从《终结》《反杜林论》等著作的结构也可以看出来，恩格斯总是先讨论与自然界相关的一般哲学问题，然后再讨论社会历史领域里的哲学问题。

普列汉诺夫作为马克思主义学说的积极的传播者，接受并进一步阐明了恩格斯对马克思哲学的理解模式。他说，"我们用'辩证唯物主义'这一术语，它是唯一能够正确说明马克思的哲学的术语"③。在解释辩证唯物主义与历史唯物主义的关系时，他又指出："……因为辩证唯物主义涉及历史，所以恩格斯有时将它叫作历史的。这个形容语不是说明唯物主义的特征，而只表明应用它去解释的那些领域之一。"④在普列汉诺夫看来，马克思哲学的基础层面是辩证唯物主义，应用层面则是历史

---

① 《马克思恩格斯选集》第4卷，人民出版社1995年版，第242页。
② 参见同上书，第243页。
③ ［苏］普列汉诺夫：《论一元历史观之发展》，博古译，生活·读书·新知三联书店1961年版，第198页。
④ 《普列汉诺夫哲学著作选集》第2卷，生活·读书·新知三联书店1962年版，第311页。

唯物主义。

如果说，普列汉诺夫还没有把辩证唯物主义与历史唯物主义的关系作为马克思哲学的核心问题提出来进行讨论的话，那么，在列宁那里，这个问题的重要性已经充分地显露出来。在《唯物主义和经验批判主义》这部著作中，列宁开宗明义地指出："马克思和恩格斯几十次地把自己的哲学观点叫作辩证唯物主义。"①在肯定马克思哲学的基础层面是辩证唯物主义之后，列宁进而又写道："马克思和恩格斯十分注意的不是重复旧的东西，而是认真地在理论上发展唯物主义，把唯物主义应用于历史，就是说，修盖好唯物主义哲学这所建筑物的上层。"②列宁的见解是十分清楚的。他把马克思哲学比喻为一座"建筑物"，其中辩证唯物主义是它的基础部分，而历史唯物主义则是它的"上层"部分。列宁的《唯物主义和经验批判主义》一书的结构也是先谈辩证唯物主义（以自然界为对象），后谈历史唯物主义（以社会历史领域为对象）。应当指出，把历史唯物主义理解为辩证唯物主义在社会历史领域里的"推广"和"运用"，这不是列宁偶尔表达的一个观点，而是他的一贯思想。在《马克思主义的三个来源和三个组成部分》一文中，列宁指出："马克思加深和发展了哲学唯物主义，使它成为完备的唯物主义哲学，把唯物主义对自然界的认识推广到对人类社会的认识。马克思的历史唯物主义是科学思想中的最大成果。"③在《卡尔·马克思》一文中，列宁又发挥道："发现唯物主义历史观，或者更确切地说，彻底地发挥唯物主义，即把唯物主义运用于社会现象。"④这样一来，"推广论"的雏形在列宁那里已经形成了。

列宁的上述见解在斯大林那里得到了更明确的表述。斯大林这样写道："历史唯物主义就是把辩证唯物主义的原理推广去研究社会生活，把辩证唯物主义的原理应用于社会生活现象，应用于研究社会，应用于

---

① 《列宁选集》第 2 卷，人民出版社 1995 年版，第 12 页。
② 同上书，第 225 页。
③ 同上书，第 311 页。
④ 同上书，第 425 页。

研究社会历史。"①从此，"推广论"就成了人们理解马克思哲学的固定的模式。这种模式不仅影响了苏联、东欧和中国哲学界的马克思哲学的正统的研究者，而且在这个范围之外的研究者那里也产生了广泛的影响。比如，布哈林早在出版于 1927 年的《唯物主义历史观》一书中，已经指出："历史唯物主义是应用到历史上的唯物主义。"②就是在号称富于独创性的"西方马克思主义"者那里，这种理论也拥有一定的影响，如赖希的著作《辩证唯物主义和精神分析》、施密特的论文《论辩证唯物主义中历史和自然的关系》等。

综上所述，在"推广论"的视野中，历史唯物主义只不过是辩证唯物主义在社会历史领域中的"推广"或"运用"。也就是说，这里的历史唯物主义概念只是与传统的"世界"概念中的"社会"部分相对应的"狭义的历史唯物主义概念"。

二

现在让我们进一步来考察，这个"狭义的历史唯物主义概念"的理论困难在哪里，它究竟能否像传统的哲学教科书的编写者所声称的那样，把马克思哲学的最本质的内容充分展示出来。

首先，我们来探讨一下：从一般唯物主义或辩证唯物主义出发，是否能在社会历史领域里达到历史唯物主义的见解？我们的回答是否定的。在展开我们的论述之前，有必要先来阐明一下"一般唯物主义"这一概念的含义。列宁是这样表述的："物质的存在不依赖于感觉。物质是第一性的。感觉、思想、意识是按特殊方式组成的物质的高级产物。这

---

① 《联共(布)党史简明教程》，人民出版社 1975 年版，第 115—116 页。
② 《哲学研究》编辑部：《唯物主义历史观》第一分册，上海人民出版社 1964 年版，第 20 页。

就是一般唯物主义的观点，特别是马克思和恩格斯的观点。"①在列宁看来，费尔巴哈坚持的也是一般唯物主义的观点。确实，当费尔巴哈考察自然的时候，他是一个纯粹的唯物主义者，然而，一进入社会历史领域，他却用宗教的变化去解释社会历史的变迁，从而成为历史唯心主义者了。正如马克思所批评的："当费尔巴哈是一个唯物主义者的时候，历史在他的视野之外；当他去探讨历史的时候，他决不是一个唯物主义者。在他那里，唯物主义和历史是彼此完全脱离的。"②这就告诉我们，从一般唯物主义的立场出发，不但推广不出历史唯物主义，而且由于一般唯物主义坚持的是抽象的、与社会历史相分离的哲学立场，因而在考察社会历史时，必然会陷入历史唯心主义的立场。那么，把辩证唯物主义理论应用于社会历史领域，是否会导致历史唯物主义的结论呢？我们认为，这同样是不可能的。如前所述，辩证唯物主义是以自然界为研究对象的，而我们的世界概念又是按照自然、社会、思维的次序而展示出来的。既然在我们的世界图式中，自然置于社会之前，而人以及人的活动只能以社会的方式显示出来，那就是说，我们所考察的自然乃是一个脱离人及人的活动的、抽象的自然。辩证唯物主义的对象正是这样一个抽象的自然。所以，在辩证唯物主义领域中，人们所谈论的"存在"也就是指与人的活动相分离的、抽象的物质。然而，在社会历史领域里，一切都发生了变化。人们在这个领域里谈论的"社会存在"蕴含着人、人的目的和人的活动。把一般唯物主义转化为辩证唯物主义（其研究对象仍然是脱离人的），并把它引入充斥着人的目的和动机的社会历史领域，是不可能推广出历史唯物主义的结论来的。因为这一"推广"在起点上就是抽象的，而从抽象的前提出发是引申不出具体的结论来的（注意：这与"从抽象到具体"的研究方法完全是两回事）。与历史唯物主义的基本立场契合的只可能是"人化的自然"或"历史的自然"，而不可能是与人相分离的、

---

① 《列宁选集》第 2 卷，人民出版社 1995 年版，第 51 页。
② 《马克思恩格斯全集》第 3 卷，人民出版社 1960 年版，第 51 页。

抽象的自然；只可能是作为人的生产活动的要素（如原料、工具、产品等)出现的物质的具体形态，而不可能是与人相分离的、抽象的物质。要言之，辩证唯物主义虽然把唯物主义辩证化了，但由于作为辩证法的承担者的物质世界或自然界仍然是以抽象的、前社会的方式表达出来的，所以它在历史领域中的应用是不可能引申出历史唯物主义的结论来的。

其次，在"狭义的历史唯物主义概念"中，历史唯物主义被理解为马克思哲学这一建筑物的"上层"，或者换一种说法，被理解为马克思哲学中的"最高的"或"最后的""成果"。也就是说，历史唯物主义的基本理论不是马克思哲学中的基础部分，而是被推广出来的部分；不是马克思在考察一切问题时的出发点，而仅仅是他在研究历史领域时引申出来的局部性的结论。这样一来，历史唯物主义在哲学发展史上的划时代的变革作用被窄化和弱化了，甚至被掩蔽起来了，因为我们仍然把它理解为第二性的、"推广"出来的"成果"，仍然把哲学史上古已有之的一般唯物主义或至多把已经辩证化了的一般唯物主义，即辩证唯物主义作为基础置于历史唯物主义之前。按照这样的方式去理解马克思的哲学，必然会错失它的本质。

最后，通过"狭义的历史唯物主义概念"，马克思哲学被实证化了，它向人们展示出来的只是它的应用价值，而且就应用价值而言，也只能用于狭义的社会历史领域。这里涉及对马克思的一段重要论述的理解。在《德意志意识形态》中，马克思写道："思辨终止的地方，即在现实生活面前，正是描述人们的实践活动和实际发展过程的真正实证的科学(Positive Wissenschaft)开始的地方。……对现实的描述会使独立的哲学(Die Selbstaendige Philosophie)失去生存环境，能够取而代之的充其量不过是从对人类历史发展的观察中抽象出来的最一般的结果的综合(Zusammenfassung)。"[1]在这段话中，马克思强调，作为历史学的"实证的科学"将取代"思辨"哲学；而"从对人类历史的观察中抽象出来的最一

---

① 《马克思恩格斯全集》第 3 卷，人民出版社 1960 年版，第 30—31 页。

般结果的综合"(以下简称"综合")则将取代"独立的哲学"。人们常常把马克思的这段话理解为：在社会历史领域里，哲学已经终结了，代之而起的只是作为"实证的科学"的历史学。这就把马克思的历史观（即历史唯物主义）实证化了。实际上，马克思在这里拒斥的并不是一切哲学，而主要是以黑格尔为代表的历史哲学，马克思在上面说的"思辨"和"独立的哲学"指的正是这种历史哲学。那么，历史哲学终结之后，是否只剩下了作为实证科学的历史学了呢？马克思的回答显然是否定的。马克思上面所说的"综合"正是实证的、经验的历史学赖以为前提的历史观，而这种历史观正是历史唯物主义。历史唯物主义是一种崭新的哲学学说，是我们研究一切其他领域（不仅仅是传统意义上的、狭义的社会历史领域）的理论前提。"狭义的历史唯物主义概念"把历史唯物主义学说束缚于狭义的社会历史领域，强调它是一般唯物主义的应用的产物，这就必然使它实证科学化，失去其深刻的哲学内涵和理论前提作用。

在以卢卡奇为肇始人的"西方马克思主义"思潮的影响下，苏联、东欧和中国学术界对"推广论"的认识和批评渐渐明朗化。20世纪80年代以来，中国学术界形成了一种颇有影响的新见解。这种见解逆转了"推广"的方向，强调历史唯物主义是马克思哲学的基础和核心。原来在辩证唯物主义部分讨论的认识论、方法论、范畴论等都应在历史唯物主义的基础上重新加以讨论。这不能不说是在重新理解马克思哲学上的一个极为重要的进展。然而，这种"基础和核心论"最终并未超越"狭义的历史唯物主义概念"。为什么这么说呢？因为第一，这种理论虽然反对把历史唯物主义看作辩证唯物主义在社会历史领域中的应用，但仍然坚持认为，历史唯物主义是对应于传统意义上的社会历史领域的；第二，如果把历史唯物主义称为马克思哲学的"基础和核心"的话，马克思哲学中的非基础和非核心的部分又是什么呢？能否把上面说的认识论、方法论、范畴论称为非基础和非核心的部分呢？如果是的话，那岂不是把历史唯物主义的内容窄化了吗？第三，这种理论主张保留原来意义上的辩证唯物主义概念。这样一来，一方面，"推广论"的理论失误不能得到根本的清理；另一方面，人们的理论视野仍然停留在"狭义的历史唯物主义概念"内，无法深入地领悟马克思哲学的本质。

三

上面的论述表明，只要人们停留在"狭义的历史唯物主义概念"上，他们就不可能理解马克思的划时代的哲学革命的真正的实质和意义。在我们看来，马克思哲学应当是"广义的历史唯物主义概念"。所谓"广义的历史唯物主义概念"是指：第一，历史唯物主义不仅适合于传统意义上的社会历史领域，而且同时适合于其他一切领域，是我们研究一切领域的前提性理论；第二，历史唯物主义不仅是马克思哲学的"基础和核心"，而且是全部马克思哲学。它本身就蕴含着自己的认识论、方法论、范畴论。要进入"广义的历史唯物主义概念"，必须先从理论上澄清下列问题。

第一个问题：历史唯物主义的世界整体图景是什么？如前所述，"推广论"认为，世界是由三个部分，即自然、社会、思维构成的；"基础和核心论"并不反对这三个部分的划分，它要求更改的只是它们的次序，即把上述结构改写为：社会、自然、思维。不能否认，这一改写具有重要的理论意义，因为前者从抽象的、与人相分离的自然出发去考察一切；后者则从社会历史领域出发去考察一切。但不管如何，世界的整体图景已经被破坏了，因为我们把社会与自然、思维割裂开来了。换言之，我们这里谈论的"社会"概念仍然是一个狭义的社会概念，而在马克思那里，"社会"概念是广义的，是蕴含自然、人和人的思维活动在内的。在《1844 年经济学—哲学手稿》中，马克思写道："社会是人同自然界的完成了的本质的统一，是自然界的真正复活，是人的实现了的自然主义和自然界的实现了的人道主义。"①在马克思看来，社会并不是人的

---

① 《马克思恩格斯全集》第 42 卷，人民出版社 1979 年版，第 122 页。

思维与自然之外的某个东西，它本身就是人（当然也包括人的思维）与自然的统一。马克思又说："**整个所谓世界历史**不外是人通过人的劳动而诞生的过程，是自然界对人说来的生成过程。"①所以，马克思的广义的社会概念显示出一个完整的世界图景，而"广义的历史唯物主义概念"所要展示的也正是这样的世界图景。一旦这一完整的世界图景通过马克思的"社会"或"社会生活"的概念而显示出来，狭义的"社会"概念和"狭义的历史唯物主义概念"也就从理论上被扬弃了。

第二个问题：历史唯物主义强调的是怎样的历史性？所谓"历史性"就是社会历史特性，它是人、人的思维和活动、人所面对的感性世界得以展示的境域。对于"狭义的历史唯物主义概念"来说，历史性仅仅是在传统意义上的社会历史领域里才是有效的。所以，当人们运用"狭义的历史唯物主义概念"去考察自然时，由于撇开了自然的历史性，必然陷入一种抽象的唯物主义的态度。正如马克思所指出的："那种排除历史过程的、抽象的自然科学的唯物主义的缺点，每当它的代表越出自己的专业范围时，就在他们的抽象的和唯心主义的观念中立刻显露出来。"②这种对历史性的作用的限制乃至消解也表现在认识论、方法论和范畴论研究中。一方面，人们把这三论和自然观并列在一起，放在辩证唯物主义部分加以讨论，而这些讨论又是以"前历史唯物主义"的方式来展开的；另一方面，在考察这三论的时候，人们也像考察自然一样抽掉了历史性，从而使这三论也被抽象化了。具体而言，方法论的考察由于忽视了辩证法的承担者的社会历史内涵，因而被变形为抽象的诡辩；范畴论的考察由于忽视了范畴得以抽引出来的现实的社会关系，因而被变形为概念游戏；认识论的考察由于忽视了认识主体的社会历史特征，因而被变形为抽象的认识论。在《唯物主义和经验批判主义》一书中，列宁总是撇开认识主体的社会历史性来谈论认识主体对外部世界的感觉与思考，

① 《马克思恩格斯全集》第 42 卷，人民出版社 1979 年版，第 131 页。
② 马克思：《资本论》第 1 卷，人民出版社 1975 年版，第 410 页。

所以柯尔施批评说:"列宁总是从一个抽象的认识论的立场上来阐述这些关系。他从不在意识的社会——历史形式的同样的平面上来分析知识,从不把它作为一种历史的现象,作为任何既定时代社会经济基础的意识形态方面的'上层建筑'来加以探讨。"①与此不同的是,对于"广义的历史唯物主义概念"来说,历史性不仅仅适合于传统意义上的社会历史领域,而且适合于一切领域。

当我们从"广义的历史唯物主义概念"出发考察自然时,历史性就切入了自然之中,自然不再是与人相分离的抽象物,而是成了"人化的自然""历史的自然"。所以马克思说:"在人类历史中即在人类社会的产生过程中形成的自然界是人的现实的自然界;因此,通过工业——尽管以异化的形式——形成的自然界,是真正的、人类学的自然界。"②同样地,自然科学也将失去它的抽象物质的或者不如说是唯心主义的方向,人们将历史地考察它如何通过工业日益从实践上进入人的生活,改造人的生活,并为人的解放作准备。要言之,自然科学和人的科学将成为一门科学。这样,我们就不会脱离人的实践活动去考察所谓"自然界自身"是怎样运动的,而是通过实践活动的媒介去考察人与自然的关系是如何发展;我们也不会撇开一切历史条件去谈论自然科学研究的课题和成果,而是致力于研究自然科学同人之间的现实的历史关系。同样地,由于历史性的先行切入,前面提及的三论也不再是抽象的了。就认识论而言,它不再把认识主体视为抽象的认识容器,一味地朝历史的开端处去询问认识究竟起源于什么,它的根本任务是在认识过程展开之前,先行地澄清认识主体和认识对象的社会历史属性。换言之,把整个认识活动奠基于人的社会实践活动之上。

举例来说,马克思认为,统治阶级的思想在每一时代都是占统治地位的思想。"例如,在某一国家里,某个时期王权、贵族和资产阶级争

---

① Karl Korsch, *Marxism and Philosophy*, London: New Left Books, 1970, p. 134.
② 《马克思恩格斯全集》第 42 卷,人民出版社 1979 年版,第 128 页。

夺统治，因而，在那里统治是分享的，那里占统治地位的思想就会是关于分权的学说，人们把分权当作'永恒的规律'来谈论。"①如果我们撇开历史背景，只是从抽象的认识论出发去讨论"分权"的问题，那就会纠缠在一些空洞的概念上，根本无法把握这场讨论的实质。只有先行地澄明任何认识活动的社会历史内涵，才可能正确地考察这些认识活动。就方法论而言，人们不再把辩证法单独地抽取出来进行论述，也不再把它与它的抽象的承担者——与人相分离的物质或自然结合起来进行论述，而是把辩证法和它的真正的载体——人类的生存实践活动结合起来进行论述。这样一来，我们的方法论就不会满足于以抽象的方式去讨论对立面的同一性、斗争性等经院哲学式的问题，而是把异化劳动及异化劳动之扬弃作为方法论的中心课题来讨论。就范畴论而言，我们也不会抽象地、脱离一切社会历史内容地去讨论诸如原因与结果、内容与形式、现象与本质、偶然与必然、可能与现实等关系，而是关注范畴与现实的社会关系之间的内在联系。正如马克思在论述经济范畴时指出的那样："经济范畴只不过是生产的社会关系的理论表现，即其抽象。"②总之，一旦人们进入"广义的历史唯物主义概念"的视野，历史性的先行澄明就成了他们从事一切研究活动的根本前提。

第三个问题：在"广义的历史唯物主义概念"的视野里，如何看待辩证唯物主义这一概念？我们认为，这一概念面临着两种选择：如果它保留原来的含义，即以与人相分离的、抽象的自然界为研究对象，那么它就没有必要继续存在下去。正如我们在前面已经指出过的那样，把抽象的辩证法和抽象的唯物主义叠加起来，绝不是马克思本人的哲学立场。这样做必然会磨平马克思哲学与一切旧唯物主义哲学之间的本质差异。如果这一概念要继续存在下去，它就必须改变自己的含义。也就是说，它必须成为历史唯物主义(广义的)的同名词。在这个意义上，辩证唯物

① 《马克思恩格斯全集》第3卷，人民出版社1960年版，第52—53页。
② 《马克思恩格斯选集》第1卷，人民出版社1995年版，第141页。

主义就是历史唯物主义(广义的)。有人也许会问：既然是同名词，辩证唯物主义概念的保留还有什么意义呢？我们认为，不但有意义，而且其意义还是十分重要的，那就是通过这一概念来透显历史唯物主义(广义的)的辩证的性质。马克思本人曾对辩证法作过许多重要的论述，在他的诸多论述中，下面这段话具有特别重要的意义："黑格尔的《现象学》及其最后成果——作为推动原则和创造原则的否定性的辩证法(der Dialektik der Negativitaet)——的伟大之处首先在于，黑格尔把人的自我产生看作一个过程，把对象化看作失去对象，看作外化和这种外化的扬弃；因而，他抓住了劳动的本质，把对象性的人、现实的因而是真正的人理解为他自己的劳动的结果。"[①]通过这段话，马克思告诉我们：第一，他强调的辩证法不是以抽象的物质世界或抽象的自然界为承担者的辩证法，而是以人类的生存实践活动——劳动为承担者和主体的辩证法，人类的历史就是在这种劳动的辩证法的基础上展示出来的。第二，他强调的辩证法是"否定性的辩证法"。马克思之所以把辩证法的这一本质特征——"否定性"揭示出来，正表明他的学说与以孔德为肇始人的实证主义思潮有着本质的差异。实证主义的核心概念 positive 既可解释为"实证的"，又可解释为"肯定的"，所以，实证主义对外部世界的研究同时也蕴含着对外部世界的肯定和认同。相反，作为辩证法的核心概念的 negative 的意义也是十分明显的，那就是"否定的"。也就是说，辩证法就其实质而言是批判的和革命的，它并不崇拜外部世界的任何现存的东西，并不只用肯定的态度去描述外部世界，而是用批判的眼光审查一切，哪怕是人们早已通过教化而接受的传统的信念。所以，马克思在谈到自己的合理形态的辩证法时指出："辩证法在对现存事物的肯定的理解中同时包含对现存事物的否定的理解，即对现存事物的必然灭亡的理解。"[②]从上面的论述可以看出，保留作为"广义的历史唯物主义概念"的

---

① 《马克思恩格斯全集》第 42 卷，人民出版社 1979 年版，第 163 页。
② 马克思：《资本论》第 1 卷，人民出版社 1975 年版，第 24 页。

同名词的辩证唯物主义概念是有必要的，因为它可以透显马克思哲学的批判性和革命性，从根本上抵御把马克思哲学实证化的各种企图；而且从本质上看，"广义的历史唯物主义概念"所蕴含的"历史性"与作为这一概念的同名词的辩证唯物主义概念所蕴含的"辩证性"也完全是一致的。

第四个问题：如何看待"广义的历史唯物主义概念"与实践唯物主义概念的关系？我们认为，实践唯物主义概念所透显的"实践性"与"广义的历史唯物主义概念"所透显的"历史性"及与这一概念同义的辩证唯物主义概念所透显的"辩证性"都具有同样的原始性，而且它们相互之间是不能分离的，不能说其中哪个概念是另外两个概念的基础。它们指称的都是马克思哲学，不过是从不同的侧面加以指称罢了。把实践唯物主义概念作为"广义的历史唯物主义概念"的同名词保留下来，具有同样重要的意义。第一，如前所述，"广义的历史唯物主义概念"的统一的世界图景是通过实践活动展示出来的。马克思说："全部社会生活在本质上是实践的。凡是把理论引向神秘主义的神秘东西，都能在人的实践中以及对这个实践的理解中得到合理的解决。"①在这里，马克思并没有说"社会生活"是以实践活动为基础的(有些人由于误解了马克思的意思而把实践唯物主义理解为历史唯物主义的基础，但这样一来，就把历史唯物主义本身所包含的实践原则抽取掉了，从而使它成了一种支离破碎的东西)，马克思实际上要说的是：实践活动是蕴含在"社会生活"中的，换言之，"社会生活"的统一的世界图景正是通过实践活动展示出来的。这正是马克思哲学不同于传统哲学的重要地方。如果说，旧唯物主义学说是通过抽象的物质来统一世界图景的话，那么，形形色色的唯心主义学说则是通过抽象的理念、精神或意志来统一世界图景的。马克思不同于他们的地方正在于他主张从实践活动出发去展示世界的整体图景，事实上，正是在实践活动的视野中，自然、社会(狭义的)、思维这三者的抽象的、并列的关系被扬弃了，"社会生活"的统一性和完整性得到了确

---

① 《马克思恩格斯选集》第 1 卷，人民出版社 1995 年版，第 56 页。

证。第二，正是通过实践的概念，马克思揭示了一切意识、观念和文本的意向性。也就是说，一切意识、观念和文本都是与人的实践活动联系在一起的，不管它们表现得多么神秘、多么不可思议，人们都可以通过对它们所意向的实践活动的回溯，揭示出它们的本质内涵。第三，更为重要的是，马克思哲学改造现存世界的根本宗旨也是通过实践活动显示出来的。马克思哲学与一切旧哲学的根本差异正在于，旧哲学仅仅停留在解释世界上，而马克思则认为，改变世界才是新哲学面临的最根本的任务。应当看到，"广义的历史唯物主义概念"虽然实际上是从历史的生存实践活动出发去透视一切的，但从概念本身看来，"实践性"并不像实践唯物主义概念那样能直接地显示出来。基于上述种种原因，保留实践唯物主义概念仍然是必要的。

综上所述，只有进入"广义的历史唯物主义概念"的视野，才能明了马克思哲学的基本立场并完整地领悟其一系列哲学概念之间的内在联系，才能彻底地澄清以往理论研究中出现的种种思想混乱及对马克思哲学的根深蒂固的误解。

四

在对"狭义的历史唯物主义概念"和"广义的历史唯物主义概念"之间的差异作了深入的考察之后，现在我们有条件来说明提出"广义的历史唯物主义概念"的理论意义了。

首先，"广义的历史唯物主义概念"的提出将使我们比较彻底地突破传统教科书体系的框架，在哲学研究上真正地向前迈进。近年来，关于马克思哲学体系的改革有过多次讨论，也发表过不少论著，在许多重要问题，如本体论、真理与价值关系、认识与评价关系、异化与人道主义等问题上获得了新的见解。尽管如此，我们对马克思哲学体系的认识从根本上还未突破"推广论"的框架。而"广义的历史唯物主义概念"的引入，将帮助我们跳出传统的思维模式，对历史唯物主义和马克思哲学的关系获得新的理解。

其次，"广义的历史唯物主义概念"的提出将使我们对历史唯物主义在人类思想发展史上所实现的划时代的变革获得新的理解。在"推广论"的视野里，马克思哲学的基础部分仍然是一般唯物主义或辩证唯物主义，而历史唯物主义不过是它的基础部分在社会历史领域里的应用性成果。这样一来，马克思的划时代的哲学创造的意义被埋没了，马克思哲学与传统哲学之间的本质差异被磨平了。因为我们仍然站在传统哲学的基地上，不加批判地使用着传统哲学留下来的概念，如世界、自然、物质、思维、存在、主体、客体、唯物主义、唯心主义等。即使我们把辩证唯物主义（原来意义上的）理解为马克思在哲学上的新的创造，但由于我们总是撇开物质的具体形态（如商品）的社会历史特征（如拜物教），抽象地谈论世界的物质性，所以，我们仍然是在传统哲学的旧框架内理解马克思哲学。"基础和核心论"虽然对于"推广论"来说是一个进步，但由于其未摆脱"狭义的历史唯物主义概念"的影响，也未对上面提到的这些基本概念进行系统的、新的反思，所以归根到底仍然低估了马克思哲学的划时代的意义。从"广义的历史唯物主义概念"出发，我们将会发现，历史唯物主义不仅为一切哲学研究澄明了前提，而且也为我们理解以往的乃至当代的全部哲学学说提供了钥匙。一言以蔽之，历史唯物主义乃是哲学领域里的一场根本性的革命，它从基础上改变了人们的思维方式。

最后，"广义的历史唯物主义概念"的提出将为我们展示出一个崭新的哲学研究的问题域。在先行地澄明历史性的前提下，我们将重新反思一切传统的、我们早已习以为常的哲学问题，如世界观、自然观、物质观、本体论、认识论、辩证法、范畴论、哲学基本问题等。随着这些反思的不断深入，马克思哲学的本真的理论形象将清晰地展现在我们的面前。

历史主义和历史性①

　　在哲学研究，尤其是马克思主义哲学的研究中，我们常常会遇到下面这样的有趣的现象：人们在某个问题上争论不休，争到一定的时候，问题似乎已经被解决了，争论也平息下去了。可是，过了一段时间，这个问题重新又冒了出来，引发了一场新的争论。然而，我们很容易发现，争论的论点、论据甚至论证的方法几乎都是旧的，唯一更新的可能是争论者。比如，在人与自然关系的讨论中经常出现的自然界的先在性问题，在方法论讨论中经常出现的历史与逻辑的关系问题，在认识论讨论中经常出现的认识的起源问题等。

　　为什么会发生这种现象呢？我认为，一个重要的原因是：人们从未深入地反思过历史主义和历史性的关系问题。由于忽视了这层关系，他们不仅老是在一些陈旧的问题上争论不休，而且整个哲学研究由于老是返回到某些简单的、初始的问题上而停步不前。

---

　　① 原载《光明日报》1995 年 9 月 7 日。收录于俞吾金：《俞吾金集》，学林出版社 1998 年版，第 63—68 页；《哲学遐思录》，北京师范大学出版社 2016 年版，第 262—267 页；《重新理解马克思——对马克思哲学的基础理论和当代意义的反思》，北京师范大学出版社 2005 年版，第 345—349 页。——编者注

一

为了讨论历史主义和历史性的关系，我们必须先弄明白这两个概念的含义。我们认为，历史主义乃是一种注重研究对象的起源、演化和发展的发生主义的研究态度。相反，历史性则是一种被抛性，它显示的是研究者、研究对象和研究活动得以展示的先定的历史境遇。我们且来看看两者之间的区别。

首先，历史主义关涉的是经验世界的事实，这些事实是在人们通常意识到的时间中得以展示的。与此不同，历史性则是先于经验的，它是经验世界的事实得以展示的逻辑前提。历史性关系到时间性，这种时间性不是人们在日常生活中感受到的、使经验事实得以延续的那种流俗的时间，也不是研究者主观地感受到的那种私人烙印的时间，那种时间具有随意性，是因人而异的。我们这里所说的时间性乃是研究者无法超越，但又可以意识到它，并与它认同的社会客观时间。这种时间性是在生活世界的基础——人类生存实践活动的基础上显现出来的，而人们在日常生活中感到的时间乃是在这种时间性的基础上展示出来的。

其次，历史主义必然导致对研究对象的历史起源的崇拜和回溯。我们之所以对自然界的先在性（即自然界先于人而存在）、对人的认识的起源问题怀着始终不衰的兴趣，其源出于这种历史主义的情结。相反，历史性最漠视的正是起源问题，它注重的乃是研究者何以在此，它涉及研究者在开展一切研究活动之前已先行地作为逻辑前提植入的历史境遇。与此同时，它也十分重视对研究对象得以展示的历史境遇的分析。

再次，历史主义关心的是在日常生活的时间意识中何者为先的问题，而历史性关心的则是在逻辑上何者为先的问题。因此前者把任何问题的讨论都引向对第一性、第二性关系的设定；而后者关心的乃是研究者在从事任何研究活动之前已然接受的历史前提。

最后，历史主义崇尚的是抽象的研究态度，这种态度的特征是把研究的对象与人的活动分离开来。比如，自然的先在性问题所要强调的就是在人类存在之前自然界就已经存在了。这种强调表明了一种强烈的意向，那就是竭力把人与自然分离开来；同样地，认识的起源问题所要强调的则是任何意识都起源于物质，换言之，物质是第一性的，世界统一于物质。这里追求的也是一个先于人而存在的、与人的任何认识活动相分离的纯然物质的世界。相反，历史性强调的则是人的生存实践活动的先行性，即研究者是无条件地通过人的生存实践活动的媒介去研究一切对象的，所以它崇尚的是具体的研究态度。从历史性出发，研究者所关注的就不是抽象的、与人相分离的自然，而是现实的自然，即经过人的实践活动媒介的人化自然；同样地，从历史性出发，对于认识论研究来说，重要的不是去追溯认识的起源，而是去探讨认识者在认识活动之前已然具有的认识的前结构，从而揭示出认识活动所蕴含的社会历史内涵。

总之，以历史主义为基点，还是以历史性为基点，涉及研究活动的基本路向。以往的许多争论之所以是无效的，因为我们从来没有考虑到把这两个基点区分开来。

二

在分析了历史主义与历史性的基本差异之后，现在我们再来探讨一下它们之间的内在联系。

一方面，我们应当看到，历史主义有其存在的理由。在研究各种经验事实时，为了弄清楚这些事实的来龙去脉，向开端追溯是十分必要的。比如在研究"存在"概念时，我们总得回过头去探索这一概念最早是在哪一位哲学家那里出现的；又如在研究现代化问题时，我们也需要回溯到传统，探索现代化是如何在传统的框架中展开并与之发生激烈的冲突的。然而，我们必须清醒地意识到，仅限于历史主义的思维方式又是不行的，因为这种思维方式总是不断地驱使我们往回追溯，从而遗忘了对研究者置身其中的生活世界的本质的反思和历史性的澄明。这种抽象的研究态度往往会把整个研究导向纯学理的、与生活世界无关的方向。所以，马克思在批判"自然科学的唯物主义"这种流行的观点时，曾经明确地指出："那种排除历史过程的、抽象的自然科学的唯物主义的缺点，每当它的代表越出自己的专业范围时，就在他们的抽象的和唯心主义的观念中立刻显露出来。"①显而易见，以"推广论"为特征的传统马克思主义哲学的教科书把自然置于社会之前，这就必然使自然因为与社会分离而陷于抽象化，并与马克思的人化自然的思想相冲突。这种满足于抽象回溯的、崇古的思维方式归根到底乃是东方社会，特别是中国社会的自然经济的思维定式在理论研究中的一种表现。

另一方面，我们也应当看到，历史性是先于经验而存在的，是任何研究活动都无法回避的逻辑前提。事实上，马克思早已告诉我们："每个个人和每一代当作现成的东西承受下来的生产力、资金和社会交往形式的总和，是哲学家们想象为'实体'和'人的本质'的东西的现实基础，是他们神化了的并与之作斗争的东西的现实基础。"②如果说，历史主义的思维方式体现在理论研究的过程中，那么，历史性的思维方式则体现在对理论研究的逻辑前提的先行澄明上。不管研究者是否自觉地意识到这一点，这一逻辑前提是始终存在着的。然而，仅仅停留在对历史性的领悟上是不够的。在历史性澄明之后，就需要进入经验性的研究过程。事实上，不与经验性的东西相接触，历史性就仅仅是一种可能性的东西，因为它只能通过人们的具体的经验而展示出来。

所以，重要的是把历史主义与历史性统一起来。然而，必须强调，在历史主义与历史性的统一中，历史性乃是基础，乃是任何理论研究活

---

① 马克思：《资本论》第 1 卷，人民出版社 1975 年版，第 410 页。
② 《马克思恩格斯全集》第 3 卷，人民出版社 1960 年版，第 43 页。

动必须先行地加以澄明的前提，历史主义则是我们在梳理经验材料时不可或缺的方法。不应该用历史主义去取代历史性，事实上，我们在理论上的许多争论和混乱都源于这种取代。

三

探讨历史主义与历史性的关系究竟有何理论意义呢？我们认为，除了上面提到的可以消除一些无谓的争论之外，更重要的是，我们将对下面这些理论问题获得新的识见。

首先，我们视之为重要方法的"历史与逻辑的一致"实际上是不能成立的。这种方法力图把简单的逻辑范畴与历史的开端对应起来，把复杂的逻辑范畴与历史发展的较高阶段对应起来。其实，这种做法的实质乃是把逻辑历史主义化，这种方法的运用必然会使研究活动在单纯的历史主义的追溯中飘浮起来，成为无根的浮萍。事实上，在逻辑与历史之间并不存在这种一一对应关系。马克思早就说过："把经济范畴按它们在历史上起作用的先后次序来排列是不行的，错误的。它们的次序倒是由它们在现代资产阶级社会中的相互关系决定的，这种关系同表现出来的它们的自然次序或者符合历史发展的次序恰好相反。问题不在于各种经济关系在不同社会形式的相继更替的序列中在历史上占有什么地位，更不在于它们在'观念上'（蒲鲁东）（在历史运动的一个模糊的表象中）的次序，而在于它们在现代资产阶级社会内部的结构。"①这就告诉我们，必须放弃寻求逻辑与历史一致的无谓游戏，必须终止逻辑向历史的还原，而把探讨的基点真正地移到逻辑上来。

其次，研究者不能轻易地进入研究过程，在进入这一过程之前，他必须先行地澄明自己的历史性。历史主义崇尚的格言是：不了解过去，

---

① 《马克思恩格斯全集》第 46 卷（上册），人民出版社 1979 年版，第 45 页。

就不懂得现在；历史性崇尚的格言是：不了解现在，就不能懂得过去。人们常说马克思注重的是历史主义；实际上，马克思视之为历史主义基础的乃是历史性。所以马克思说："人体解剖对于猴体解剖是一把钥匙。反过来说，低等动物身上表露的高等动物的征兆，只有在高等动物本身已被认识之后才能理解。"①马克思举例说："基督教只有在它的自我批判在一定程度上，可说是在可能范围内准备好时，才有助于对早期神话作客观的理解；同样地，资产阶级的经济只有在资产阶级社会的自我批判已经开始时，才能理解封建的、古代的和东方的经济。"②因此，重要的是澄明研究的前提，而要做到这一点，就要领悟研究者置身于其中的生活世界的本质。

最后，一旦认识到历史性是历史主义的基础，以认识的起源为根本课题的抽象认识论就被解构了。抽象认识论崇拜的是认识活动的最早的起源，它把我们的注意力引向古代，从而遗忘了对认识主体的当下的社会历史性的询问和领悟。认识到这一点，抽象认识论研究就为意识形态批判所取代。因为认识主体在认识任何对象之前，已有认识的前结构，而这种前结构正是在意识形态的教化中形成起来的。与其说认识活动是外部事物在人的头脑中的反映，不如说是认识的前结构在外部事物上的显现。这样一来，通过对历史主义与历史性关系的澄明，我们就获得了一种新的哲学视野。

---

① 《马克思恩格斯全集》第 46 卷（上册），人民出版社 1979 年版，第 43 页。
② 同上书，第 44 页。

马克思物质观新探[①]

在传统的哲学教科书的视野里，马克思的物质观可以表述如下：世界统一于物质（亦即世界的本原是物质）；物质是不以人的主观意志为转移的客观实在；运动是物质的根本属性；时间和空间是运动着的物质的存在形式。这些表述看起来是明晰的、严格的，实际上，却把马克思的整个物质理论抽象化、学院化了。如果从哲学立场上来看，则把马克思的唯物主义与旧唯物主义之间的本质差异磨平了。近年来，有些研究者致力于改造哲学教科书体系，但遗憾的是，他们或者无批判地沿用了对马克思物质观的上述理解模式，或者干脆撇开了物质概念。因而他们在理论上的创造远比他们自己想象的要小得多，因为马克思的物质概念是绕不过去的。不先行地澄明对这一概念的理解，马克思哲学的本质就永远在我们的视野之外。

---

① 原载《复旦学报（社会科学版）》1995 年第 6 期，第 3—9 页；《新华文摘》1996 年第 2 期全文转载。收录于俞吾金：《俞吾金集》，学林出版社 1998 年版，第 310—327 页；《重新理解马克思——对马克思哲学的基础理论和当代意义的反思》，北京师范大学出版社 2005 年版，第 269—283 页。——编者注

一、重新理解马克思物质观的当代启示

当代哲学家，特别是西方马克思主义者的一个重要的贡献是：在重新理解马克思的物质概念上提供了一些有益的启示。

首先，他们认为，马克思的物质观并不是基于对世界的本原和结构的学院式兴趣，而是基于他对资本主义社会的批判。所以在马克思的物质观中，最为核心的是"物化"（Verdinglichung）概念。"物化"有两种含义：一是抽象的含义，即任何劳动产品都是活劳动的一种物化；二是具体的含义，即在私有制社会，尤其是资本主义社会中，物（商品、货币等）被主体化了，而人反而被物化（即异化）了。在《历史与阶级意识》这部名著中，卢卡奇指出："物化是生活在资本主义社会中的每一个人的必然的、直接的现实。"①在卢卡奇看来，马克思物质观的要旨并不是坐在课堂里大谈"世界统一于物质"这类早就可以在旧唯物主义者那里找到的教条，而是通过对物化现象和物化意识的揭露，唤起无产阶级的阶级意识，从而促使他们以实践的方式改造资本主义社会。当时，青年卢卡奇虽然未把上述两种物化的含义严格地区分开来，但是，物化概念的提出表明，卢卡奇正确地理解了马克思物质观的实践功能。而且，如果我们注意到马克思的《1844年经济学—哲学手稿》是在1932年首次出版的，而卢卡奇的《历史与阶级意识》则是在1923年问世的，那就更容易看到卢卡奇在理论上的创发性了。

其次，他们认为，马克思从不抽象地谈论物质概念，他总是从现代社会的生产活动的要素的角度去谈论物质及物质的具体表现形态。葛兰西批评了那种把马克思的物质观与庸俗唯物主义的物质观混为一谈的错

---

① G. Lukacs, *History and Class Consciousness*, Boston: The MIT Press, 1971, p. 197.

误倾向，指出："显然，对于实践哲学来说，物质不应当从它在自然科学中获得的意义上去理解……，也不应当从各种唯物主义形而上学中发现的任何意义上去理解。虽然人们可以考察构成物质本身的各种物理的（化学的、机械的等）属性，但只是在它们成为生产的'经济要素'的范围之内。所以，不应当就物质自身来考察物质，而必须把它作为社会地、历史地组织起来的东西加以考察，而自然科学也应当相应地被看作是一个历史范畴，一种人类关系。"①在葛兰西看来，马克思哲学作为实践哲学与旧唯物主义哲学的一个根本差异是：马克思不是在抽象的物质观的基础上谈论实践问题，恰恰相反，他是在人的实践活动，尤其是生产劳动的基础上来谈论物质问题。所以，在马克思的眼光中，物质不是一种与人相分离的、不以人的意志为转移的实在的东西，而是被社会地、历史地组织起来的东西，是人的生产劳动中的必不可少的要素。施密特在他的代表作《马克思的自然概念》一书中也表达了同样的思想："说物质（matter）是存在的最高的原则是不可能的，这不仅因为从事劳动的主体通过自身中介了自然材料（the material of nature），而且在生产中，人们关涉的并不是物质'本身'，而是具体的、从量和质上规定了的物质的存在形式。"②这就进一步强调了人们在生产劳动中打交道的不是抽象的物质，而是物质的具体的存在形式。

最后，他们认为，马克思的唯物主义与一切旧唯物主义的根本差异在于，马克思从不以静态的、直观的方式去看待物质和物质的具体表现形态，他总是从人的实践活动，特别是生产劳动所蕴含的对象化理论出发去说明它们。海德格尔在强调应与马克思的唯物主义对话时，写下了一段迄今为止还很少引起研究者们重视的话："为了进行这样的对话，摆脱关于这种唯物主义的天真的观念和对它采取的简单拒斥的态度是十分必要的。这种唯物主义的本质不在于一切只是物质（Stoff）的主张中，

---

① A. Gramsci，*Selections from the Prison Notebooks*，International Publishers，1971，pp. 465-466.

② A. Schmidt，*The Concept of Nature in Marx*，London：NLB，1971，p. 34.

而是在于一种形而上学的规定中，按照这种规定，一切存在者都显现为劳动的材料（Material）。"①这就启示我们，不应当站在旧唯物主义的立场上去理解马克思的唯物主义和物质概念，而应当从马克思的唯物主义立场出发去理解他的物质概念及他对旧唯物主义的物质概念的批判。

当代哲学家对马克思的唯物主义和物质概念的理解为我们提供了极有启发的材料，但是也应当看到，他们的见解并不是全面的、彻底的。他们忽略了一个极为重要的问题，即马克思物质观与他的时间观的内在联系。事实上，只要认为马克思没有创立自己独特的时间观，也就是说，只要仍然借用旧唯物主义的时间观讨论马克思的物质观，那么，马克思的物质观与旧唯物主义的物质观的本质差异就仍然是蔽而不明的。虽然海德格尔在《存在与时间》一书中关于时间性的讨论是富有启发性的，但像其他的哲学家一样，他并未注意到马克思对时间理论的卓越贡献。关于马克思的物质理论与他的时间理论的内在联系，我们将在下面适当的地方进行论述。

二、马克思对抽象物质观的批判

抽象物质观是与一般唯物主义的立场（旧唯物主义者坚持的正是这样的立场）相对应的。当我们的哲学教科书从一般唯物主义的立场出发去理解马克思的物质观时，必然会把这一观念抽象化，从而陷入"世界统一于物质"这类空洞的说教。其实，马克思从其实践唯物主义的立场出发，激烈地加以反对的正是这种物质观。

在下面这段话中，马克思对自己赖以批判抽象物质观的立场和出发点作了经典性的说明："从前的一切唯物主义——包括费尔巴哈的唯物

---

① M. Heidegger, *Ueber Den Humanismus*, Frankfurt am Main: Suhrkamp Verlag, 1975, S. 27.

主义——的主要缺点是：对事物、现实、感性，只是从客体的或者直观的形式去理解，而不是把它们当作人的感性活动，当作实践（Praxis）去理解，不是从主观方面去理解。"①研究者们常常引证这段话，可是对这段话的真谛却缺乏真正的领悟。所以，他们常常把马克思的物质观旧唯物主义化。其实，这段话不仅表明了马克思的唯物主义与旧唯物主义的本质差异，而且也表明了马克思的物质观与旧唯物主义的抽象物质观的本质差异。如果说，旧唯物主义是以直观的、脱离一切历史条件的方式去建立自己的物质观的话，那么，马克思则是从人的社会历史活动、从这一活动必然蕴含的对象化出发去批判这种抽象的物质观的。

马克思对抽象物质观的批判最初受到了费尔巴哈的影响。费尔巴哈在批判他以前的唯物主义者的物质观时，强调这种物质观的最大缺陷是把物质与人的生命和感觉分离开来："斯宾诺莎虽然将物质当作实体的一种属性，却没有将物质当作感受痛苦的原则，这正是因为物质并不感受痛苦，因为物质是单一的、不可分的、无限的，因为物质和与它相对立的思维属性具有相同的特质，简言之，因为物质是一种抽象的物质，是一种无物质的物质。"②费尔巴哈认为，黑格尔的思辨哲学虽然张扬的是抽象的唯灵论，即使思维与人的生命和感性活动相分离，但这种理论与抽象的物质理论可以说是殊途同归，都对人的生命和感性活动取漠视的，甚至是敌对的态度。马克思有感于此，也在《黑格尔法哲学批判》一书中写道："抽象的唯灵论是抽象的唯物主义（abstrakter Materialismus）；抽象的唯物主义是物质的抽象的唯灵论（der abstrakte Spiritualismus der Materie）。"③恩格斯在《政治经济学批判大纲》一书中谈到 18 世纪思想的片面性时，也提到了"抽象的唯物主义和抽象的唯灵论相对立"④。当时，在费尔巴哈思想的影响下，马克思和恩格斯把凡是与人

---

① 《马克思恩格斯全集》第 3 卷，人民出版社 1960 年版，第 3 页。
② 《费尔巴哈哲学著作选集》上卷，荣震华等译，商务印书馆 1984 年版，第 110—111 页。
③ 《马克思恩格斯全集》第 1 卷，人民出版社 1956 年版，第 355 页。
④ 同上书，第 597 页。

的感性活动相分离的哲学学说（不管是唯物主义还是唯灵论）都看作抽象的，而他们尤其关心的则是对抽象的唯物主义和抽象的物质观的批评。当马克思在革命实践活动的推动下深入钻研政治经济学时，他对抽象物质观的批判达到了新的深度。

在《1844年经济学—哲学手稿》一书中，马克思这样写道："工业是自然界同人之间，因而也是自然科学同人之间的现实的历史关系。因此，如果把工业看成人的本质力量的公开的展示，那么，自然界的人的本质，或者人的自然的本质，也就可以理解了；因此，自然科学将失去它的抽象物质的（abstrakt materille）或者不如说是唯心主义的方向，并且将成为人的科学的基础，正象它现在已经——尽管以异化的形式——成了真正人的生活的基础一样。"①在这里，值得注意的是马克思提出了"工业"这一极为重要的概念，并把它理解为使自然科学的研究摆脱"抽象物质的"方向的不可或缺的媒介。这是什么意思呢？在马克思看来，传统的自然科学通常是脱离对工业的考察的方式来研究自然界的，所以他们描绘的自然界不过是抽象的自然界、抽象的物质世界。事实上，现实的自然界是经过工业媒介的自然界，现实的物质则是经过生产劳动媒介的物质，而工业并不是别的东西，它正是一本打开了的关于人的本质力量的书，正是人的实践活动，特别是人的生产劳动的具体表现。通过这些论述，马克思与费尔巴哈思想差异已经清晰地显露出来。如果说，费尔巴哈把脱离人的感性直观的物质或自然界视为抽象的东西的话，那么，马克思则把脱离人的实践活动和这一活动的近代的产物——工业的物质或自然界视为抽象的东西。

所以，在《关于费尔巴哈的提纲》一文中，马克思写道："费尔巴哈不满意抽象的思维而诉诸感性的直观；但是他把感性不是看作实践的、人类感性的活动。"②在《德意志意识形态》一书中，马克思进一步批评，

① 《马克思恩格斯全集》第42卷，人民出版社1979年版，第128页。
② 《马克思恩格斯全集》第3卷，人民出版社1960年版，第4—5页。

由于费尔巴哈在谈到人时只限于人的自然属性，所以他"从来没有看到真实存在着的、活动的人，而是停留在抽象的'人'上"①；同样地，费尔巴哈对感性世界的看法也仅限于抽象的直观："他没有看到，他周围的感性世界绝不是某种开天辟地以来就已存在的、始终如一的东西，而是工业和社会状况的产物，是历史的产物，是世世代代活动的结果。"②马克思还批评了费尔巴哈对自然科学所采取的抽象的、直观的态度："费尔巴哈特别谈到自然科学的直观，……但是如果没有工业和商业，自然科学会成为什么样子呢？甚至这个'纯粹的'自然科学也只是由于商业和工业，由于人的感性活动才达到自己的目的和获得材料的。"③通过这些批评，马克思告诉我们，费尔巴哈虽然批判了前人的抽象的物质观，但他自己最终仍未摆脱这种观念的影响。因为仅仅诉诸感性，并不能使人、物质、自然界现实化。在马克思看来，只有从现实的人的社会实践活动出发去考察人、物质、自然界，它们才是现实的。

对抽象物质观的批判并不仅仅是马克思青年时期的工作，而是贯穿他一生的理论上的努力。在《资本论》中，马克思指出："那种排除历史过程的、抽象的自然科学的唯物主义（des abstrak naturwissenschaftlichen Materialismus）的缺点，每当它的代表越出自己的专业范围时，就在他们的抽象的和唯心主义的观念中立刻显露出来。"④这就表明，马克思的物质观与以往一切哲学家（不管是唯物主义者，还是唯心主义者）的根本差异在于：马克思从不抽象地谈论物质，亦即从不像传统的哲学教科书所理解的那样，高谈世界统一于物质、物质是不依赖于人的主观意志的客观实在、物质与运动不可分离、时间和空间是运动着的物质的存在方式等。马克思总是从人的社会实践活动出发，历史地探讨物质及其物质的具体表现形态。

---

① 《马克思恩格斯全集》第3卷，人民出版社1960年版，第50页。
② 同上书，第48页。
③ 同上书，第49—50页。
④ 马克思：《资本论》第1卷，人民出版社1975年版，第410页。

三、马克思物质观的基本内容

在论述马克思的物质观的基本内容之前，我们有必要先澄清一下长期以来学术界对于马克思关于物质问题的两段论述的误读。第一段论述是马克思在《神圣家族》一书中写下的："决不可以把思维同那思维着的物质(eine Materie…，die denkt)分开。物质是一切变化的主体(das Subjekt)。"①人们只要认真地阅读一下这段话的上下文，并参考一下霍布斯的《利维坦》等著作，就会明白，这段话并不是马克思本人的哲学观点，而是马克思转述的霍布斯的哲学观点。可是，斯大林撰写的《论辩证唯物主义和历史唯物主义》一文却把这段话误读为马克思本人的哲学观点。②这种误读的影响是如此之深远，以致迄今为止，我国的某些哲学教科书仍然沿用同样的说法。③另一段论述是马克思在《资本论》第二版跋中写下的："观念的东西不外是移入的头脑并在人的头脑中改造过的物质的东西(Materielle)而已。"④人们常常用这段话来证明马克思的认识论是一种反映论。其实，马克思在这里使用的 Materielle 乃是形容词 materiell (物质的)的名词化，这个词不同于名词 Materie(物质)。马克思这里说的"物质的东西"是指物质的具体的样态，即事物。正如我们在前面早已指出过的那样，马克思认为，一切唯物主义的缺点都是以直观的形式去理解事物(不管我们在反映论的前面加上多少定语，如"革命的""能动的"，"反映"总是一个直观性质的用语)，而马克思则主张从主观方面、从实践出发去理解事物。在马克思那里，"物质的东西"绝不是直观的、

---

① 《马克思恩格斯全集》第 2 卷，人民出版社 1957 年版，第 164 页。

② 参见《联共(布)党史简明教程》，人民出版社 1975 年版，第 125 页。

③ 参见李达：《唯物辩证法大纲》，人民出版社 1978 年版，第 178 页；肖前等：《马克思主义哲学原理》上册，中国人民大学出版社 1994 年版，第 97 页。

④ 马克思：《资本论》第 1 卷，人民出版社 1975 年版，第 24 页。

反映的对象，而是实践的要素或产物。所以，马克思的认识论绝不是反映论，而是实践论。

在辨明这两段论述的本来含义之后，现在我们可以来考察马克思物质理论的基本内容了。

首先，马克思不是从抽象的（学院化的）或直观的（庸俗化的）角度出发来谈论物质概念的，而是从人的最基本的实践活动——生产劳动出发来探讨物质问题的。马克思说："劳动首先是人和自然的过程，是人以自身的活动来引起、调整和控制人和自然物质变换（stoffwechsel）的过程。人自身作为一种自然力（eine Naturmacht）与自然之间的物质（Natur-stoff）相对立。为了在对自身生活有用的形式上占有自然物质，人就使他身上的自然力——臂和腿、头和手运动起来。"①马克思把劳动过程理解为"物质变换的过程"，换言之，物质是作为劳动过程的要素而出现的。马克思这里说的"自然物质"主要有以下四种表现形式：一是劳动对象，或者是现成的、天然存在的劳动对象，或者是原料，即被以前的劳动过滤过的对象；二是劳动工具，即"劳动者置于自己和劳动对象之间、用来把自己的活动传导到劳动对象上去的物或物的综合体"②；三是产品，即"经过形式变化而适合人的需要的自然物质"③；四是劳动过程中的排泄物。这里说的"自然物质"还是狭义的，因为它是与作为自然力的人相对立的，而广义的"自然物质"概念则是包含作为单纯劳动力的人在内的，正如马克思在另一处所说的："劳动力首先又是已转化为人的机体的自然物质。"④必须记住，马克思在这里说的是作为单纯劳动力的人的客观的物质形态，而从人之为人的角度来看，马克思是反对资本主义生产把人物化、把人变成机器的附属品的。关于这一点，构成马克思物质观的重要的实践功能，对此我们将在下面加以论述。

---

① 马克思：《资本论》第 1 卷，人民出版社 1975 年版，第 201—202 页。
② 同上书，第 203 页。
③ 同上书，第 205 页。
④ 同上书，第 242 页。

其次，马克思总是从生产劳动必然蕴含的对象化出发去考察物质的具体表现形态——物和商品的。在《1844年经济学—哲学手稿》中，马克思写道："非对象性的存在物是非存在物（Ein ungegenstaendliches Wesen ist ein Unwesen）。"①马克思决不像旧唯物主义者或后来的马克思哲学教科书的编写者那样，热衷于追溯一个先于人而存在的物质世界。这种"起点崇拜"的态度正是一种把人与物质世界割裂开来的非对象化的态度。在马克思看来，这样一个与人相分离的混沌的物质世界对于人来说是毫无意义的。也就是说，在人的实践活动和认识活动的视野里，非对象性的存在物就是非存在物。所以马克思又说："只有当物（die Sache）按人的方式同人发生关系时，我才能在实践上（praktisch）按人的方式同物发生关系。"②总之，物不是人静观的对象，而是人的实践活动的要素。

在马克思看来，物不一定是商品，只有在商品经济的社会中，物才普遍地以商品的形式出现。所以马克思说："商品（Die Ware）首先是一个外界的对象，一个靠自己的属性来满足人的某种需要的物（ein Ding）。"③在马克思看来，物作为商品具有两重性：一方面，物的有用性使物具有使用价值；另一方面，物作为商品必须进入交换之中，所以它又具有交换价值，使用价值是交换价值的物质承担者。作为使用价值，商品具有质的差别；作为交换价值，商品只有量的差别。如果把商品的使用价值抽去，那么，商品的一切可以感觉到的属性就都消失了。随着商品的有用性质的消失，体现在商品中的各种劳动的有用性质也消失了，从而这些劳动的具体形式也消失了，它们都表现为抽象的人类劳动。于是，商品作为物就成了抽象的、无差别的人类劳动的凝结，就结晶为价值。在交换关系中，价值体现为交换价值。那么，商品的价值又是通过什么来计量的呢？马克思认为，是由"社会必要劳动时间"来计量

---

① 《马克思恩格斯全集》第42卷，人民出版社1979年版，第168页。
② 同上书，第124页。
③ 马克思：《资本论》第1卷，人民出版社1975年版，第47页。

的，而"社会必要劳动时间（Gesellschaftlich notwendige Arbeitszeit）是在现有的社会正常的生产条件下，在社会平均的劳动熟练程度和劳动强度下制造某种使用价值所需要的劳动时间"①。在这里，"社会必要劳动时间"不仅是一个经济学的概念，而且是一个哲学概念。正是通过这个概念，马克思展示了作为现代社会的物的普遍存在方式的商品的社会历史内涵。传统的哲学教科书、当代西方的哲学家以及那些把马克思哲学理解为实践唯物主义的学者由于未能进入"社会必要劳动时间"的境域，所以他们最终还是不可避免地把马克思的物质观误解为抽象物质观。

最后，马克思的物质观既不导向形而上学的神秘说教，也不导向实证的知识，它导向的乃是对现代社会的普遍现象——拜物教的批判。马克思在论述非商品的物与作为商品的物的差别时写道："例如，用木头做桌子，木头的形状就改变了。可是桌子还是木头，还是一个普通的可以感觉的物。但是桌子一旦作为商品出现，就变成一个可感觉而又超感觉的物（ein sinnlich uebersinnliches Ding）了。它不仅用它的脚站在地上，而且在对其他一切商品的关系上用头倒立着，从它的木脑袋里生出比它自动跳舞还奇怪得多的狂想。"②马克思把这种物一旦作为商品出现就带有的神秘性质称之为"拜物教"（Fetischismus）。马克思认为，这种拜物教的产生与商品的使用价值无关，其奥秘在于："商品形式在人们面前把人们本身劳动的社会性质反映成劳动产品本身的物的性质，反映成这些物的天然的社会属性，从而把生产者同总劳动的社会关系反映成存在于生产者之外的物与物之间的社会关系。由于这种转换，劳动产品成了商品，成 了 可 感 觉 而 又 超 感 觉 的 物 或 社 会 的 物（gesellschaftliche Dinge）。"③这就告诉我们，商品拜物教源于商品作为"社会的物"的历史特征，其作用是以物与物之间的关系掩盖人与人的社会关系。至于拜金主义，不过是拜物教的典型表现形式。所以，马克思说："货币拜物教

---

① 马克思：《资本论》第 1 卷，人民出版社 1975 年版，第 52 页。
② 同上书，第 87—88 页。
③ 同上书，第 88—89 页。

的谜就是商品拜物教的谜，只不过变得明显了，耀眼了。"①马克思批判拜物教的目的就是要从物与物的关系的外观下揭示出现代社会中人与人的真实关系。这就是马克思的物质观的实践功能。那些认为马克思的物质观就是高谈"世界统一于物质"的形而上学信念的学者完全误解了马克思的学说。从释义学的观点来看，这种误解的基础在于，理解者本人的立场还未摆脱旧唯物主义的影响；而那些把马克思哲学理解为实践唯物主义的学者又总是简单地撇开马克思的物质理论，完全忽略了这一理论的导向——对拜物教的批判，而这一批判正是实践唯物主义的本质内容之一。

四、重新理解马克思物质观的意义

物质观是马克思哲学的基本观点之一，重新理解马克思的物质观具有极为重要的理论意义。

首先，它从根本上改变了物质理论研究的问题域。正是马克思告诉我们，应该从与旧唯物主义者完全不同的视野出发去探讨物质理论。第一，不要用直观的、抽象的态度去看待物质，而应从"物质变换"入手去考察物质。也就是说，我们必须通过人的生存实践活动的中介去思考物质问题。比如，马克思在谈到土地问题时这样写道："土地只有通过劳动、耕种才对人存在。"②这就启示我们，脱离人的生存实践活动，抽象地谈论物质及物质世界的存在是毫无意义的。第二，不要以古代哲学家惯用的宇宙起源论的方式去形而上学地、脱离一切社会联系地奢谈什么"物质是世界的本原""物质是世界统一的基础"，重要的是考察物质在现代社会的普遍的表现形式——商品，并进而考察商品的两重性和商品拜

---

① 马克思：《资本论》第 1 卷，人民出版社 1975 年版，第 111 页。
② 《马克思恩格斯全集》第 42 卷，人民出版社 1979 年版，第 114 页。

物教(作为物的商品的主体化和人的物化、物与物的关系对人与人的关系的掩蔽)现象的产生，从而对资本主义社会的异化和物化现象作出历史的、批判性的说明。第三，不要以自然主义和发生学的态度纠缠在作为物质总体的自然界的"先在性"问题上。事实上，对一个所谓人存在之前就已存在的自然界的追溯，必然导致研究者以与人割裂的方式去考察自然界。正如马克思所指出的："被抽象地孤立地理解的、被固定为与人分离的自然界，对人说来也是无。"①那么，对于我们来说，什么样的自然界才是现实的呢？马克思告诉我们："在人类历史中即在人类社会的产生过程中形成的自然界是人的现实的自然界；因此，通过工业（die Industrie）——尽管以异化的形式——形成的自然界，是真正的、人类学的自然界。"②这就启示我们，只要我们不以抽象的方式，而是以现实的方式来讨论物质观和自然观，我们的讨论就必然通过"工业"这一不可或缺的重要环节来展开，而工业正是人的本质力量打开了的书本，正是人的生存实践活动的产物。这样一来，我们就从根本上超越了哲学教科书的直观的、抽象化的、形而上学的物质理论，进入到长期以来被掩蔽的马克思关于物质理论的真正的问题域中，即物质变换（生存实践活动）、工业、对象化、物化、异化、物在资本主义社会中的普遍存在形式：商品—货币—资本、商品的两重性、商品的价值和社会必要劳动时间、拜物教、物与物的关系和人与人的关系。

其次，它从根本上改变了我们对马克思哲学的基本问题的看法。传统的哲学教科书认为，马克思哲学的基本问题是存在（物质、自然界）与思维（意识、精神）何者为本原（第一性）的问题。如前所述，把这种古代哲学家特有的追溯宇宙起源的思维方式带入对马克思哲学的解释中，必然磨平马克思哲学与一切旧唯物主义哲学之间的本质差异。因为上述基本问题的设定正是从直观的、抽象化的、形而上学的物质观出发的。实

① 《马克思恩格斯全集》第 42 卷，人民出版社 1979 年版，第 178 页。
② 同上书，第 128 页。

际上，马克思哲学作为实践唯物主义，是从人的生存实践活动出发去考察一切问题的，所以，马克思哲学的基本问题并不是思维与存在的关系问题，而是在生存实践活动中展开的人与自然（物）和人与人的关系问题。在《德意志意识形态》中，马克思谈到人类活动的两个方面：一是"人们对自然的作用"，二是"人对人的作用"①。在《资本论》中，马克思谈到日常生活表现为"人与人之间和人与自然之间……的关系"②。这都是马克思对自己的哲学的基本问题的表述。具体而言，马克思哲学的基本问题包含以下三个方面：一是人与自然（物）的关系，即生产劳动问题；二是人与人的关系，即社会关系问题；三是人与自然（物）和人与人之间的互动关系，即劳动的异化和异化的扬弃问题。马克思说："只有在资本主义制度下自然界才不过是人的对象，不过是有用物。"③一方面，异化劳动导致了资本主义社会中人与人之间关系的异化和私有制（私有财产就是物在一定历史条件下的表现形式）的发展；另一方面，私有制又反过来加剧了劳动的异化、拜物教和人的物化的发展。所以，马克思认为，共产主义的使命就是通过对私有财产（具有特定社会关系的物）的扬弃，即通过改变人对物的占有关系的方式，来改变人与人的社会关系。马克思在谈到这种共产主义时说："它是人和自然界之间、人和人之间的矛盾的真正解决，是存在和本质、对象化和自我确证、自由和必然、个体和类之间的斗争的真正解决。它是历史之谜的解答，而且知道自己就是这种解答。"④这就告诉我们，坚持传统的哲学基本问题，即坚持抽象的物质与精神的对立，大谈物质的第一性，必然会使我们迷失在旧唯物主义的形而上学的视野中，从而与马克思哲学的本真精神失之交臂。总而言之，马克思哲学的基本问题是人与自然（物）和人与人的关系，其宗旨是通过对人对物（私有财产）的占有关系的扬弃和调整来解

---

① 《马克思恩格斯全集》第 3 卷，人民出版社 1960 年版，第 41 页。

② 马克思：《资本论》第 1 卷，人民出版社 1975 年版，第 96 页。

③ 《马克思恩格斯全集》第 46 卷（上册），人民出版社 1979 年版，第 393 页。

④ 《马克思恩格斯全集》第 42 卷，人民出版社 1979 年版，第 120 页。

决人与人的关系。所以，马克思哲学绝不是以抽象的态度追溯物质和自然界起源的自然哲学，而是法哲学，因为法哲学正是以人对物的占有和人与人的关系为研究对象的。在这个意义上，我们可以说，一个多世纪来，马克思的许多研究者都未能理解马克思。所以，我们更乐于指出：不读黑格尔的法哲学，就不可能真正理解马克思的哲学。

最后，它启示我们，马克思哲学就其实质而言不是物质本体论，而是社会关系本体论。传统的哲学教科书几乎都把马克思哲学理解为物质本体论，即使不使用"本体论"这个词，也无条件地承认了物质在存在论上的优先性。但这种抽象的、直观的本体论不过是发端于古代哲学的世界本原论或宇宙起源论。把它理解为马克思的本体论完全是对马克思哲学的误解。问题在于，物质本体论的显性形式是比较容易识别的，但其隐性形式却是不容易识别的。事实上，只要人们仍然无批判地使用"自然、社会、思维"这一"世界"概念，即仍然把前社会的、与人的生存实践活动相分离的自然理解为"世界"的基础部分，不管人们给马克思哲学安上怎样的新名词，人们实际上仍然站在物质本体论的立场上。有的学者把马克思的哲学理解为"物质—实践本体论"，但既然实践就是"物质变换"活动，那么这里的"物质"岂不成了多余的东西了吗？也有的学者干脆把马克思哲学称为"实践本体论"，充分肯定了实践在马克思哲学中的本体论上的优先性。不用说，"实践本体论"虽然比"物质本体论"更接近马克思哲学的本质，但它却把马克思哲学肤浅化了。因为人们的实践活动是可以通过经验观察的办法加以考察的，正如马克思在论述人类历史的前提时所说的："这些前提可以用纯粹经验的方法来确定。"① 而马克思的哲学并没有停留在单纯的经验观察上，它的根本使命是揭示人类社会生活中隐蔽的、深层的东西。马克思在谈到经济学研究时说："分析经济形式，既不能用显微镜，也不能用化学试剂。二者都必须用抽象

---

① 《马克思恩格斯全集》第 3 卷，人民出版社 1960 年版，第 23 页。

力来代替。"①因为经济形式涉及的并不是可以观察到的经济现象，而是隐在现象背后、只有通过抽象力才能把握的社会关系。正是在这个意义上，我们认为，马克思哲学是社会关系本体论。在马克思看来，一切人和物都是在社会关系的以太中显示出自己的独特的存在方式的："黑人就是黑人。只有在一定的关系下，他才成为奴隶。纺纱机是纺棉花的机器。只有在一定的关系下，它才成为资本。脱离了这种关系，它也就不是资本了，就像黄金本身并不是货币，砂糖并不是砂糖的价格一样。"②即使是"实践本体论"者所谈论的各种实践形式，包括最基本的生产劳动，也都是在一定的社会生产关系的前提下展示出来的。所以，马克思说："人们在生产中不仅仅影响自然界，而且也相互影响。他们只有以一定方式结合起来共同活动和互相交换其活动，才能进行生产。为了进行生产，人们相互之间便发生一定的联系和关系；只有在这些社会联系和社会关系的范围内，才会有他们对自然界的影响，才会有生产。"③马克思哲学的本质在于揭示资本主义社会的社会生产关系的本质，并运用实践的手段对它进行革命性的改造。正是基于这样的思考，马克思强调，人的本质在其现实性上是一切社会关系的总和；而正如在上面已经指出过的那样，马克思对资本主义社会普遍存在的"拜物教"的批判，目的也正是从物与物关系的外观下揭示出人与人社会关系的实质。当然。社会关系并不是独立的、一成不变的，相反是随着社会生产力的发展而历史地变化着的。但在任何历史时期，社会生产力又总是在一定的社会生产关系的范围内展开的，因为人本质上是社会存在物，人的任何实践活动都打着一定的社会关系的印记。应该从社会生活的总体上来理解社会关系在本体论上的先行性。事实上，马克思哲学的一系列基本概念，如实践、物质、自然、认识、辩证法、范畴等都关涉社会关系这一隐蔽的、深层的基础。易言之，社会关系本体论才是马克思哲学的本质，才

---

① 马克思：《资本论》第1卷，人民出版社1975年版，第8页。
② 《马克思恩格斯选集》第1卷，人民出版社1995年版，第344页。
③ 同上。

是马克思考察其他一切问题的前提。

　　综上所述，对传统哲学教科书中的物质理论取简单的弃之不顾的态度是不对的，必须从马克思本人的哲学立场出发，通过对这些理论的批评性考察，揭示出马克思物质观的真实含义、基本内容以及它在马克思的整个哲学体系中的地位和作用，从而重新理解马克思、重新塑造马克思哲学的理论形象。

马克思哲学是历史哲学吗？[①]

在哲学研究中，常常会出现对哲学家著作的误读，而这种误读的重要表现形式之一就是把某个哲学家已经批判过的思想误认作是哲学家本人的思想。马克思还在世的时候，就已经对历史哲学作过透彻的批判，可是，他的哲学却一再被人误解为历史哲学；在他逝世之后，这种误读由于没有受到认真的批判而不断地蔓延开来。直到今天，这种误读在中国理论界仍然拥有广泛的影响，因而有必要加以澄清。

一

把马克思哲学误解为历史哲学有两种表现形式：一种是显性表现形式，即在研究性论著中把马克思哲学直接称为历史哲学；另一种是隐性表现形式，即在他讨论哲学问题时，虽然未直接使用"历史哲学"的概念，但实际上却按照历史哲学的观点来解释马克思的哲学理论。

这种误读的显性表现是一目了然的，至于它

① 原载《光明日报》1995 年 12 月 7 日。收录于俞吾金：《俞吾金集》，学林出版社 1998 年版，第 367—372 页。——编者注

的隐性表现，我们不妨举两个例子来加以说明。例子一是关于社会形态问题的讨论。马克思和恩格斯在探讨欧洲社会的演化时，形成了著名的"五大社会形态理论"，中国的一些学者曾把这一理论简单地搬用到对中国社会演化的分析上，从而千方百计地去论证：在中国历史上存在过欧洲意义上的奴隶社会和封建社会。这种把仅适合于欧洲社会的"五大社会形态理论"照搬的做法实际上就是把马克思哲学历史哲学化。例子二是所谓对"西方文化中心主义"的批判。近年来，一些中国学者受到"后殖民主义文化理论"的影响，认为中国现代化的关键是批判并扬弃"西方文化中心主义"。只要能做到这一点，中国的现代化就有了希望。他们还把这种见解理解为马克思关于东方社会理论的一个组成部分。这种见解看起来是反历史哲学的，实际上恰恰是历史哲学理论的典型表现。为什么这么说呢？因为一种文化在世界范围内能否拥有中心的位置，不只是一个观念问题，从根本上看乃是一个综合力量（经济、科技、政治、军事等）的问题。把单纯的观念上的否弃理解为人类社会发展的根本力量，岂不是同青年黑格尔主义者一样在黑格尔的历史哲学的森林中迷路了吗？事实上，马克思关于东方社会的理论虽然强调了东方社会发展的不同路向，但他从不认为单纯观念的力量就能改变社会。

这种对马克思哲学的误读表明，阅读者从来没有认真地思考过马克思哲学与传统的历史哲学的关系。

二

马克思在哲学上的划时代的变革是创立了历史唯物主义，而历史唯物主义正是在批判以黑格尔为代表的历史哲学的基础上形成并发展起来的。马克思对历史哲学的批判主要表现在以下几个方面。

首先，马克思指出，历史哲学并不是从现实的历史出发的，而是从观念出发的。它认为，现实的历史不但不是观念的基础，反而是观念的产物。

它先把现实的历史中的单个人的动机和目的抽取出来，接着把这些动机和目的变为普遍的观念，然而又用这种普遍的观念取代现实的历史活动。正如马克思指出的："黑格尔的历史哲学是整个德国历史编纂学的最终的、达到自己'最纯粹的表现'的产物。在德国历史编纂学看来，问题完全不在于现实的利益，甚至不在于政治的利益，而在于纯粹的思想。"①历史哲学的这一出发点必然导致历史哲学家把自己头脑中臆想出来的观念（特别是自己喜爱的观念）的联系取代现实历史中的真实的事件之间的联系。在这个意义上，历史哲学家颇有点像想入非非的堂·吉诃德："堂·吉诃德误认为游侠生活可以同任何社会经济形式并存，结果遭到了惩罚。"②

其次，历史哲学家总是热衷于建构普遍的社会历史运动的公式，众所周知，马克思在《资本论》第 1 卷中关于资本的原始积累的一章中曾经描述过西欧的资本主义经济制度从封建主义经济制度内部产生出来的过程，但俄国学者米海洛夫斯基却竭力把马克思的上述论述转变为一种适应于一切国家的普遍的论述。马克思批评说："他一定要把我关于西欧资本主义起源的历史概述彻底变成一般发展道路的历史哲学理论，一切民族，不管他们所处的历史环境如何，都注定要走这条道路，——以便最后都达到在保证社会劳动生产力极高度发展的同时又保证人类最全面的发展的这样一种经济形态。但是我要请他原谅。他这样做，会给我过多的荣誉，同时也会给我过多的侮辱。"③这就告诉我们，马克思拒绝提供关于一般发展道路的普遍公式。在马克思看来，极为相似的事情在不同的历史环境中会引起完全不同的结果。比如，古代罗马的自由农民虽然被剥夺了生产资料，但并没有像现代农民一样变为雇佣工人，却成了无所事事的游民。如果我们从实际出发，对这些相似的现象分别加以研究，然后再把它们进行比较，就很容易找到理解这种现象的钥匙。"但是，使用一般历史哲学的理论这一把万能钥匙，那是永远达不到这种目

---

① 《马克思恩格斯全集》第 3 卷，人民出版社 1960 年版，第 44—45 页。
② 马克思：《资本论》第 1 卷，人民出版社 1975 年版，第 99 页注 33。
③ 《马克思恩格斯全集》第 19 卷，人民出版社 1963 年版，第 130 页。

的的，这种历史哲学理论的最大长处就在于它是超历史的。"①说历史哲学是"超历史的"，实际上也就是说它是无用的。

最后，马克思指出，历史哲学家在考察社会时，总是从单个人出发的，他们凭想象力虚构出所谓"自然状态"，然后来探讨个人之间的关系及社会活动。蒲鲁东就是以这样的方式来解释历史的，马克思批评说："蒲鲁东等人自然乐于用编造神话的办法，来对一种他不知道历史来源的经济关系的起源作历史哲学的说明。"②这样一来，历史哲学理论在开始探讨社会历史时，已陷入了错误之中。与蒲鲁东不同，马克思通过对大量人类学资料的研究指出，我们越往前追溯历史，个人就越表现为不独立，从属于一个较大的整体，直到18世纪的市民社会，才出现孤立的个人。实际上，这样的个人也并不是孤立的，而是置身于充分发展的社会关系中。在马克思看来，人的本质在其现实性上是一切社会关系的总和。只有从处在这种普遍联系中的个人出发，才可能对现实的历史作出合理的说明。

综上所述，马克思对历史哲学的拒斥是十分彻底的，他坚决反对任何人把他的哲学理论曲解为历史哲学。

三

那么，马克思哲学，即历史唯物主义与历史哲学之间究竟有何本质的差异呢？马克思说："对现实的描述会使独立的哲学失去生存环境，能够取而代之的充其量不过是从对人类历史发展的观察中抽象出来的最一般的结果的综合。这些抽象本身离开了现实的历史就没有任何价值。它们只能对整理历史资料提供某些方便，指出历史资料的各个层次间的连贯性。但是这些抽象与哲学不同，它们绝不提供适用于各个历史时代

---

① 《马克思恩格斯全集》第19卷，人民出版社1963年版，第131页。
② 《马克思恩格斯全集》第46卷（上册），人民出版社1979年版，第21页。

的药方或公式。"①这就明确地告诉我们，历史唯物主义与任何历史哲学体系之间的本质差异在于，它的目的不是提供一个适合于一切历史时代的药方，而是在从事任何历史研究之前先行地澄清一切历史活动的前提。这个前提就是人们为了能够创造历史，必须能够生活，而人们的现实生活是由四种生产构成的：一是物质资料的生产，二是人的生产，三是社会关系的生产，四是精神生产。在这个意义上可以说，生存或生活就是生产。历史唯物主义就是生存哲学，换言之，就是广义的生产哲学。在这四种生产中，最根本的是物质资料的生产。马克思在提到这种生产时说："这是一种普照的光，它掩盖了一切其他色彩，改变着它们的特点。这是一种特殊的以太，它决定着它里面显露出来的一切存在的比重。"②这样一来，我们就明白了，历史唯物主义不是为历史提供药方或公式的历史哲学体系，而是我们从事任何历史研究的前提和指南。

历史唯物主义的功能不仅是建设的，而且是去蔽的。马克思说："我们所需要研究的是人类史，因为几乎整个意识形态不是曲解人类史，就是完全撇开人类史。"③所以，历史唯物主义必然蕴含着意识形态批判，蕴含着对任何研究工作的前提的先行的批判性的澄清。

最后，还须指出的是，把历史唯物主义与历史哲学严格地区分开来，不是表明历史唯物主义只研究已然发生的历史事实，而拒绝对人类历史发展的一般趋势作出合理的预测。实际上，马克思通过对大量经验事实的深入研究，指出了"历史向世界历史转变"的总趋势。这一总趋势告诉我们，不同国家或地区的发展虽然各有自己的特点，但共性也是存在的。只讲共性，不讲特殊性，或只讲特殊性，不讲共性，归根到底都是历史哲学的观念在起作用。而历史唯物主义则启示我们要辩证地看待共性和个性的关系，以便适应"历史向世界历史转变"的潮流，从中国的具体国情出发来认识中国社会发展的规律，用以指导现代化建设。

---

① 《马克思恩格斯全集》第 3 卷，人民出版社 1960 年版，第 31 页。

② 《马克思恩格斯全集》第 46 卷(上册)，人民出版社 1979 年版，第 44 页。

③ 《马克思恩格斯全集》第 3 卷，人民出版社 1960 年版，第 20 页。

真理：当前哲学探索的一个焦点①

一、真理问题的提出

从国内看，党的十一届三中全会前后进行的关于真理标准问题的大讨论破除了"两个凡是"的迷信，恢复了唯物史观的权威，使人们重新认识到任何真理都必须无条件地接受实践检验这一马克思主义的基本原则。然而，这场讨论还没有触及更深层的问题，即真理的本质问题。从国际上看，传统的、古典的真理观正面临挑战。逻辑实证主义者把真理分而为二：一是逻辑真理，也叫必然真理；二是经验真理，也叫或然真理。波普从反经验归纳的证伪主义立场出发，干脆把真理置换成逼真度的问题，甚至认为真理也是虚悬在那里的不可企及的理想。费耶阿本德走得更远，提出了什么都行（anything goes）的著名口号。不用说，这些见解包含着不少偏谬之处，但却不能不引起我们的重视，引起我们对真理问题的重新思索和探讨：真理是否具有绝对的普遍必然性？

① 载俞吾金：《文化密码破译》，上海远东出版社 1995 年版，第 132—134 页。——编者注

真理是存在于一个学派之中，还是寓于所有的学派之中？有没有纯粹的真理，或者说，真理和谬误除了对立的一面外，是否也相互渗透、相互包容？

二、真理和学派

为什么中国的学派如此之少？这一现象和我们对真理的理解密切相关。长期以来，在"左"的思想的影响下，人们把他们所理解的马克思主义的学说看作唯一的真理，把其余的一切学说或学派统统斥之为谬误。每当新的自然科学理论或学派，如爱因斯坦相对论、摩尔根遗传学派产生时，人们甚至还没有读懂他们的著作，就从哲学上大加讨伐。在社会科学的领域中更是如此。从马寅初的"新人口论"到杨献珍的"合二为一"说，无一不遭到批判。诚然，与其他学说相比，马克思主义的学说具有大得多的真理性，但马克思主义并没有囊括全部真理，真理是寓于各派学说之中的。我们常说马克思主义有三个来源：德国古典哲学、英国古典经济学、法国空想社会主义。无疑，这三种学说都拥有一定的真理性，不然，我们就把整个文化史给割断了。历时性的学派是如此，共时性的学派也是如此。在马克思创立辩证唯物主义的学说时，德国工人狄慈根也独立地创立了同一学说。在马克思发现唯物史观后，美国的摩尔根在对古代社会的研究中也独立地创立了同样的学说，并在一些主要方面得出了和马克思相同的结论。生活本身是丰富多彩的，理论模式作为现实生活的折光，当然不可能是单一的。从历史上看，我们能说先秦诸子百家中哪一家拥有绝对的真理权吗？从现实中看，我们能说苏联、东欧各国、朝鲜、中国哪一家的社会主义模式拥有绝对的真理权，而其余统统都是谬误吗？显然不能。

马克思说过，真理是由争论确立的，历史的事实是在矛盾的清理中被陈述出来的。在众多学派中，哪一派拥有更多的真理权，是在科学的争论中，在实践的检验中确立起来的。恩格斯在论述波义耳定律时，反复强调真理只是近似地正确，甚至主张，在真正科学的著作中要避免使用像谬误和真理这样的教条的、道德的说法。特别在谈到细胞的伟大发现时，恩格斯这样写道："这种发现迫使我们不得不对以前生物学上已经确立了的一切最后的、终极的真理作全面的修正，而且还不得不把这些真理整堆整堆地永远抛弃掉。"①

三、真理与学术自由

一方面，学术自由是人们寻求、探索真理的重要保证。要提倡理论的多样化，允许人们对不同的理论模式作出选择。另一方面，确立正确的真理观又是学术自由的理论前提。那种认为真理只存在于一家学说之中的偏狭心理是不可能允许学术自由的，是不可能在学术上开创"百花齐放，百家争鸣"的繁荣景象的。

---

① 《马克思恩格斯全集》第 20 卷，人民出版社 1971 年版，第 97 页。

1996年

哲学的"世界"概念①

　　对于哲学研究者来说，也许没有一个概念比"世界"概念更使他们感到熟悉的了，他们如此频繁地使用着这个概念，仿佛它的含义是自明的，无须经过理性的检验和反思。但细想起来，我们在哲学研究上引申出来的一些错误的结论，乃至我们在整个哲学观上的失误，无不源于对这个概念的误解。这正应了黑格尔下面这段著名的论述："一般说来，熟知的东西所以不是真正知道了的东西，正因为它是熟知的。有一种最习以为常的自欺欺人的事情，就是在认识的时候先假定某种东西是已经熟知了的，因而就这样地不去管它了。"②如果我们希望从我们已接受的传统的哲学教科书的框架中走出来，获得新的识见，那就有必要先行地反思一下这个久已逸出我们思维视野的概念。

一

　　我们先来看看，传统的哲学教科书是如何理

---

　　①　原载《长白论丛》1996 年第 1 期，第 26—29 页。收录于俞吾金：《俞吾金集》，学林出版社 1998 年版，第 43—51 页。——编者注

　　②　[德]黑格尔：《精神现象学》上卷，贺麟、王玖兴译，商务印书馆 1981 年版，第 20 页。

解"世界"概念的。在这类教科书中，最常见的一种说法是："哲学是关于世界观的学问"或"哲学是系统化了的世界观"。什么是世界观呢？世界观就是人们对整个世界的看法；什么是世界呢？世界就是由自然、社会、思维构成的整体。这一切似乎都是非常明晰的，然而全部问题正出在这里。

第一，我们要问，我们有什么理由把我们作为行为者和认识者置身于其中的整个世界分割为自然、社会、思维这三大块呢？难道在现实的自然界（即不是与人相分离的抽象的自然界）中，没有社会和人的思维因素的参与吗？难道现实的社会能够离开自然和人的思维活动而独自存在吗？难道人的思维又能脱离自然和社会而独立运作吗？但人们也许会辩解说，认识活动在某种意义上就是对认识对象的一种分割，如果不对世界进行任何分割，我们又如何去认识它呢？不能否认，这种辩解是有一定道理的，但问题在于，在分割之后，即抽象之后，还必须有一个思维上的具体化或综合化（即在思维上再现世界整体），而这个问题恰恰被我们忽视了。事实上，我们只满足于以分离的方式对自然、社会、思维进行抽象的研究。也就是说，虽然我们千百次地谈论作为整体的世界，实际上，我们捕捉住的始终只是世界的碎片。

第二，在我们的这个"世界"图景中，自然和社会通常又被理解为"存在"而与思维对应起来。这样，看起来我们似乎也在再现世界整体的图景，实际上再现出来的不过是以二元论为根本特征的笛卡儿主义的世界图景，世界依然是破碎的。

第三，即使哲学的"世界"概念可以被分割为上述三大部分，我们又有什么理由把自然排在第一位呢？乍看起来，自然、社会、思维这一排列次序完全是出于偶然的，三者的关系似乎完全是并列的关系。实际上，这一排列关系的确定不仅先入为主地规定了我们理解"世界"概念的方向，而且也规定了我们理解哲学的方向。为什么这么说呢？道理很简单。既然把自然放在社会之前，而我们通常又只在讨论社会的时候才涉及人，也就是说，这里的自然是在与人分离的情况下被讨论的。如前所述，这样的自然只能是抽象的、不现实的。使哲学的"世界"概念以与人相分离的抽象的自然为起点，这种哲学永远超越不了传统的、抽象唯物主义的视域。如果说，在古代社会中，自然作为一种巨大的力量与人相对峙，因而早期哲学家容易把人与自然分离开来，并产生对自然的崇拜的话，那么，在当今时代，自然已通过工业和商业的媒介，被充分地人化了。也就是说，当我们站在当今的立场上看待自然时，只有人化自然才真正是现实的自然。所以马克思说："在人类历史中即在人类社会的产生过程中形成的自然界是人的现实的自然界；因此，通过工业——尽管以异化的形式——形成的自然界，是真正的、人类学的自然界。"①也就是说，在当代哲学(包括马克思主义哲学在内)的视域中，社会才是第一位的，而自然只能通过社会和人的媒介去认识，因为它已由与人相对峙的巨大的力量转化为满足人需要的使用价值。也正是在这个意义上，马克思在论述到以雇佣劳动为根本特征的资本主义社会时说："一切关系都是由社会决定的，不是由自然决定的。"②在我们的世界图景中，自然之所以居于第一位，因为东方的哲学家，特别是中国的哲学家虽然已生活在当代，可是本质上仍然是古代人，其视野仍然是自然经济式的，仍然带着对抽象的、与人相分离的自然的崇拜。正是这种理解的前结构决定了我们必然把马克思的实践唯物主义误解为以抽象物质为特征的一般唯物主义，也决定了中国哲学家为什么普遍对"天人合一"的观念有着浓厚的兴趣。

从上面的分析可以看出，我们在理解"世界"概念时，并没有先行地澄清我们的历史性。实际上，我们是从自然崇拜以及自然崇拜必须蕴含的以抽象物质为特征的一般唯物主义和笛卡儿主义的立场出发去组建"世界"概念的。在这个概念未弄清之前，我们关于哲学研究改革的许多设想必然会流于形式。

---

① 《马克思恩格斯全集》第42卷，人民出版社1979年版，第128页。
② 《马克思恩格斯全集》第46卷(上册)，人民出版社1979年版，第234页。

二

现在我们面临的问题是如何重组"世界"概念。显然,重组并不是凭空的想象,我们应该从现代哲学,尤其是领风气之先的现代西方哲学对这个问题的思考中得到启发。

现代西方哲学重建"世界"图景的一个前提性举措是对笛卡儿的二元论的批判。杜威在《人的问题》一书中说:"在神学和科学、人间和天堂、世俗兴趣和永恒兴趣之间的分裂曾引起种种特殊的区分。这些区分在'二元论'的形式之下,决定了所谓'近代的'哲学的主要问题。"①正是从这样的批评和反思出发,马赫的"要素"、柏格森的"生命之流"、詹姆士的"纯粹经验"、胡塞尔的"现象"概念等,都旨在重塑一个统一的世界图景。在这一现代西方哲学家们的共同努力中,最引人注目的是以下三种学说。

一是海德格尔的世界概念。早期海德格尔是从生存论的本体论出发去理解"世界"概念的。也就是说,他的世界是在作为人之存在的"此在"的生存活动中展开的。正是在这个意义上,海德格尔把"此在"理解为"在世界之中的存在"(das In-der-Welt-sein)并指出:"'在世界之中存在'这个复合词的造词法已经显出一个统一的现象。这一原初的状态必须作为整体来看。"②在海德格尔看来,这一整体虽然具有多重机制,但却不可以用先分割、后拼凑的方式加以把握,这也正是他造出这个复合词的原因。他还认为:"在世界之中的存在"是"此在"的先天机制。也就是说,这一机制是先于一切经验的。晚期海德格尔有感于盲目的技术创造给人类的生存活动带来的严重的影响,提出了一个新的世界概念,即把

---

① [美]杜威:《人的问题》,傅统先、邱椿译,上海人民出版社1965年版,第3页。

② [德]海德格尔:《存在与时间》,1986年英文版,第53页。

世界理解为"天"(der Himmel)、"地"(die Erde)、"神"(die Goettliche)、"人",亦即"有朽者"(die Sterbliche)共舞的一个整体。在这个整体中,人被边缘化了,海德格尔试图用这种方式来制约人对自然的支配和破坏,遏制人的主体性的无限膨胀。许多人在研究海德格尔早期和晚期思想之间的差异时都忽略了这一点。其实,正是要从世界概念的变化上去索解海德格尔思想的变化。这种把世界图景中的人边缘化的做法虽有一定的寓意,但必须看到,最终制约技术的盲目发展的仍然是人。

二是晚年胡塞尔的世界概念。在《欧洲科学的危机和先验现象学》一书中,胡塞尔指出:"最为重要的并值得重视的是唯一现实的、通过知觉现实地被给予的、被经验到并可能被经验到的世界——我们的日常生活世界(unsere alltaegliche Lebenswelt),但这个世界早在伽利略那里就已经被他以数学的方式构成起来的理念基质的世界完全取代了。"①胡塞尔告诉我们,理念世界和生活世界的两分乃是近代二元论哲学的思想基础。其实,这种两分一直可以追溯到柏拉图关于可知世界和可见世界的区分。胡塞尔认为,原初的、统一的世界应是日常的生活世界。他把这个世界称为:"前科学的生活世界"(der vorwissenschaftlichen Lebenswelt),这里的"前"(vor)不是时间上的"先于",而是逻辑上的"先于",而理念世界是由哲学和科学营造起来的,因而只有返回到原初的生活世界,才能充分理解科学、技术和哲学所面临的危机与这一危机所蕴含的意义。胡塞尔的"生活世界"的概念作为对统一的世界图景的描绘具有十分重要的意义。然而,他主要是从认识论角度,即从可知觉的角度去理解"生活世界"这个概念的,这就把这一概念的丰富含义狭隘化了。

三是以卢卡奇、赫勒、列斐伏尔为代表的世界概念。他们以"日常生活"(everyday life)取代了传统哲学作为研究对象的"世界"概念。赫勒

---

① Edmund Husserl, *Die Krisis der Europäischen Wissenschaften und die Transzendentale Phänomenologie. Ein Einleitung in die Phänomenologische Philosophie VI*, Berlin: Springer Netherlands, 1982, S. 52.

说："我们把'日常生活'定义为使社会再生产成为可能的那些个体再生产要素的集合。"①也就是说，赫勒是以社会再生产为基点去统一整个世界图景的，而哲学的任务则是认识这个"日常生活"的世界的异化了的本质，从而在实践上扬弃它。这一世界概念的出发点是正确的，但主要限于对个体的日常生活结构的分析却是不够的。

综上所述，这些世界理论虽各有偏失，但却为我们重构世界概念提供了极有启发的材料。

三

在先行地考察了现代西方哲学的变化了的世界概念，再回过头来检讨我们对马克思的"世界"概念的理解和解释时，很容易发现我们在这方面的失误。事实上，马克思从不把"世界"理解为自然、社会、思维这三者的机械的总和。马克思展示世界整体图景的概念是"全部社会生活"（alles gesellschaftliche Leben），他指出："社会生活在本质上是实践的。"②也就是说，马克思的世界图景不是分离的，而是通过实践活动贯通起来的。正是在这个意义上，他有时候也使用"实践生活"（das praktische Leben）的概念。为什么说马克思的"全部社会生活"的概念所展示的世界图景是完整的呢？因为我们通常所说的自然、社会、思维这三者都是通过实践的媒介而融贯在这一图景之中。在马克思看来，自然并不是抽象的、与人相分离的，现实的自然乃是人化了的自然；而社会并不是外在于自然的某个东西，社会就是人与自然的统一；至于思维，也不是一个独立的王国，不论何种思维都根源于社会生活所赖以表现出来的一定的实践形式。马克思的世界图景不仅靠实践来贯通，也靠实践来改

---

① Agnes Heller, *Everyday Life*, London：Routledge & Kegan Paul plc，1984，p. 3.

② 《马克思恩格斯全集》第3卷，人民出版社1956年版，第5页。

变。所以马克思说:"哲学家们只是以不同的方式解释世界,而问题在于改变世界。"①

马克思通过"全部社会生活"这一用语所表达出来的世界概念主要具有如下的特征。

第一,社会历史性。世界图景以及这一图景中的任何一部分都先行地打有社会历史性的印记。换言之,社会历史性或简称历史性,乃是世界概念的内涵得以展示的逻辑前提。它先于经验而经验又必须在它的框架内得以展示。我们在哲学研究中经常犯的错误就是把历史性与历史主义混淆起来,所以我们最乐意探讨的是起源问题。比如,自然界的优先性就是我们最感兴趣的问题之一。其实,历史主义关注的是经验的、在通常的时间意识中发生的东西,它必须在历史性的基础上得以显示。由于我们总是撇开历史性来谈历史主义,所以常常陷入抽象唯物主义或抽象唯心主义的态度,而在历史性先行澄明之后,当我们去研究自然时,自然就成了人化自然或历史的自然;当我们去研究思维范畴时,范畴就成了一定的社会关系的抽象物。总之,奠基于社会历史性之上的世界不再是与人的活动相分离的抽象的世界。

第二,实践性。全部社会生活本质上是实践的,也就是说,世界不是作为静观的认识对象、感知对象(像在胡塞尔那里一样)显现出来的,而是在人的社会实践活动中得以展开的,而实践活动的最基本的形式是生产劳动。所以马克思说:"这种活动、这种连续不断的感性劳动和创造、这种生产,是整个现存感性世界的非常深刻的基础,只要它哪怕只停顿一年,费尔巴哈就会看到,不仅在自然界将发生巨大的变化,而且整个人类世界以及他(费尔巴哈)的直观能力,甚至他本身的存在也就没有了。"②在马克思的哲学中,实践不仅是一个认识论概念,更重要的是一个本体论概念。必须从实践出发去理解、解释世界并改造世界。

---

① 《马克思恩格斯全集》第 3 卷,人民出版社 1956 年版,第 6 页。
② 同上书,第 50 页。

第三，整体性。在马克思那里，"全部社会生活"作为世界的整体性不是通过自然、社会、思维这样的结构而展现出来的（如前所述，这种结构作为笛卡儿主义的遗迹必然导致世界的二元化），而是作为相互关联的四种生产表现出来的：一是物质资料的生产，二是人的生产，三是精神生产，四是社会关系的生产。正是通过这四种生产和再生产，世界的整体图景不但得以保持，而且被不断地复制出来。如果从经验生活的结构上来分析，物质资料生产以及人的生产是最根本的；如果从逻辑结构上来分析，社会关系的生产则是最根本的。因为在以交换价值为生产目的的社会中，一切其他关系都是在社会关系的基础上得以显现的。在这个意义上我们可以说，世界的本质正如马克思在分析人的本质时所指出的那样，是"一切社会关系的总和"（das ensemble der gesellschaftlichen Verhaeltnisse）。所以，如果我们从逻辑上而不是从经验生活上看问题的话，马克思哲学作为本体论就不是实践本体论，而是社会关系本体论。

综上所述，我们对传统的哲学教科书体系的改革只有从重新理解"世界"概念入手，才可能真正有所突破。因为"推广论"正是以上面提到的自然、社会、思维的世界模式为依据的。显然，不先行地澄清"世界"概念，就可能出现如下的情况，即我们自以为研究工作在不断地深入，实际上，我们始终是在原地踏步。

重新理解马克思哲学和
费尔巴哈哲学的关系①

我们对马克思哲学的探讨越是深入，就越感觉到有必要重新反思马克思和费尔巴哈之间的理论关系。实际上，不先行地澄清这一理论关系，进而澄清马克思哲学与一切旧唯物主义哲学之间的理论关系，我们就根本不可能真正地进入马克思哲学的视野。

一

我们主要是通过恩格斯和列宁著作中的有关论述来理解马克思哲学与费尔巴哈哲学之间的关系的。

在《路德维希·费尔巴哈和德国古典哲学的终结》一书中，恩格斯对马克思与费尔巴哈之间的理论关系进行了全面的论述，其基本见解可以表述如下：第一，在黑格尔之后，对马克思哲学产生最大影响的是费尔巴哈，"虽然他在好些方

---

① 原载《马克思主义与现实》1996 年第 1 期，第 65—74 页。收录于俞吾金：《俞吾金集》，学林出版社 1998 年版，第 139—152 页；《重新理解马克思——对马克思哲学的基础理论和当代意义的反思》，北京师范大学出版社 2005 年版，第 78—87 页。——编者注

面是黑格尔哲学和我们的观点之间的中间环节"①。第二，费尔巴哈哲学的最大功绩是"直截了当地使唯物主义重新登上王座"。恩格斯在提出费尔巴哈的代表作《基督教的本质》一书在当时的影响时说："这部书的解放作用，只有亲身体验过的人才能想象得到。那时大家都很兴奋：我们一时都成为费尔巴哈派了。马克思曾经怎样热烈地欢迎这种新观点，而这种新观点又是如何强烈地影响了他（尽管还有种种批判性的保留意见），这可以从《神圣家族》中看出来。"②这就明确地告诉我们，马克思一度接受了费尔巴哈唯物主义的基本立场。换言之，在马克思哲学思想的发展中有一个费尔巴哈的阶段。第三，正是因为马克思接受了费尔巴哈的唯物主义立场，他才最终摆脱了黑格尔唯心主义的影响。恩格斯这样写道："同黑格尔哲学的分离在这里也是由于返回到唯物主义观点而发生的。"③这里，我们还需要注意的是 die Rueckkehr（"返回"）这个词，它也印证了这样一种见解，即马克思先是回到费尔巴哈唯物主义的基本立场上，然后再把这种立场运用到一切知识领域，特别是经济和历史领域内。

恩格斯的这些论述对列宁产生了重大的影响。在《唯物主义和经验批判主义》一书中，列宁写道："费尔巴哈是一个唯物主义者，并且大家也知道，马克思和恩格斯是通过他而从黑格尔的唯心主义进到自己的唯物主义哲学的。"④在"谈谈辩证法"一文中，列宁在论述到哲学发展史上的"圆圈"时写道："黑格尔——费尔巴哈——马克思。"⑤在《黑格尔〈逻辑学〉一书摘要》中，列宁在评论黑格尔的逻辑观念向自然界的转化时说："唯物主义近在咫尺。恩格斯说得对，黑格尔的体系是颠倒过来的

---

①　《马克思恩格斯选集》第 4 卷，人民出版社 1995 年版，第 211—212 页。

②　同上书，第 222 页。

③　同上书，第 242 页。注意此处的 Standpuknt 不应译为"观点"，而应译为"立场"，因为恩格斯在这里所强调的正是马克思返回到费尔巴哈唯物主义的基本立场上，而不是返回到费尔巴哈唯物主义的某些具体的观点上。

④　《列宁选集》第 2 卷，人民出版社 1995 年版，第 80 页。

⑤　列宁：《哲学笔记》，人民出版社 1956 年版，第 411 页。

唯物主义。"①从这些论述可以概括出列宁对马克思哲学与费尔巴哈哲学之间的关系的认识：第一，费尔巴哈哲学是黑格尔哲学和马克思哲学之间的中间环节。如果说，恩格斯在这方面表述得还比较谨慎，只是说费尔巴哈"在某些方面"是黑格尔和马克思之间的中间环节的话，那么，列宁的上述提法则干脆去掉了这一保留条件，从而进一步突出了费尔巴哈的中介作用。第二，列宁用直截了当的、不容置疑的口吻指出：马克思是通过费尔巴哈而确立自己的唯物主义的立场的。第三，列宁同意恩格斯的看法，也主张从费尔巴哈的一般唯物主义的立场出发去解读黑格尔的著作。

在恩格斯和列宁对马克思哲学与黑格尔哲学关系的理解和解释中蕴含着如下的结论：第一，费尔巴哈在哲学史上的最重要的功绩是恢复了唯物主义的权威，而正是这一点对马克思产生了决定性的影响。第二，费尔巴哈是介于黑格尔和马克思之间的唯一重要的、或至少是最重要的思想媒介，马克思正是通过返回到费尔巴哈的唯物主义立场而与黑格尔的唯心主义传统彻底决裂的。第三，马克思哲学的基础和核心是一般唯物主义，马克思在其他知识领域里的一切见解都不过是把这种唯物主义加以运用和推广的结果。传统的马克思哲学的教科书正是从这些结论出发去理解马克思主义哲学的本质及其发展史的。

二

如上所述，恩格斯和列宁主要是围绕唯物主义的思想路线这一中心点来理解并阐述马克思哲学与费尔巴哈哲学之间的内在联系的。但当我们深入地探讨马克思哲学思想的发展时，这种理解方式却遇到了困难。

---

① 列宁：《哲学笔记》，人民出版社 1956 年版，第 252 页。

首先，马克思关注的并不是费尔巴哈的唯物主义，而是他对唯物主义(实在论)和唯心主义(唯灵论)抽象对立的扬弃和超越。所以，费尔巴哈既不把自己的学说称为唯物主义，也不把它称为唯心主义，而是称作人本主义或人本学。这一点对青年马克思哲学思想的发展产生了一定的影响。所以，在《黑格尔法哲学批判》《1844 年经济学哲学手稿》《神圣家族》等著作中，马克思反复强调要扬弃唯物主义和唯心主义之间的抽象的对立。

　　其次，在马克思看来，尽管费尔巴哈不愿意以唯物主义者自居，但他实际上还是一个唯物主义者，而马克思不愿认同的正是费尔巴哈的唯物主义。所以，马克思在《关于费尔巴哈的提纲》中开宗明义地指出："从前的一切唯物主义(包括费尔巴哈的唯物主义)的主要缺点是：对对象、现实、感性，只是从**客体**的**或者直观**的形式去理解，而不是把它们**当作感性的人的活动**，当作**实践**去理解，不是从主体方面去理解。"①这段论述表明，马克思没有也不愿返回到费尔巴哈的唯物主义立场上去。我们不妨把马克思这里的表述与列宁对费尔巴哈和马克思的哲学唯物主义的理解做一个比较。列宁在《唯物主义和经验批判主义》中指出："费尔巴哈承认自然界的客观规律性，同他承认我们意识所反映的外部世界、对象、物体、物的客观实在性是分不开的。费尔巴哈的观点是彻底的唯物主义观点。"②在另一处，列宁又指出，对物质第一性的承认等等，"这就是一般唯物主义的观点，特别是马克思和恩格斯的观点"③。如果说，马克思关注的是自己的哲学立场与一般唯物主义(包括费尔巴哈的唯物主义)的哲学立场之间的差异的话，那么，列宁关注的则是它们的共同点。列宁的理解必定会导致如下的结果，即把一般唯物主义立场理解为马克思哲学的基础和核心，并把马克思哲学的根本宗旨理解为对一般唯物主义的思想路线的推进。

---

① 《马克思恩格斯选集》第 1 卷，人民出版社 1995 年版，第 54 页。
② 《列宁选集》第 2 卷，人民出版社 1995 年版，第 116 页。
③ 同上书，第 51 页。

最后，马克思后来在叙述自己的哲学思想的发展和唯物史观的形成过程时，并没有提到费尔巴哈。在《政治经济学批判》序言中，马克思提到他写的第一部著作是对黑格尔法哲学的批判性分析，勾勒了自己思想发展的主要线索：黑格尔法哲学研究—市民社会研究（通过政治经济学批判）—唯物史观。显然，对于这一思想发展的主线索来说，费尔巴哈并不重要，因为他的唯物主义是以抽象的自然为基础的唯物主义，他很少关注社会历史领域，正如马克思所批评的："当费尔巴哈是一个唯物主义者的时候，历史在他的视野之外；当他去探讨历史的时候，他决不是一个唯物主义者。在他那里，唯物主义和历史是彼此完全脱离的。"①由此可见，尽管费尔巴哈的思想对马克思有一定的影响，但断定在马克思哲学思想的发展中存在着一个纯粹的费尔巴哈的唯物主义的阶段是缺乏根据的，把一般唯物主义的立场看作马克思哲学的基础和出发点也是不符合马克思思想发展的实际进程的。

三

从上面的分析中能不能得出结论说，费尔巴哈对马克思哲学思想的发展是无足轻重的呢？我们的回答是否定的。我们否认的只是费尔巴哈的抽象唯物主义对马克思的重大影响，而并不否认费尔巴哈的某些哲学见解为马克思思想的发展提供了重要的启示。

首先，费尔巴哈深刻地揭露了宗教和思辨哲学的本质。他指出，宗教是人的本质自我异化的产物，从而"证明了哲学不过是变成思想的并且经过思考加以阐述的宗教，不过是人的本质的异化的另一种形式和存在方式；从而，哲学同样应当受到谴责"②。尽管当费尔巴哈把宗教和哲学

---

① 《马克思恩格斯全集》第 3 卷，人民出版社 1956 年版，第 51 页。
② 《马克思恩格斯全集》第 42 卷，人民出版社 1979 年版，第 158 页。

的想象的世界归结于其世俗的基础之后就停步不前了，但马克思仍然认为，这是费尔巴哈的伟大功绩，因为他为整个实证的批判奠定了基础。

其次，马克思认为，在黑格尔哲学中包含着三个因素：一是斯宾诺莎的实体，即形而上学地改了装的、脱离人的自然；二是费希特的自我意识，即形而上学地改了装的、脱离自然的精神；三是前两个因素在黑格尔那里的统一——绝对精神，即现实的人和现实的人类。而绝对精神的秘密正是由费尔巴哈揭示出来的："费尔巴哈把形而上学的**绝对精神**归结为'**以自然为基础的现实的人**'，从而完成了**对宗教的批判**。同时也巧妙地拟定了**对黑格尔的思辨以及一切形而上学的批判的基本要点**。"①尽管马克思后来批评费尔巴哈的"人"仍然是抽象的，他把人的本质理解为"类"也是不正确的，但在马克思看来，正是费尔巴哈的人本主义哲学为整个德国哲学的发展指明了出路。

最后，在德国哲学的抽象思辨之后，费尔巴哈重又提出了感性的原则："新哲学是光明正大的感性哲学。"②虽然费尔巴哈的"感性"具有直观的性质，但这却启发了马克思，使他进一步把感性理解为人的实践活动，尤其是生产劳动，从而创立了与旧唯物主义判然有别的实践唯物主义学说。

上面，我们考察了马克思与费尔巴哈的主要理论联系。一言以蔽之，这一联系的根本点是马克思以批判的方式继承了费尔巴哈关于异化和人本主义的学说，把他的仅仅停留在感性直观上的、抽象的人改变为从事实际活动的、现实的人，从而为唯物史观的确立奠定了重要的理论前提。

四

上面，我们对马克思哲学与费尔巴哈哲学的关系做了一个简要的考

---

① 《马克思恩格斯全集》第2卷，人民出版社1957年版，第177页。
② 《费尔巴哈哲学著作选集》上卷，荣震华等译，商务印书馆1984年版，第169页。

察。从这一考察中，我们可以引申出哪些结论来呢？

第一，不能简单地说费尔巴哈哲学是黑格尔哲学和马克思哲学的中间环节。如果我们在探讨马克思哲学思想的演化时，仅仅注意到费尔巴哈的影响和作用，那显然是远远不够的。同时，我们必须注意到下面这些重要的环节：马克思的法哲学研究的背景、他对现实的物质利益问题的关注、他对国民经济学的研究。撇开这些重要的环节，必然会夸大费尔巴哈在黑格尔和马克思之间的中介作用，从而掩蔽马克思思想演化的真实轨迹。

第二，在马克思哲学思想的演化中，并不存在一个以一般唯物主义立场为特征的所谓费尔巴哈的阶段。事实上，马克思从来就没有返回到费尔巴哈的以抽象自然界和抽象的人为前提的唯物主义立场上去。凭借其法哲学研究和现象学研究的背景，马克思理论关注的重点始终落在人类社会，尤其是市民社会上。也就是说，费尔巴哈之所以引起马克思的兴趣，不是因为他的抽象的唯物主义的立场，不是因为他高谈自然界或物质世界在存在上的优先性，而主要是他关于异化和人本主义方面的思想。正是这方面的思想与国民经济学研究中对劳动问题的考察的结合，才使马克思有可能提出一种崭新的哲学世界观。

第三，既然马克思从未返回到费尔巴哈式的唯物主义的立场上，他当然也就不可能对黑格尔的唯心主义哲学做一般唯物主义的倒转，即把黑格尔的思维或绝对精神倒转为抽象的物质或自然界。事实上，虽然费尔巴哈的哲学是以抽象的人和自然作为出发点的，但他的哲学中所蕴含的人本主义倾向却使他对黑格尔哲学作出了富有创新意义的倒转，正如我们在前面已经指出过的那样，这尤其表现在他把黑格尔的绝对精神解读为"以自然为基础的现实的人"的见解上，而恰恰是这一点启发了马克思，但它对马克思思想的影响也不是决定性的。不久以后，马克思通过对国民经济学的深入钻研，很快得出了如下的结论："费尔巴哈把宗教的本质归结于**人**的本质。但是，人的本质不是单个人所固有的抽象物，在其现实性上，它是一切社会关系的总和。"①

不用说，通过这样的分析，我们对马克思哲学与费尔巴哈哲学的关系获得了崭新的理解。

五

正如我们在前面早已指出过的那样，马克思哲学与费尔巴哈哲学的关系问题乃是一个长期以来未受重视但又极端重要的理论问题。我们认为，对这一问题的重新理解主要具有如下的理论意义。

其一，决不能在纯粹哲学的范围内来考察马克思哲学思想的演化，应当把这一演化置于马克思对现实物质利益的关注，他的法哲学、现象学和国民经济学研究的背景下来考察。如果说法哲学和精神现象学方面的研究把马克思的注意力引向市民社会的话，那么，对现实物质利益的关注则促使他通过对国民经济学的批判性考察来解剖市民社会。马克思从不关注那些与人类社会，尤其是市民社会相分离的、经院哲学式的哲学问题。换言之，只有抓住市民社会这一中心点，才能正确地勾勒出马克思哲学思想演化的线索。而市民社会恰恰是费尔巴哈哲学研究的界限，即他的研究停步不前的地方。所以，无论如何不能夸大费尔巴哈在马克思哲学思想发展史上的地位和作用。

其二，决不能把马克思哲学思想的发展描述为以下三个阶段：黑格尔或青年黑格尔主义式的唯心主义—费尔巴哈式的唯物主义—马克思自己创立的历史唯物主义。我们认为，第一、第三个阶段的说法是能够成立的，至于第二个阶段则是不存在的。如前所述，我们丝毫不否认，费尔巴哈在某些方面对马克思的思想发展产生过重要的影响，但这并不等于我们必须接受这样的结论，即在马克思的哲学思想发展史上有一个对

---

① 《马克思恩格斯选集》第 1 卷，人民出版社 1995 年版，第 56 页。

费尔巴哈的唯物主义立场的返回。如前所述，费尔巴哈的唯物主义是以抽象的、与人类现实的社会生活相分离的自然为出发点的。而在马克思那里，由于其研究活动有一个法哲学、现象学和国民经济学的背景，所以马克思的哲学思考始终落在市民社会上，而从未退回到费尔巴哈式的、抽象的自然界的基础上。即使在马克思的思想仍未完全摆脱费尔巴哈影响的《1844年经济学哲学手稿》中，马克思已经阐明了这样的见解："被抽象地孤立地理解的、被固定为与人分离的**自然界**，对人说来也是**无**。"①更不用说马克思在《德意志意识形态》一书中对费尔巴哈的抽象的自然观和抽象的人的观点的批评了。所以，马克思的历史唯物主义是在批判和扬弃黑格尔或青年黑格尔主义式的唯心主义的基础上直接形成起来的。这一批判和扬弃的主要动力是马克思对现实的物质利益的关注，对法哲学、现象学和国民经济学的研究，对费尔巴哈的异化和人本主义学说的批判性改造。一言以蔽之，在马克思哲学思想的发展史上，费尔巴哈的影响是存在的，而且是比较重要的，但马克思确实从未返回到费尔巴哈式的唯物主义的立场上去。

其三，既然在马克思哲学思想的发展史上并不存在一个恩格斯和列宁所说的"一般唯物主义"的立场，这就告诉我们，马克思哲学的基础和核心决不是一般唯物主义，历史唯物主义也决不是把一般唯物主义"推广到"社会历史领域的结果。按照这种传统的理解（迄今为止，大部分马克思主义哲学的教科书仍持这种见解），马克思哲学分裂为两大部分：一部分是由旧唯物主义者，尤其是费尔巴哈奠定基础的一般唯物主义的学说，另一部分则是马克思本人创立的历史唯物主义学说，而历史唯物主义只是一般唯物主义在社会历史领域中的应用性成果。这样一来，马克思的唯物主义与旧唯物主义之间的本质差异被磨平了，马克思哲学的划时代的创造作用被掩蔽起来了。实际上，在马克思哲学中，根本不存在一个一般唯物主义的基础，马克思哲学就是历史唯物主义（或实践唯

---

① 《马克思恩格斯全集》第42卷，人民出版社1979年版，第178页。

物主义）。历史唯物主义不是马克思哲学的基础和核心，而是全部马克思哲学。换言之，马克思从未提出过历史唯物主义以外的任何哲学学说。历史唯物主义本身就是自足的、完整的世界观，就是马克思的划时代的哲学创造之所在，而这一世界观正是围绕着市民社会这一核心概念阐发出来的："这种历史观就在于：从直接生活的物质生产出发来考察现实的生产过程，并把与该生产方式相联系的、它所产生的交往方式，即各个不同阶段上的市民社会，理解为整个历史的基础；然后必须在国家生活的范围内描述市民社会的活动，同时从市民社会出发来阐明各种不同的理论产物和意识形式，如宗教、哲学、道德等等，并在这个基础上追溯它们产生的过程。"①马克思的这段话也印证了我们上面的见解，即对市民社会的研究构成马克思哲学思想演化的中心线索。这样，借助于对马克思哲学思想演化史的重新理解，我们对马克思哲学的本质和划时代的创造获得了新的认识。

---

① 《马克思恩格斯全集》第 3 卷，人民出版社 1960 年版，第 42—43 页。

让马克思从费尔巴哈的阴影中走出来①

马克思哲学与费尔巴哈哲学的关系问题似乎是一个不成问题的问题。然而，一个多世纪以来，马克思哲学的解释者正因为忽视了这个问题，拒绝对它进行认真的反思，从而付出了沉重的代价，即从根本上误解了马克思哲学的基础和本质。换言之，把马克思"费尔巴哈化"了。今天，只有廓清马克思与费尔巴哈关系上的种种传统的误解，使马克思从费尔巴哈的阴影中走出来，才有可能重塑马克思的理论形象。

一

在传统的马克思哲学解释者那里，最流行的一种误解是：马克思哲学是在批判地吸收了黑格尔哲学的"合理内核"（辩证法）和费尔巴哈哲学的"基本内核"（唯物主义）的基础上形成起来的。这种误解至今仍然充斥于各种哲学教科书中。我们认为，这一根本性的误解蕴含着这样一层意思，

---

① 原载《南京社会科学》1996年第1期，第8—12页。收录于俞吾金：《俞吾金集》，学林出版社1998年版，第153—162页；《实践与自由》，武汉大学出版社2010年版，第146—154页；《重新理解马克思——对马克思哲学的基础理论和当代意义的反思》，北京师范大学出版社2005年版，第51—59页。——编者注

即把马克思哲学的理论前提理解为费尔巴哈的唯物主义。

有人也许会反对我们做这样的引申，理由是马克思并未站立在纯粹的费尔巴哈的唯物主义的立场上，而是在这一立场中融入了被批判地改造过的黑格尔的辩证法。换言之，马克思哲学的基础不是费尔巴哈的唯物主义，而是辩证唯物主义。

这一辩解看起来是有力的，其实却是十分肤浅的。因为辩证唯物主义虽然使物质或自然界的发展得到了辩证的说明，但它却保留了费尔巴哈对物质或自然界的传统的、抽象的理解方式。马克思在批判费尔巴哈作为自己哲学的前提和基础的，与人的实践活动相分离的抽象的自然观时写道："这种先于人类历史而存在的自然界，不是费尔巴哈在其中生活的那个自然界，也不是那个除去在澳洲新出现的一些珊瑚岛以外今天在任何地方都不再存在的、因而对费尔巴哈说来也是不存在的自然界。"①按照马克思的思路，对费尔巴哈的唯物主义进行根本改造的办法是：把他的哲学的前提，即抽象的、与人的实践活动相分离的物质或自然界改变为以人的实践活动为媒介的具体的，亦即现实的自然界，马克思通常把这样的自然界称为"人化的自然"或"历史的自然"。如果不改变物质或自然界的抽象性，即不从人的实践活动出发去观察并说明物质或自然界，那么即使人们一千次地把辩证法与抽象的物质或自然界联系起来，一千次地说明辩证唯物主义与传统唯物主义的本质差异，以下这个事实都不会有丝毫的改变，即他们的哲学基础仍然是传统唯物主义。

我们不妨分析一下马克思哲学在斯大林那里的经典性表达——"辩证唯物主义与历史唯物主义"。既然"辩证唯物主义"是以自然界为研究对象的，"历史唯物主义"是以人类社会为研究对象的，而"辩证唯物主义"又在"历史唯物主义"之前，所以，"辩证唯物主义"所研究的自然界是完全与人类社会、与人类的实践活动相分离的。易言之，辩证唯物主义热衷于谈论的是抽象的、"自身运动着的"自然界，是抽象的、带有形

---

① 《马克思恩格斯全集》第 3 卷，人民出版社 1960 年版，第 50 页。

而上学诗意的物质(如世界统一于物质,物质是运动着的,物质运动是有规律的,时空是运动着的物质的存在形式等。这类抽象的表述完全可以在亚里士多德、狄德罗、霍尔巴赫、费尔巴哈等旧唯物主义者或经验论者的著作中找到)。用这样的方式去解释马克思哲学的基础理论部分,自然把整个马克思哲学都"费尔巴哈化(唯物主义)"了,说得宽泛一点,就是把它"旧唯物主义化"了。

要正确地理解马克思哲学的基础理论与费尔巴哈哲学的基础理论之间的本质差别,就要重新解读马克思下面这段重要的论述:"从前的一切唯物主义(包括费尔巴哈的唯物主义)的主要缺点是:对对象、现实、感性,只是**从客体**的**或者直观**的形式去理解,而不是把它们当作**感性的人的活动**,当作**实践**去理解,不是从主体方面去理解。"[①]所以,马克思哲学不是在费尔巴哈式的唯物主义的基本立场上引申出来的,而是在对这一基本立场进行彻底改造的基础上,即在马克思所创立的实践唯物主义的基础上阐发出来的。如果说,传统唯物主义(包括费尔巴哈的学说在内)是以感性直观为本质特征的话,那么马克思的唯物主义则是以实践活动为根本特征的,而实践活动乃是对感性直观的根本性的扬弃。明白这一点,就会抛弃"基本内核+合理内核=马克思哲学"的神话,从"费尔巴哈化"的马克思哲学走向马克思自己的马克思哲学。

二

对马克思哲学与费尔巴哈哲学关系的另一种根本性的误解来自西方马克思主义者。这种误解的共同的特点是把马克思哲学"费尔巴哈(人本主义)化",它主要表现为以下两种倾向。

第一种倾向:把全部马克思哲学"费尔巴哈(人本主义)化"。比如,

---

① 《马克思恩格斯选集》第 1 卷,人民出版社 1995 年版,第 54 页。

弗洛姆在他的名噪一时的《马克思关于人的概念》一书中写道："马克思的哲学在《经济学—哲学手稿》中获得最清楚的表述，它的核心问题就是现实的个人的存在问题，人就是他实际上呈现出来的那个样子，人的'本性'展现在历史之中。"①人所共知，《手稿》是马克思在其青年时期写下的，当时马克思的思想在相当程度上还受到费尔巴哈的影响。如果认为马克思的哲学在《手稿》中已"获得最清楚的表述"，那就等于：一方面，把《手稿》看作马克思的成熟的哲学著作，从而否认马克思的哲学思想还有一个发展的过程；另一方面，否认马克思哲学与费尔巴哈的人本主义哲学之间存在着根本的差异。换言之，把整个马克思哲学"费尔巴哈（人本主义）化"了。

第二种倾向：把青年马克思的哲学思想与费尔巴哈的人本主义哲学思想完全等同起来。众所周知，结构主义的马克思主义者阿尔都塞在《保卫马克思》一书中对上述倾向，即把马克思哲学，尤其是成熟时期的马克思哲学"费尔巴哈（人本主义）化"的倾向作过深入的批判，但他的批判又走向另一个极端。他认为《手稿》时期的马克思的哲学思想还完全处于费尔巴哈的人本主义的问题框架的影响下，因而还是一种"意识形态"，还没有上升为科学。阿尔都塞的初衷是反对把成熟时期的马克思哲学"费尔巴哈（人本主义）化"，但结果却把青年时期的马克思哲学完全"费尔巴哈（人本主义）化"了，即在青年马克思的哲学思想与费尔巴哈的哲学思想之间画上了等号。

为了正确地理解马克思哲学与费尔巴哈的人本主义哲学的相互关系，既要避免那种对青年时期的马克思与成熟时期的马克思不作区分的错误倾向，又要避免那种把这两个不同的时期截然对立起来的非此即彼的错误倾向。从马克思哲学思想的现实发展史出发，为《手稿》时期马克思的哲学思想进行正确的定位。我们并不否认，在《手稿》中，费尔巴哈

---

① 复旦大学哲学系现代西方哲学研究室：《西方学者论〈1844 年经济学—哲学手稿〉》，复旦大学出版社 1983 年版，第 15 页。

的人本主义学说对马克思还有相当的影响，但也必须注意到，通过对现实斗争的关注和对国民经济学的解读，马克思关于人的学说已经包含着超越费尔巴哈人本主义学说的重要因素：一方面，费尔巴哈只是通过宗教本质的异化来说明人的本质的异化，也就是说，他关于异化的论述还停留在纯粹精神的领域中；而马克思则通过对国民经济学的批判提出了"异化劳动"的新概念，从而把对异化的批判引向现实的领域。另一方面，费尔巴哈的人本主义哲学作为具有无神论倾向的人本主义，还仅仅是理论性的，而马克思当时信奉的人本主义已具有实践的倾向。正如马克思所说："正象无神论作为神的扬弃就是理论的人道主义的生成，而共产主义作为私有财产的扬弃就是对真正人的生活这种人的不可剥夺的财产的要求，就是实践的人道主义的生成一样。"①

由此可见，乍看起来，阿尔都塞与弗洛姆的见解是相互对立的，实际上，他们都未厘清马克思哲学与费尔巴哈人本主义哲学之间的关系。所不同的是，前者把青年马克思的哲学思想等同于费尔巴哈的人本主义哲学，后者把马克思的全部哲学思想（包括成熟时期的思想）都等同于费尔巴哈的人本主义。

三

如何才能使马克思从费尔巴哈的阴影中走出来呢？要做到这一点，我们必须结合马克思哲学思想的发展史，从唯物主义学说和人的学说这两个方面搞清楚马克思与费尔巴哈之间的根本差异。

就唯物主义学说而言，费尔巴哈的哲学确实对马克思产生过一定的影响。但我们必须记住：第一，马克思在接受费尔巴哈唯物主义的影响时是有一定的保留的。恩格斯在提到费尔巴哈的《基督教的本质》一书的

———————————

① 《马克思恩格斯全集》第 42 卷，人民出版社 1979 年版，第 174 页。

出版使唯物主义重新登上王座时，这样写道："那时大家都很兴奋：我们一时都成为费尔巴哈派了。马克思曾经怎样热烈地欢迎这种新观点，而这种新观点又是如何强烈地影响了他（尽管还有种种批判性的保留意见），这可以从《神圣家族》中看出来。"①所以，说马克思受到费尔巴哈唯物主义的影响并不等于说他已无保留地接受了费尔巴哈哲学的"基本内核"。

第二，不能武断地肯定，在马克思哲学的发展史上存在着一个费尔巴哈的阶段。事实上，对于马克思哲学思想的发展来说，费尔巴哈归根到底是不重要的。在《〈政治经济学批判〉序言》中，马克思简略地回顾了自己的思想发展史：他本来的专业是法律，但他把它排在哲学和历史之后进行研究。1842—1843 年，他担任了《莱茵报》的主编，第一次遇到了要对物质利益发表意见的难事。关于林木盗窃和地产析分的讨论、关于自由贸易和保护关税的辩论促使他去研究经济问题。马克思写道："为了解决使我苦恼的疑问，我写的第一部著作是对黑格尔法哲学的批判性的分析……我的研究得出这样一个结果：法的关系正像国家的形式一样，既不能从它们本身来理解，也不能从所谓人类精神的一般发展来理解，相反，它们根源于物质的生活关系，这种物质的生活关系的总和，黑格尔按照 18 世纪的英国人和法国人的先例，概括为'市民社会'，而对市民社会的解剖应该到政治经济学中去寻求。我在巴黎开始研究政治经济学，后来因基佐先生下令驱逐移居布鲁塞尔，在那里继续进行研究。"②紧接着这段话，马克思表述了自己的研究成果——历史唯物主义的基本理论。

值得注意的是，在对自己发展的回顾中，马克思提到了黑格尔，但并没有提到费尔巴哈。事实上，费尔巴哈哲学的基础始终是与人的实践活动相分离的抽象的人和自然，他的美文学式的、富于挑战性的论著虽

---

① 《马克思恩格斯选集》第 4 卷，人民出版社 1995 年版，第 222 页。
② 《马克思恩格斯选集》第 2 卷，人民出版社 1995 年版，第 32 页。

然给沉溺于醉醺醺的思辨中的德国宗教界和哲学界带来了新的生机，但包含在这些论著中的见解与其说是深刻的，不如说是机智的。这些空泛的、抽象的说教并不能成为马克思思想发展的真正的动力。从哲学上看，推动马克思思想发展的重要动力来自于他对黑格尔著作，尤其是《法哲学》和《精神现象学》的批判性解读。从马克思写下的《黑格尔法哲学批判》和《1844年经济学—哲学手稿》可以看出，马克思在解读黑格尔的著作时，关注的重心始终落在市民社会问题上。在《德意志意识形态》中，马克思指出："在过去一切历史阶段上受生产力所制约、同时也制约生产力的交往形式，就是市民社会。……这个市民社会是全部历史的真正发源地和舞台……"①正因为马克思始终关心的是市民社会的问题，所以青年马克思的哲学立场是通过他对现实斗争的参与和对国民经济学著作的批判性解读，从青年黑格尔式的历史唯心主义直接转化为历史唯物主义的，而根本不可能有一个接受费尔巴哈哲学的"基本内核"的所谓中间阶段。道理很简单，因为费尔巴哈并不关心市民社会。在《关于费尔巴哈的提纲》中，马克思这样写道："直观的唯物主义，即不是把感性理解为实践活动的唯物主义，至多也只能做到对'市民社会'的单个人的直观。"②这就告诉我们，费尔巴哈的直观的唯物主义并不能帮助马克思对市民社会作出深刻的解剖，所以，这种唯物主义的立场对马克思来说，根本上是无用的。传统的哲学教科书认为，马克思的历史唯物主义是在费尔巴哈的直观的唯物主义的基础上引申出来的，这就从根本上误解了马克思哲学的基础和本质。

就人的学说而言，费尔巴哈哲学对马克思的影响同样是存在的。但值得注意的是，由于在马克思的思想背景中切入了对现实斗争的参与和对国民经济学的研究，所以马克思关于人的学说在起点上就与费尔巴哈的人本主义学说存在着差距。在《〈黑格尔法哲学批判〉导言》中，马克思

---

① 《马克思恩格斯全集》第3卷，人民出版社1960年版，第40—41页。
② 同上书，第5页。

不指名地批评了费尔巴哈，认为他停留在宗教是人的自我意识的见解上，"但人并不是抽象的栖息在世界以外的东西。人就是人的世界，就是国家，社会"①。在《詹姆斯·穆勒〈政治经济学原理〉一书摘要》中，马克思通过对国民经济学的研究，进一步认识到"人的本质是人的真正的社会联系"②。在《手稿》中，虽然马克思有时还使用"类意识""类存在"这样的费尔巴哈式的术语，但他关于人的论述在许多方面都已超越了费尔巴哈。比如，马克思说："个人是社会存在物"，又说："**工业**的历史和工业的已经产生的**对象性的**存在，是一本**打开了的关于人的本质力量的书**，是感性地摆在我们面前的人的**心理学**。"③显然，这些从国民经济学批判中抽绎出来的观点在费尔巴哈的人本主义学说中是找不到的。在《神圣家族》中，马克思虽然指出："费尔巴哈把形而上学的**绝对精神**归结为'**以自然为基础的现实的人**'，从而完成了**对宗教的批判**。同时也巧妙地拟定**了对黑格尔的思辨以及一切形而上学的批判的基本要点**。"④但是在另一处马克思又写道："黑格尔的'现象学'尽管有其思辨的原罪，但还是在许多方面提供了真实地评述人类关系的因素。"⑤这表明，虽然马克思不赞同黑格尔的思辨的唯心主义，但仍从其著作中吸取了许多有价值的东西。反之，费尔巴哈的人本主义虽然揭示出德国古典哲学的秘密——"以自然为基础的现实的人"，但他的著作并不能展现出人的丰富的社会历史内涵。

在《关于费尔巴哈的提纲》中，马克思用十分明确的语言表达了他关于人的学说与费尔巴哈的人本主义学说之间的本质差异："费尔巴哈把宗教的本质归结于**人的**本质。但是，人的本质并不是单个人所固有的抽象物，实际上，它是一切社会关系的总和。"⑥众所周知，费尔巴哈的贡

---

① 《马克思恩格斯全集》第 1 卷，人民出版社 1956 年版，第 452 页。
② 《马克思恩格斯全集》第 42 卷，人民出版社 1979 年版，第 24 页。
③ 同上书，第 122、127 页。
④ 《马克思恩格斯全集》第 2 卷，人民出版社 1957 年版，第 177 页。
⑤ 同上书，第 246 页。
⑥ 《马克思恩格斯全集》第 3 卷，人民出版社 1960 年版，第 5 页。

献是把神学还原于人学，但他的人本主义完全撇开了社会历史进程来观察人，因而这样的人仍然是抽象的、不现实的。在《德意志意识形态》中，马克思进一步揭示了费尔巴哈人本主义的秘密："费尔巴哈谈到的是'人自身'，而不是'现实的历史的人'。"①从马克思上面的一系列论述可以看出，不管西方马克思主义者把费尔巴哈的人本主义哲学与青年时期的马克思的哲学思想混淆起来，还是与成熟时期的马克思的哲学思想混淆起来，都是错误的。

综上所述，一个多世纪以来，马克思哲学研究中存在的一个普遍的误解是：认为马克思的哲学是在费尔巴哈的唯物主义和人本主义立场的基础上推演出来的。这种误解完全忽视了马克思哲学与费尔巴哈哲学之间的本质差异。诚然，费尔巴哈哲学对马克思思想的发展提供过重要的启示（如把德国宗教和唯心主义哲学还原为人学、以感性对抗思辨等），但马克思思想发展的主要动力来自他对现实问题的关注、对黑格尔的《法哲学》和《精神现象学》的研究、对国民经济学的探讨。决不应该夸大费尔巴哈在黑格尔与马克思之间的中介作用。在马克思的思想发展史上也并不存在着一个所谓"费尔巴哈的阶段"。要言之，不应该用费尔巴哈哲学来阐释马克思哲学，而应该用马克思哲学（实践唯物主义）来解释费尔巴哈哲学。

---

① 《马克思恩格斯全集》第 3 卷，人民出版社 1960 年版，第 48 页。

马克思的解构学说[①]

  人所共知，哲学的魅力就在于它的巨大的创造性。这种创造性集中表现在以下两种功能上：一是建构功能，它能用范畴之网编织出严密的理论体系，令人叹为观止；二是解构功能，它能以深邃的洞察力和批判力使传统的信念和教条在片刻之间毁坏无遗。所以，并不是西方出现了结构主义和解构主义的学说，哲学才具有了结构和解构的功能，恰恰相反，正因为哲学具有这两种功能，上述两种思潮才成为可能。明白了这一点，我们就有条件来探讨马克思的解构学说了。

  马克思使用过"结构"概念，但从来没有使用过当代解构主义者才使用的"解构"（deconstruction）概念。然而，马克思的哲学却体现出巨大而深厚的解构功能。马克思以"怀疑一切"为座右铭，通过对他所生活的时代的占支配地位的传统观念的透彻的批判，确立起自己的哲学见解。但后人在研究马克思哲学时，更多地关注的是它的建构功能与体系结构，这就使马克思哲学的后一方面的功能被忽视，甚至被掩蔽起来了。这种对

[①] 原载《江海学刊》1996年第2期，第97—103页。收录于俞吾金：《俞吾金集》，学林出版社1998年版，第352—366页；《重新理解马克思——对马克思哲学的基础理论和当代意义的反思》，北京师范大学出版社2005年版，第391—402页；《被遮蔽的马克思》，人民出版社2012年版，第170—182页。——编者注

马克思哲学的解构功能的忽视所导致的结果是：对早已被马克思解构的传统的哲学文化观念依然取认同的态度。换言之，后人在研究马克思哲学时，常常退回到马克思以前的、早已被马克思解构的旧哲学见解上去，并从这样的见解出发去理解、阐释和叙述马克思的哲学，从而完全磨平了马克思哲学与已经被马克思解构的旧哲学之间的本质差异，遮蔽了马克思哲学在人类思想发展史上的划时代的地位和作用。

本文力图通过对马克思哲学的解构功能的主要表现形式的展示，既阐明马克思哲学演化的真实的思路历程，也由此而澄清迄今为止理论界对马克思哲学存在的各种误解。

一、对古希腊哲学的解构

在《哲学史讲演录》一书中，黑格尔把希腊化时期三派主要哲学（伊壁鸠鲁派、斯多葛派和怀疑派）的主导性原则看作"自我意识"。这一见解对青年马克思产生了重要的影响。马克思特别感兴趣的是伊壁鸠鲁的自然哲学，通过其博士论文（《德谟克利特的自然哲学和伊壁鸠鲁的自然哲学的差异》）及一系列笔记的写作，马克思对古希腊哲学进行了全面的反省，并从伊壁鸠鲁的"原子偏斜说"所蕴含的"自我意识"的基点出发，解构了古希腊哲学的主导性原则。人们常常认为，怀疑派对古希腊哲学的批判是十分激烈的，可是马克思却主张"古代哲学在伊壁鸠鲁那儿比在怀疑派那儿被克服得更加彻底"①。在马克思看来，伊壁鸠鲁乃是古希腊哲学的解毒剂。

首先，马克思解构了古希腊哲学的实体精神。马克思指出："希腊哲学特有的弊病在于它只和实体精神相联系。"②这首先表现在早期希腊

---

① 《马克思恩格斯全集》第 40 卷，人民出版社 1982 年版，第 52 页。
② 同上书，第 68 页。

哲学家——伊奥尼亚的自然哲学家的学说中。他们的全部认识都是对外部世界的实体的具体化的认识，这种认识是直观的、缺乏活生生的精神力量的。在古希腊哲学以后的发展中，直至这一哲学的集大成者——亚里士多德，也始终把实体作为其哲学研究的根本对象。而在伊壁鸠鲁的自然哲学，尤其是他的"原子偏斜说"中，实体获得了完全不同的含义。马克思写道："'偏离直线'就是'自由意志'，是特殊的实体，原子真正的质。"①当伊壁鸠鲁宣称自然是自由的时候，他实际上重视的只是自我意识的自由、精神的自由。比如，古希腊哲学家的实体精神几乎无例外地体现在对天体的直观和惊愕之中，伊壁鸠鲁则认为这样做是束缚人的，使人产生恐惧感的，因而也是毫无意义的，"他主张精神的绝对自由"②。总而言之，伊壁鸠鲁作为"自我意识"的哲学家，已经扬弃了那种束缚于外在直观的实体精神，达到了个体的内在的、意识上的自由，尽管这种自由还停留在形式上，但却是对传统哲学见解的历史性超越。

其次，马克思解构了古希腊哲学家对必然性的普遍信念。这种信念在德谟克利特的自然哲学中表现得最为突出。根据第欧根尼·拉尔修、亚里士多德等人的记载，德谟克利特把一切都理解为是必然的："在德谟克利特看来，必然性是命运，是法律，是天意，是世界的创造者。物质的抗击、运动和撞击就是这个必然性的实体。"③这种必然性的信念也表现在他的原子学说中。他认为，原子的直线运动也正是受这种盲目的、强制的必然性的支配的。但这样一来，也就产生了一个问题，正如卢克莱修在《物性论》中所提出的：

> 如果它们"象雨点一样地"继续下落，
> 经过广阔的虚空时丝毫也不偏斜，
> 那原子既不会有遇合，也不会有碰撞，

---

① 《马克思恩格斯全集》第 40 卷，人民出版社 1982 年版，第 121 页。
② 同上书，第 46 页。
③ 同上书，第 203 页。

自然界也就永远不会产生出任何东西。①

卢克莱修既看到了德谟克利特的原子理论的困难，又看到了伊壁鸠鲁的"原子偏斜说"的用意，即正是通过原子的偏斜运动，偶然性上升为根本性的哲学原则，从而超越了德谟克利特的必然性和命运的束缚。所以马克思说："众所周知，偶然是伊壁鸠鲁派居支配地位的范畴。"②伊壁鸠鲁还把这种偶然性的原则推广到人类的生活中。强调在生活中通向自由的道路到处都开放着，谁也不会被必然性束缚住。如果说，必然性、命运、天意、决定论是古希腊哲学的基本信念的话，那么，正是通过对伊壁鸠鲁的未受重视的"原子偏斜说"的重大理论意义的重新认识和对偶然性哲学原则的高度颂扬，马克思解构了这种传统的、根深蒂固的信念。

最后，马克思解构了作为古希腊哲学的最高成果的观念论或理念论。在马克思看来，观念是实体的对应物，观念论则是转化为主观精神的实体精神："实体的这一观念性转化为主观精神，脱离实体本身而独立这一事实，是一个飞跃，是一种脱离实体生活的独立，即植根于这种实体生活本身的独立。"③这种转化发端于苏格拉底，所以在马克思看来，苏格拉底就是实体的模型，借助这个模型，实体本身就消失在主体中，消失在主观精神中，而柏拉图的理念论正是这种主观精神的集中表现："理念的独立王国翱翔于现实之上（这个彼岸的领域是哲学家自己的主观性）并模糊地反映于现实中。"④在马克思看来，这种理念论或观念论的根本缺陷在于：第一，它把存在分裂为两个并存的世界。正如马克思所指出的："柏拉图没有取消感性的东西，但认为存在是被思考的东西。这样一来，感性存在就不表现在思维中，而智慧能理解的东西也归

---

① 《马克思恩格斯全集》第 40 卷，人民出版社 1982 年版，第 120 页。
② 同上书，第 130 页。
③ 同上书，第 67 页。
④ 同上书，第 69 页。

于存在的范畴，因此有两个存在的世界，一个挨着另一个。"①在这两个世界中，柏拉图真正重视的是可以通过思维把握的理念世界，而把感性世界仅仅看作是理念世界的摹本，看作一种变幻不定的、虚假的东西。第二，理念世界是一个封闭的、特殊的王国，是一个排斥任何运动的实体的阴影的王国。第三，这个静态的理念世界必然导致对抽象的普遍性（如善）的崇拜。正如马克思所说的："在柏拉图那里，善、目的的这一抽象规定转化为囊括世界的、全面展开的哲学。"②这种对抽象普遍性的崇拜必然导致神秘主义，从而为后起的基督教精神创造了思想前提。所以尼采后来批评柏拉图把善作为最高理念是"如此先于基督教而基督教气味十足"③也就是很有见地的了。马克思正是通过对伊壁鸠鲁的个性、感性和自我意识的弘扬来解构理念论这一古希腊哲学的最高成果的。

马克思当时之所以特别重视"自我意识"的原则，当然是与黑格尔和布·鲍威尔思想对他的影响是分不开的，但后人在研究马克思哲学时常常夸大了这一点，从而忽视了马克思赋予"自我意识"概念的新的含义，也忽视了在马克思哲学发展史上"自我意识"阶段的意义。实际上，这一发展阶段十分重要，正是通过伊壁鸠鲁这一"自我意识"的化身，马克思解构了古希腊哲学的主导性传统。

二、对德意志意识形态的解构

马克思哲学发展的"自我意识"阶段之所以应当引起我们的重视，因为它启示我们，这一哲学在起点上就根本不同于以静态的直观为出发点的任何哲学。当然，随着马克思对现实的物质利益的关注，对黑格尔法

---

① 《马克思恩格斯全集》第 40 卷，人民出版社 1982 年版，第 99—100 页。
② 同上书，第 69 页。
③ Friedrich Nietzsch, *Friedrich Nietzsche Gesammelte Werke*，*Band 6*，Munchen：Musarion Verlag，1988，S. 154.

哲学、现象学和费尔巴哈的异化与人本主义思想的研究，尤其是对国民经济学的深入探讨，马克思的思想很快超出了主观性的"自我意识"的阶段，达到了"生存实践"的阶段，即把生产劳动看作理解并解释为一切社会现象的出发点和参照系。正是从这一历史唯物主义的基本原则出发，马克思从理论上解构了整个德意志意识形态。

首先，马克思解构了认为"观念统治着世界"的意识形态见解。马克思指出："所有的德国哲学批判家们都断言：观念、想法、概念迄今一直统治和决定着人们的现实世界，现实世界是观念世界的产物。这种情况一直保持到今日，但今后不应继续存在。"①这种错误见解的具体表现是：第一，人们自己创造出关于神、模范人等各种虚假的观念，但却跪倒在这些观念之前顶礼膜拜。也就是说，他们心甘情愿地把自己置于自己头脑的产物的统治之下。第二，把对社会现实的改造理解为纯粹的观念改造，即认为人们只要抛弃了某些观念，也就从根本上改变了社会现实。马克思嘲讽说："有一个好汉一天忽然想到，人们之所以溺死，因为他们被关于重力的思想迷住了。如果他们从头脑中抛掉这个观念，比方说，宣称它是宗教迷信的观念，那么他们就会避免任何溺死的危险。"②第三，人们总是习惯于从一个人或者一个团体关于自己所作的宣言出发去判断一个人或者一个团体。比如，当一个阶级为了获得全社会的拥戴而把自己本阶级的利益说成是全社会的共同利益时，人们常常对它的真实的意图失去判断能力。

其次，马克思解构了"观念统治着历史"的意识形态见解。马克思认为，这一见解是通过以下三个步骤来实现的：第一，先把统治者的思想同统治者本人分割开来，"从而承认思想和幻想在历史上的统治"。第二，必须使这种思想统治有某种秩序，必须证明，在一个承继着另一个的统治思想之间存在着某种神秘的联系，达到这一点的通常做法是把这

---

① 《马克思恩格斯全集》第 3 卷，人民出版社 1960 年版，第 16 页注 1。
② 同上书，第 16 页。

些思想看作"概念的自我规定"。第三，为了消除这种"自我规定着的概念"的神秘的外观，便把它变成某些人物，如思想家、哲学家、政治家等人的"自我意识"，"这样一来，就把一切唯物主义的因素从历史上消除了，于是就可以放心地解开缰绳，让自己的思辨之马自由奔驰了"①。在马克思看来，一旦现实的历史被曲解为观念的历史，历史活动就必然被描绘成某种神秘莫测的东西，被描绘成元首和国家的丰功伟绩。

最后，马克思解构了作为德意志意识形态基础的黑格尔哲学。当时的德国哲学家虽然都断言自己已超越了黑格尔哲学，但实际上，"德国的批判，直到它的最后的挣扎，都没有离开过哲学的基地。这个批判虽然没有研究过它的一般哲学前提，但是它谈到的全部问题终究是在一定的哲学体系，即黑格尔体系的基地上产生的"②。所以，马克思在批判德意志意识形态时，始终把矛头对准黑格尔哲学，特别是他的历史哲学。

通过对德意志意识形态的解构，马克思完整地表述了自己的历史唯物主义的见解：不是意识决定生活，而是生活决定意识；不是从观念出发去解释实践，而是从实践出发去解释观念；不是用单纯的观念批判去解释历史的变动，而是用现实的历史变动来说明观念的兴衰起落。

三、对拜物教的解构

如果说，青年马克思通过"异化劳动"这一中心概念对资本主义社会进行批判性考察的话，那么，成熟时期的马克思通过对政治经济学的系统的、深入的研究，虽然在其著作中还保留了"异化"这一概念，但是马克思不再笼统地、形而上学式地谈论这一问题，而是把探讨的重点放在

---

① 《马克思恩格斯全集》第 3 卷，人民出版社 1960 年版，第 56 页。
② 同上书，第 21 页。

"异化"、放在资本主义社会的最普遍的表现形式——"拜物教"上。

"拜物教"并不是马克思创制的新术语，如果历史地加以考察，它有两种不同的表现形式：一是前商品经济社会的"拜物教"，主要是对自然之物(风、雨、雷、动物、植物等)的崇拜，这尤其体现在各国的神话传说中。二是商品经济社会的"拜物教"，主要是对社会之物(商品、货币、资本)的崇拜，它是资本主义社会的普遍现象。马克思所说的"拜物教"是指后一种。什么是"拜物教"呢？马克思写道："要找一个比喻，我们就得逃到宗教世界的幻境中去。在那里，人脑的产物表现为赋有生命的、彼此发生关系并同人发生关系的独立存在的东西。在商品世界里，人手的产物也是这样。我把这叫做拜物教。"①在马克思看来，这种"拜物教"是同商品生产不可分割地联系在一起的，其奥秘在于：商品形式在人们面前把人们本身的劳动的社会性质反映成劳动产品本身的物的性质，反映成这些物的天然的社会属性，从而把生产者同总劳动的社会关系反映成存在于生产者之外的物与物之间的社会关系。"由于这种转换，劳动产品成了商品，成了可感觉而又超感觉的物或社会的物。"②

"拜物教"导致的结果是：一方面，物的自然属性被主体化了，从而物成了超感觉的、神秘莫测的东西。比如，生产资本会自动地产生利润，生息资本会自动地产生利息，土地会自动地提供地租："这是一个着了魔的、颠倒的、倒立着的世界。在这个世界里，资本先生和土地太太，作为社会的人物，同时又直接作为单纯的物，在兴妖作怪。"③商品拜物教、拜金主义和对资本的神秘性的崇拜，都是"拜物教"的具体表现形式。其实，这些神秘性不是物的自然属性造成的，而是物在一定的社会关系下的必然的表现。另一方面，人被物化了。在一个商品经济高度发展的社会里，不但人成了物、商品、货币、资本、机器和技术的奴隶，而且人与人之间的社会关系也由于被变形为物与物之间的关系而显

---

① 马克思：《资本论》第 1 卷，人民出版社 1975 年版，第 89 页。
② 同上。
③ 马克思：《资本论》第 3 卷，人民出版社 1975 年版，第 938 页。

得晦暗不明了。

　　马克思批判"拜物教"的目的是揭示出物与物之间的关系掩盖下的人与人之间的真实的社会关系。在这个意义上，我们不妨把马克思思想发展的这一阶段称为"社会关系"阶段。事实上，马克思早在写作《关于费尔巴哈的提纲》《德意志意识形态》《雇佣劳动与资本》等论著时，已经对"社会关系"问题作了一定的论述，但当时马克思的注意力还主要放在对"生存实践"问题的论述上，而"生存实践"活动还是在经验世界中可以观察到的现象。至于"社会关系"则完全是抽象的，分析"社会关系"既不能用显微镜，也不能用化学试剂，而只能用抽象力。这充分表明，随着马克思的研究工作的不断深入，他对整个资本主义社会及其观念的解构也不断地向纵深发展。

四、对欧洲中心主义的解构

　　如果我们着眼于从世界范围内考察马克思思想的发展的话，就会发现，马克思对古希腊哲学、德意志意识形态和拜物教的解构，主要是他研究欧洲社会，尤其是近代欧洲社会的结果。然而，马克思作为一个世界主义者，他的视野并没有局限在欧洲社会之内。从中年起，特别是在晚年，马克思通过对人类学的深入研究，不但把自己的视野从近代欧洲的资本主义社会扩展到欧洲古代社会，而且进一步扩展到东方社会。在一定的意义上，我们可以把晚年马克思的思想称作"东方社会"阶段。以往研究马克思思想的学者或者不太注意这一阶段，或者仅仅在欧洲中心论的范围内去评价晚年马克思的贡献。实际上，这一阶段之所以特别重要，因为马克思解构了欧洲中心论主义，从而把自己的注意力转向东方社会。

　　首先，马克思解构了西欧资本主义起源方式的普遍性。俄国民粹主义者米海洛夫斯基试图把马克思关于西欧资本主义起源的论述推广到一切国家(包括俄国)中去。马克思在"给《祖国纪事》编辑部的信"(生前未发出)中对他进行了严肃的批评:"他一定要把我关于西欧资本主义起源的历史概述彻底变成一般发展道路的历史哲学理论,一切民族,不管他们所处的历史环境如何,都注定要走这条道路,——以便最后都达到在保证社会劳动生产力极高度发展的同时又保证人类最全面的发展的这样一种经济形态。但是我要请他原谅。他这样做,会给我过多的荣誉,同时也会给我过多的侮辱。"①马克思认为,极为相似的事情在不同的历史环境中会引出完全不同的结果,如果把西欧资本主义起源的模式绝对化,那就什么也解释不了。

其次,马克思解构了西欧社会发展形态的普遍性。不论是西方学者,还是东方学者,在研究东方社会的演化时,都自觉地或不自觉地把西欧社会演化的模式作为参照系。比如,当柯瓦列夫斯基发现印度有采邑制、荫庇制和公职承包制时,就轻易认定,在印度存在着西欧意义上的封建主义。马克思批评说:"**别的不说**,柯瓦列夫斯基**忘记了农奴制**,这种制度并不存在于印度,而且它是一个基本因素。"②事实上,在印度普遍存在着的是农村公社,英国殖民主义者入侵后,利用高利贷加速了农村公社的瓦解和向资本主义社会的发展。由此可见,决不可简单地把仅仅适合于西欧社会演化的五大形态理论简单地套用到东方社会上去。

最后,在分析俄国农村公社的发展趋向时,马克思作出了跨过"卡夫丁峡谷"的著名论断。在马克思看来,俄国农村公社具有两重性:一方面,公有制及公有制造成的各种社会关系使公社基础稳定;另一方面,房屋的私有、小块土地耕种和产品的私人占有,又使个人利益获得发展。如果听凭各种破坏公社的因素(如国家财政搜刮、高利贷等)发展,就会导致农村公社的灭亡,重走西方资本主义发展的道路;如果创造历史条件来发展前一方面,逐步把土地的个人耕作发展为集体耕作,

---

① 《马克思恩格斯全集》第 19 卷,人民出版社 1963 年版,第 130 页。
② 《马克思恩格斯全集》第 45 卷,人民出版社 1985 年版,第 284 页。

它就可能"不通过资本主义制度的卡夫丁峡谷，而把资本主义制度的一切肯定的成就用到公社中来"①。在这里，马克思的提法虽然是十分谨慎的，但却充分表现出他对欧洲中心主义的解构和超越。在马克思看来，东方国家并不一定要走西方国家的老路，相反，只要它们把握住历史的契机，并创造客观物质条件来实现这一契机的话，它们就有可能跨越"卡夫丁峡谷"，走向新的社会形态。

五、马克思解构学说的启示

马克思的解构学说具有极为重要的理论意义。首先，它使我们对历史决定论问题获得了新的认识。在这个问题上，流行的见解是：马克思的历史唯物主义就是历史决定论，历史决定论认为，在社会历史的发展中存在着普遍的规律。这一见解显然忽视了，在决定论问题上马克思的见解是有一个发展过程的。如前所述，马克思解构古希腊哲学的一个重要的方面，就是解构德谟克利特把一切都视为必然的决定论思想。马克思在批评西塞罗对伊壁鸠鲁思想的曲解时写道："西塞罗所要求的物理的原因会把原子的偏斜拖回到决定论的范围里去，而偏斜正是应该超出这种决定论的。"②由此可见，青年马克思不但不赞成决定论的思想，而且力图以伊壁鸠鲁的"原子偏斜说"来解构这种决定论。成熟时期的马克思通过对资本主义社会的深入研究，得出了如下的结论："我的观点是：社会经济形态的发展是一种自然历史过程。不管个人在主观上怎样超脱各种关系，他在社会意义上总是这些关系的产物。"③马克思还强调，《资本论》的最终目的"就是揭示现代社会的经济运动规律"④。人们通常

---

① 《马克思恩格斯全集》第 19 卷，人民出版社 1963 年版，第 436 页。
② 《马克思恩格斯全集》第 40 卷，人民出版社 1982 年版，第 213 页。
③ 马克思：《资本论》第 1 卷，人民出版社 1975 年版，第 12 页。
④ 同上书，第 11 页。

把马克思这方面的论述理解为历史决定论，并认为马克思在研究西欧社会时得出的结论具有普遍性。事实上，晚年马克思在分析资本主义社会的运动时，指出："这一运动的'历史必然性'明确地限于西欧各国。"①晚年马克思更多地关注的是不同社会发展道路之间的差别，而不是把西欧社会发展的规律到处加以套用。所以他强调："使用一般历史哲学理论这一把万能钥匙，那是永远达不到这种目的的，这种历史哲学理论的最大长处就在于它是超历史的。"②综上所说，如果一定要把历史唯物主义表述为历史决定论的话，那就得说明：第一，历史决定论不等于历史哲学；第二，它并不提供任何普遍性的社会发展公式，它表述的社会运动规律或历史的必然性是受一定的历史条件和范围的制约的；第三，它真正重视的是对任何历史运动的决定性的前提（即人要创造历史，就先得生存在这个世界上，而要生存，就得从事物质资料的生产）的澄明，而不是撇开一切具体的历史条件来大谈特谈社会发展的规律或必然性。

其次，意识形态批判构成马克思哲学的一个重要的方面。在马克思看来，有关社会历史研究的任何资料都处在一定的意识形态的笼罩下，意识形态是一个总体性的概念，或者换一种说法，它是一种虚假的总体性，是真实的社会现实总体在观念上的虚假的反映。人们通常认为是从自己的理性出发去观察和思考问题的，实际上，他们从事观察和思考的真正的出发点乃是他们通过教化的途径已然接受了的意识形态。因此，根据马克思的见解，人们在对自己已然接受的意识形态获得批判性的识见之前，是很难对社会历史资料做出创造性的研究的，也是根本不可能确立起新的世界观的。也正是在这个意义上，马克思强调历史唯物主义"最先是真正批判的世界观"③。

再次，马克思对欧洲中心主义的解构乃是其全部学说中的一个极为重要的组成部分。以往的研究认为，马克思主义有三个来源和三个组成

---

① 《马克思恩格斯全集》第 19 卷，人民出版社 1963 年版，第 268 页。

② 同上书，第 131 页。

③ 《马克思恩格斯全集》第 3 卷，人民出版社 1960 年版，第 261 页。

部分(德国古典哲学、英国古典经济学、法国空想社会主义)，而这三个部分都属于欧洲社会，这就等于把马克思的学说仅仅理解为关于欧洲社会的学说，从而忽略了马克思乃是一个世界主义者，马克思在理论上的极为重要的贡献正是对欧洲中心主义的解构。在这个意义上可以说，马克思关于东方社会的论述在其重要性上一点也不亚于他关于西方社会的论述。

最后，必须认识到，马克思关于"拜物教"批判的意义决不能局限在政治经济学的范围之内来加以理解。更为重要的是认识这一批判的哲学意义。实际上，正是通过对"拜物教"的批判，马克思澄清了自己的唯物主义的根本使命，也就是说，马克思的唯物主义决不是以经院哲学的方式抽象地去谈论世界统一于物质、物质与运动不可分离、物质运动是有规律的等命题，而是通过对资本主义社会普遍存在的"拜物教"的批判，揭示出被物的自然属性和物与物之间的关系掩蔽着的人的社会属性和人与人之间的真实的社会关系。易言之，马克思的唯物主义本质乃是人本主义，马克思关注的并不是抽象的物质，而是现实的人在资本主义社会条件下的真实的历史命运。在马克思看来，只有批判并解构"拜物教"的观念，人们才能认清自己真实的历史处境，并运用合适的方式来改变社会现实。

总之，通过对马克思解构学说的研究，我们不仅发现，马克思的思想远未被这个时代所超越，也就是说，马克思仍然是我们的同时代人，马克思的思想仍然是我们这个时代的思想；而且发现，我们在对马克思的一系列基本理论的理解上获得了新的识见。

马克思时空观新论[①]

一、问题的提出

关于马克思主义哲学教科书体系的改革问题已经成为学术界的共识。近年来，不少论著在这个方面作出了可贵的探索，但要深入地检视一下这些研究成果，就会发现，人们的探索几乎都没有触及马克思的时空理论。人们仍然无反思地借用着传统哲学教科书中关于时空问题的表述，试图对马克思哲学的整个体系作出新的说明。这种努力是不可能取得成功的。事实上，只有重新反思马克思的时空理论，揭示出长期以来被研究者们所掩蔽的马克思在时空理论上的重大发现，对马克思哲学体系的重新理解和构造才真正是可能的。

在我国哲学界，最先对马克思的时空观作出富有创新意识的理解和解释的可能是刘奔的论文：《时间是人类发展的空间：社会时—空特性

---

① 原载《哲学研究》1996 年第 3 期，第 11—19 页。收录于俞吾金：《俞吾金集》，学林出版社 1998 年版，第 328—347 页；《重新理解马克思——对马克思哲学的基础理论和当代意义的反思》，北京师范大学出版社 2005 年版，第 284—299 页。——编者注

初探》(载《哲学研究》1991 年第 10 期,以下简称"刘文")。"刘文"的贡献主要表现在以下三个方面:一是把对马克思时空观探讨的重心从传统哲学教科书的"物质(或者是脱离人的自然)—运动"领域移向"社会—人类活动"领域,特别是通过对马克思的时间结构(必要劳动时间、剩余劳动时间和自由时间)和社会空间学说的分析,阐明了马克思的时空理论与人类争取自由的活动之间的内在联系,从而揭示出马克思时空观的丰富的社会历史内涵;二是阐明了人类实践是社会时—空的基础和源泉,从而使马克思的时空观不再游离于其实践唯物主义的体系之外;三是揭示了马克思时空观的丰富的辩证法的内涵。"刘文"在对马克思时空观的认识上开启了新的方向,但也留下了一些未触及或未深究的问题,如对传统哲学教科书的时空观及其基础的全面反思,对马克思时空观的理论前提的澄清,对马克思早期著作特别是《博士论文》中的时空观的研究,有待于我们作进一步的探讨。

本文先考察传统哲学教科书的时空观的得失,进而论述当代西方学者对马克思时空观的新认识,然后再反观马克思时空观的基础及其主要内容,并阐明长期以来被掩蔽了的马克思时空观的划时代的创造性及其意义。作为尝试性的探讨,难免有疏忽之处,诚希刘奔和其他学界同道指正。

二、传统哲学教科书的时空观的得失

传统的哲学教科书主要是根据恩格斯的《反杜林论》《自然辩证法》和列宁的《唯物主义和经验批判主义》等著作来阐述马克思的时空理论的。这一时空理论的要旨如下:第一,时间和空间是运动着的物质的存在形式。列宁说:"世界上除了运动着的物质,什么也没有,而运动着的物质只能在空间和时间中运动。"①第二，时间和空间是客观存在的。列宁写道："唯物主义既然承认客观实在即运动着的物质不依赖于我们的意识而存在，也就必然要承认时间和空间的客观实在性。"②第三，时间和空间是无限的。既然物质运动是无限的、永恒的，作为这一运动的存在形式的时间和空间也必然是无限的、无始无终的。正如恩格斯所说："时间上的永恒性、空间上的无限性，本来就是，而且按照简单的词义也是：没有一个方向是有终点的，不论是向前或向后，向上或向下，向左或向右。"③

必须看到，这一时空理论的提出是有历史意义的，它体现了现代唯物主义者力图克服传统哲学的时空理论所存在的种种问题。首先，强调时空与运动着的物质的不可分离性是针对牛顿的"绝对时空观"而言的。牛顿把时间理解为与物质运动无关的、均匀地流逝着的持续性，把空间理解为与物质运动相分离的空框子，这就否定了时空与运动着的物质之间的内在联系。事实上，物理学本身的发展也告诉我们，牛顿的时空理论后来被爱因斯坦所超越。其次，强调时空的客观性是针对康德、马赫把时空主观化而言的。康德把时空理解为感性直观的先天形式，马赫把时空理解为整理感觉材料的工具，其共同点是夸大了时空的主观特征。最后，强调时空的无限性是针对黑格尔、杜林等人的时空观而言的。黑格尔认为，自然界的发展是在空间以内、时间之外的；杜林则认为世界在时间上是有开端的、在空间上是有界限的。归根到底，他们否定了下面这一点，即不管物质运动处在何种状态中，时空总是它的存在形式。

从上面的论述可以看出，虽然这一时空理论在某些方面克服了传统哲学的时空理论的局限性，但从总体上看，它仍然没有超越传统的时空理论的基本思路和问题框架。

其一，从物质（及其具体表现形态——实体、事物）和运动出发来阐

---

① 《列宁选集》第2卷，人民出版社1995年版，第137页。
② 同上。
③ 恩格斯：《反杜林论》，人民出版社1999年版，第50页。

述时空理论乃是传统哲学的基本思路。从亚里士多德的《物理学》到近代的经验论、唯理论和 18 世纪的法国唯物主义哲学,再到黑格尔的《自然哲学》和费尔巴哈的《关于哲学改造的临时纲要》,都是从这样的思路出发来探讨时空问题的。比如,费尔巴哈说过:"空间和时间是一切实体的存在形式。只有在空间和时间内的存在才是存在。"①恩格斯在反驳杜林时,就几乎一字不差地重述过费尔巴哈的上述见解;列宁在《唯物主义和经验批判主义》一书中也以完全肯定的口吻引证过费尔巴哈关于时空问题的见解。这样就产生一个问题:马克思的时空理论与旧哲学,尤其是旧唯物主义的时空理论究竟有何本质差异?

其二,在强调时空的客观实在性时,走向另一个极端,即完全撇开了来自人、人的经验和人的实践活动方面的主观性因素,从而把时空绝对化、抽象化了。列宁说:"**在人和人的经验出现以前**,自然界就存在**于以百万年计算的时间中**。"②这就告诉我们,不管人的实践活动如何改变外部世界,都不会影响均匀地流逝着的时间,甚至在人类尚未存在之前,外部世界已处在时间和空间的计量之中。这里的困难在于,从语言的现实性方面来考察,"客观的"(Objective)这个词永远是相对于另一个词"主观的"(Subjective)而言的,也就是说,一旦撇开"主观的"方面,"客观的"方面也就自行消失了。所以人们必须记住,当他们谈论"客观性"的时候,不但不可能撇开主观性,而且恰恰认可了主观性的存在。而"主观的"在这里指的正是人、人的经验和人的实践活动。也就是说当我们强调时空具有客观实在性的时候,实际上已认可了时空必然蕴含着的主观方面的因素。康德和马赫的时空观的错误不在于他们强调了时空的主观维度,而在于他们或者过分地夸大了这一点,或者只是从静观的角度来理解主观维度的作用,未把它理解为一种实践活动。实际上,只有结合主观方面,尤其是人的实践活动来探讨时空理论,这一理论才不

① 《费尔巴哈哲学著作选集》上卷,荣震华等译,商务印书馆 1984 年版,第 109 页。
② 《列宁选集》第 2 卷,人民出版社 1995 年版,第 140 页。

会被绝对化和抽象化。人所共知，爱因斯坦之所以能突破牛顿的"绝对时空观"，创立相对论，在相当程度上得益于马赫的时空理论的启示。

其三，这种与人的活动相分离的时空观由于始终是以抽象的物质或作为这种物质的总和的抽象的自然界作为载体的，所以它必定是超社会历史的。换言之，它既不可能历史地显示出不同社会形态中的时空概念内涵上的差异性，也不可能深刻地揭示出资本主义社会形态中时空学说的特定的社会历史内涵及它与价值、自由、社会革命等重大理论问题之间的内在联系。这种抽象的时空观只能导致对物质、运动、时空、规律的超历史的叙述。①

总之，这种时空观由于未能对旧唯物主义的时空观的理论前提作出彻底的批判和清理，即只注意从方法论出发去克服传统的时空观的机械性，却未对传统时空观的抽象的载体（即与人的实践活动相分离的抽象的物质）进行根本性的改造，这就把马克思的富于创新意识的时空理论安放到旧唯物主义的基础上去了，从而掩蔽了马克思在时空理论上的划时代的变革。

三、当代西方学者对马克思时间观的新探索

要重新认识马克思的时空观，就有必要从当代学者关于时空问题的研究中获得一些启示。从 19 世纪下半叶，尤其是 20 世纪初以来，不少理论家，如柏格森、胡塞尔、沙穆尔·亚历山大、海德格尔、萨特、恩斯特·布洛赫、布鲁代尔、普里高津、皮亚杰等，对时空理论，特别是时间理论进行了新的探索。尤其是海德格尔和作为年鉴学派代表人物的布鲁代尔的时间理论对当代的马克思哲学的研究者产生了一定的影响，促使他们重视马克思的时间理论并力图对它作出新的说明。在这些研究

---

① 参见俞吾金：《马克思物质观新探》，《复旦学报（社会科学版）》1995 年第 6 期。

者中，我们至少可以列举出以下三位。

(1)马尔库塞。他在对现代资本主义社会进行批判性的考察时，十分注重时间问题。马尔库塞以马克思的时间理论为依据，把现代人的日常生活的时间分为两个部分：一是劳动时间，即现代人为了生活必需付出的时间；二是自由时间，即现代人在工作之余可以自由地加以支配的闲暇时间。他写道："自由的第一个的前提就是缩短劳动时间，使得纯粹的劳动时间量不再阻止人类的发展。"①这表明，马尔库塞不仅领悟了马克思在阐述其经济学理论时提出的时间学说的哲学意义，而且理解了马克思的自由学说与时间学说之间的内在联系。通过对现代资本主义社会中越来越扩大化的自动化现象的分析，马尔库塞认为，自动化有可能把作为现存文明基础的自由时间与劳动时间的关系颠倒过来，即有可能使劳动时间降到最低限度，而使自由时间成为主导性的时间。他说："在摆脱了统治的要求之后，劳动时间和劳动能量在量上的减少将使人的生存发生质的变化：决定人的生存内容的，不是劳动时间，而是自由时间。"②他还认为，科学技术的发展和劳动时间的缩短为现代人获得更多的自由准备了客观的条件。当然，在马尔库塞看来，唤醒这种自由意识必须借助于他所倡导的社会批判理论。

(2)阿尔都塞。他按年鉴学派的思路提出了"历史时间"(historical time)的概念。阿尔都塞批评了黑格尔对历史时间的理解。在黑格尔那里，总体乃是莱布尼茨意义上的精神的总体，其中所有的部分都不过是精神的显现。所以，黑格尔从纵向上把历史时间理解为同质的连续性，看不到在不同的历史阶段上时间的差异性；他又从横向上把历史时间理解为无差别的同时性，看不到总体各部分在时间上的特殊性。阿尔都塞认为，关键在于要回复到马克思的总体概念，因为"马克思的历史时间

---

① H. Marcuse, *Triebstrukur und Gescllschaft*, Frankfurt am Main: Suhrkamp Verlag, 1970, S. 152.

② Ibid., S. 218.

概念是以其社会总体概念为基础的"①。在马克思那里，总体乃是社会总体，是分成不同层次和部分的结构性的总体。由于生产方式的差异，不同形态的社会发展阶段的总体之间存在着重大的差异，因而从纵向上看，它们的时间概念是有质的差异的；另外，由于总体结构的各个部分不能像黑格尔的总体概念那样还原为某个东西，所以从横向上看，总体中的不同的部分也拥有不同的时间。如"政治时间""经济生产时间""科学时间""艺术时间""哲学史时间"等。② 总之，马克思的历史时间是复杂的、非线性的，不能按照传统哲学的思路把它理解为日常生活中的均匀流逝的时间。

（3）古尔德。她在研究马克思的《大纲》，即《经济学手稿（1857—1858）》中的劳动本体论思想时，提出了马克思关于"时间辩证法"(the dialectic of time)的学说。这一学说主要包含两方面的内容：一方面，她指出，对于马克思来说，劳动是时间的起源——既是人类时间意识的起源，又是对时间进行客观的测量和起源。③ 换言之，正是劳动创造了时间并把它引入到世界之中。古尔德认为，马克思的时间观念与康德的时间观念有相近之处，即都是从人的活动出发的，但康德赖以出发的是意识的活动，而马克思则是从现实的劳动出发的。至于海德格尔，虽然从"此在本身"(Dasein itself)的活动出发去论述时间，但他"并没有把时间化的此在的活动理解为对象化的活动，理解为改变自然的社会活动"④。这正是他的时间学说与马克思的时间学说在根基处的差异之点。另一方面，她又指出，马克思进一步表明，作为测量方式的时间的运用在历史上是不同的。因此，对于他来说，在不同的社会发展阶段，时间本身在质上是不同的。⑤ 在前资本主义阶段，劳动不是按照时间来测量的，而

---

① L. Althusser, *Reading Capital*, New York：New Left Books，1970，p. 97.

② Ibid.，p. 101.

③ C. C. Gould, *Marx's Social Ontology*, Boston：The MIT Press，1978，p. 41.

④ Ibid.，p. 62.

⑤ Ibid.，p. 64.

是按照物品的使用价值的差异来测量的；只有在马克思提到的社会发展的第二阶段，即资本主义阶段，"时间作为劳动的测量工具的可能性才产生出来"①。在这个阶段，商品的价值是由生产它的社会必要劳动时间来决定的。于是，总的劳动时间就被划分为两个部分：一是必要劳动时间，二是剩余劳动时间。技术的开发相应地缩短了必要劳动时间，增加了剩余劳动时间，从而使资本可以攫取更多的剩余价值。而在社会发展的第三个阶段，即马克思所描绘的共产主义社会中，不是别的东西，而是"自由时间或个体自由发展的时间成了对富有的一种测量"②。

从上面的论述可以看出，以马尔库塞、阿尔都塞和古尔德为代表的一些研究者对马克思的时间学说进行了新的探索，其特征是：第一，不是从抽象的物质，而是从人类的劳动出发来论述马克思的时间理论；第二，意识到了马克思的时间学说与生存、价值、自由之间的内在联系；第三，注意到了处在不同社会形态中的社会总体及其总体的各个部分在时间上的质的差异性。这些探索的不足之处在于：第一，未把马克思的时空理论作为其哲学的基本理论进行系统的、专题的研究；第二，只重视马克思的时间理论，忽视了对他的空间理论及时、空关系理论的研究；第三，既未对传统哲学教科书中的时空理论作出深刻的反思，也未对马克思时空学说的本质特征和划时代的意义作出明确的说明。

四、对马克思时空观的重新考察

现在，让我们跳出传统的哲学教科书的框架，重新反观马克思的时空学说。从历史的眼光来看，马克思的时空学说的发展可以划分为两个阶段：第一阶段以他的《博士论文》为代表，主要是从哲学上来阐述其时

---

① C. C. Gould, *Marx's Social Ontology*, Boston: The MIT Press, 1978, p. 64.
② Ibid., p. 68.

空学说；第二阶段以《大纲》和《资本论》为代表，主要从经济学出发来表述其时空学说。这两个阶段都为研究者们所忽视。人们之所以忽视第一个阶段，理由是在写作《博士论文》时马克思的思想尚未成熟；人们之所以忽视第二个阶段，理由是马克思的《大纲》和《资本论》表达的仅仅是经济学意义上的时空学说。这充分表明，人们对马克思的时空学说还存在许多误解，亟须加以廓清。

我们先来探讨马克思第一阶段的时空学说。青年马克思在阅读黑格尔的哲学全书时写下了《自然哲学提纲》（有三个不同的方案）。比如，在第一方案中，他写下了"空间。即时的连续性""时间。即时的不连续性""空间和时间的即时的统一"等语句①。这些语句都是对黑格尔时空见解的摘要，是马克思在研究原子论哲学时用来作参考的。在马克思看来，原子论哲学家与黑格尔的一个重要的区别是：后者是从抽象物质出发来论述时空问题的，而前者则认为，"只有从物质中抽掉时间的成分，物质才是永恒的和独立的"②。在这一点上，原子论哲学家德谟克利特和伊壁鸠鲁是一致的，但在规定脱离了原子（物质）世界的时间的方式和归属上，他们又是不同的。

德谟克利特的学说把时间从原子世界（即本质世界）中排除出去后，时间被导入两个不同的领域中去了：一是实体世界。它认为实体是在时间中生成的，但它却没有看到，当它把实体当成有时间的东西时，它同时也就把时间实体化了，因而也就取消了时间的概念，因为绝对化了的时间已经不复是时间性的东西了。③ 二是自我意识。正如马克思所说：从本质世界中排除掉的时间，被移置到进行哲学思考的主体的自我意识中去，而与世界本身毫不相干了。④ 但伊壁鸠鲁却不是这样，"从本质世界中排除掉的时间，在他看来，就成为**现象的绝对形式**。时间被规定

---

① 《马克思恩格斯全集》第 40 卷，人民出版社 1982 年版，第 176—177 页。
② 同上书，第 229 页。
③ 参见《马克思恩格斯全集》第 40 卷，人民出版社 1982 年版，第 230 页。
④ 参见同上。

为偶性之偶性"①。而现象是与人的感性知觉联系在一起的，所以，"当被感官知觉到的物体的偶性被认为是偶性时，时间就发生了。因此自身反映的感性知觉在这里就是时间的源泉和时间本身"②。在马克思看来，感性和时间的联系表现在：事物的时间性和事物对感官的显现，被设定为本身同一的东西。③ 在《博士论文》中，马克思虽然没有辟出专门的篇幅来讨论空间问题，但认为空间也是与感性联系在一起的，所以有"感性的空间"④的提法。

这些论述既包含着马克思对伊壁鸠鲁的时空学说的描述，也包含着他自己对时空理论的理解。总的说来，马克思既反对从抽象物质、从实体出发去讨论时空问题，也反对把时空问题自我意识化、纯粹主观化。在马克思看来，时空乃是现象的纯粹形式，而现象又是相对于感性而言的，所以，感性才是时空的源泉，才是解开时空，尤其是时间之谜的真正的钥匙。由此可见，青年马克思的时空学说深受康德的影响，但这一学说与康德的时空学说的区别也初见端倪。康德把时空理解为先天的感性直观的纯粹形式，前者则从后天的感性（即感官知觉）出发去理解时空。

当然，成熟时期的马克思已不再把感性理解为人对外部世界的静态的感知，而是理解为人改造外部世界的实践活动，而这种活动的最基本的形式则是生产劳动。所以，要理解马克思第二阶段的时空理论，必须明白这一点，即他在这个阶段中虽然已把生产劳动作为时空的源泉，但这一思想与他早期以感性作为时空的源泉的想法是有内在联系的。

下面，我们再来探讨马克思第二阶段的时空学说。

第一，从生产劳动出发来阐述时空问题。在生产劳动的视野里，传统哲学所论述的、与人无关的、抽象的物质或超历史时代的实体、事物

---

① 《马克思恩格斯全集》第 40 卷，人民出版社 1982 年版，第 230 页。
② 同上书，第 232 页。
③ 参见《马克思恩格斯全集》第 40 卷，人民出版社 1982 年版，第 233 页。
④ 同上书，第 218 页。

立即转化为生产的基本要素（如生产原料、生产工具、生产过程的排泄物等），从而显现为属人的存在物。在资本主义的生产方式中，物质的普遍的方式是商品，而商品正是通过劳动来塑造的，所以马克思说："劳动是活的、塑造形象的火；是物的易逝性，物的暂时性，这种易逝性和暂时性表现为这些物通过活的时间而被赋予形式。"①也就是说，马克思从来不以超历史的、抽象的态度来谈论时空问题，他是从考察人的生存实践活动，尤其是资本主义生产劳动出发来阐述自己的时空学说的。

第二，作为客观时间的"社会必要劳动时间"。商品作为物具有两重属性：一是使用价值，关系到具体劳动；二是交换价值，关系到抽象的人类劳动。资本主义生产的目的是交换价值，而作为交换价值基础的商品的价值的量恰恰是通过社会必要劳动时间来度量的："社会必要劳动时间（Gesellschaftlich notwendige Arbejtszeit）是在现有的社会正常的生产条件下，在社会平均的劳动熟练程度和劳动强度下制造某种使用价值所需要的劳动时间。"②社会必要劳动时间之所以是客观的，因为它并不是由哪个商品生产者凭主观愿望决定的，而是在一定的历史条件下展示出来的。这种时间好比一种特殊的以太，它决定着一切"社会的物"（gesellschaftliche Dinge，即商品）在生活世界中的比重。从商品生产和交换的整个过程来看，时间可以划分为生产时间（创造价值）和流通时间（实现价值）两大部分，而生产时间又可进一步划分为必要劳动时间（维持劳动力的再生产的时间）和剩余劳动时间（为资本家生产剩余价值的时间）这两个部分。从人格化的资本——资本家的角度来看，为了获取更多的剩余价值，一方面他要尽量地延长工人的必要劳动时间（或者是延长工作日，使之接近或达到工人的生理界限；或者是改进并发展技术，提高单位劳动时间的质量）；另一方面他要努力改善交通，以缩短商品的流

① 《马克思恩格斯全集》第 46 卷（上册），人民出版社 1979 年版，第 331 页。
② 马克思：《资本论》第 1 卷，人民出版社 1975 年版，第 52 页。

通时间。所以马克思说："一切节约归根结底都是时间的节约。"①从雇佣劳动者的角度来看，其时间可以划分为两个部分：一是劳动时间，二是自由时间或闲暇时间。为了以真正的人的方式生存下去，并发展自己，他们会努力争取缩短劳动时间，扩大自由时间。而只要人们不抽象地谈论劳动者的自由，那么，正如马克思所指出："工作日的缩短是根本条件。"②当然，工作日的缩短也不是随意的，归根结底它受制于商品生产中的社会必要劳动时间。

第三，劳动中的空间观念。马克思说："较多的工人在同一时间、同一空间(或者说同一劳动场所)，为了生产同种商品，在同一资本家的指挥下工作，这在历史上和逻辑上都是资本主义生产的起点。"③为了获取更多的剩余价值，资本家也会千方百计地扩大生产的空间，而要这样做，协作就是一种最常见的手段，这是因为："一方面，协作可以扩大劳动的空间范围……另一方面，协作可以与生产规模相比相对地在空间上缩小生产领域。"④这是就生产而言的，就流通而言，"资本按其本性来说，力求超越一切空间界限"⑤。而这种超越主要是通过发展交通工具来实现的。

第四，时间是空间的本质。马克思说："时间实际上是人的积极存在，它不仅是人的生命的尺度，而且是，人的发展的空间。"⑥也就是说，相对于人类的生存实践活动而言，时间比空间具有更为重要的意义。事实上，人类的科学、艺术和其他公共生活的发展都是在社会的自由时间中展开的，而"社会的自由时间是以通过强制劳动吸收工人的劳动为基础的，这样，工人就丧失了精神发展所必需的空间，因为时间就

---

① 《马克思恩格斯全集》第 46 卷(上册)，人民出版社 1979 年版，第 120 页。
② 马克思：《资本论》第 3 卷，人民出版社 1975 年版，第 927 页。
③ 马克思：《资本论》第 1 卷，人民出版社 1975 年版，第 358 页。
④ 同上书，第 365 页。
⑤ 《马克思恩格斯全集》，第 46 卷(下册)，人民出版社 1979 年版，第 16 页。
⑥ 《马克思恩格斯全集》，第 47 卷，人民出版社 1979 年版，第 532 页。

是这种空间"①。在这个意义上可以说，资本主义财富的积累和发展正是以窃取劳动者的时间为前提的，所以马克思写道：**"现今财富的基础是盗窃他人的劳动时间"**②。马克思还认为，资本就其不断增殖的本性而言，它力求超越一切空间界限，因此，它会努力创造各种物质条件（如发展运输工具），"用时间去消灭空间"③。这里的"消灭"当然并不是不要空间，只是表明资本将通过缩短时间的方式缓解空间上的某种障碍。总之，在马克思看来，时间乃是空间的真理。在这方面，"刘文"作了全面的论述，值得认真地加以参考。

第五，关于社会形态时空理论的暗示。马克思认为，社会历史的发展可以划分为以下三大形态：第一形态以人的自然的依赖关系为特征，第二形态以物的依赖性为基础，第三形态以个人的全面发展为前提。在这三大社会形态中，时间和空间都是在相应的劳动方式中展现出来的。在第一形态中，空间（交换的范围）是非常狭小的，至多也只是地方性的，时间的节奏也是十分缓慢的，但"最原始的物物交换形式是以劳动作为商品实体和劳动时间作为商品尺度为前提的"④。在第二形态中，空间被大大拓展了，正如马克思所说："美洲和环绕非洲的新航路的发现，给新兴的资产阶级开辟了新的活动场所。"⑤在世界变得越来越小的同时，时间的节奏也变得越来越快了。社会必要劳动时间成了衡量一切社会的物的价值的标准。毫无疑问，在第三形态中，由于科学技术的高度发展，空间将通过时间的媒介而进一步被拓宽，时间的重要性也将进一步显现出来，正像马克思所预言的："时间的节约，以及劳动时间在不同的生产部门之间有计划的分配。在共同生产的基础上仍然是首要的经济规律。这甚至在更加高得多的程度上成为规律。"⑥"那时，财富的

---

① 《马克思恩格斯全集》第 47 卷，人民出版社 1979 年版，第 344 页。
② 《马克思恩格斯全集》第 46 卷（下册），人民出版社 1979 年版，第 218 页。
③ 同上书，第 33 页。
④ 《马克思恩格斯全集》第 46 卷（上册），人民出版社 1979 年版，第 154—155 页。
⑤ 《马克思恩格斯全集》第 4 卷，人民出版社 1958 年版，第 467 页。
⑥ 《马克思恩格斯全集》第 46 卷（上册），人民出版社 1979 年版，第 120 页。

尺度决不再是劳动时间，而是可以自由支配的时间。"①

上面，我们非常简要地论述了马克思时空学说发展的两个不同的阶段。马克思第一阶段的时空学说虽然是不成熟的，但它已显示出他考察时空问题的独特的思路，即他既不把时空理解为纯粹主观的意念，也不把时空理解为完全与人的意识和实践活动相分离的纯粹实体性的东西，而是从主客体统一的角度出发去思考并论述时空问题的。所以，他以批判的方式接受了伊壁鸠鲁的思想，把主客体统一的感性理解为时空的源泉。正如我们在前面已经指出过的那样，这一点之所以特别重要，因为作为马克思第二阶段的时空学说源泉的生产劳动概念正是从感性概念发展出来的。在这个意义上可以说，不读《博士论文》，就找不到正确理解马克思时空学说的入口。同样地，不读《大纲》和《资本论》，也就找不到正确地理解马克思的时空学说实质的道路。

五、马克思时空观的基本特征和划时代的意义

真正能代表马克思的时空观的，是他在《大纲》《资本论》等成熟时期的著作中表达出来的时空理论，即我们在上面所说的第二阶段的时空理论。下面，我们主要考察马克思在这一阶段中的时空理论的基本特征和重大意义。

马克思时空观的基本特征如下。

第一，虽然马克思的时空观主要是在其经济学著作中表述出来的，但却不应当局限在经济学的范围内去理解他的这一理论。事实上，马克思的时空观始终保持着哲学的高度。比如，马克思说："时间实际上是人的积极存在，它不仅是人的生命的尺度，而且是人的发展的空间。"②

---

① 《马克思恩格斯全集》第 46 卷(下册)，人民出版社 1979 年版，第 222 页。
② 《马克思恩格斯全集》第 47 卷，人民出版社 1979 年版，第 532 页。

又说:"从整个社会来说,创造可以自由支配的时间,也就是创造产生科学、艺术等等的时间。"①像这样的论述还可以找出许多。谁都不会怀疑,这些论述都已逸出单纯经济学研究的范围,显示出独特的哲学的眼光。

第二,马克思不是从传统哲学的时空框架出发引申出实践概念的,相反,是从人的实践活动,特别是从生产劳动出发引申出时空概念的。所以,马克思的时空观以生存实践活动为轴心,显示出人活动于其中的世界的整体图景。但是,传统的哲学教科书却在"辩证唯物主义"部分撇开人的实践活动,从所谓自己运动着的物质世界或自然界本身出发去阐述马克思的时空观,形成所谓"自然时—空",这就把马克思的时空观二元化了。因为它蕴含着这样的意思,似乎在以社会历史为研究对象的"历史唯物主义"部分还有另一种时空观。"刘文"明确地提出了"社会时—空",使之与"自然时—空"对应起来,并把马克思时空观探讨的重心放到"社会时—空"上,这是其重要的贡献。但"刘文"并未从根本上超越这种二元论,因为它认为,"人作为自然存在物,永远无法摆脱自然时—空关系的制约"。应当指出,马克思是从资本主义社会所特有的历史性出发来探讨一切问题的,所以在他看来,在这种社会形式中,"个人只有作为交换价值的生产者才能存在,而这种情况就已经包含着对个人的自然存在的完全否定,因而个人完全是由社会所决定的"。实际上,在马克思那里,并不存在一种与人的实践活动相脱离的"自然时—空",因为现实的自然界只能是被人的社会实践活动所中介的自然界。②

第三,马克思并不是超越一切历史条件、以形而上学的方式来谈论时空问题的,而是始终把这一问题放在资本主义社会这一特定的社会历史条件下来进行考察。因此,马克思并不像传统的哲学教科书所设想的那样,是从抽象的物质和运动出发来讨论时空问题的,即满足于奢谈

① 《马克思恩格斯全集》第 46 卷(上册),人民出版社 1979 年版,第 381 页。
② 参见俞吾金:《论两种不同的历史唯物主义概念》,《中国社会科学》1995 年第 5 期。

"物质—运动—时空—规律"的形而上学公式，而是从上述历史条件出发来讨论时空问题的。马克思一开始就意识到了这一历史条件与时间之间的内在联系："一般说来，雇佣劳动只有在生产力已经很发展，能够把相当数量的时间游离出来的时候，才会出现；这种游离在这里已经是一种历史的产物。"①在资本主义的历史条件下，抽象的物质消失了，取代它的乃是巨大的商品堆积，这样，马克思把时空观的讨论置于全新的哲学背景之下，即"物（商品＝'社会的物'）—价值（商品的社会存在＝交换价值）—时空（体现商品价值量的社会必要劳动时间、时间作为空间的真理）—自由（缩短工作日，扩大自由时间和空间）—社会革命（其第一个行动就是要求缩短工作日，其最终目的是为每个个人的全面发展提供自由的时间和空间）"。于是，传统哲学的时空观的抽象的、形而上学的特征被扬弃了，它的社会历史内涵被充分地显示出来了。

第四，正是从对资本主义历史条件下的时空观的考察出发，马克思形成了社会形态时空观，强调在三大社会形态中，时空概念有着质的差异。在第一社会形态，即前商品经济社会中，时间和空间都是非常狭小的，商品的价值是以劳动时间作为尺度的；在第二社会形态，即商品经济社会中，由于新航路和新世界的发现，时间和空间都有了巨大的扩展，商品的价值是以社会必要劳动时间为尺度的；在第三社会形态，即后商品经济的社会（也就是马克思所说的共产主义社会）中，时间和空间都无限地扩大化了。由于商品经济已被扬弃，那时财富的尺度将不再是劳动时间，而是人们自由支配的时间。

第五，马克思的时空观并不在时间概念和空间概念上平均使力，而是从人的生命的根本追求出发，始终把考察的重点放在时间概念上。他说："节约劳动时间等于增加自由时间，即增加使个人得到充分发展的时间。"②马克思还从对历史性的强调出发，把时间看作是空间的真理。

----

① 《马克思恩格斯全集》第46卷（下册），人民出版社1979年版，第147页。
② 同上书，第225页。

而这些重要的观点在传统的哲学教科书中都未体现出来。

在论述了马克思时空观的基本特征后，我们再来分析它的意义。

首先，马克思的时空观从根本上超越了传统哲学或者从抽象的物质和运动出发，或者从纯粹主观感受和意识出发来讨论时间、空间概念的做法，而是把全部讨论置于人类实践活动的基本形式——生产劳动的基础上。应该承认，这是时间、空间概念发展史上的一场划时代的革命。就其实质而言，马克思以前的哲学家主要是在宇宙起源论或自然哲学的基础上来谈论时间、空间问题的，而马克思则是从社会存在本体论或实践唯物主义的基础上来谈论时间、空间问题的。遗憾的是，传统的哲学教科书正是站在前马克思的立场上来解释马克思的时空观的，这就把马克思在时空观上的划时代的贡献给掩蔽起来了。

其次，不领悟马克思的时空观，就不可能真正进入其实践唯物主义的境域。在传统哲学教科书体系的改革中，愈来愈多的人跳出了"辩证唯物主义和历史唯物主义"的框架，主张把马克思哲学理解为"实践唯物主义"，并且努力按新的方式来重建马克思哲学体系的架构。但他们在这样做的时候，却从未考虑到应对传统哲学教科书体系中所叙述的马克思的时空观作出新的反思。在马克思那里，实践不光是自然观、物质观、认识论、方法论等的基础，也是时间、空间概念的基础。如前所述，马克思的时空概念是直接与价值、自由、社会革命这样的问题关联在一起的。换言之，马克思实践唯物主义的丰富内涵正是借助其特定的时空观展示出来的，所以，只有在时空观上彻底摆脱传统哲学教科书的束缚，进入马克思本人的时空观的视野中，才能真正进入实践唯物主义的原创性的境界中。

最后，马克思对不同社会形态中的时空概念的差异性的强调，为比较哲学文化的研究奠定了基础。马克思实际上创立了社会形态时空的新学说。按照这种新的学说，人类社会的发展表现为三大社会形态。不同文明区域的哲学文化只有在本质上从属于同一社会形态时，在其深层文化精神上才真正是同时代的，才具有可比性。在马克思以前的比较哲学文化研究中，由于人们忽视了对比较研究的前提——时空状态，特别是时间状态的反思，所以这种研究还停留在前科学的水平上，即人们只满足于"形似"层面上的比较，而常常忽略了比较对象是否"神似"，即在深层文化精神上是否具有可比性。比如，人们常常对朱熹的"理"和黑格尔的"绝对精神"进行比较。乍看起来，这两个概念是相似的，实际上它们具有完全不同的文化精神：前者从属于第一社会形态，在这一社会形态中，占主导地位的是以血缘关系为纽带、以宗法等级制度为基础的原始伦理精神；后者则从属于第二社会形态，在这一社会形态中，占主导地位的是以独立人格和法权关系为基础的启蒙精神。所以，"理"与"绝对精神"有着完全不同的深层文化内涵。在这个意义上可以说，只有深入领悟马克思的时空观，比较哲学文化的研究才能上升为科学。①

重新理解马克思^①

一、马克思主义在当今世界的遭遇

从 20 世纪 80 年代末到 90 年代初发生的苏联的解体和东欧的剧变，是 20 世纪最引人注目的政治事件之一。在这段时间里，甚至到今天，西方国家，尤其是欧洲国家出版的报刊和论著还几乎众口一词地谈论着马克思主义的危机和失败。

历史常常有惊人的相似之处。这种情形很容易使我们联想起马克思和恩格斯在《共产党宣言》开头所描绘的当时欧洲的情景："一个幽灵，共产主义的幽灵，在欧洲游荡。为了对这个幽灵进行神圣的围剿，旧欧洲的一切势力，教皇和沙皇、梅特涅和基佐、法国的激进派和德国的警察，都联合起来了。"^②今天，马克思主义和共产

---

① 原载《学术界》1996 年第 5 期，第 1—11 页。收录于俞吾金：《俞吾金集》，黑龙江教育出版社 1995 年版，第 468—480 页；《寻找新的价值坐标——世纪之交的哲学文化反思》，复旦大学出版社 1995 年版，第 208—219 页；《被遮蔽的马克思》，人民出版社 2012 年版，第 197—208 页；《重新理解马克思——对马克思哲学的基础理论和当代意义的反思》，北京师范大学出版社 2005 年版，第 431—449 页。——编者注

② 《马克思恩格斯选集》第 1 卷，人民出版社 1995 年版，第 271 页。

主义在更多的国家里面临着类似的命运。这是否如某些理论家所断言的那样，马克思主义和共产主义已经走完了自己的生命历程，现在该寿终正寝了呢？答案显然是否定的，因为适合马克思主义和共产主义生长与发展的历史土壤远未消失，这一曾经而且目前仍然对人类社会发生着巨大影响的伟大思潮是决不可能在一夜之间就在历史舞台上消失的。谁如果把马克思主义和共产主义在目前遭受到的挫折理解为其生命力的衰竭，那就未免太近视了。

历史一再启示我们，把主观的情感因素带入到对伟大人物和伟大历史思潮的评价中是愚蠢的。古希腊哲学家亚里士多德的学说对后世产生了巨大的影响，以致罗素在《西方哲学史》一书中认定，近代欧洲哲学和科学上的每一个进步几乎都是在反对亚里士多德作出的结论的前提下得以实现的，然而在今天，谁会否认亚氏作为百科全书式的古代学者在人类思想史上的重要地位呢？同样地，中国古代的先哲孔子的学说在五四前后的几十年中遭到了巨大的冲击，但谁又能据此断言，孔子的学说已丧失了生命力了呢？

尽管比较不是论证，但难道我们不可以从中受到启发吗？更何况，马克思的学说与亚里士多德和孔子的学说比较起来，在当代社会中具有更顽强的生命力。谁能说，马克思关于资本主义社会的本质和基本矛盾的分析已经过时；谁能说，马克思关于生产劳动、科学技术和人化自然的论述已经失败；又有谁能说，马克思关于异化劳动和人道主义的陈述，关于人的自由、人的解放和个人的能力全面发展的憧憬已经失去意义了呢？

与近视者相反，每一个有识之士都会从历史事变中引申出如下的见解：马克思主义和共产主义在实践生活中遭受的挫折表明，马克思创立的学说在某些追随者那里已经被严重地教条化和僵化了。因此，失去了生命力的并不是马克思的学说，而是这种学说的教条式的赝品，在这个意义上我们可以说，正是这种挫折为我们重新返回到马克思和重新理解他的学说，尤其是他的哲学思想提供了历史的契机。所以，我们完全有理由说，正是这种挫折，为马克思研究的复兴拉开了序幕。①

事实上，只要我们稍稍留心一下当代法国马克思研究的状况，就不会认为上述说法是言过其实的了。1992 年，法国梅里迪安·克林克谢出版社出版了全国科研中心研究员米歇尔·瓦岱的理论巨著《马克思：研究可能性的思想家》一书，瓦岱在这部著作中提出，要结合马克思的生活和写作时的文化历史背景，重新解读马克思的原著。他还提出，要深入地研究马克思与黑格尔、马克思与亚里士多德之间的理论联系。1993 年，法国发现出版社出版了已故的著名哲学家阿尔都塞的学生兼合作者、新任巴黎第十大学教授艾蒂安·巴里巴尔的新作《马克思的哲学》。该书主张把马克思的哲学与传统意义上的、已被僵化和教条化的所谓"马克思主义哲学"区分开来。

同年，法国解构主义学说的代表人物、巴黎高等师范学校教授雅克·德里达在巴黎的伽利略出版社出版了《马克思的幽灵》一书。他在书中驳斥了那种认为"马克思主义已经死亡"的错误观点，肯定马克思的学说是人类知识宝库中的一份珍贵遗产。在德里达看来，"今天的人，不管对马克思的学说采取什么样的态度，实际上都自觉地或不自觉地成了马克思思想遗产的继承人"②。这三部著作问世后，在法国知识界激起了巨大的反响。法国马克思主义研究专家吕西安·塞夫、乔治·拉比卡等纷纷发表书评，肯定这些著作打开了重新理解马克思的通道。法共中央的政治理论刊物《共产主义手册》在 1993 年第 12 期和 1994 年第 1 期上接连发表了以"回到马克思那里去"为主题的文章，论述了复兴马克思研究的极端重要性和必要性。

从上面的论述可以看出，马克思主义的学说并没有死亡，由于其内蕴的巨大的生命力，它仍然牢牢地占据着我们这个时代的理论制高点。不仅瓦岱、巴里巴尔、德里达等思想家有这样的认识，20 世纪的另一

---

① 参见俞吾金：《向经典马克思主义回归》，《马克思主义与现实》1995 年第 2 期。
② 引自张慧君：《法国马克思研究的新动向》，《马克思主义与现实》1994 年第 3 期。

些著名的思想家也都以不同的方式意识到了这一点，卢卡奇早在1933年发表的《我走向马克思的道路》一文中已经提出了如下的见解："我觉得，在马克思出现以后的时代，认真研究马克思应当是每个抱严肃态度的思想家的中心问题，掌握马克思的方法和成果的方式和程度决定着他在人类发展中的地位。"①卢卡奇认为，在某种意义上，他自己的一生就是不断地解读和领悟马克思著作的一生。在《关于人道主义的通信》一文中海德格尔指出："不管人们以何种立场来看待共产主义学说及其基础，从存在的历史的观点看来，对有世界历史意义的东西的基本体验已经在共产主义中确定不移地说出来了。"②在海德格尔看来，共产主义学说在理论的发展史上拥有不可忽视的地位。共产主义不是一种肤浅的学说，它说出来的乃是具有世界历史意义的重要话语。在这里，海德格尔的见解与那种把共产主义称为某些人蓄意制造出来的政治意识形态的世俗之见相距是何等遥远！在同一封信中，当海德格尔论述到"无家可归"（Heimatosigkeit）是忘记存在的标志的思想时，又指出："无家可归正在成为一种世界命运，因而按照存在的历史来思考这一命运是必要的。马克思所认识到的人的异化，尽管这一认识在一个本质的和重要的意义上来自黑格尔，在现代人的无家可归中有其根源。这种特别被存在的命运以形而上学的方式和通过形而上学而激起的无家可归，同时也在形而上学中被掩蔽起来了。因为马克思通过对异化的体验而达到了一个本质性的、历史的维度，所以马克思的历史观优越于其他的历史学。但据我看来，由于胡塞尔和萨特都没有在存在中认识到历史事物的本质性，所以现象学和存在主义都没有达到可以和马克思主义进行一个创造性对话的这一维度中。"③在这里，海德格尔毫不犹豫地告诉我们，马克思主义通过对

---

① 杜章智：《卢卡奇自传》，李渚青、莫立知译，社会科学文献出版社1986年版，第215页。

② M. Heidegger, *Ueber Den Humanismus*, Frankfurt am Main: Suhrkamp Verlag, 1975, S. 27-28.

③ Ibid., S. 27.

异化的领悟而具有比现象学和以萨特为代表的存在主义拥有更深沉的历史内涵。即便是萨特，虽然主张用存在主义来补充马克思主义，但也在《方法的探求》一书中坦然承认："马克思主义的生命力远不是已经枯竭了，它还年轻，甚至还在童年，似乎刚刚开始发展，所以它仍然是我们时代的哲学，它是不可超越的，因为产生它的那些历史条件还没有被超越。"①萨特关于马克思的哲学仍然是我们时代的哲学的见解无疑是深刻的。它启示我们，只要马克思所论述的那些历史现象还存在着，那么他的学说就是不可超越的。与萨特同时代的阿尔都塞，虽然并不赞同萨特的存在主义的马克思主义的观点，然而，在肯定马克思学说的伟大意义和生命力这一点上，他和萨特并没有什么区别。阿尔都塞在《保卫马克思》中开宗明义地宣布："历史已经把我们推进了理论的死胡同，为了从中脱身，我们必须探讨马克思的哲学思想。"②在阿尔都塞看来，当时法国的理论界只有返回马克思本人的学说，尤其是他本人的哲学思想中去，才能摆脱已被某些马克思主义学说的某些解释者错误地导入的那种理论困境。

我们上面所述的，在某种程度上显得冗长的引证和论述，只是为了表明，肯定马克思学说在我们这个时代的巨大生命力和现实意义，并不是个别或少数理论家的主观愿望，而是我们这个时代的普遍感觉和自我要求。而为了维护马克思哲学的声誉，我们必须从已被实践证明是错误了的教条主义的模式中摆脱出来，站在当今时代的高度上重新理解马克思。

二、重新理解马克思是客观的历史要求

只要认真地考察一下马克思主义思想的发展史，深入地了解一下当

---

① J. P. Sartre, *Search for A Method*, New York：Knopf, 1963, p. 30.

② L. Althusser, *For Marx*, London：Verso, 1977, p. 21.

今的社会生活和精神氛围，我们就会发现，重新理解马克思并不是少数理论家的主观臆想，而是当今生活世界的客观要求。

首先，重新理解马克思正是马克思本人的要求。众所周知，马克思在世时，他的学说已经遭到了来自各方面的曲解。就马克思的批评者而言，或许我们只要举出俄国学者尼·康·米海洛夫斯基就够了。当马克思的《资本论》(第 1 卷)于 1867 年问世后，各国的资产阶级学者先是用沉默这种拙劣的方式试图置它于死地，而这种方式完全失效之后，他们又对《资本论》滥加批评和评论。米海洛夫斯基就是其中的一个典范。他在 1877 年 10 月发表在《祖国纪事》上的一篇题为"卡尔·马克思先生在尤·茹柯夫斯基先生的法庭上"的文章中，对《资本论》作出了错误的理解和解释，特别是把马克思在分析欧洲社会(尤其是英国社会)的历史发展状况时所得出的结论不加分析、不加限定地推广到所有的国家中。马克思读到这篇论文后，立即写信给《祖国纪事》编辑部，对米海洛夫斯基的这一错误见解提出了如下的批评："他一定要把我关于西欧资本主义起源的历史概述彻底变成一般发展道路的历史哲学理论，一切民族，不管它们所处的历史环境如何，都注定要走这条道路，——以便最后都达到在保证社会劳动生产力极高度发展的同时又保证人类最全面的发展这样一种经济形态。但是我要请他原谅，他这样做，会给予我过多的荣誉，同时也会给我过多的侮辱。"[1]因为在马克思看来，历史的演化是极其错综复杂的，不同历史环境中的相似的事件完全可能引出不同的结果。而他的这封信表明了他希望自己的批评者能够正确地理解自己观点的强烈愿望。所以，当《资本论》的另一位俄国的批评者伊·伊·考夫曼在《卡尔·马克思的政治经济学批判的观点》一文中正确地描述了马克思的研究方法后，马克思在写于 1873 年 1 月的《资本论》第 1 卷第 2 版跋中不仅引证了考夫曼的一长段话，而且很高兴地加以肯定。[2] 从中可以看

---

[1] 《马克思恩格斯全集》第 19 卷，人民出版社 1956 年版，第 130 页。
[2] 参见马克思：《资本论》第 1 卷，人民出版社 1975 年版，第 20—21 页。

出，马克思是多么渴望来自批评者的正确理解呀！

如果说，马克思的那些不学无术的批评家常使马克思感到厌烦的话，那么，来自马克思的追随者的误解却使马克思感到恼火。例如，当李卜克内西和倍倍尔领导的爱森纳赫派背着马克思和恩格斯而与哈森克莱维尔和哈赛尔曼领导的拉萨尔派联合为德国社会主义工人党，并起草了充满理论错误的《哥达纲领》以后，马克思立即起草了《哥达纲领批判》一文，对《哥达纲领》中误解自己学说之处作出了彻底的批判和澄清，并且写道："我已经说了，我已经拯救了自己的灵魂。"①马克思逝世后，这一斗争的任务就历史地落到了恩格斯的身上。恩格斯在 1890 年 8 月致保尔·拉法格的信中谈到许多大学生涌入德国党内，从而造成了种种混乱时，不无遗憾地写道："所有这些先生们都在搞马克思主义，然而他们属于 10 年前你在法国就很熟悉的那一种马克思主义者，关于这种马克思主义者，马克思曾经说过：'我只知道我自己不是马克思主义者。'"②从马克思的这句名言——我只知道我自己不是马克思主义者——中，难道我们还倾听不到重新理解马克思的紧迫呼声吗？

其次，重新理解马克思是 20 世纪 20 年代以来随着马克思手稿和遗稿的不断发现和发表而必然引发的客观的要求。人所共知，在马克思、恩格斯和他们的杰出继承人列宁去世后，人们主要是通过下列著作即恩格斯的《反杜林论》(1877—1878)、《自然辩证法》(写于 1873—1883 年，补充于 1885—1886 年，全文发表于 1925 年)、《路德维希·费尔巴哈和德国古典哲学的终结》(1888)、普列汉诺夫的《论一元历史观之发展》(1895)、列宁的《唯物主义和经验批判主义》(1909)、《马克思主义的三个来源和三个组成部分》(1913)、《卡尔·马克思》(1915)、《国家与革命》(1918)、《共产主义运动中的"左派"幼稚病》(1920)、《论战斗的唯物主义》(1922)、《哲学笔记》(写于 1895—1916 年，全书出版于 1930 年)

---

① 《马克思恩格斯选集》第 3 卷，人民出版社 1995 年版，第 319 页。
② 《马克思恩格斯选集》第 4 卷，人民出版社 1995 年版，第 695 页。

和斯大林的《论辩证唯物主义和历史唯物主义》(1938)来理解和解释马克思的学说，尤其是他的哲学思想的。事实上，当时苏联出版的关于马克思的学说，尤其是马克思哲学思想的教科书主要是在这些著作的基础上来塑造马克思的理论形象的。然而，随着马克思的新的手稿和遗稿的重新发现、整理和出版，在马克思的研究者面前仿佛突然打开了一个新的理论宝库。在所有这些手稿和遗稿中，最值得重视的是下面这些材料。

一是《黑格尔法哲学批判》。马克思的这部手稿完成于 1843 年，直到 1927 年才由苏共中央马克思列宁主义研究院第一次用原文发表。在这部手稿中，马克思从唯物主义的立场出发，揭示了黑格尔的思辨哲学，尤其是法哲学的唯心主义的和神秘主义的特征，阐明了家庭、市民社会和国家的现实关系，开始了创立唯物史观的伟大过程。但迄今为止，马克思的这部手稿还未引起研究者们的普遍重视。在这方面独具慧眼的是意大利新实证主义的马克思主义者德拉·沃尔佩。正如他的学生科莱蒂所指出的："对于德拉·沃尔佩来说，马克思早年的《黑格尔法哲学批判》是一个中心的出发点。"①德拉·沃尔佩之所以把这部手稿视为重新理解马克思的一个入手处，是因为在他看来，马克思的新的哲学方法正是在这部手稿中最先确立起来的。为此，他把马克思的这部手稿看作"最重要的文本"。这虽然有过誉之嫌，但却启发我们去研究马克思的学说与黑格尔的法哲学思想之间的内在联系。此外，随着社会主义市场经济的发展，道德、法和伦理，家庭、市民社会和国家的关系日益上升为重大的课题，马克思的这部手稿必将为越来越多的研究者打开一个新的视域。

二是《1844 年经济学—哲学手稿》。这部手稿写于 1844 年 4—8 月，第一次全文发表在《马克思恩格斯全集》1932 年国际版第一部分第 3 卷上。在这部手稿中，既有马克思对国民经济学的批判和对异化劳动的分

---

① New Left Review edited, *Western Marxism：A Critical Reader*，London：New Left Books，1977，p. 322.

析，又有他对黑格尔辩证法的批判和对《精神现象学》的积极成果的总结。如果说，东方世界对这部手稿的反应是十分迟缓的（苏联到1956年才出版这部手稿的俄译本，中国直到1979年才出版刘丕坤的中文全译本，在参考刘译本的基础上，中央马列编译局于同年出版了收有这部手稿的中文修订本《马克思恩格斯全集》第42卷。20世纪80年代初以来，这部手稿才引起中国理论界的普遍关注），那么在西方世界则立即掀起了轩然大波。人文科学和社会科学的研究者，无论是属于新黑格尔主义、存在主义、新弗洛伊德主义派别的，还是属于新托马斯主义、结构主义、新实证主义、实用主义等派别的，几乎都争先恐后地发表对这部手稿的见解，从而形成了"青年马克思"和"老年马克思"的持久的争论。关于这方面的情况，国内理论界已作了大量的探讨，这里只需要指出一点，把青年马克思和老年马克思的思想联系割裂开来并对立起来，显然是违背马克思的本意的。现在，当我们站在新的时代高度上来重新理解马克思时，当然既不能撇开《手稿》这部重要的作品，也不能回避这场迄今为止尚未平息的世纪之争。①

三是马克思和恩格斯合著的《德意志意识形态》。这部著作写于1845—1846年，由苏共中央马克思列宁主义研究院于1932年第一次用原文出版。这部著作的重要性不仅在于对以费尔巴哈、布·鲍威尔和施蒂纳为代表的现代德国哲学和形形色色的德国社会主义思潮进行了透彻的批判，而且在于马克思对自己创立的唯物史观作出了初步的、比较系统的表达。应该指出，这部著作与《1844年经济学—哲学手稿》比较起来，其重要性毫不逊色，甚至某些章节，特别是第一卷的第一章，即批判费尔巴哈部分的许多论述，显示出马克思更为宽广的思想视野和精辟

---

① "两个马克思"的争论在美国学者阿尔文·古尔德纳那里转化为所谓"两种马克思主义"：一种是"科学的马克思主义"（scientific Marxism），另一种是"批判的马克思主义"（critical Marxism）。古尔德纳指出："这两种马克思主义不可能作为在结构上有明显差异的不同倾向而出现，但是这两者确实存在在马克思主义中。"见 A. W. Gouldner, *The Two Marxisms*, New York：The Seabury Press, 1980, p. 34。

的理论见解。然而，如果说研究者们给了《手稿》以过多的关注的话，那么也完全可以说，他们给了《德意志意识形态》以不应有的漠视。然而，正像历史上任何一部重要的著作一样，即使它的光芒可以被遮蔽于一时，但是不可能长时期地被埋没。事实上，就在这部著作面世的第二年，奥地利学者威廉·赖希就出版了《法西斯主义的群众心理学》一书，创造性地运用马克思这部手稿中的观点，对法西斯主义的意识形态的来源和实质作了透彻的分析。三十多年后，阿尔都塞对《德意志意识形态》作出了更高的评价。他在《自我批评材料》中认为："《德意志意识形态》乃是成熟的马克思同青年马克思的思想进行决裂的最重要的代表作，从而也是我们重新理解马克思，尤其是马克思思想发展的整个思路历程的关键之作。"我们有幸看到，在《德意志意识形态》全文发表的六十多年中，意识形态问题不论是在东方世界，还是在西方世界，都引起了愈来愈多的、普遍的重视。

四是《1857—1858年经济学手稿》。这部手稿是由七篇材料构成的，它们是马克思撰写《资本论》的准备材料，这些材料马克思生前都没有发表过。直到1939年和1941年，它们才以原文分两册在莫斯科出版，编者加的标题是《政治经济学批判大纲（草稿）》，国际学术界简称其为《大纲》。这部手稿直到1953年在德国再度出版时，才引起研究者们的普遍重视。它的第一个完整的英译本出版于1973年，中译本出版于1979年。在某种意义上可以说，《大纲》的重要性不是在经济学方面，而是在哲学方面，尤其表现在马克思对自然、物质、社会存在、社会形态（包括资本主义以前的社会经济形态）、方法论等一系列哲学问题的论述上。因此，它对马克思哲学的研究者特别具有吸引力是理所当然的。阿尔弗莱德·施密特在其博士论文《马克思的自然概念》的导论中明确表示，自己的论文主要是在参考《大纲》的基础上撰写出来的。在施密特看来，正是《大纲》才是从哲学上重新理解马克思的真正入手处。事实上，这种见解并不限于施密特一人。只要我们认真地读一下卢卡奇晚年的巨著《社会存在本体论》，就会发现，这部著作的许多论述，尤其是关于其核心概念"社会存在"的论述,深受《大纲》的影响。此外,值得一提的是,美国女学者古尔德在其名作《马克思的社会本体论》一书的导论中指出,《大纲》乃是重新理解马克思的整个哲学体系,重新塑造马克思的理论形象的最重要的著作,并坦然承认:"我对马克思的社会本体论的重构主要是以这部著作为基础的。"①我想,上面这些论述已经足以说明,《大纲》在重新理解马克思学说,尤其是他的哲学思想上拥有极其重要的位置。

五是马克思晚年的人类学笔记。它主要是由以下五份读书摘要构成的:《马·柯瓦列夫斯基〈公社土地占有制,其解体的原因、进程和结果(第一册)〉一书摘要》,写于1879年10月到1880年10月,第一次用俄文发表于1958年《苏联东方学》杂志第3、4、5期和1959年《东方学问题》第1期及1962年《亚非人民》第2期;《路易斯·亨·摩尔根〈古代社会〉一书摘要》,这份摘要写于1880年年底到1881年3月初,第一次用俄文发表于《马克思恩格斯文库》1946年版第IX卷;《亨利·梅恩〈古代法制史讲演录〉一书摘要》,写于1881年4—6月;《约·拉伯克〈文明的起源和人的原始状态〉一书摘要》,写于1881年3—6月;五是《菲尔〈印度和锡兰的雅利安人农村〉一书摘要》,这份摘要也是与上述摘要在同一时期写下的,第一次以俄文发表在1964—1966年的《亚非人民》杂志上。奇怪的是,《马克思恩格斯全集》俄文版第45卷没有收进这份摘要。美国学者劳伦斯·克拉德在深入研究这些笔记的基础上,于1972年编纂出版了《卡尔·马克思的民族学笔记》英文本,收入了上面提到的第一、第三、第四、第五个笔记,1975年又出版了《亚细亚生产方式》英文本,收入了第二个笔记,从而一跃而成为这个研究领域中最有影响的研究专家之一。我们知道,《马克思恩格斯全集》中文版第45卷是在俄文版的基础上编纂出来的,因而也只收入了第一、第二、第三、第四个笔记。

---

① Carol C. Gould, *Marx's Social Ontology*, New York: The MIT Press, 1978, p. xiii.

但不管如何，这些笔记的问世已经在中国的研究者中引起广泛的兴趣。

如果我们不局限于这些笔记来了解马克思晚年的人类学思想，那么马克思晚年留下的这些文稿也是十分重要的。一是《给维·伊·查苏利奇的信》(写于 1881 年 3 月)和《给·伊·查苏利奇的复信草稿》(写于 1881 年 2—3 月)；二是《评阿·瓦格纳的〈政治经济学教科书〉》(写于 1879 年下半年到 1880 年 11 月)；三是和恩格斯合写的《"共产党宣言"俄文第二版序言》(写于 1882 年 1 月)。这些文稿收录在《马克思恩格斯全集》中文版第 19 卷中，虽然中文译本出版于 1965 年，但由于"文化大革命"的间隔，直到近年来才引起马克思的研究者们的广泛重视。

马克思晚年人类学笔记的问世不仅进一步引发了关于"亚细亚生产方式""跨过卡夫丁峡谷""社会形态理论""马克思早、中、晚三期思想发展的关系""东西方社会发展的差异""唯物史观理论的发展"等一系列重大理论问题的讨论，而且也提出了对整个马克思学说的重新理解和解释的问题，即要完整地、准确地、全面地理解马克思的学说，绝不能撇开马克思晚年的人类学笔记。

综上所述，上面这些手稿、遗稿和笔记的重新发现和发表必然导致对马克思理论框架的重新反思。

最后，重新理解马克思也是从 20 世纪初以来，特别是第二次世界大战结束以来，已经发生重大变化的社会生活本身提出的客观要求。从二次大战到越南战争、两伊战争、阿以战争、海湾战争；从俄国十月革命的成功到苏联的解体和东欧的剧变；从第三国际、斯大林主义的衰落到第四国际、民主社会主义和欧洲共产主义的兴起和发展；从 1929—1933 年的西方经济危机到战后西方经济的巨大发展再到当前西方经济发展的衰退趋势和亚太经济的勃兴；从基础学科的突破到航天、计算机、信息等技术的巨大发展；从对自然的掠夺性的开发到生态环境、能源危机的频频发生；从英美分析哲学、大陆人本主义哲学的兴起到解构主义、后现代主义思潮的普遍流行；从严肃的音乐、高雅艺术的追求到大众文化、流行音乐、歌曲和舞蹈的泛滥；其间发生了多么重大的变化！正是这些变化促使那些对马克思哲学怀有浓厚兴趣的学者回过头去重新理解马克思，从而形成了形形色色的新马克思主义思潮。从哲学理论上看，以下思潮值得注意。

一是以卢卡奇为代表的"西方马克思主义"。其基本特征是把现代西方哲学中的各种学说同马克思主义结合起来，从而形成了诸如黑格尔主义的马克思主义、存在主义的马克思主义、新实证主义的马克思主义、结构主义的马克思主义、韦伯式的马克思主义、现象学的马克思主义、分析学派的马克思主义、生态学的马克思主义、解构主义的马克思主义、后现代主义的马克思主义（简称"后马克思主义"）等学派，在"西方马克思"思潮中，法兰克福学派的"社会批判理论"值得引起高度重视，而在法兰克福的成员中，哈贝马斯的思想不但十分丰富，而且具有创造性，应当深入地加以研究。

二是以吕贝尔、费切尔为代表的西方马克思学，其基本特征是以批判的、编年史的方法重新研究马克思的全部著作，力图恢复被后人曲解的马克思学说的本意。

三是以捷克学者科西克为代表的"东欧新马克思主义"，其基本特征是关注实践、生存、异化、人道主义等现实问题。这一思潮以南斯拉夫的"实践派"、波兰的"哲学人文学派"、捷克的"存在人类学派"、匈牙利的"布达佩斯学派"和东德的"希望哲学学派"最为著名。

四是以苏联的学者科普宁为代表的"认识论主义学派"，其基本特征是强调认识论在马克思哲学中的核心地位和作用。

在结合现实生活中出现的问题重新理解马克思的过程中，这些思潮和学派从不同的角度出发，作出了许多新的、可贵的探索，从而为我们重新理解马克思提供了重要的启示。然而，应当指出，这些思潮和学派或者从根本上（也包括术语上）尚未摆脱传统的马克思哲学研究思路的影响；或者囿于文本上的考据而忽略了对马克思哲学的根本精神的反省；或者大胆地提出了新见解，但又不能系统地表达出来，并对马克思哲学思想的演化作出令人信服的说明；或者简单地宣布马克思哲学中的某些结论过时了，甚至整个马克思主义都陷入了危机之中，然而其论述又缺乏充分的理据。

从上面的论述可以看出，虽然重新理解马克思是我们这个时代面临的刻不容缓的重大课题，但解答好这一课题绝非易事。前人和同时代人的研究成果虽然可供参考，但追随和模仿不是出路，即使像卢卡奇、马尔库塞、科莱蒂、哈贝马斯、阿尔都塞、萨特这些在重新理解马克思学说的过程中留下了不可磨灭的贡献的学者，也面临一个被超越的问题，一言以蔽之，为了重新理解马克思，我们必须另辟蹊径。

三、重新理解马克思要正视诠释学上的困难

重新理解马克思，正像重新理解任何大思想家一样，绝非易事。但这种理解完全是可能的和必要的。恩格斯在《路德维希·费尔巴哈和德国古典哲学的终结》一书中对黑格尔的著名命题"凡是现实的都是合理的，凡是合理的都是现实的"的科学理解，为我们提供了重大的启迪。在恩格斯看来，由于理解上的失误，不论哪一个哲学命题都没有像黑格尔的上述命题一样，曾经引起近视的政府的感激和同样近视的自由派的愤怒。政府以为这个命题把一切都神圣化，因而兴高采烈地欢迎它；自由派出于对它的同样的误解，认为它是从哲学上替专制制度祝福，因而对它横加指责。恩格斯始终没有为这种表面现象所迷惑，他通过对黑格尔辩证法的深刻领悟，说出了自己对这个命题的新的理解："按照黑格尔的思维方法的一切规则，凡是现实的都是合乎理性的这个命题，就变为另一个命题：凡是现存的，都一定要灭亡。"①恩格斯通过对这个命题的重新理解肯定了蕴含在黑格尔哲学中的革命因素，从而启示我们：尽管理解一个大思想家是困难的，有时候我们不得不撇开包围着我们的种

---

① 《马克思恩格斯选集》第4卷，人民出版社1995年版，第216页。

种流俗的见解，才能正确地理解一个命题乃至一种学说，然而，这种理解和再理解不仅是可能的，而且是必要的，要我们不是用教条主义的态度去对待任何一个大思想家，如马克思的学说，那么，我们就得承认，我们对他的理解不但不应该被封闭起来，而应该是永远敞开的。事实上，也只有在不断敞开的理解中，即在不同时代的人的理解和重新理解中，马克思的学说才不会被教条化、僵化，才能保持其活泼的生命力，并通过吸纳不断更新着的理解者和解释者的理解和解释活动带入的新鲜经验而保持其卓越的理论地位。

从诠释学的理论上看，重新理解马克思不是一件容易的事，它涉及理解者与被理解的对象、理解者与他所处的历史情景等错综复杂的关系，只有先行地认识这些关系并正确地加以处理，重新理解马克思才具有科学性。诠释学表明，我们在重新理解马克思的过程中，必须正视以下三种现象。

一是朴素的僭越。

在人类的天性中，普遍地存在着一种可以称之为"朴素的僭越"的倾向。这里的"朴素的"这一形容词实际上也就是"自然而然的""不自觉的"意思。"僭越"一词则意谓不合适的跨越或跳跃。"朴素的僭越"指称的是人类思维中的不自觉的诡辩法，即人类常常把被自己理解的对象和自己对对象的理解这两个不同的东西混淆起来。① 我们不妨举个例子：柏拉图的学说当然存在他留下的全部著作中，但当一个人研究了这种学说并撰写了一部题为《柏拉图的学说》的著作时，他却做出了一种"朴素的僭越"，道理很简单，柏拉图的学说不过是他留下的全部著作，当后人以《柏拉图的学说》来命名自己的研究著作时，他实际上已把自己对柏拉图学说的理解僭越为被理解的柏拉图学说本身了。事实上，这个研究者应把自己著作的名字修改为《我对柏拉图学说的理解》。这一修改表明，研

---

① 参见俞吾金：《思考与超越》，上海人民出版社 1986 年版，第 141—154 页。在这部著作中，虽然作者还未明确地提出"朴素的僭越"的概念，但实际上已对这一概念所指称的现象做了深入而又形象的说明。

究者已自觉地意识到了自己的思想和柏拉图的学说之间的时间间距。但是，遗憾的是，在现实的研究活动中，很少有研究者能自觉地意识到并保持这种时间间距。在对马克思的学说的研究中，触目可见的也正是这种"朴素的僭越"。尤其是某些学者，常常把自己理解马克思学说的文本僭越为马克思的文本本身，从而以真理的唯一拥有者的身份自居，并进而拒斥对马克思学说的任何其他的理解方式。显而易见，这样做的结果只能导致对马克思学说的理解的僵化、封闭化和教条化。

许多年来，我们一直在对马克思学说的教条化理解的旧靴子中打转。我们孜孜不倦地阅读着那些诠释马克思哲学的各种教科书和第二手资料，然而，极有可能的是，我们读得越多、越细致，马克思哲学的真谛也就越远离我们，因为正是种种教条式的理解方式阻塞了我们通向马克思哲学文本所蕴含的真理的道路。

二是寻找未受任何理解"污染"的理解对象。

如前所述，在马克思哲学的研究中，我们反对"朴素的僭越"，主张把被理解的对象与对对象的理解这两者区分开来。但在这样做的时候又极易滑向另一个极端，即认为存在着一个完全可以与任何理解活动分离而又能自行道出其意义的对象。时下在国际、国内都十分流行的口号"回到马克思那里去"就蕴含着这种错误的见解。

我们有充分的理由可以指出这一点，即虽然这一口号是生活在我们这个时代的人们的普遍感受和要求，但它本身不是一个新的口号，它是模仿历史上的一个产物。众所周知，在此之前，新康德主义者和新黑格尔主义者都提出过"回到康德那里去"和"回到黑格尔那里去"的口号。所以，"回到马克思那里去"的口号只是表明，马克思的哲学在今天处在与康德和黑格尔的学说在某一历史时期所处的相似境遇中。当然仅仅认识到这一点是远远不够的。还需指出的是，在当代诠释学的视野中，这些口号都是以一个错误的设定为前提的，即设定了一个纯粹的、完全不受任何理解者和任何理解活动"污染"，而又能自动地说出自己学说的意义的康德、黑格尔和马克思。事实上，这样的康德、黑格尔和马克思都是不存在的，回到他们那里去也是完全不可能的。试以马克思为例。马克思的学说也就是马克思留下来的全部文本，然而，这些文本是沉默的，它们虽然存在着，却不会自动地向任何人诉说自己的意义。只有当马克思的文本被某一个研究者作为研究对象进行阅读和理解时，它的意义才会被表达出来。然而这里说的"意义"已不再是纯粹的马克思文本的"意义"（这种"纯粹的意义"只存在于假定中，因为文本本身永远是沉默的，"沉默是金"便是任何文本本身的座右铭），而是这个理解者所理解的文本的意义。这里有一个十分明显的悖论：任何文本要求道出自己的意义就必须捕捉理解者，而当理解者以为自己已纯然客观地道出文本本身的意义时，他说出来的却只是自己对文本意义的理解。在最坏的情形下，他甚至会把文本本身的意义严密地遮蔽起来了。这样一来，我们就明白了，我们永远回不到纯粹的（即非对象化的）马克思那里去；同样地，也回不到纯粹的康德和黑格尔那里去。事实上，我们只能回到我们所理解的康德、黑格尔和马克思那里去。也就是说，当我们主张把马克思本人的学说与对马克思学说的理解区分开来时，我们实际上主张的是，把我们对马克思学说的理解模式与种种教条化的理解模式区分开来。认识到这一点，我们就不会到处去寻找"纯粹马克思"的幻影了，而会努力使自己的理解接近马克思学说的本真精神。

如果说，"回到马克思那里去"这一口号包含着某种感情上的合理的因素的话，那么，只有我们不仅仅从字面上去理解它时，它的合理的因素才会显现出来。这个口号，从字面上看，仿佛马克思是静止的，我们正在做趋向于他的运动。实际上，真正静止的倒是我们，而马克思正在做趋向于我们的运动。为什么这么说呢？因为促使我们去理解马克思的，并不是纯粹的、考古式的热情，而是对今日生活世界的兴趣。也就是说，回归从来就不是现在向过去的归属，而是过去向现在的归属。所以，从表层意义上来看，我们正在走向马克思；而从深层意义上来看，我们正在使马克思走向我们，以便我们对今日生活世界的兴趣能够通过对马克思学说的重新叙述而一起叙述出来。在这个意义上我们完全可以说，"回到马克思那里去"的口号的实质是：使马克思走到我们这里来。然而。当我们把这一口号的潜在的本质引导到意识的层面上时。当我们揭示这一口号的字面意义和深层意义的差异时，它实际上也就被解构了。

三是理解中的历史主义倾向。

既然"回到马克思那里去"的口号是不现实的，那么合乎情理的仍然是回到我们前面已经提出的"重新理解马克思"的口号上来。但是，从当代诠释学的理论上来看，"重新理解马克思"还有一个理解上的方式问题。从当今理论界的现状看，在理解活动中普遍流行的是历史主义的倾向。这种倾向的根本特征是把生活在当今世界的理解者的一切历史特性都存入到括号之中，力图完全返回到被理解者所处的历史情景中去理解被理解者。这种历史主义崇尚的格言是——"不理解过去就不懂得现在"，所以受到这种倾向影响的学者普遍具有一种"起点崇拜"的心理习惯，从而把对任何对象的研究都转化为对对象的历史发展线索的追溯，特别是对发展起点的崇拜。在对马克思主义哲学的研究中，特别发达的之所以是马克思主义哲学史，原因也正在这里。

但这种具体的理解方式造成的结果必然是理解者的虚化，即理解者在开始自己的理解活动之前，从不深入地反思自己所从属的当今的生活世界的本质及自己所从事的理解活动在今天生活中的意义。这样一来，整个理解活动也就失去了灵魂，漂浮在对对象的历史起点的无休止地追问中了。诚然，我们也承认，历史主义的理解方式有其存在的理由，但我们应该清醒地意识到这种理解方式的局限性。事实上，这种理解方式只有奠定在历史性的理解方式上。

我们所谓历史性的理解方式，就是把任何理解活动都看作理解者与被理解者之间的对话。理解者能否正确地理解对象，首先取决于理解者对自己的历史性，即对理解者置身其中的生活世界的本质的认识。在对马克思的理解中，我们不用可以返回到纯粹的马克思的神话来蒙蔽自己。我们坦然承认，我们是自觉地从今日生活世界的兴趣出发去重新理解马克思的。然而，我们对今日生活世界的兴趣并不是主观任意的，而是基于我们对今日生活世界的本质性的发展趋向的深入领悟。在当今中国，生活世界的最本质的事件是现代化和市场经济的发展。只有深入地领悟这些重大的历史事件的本质和客观的价值导向，才能避免以教条化的或任意的方式去理解马克思。

　　总之，重新理解马克思，不仅要认真地解读马克思的全部文本，而且要深入地领悟理解者置身其中的生活世界的本质。历史性的理解方式崇尚的格言是：不懂得现在，就不能正确地理解过去。正是在这个意义上，马克思指出："人体解剖对于猴体解剖是一把钥匙。"①马克思的这句话说出了全部理解活动的秘密。

----

　　①　《马克思恩格斯选集》第 2 卷，人民出版社 1995 年版，第 23 页。

1997年

把"经济哲学"与"经济的哲学"区分开来①

从某种意义上说,经济哲学这门交叉学科的出现是势所必然的。既然存在着政治哲学、历史哲学、法哲学、社会哲学、艺术哲学等交叉学科,为什么在哲学和经济学之间就不能形成经济哲学这个新的生长点呢?问题在于,在对经济哲学的含义的理解上存在着种种误区。误区之一,是把政治经济学、文化经济学或经济伦理学理解为经济哲学;误区之二,是把运用一定的哲学观念和方法分析具体经济问题理解为经济哲学;误区之三,是把涉及对经济学前提反思的一切经济学著作都认作经济哲学的著作。显然,第一个误区是比较容易识别的,第二和第三个误区则是不容易识别的,我认为,要从第二、第三个误区中走出来,关键在于把"经济哲学"与"经济的哲学"区别开来。上面提到的无论是运用一定的哲学观念和方法分析具体的经济问题,还是在经济学研究中反思经济学的前提问题,都应属于"经济的哲学"范围。而"经济的哲学"体现出来的还只是经济学与哲学之间的某种片面的联系,这样的联系还不能说是"经济哲学"。

那么,究竟什么是经济哲学呢?经济哲学就

---

① 载《光明日报》1997 年 2 月 15 日。——编者注

是系统地、严格地对经济学的前提、意义、基本概念和重要的经济现象作哲学阐释的学科。经济哲学应当具有如下的特征：第一，它体现的不是经济学与哲学在某些方面的具体的联系，而是对经济学与哲学的本质联系的全面的、系统的反思。第二，经济哲学作为新兴学科具有自己的特殊性。一方面，它不同于一般的哲学理论，经济哲学与一般的哲学理论在前提上存在着差异；另一方面，它也不同于一般的经济学理论。因为，一般的经济学理论总是带着一种非系统哲学的眼光去看待各种经济现象，所以一般经济学理论追求的是自身的系统性，但从不去思考自己的哲学前提，也不去思考自己的基本概念的哲学内涵，如商品、货币、价值、资本等概念的哲学内涵。而经济哲学则把经济学的前提和基本概念作为自己的主要研究对象。

关于哲学基本问题的再认识①

在《路德维希·费尔巴哈和德国古典哲学的终结》一书中，恩格斯说："全部哲学，特别是近代哲学的重大的基本问题，是思维和存在的关系问题。"②这个问题包含着以下两个方面：一是思维与存在何者为本原的问题（本体论），二是思维与存在有否同一性的问题（认识论）。恩格斯关于哲学基本问题的理论曾对苏联、东欧和中国哲学界产生了广泛而持久的影响。我们通过研究，曾在《哲学基本问题所蕴含的方法论》③一文中提出了一个新的想法，即哲学基本问题实际上蕴含着第三个方面：如果思维与存在具有同一性，它们究竟是如何同一的。这里实际上涉及方法论问题。显然，增加这第三个方面将使哲学基本问题的内涵更加丰富。

但在近年来的研究中，我们越来越深刻地认识到，仅仅把视野扩大到方法论上是不够的，必须从根基上对哲学基本问题作出新的反思。促使

---

① 原载《北京大学学报（哲学社会科学版）》1997年第2期，第67—76页。收录于俞吾金：《俞吾金集》，学林出版社1998年版，第23—42页；《重新理解马克思——对马克思哲学的基础理论和当代意义的反思》，北京师范大学出版社2005年版，第99—115页。——编者注

② 《马克思恩格斯选集》第4卷，人民出版社1995年版，第223页。

③ 参见吴晓明、俞吾金、欧阳光伟：《哲学基本问题所蕴含的方法论问题》，《中国社会科学》1986年第1期。

我们这样做的主要原因是，恩格斯关于哲学基本问题的理论主要是指马克思以前的西方传统哲学，特别是就西方哲学史上占主导地位的知识论哲学而言的。然而，在恩格斯学说的某些解释者那里，这种情形却发生了变化：一方面，他们认为，马克思哲学与西方传统哲学一样，其基本问题也是思维与存在的关系问题，这就磨平了马克思哲学与西方传统哲学，尤其是知识论哲学之间的本质差异；另一方面，他们认为，思维与存在的关系问题也是现代西方哲学的基本问题，从而把凡是未论述到这一问题的现代西方哲学理论一概称为"回避哲学基本问题"或"抹煞哲学基本问题"，这就把恩格斯在一定范围内使用的"哲学基本问题"概念唯一化、简单化了，从而磨平了现代西方哲学与近代西方哲学之间存在的重大差异。扩而言之，当他们以同样的方式去研究中国哲学时，也把中国哲学与西方哲学之间的本质差异取消掉了。

完全可以说，人们在哲学和哲学史研究中之所以很难获得真正富有创新意义的进展，一个重要的原因是对哲学基本问题的误解。因此，在当前的研究中，对哲学基本问题作出新的反思具有十分重要的意义。

一、哲学元问题和哲学基本问题的关系

哲学基本问题是否就是哲学的最高问题呢？恩格斯认为，思维与存在、精神与自然的关系乃是"全部哲学的最高问题"①。在恩格斯看来，马克思以前的哲学家在从事哲学思考时，都无法绕过思维与存在的关系问题，在这个意义上可以说它是哲学基本问题；同时，"思维"与"存在"又是最抽象、最普遍的范畴，在这个意义上也可以说它是哲学的最高问题。总之，在确定的语境中，恩格斯的上述见解是有充分理由的。

---

① 《马克思恩格斯选集》第4卷，人民出版社1995年版，第224页。

然而，当我们引入类型理论来考察哲学时，哲学基本问题与哲学最高问题之间的重大差异就清楚地显示出来了。人们通常说："存在着许多不同的哲学。"其实，这个说法是有语病的，尽管存在着许多迥然各异的哲学类型、流派或体系，但哲学作为一门学科，却始终是唯一的。在这个意义上可以说，"一切哲学""全部哲学"或"所有的哲学"这样的提法也是有语病的，因为这样的提法暗含着下面的意思，即存在着许多不同的哲学。由于哲学是单一的，所以在这里，像"一切哲学类型""全部哲学体系"或"所有的哲学流派"这样的表述才是比较确切的。仔细地分析起来，连"西方哲学""东方哲学""中国哲学""德国哲学"这样的提法也是不确切的。比如，物理学作为一门学科也是唯一的，如果谁使用"西方物理学""东方物理学""中国物理学"或"德国物理学"一类概念，听起来一定是很滑稽的。当然，哲学与物理学不同，它在不同的民族和国家中会受到不同的文化背景的影响，从而表现出不同的风格和特征，但无论如何也不能说，在不同的国家或地域存在着不同的哲学。严格地说来，我们应该把上述提法改为"哲学的西方模式""哲学的东方模式""哲学的中国类型""哲学的德国类型"等，然而，这样的表达方式又显得有点别扭。所以，我们不妨沿用"西方哲学""东方哲学""中国哲学""德国哲学"这样的习惯提法，但切不可把它们理解为各种哲学，而应该理解为哲学的各种类型。

人们在理解哲学基本问题和其他哲学问题时，之所以常常陷入误解之中，是因为他们把哲学与哲学的具体类型混淆起来了。比如，人们只能说思维与存在的关系问题是某一种类型的哲学，如知识论哲学的基本问题，却不能说它是哲学的基本问题。关于思维与存在的关系问题与知识论哲学之间的内在联系，我们将在下面一节进行详细的讨论。在这里，我们所要探讨的是：如何把哲学与哲学的具体类型区分开来？显然，哲学与哲学的具体类型的差异是通过哲学观的确定而展示出来的。那么，哲学观又是如何确定的呢？众所周知，哲学观是通过对"什么是哲学？"的问题的解答来确定的。不用说，人们关于哲学这门学科的一切其他问题的解答都取决于对这个问题的解答。在这个意义上可以说，"什么是哲学?"的问题才是哲学的最高问题或哲学的元问题。澄清这一点，许多误解也就烟消云散了。

从上面的论述中可以明白，在哲学研究中，人们首先要回答的是哲学的元问题，即"什么是哲学?"的问题。一旦回答了这个问题，人们也就从抽象的、单一的哲学中下降到某种具体类型的哲学中。比如，黑格尔在《小逻辑》第二节中写道：一般说来，哲学首先可以定义为对对象的思维着的考察（denkende Betrachtung der Gegenstaende）。① 在他看来，哲学是用概念去把握对象的特殊的思维方式。显然，黑格尔的哲学观是从属于知识论哲学传统的。又如，维特根斯坦在《逻辑哲学论》中说："全部哲学就是'语言批判'（Sprachkritik）。"②不用说，他的哲学观是从属于语言哲学这种特殊的类型的。再如，中国哲学家冯友兰说："我所说的哲学，就是对于人生的有系统的反思的思想。"③显然，冯友兰的哲学又是从属于人生哲学这种特殊的类型的。由此可见，正是通过对"什么是哲学?"的元问题的解答，哲学家们自觉地或不自觉地创立了某种类型的哲学或使自己的思想从属于某种类型的哲学。

这就告诉我们，只有在确定了某种类型的哲学之后，才谈得上这种类型的哲学的基本问题是什么。换言之，哲学基本问题并不是无前提的，它是在哲学元问题的基础上被提出来的。哲学元问题是相对于哲学而言的，由于哲学是唯一的，所以，哲学元问题也是唯一的④；与此不同，哲学基本问题则是相对于不同的哲学类型来说的。所以，哲学基本问题不是唯一的，有多少不同类型的哲学，就有多少不同类型的基本问

---

① G. W. F. Hegel, *Enzyklopaedie Der Philosophischen Wissenschaft* Ⅰ, Frankfurt am Main：Suhrkamp Verlag, 1986，S. 41.

② L. Wittgenstein, *Werkausgabe Band* 1, Frankfurt am Main：Suhrkamp Verlag, 1984，S. 26.

③ 冯友兰：《中国哲学简史》，北京大学出版社 1985 年版，第 2 页。

④ 我们这里姑且作这样的假定，参见俞吾金：《再谈哲学的元问题》，《学术月刊》1995 年第 10 期。

题。在这里，最易混淆的是：不同的人在谈论哲学基本问题之前，就已自觉地或不自觉地选择了某种类型的哲学。所以，虽然他使用的术语是"哲学基本问题"，而实际上真正谈论的却是自己所信奉的某种类型的哲学的基本问题。把思维与存在的关系问题理解为"哲学基本问题"的症结也正在这里。实际上，这个问题不是"哲学基本问题"，而仅仅是知识论哲学的基本问题。

弄清楚这一点之后，人们就不会把思维与存在的关系问题视为马克思哲学的基本问题了，也不会把不讨论思维与存在关系问题的现代西方哲学家一概斥为"回避哲学基本问题"或"抹煞哲学基本问题"了，因为在某些类型的哲学的语境中，并不需要讨论这一关系问题。如前所述，维特根斯坦作为语言哲学的创始人之一，把哲学理解为"语言批判"，对于这种类型的哲学来说，其基本问题并不是思维与存在的关系问题，而是语词与对象、句子与原本事实的关系问题。又如，对于冯友兰的哲学所从属的人生哲学类型来说，其基本问题也不会是思维与存在的关系问题，而是天人关系、知行关系问题。

综上所述，一旦我们引入了类型理论，把哲学（唯一性）与哲学的具体类型（多样性）区分开来，把哲学的元问题（唯一）与不同类型的哲学的基本问题（多样性）区分开来，我们也就从根基上对所谓"哲学基本问题"获得了新的认识。

二、知识论哲学传统和思维与存在的关系

凡是稍稍熟悉西方哲学史的人都知道，以巴门尼德、苏格拉底、柏拉图和亚里士多德为肇始的知识论哲学在西方哲学史上一直具有支配性的影响。何谓知识论哲学呢？知识论哲学就是把哲学理解为单纯的求知活动。

亚里士多德在《形而上学》一书中开宗明义地说："求知是人类的

本性。"①当然，亚里士多德强调，哲学的求知不同于人类实用技术方面的求知，哲学知识出现在有闲暇的地方，哲学家们"探索哲理只是为想脱出愚蠢，显然，他们为求知而从事学术，并无任何实用的目的。这个可由事实为之证明：这类学术研究的开始，都在人生的必需品以及使人快乐安适的种种事物几乎全都获得了以后。这样，显然，我们不为任何其它利益而找寻智慧；只因人本自由，为自己的生存而生存，不为别人的生存而生存，所以我们认取哲学为唯一的自由学术而深加探索，这正是为学术自身而成立的唯一学术。"②在这里，亚里士多德的思想有两个模糊不清的地方：第一，哲学作为一种独立的学术，是在一部分人有了充分的闲暇时间的基础上形成的，这当然是符合历史事实的。但哲学在闲暇中产生，并不意味着它只是一种没有任何实用目的的、单纯的求知活动，并不意味着它的整个思考活动与人的紧迫的生存活动是无关的。第二，自由并不等于任性，每一时代的自由实现的程度都取决于人类实际的生存状况以及他们在生存中的相互关系。所以，每个人的生存和他人的生存都是交织在一起的，不管哲学家是否意识到这一点，实际上哲学总是在人的生存活动的根基上被展示出来的。

从亚里士多德对哲学的定位可以看出，在西方哲学发生的开端处，亚里士多德已把哲学理解为以单纯的求知活动为宗旨的知识论哲学，而在知识论哲学家看来，理性、思维和概念在人们的求知活动中起着根本性的作用。所以，这种类型的哲学家自然而然地把思维与存在的关系作为自己哲学的基本问题。

事实上，这方面的意识在亚里士多德之前已见端倪。巴门尼德在《论自然》的著作残篇中这样写道："(4)……第一条是：存在者存在，它不可能不存在。……因为不存在者你是既不能认识（这当然办不到），也不能说出的。(5)因为能被思维者和能存在者是同一的。(6)必定是：可

---

① ［古希腊］亚里士多德：《形而上学》，吴寿彭译，商务印书馆1983年版，第1页。
② 同上书，第5页。

以言说、可以思议者存在，因为它存在是可能的，而不存在者存在是不可能的。"①在巴门尼德看来，思维与存在是同一的，凡是可以思议的，也必定是存在的。这种见解，正如罗素所指出的："在哲学上，这是从思想与语言来推论整个世界的最早的例子。"②在后面的论述中我们将会看到，把思维作为基础推论出整个存在乃是知识论哲学的重要思想倾向之一。

如果说，巴门尼德把思维、真理与感觉、意见对立起来，并肯定前者而贬斥后者的话，那么，智者哲学作为一种主观主义和怀疑主义的思潮，则把两者的关系从根本上颠倒过来，并肯定后者而贬斥前者。智者哲学的代表人物普鲁泰戈拉认为，人（的感觉）是万物的尺度。显然，这种见解只承认主观意见而否定了客观真理。智者哲学的另一位代表人物高尔吉亚把这方面的见解发挥得更为彻底，他提出了以下三条著名的原则："第一，无物存在；第二，如果有某物存在，人也无法认识它；第三，即便可以认识它，也无法地把它告诉别人。"③这就从根基上否定了知识论哲学及思维与存在的关系问题。面对这样的挑战，苏格拉底巧妙地运用"产婆术"，通过一次次的辩论，把人们的认识从主观随意的感觉经验引向客观的概念知识。正如梯利指出的："苏格拉底对知识和明确推理的思考怀有很强烈的信心，以至认为知识可以治百病。"④正是通过苏格拉底的努力，知识论哲学的根基被保住了，理性、思维和概念的权威被真正地确立起来了。但苏格拉底所做的主要工作是把理性、思维、概念从混沌的感觉经验中剥离出来，他还没有把它们理解为一个独立的王国。把理性、思维、概念理解为一个独立的王国，这种意向在他的学生——柏拉图那里终于被表达出来了。柏拉图认为，存在着两个世界：

① 北京大学哲学系外国哲学史教研室：《西方哲学原著选读》上卷，商务印书馆1981年版，第31—32页。

② ［英］罗素：《西方哲学史》，程舒伟等编译，中国商业出版社2009年版，第27页。

③ 北京大学哲学系外国哲学史教研室：《西方哲学原著选读》上卷，商务印书馆1981年版，第56—57页。

④ ［美］梯利：《西方哲学史》上册，葛力译，商务印书馆1979年版，第69页。

一为"可知世界"，即理念（或概念）世界，它是永恒不变的，从而也是最真实的；二为"可见世界"，即现象世界，它是变动不居的，从而也是最不真实的。要言之，"可知世界"是原本，而"可见世界"不过是"可知世界"的摹本而已。柏拉图的理念论是西方哲学史上第一个重要的知识论哲学体系。理念作为知识蕴含着思想与实在的一致性，即蕴含着思维与存在的一致性，但他并没有把巴门尼德关于思维与存在关系的论述接过来，直接加以探讨。所以，黑格尔批评道："柏拉图把理念了解为联系、界限和无限者，了解为一和多，了解为单纯者和殊异者，却没有把它了解成为思维和存在。"①亚里士多德作为柏拉图的学生，进一步修正并推进了他的老师的理念论，特别是通过形式逻辑的创立，为理念或概念在人的思维过程中的正确运作奠定了基础。正如梯利所说："亚里士多德的基本思想是，思维和存在是一致的，真理是思维和存在相符合。"②从此，知识论哲学借助于形式逻辑的力量而获得了不可动摇的地位。

西方中古时期的经院哲学本质上也是知识论哲学，所不同的是，这个时期的求知活动是在基督教信仰的基础上展开的。众所周知，在经院哲学中，长期以来存在着唯名论与唯实论之间的争论。实际上，这一争论的实质就是思维（概念或共相）与存在（个别事物）的关系问题。唯名论者认为，共相只是名字，唯有个别事物才是存在的；而唯实论者则认为，共相并不只是名字，而是一种真实的存在。比如，唯实论者安瑟伦从上帝这一概念的完美性推出了上帝的存在，这就是著名的"上帝存在的本体论证明"。如前所述，这样的论证思路我们在巴门尼德那里已见端倪。黑格尔认为，安瑟伦"认识到了思维与存在这一最高的对立的统一"③。但在他那里，或者说在所有的经院哲学家那里，思维与存在的

---

① ［德］黑格尔：《哲学史讲演录》第 4 卷，贺麟、王太庆译，商务印书馆 1981 年版，第 7 页。

② ［美］梯利：《西方哲学史》上册，葛力译，商务印书馆 1979 年版，第 96 页。

③ ［德］黑格尔：《哲学史讲演录》第 3 卷，贺麟、王太庆译，商务印书馆 1981 年版，第 296 页。

一致性不是通过思维或存在自身的运动展示出来的，而仅仅是理智的一种强行的假定。因此，黑格尔批评道："在经院哲学里，思维和存在的本性并不是研究的对象，——它们的性质只是被假定罢了。"①

事实上，只是在近代西方哲学中，思维与存在的关系作为知识论哲学的基本问题才引起哲学研究者们的普遍关注。黑格尔说："近代哲学并不是淳朴的，也就是说，它意识到了思维与存在的对立。必须通过思维去克服这一对立，这就意味着把握住统一。"②但对这种统一的追求却表现为两种方式：一是唯理论的方式，即从思维、内心出发去论证这种统一；二是经验论的方式，即从感觉经验出发去阐明思维与存在的一致性。笛卡儿作为唯理论的创始人，提出了"我思故我在"的著名命题，并在这一命题的基础上建立了近代哲学第一个知识论哲学体系。如果说，古希腊知识论哲学的着眼点是宇宙起源论，中古时期知识论哲学的着眼点是基督教教义，那么，近代知识论哲学的着眼点则是认识论和方法论。所以，黑格尔明确指出："笛卡儿哲学的精神是认识，是思想，是思维与存在的统一。"③然而，无论是唯理论还是经验论所营造的知识论形而上学的大厦都在经验论哲学家休谟那里受到了严重的挑战。休谟从彻底的经验论哲学的立场出发，把传统形而上学认为具有普遍必然性的思维规则（如因果律）还原为主观上的心理习惯，从而从根本上摧毁了传统的形而上学。

正是休谟的怀疑主义使康德从莱布尼茨和沃尔夫的独断论形而上学的迷梦中惊醒过来。然而，就基础理论而言，康德的哲学非但没有离开知识论哲学的轨道，相反，却以理性批判的方式为知识论哲学的新发展奠定了基础。在《纯粹理性批判》中，康德从先验唯心论出发，强调把知识限制在现象和经验的范围内，反对对理性作超经验的运用，即去认识

---

① ［德］黑格尔：《哲学史讲演录》第 3 卷，贺麟、王太庆译，商务印书馆 1981 年版，第 327 页。

② 同上书，第 7 页。

③ 同上书，第 67 页。

物自体。黑格尔认为：康德对安瑟伦关于"上帝存在的本体论证明"的反驳之所以受到欢迎，"无疑地大半是由于当他说明思维与存在的区别时所举的一百元钱的例子"①。但康德对理论理性的局限性及思维与存在之间的区别的片面强调表明，他实际上否认了思维与存在的同一性，他的哲学仍然停留在主观主义的阴影中。

后来，费希特、谢林和黑格尔起来批判康德的物自体理论，把思维与存在的统一作为自己的知识论哲学的前提。黑格尔写道："只有思维与存在的统一，才是哲学的起点。"②作为西方知识论哲学传统的集大成者，黑格尔把自己哲学的最高目标看作对"绝对知识"的追求，并反复强调，近代西方哲学的根本使命是使思维与存在的对立得到和解。然而，费尔巴哈认为，在黑格尔那里，这种和解是神秘的、颠倒的，因为他把思维看作主体，把存在仅仅看作宾词。费尔巴哈针锋相对地写道："思维与存在的真正关系只是这样的：存在是主体，思维是宾词。思维是从存在而来的，然而存在并不来自思维。存在是从自身、通过自身而来的——存在只能为存在所产生。"③费尔巴哈还试图从自己的人本主义哲学出发，对知识论哲学进行改造，所以他说："思维与存在的统一，只有在将人理解为这个统一的基础和主体的时候，才有意义，才是真理。"④然而，由于费尔巴哈所说的"人"归根到底是抽象的，所以他对黑格尔知识论哲学的批判始终是缺乏力度的。

从上面的论述可以看出，在西方知识论哲学的形成和发展过程中，柏拉图、亚里士多德、笛卡儿、休谟、康德和黑格尔起着特别重要的作用。在古代世界和中古世界，思维与存在的关系问题是通过一与多、一般与个别等形式间接地表现出来的，而在以笛卡儿和培根为肇始的、注

---

① ［德］黑格尔：《小逻辑》，贺麟译，商务印书馆1981年版，第140页。
② ［德］黑格尔：《哲学史讲演录》第3卷，贺麟、王太庆译，商务印书馆1981年版，第295页。
③ ［德］费尔巴哈：《费尔巴哈哲学著作选集》上卷，荣震华等译，商务印书馆1984年版，第115页。
④ 同上书，第181页。

重反思的近代哲学中，这一关系问题才被哲学家们普遍地意识到了。但必须指出的是，这一关系问题并不是哲学的基本问题，不过是一种特殊类型的哲学，即长期以来在西方哲学史的发展中占主导地位的知识论哲学的基本问题。

三、什么是马克思哲学的基本问题？

在这里，我们实际上面临着两个问题。第一个问题是：马克思是如何看待思维与存在的关系问题的？第二个问题是：思维与存在的关系问题是否是马克思哲学的基本问题？如果不是，马克思哲学的基本问题又是什么呢？

下面我们先来论述第一个问题。青年马克思深入地钻研过黑格尔著作，所以黑格尔关于思维与存在的统一性的见解也对他产生过一定的影响。在《博士论文》的附录中，马克思论述到康德对安瑟伦的"上帝存在的本体论证明"的驳斥时，指出康德用想象中的一百元钱与真实的一百元钱的区别来驳斥这一证明是无效的："如果有人自己想像着他有一百元钱，如果这个表象在他不是任意的、主观的，如果他相信他的表象是真的，那末对他说来，这一百元想像着的钱和一百元真实的钱将有相同的价值。"①马克思的上述论述表明，黑格尔关于思维（想象的存在）与存在（真实的存在）神秘同一的学说对他仍有一定的影响。

不久以后，当青年马克思接触到费尔巴哈的哲学思想，并致力于对国民经济学的研究之后，很快地认识到黑格尔式的"存在和思维的思辨的神秘同一"②的局限性。在《1844 年经济学哲学手稿》中，马克思已经认识到，作为想象的、观念的存在的思维与作为真实的、现实的存在的

---

① 马克思：《博士论文》，人民出版社 1961 年版，第 94 页。
② 《马克思恩格斯全集》第 2 卷，人民出版社 1957 年版，第 245 页。

思维并不是一回事。在论述货币的作用时，他这样写道："当然，没有货币的人也有需求，但他的需求只是一种观念的东西，它对我、对第三者、对另一个人是不起任何作用的，不存在的，因而对于我依然是非现实的，无对象的。以货币为基础的有效的需求和以我的需要、我的激情、我的愿望等等为基础的无效的需求之间的差别，是存在和思维之间的差别，是只在我心中存在的观念和那作为现实对象在我之外对我存在的观念之间的差别。"①在这里，马克思着重强调了思维与存在之间的差异，并且像费尔巴哈一样主张把被黑格尔颠倒的思维与存在之间的神秘关系再颠倒过来，即肯定存在是主体，思维是谓词，但他并没有否认思维与存在同一的可能性："思维和存在虽有区别，但同时彼此又处于统一中。"②从国民经济学的眼光来看，货币正是实现这种统一的媒介。在费尔巴哈的人本主义思想的影响下，马克思还曾对黑格尔的"思维"概念提出过疑问。"黑格尔为什么把思维同主体分离开来；但就是现在也已经很清楚：如果没有人，那么人的本质表现也不可能是人的，因此思维也不能被看作是人的本质表现，即在社会、世界、自然界生活的有眼睛、耳朵等等的人的和自然的主体的本质表现。"③显然，脱离人的思维是抽象的。马克思还指出："非对象性的存在物是非存在物〔Unwesen〕"④，从而肯定，不被人对象化的存在物的总和——存在实际上也是抽象和虚假的。总之，马克思已从唯物主义和人本主义的立场出发改造了黑格尔关于思维与存在关系的神秘主义学说，但当时他的思想还未完全从费尔巴哈的影响中摆脱出来。

在《关于费尔巴哈的提纲》一文中，马克思以下面这句名言宣告了自己的新的哲学观的诞生："哲学家们只是用不同的方式解释世界，问题

---

① 《马克思恩格斯全集》第 42 卷，人民出版社 1979 年版，第 154 页。
② 同上书，第 123 页。
③ 同上书，第 178 页。
④ 同上书，第 168 页。

在于改变世界。"①这就表明：第一，马克思的新哲学观是以"改变世界"为己任的，它本质上是实践唯物主义。第二，这种实践唯物主义与传统的知识论哲学之间存在着根本的差异，后者的中心任务是"解释世界"，而前者的中心任务则是"改造世界"。

正是从这种新的哲学观出发，马克思对传统的知识论哲学的基本问题——思维与存在的关系问题进行了透彻的批判。首先，马克思指出了思维与存在关系问题的实质："人的思维是否具有客观的〔gegenständliche〕真理性，这不是一个理论的问题，而是一个实践的问题。人应该在实践中证明自己思维的真理性，即自己思维的现实性和力量，自己思维的此岸性。关于思维——离开实践的思维——的现实性或非现实性的争论，是一个纯粹经院哲学的问题。"②马克思在这里说的"思维的真理性"或"思维的此岸性"也就是思维与存在的同一性，这个问题本质上是实践问题，而传统的知识论哲学由于把哲学理解为单纯的求知活动，总是离开实践来讨论思维与存在的关系问题，结果必然导致经院哲学式的抽象的、烦琐的争论。其次，在知识论哲学的框架内，不管人们采用的是传统的唯物主义立场(肯定存在是第一性的)，还是唯心主义立场(肯定思维是第一性的)，都不能正确地解决思维与存在的关系问题。马克思写道："从前的一切唯物主义(包括费尔巴哈的唯物主义)的主要缺点是：对对象、现实、感性，只是从客体的或者直观的形式去理解，而不是把它们当作感性的人的感性活动，当作实践去理解，不是从主体方面去理解。因此，和唯物主义相反，能动的方面却被唯心主义抽象地发展了，当然，唯心主义是不知道现实的、感性的活动本身的。"③也就是说，在探讨思维与存在关系的传统思路中，唯物主义不满意抽象的思维而诉诸感性的直观，但却凝固在这种直观中而失去了能动性；反之，唯心主义继承了巴门尼德的传统，把一切存在都淹没在思维的黑洞中，但这种能

---

① 《马克思恩格斯选集》第 1 卷，人民出版社 1995 年版，第 57 页。
② 同上书，第 55 页。
③ 同上书，第 54 页。

动性却只具有纯粹精神的、抽象的特征。要言之，在这个知识论哲学的基本问题上，传统的唯物主义者和唯心主义者实际上都是失败者。

从上面的论述可以看出，马克思借助于自己的新哲学观的确立，从根本上超越了知识论哲学传统，从而也超越了这一哲学传统的基本问题——思维与存在的关系问题。所以，在马克思之后，不少哲学教科书把这一问题作为马克思哲学的基本问题提出来是缺乏理由的。事实上，马克思哲学作为实践唯物主义完全有着自己独特的基本问题。这也正是我们在下面所要讨论的第二个问题。这个问题就是：马克思哲学的基本问题是什么？

如前所述，马克思哲学本质上是实践唯物主义，而这个提法本身已把这种哲学的基本问题透显出来了。也就是说，马克思哲学的基本问题是实践问题。马克思说："全部社会生活在本质上是实践的。凡是把理论引向神秘主义的神秘东西，都能在人的实践中以及对这个实践的理解中得到合理的解决。"[①]这一论述充分表明，在马克思的全部哲学理论中，实践居于基础和核心的位置上。众所周知，实践具有多种表现形式，而在这些形式中，最基本的是生产劳动，它是人类生存和发展的根本前提。实践概念蕴含着极为丰富的内涵，而它作为马克思哲学的基本问题，必然展示出以下两方面的内容：一是人与自然（物）的关系，二是人与人的关系。

如果我们稍稍留意一下马克思的著作，就会发现，他多次论述过这个问题。在《1844 年经济学哲学手稿》中，马克思在论述到共产主义时指出："它是人和自然界之间、人和人之间的矛盾的真正解决，是存在和本质、对象化和自我确证、自由和必然、个体和类之间的斗争的真正解决。"[②]马克思这里的论述已超出传统的知识论哲学的纯理论的视域，而融入了实践的维度，所以他把人和自然界之间、人和人之间的矛盾提到

---

① 《马克思恩格斯选集》第 1 卷，人民出版社 1995 年版，第 56 页。
② 《马克思恩格斯全集》第 42 卷，人民出版社 1979 年版，第 120 页。

首要的位置上。在《德意志意识形态》一书的一个脚注中，马克思对这个问题作了更明确的表述："到现在为止，我们只是主要考察了人类活动的一个方面——人们对自然的作用。另一方面，是人对人的作用……"①这就告诉我们，这两方面的作用构成了人类整个实践活动的两翼。马克思还进一步指出，这两翼并不是平行的，它们在人类的历史发展中是交织在一起的。他在论述古代社会时说："人们对自然界的狭隘的关系制约着他们之间的狭隘的关系，而他们之间的狭隘的关系又制约着他们对自然界的狭隘的关系……"②这种双重的狭隘性观念反映在古代的自然宗教和民间宗教中，"只有当实际日常生活的关系，在人们面前表现为人与人之间和人与自然之间极明白而合理的关系的时候，现实世界的宗教反映才会消失"③。

这些论述告诉我们，实践作为马克思哲学的基本问题包含着两个方面（人与自然、人与人）、三重关系（人与自然之间、人与人之间、人与自然之间和人与人之间）。马克思哲学的根本思想是通过对人与自然关系的改变来促进人与人之间关系的改变。也正是在这个意义上，马克思把共产主义理解为"人和自然界之间、人和人矛盾的真正解决"。由此可见，马克思哲学的基本问题与传统的知识论哲学的基本问题是迥然不同的。不厘清这一点，我们就无法真正地进入马克思哲学的视野。

四、重新认识哲学基本问题的意义

通过类型理论的引入，哲学与哲学的具体类型、哲学元问题与哲学基本问题之间的差异被显示出来了，从而思维与存在的关系问题不再成为"哲学基本问题"，而是下降为哲学的一种特殊的类型——知识论哲学

---

① 《马克思恩格斯全集》第 3 卷，人民出版社 1960 年版，第 41 页。
② 同上书，第 35 页。
③ 马克思：《资本论》第 1 卷，人民出版社 1975 年版，第 96—97 页。

的基本问题。同时，我们还阐明了，马克思哲学与知识论哲学之间存在着根本性的区别，马克思哲学作为实践唯物主义，其基本问题不是思维与存在的关系问题，而是实践问题。认识到这些问题对我们的哲学研究究竟有什么意义呢？

首先，我们发现，现代西方哲学与近代西方哲学之间存在着重大的差异，而这一差异是与哲学家们对思维与存在关系的态度紧紧联系在一起的。如前所述，西方知识论哲学传统发端于古希腊，在近代欧洲才获得长足的发展。同样地，这一哲学类型的基本问题——思维与存在的关系问题，在近代哲学的发展中才获得典型的表现形式。黑格尔在论述刚从经院哲学中脱胎出来的近代哲学时写道："这种最高的分裂，就是思维与存在的对立，一种最抽象的对立；要掌握的就是思维与存在的和解。从这时起，一切哲学都对这个统一发生兴趣。"①黑格尔的这段话表明，整个近代哲学都在知识论哲学的框架内思考，在思维与存在的二元对立中挣扎。笛卡儿的心物二元论是最典型的例子，就是号称思维与存在具体同一性的黑格尔哲学，实际上也是一种隐蔽的二元论。马克思在《黑格尔法哲学批判》一书中就对黑格尔哲学的这一特征作过反复的论述。然而，作为知识论哲学传统的集大成者的黑格尔的逝世既宣告了这一传统的陨落，也宣告了近代西方哲学的终结。现代西方哲学虽然是在近代西方哲学的基础上形成和发展起来的，但在这两个时代的哲学之间存在着重大的差异。当代西方哲学的一个本质特征是超越了近代西方哲学的笛卡儿主义和黑格尔主义的倾向，即或者把思维与存在对立起来，或者在对立的基础上寻求同一的二元论倾向，力图把哲学奠基在一个确定的阿基米德点上。如唯意志主义的"意志"概念、现象学的"现象"概念、生命哲学的"生命"概念、存在主义的"生存"概念、实证主义和实用主义的"经验"概念、语言哲学的"语言"概念、过程哲学的"过程"概念、

---

① ［德］黑格尔：《哲学史讲演录》第 4 卷，贺麟、王太庆译，商务印书馆 1981 年版，第6页。

诠释学的"理解"概念、结构主义的"结构"概念等。这些概念既是现代西方哲学中各派哲学立论的出发点，又是它们各自的基本问题。所以，只要明白现代西方哲学的根本特征是扬弃近代西方哲学的明显的或隐蔽的思维与存在的二元论，也就不会简单地用"回避哲学基本问题""抹煞哲学基本问题"这样的套话去评论现代西方哲学。而这样的评论方式表明，评论者本身的观念还处在近代知识论哲学的问题框架的束缚中。事实上，评论者只有深入地领悟现代西方哲学的实质，才能超越近代西方哲学的视野，并对其局限性作出彻底的反思。

其次，我们对马克思哲学的本质获得了新的认识。我们发现，马克思哲学并不从属于近代西方哲学，而是从属于现代西方哲学。马克思哲学与现代西方哲学中其他流派的共同点是扬弃了近代西方哲学关于思维与存在的二元论态度，从而为哲学提供了一个新的基点。在马克思那里，这个基点就是实践。马克思哲学的某些解释者对马克思哲学的根本误解在于，从近代知识论哲学的理论框架出发去理解并解释马克思哲学，特别是把适合于近代哲学的思维与存在的关系问题套用到马克思哲学上去，这就把本来在性质上属于现代西方哲学的马克思哲学近代化了，或者换一种说法，误解了马克思哲学的本质，把它理解为一种热心于谈论存在与思维或自然与精神之间的形而上学关系的知识论哲学。按照这样的理解方式，马克思哲学与传统哲学，尤其是知识论哲学之间的本质差异便被磨平了，马克思的实践唯物主义或历史唯物主义的划时代的贡献便被掩蔽起来了。马克思哲学不是被曲解为只关心自然的先在性的自然哲学，就是被曲解为只关心范畴辩证法运动的逻辑学。这就深刻地启示我们，在我们的哲学思维还停留在近代知识论哲学的框架内时，正确地理解马克思哲学的本质是不可能的。就马克思哲学的基本问题是实践问题，而实践问题又表现为人与自然、人与人两方面的历史关系来说，马克思哲学本质上是关于社会发展规律和进程、关于社会关系及其转换的社会哲学或法哲学。此外，认识到马克思哲学的基本问题不是思维与存在的关系问题，而是实践问题，也就从根本上解构了传统教科书关于"辩证唯物主义与历史唯物主义"的二元论体系模式，从而不仅仅把实践理解为马克思认识论的基础，而是理解为马克思全部哲学思想的基础。这样一来，马克思哲学体系的内在统一性就获得了根本的保证。

最后，避免了哲学史研究中用思维与存在的关系问题来区分唯物主义和唯心主义、进步的政治倾向和反动的政治倾向的简单化的做法。如前所述，马克思并不认为，唯物主义一切都好、唯心主义一切都不好，他早就告诉过我们，哲学思维的能动的方面更多地为唯心主义所发展的。他在论述霍布斯的机械唯物主义思想时甚至说："唯物主义变得敌视人了。"①更重要的是，马克思还指出了"唯物主义"这一概念本身的局限性。在《德意志意识形态》中，他这样写道："当费尔巴哈是一个唯物主义者的时候，历史在他的视野之外；当他去探讨历史的时候，他决不是一个唯物主义者。在他那里，唯物主义和历史是彼此完全脱离的。"②马克思在这里指出的不仅是费尔巴哈的局限性，而且是一切传统的唯物主义者的局限性。在马克思之前的一切唯物主义者，即使他们在自然观上正确地肯定了存在（或自然）的先在性，但由于他们思考的存在是与社会历史相分离的，因而他们在历史领域里的根本思想倾向必然表现为唯心主义。也就是说，一进入历史领域，传统哲学中关于唯物主义和唯心主义的区分便失去了意义。这就表明，一旦我们站在马克思的划时代的哲学创造——实践唯物主义或历史唯物主义立场上，传统的知识论哲学的基本问题——思维与存在关系的全部局限性就清楚地显示出来了。此外，以思维与存在的关系问题作为出发点来研究中国哲学，也必然会导致这一研究领域里的全部工作的简单化。一方面，中国哲学是以天人关系、知行关系、道器关系、理气关系等作为自己的基本问题。与西方哲学不同，中国哲学崇尚的是直觉、是整体把握，而不是抽象的、分析的思维方式；是人生哲学，而不是知识论哲学，所以用思维与存在两分的

---

① 《马克思恩格斯全集》第 2 卷，人民出版社 1957 年版，第 164 页。
② 《马克思恩格斯全集》第 3 卷，人民出版社 1960 年版，第 51 页。

方式去研究中国哲学，必然会曲解中国哲学的本质。另一方面，思维与存在关系作为知识论哲学的基本问题，其重点始终落在自然观上，以此为出发点去研究中国哲学，必然会重视中国哲学的自然观而忽视其社会历史观。而实际上，中国哲学的重点始终落在社会历史观上。只有以马克思的实践唯物主义或历史唯物主义为出发点去研究中国哲学，中国哲学的丰富宝藏才会真正地向研究者展示出来。

知识论哲学的谱系及其对
马克思主义哲学研究的影响[①]

经常听人说，当前马克思主义哲学的研究已经取得了不少新的成果，而人们引申出这样的结论的一个重要的依据是：在马克思主义哲学的研究中，许多新思潮、新术语已经取代了旧思潮、旧术语。这就造成了一种错觉，似乎哲学研究仅仅是思潮和术语上的翻新。实际上，哲学研究的真正的、创造性的转折总是发生在一些基本的哲学观念的更新上，无批判的、故弄玄虚的思潮翻新和术语翻新不过是语言游戏而已。

笔者认为，在马克思主义哲学的研究中，如何摆脱西方知识论哲学传统的影响就是一个基本的理论问题，只要这个问题还未得到深入的反思，不管人们对自己的研究成果作多么高的评价，他们对马克思主义哲学的研究始终还是在原地踏步。

---

① 原载《马克思主义与现实》1997 年第 2 期，第 9—18 页。收录于俞吾金：《俞吾金集》，学林出版社 1998 年版，第 258--280 页；《重新理解马克思——对马克思哲学的基础理论和当代意义的反思》，北京师范大学出版社 2005 年版，第 60—77 页；《传统重估与思想移位》，黑龙江大学出版社 2007 年版，第 269—286 页。——编者注

一、西方知识论哲学的谱系

传统的马克思主义哲学的研究虽然常常自诩已经扬弃了马克思以前的西方哲学，然而，事实上，它始终在西方哲学传统的轨道上滑行。这听起来似乎是荒谬的，但事实上就是如此。

什么是西方哲学传统呢？我们认为，由苏格拉底肇始的知识论哲学乃是西方哲学的主导性传统。众所周知，苏格拉底提出了两个著名的口号：第一个口号是"我知道我什么也不知道"，第二个口号是"美德即知识"。如果仅仅从字面上看，第一个口号蕴含着两种对立的意思，假如这里着眼的是认知活动的结果，那就等于宣告认知活动实际上是不可能的，因为我们什么也不知道。但就这一层含义而言，这一口号显然是悖谬的：如果我知道我什么也不知道，那就表明，至少我知道了认知活动是不可能实现的，因此，实际上我并不是什么也不知道；如果我真的什么也不知道，那就不能说"我知道我什么也不知道"。① 不用说，这层含义实际上是消极的，但苏格拉底并不是在这种消极的含义上提出这个口号的。具体地说，这个口号是就认知活动的开端而言的，它的真正的含义是积极的，它表明的是苏格拉底的不同寻常的求知热情；正因为我缺乏知识，我什么也不知道，所以我要去求知。在某种意义上，这个口号乃是哲学的发展转入知识论轨道的一个重要标志。

我们且慢一步考察由苏格拉底肇始的整个知识论哲学的谱系，先来认识一下他提出的第二个口号的含义，这个口号告诉我们，全部伦理学说都是从知识出发，以知识为前提的。也就是说，苏格拉底在知识和美

---

① 苏格拉底的这句名言：Ich weiss, das ich nichts weiss 常被译为"自知自己无知"，参见全增嘏主编：《西方哲学史》上册，上海人民出版社 1983 年版，第 123 页。这种译法有两个问题：第一，原句中并没有 Selbst（自己）这个反身词；第二，原句中也没有"无知"这个名词，两个 Weiss 都是动词第一人称。这种译法掩蔽了原句的逻辑问题。

德之间建立了联盟，以后的基督教道德也正是在这一联盟的基础上得以展开的，法国哲学家卢梭最早起来破坏这个联盟，在《论科学与艺术》这部成名作中，卢梭指出，人们的道德正是随着科学与艺术的发展而日益沦丧的，这一见解虽然过于偏激，但却动摇了知识论哲学传统的根基。正是在卢梭的启发下，康德区分出"理论理性"（询问纯粹数学和纯粹自然科学的知识何以可能）和"实践理性"（主要探讨道德的基础和规范），从而从根本上瓦解了苏格拉底所建立的联盟。后来的新康德主义者继续沿着这个方向来扩大知识和德行之间的裂痕，存在主义者在这方面走得更远，不能否认，这一联盟的破坏乃是知识论哲学传统逐渐衰落的重要原因之一。

让我们再回到苏格拉底这个主题上来，作为对崇拜感觉的智者派哲学的一个反驳，苏格拉底的求知欲体现为对概念知识的追求，这一思想深刻地影响了柏拉图，以致他提出了"可知世界"（即理念或概念世界）和"可见世界"（即作为感觉对象的世界）的理论。在他看来，从"可见世界"中，人们只能获得飘忽不定的"意见"，而"知识"必须从"可知世界"中获得，真正的知识乃是关于善这一最高理念的知识。如果说，苏格拉底是知识论哲学的首倡者，那么，柏拉图则是知识论哲学的真正的奠基人，因为他为这种哲学提供了一个基地——理念世界。亚里士多德作为柏拉图的学生虽然对理念论有所批评，但却是知识论哲学积极的推进者。在《形而上学》的 A 卷中，他开宗明义地指出："求知是人类的本性。"①人类从本性上看具有好奇心，从对自然万物的好奇而发问，从发问而寻求解答，于是形成了各种知识。诚然，哲学是在人类生活发展到一定阶段才产生并发展起来的，但引发哲学思考的好奇心并不是无根的，归根到底，它根源于人类对自己的生存活动及其意义的关注。在这个意义上，哲学不过是生存活动之手放出的一架风筝。或许它可以认为自己是绝对

---

① *Aristotle's Metaphysics*, edited and translated by John Warrington, etc. London: J. M. Dent & Sons; New York: E. P. Dutton & Co., 1956, p. 51.

自由的，无拘无束的，但这不过是哲学家们经常陷入的一种幻觉而已。亚里士多德把哲学理解为求知，又把求知与人类面临的种种紧迫的生存问题分离开来，这就把哲学思考的全部注意力都吸引到知识论领域中去了。亚里士多德对知识论哲学的更重要的贡献是创制了形式逻辑，这就为整个理念世界的存在和发展提供了操作规则。从此，知识论哲学的传统就被植入西方人的血液之中，成为西方哲学家难以摆脱的先入之见。

如果说，中世纪的经院哲学家关于逻各斯、名实关系和双重真理的讨论未能超越知识论哲学的传统的问题域的话，那么，以法国哲学家笛卡儿和英国哲学家培根为开创者的近代哲学则不但继承了这一传统，而且为这一传统的发展提供了新的动力。培根提出了"知识就是力量"的口号，从而把认识论问题提到哲学研究的中心位置上，并为这一问题的探讨提供了新的工具——归纳逻辑。笛卡儿同样认为哲学追求的是知识，哲学的根本使命是澄清知识的前提，从而除去历史上流传下来的各种伪知识，使真正的、明白而清晰的知识得以发展。所以，黑格尔正确地指出："笛卡儿哲学的精神是知识，是思想、是思维与存在的同一。"①为此，笛卡儿倡导了一种普遍怀疑的方法，他的著名口号"我思故我在"乃是这一方法的集中表现。不用说，这种方法论也是为其视为核心的认识论服务的。作为英国经验论哲学的殿军的休谟也具有强烈的怀疑主义倾向，但与笛卡儿不同的是，休谟提出了"两种知识"的理论。除了关于数和量的数学知识之外，唯一可靠的是感觉经验所提供的知识，而这种知识还具有或然性。休谟的怀疑主义是对经院哲学乃至整个知识论哲学传统的巨大冲击，然而，这种冲击仍然是在维护知识论哲学的基础上展开的，休谟强调的只是知识的范围和界限，他并没有否认知识论哲学的研究方向。

作为唯理论和经验论哲学的批判者和综合者，康德把知识理解为先

---

① G. W. F. Hegel, *Werke*, Band 20, Frankfurt: Suhrkamp Verlag, 1986, S. 128.

天感性的纯粹形式(时间、空间)，先天知性范畴和后天的感觉材料结合的产物，知识仅限于现象的范围，至于物自体则是不可知的。康德说："我必须扬弃知识，以便为信仰开拓地盘。"①虽然康德从先验唯心主义的立场出发阐明了知识的界限，并高度重视对实践理性的研究，从而超越了休谟偏狭的经验论的眼界，摧毁了传统的知识论形而上学的大厦，然而康德和休谟一样，未从根本上摆脱知识论哲学的立场，相反，却为这种哲学建造了一个永恒的乐园——现象世界或经验世界。以孔德、马赫和维也纳学派为代表的现代实证主义思潮直接弘扬了休谟和康德的思想，他们虽然提出了"拒斥形而上学"的口号，但至多只能说他们拒斥了早已被休谟和康德批判过的知识论形而上学(寻求超验的知识)，但并未拒斥知识论哲学所倡导的旨在求知的哲学观，并力图从逻辑、语言的角度进一步推进并完善这种哲学。

或许可以说，在康德的心目中，实践理性高于理论理性，然而在他的后继者那里，问题又被倒转过来了，费希特的《知识学》、谢林的《先验唯心论体系》(先验唯心论是费希特意义上的知识学的一个分支)和黑格尔的《哲学全书纲要》都是从属于知识论哲学的传统的。当代法国的一些学者(如伊波利特)把黑格尔的《精神现象学》解释为存在主义思潮的源头之一，可是他们似乎忽略了一个重要的现象，即在这部著作中，意识运动的最高阶段是"绝对知识"。完全可以说，黑格尔是知识论哲学传统的集大成者，他不仅把这种哲学体系化了，而且创造了一种新的逻辑——辩证逻辑，从而把知识论哲学奠基在一种远比亚里士多德的形式逻辑和康德的先验逻辑更有宽容度的新逻辑或新语言之上。

从知识论哲学传统演化的基本线索来看，它大致上有三种表现形式：一是以苏格拉底、柏拉图和亚里士多德为代表的古代形式，这一形式比较注重从本体论(实际上是本原论或宇宙起源论)上来阐发知识论哲学；二是以笛卡儿、培根、黑格尔为代表的近代形式，这一形式比较注

---

① Kant, *Werkausgabe Band* Ⅲ, Frankfurt: Suhrkamp Verlag, 1988, BXXX.

重从认识论、方法论上来阐发知识论哲学；三是以孔德、马赫和维也纳学派为代表的现代形式，这一形式继续了休谟、康德的思路，力图把知识论哲学保持在经验和现象的范围之内，并逐步转向对语言、逻辑这些客观知识的研究。知识论哲学传统的这三种表现形式并不是截然可分的，它们常常是交织在一起的。尽管研究者们千百次地引证马克思那段区别"解释世界"和"改造世界"的不同哲学的名言；千百次地阐明马克思主义哲学与一切旧哲学的本质差异，然而，实际上他们从来没有认真地去思考马克思究竟在哪些重大的问题上扬弃了旧哲学，而我们在哲学学科上遵从的传统的分类方法（指西方哲学、马克思主义哲学和中国哲学）又把马克思主义哲学从整个西方哲学传统中割裂开来并与之对立起来，这就使马克思主义哲学与传统西方哲学关系的课题被遮蔽起来了。① 由于这一课题未得到深入的、专门的研究，知识论哲学传统的视域仍然从根本上规约着研究者们的思想，使他们自觉地或不自觉地从知识论哲学的基本立场出发来理解并阐释马克思主义哲学。换言之，他们不但没有领悟马克思主义哲学与知识论哲学传统之间的差异，而且把马克思主义哲学知识论哲学化了。我们不妨说，从马克思逝世以来，传统的马克思主义哲学研究的根本性的失误就在这里。在这个意义上，重新理解马克思哲学的实质就是走出知识论哲学传统的误区。

二、知识论哲学受到的挑战

然而，就在知识论哲学传统在黑格尔那里达到光辉顶点的时候，它的悲剧性命运已经开始了。除了我们前面已提到的以孔德为肇始的实证主义思潮虽然提出了"拒斥形而上学"的口号，而实际上仍然沿着休谟和

---

① 参见俞吾金：《哲学研究与哲学学科分类》，《光明日报》1995 年 5 月 4 日，《重新认识马克思的哲学和黑格尔哲学的关系》，《哲学研究》1995 年第 3 期。

康德的思路来维护知识论哲学外，真正的、对知识论哲学传统的前提进行挑战的是以下三大思潮。

一是以叔本华、尼采为代表的唯意志主义思潮。在知识论哲学看来，人首先是一个认识着、思维着的主体，然后才是一个欲求着的主体。叔本华把这一知识论哲学的前提倒转过来了。在叔本华看来，生存意志和欲求是人的本质，认识是为生存意志和欲求服务的，不是意志和欲求围绕认识而旋转，而是认识围绕意志和欲求而旋转。这一哥白尼式的倒转为西方哲学的发展打开了一个与知识论哲学传统迥然不同的问题域。叔本华认为，人的欲求是无限的，但欲求的满足却总是有限的，于是，人生必然表现为痛苦和无聊。为了摆脱痛苦和无聊，叔本华提倡禁欲主义，主张回到基督教的"解脱说"（否定生存意志）上去。众所周知，基督教的学说，尤其是它的道德思想从诞生之日起就是与知识论哲学传统联盟的。屈从于后者，归根到底也就是向前者妥协。尼采虽然也是唯意志主义的代表人物，但他对人生的理解正好与叔本华相反。他认为，每个人的人生虽然都是有限的，但换来的却是人类种族的繁衍和延续。所以，没有必要把人生理解为痛苦和无聊，相反，人生是快乐的，它充满了悲剧美。尼采从权力意志和超人的学说出发，不仅提出了"重估一切价值"的口号，从而摧毁了知识论哲学的神圣的后援——基督教道德，而且返回到前苏格拉底时期，通过对酒神（狄奥尼索斯）精神的肯定，对苏格拉底和柏拉图开创的知识论哲学进行了无情的批判；"我把苏格拉底和柏拉图看作衰落的征兆，希腊解体的工具，伪希腊人，反希腊人"[①]。与叔本华不同，尼采以更自觉的态度否定并超越了知识论哲学的传统。

二是以克尔凯郭尔、海德格尔为代表的存在主义思潮。克尔凯郭尔是黑格尔的知识论哲学的激烈的抨击者，他讽刺黑格尔虽然建造了一个

---

① Friedrich Nietzsch, *Friedrich Nietzsche Gesammelte Werke*, *Band* 6, Munchen: Musarion Verlag, 1988, S. 68.

包罗万象的、逻辑化的哲学体系，但在这个体系中，个人的生存、欲望和感情这样的最重要的问题都被撇开了。事实上，这些问题乃是知识所无法改变的，所以，萨特指出："克尔凯郭尔是正确的：人类的悲伤、需要、情欲、痛苦是一些原初的实在，是既不能用知识克服、也不能用知识改变的。"①克尔凯郭尔从个人的生存状态出发，提出了"选择你自己"的口号来取代由苏格拉底说出来的德尔斐神庙的神谕"认识你自己"。然而，与尼采不同，他对苏格拉底的思想推崇备至，从而忽略了苏格拉底正是整个知识论哲学传统的开创人，克尔凯郭尔对知识论哲学传统的批判和反思并不是系统的、深刻的，他不过是对处于异化状态的现代生活的一个敏锐的感受者，他从"孤独的个人"出发，用一种不同于知识论哲学的话语来表达哲学的更紧迫的需要，从而启发并影响了存在主义运动和思潮。海德格尔作为存在主义思潮的最重要的代表人物，不仅对传统的知识论形而上学进行了透彻的批判，指责它耽搁乃至完全遮蔽了对存在的意义问题的思考，而且从现象学的方法入手，创立了"基础本体论"，从而从根基上扬弃乃至超越了整个西方的知识论哲学传统。

三是费尔巴哈的人本主义和马克思的实践唯物主义。费尔巴哈早年曾受到黑格尔哲学的强烈影响，后来，当他确立人本主义的立场、摆脱知识论哲学传统的视域时，他的感受不能不说是比较深刻的："以前对我说来生活的目的是思维，而现在生活对我则是思维的目的。"②费尔巴哈人本主义哲学的出发点是人，但不是思维着的人，而是欲求着的人，为此，他倒转了近代知识哲学的开创者笛卡儿的一个著名命题："人的最内秘的本质不表现在'我思故我在'的命题中，而表现在'我欲故我在'的命题中。"③

---

① ［法］萨特：《对方法论的探索》，纽约 1963 年英文版，第 12 页。

② ［德］费尔巴哈：《费尔巴哈哲学著作选集》上卷，荣震华等译，商务印书馆 1984 年版，第 250 页。

③ 同上书，第 591 页。从这方面看，费尔巴哈的思想与叔本华有接近之处，但后者把生存意志看得高于理性思维，而前者仍然是在理性主义传统的大框架内强调欲求的重要性。所以，虽然费尔巴哈比叔本华晚出生，但他仍然属于古典哲学，而叔本华则从属于现代哲学。

费尔巴哈的新哲学虽然以知识论哲学传统所忽视的主题——人为基础，并且偶尔也把人理解为社会、文化、历史的产物，但从根本上看，他所说的"人"仍然是抽象的、直观的，所以从这种新哲学理论中只能引申出关于"爱"的抽象的说教。正是在这一点上，马克思超越了费尔巴哈："费尔巴哈不满意抽象的思维而诉诸感性的直观；但是他把感性不是看作实践的、人类感性的活动。"①

马克思由此而创立了实践唯物主义学说，并进而强调了生产劳动这种最基本的实践形式在人类全部活动（包括认识活动）中的前提性的作用："我们首先应当确定一切人类生存的第一个前提也就是一切历史的第一个前提，这个前提就是：人们为了能够'创造历史'，必须能够生活。但是为了生活，首先就需要衣、食、住以及其他东西。因此第一个历史活动就是生产满足这些需要的资料，即生产物质生活本身。"②马克思的实践唯物主义把现实的人的生存实践活动视为一切认识活动和知识的前提，从而从根基上超越了知识论哲学的传统，马克思还从哲学的根本使命入手，阐述了自己的哲学和这一传统之间的本质差异，即知识论哲学传统注重的是"解释世界"，而马克思哲学注重的则是用实践的方式来"改变世界"。③

上述三方面的挑战虽然有差异和侧重点，但其共同点则是批判知识论哲学传统的抽象的求知态度，力图把哲学扭转到对人类生存问题的探索上。

三、知识论哲学对马克思主义哲学研究的影响

我们前面提到的知识论哲学的三种表现形式对传统的马克思哲学的

---

① 《马克思恩格斯全集》第3卷，人民出版社1960年版，第4—5页。

② 同上书，第31页。

③ 参见俞吾金：《超越知识论——论西方哲学主导精神的根本转向》，《复旦学报（社会科学版）》1989年第4期，俞吾金：《生存的困惑：西方哲学文化精神探要》，上海文化出版社1993年版。

研究都有根深蒂固的影响。

首先，我们来分析一下知识论哲学的现代表现形式是如何渗入传统的马克思哲学的研究领域的。在分析这个问题之前，我们有必要先搞清楚作为马克思主义的创始人马克思和恩格斯与知识论哲学的现代表现形式——实证主义哲学的关系。① 众所周知，孔德的《实证哲学教程》问世后，对当时西方的学术界产生了重大的影响。这种影响也自然而然地波及马克思和恩格斯。在《1844 年经济学哲学手稿》中，马克思把费尔巴哈称之为"实证的批判者"（dem positiven kritiker），把他的批判称之为"实证的人道主义的批判"（die positive humanistische und natuaralistische kritik），并指出："除了这些批判地研究国民经济学的作家以外，整个实证的批判，从而德国人对国民经济学的实证的批判，全靠费尔巴哈的发现给它打下真正的基础。"② 与此同时，马克思又把那看起来似乎批判了一切，而实际上又把被批判者改变形式、保留下来的黑格尔哲学称为"虚假的实证主义"（des falschen positivismus）或"徒有其表的批判主义"（scheinbaren kritizismus）。③ 从青年马克思的这些论述中可以看出：一是他受到了实证主义思潮的影响；二是他把实证主义作为从现实出发来批判神学和哲学的、具有进步意义的新的哲学思潮；三是肯定费尔巴哈是这一新哲学的代表人物。然而，随着马克思思想的发展，他不仅扬弃了费尔巴哈的"实证的人道主义和自然主义"，而且扬弃了整个实证主义哲学。尽管马克思没有专门辟出篇幅来批评实证主义哲学，但从其见解中可以清晰地窥见他对这一哲学的批判和超越。其一，实证主义哲学把一切科学知识理解为现象和经验范围内的东西，拒绝讨论这一范围之外的任何东西，而马克思则强调，科学知识乃是对事物本质的洞见："如

---

① 在我国的马克思哲学的研究中，迄今为止，这一关系问题仍未引起研究者们的重视。

② 《马克思恩格斯全集》第 42 卷，人民出版社 1979 年版，第 46 页。K. Marx, *Pariser Manuskripte*, Berlin: Dietz Verlag, 1987, S. 12.

③ 参见同上书，第 171 页。K. Marx, *Pariser Manuskripte*, Berlin: Dietz Verlag, 1987, S. 127.

果事物的表现形式和事物的本质会直接合而为一，一切科学就都成为多余的了。"①其二，实证主义的核心概念 positif（法文）②，既可解释为"实证的"，也可解释为"肯定的"。这表明，实证哲学的宗旨乃是对现象或经验世界作肯定的观察、描述和说明，这种哲学缺乏否定现存世界的力量，而这种力量正存在于马克思所信奉的合理形态的辩证法之中。马克思在谈到这种辩证法时指出：辩证法在对现存事物的实证的理解中同时包含对现存事物的否定的理解，即对现存事物的必然灭亡的理解。③ 从上面的分析可以看出，成熟时期的马克思的哲学思想与实证主义哲学有着根本性的分歧，如果说前者的宗旨是对现存事物进行革命性的改造的话，那么后者的使命不过是以肯定的方式来感受并描述现存事物。④

接下来我们再来看恩格斯与实证主义哲学的关系。恩格斯在《反杜林论》一书中批判传统的哲学观时指出，以往的全部哲学只剩下"形式逻辑和辩证法"，而"其他一切都归到关于自然和历史的实证科学中去了。"⑤在《路德维希·费尔巴哈和德国古典哲学的终结》一书中，恩格斯强调，传统哲学已经在黑格尔那里终结了，所谓"绝对真理"已经被撇在一边了，哲学的任务是"沿着实证科学和利用辩证思维对这些科学成果进行概括的途径去追求可以达到的相对真理。"⑥与马克思一样，恩格斯也没有对实证主义哲学作出系统的批评，但从他使用的术语可以看出：一是他受到了实证主义思潮的影响；二是他认为，哲学只剩下了形式逻辑和辩证法，其余一切都归入到实证科学中去了。这样，恩格斯视之为马克思两大发现之一的历史唯物主义也被实证科学化了；三是哲学的使

---

① 《马克思恩格斯全集》第 25 卷，人民出版社 1974 年版，第 923 页。
② 德文为 positiv，英文为 positive。
③ 《马克思恩格斯全集》第 23 卷，人民出版社 1972 年版，第 24 页。中译本把 positiven 译为"肯定的"是对的，此处为了说明马克思与实证哲学的差别，按其严格的哲学含义译成"实证的"。
④ 马尔库塞在《单向度的人》一书中对实证主义的这一本质特征作了充分的说明。
⑤ 《马克思恩格斯选集》第 3 卷，人民出版社 1995 年版，第 364 页。
⑥ 《马克思恩格斯选集》第 4 卷，人民出版社 1995 年版，第 220 页。

命是利用辩证思维对"这些科学成果进行概括"。这就等于说，哲学是以全部实证科学作为自己的前提的。于是，哲学也被实证科学化了。尽管恩格斯也对辩证法（包括否定之否定规律）予以高度的重视，并主张把辩证法引入到自然、社会和人的认识过程中去，从而在一定程度上超越了实证主义哲学（主要是在认识论和方法论方面）。然而，既然他把哲学奠基于实证科学之上，并把它的基本使命理解为对这些科学成果的概括，这样一来，科学性成了哲学之为哲学的根本标志，成了哲学追求的根本目标。于是，哲学从根基上，亦即从本体论上认可了实证哲学的合法性，忽略了对现存世界的批判和革命性改造乃是它的最根本的任务。我们这里说的"忽略"是指理论方面，而不是指实践方面。恩格斯作为马克思主义的创始人之一，与马克思一样注重对现存世界的批判和革命性改造，况且，恩格斯对实证科学和哲学的科学性的倚重也是事出有因的。一方面，他与马克思有分工，为了深入批判杜林的哲学思想，他长期从事对实证科学的研究；另一方面，为了捍卫和传播马克思主义，晚年恩格斯除了整理马克思的《资本论》手稿外，一项重要的工作就是把马克思主义体系化，强调它的科学性，从而把它与形形色色的谬误见解区分开来。

然而，不管怎么说，实证主义已作为一种隐蔽的因素出现在马克思主义哲学中了。在马克思和恩格斯相继逝世之后，这种因素渐渐地发展起来了。

表现之一是在第二国际时期占主导地位的考茨基式的马克思主义。这种马克思主义片面地夸大了马克思学说的科学性，认为马克思既然已经发现了资本主义社会的运动规律，那就只要等待资本主义社会总崩溃时刻的到来就是了。显然，这种把马克思的学说归结为纯粹决定论的做法，必然会导致对革命实践活动的漠视乃至否定。柯尔施对这种考茨基式的马克思主义进行了严厉的抨击：一方面，他批评考茨基把马克思主义看作"一种纯粹科学的理论"（a purely scientific theory），从而导致了对马克思主义的革命内容的取消；另一方面，他又指责考茨基用实证主义者马赫的认识理论取代了辩证法，从而满足于对既定事实的描述。① 在柯尔施看来，马克思学说的首要特征不是实证的、科学的，而是批判的、革命的。柯尔施的这些见解对法兰克福学派的"社会批判理论"的形成和发展产生了重要的影响。

表现之二是在第三国际时期形成起来的苏联哲学教科书模式的马克思主义。这种马克思主义也大致规定了东欧国家和中国的传统的（或正统的）马克思主义哲学教材的基本思路。这种模式的马克思主义的基本见解如下：第一，哲学是关于世界观的学问，是一个具有自己特定内容的知识部分。所谓"学问""知识"云云，已被植入了知识论哲学传统，尤其是实证哲学的基本见解，已暗含着对马克思主义哲学的实践功能的漠视。② 第二，马克思主义哲学是唯一科学的世界观。这里的问题是：一方面，片面地强调马克思哲学的科学性必然导致对其批判性的遗忘，导致马克思主义哲学的学院化；另一方面，"唯一科学的"这个修饰词不仅带有对实证科学的科学性的崇拜，而且必然导致马克思主义哲学（作为科学）与马克思以前的各种哲学学派（作为非科学或谬误）的绝对对立，从而把马克思主义哲学教条化。第三，马克思哲学是对自然知识、社会和思维（认识）知识的概括和总结。这里的问题有三个。其一，完全颠倒了马克思主义哲学与实证科学之间的关系。马克思主义哲学乃是对一切实证科学知识的前提的澄清，可在这一表述中，全部实证科学知识却成了马克思主义哲学的前提，马克思主义哲学的全部功能不过是对已然形成的实证科学成果的进行概括和总结。其二，在这一笼统的表述中，自

---

① Leszek Kolakowski, *Main Currents of Marxism：Its Rise，Growth and Dissolution，Vol.3：The Breakdown*, translated by P. S. Falla, Oxford：Clarendon Press, 1978, p. 319；Also see *A Dictionary of Marxist Thought*, edited by Tom Bottomore, Blackwell Publishers Ltd, 1983, p. 249. 按照考茨基的观点："马克思主义是一种应用于社会的自然科学的唯物主义。"

② 柯尔施在谈到马克思哲学时说列宁及其追随者以一种倒退的方式修正了它，即用知识中的主体与客体的关系之间的最狭隘的认识论或知识学的问题取代了它。Karl Korsch, *Marxism and Philosophy*, trans. Fred Halliday, New York：Monthly Review Press, 1970, p. 133.

然科学知识与社会科学知识及思维知识之间的本质差异被抹杀了，似乎马克思哲学根本无须对历史上早已形成的各种知识理论（如休谟的"两种知识"的理论）表明自己的批判性见解。其三，从逻辑上看，"概括和总结"不过是归纳逻辑的方法，而这种方法本质上是从属于实证科学的。如果哲学的研究方式仅限于"概括和总结"，岂不是把哲学完全实证科学化了吗？

近年来，这种苏联教科书模式的马克思主义虽然不断地遭到批评，但由于批评者的视域未突破知识论哲学传统，未先行地明了马克思主义哲学与实证哲学之间的本质差异，所以这类批评并未从总体上超越被批评者的基本见解。①

表现之三是在西方马克思主义思潮中出现的、力图把马克思哲学实证化、科学化的马克思主义流派。一是以意大利学者德拉·沃尔佩和科莱蒂为代表的新实证主义的马克思主义。1950 年，德拉·沃尔佩出版了《逻辑是一门实证科学》一书，否定了马克思与黑格尔之间的思想联系，主张把马克思哲学的传统追溯到休谟、伽利略和亚里士多德，他甚至把马克思主义称为"道德的伽利略主义"（moral Galileanism），并把马克思的辩证法称为"科学的辩证法"（scientific dialectic），称之为现代科学的实验方法。这样一来，新实证主义的马克思主义在强调马克思学说的科学性和实证性时就滑向另一个极端，即否定了马克思学说批判并改造现实的革命作用。二是以法国学者阿尔都塞为代表的结构主义的马克思主义。这种马克思主义把以《资本论》为代表的成熟时期的马克思的思想作为"科学"而与以《1844 年经济学哲学手稿》为代表的、作为"意识形态"的青年马克思的思想对立起来。阿尔都塞甚至认为，马克思学说的科学性恰恰表现在他对一切人道主义学说的否定上。正是在这个意义

---

① 高清海教授主编的《马克思主义哲学基础》一书虽然卓有见地强调哲学不仅是"知识体系"，而且是"观念形态"，可是在他那里，哲学的知识性和科学性仍然是根本的，所以他仍然把马克思主义哲学理解为"科学的世界观认识论方法论的统一"。至于"知识体系"与"观念形态"之间的关系，他也未作深入的论述。而在这个问题上，舍勒和曼海姆开创的知识社会学倒提供了一些有益的启示。

上，他把马克思主义称为"理论上的反人道主义"（theoretical anti-humanism）。① 这样一来，阿尔都塞就用马克思学说的科学性否定了它的人本主义的内涵。三是以 G. A. 柯亨为代表的分析派的马克思主义。柯亨在他的成名作《马克思的历史理论》一书中开宗明义地指出：马克思是一个富于创造性的、思想处在不断发展中的思想家，他没有时间系统地整理自己的思想，因而其著作中的一些基本概念并不始终是清晰的、严格的，这就需要借用 20 世纪分析哲学的方法对其理论，尤其是一些基本概念的内容进行澄清，"目的是建构一个在最大程度上与马克思已说过的东西保持一致的、可靠的历史理论"②。不能否认，这一派马克思主义在对马克思的学说所作的文献学的研究上，与以吕贝尔为代表的西方马克思学一样，是有积极贡献的，但其研究方式仍然具有把马克思主义哲学实证化的趋向。

其次，知识论哲学的近代表现形式，即以笛卡儿、培根为肇始的，注重认识论和方法论研究的知识论哲学又是如何渗入传统的马克思主义哲学的研究领域中的。

在论述这个问题之前，我们仍然需要对马克思、恩格斯与近代哲学的关系问题作一个简要的说明。马克思对近代哲学有广泛的了解和深入的研究，他不光熟悉德国古典哲学，尤其是黑格尔哲学，而且也熟悉英、法哲学。在与恩格斯合著的《神圣家族》一书中，他对英、法唯物主义的流变作了准确而系统的评述。从这些论著可以看出，马克思的主要兴趣集中在对近代哲学的思想基础③和方法论的研究上。在叙述培根的

---

① ［法］阿尔都塞：《保卫马克思》1977 年英文版，第 299 页。在阿尔都塞的学说产生广泛影响的 60 年代，以波普尔为代表的实证主义思潮与以阿多诺为代表的法兰克福学派之间就马克思哲学的本质、社会科学的方法等问题发生了激烈的争论。Theodor W. Adorno et al. , *Der Positivismusstreit in der deutschen Soziologie*，Berlin：Luchterhand，1972.

② G. A. Cohen, *Karl Marx's Theory of History：A Defence*，Oxford：Clarendon Press，1978，p. ix.

③ 马克思并不是从一般哲学史家的学院化的眼光出发去研究近代哲学的，他的研究活动的根本目的是搞清楚英、法、德社会主义，共产主义思潮的理论前提，所以，他十分重视对近代哲学家的思想基础的批判性研究和思考。

学说时，马克思指出："按照他的学说，感觉是完全可靠的，是一切知识的泉源。科学是实验的科学，科学就在于用理性方法去整理感性材料。归纳、分析、比较、观察和实验是理性方法的主要条件。"①在这里，马克思注意到培根所倡导的自然科学研究方法，即"理性方法"（eine rationelle Methode）。马克思更重视的是哲学方法，尤其是辩证法。在1868年3月致路·库格曼的信中，马克思这样写道："黑格尔的辩证法是一切辩证法的基本形式，但是，只有在剥去它的神秘的形式之后才是这样，而这恰好就是我的方法的特点。"②在1873年发表的《资本论》第二版跋中，马克思进一步阐述了他的辩证法与黑格尔辩证法的联系和本质差异。③ 马克思对黑格尔辩证法的改造集中在辩证法的载体上。在黑格尔那里，辩证法的载体是绝对精神，而在马克思那里，辩证法的载体则是现实的人所从事的生产劳动。但在大多数情况下，马克思在提到方法问题时只是暗示出这一点，而并未从理论上作出明确的论述。这就给后来的研究者造成一个印象，似乎马克思总是把辩证法作为方法论单独地抽取出来进行讨论，而并不注重辩证法的载体或承担者。无论如何，近代哲学重视方法论的倾向对马克思产生了深刻的影响。

在恩格斯那里，我们看到了他与近代哲学之间的更紧密的思想联系。如果说，马克思没有受到近代哲学的认识论中心主义的感染的话④，那么，在恩格斯的身上，我们却发现了这种影响。在《反杜林论》中，恩格斯提出了"人的认识的产物究竟能否具有至上的意义和无条件的真理权"⑤的问题。在《路德维希·费尔巴哈和德国古典哲学的终结》

① 《马克思恩格斯全集》第 2 卷，人民出版社 1957 年版，第 163 页。
② 《马克思恩格斯选集》第 4 卷，人民出版社 1995 年版，第 579 页。
③ 马克思在论述自己的方法论时，也阐明了"叙述方法"与"研究方法"之间的差异。关于这方面的问题，只能另外撰文进行论述了。
④ 科莱蒂说："马克思主义并不是一种认识论，至少在马克思的著作中，反映论从任何基本方面看来都是不重要的。"Lucio Colletti: *Marxism and Hegel*, London: NLB, 1973, p. 198.
⑤ 《马克思恩格斯选集》第 3 卷，人民出版社 1995 年版，第 426 页。

一书中，恩格斯更是把认识问题作为德国古典哲学的中心课题进行讨论。在论述黑格尔哲学的终结时，恩格斯这样写道："他（虽然是不自觉地）给我们指出了一条走出这些体系的迷宫而达到真正地切实地认识世界的道路。"①恩格斯不仅高度重视认识论，而且也高度重视方法论。在他看来，在各门实证科学夺去了传统哲学的地盘之后，哲学只剩下两个领域——形式逻辑和辩证法。这就使作为方法论的辩证法在哲学研究中获得了完全独立的、核心的位置。

这种认识论、方法论中心主义的倾向在列宁那里得到了充分的发展。列宁认为，认识论不仅是当今哲学研究的中心问题，也是整个哲学史研究的中心问题。哲学史，因此，简单地说，就是整个认识的历史。②列宁还努力把认识论、逻辑和辩证法统一起来，在《黑格尔〈逻辑学〉一书摘要》中他这样写道："逻辑学是关于认识的学说。它是认识论。"③在《谈谈辩证法问题》中他又指出："辩证法是活生生的、多方面的（方面的数目永远增加着的）认识。"④在《黑格尔辩证法（逻辑学）的纲要》中，列宁进一步指出：在《资本论》中，逻辑、辩证法和唯物主义的认识论（不必要三个词，它们是同一个东西）都应用于同一门科学。这些见解自然而然地在苏联模式的哲学教科书中进一步被加强并系统化，从而对东欧国家、中国，甚至西方国家的理论界产生了重大的影响。一种思维的定式造成了：马克思哲学从根本上说就是认识论，它探讨的核心问题是认识论、方法论（辩证法）、逻辑的一致性问题。

这种归根到底滥觞于近代哲学的思维定式在当代马克思主义哲学的研究中仍然拥有广泛的影响。表现之一是以苏联哲学家科普宁、凯德洛夫为代表的"认识论主义"理论。在苏联，从 20 世纪 20 年代起，这种理

---

① 《马克思恩格斯选集》第 4 卷，人民出版社 1995 年版，第 220 页。K. Marx, F. Engels, Ausgewaehlte Werke, Band 6, Berlin: Dietz Verlag, 1990, S. 271.

② 参见《列宁全集》第 55 卷，人民出版社 1990 年版，第 302 页。

③ 《列宁全集》第 55 卷，人民出版社 1990 年版，第 152 页。

④ 同上书，第 308 页。

论已经产生，主要是根据恩格斯和列宁的见解，把马克思主义哲学理解为以认识论为核心的哲学理论。到科普宁和凯德洛夫的时代，他们进一步结合思维科学和其他实证科学的研究成果，来阐发认识论理论，遂使"认识论主义"产生了广泛的影响。在《马克思主义认识导论》一书中，科普宁指出，由于马克思列宁主义世界观是彻底的科学的世界观，因此它的全部要素（原理、原则、规律、范畴）都是作为方法和认识论起作用的。① 科普宁坚决反对以图加林诺夫为代表的"本体论主义"者试图撇开认识论、单纯从本体论上来讨论外部世界的问题，他甚至指出："整个科学的世界观就是人类认识的理论。"② 科普宁和凯德洛夫虽然对"本体论主义"和"实证主义"均有批评，但他们并没有深入地反省自己的哲学与近代哲学传统之间的内在联系。表现之二是在苏联哲学教科书的影响下，中国哲学界对马克思哲学的研究也主要是在认识论和方法论领域中展开的。李达、博古、艾思奇等苏联马克思主义哲学教科书的早期翻译者和中国马克思主义哲学教科书的早期撰写者都十分重视译述马克思主义哲学中关于认识论和方法论的部分，毛泽东于 1937 年发表的《实践论》和《矛盾论》主要涉及认识论和方法论的问题。这从他的哲学读书批注中也可以清楚地看出来。这种主要从认识论、方法论的角度去理解并解释马克思主义哲学的倾向在当代中国哲学界仍然具有主导性的影响。③ 近年来，关于价值和评价问题的讨论引起了越来越多的重视，这本来正是超越认识论中心主义的思维范式的一个契机。遗憾的是，这种思维范式的影响是如此之根深蒂固，以至我们发现，全部讨论仍然是在认识论范围内，至多是在改革、扩充认识论的前提上进行的。表现之三

---

① 参见[苏]科普宁：《马克思主义认识论导论》，马讯、章云译，求实出版社 1982 年版，第 19 页。

② [苏]科普宁：《马克思主义认识论导论》，马讯、章云译，求实出版社 1982 年版，第 20 页。

③ 参见李达教授主编的《唯物辩证法大纲》、肖前教授的《辩证唯物主义原理》《马克思主义哲学原理》、高清海教授主编的《马克思主义哲学基础》、冯契教授主编的《马克思主义原理教程》。

是法国哲学家阿尔都塞在《保卫马克思》一书中从认识论出发来解释马克思哲学思想的发展。阿尔都塞从他的老师——研究科学史的加斯东·巴歇拉尔那里借用了"认识论断裂"这一术语，用来说明马克思哲学思想发展中的根本转折："在马克思的著作中实际上有一个'认识论断裂'，据马克思本人说，这一断裂的位置就在他生前未出版过的、用于批判他过去的哲学的(意识形态的)信仰的那部著作：《德意志意识形态》。"①

如前所述，尽管马克思的著作中很少涉及认识论这一主题，但在阿尔都塞看来，马克思不仅重视认识论问题，而且在他思想的演化中还有一个"认识论断裂"。虽然阿尔都塞对马克思哲学的研究虽然融入了结构主义这一新的方法，然而，近代认识论中心主义对他的影响也是显而易见的。

至于近代哲学蕴含的方法论导向对当代马克思主义哲学研究的影响就更广泛了，而且这种影响不是地域性的，而是世界性的。或许我们只要列出辩证法研究中的新名词就够了：总体辩证法、历史辩证法、理性辩证法、合理的辩证法、主客体辩证法、具体辩证法、人学的辩证法、科学的辩证法、启蒙辩证法、否定辩证法、物质的辩证法、思辨的辩证法、分析的辩证法等。

虽然近代以来的以认识论和方法论研究为核心的知识论哲学传统对迄今为止的马克思主义哲学研究的影响最为深远，但马克思主义哲学研究的现状似乎表明，研究者们还远未达到要对这一传统进行全面的、深入的反省的自觉意识。

最后，让我们再来探讨一下，以本体论关注为核心的古代知识论哲学的表现形式又是如何渗入马克思哲学的研究中来的。在古代知识论哲学的视域中，占主导地位的本体论形式乃是本原论或宇宙起源论。这种形式的本体论关注的是：世界是由哪种或哪些基本要素构成的。

众所周知，马克思在青年时期深入钻研过古代哲学，他的博士论文

---

① ［法］阿尔都塞：《保卫马克思》1977年英文版，第33页。

《德谟克利特的自然哲学和伊壁鸠鲁的自然哲学的差别》显示出他在这方面的深厚功底。马克思对古代哲学的研究表明，他关注的并不是世界的本原问题，而是自我意识的问题。他反对德谟克利特的哲学把一切都理解为必然的，赞成伊壁鸠鲁的"原子偏斜说"，因为这种学说肯定了偶然性的作用，从而也肯定了人的自由意志和自我意识的作用。与马克思不同，恩格斯对世界的本原问题怀着强烈的兴趣。在他看来，这个问题不仅是古代哲学所要回答的最高问题，也是近代哲学乃至全部哲学都要回答的最高问题："因此，思维对存在、精神对自然界的关系问题，全部哲学的最高问题，像一切宗教一样，其根源在于蒙昧时代的愚昧无知的观念。但是，这个问题，只是在欧洲人从基督教中世纪的长期冬眠中觉醒以后，才被十分清楚地提了出来，才获得了它的完全的意义。思维对存在的地位问题，这个在中世纪的经院哲学中也起过巨大作用的问题：什么是本原的，是精神，还是自然界？——这个问题以尖锐的形式针对着教会提了出来：世界是神创造的呢，还是从来就有的？"[①]哲学家们依照他们如何回答这个问题分成了两大阵营，凡是断定精神对自然说来是本原的，组成唯心主义阵营，凡是认为自然界是本原的，则属于唯物主义的各种学派。恩格斯在这方面的见解对列宁产生了重大的影响。在《唯物主义和经验批判主义》一书中，列宁以这方面的见解作为中心线索来展开论述。这部著作又对以后的哲学教科书产生了重大的影响。

于是，我们发现，以追问世界的本原为中心问题的知识论哲学的古代形式在传统的马克思主义哲学教科书中被转换成一个新的问题系统。这一问题系统主要包括以下的问题：(1)世界统一于什么？(2)在人类出现以前自然界是否存在？(3)意识起源于什么？(4)逻辑是否与历史一致？在这四个问题中，第一、第二个问题关系到本体论，即古代哲学提出的世界的本原问题；第三个问题涉及认识论的基础，事实上就是要把人的全部意识还原到物质的基础上去；第四个问题涉及方法论，通过对

---

① 《马克思恩格斯选集》第 4 卷，人民出版社 1995 年版，第 224 页。

逻辑与历史一致的肯定，把逻辑还原为历史，把历史还原为历史的起点，从而最终把方法论探讨引向它的本体论基础。

上面我们简要地论述了西方知识论哲学传统对马克思主义哲学研究的影响。认识到这种影响的存在，也就为我们超越这一传统，重新理解马克思主义哲学的本质奠定了基础。

1998年

论马克思哲学的本质[①]

在《重新理解马克思》一文（载《学术界》1996
年第 5 期）中，我从马克思研究中许多新材料的
发现、当今世界面临的一系列重大的理论问题和
现实问题等因素出发，提出了"重新理解马克思"
的口号，在理论界激起了一定的反响。然而，重
新理解马克思并非易事，虽然前人和同时代的人
在这个方面作出的努力可供借鉴，但模仿和追随
并不是出路。即使像卢卡奇、葛兰西、科莱蒂、
阿尔都塞、萨特、哈贝马斯这些在重新理解马克
思的过程中留下不可磨灭影响的学者，其学说也
面临着一个被反思、被超越的问题。一言以蔽
之，重新理解马克思必须另辟蹊径。那么，人们
应该从哪一点切入进去，拉开重新理解马克思的
序幕呢？我认为，这个切入点应该是马克思的哲
学观。这不仅因为马克思的哲学观是他的全部学
说的基础和核心，而且也只有通过对马克思哲学
观的深入反思，才能把握马克思哲学的实质及其
划时代的贡献之所在。

[①] 原载《学术界》1998 年第 1 期，第 1—11 页。收录于俞吾金：《实践诠释学：重新
解读马克思哲学与一般哲学理论》，云南人民出版社 2001 年版，第 38—76 页。——编
者注

一、"哲学之扬弃"在马克思那里的含义

每一个研究过马克思思想的人都知道，马克思从青年时期起就对哲学怀着浓厚的兴趣，他广泛地涉猎了从古希腊罗马到法国、英国和德国的哲学，对德国哲学的研究尤其深入。虽然当时马克思的哲学思想在总体上还处在黑格尔的影响下，但已拥有一些批判性的新见解，"哲学之扬弃"就是青年马克思的一个重要的见解。马克思的这一见解最早出现在1840—1841年的博士论文中。他指出：（1）就哲学和世界关系而言，"世界的哲学化同时也就是哲学的世界化，哲学的实现同时也就是它的丧失，哲学在其外部所反对的东西就是它自己内在的缺陷，正是在斗争中它本身陷入了它所反对的错误，而且只有当它陷入这些错误时，它才消除掉这些错误"①。马克思在这里提到的哲学的"丧失"有两方面的含义：一方面，哲学的世界化也就是世界的哲学化，哲学一旦融入世界，它也就丧失了自己外观上的独立性；另一方面，哲学是对世界的反映，所以当它起来反对外部世界时，它同时也就是内在否定和内在超越。（2）就哲学同创制哲学体系的个别的自我意识的关系而言，自我意识是介于哲学和世界之间的中间环节，其核心任务是通过对哲学与世界的辩证关系的把握，来推动哲学和世界的改造与发展。

在写于1842年6—7月的《第179号"科伦日报"社论》一文中，马克思嘲讽了德国哲学"喜欢幽静孤寂、闭关自守并醉心于淡漠的自我直观"的特征，强调哲学不应该成为世界之外的遐想："因为任何真正的哲学都是自己时代精神的精华，所以……哲学不仅从内部即就其内容来说，而且从外部即就其表现来说，都要和自己时代的现实世界接触并相互作

---

① 《马克思恩格斯全集》第40卷，人民出版社1982年版，第258页。

用。"①在1843年致卢格的信中，马克思进一步指出："到目前为止，一切谜语的答案都在哲学家们的写字台里，愚昧的凡俗世界只需张开嘴来接受绝对科学的烤松鸡就得了。现在哲学已经变为世俗的东西了，最确凿的证明就是哲学意识本身，不但表面上，而且骨子里都卷入了斗争的漩涡。"②乍看起来，在这些论述中，马克思并未涉及"哲学之扬弃"的专题；但实际上，马克思论述的正是这个专题并把它进一步深化了。因为马克思不再像《博士论文》中那样笼统地谈论哲学，他从青年黑格尔派的批判的眼光出发，把哲学分为两大类：一类是以"科学"自居的以黑格尔为代表的德国现存的哲学；另一类是以费尔巴哈、布·鲍威尔等人（也包括马克思本人）为代表的、主张对现存的一切进行无情批判的青年黑格尔派的哲学。在马克思的心目中，前一类哲学是应该被扬弃的，唯有后一类哲学才是时代精神的精华。

在写于1843年年底到1844年年初的《黑格尔法哲学批判导言》中，马克思的哲学观又有了新的发展。他认为德国的实践派提出"否定哲学"（Negation der philosophie）的口号是正当的，其错误在于仅仅停留在这个口号上，以为只要说上几句陈腐的气话，对德国现存哲学的否定也就完成了。在马克思看来，只有把哲学研究引向现实，从现实出发来批评现存的哲学，才能真正扬弃这种哲学。与此同时，马克思也批判了德国的理论派。该派认为目前的斗争只是哲学对德国这个世界的斗争，没有想到现存的哲学本身就属于这个世界，而且是这个世界的观念上的补充。在马克思看来，哲学既是对世界的反映，又是这个世界在观念上的补充，所以，扬弃现存哲学和在世界上实现哲学，应是同一个过程的两个方面。马克思还指出，完成这一过程的历史使命已落到无产阶级的身上，因为哲学不扬弃无产阶级，就不能成为现实；无产阶级不把哲学变成现实，就不可能扬弃自己。在这里，马克思已超越了《博士论文》马克

---

① 《马克思恩格斯全集》第1卷，人民出版社1956年版，第121页。
② 同上书，第416页。

思提到的哲学、世界和自我意识的关系的观点，具体化为德国现存哲学、德国现实和无产阶级的关系。

在写于 1845—1846 年的《关于费尔巴哈的提纲》和《德意志意识形态》中，马克思的哲学观又有了突破性的新发展。他不仅超越了以黑格尔为代表的德国现代哲学和以费尔巴哈、布·鲍威尔等人为代表的青年黑格尔派哲学，而且与以往的一切旧哲学划清了界限，从而对"哲学之扬弃"作出了新的说明："从前的一切唯物主义——包括费尔巴哈的唯物主义——的主要缺点是：对事物、现实、感性，只是从客体的或者直观的形式去理解，而不是把它们当作人的感性活动，当作实践去理解，不是从主观方面去理解。"①这段话之所以特别重要，是因为它表明马克思扬弃并超越了以前的一切唯物主义学说。马克思的另一重要论述是：思辨终止的地方，即在现实生活面前，正是描述人们的实践活动和实际发展过程的现实的、实证的科学开始的地方。关于意识的空话将销声匿迹，它们一定为现实的知识所代替。对现实的描述会使独立的哲学失去生存环境，能够取而代之的充其量不过是从对人类历史发展的观察中抽象出来的最一般的结果的综合。这些抽象本身离开了现实的历史就没有任何价值，它们只能对整理历史资料提供某些方便，指出历史资料的各个层次间的连贯性。但是这些抽象与哲学不同，它们绝不提供适用于各个历史时代的药方或公式。②

在这段话中，涉及三组概念的关系：一是"实证科学"对"思辨"的扬弃，二是"现实的知识"对"意识的空话"的扬弃，三是"从对人类历史发展的观察中抽象出来的最一般的结果的综合"（简称"这些抽象"）对"独立的哲学"的扬弃。它们显示出马克思扬弃思辨唯心主义哲学的两个方向：一是以"实证科学"或"现实的知识"来取代以"科学的科学"自居的传统哲学，尤其是黑格尔的哲学；二是以"这些抽象"来取代"独立的哲学"（指

---

① 《马克思恩格斯全集》第 3 卷，人民出版社 1960 年版，第 3 页。
② 同上书，第 30—31 页。原中译本有两处把 wirklich 这个形容词译为"真正的"，此处按哲学上的习惯译法，把它译为"现实的"。

那种完全脱离实际的，以为自己具有独立的发展历史的哲学）。马克思接着又指出，"这些抽象与哲学不同"。这句话常常引起后人的误解，以为"这些抽象"不属于哲学的范围，因而只是属于"实证科学"范围内的知识。其实，马克思在这句话中使用的"哲学"一词是带定冠词"die"的，从上下文来分析，这句话中的"哲学"指的正是他前面批评的那种"独立的哲学"。所以，马克思在这里强调的只是"这些抽象"与"独立的哲学"，尤其是那些臆造历史发展的"历史哲学"的根本差异，并没有否定"这些抽象"乃是新的哲学思想。

从上面的论述可以看出，马克思关于"哲学之扬弃"的观念是有一个发展过程的，这一过程表现为从关于一般哲学的抽象的谈论到对德国现存哲学的批判；从对德国现存哲学的批判进一步发展到对一切旧哲学的扬弃。所以，这一观念的发展过程也是马克思自己的哲学观形成的过程，而不应该把"哲学之扬弃"理解为"消灭哲学"①：一方面，"消灭"总是毁坏一切，而"扬弃"总是有所继承和保留；另一方面，马克思的"扬弃"也不是对一切哲学的扬弃，似乎哲学这门学科已终结了，代之而起的只是从属于实证科学的知识。实际上，马克思扬弃的乃是他以前的和同时代的哲学，马克思所说的"这些抽象"正是他自己的新哲学观的表达，而这一表达是以马克思对人类历史发展的观察为前提的。

二、关于马克思哲学本质的流行的见解

对马克思哲学本质的理解是与对马克思的"哲学之扬弃"的见解的理解密切联系在一起的。不少研究者由于误解了马克思的"哲学之扬弃"的见解的根本含义，进而也就误解了马克思哲学的本质。在回答"究竟什么

---

① 参见《马克思恩格斯全集》第 1 卷，人民出版社 1956 年版，第 459 页的译法。

是马克思哲学的本质?"的问题时,人们常常会遇到以下两种流行的见解。

一种流行的见解是:马克思的哲学是一种历史哲学。这种见解完全误解了马克思的"哲学之扬弃"的观念,忽略了马克思对"独立的哲学"的批判,而以"提供适用于各个历史时代的药方或公式"为特征的历史哲学正是这种哲学的典型的表现形式之一。马克思在批判巴师夏、凯里、蒲鲁东的历史见解时就充分表明了这一点。

我们必须注意到,马克思拒斥的不是某种或某几种历史哲学理论,而是一切历史哲学理论。在马克思看来,任何历史哲学理论的共性都是把某种主观的东西(如公式)强加给千差万别的历史现实。与此相反,马克思的历史观是以经验的观察为出发点的,它注重的乃是现实历史的无限多样性和丰富性。

尽管马克思一再阐明自己的学说和历史哲学之间的差异。然而,这种错误的做法在后人对马克思的研究中仍然一而再、再而三地出现。比如,中国哲学界和历史学界曾一度引入仅适合于西欧社会的"五大形态说"来讨论东方社会,尤其是中国社会的历史发展及奴隶社会与封建社会的分期问题。乍看起来,这种做法是运用马克思学说来探索东方社会,特别是中国社会的历史问题,实际上,在理论上完成的却是另一个过程,即把马克思的历史理论恢复为马克思早已加以扬弃的历史哲学理论。在这种不断重复出现的误解中,我们见到了黑格尔历史哲学的阴影。在这个意义上,我们完全可以说,不从黑格尔哲学话语系统中获得一种批判性的识见,马克思对于我们来说仍然是一个遥远的专题。

另一种流行的见解是:马克思哲学的基础是一般唯物主义,把一般唯物主义和辩证法结合起来形成了辩证唯物主义(以自然界为研究对象),把辩证唯物主义应用或扩展至社会历史领域,形成了历史唯物主义。这种见解同样没有正确地理解马克思的"哲学之扬弃"的观念,尤其是忽视了马克思哲学与一切旧唯物主义学说之间存在的根本差异。事实上,不澄清这种根深蒂固的见解,重新理解马克思仍然是一句空话。

很难把这种见解的形成、发展和流行归咎为哪一位理论家,正像任何新的哲学学说在产生时都会伴随着新旧术语的混杂和交替，从而导致理解上的困难和偏失一样，马克思的新哲学观经历的也正是这样的命运。

首先，马克思对"唯物主义"这一术语的运用并不始终是十分严格的。应当指出，在《关于费尔巴哈的提纲》中，马克思对自己的学说和从前的一切唯物主义学说的根本差异作了经典性的说明，他或者把自己的学说称作"新唯物主义"而与"旧唯物主义"对立起来，或者把自己的学说暗示为"把感性理解为实践活动的唯物主义"而与"直观的唯物主义"对立起来。不管如何，马克思在这里已显露出其实践唯物主义的新的哲学立场。在《德意志意识形态》中，马克思进一步发挥说：实际上和对实践的唯物主义者，即共产主义者说来，全部问题都在于使现存世界革命化，以实践的方式（praktisch）反对和改变我们所遭遇到的事物。① "实践唯物主义者"这一概念的运用表明，马克思的新哲学观就是实践唯物主义。但问题在于，在不少场合下，马克思也简单地用"唯物主义"这一术语来表达自己的哲学立场。比如，在1868年3月致路·库格曼的信中，马克思写道："我的阐述方法和黑格尔的不同，因为我是唯物主义者，黑格尔是唯心主义者。"②又如在1873年1月写下的《资本论》第二版跋中，马克思强调了他的方法的"唯物主义基础"③。在这些场合下，马克思都没有像《关于费尔巴哈的提纲》一样，对自己的唯物主义与一般唯物主义的差异作出明确的说明。但这也是可以理解的，因为马克思在这些场合下讨论的主题并不是哲学。另外，马克思和恩格斯合著的《神圣家族》一书写于1844年，出版于1845年。在该书的第六章第三节中，马克思详尽地论述了英、法唯物主义的基本思想。虽然当时马克思还未形成实践

---

① 《马克思恩格斯全集》第3卷，人民出版社1960年版，第48页，译文有更动：praktisch原中译为"实际地"，此处改译为"以实践的方式"；die vorgefunden Dinge原中译为"事物的现状"，意译成分太多，此处改译为"我们所遭遇到的事物"。参阅《马克思恩格斯全集》第3卷1969年德文版第42页。（Karl Marx, Friedrich Engels, *Werke Gesamtausgabe Band 3*, Berlin: Dietz Verlag, 1969, S. 42.——编者注）

② 《马克思恩格斯选集》第4卷，人民出版社1972年版，第366页。

③ 马克思：《资本论》第1卷，人民出版社1952年版，第20页。

唯物主义的新哲学观，然而，从传播学的观点来看，《神圣家族》一书中关于唯物主义的论述却产生了重大的影响，早在1895年列宁已对该书这方面的论述作了详细的摘录，这些摘录后来成了他写作《唯物主义和经验批判主义》一书的重要的理论准备。然而，《关于费尔巴哈的提纲》是在1888年问世的，《德意志意识形态》则是在1932年出版的，这在客观上也不利于人们了解马克思的唯物主义与一般唯物主义的差异。

其次，马克思早年对自然哲学的研究和以自然与人作为基础的费尔巴哈哲学对马克思的影响也容易给人造成这样的印象。即马克思在创立新哲学观的过程中，他到达的第一站是以自然为研究对象的一般唯物主义，而马克思以后的哲学见解都是在这一基础上引申发展出来的。

最后，马克思在论述黑格尔和自己的辩证法思想的关系时，并没有在所有的场合下都以十分明确的语言阐明辩证法的承担者。在《1844年经济学哲学手稿》中，马克思写下了一段至今未被人们充分认识和理解的重要的话："黑格尔的《现象学》及其最后成果——作为推动原则和创造原则的否定性的辩证法——的伟大之处首先在于，黑格尔把人的自我产生看作一个过程，把对象化看作失去对象，看作外化和这种外化的扬弃；因而，他抓住了劳动的本质，把对象性的人、现实的因而是真正的人理解为他自己的劳动的结果。"[1]这就是说，黑格尔辩证法的承担者是劳动，但马克思又补充说，黑格尔唯一知道并承认的劳动是"抽象的精神劳动"。所以，在黑格尔那里，辩证法的真正的承担者仍然是观念或精神，尽管黑格尔赋予观念或精神以具体的社会历史内涵，但这些内涵是以虚幻的、颠倒的方式表达出来的。马克思对黑格尔辩证法的改造主要体现在辩证法的承担者上，易言之，在马克思那里，辩证法的承担者不再是抽象的精神劳动，而是现实的人类劳动，即作为人类实践活动的最基本形式的生产劳动。然而，从传播学的观点来看，《1844年经济学哲学手稿》直到1932年才问世，此后其中的观点才广为人知，而从19

---

① 《马克思恩格斯全集》第42卷，人民出版社1979年版，第163页。

世纪 70 年代起就广为传播的马克思关于辩证法的见解则见之于《资本论》第二版跋中。

在那里,马克思指出,黑格尔的辩证法是倒立着的,必须把它倒过来,以便发现神秘外壳中的合理内核。这一形象的比喻引起了马克思辩证法的研究者的数不清的猜测和争论,然而人们通常依据下面这段话来理解这个比喻:"我的辩证方法,从根本上来说,不仅和黑格尔的辩证方法不同,而且和它截然相反。在黑格尔看来,思维过程,即他称为观念而甚至把它变成独立主体的思维过程,是现实事物(des Wirklichen)的创造者,而现实事物只是思维过程的外在表现。我的看法则相反,观念的东西不外是移入人的头脑并在人的头脑中改造过的物质的东西(Materielle)而已。"①于是人们得出如下的结论:神秘的外壳指的是以独立的思维或观念为载体的辩证法;合理的内核则是指以现实事物或物质的东西为载体的辩证法,后一种辩证法正是对前一种辩证法的颠倒。其实,按照马克思的理解,无论是"现实事物"还是"物质的东西"都是作为对象被纳入人的实践活动,尤其是生产劳动的。因此,马克思在这里对辩证法的理解和在《1844 年经济学哲学手稿》中的理解并没有实质性的差异,马克思始终肯定劳动是自己的辩证法的真正载体。然而,由于马克思在这里未对他自己和黑格尔在辩证法载体上的区别和实质作明确的说明(这也是可以理解的,因为马克思在这里并没有以论文的形式全面论述辩证法问题),所以后人通常不是从实践唯物主义的角度,而是从一般唯物主义的角度,去理解并解释马克思对黑格尔辩证法的倒转和改造,尤其是人们常把已然在人的生产劳动中对象化的"物质的东西"和旧唯物主义者常常使用的脱离人的活动的抽象的"物质"混淆起来。从这样的理解出发,把黑格尔的思维或观念辩证法倒过来后就成了物质或自然辩证法。换言之,在马克思那里,辩证法的载体不再是生产劳动,而是成了抽象的物质或自然。

---

① 马克思:《资本论》第 1 卷,人民出版社 1952 年版,第 24 页。

把上述各个因素综合起来，这种流行的见解便形成了：马克思通过对自然哲学的研究和接受费尔巴哈的影响，确立了一般唯物主义的立场，又从此出发改造（倒转）黑格尔的唯心主义辩证法，创立了唯物辩证法或辩证唯物主义，而这就是马克思新哲学观的基础部分。

据此，两个决定性的结果已经形成了。

第一个结果：马克思哲学的关注中心落到"关于思维的纯粹理论"上，即思维的辩证法上，因而后人在探讨马克思哲学时，始终把逻辑、辩证法、认识论三者的关系视为其最核心的问题域。这样，我们就明白了，为什么苏联、东欧国家和中国哲学界都很少讨论人、人道主义、异化、价值这类问题，而苏东国家在1956年之后，中国在"文化大革命"之后，这类问题突然都上升为哲学研究的热点问题。因为这些问题溢出了以逻辑、辩证法和认识论为主要研究对象的问题域；而它们在当前上升为热点问题本身就蕴含着一个更深层的问题，即在旧哲学终结之后，作为新哲学主流的马克思哲学究竟向人们指出了怎么样的研究道路，要言之，究竟什么是马克思哲学？

第二个结果：马克思历史观的重要性被降低了。一方面，它的内涵被窄化了，不自觉地接受了传统哲学留下的一个基本前提，即把哲学的研究对象理解为自然、（社会）历史和思维三大领域，忽略了比辩证法更重要的马克思的历史观所蕴含的历史性的普遍性和贯通性。也就是说，历史性不光是探究整个社会历史领域的基础，也是理解全部自然发展史和思维发展史的基础。在马克思的哲学视野里，并不存在着自然、社会历史和思维这三个并列的研究对象，马克思只承认一个研究对象，即历史，而历史这一概念已把传统哲学研究的这三大对象综合起来了。正是在这个意义上，马克思说："我们仅仅知道一门唯一的科学，即历史科学。"[①]所以，当马克思的历史观仅仅被理解为适用于社会历史领域的学说时，它的内涵必然会被窄化。另一方面，马克思的历史观被实证

---

① 《马克思恩格斯全集》第3卷，人民出版社1960年版，第20页。

科学化了，既然它不过是把一般唯物主义的立场和经过改造的辩证方法综合起来运用到社会历史领域的产物，那么构成马克思哲学的基础和核心的只能是一般唯物主义和辩证法的综合物，即唯物主义辩证法，而不可能是马克思的历史观。易言之，马克思的历史观被边缘化了，或者说被实证科学化了，至少也被半实证科学化了，它似乎成了一种整理社会历史资料的具体的指导原则，而不是马克思全部哲学理论的基础、核心和出发点。

沿着这样的理解思路，马克思历史观的重要性渐渐地淡化了，"推广论"的结构逐步确立起来，即马克思哲学的基础和核心是辩证唯物主义，把辩证唯物主义推广到社会历史领域，就形成了历史唯物主义。它在斯大林的《论辩证唯物主义和历史唯物主义》一文中得到了经典性的表达："历史唯物主义就是把辩证唯物主义的原理推广去研究社会生活，把辩证唯物主义的原理应用于社会生活现象，应用于研究社会，应用于研究社会历史。"①从此，辩证唯物主义和历史唯物主义就成了传统的马克思哲学教科书的基本框架。诚然，我们也承认，这一教科书体系在马克思哲学的传播史上起过很大的作用，也发生过很重要的影响，然而，随着实际生活的发展和大量马克思手稿的出版，这一体系的弱点也日益严重地暴露出来。

第一，它把马克思哲学二元论化了。辩证唯物主义讨论存在（自然界或物质世界）决定意识，历史唯物主义讨论社会存在决定社会意识。其实，对于现实的人类这一实践和认识主体来说，既不存在不以社会存在为媒介的存在，如自然存在、自然界；也不存在超社会意识的意识，如人对自然的认识。在马克思那里，存在体现为自然存在与社会存在的辩证统一，但这两种存在形式不是平列的关系，更不应当把自然存在置于社会存在之先，而应把社会存在置于自然存在之先，并且唯有从社会存在出发，自然存在才是可认识的；同样，现实的人永远处在某种社会

---

① 《联共（布）党史简明教程》，人民出版社1975年版，第116页。

关系之中。因此，意识作为现实的人与环境的一种关系，本质上只能是社会意识，而意识的载体——语言也只能是社会的。所以，在社会意识之外去探索意识的起源和本质无异于抓着自己的头发离开地面，只能是无谓之举。一言以蔽之，马克思的哲学是以社会存在为基础的一元论哲学，它不应该被二元论化。

第二，它把自然观（物质观）、认识论、方法论和范畴论都抽象化了。因为这些理论都是放在辩证唯物主义部分讨论的，而人、社会这样的问题又是在历史唯物主义部分讨论的。这就是说，我们是在与人、社会分离的情况下来论述自然观（物质观）、认识论、方法论和范畴论的。不用说，以这种方式来讨论这些理论，它们只能是抽象的。试以认识论为例，我们不得不偷偷地从社会历史领域中引入人来作为认识主体，我们细致地分析人的感觉、思维能力、人的认识的深化等，然而这个"人"始终是一个抽象的认识容器，因为我们抽掉了现实的人身上的一切社会联系，抽掉了任何认识者在进行任何认识活动之前已有的先入之见。毋庸讳言，以这样的方式引申出来的认识论结论就像从对鲁滨孙的分析引申出来的政治经济学的结论一样，只能是抽象的。

第三，它磨平了马克思的历史唯物主义与一般唯物主义的差异。尽管传统的教科书反复论述马克思的历史唯物主义与旧唯物主义的区别，但如前所述，既然认定马克思对旧哲学之扬弃是从确立一般唯物主义立场开始的，既然历史唯物主义不过是把一般唯物主义的理论应用到社会历史领域；那么不管我们如何强调马克思哲学与旧唯物主义哲学的根本差异，都是没有意义的。正如我们在前面早已指出的那样，一般唯物主义是以直观的形式去理解现实、事物、感性，而历史唯物主义则是从社会实践出发去理解这一切的。正是这一点构成两者的根本差异，然而传统的教科书在辩证唯物主义部分一开头就脱离人的实践活动来谈论世界的物质性，这不正是把历史唯物主义一般唯物主义化了吗？

第四，它蕴含的"推广论"是难以自圆其说的。"推广论"要成立必须有两个前提。第一个前提：必须假定马克思先研究自然，创立辩证唯物主义，然后再研究社会历史，创立历史唯物主义。然而，这一假定是不符合马克思哲学观形成的实际进程的，马克思哲学观的重心始终落在社会历史领域内。第二个前提：必须假定只要把一般唯物主义的立场和辩证法综合起来去研究社会历史，就能引申出历史唯物主义结论。可是，这一假定同样是站不住脚的。比如，费尔巴哈具有纯粹的唯物主义立场，他对黑格尔辩证法也有过批判的研究，但他的社会历史观却是唯心的，正如马克思所说："当费尔巴哈是一个唯物主义者的时候，历史在他的视野之外；当他去探讨历史的时候，他决不是一个唯物主义者。在他那里，唯物主义和历史是彼此完全脱离的。"①在这里，马克思一方面强调彻底的唯物主义是不应该脱离历史的（而我们的辩证唯物主义却是离开社会历史来探讨一切问题的）；另一方面又强调，并不存在从一般唯物主义通向历史唯物主义的桥梁。事实也正是这样，在辩证唯物主义部分，自然界或物质世界是辩证法的承担者，不管我们对这方面的辩证运动论述如何全面、深刻，但其承担者却始终是脱离人和社会的抽象的东西。而在社会历史领域，一切都关系到人的社会实践活动，关系到人的目的性。试问，从对抽象的、与人相分离的自然界或物质世界的认识难道能推论出对具体的、以人的有目的的活动为基础的社会历史的认识吗？答案显然是否定的。重要的不是辩证法，而是辩证法的载体或承担者究竟是什么，如把马克思的以劳动为承担者的辩证法误解为以物质为载体的辩证法（就像辩证唯物主义部分所论述的那样），那么不管我们用什么方式去"推广"，我们和马克思的历史唯物主义始终隔着一条鸿沟。

三、马克思哲学就是历史唯物主义

在就马克思哲学的本质提出我们认为正确的见解之前，有必要对研

---

① 《马克思恩格斯全集》第 3 卷，人民出版社 1960 年版，第 51 页。

究者们在思考这个问题时经常涉及的一些重要的因素做一个简要的说明。

因素之一，是如何看待青年马克思对自然哲学的研究？青年马克思对伊壁鸠鲁与德谟克利特的自然哲学的差异的研究常常是"推广论"者的一个理由，即马克思先研究自然，确立一般唯物主义立场，再进而研究社会，创立历史唯物主义。然而，这种主观的推断是不符合实际情况的。首先，青年马克思最感兴趣的不是自然哲学问题，而是哲学、政治和法学问题，尤其是把这三者贯通起来的法哲学。他在 1837 年 11 月致父亲的信中提到，他不仅把罗马法全书头两卷译成了德文，而且撰写了一部大约有三百印张的法哲学方面的著作，可惜马克思的这部著作未能保存下来。1843 年，马克思完成了《黑格尔法哲学批判》一书，1844 年又在《德法年鉴》上发表了《黑格尔法哲学批判导言》。从这方面的发展线索可以看出，自然哲学方面的研究在青年马克思思想的发展中并不占有主导性的位置。事实上，马克思后来在回忆自己早年的学思历程时并没有提到自己在自然哲学方面的研究。① 其次，马克思并不是为研究自然哲学而研究自然哲学，他之所以对伊壁鸠鲁的自然哲学感兴趣，是因为伊壁鸠鲁通过对原子偏斜运动的论述，肯定了偶然性、自我意识和自由意志的作用，其学说在社会领域内的表现则是著名的"契约论"。一言概之，伊壁鸠鲁是古代的启蒙思想家，马克思之所以研究他，正是为了借用他的语言对当时死气沉沉的德国进行政治上和思想上的启蒙。所以，一旦马克思找到更为直接的启蒙途径时，他就搁下了自然哲学方面的研究工作，原来他计划对伊壁鸠鲁派、斯多葛派和怀疑派进行系统的研究，但是不久后他就打消了这方面的计划。

事实上，马克思后来也没有再回到这个题目上来过。最后，自然哲学方面的研究并不是青年马克思哲学研究的起点，而是一个中间环节。马克思在着手进行自然哲学方面的研究之前，已受到以康德、费希特、

---

① 参见《马克思恩格斯选集》第 2 卷，人民出版社 1972 年版，第 82 页。

谢林，尤其是黑格尔为代表的德国古典唯心主义哲学的浸染。① 他之所以选择伊壁鸠鲁的自然哲学作为研究对象，也是受到黑格尔的启发，因为黑格尔的《哲学史讲演录》把伊壁鸠鲁派、斯多葛派和怀疑派都认作自我意识哲学。所以，马克思在研究自然时，他真正关注的并不是自然本身，而是在自然中起作用的精神："对于古代人来说，自然的作用是前提，而对于近代人来说，精神的作用是前提。"② 从上面的分析可以看出，把马克思早年对自然哲学的研究作为"推广论"的一个依据是缺乏说服力的。同时，我们也不能片面地夸大青年马克思这方面研究的重要性。

因素之二，是如何理解马克思对黑格尔《精神现象学》（以下简称《现象学》）和《逻辑学》的批判性研究？这个问题看上去提得有点古怪，实际上，它是重新理解马克思的最核心的问题之一。这个问题又可进一步具体化为两个问题：第一个问题是③《现象学》和《逻辑学》，究竟哪一部著作更重要？第二个问题是如何解读黑格尔的《逻辑学》？我们先来探讨第一个问题。显然，对于黑格尔来说，《逻辑学》比《现象学》更重要，这不仅因为前者比后者晚出，而且因为后者是黑格尔青年时期的作品，前者则是其成熟时期的作品，且是其《哲学全书》中的基础的、核心的作品。马克思在批评黑格尔法哲学时就一针见血地指出："整个法哲学只不过是对逻辑学的补充。"④ 虽然马克思看到《逻辑学》是黑格尔全部哲学的基础和核心，但对于他来说，重要的不是《逻辑学》，因为《逻辑学》是纯粹的思辨，是精神的货币，是远离现实生活的；重要的倒是《现象学》，因为要真正地认识黑格尔哲学及其价值，"必须从黑格尔的《现象学》即从

---

① 也包括黑格尔的唯心主义的自然哲学的影响，参见马克思写下的"自然哲学提纲"，《马克思恩格斯全集》第 40 卷，人民出版社 1982 年版，第 176—182 页。

② 《马克思恩格斯全集》第 40 卷，人民出版社 1982 年版，第 61 页。

③ 参见俞吾金：《重新认识马克思的哲学与黑格尔哲学的关系》，《哲学研究》1995 年第 3 期。

④ 《马克思恩格斯全集》第 1 卷，人民出版社 1956 年版，第 264 页。

黑格尔哲学的真正诞生地和秘密开始"①。为什么这么说呢？因为马克思认为："《现象学》是一种隐蔽的、自身还不清楚的、被神秘化的批判；但是，由于《现象学》紧紧抓住人的异化，——尽管人只是以精神的形式出现的——其中仍然隐藏着批判的一切要素，而且这些要素往往已经以远远超过黑格尔观点的方式准备好和加过工了。"②尤其是黑格尔关于"苦恼的意识""诚实的意识""高贵的意识"和"卑贱的意识"等说法包含着对市民生活、宗教和国家等整个领域的批判。要言之，尽管《现象学》有其思辨的原罪，"但还是在许多方面提供了真实地评述人类关系的因素"③。在马克思看来，《现象学》之所以比《逻辑学》更重要，是因为《现象学》虽然颠倒地、但却真实地展现出现实的、异化了的人类关系的生动画面。换言之，《现象学》作为黑格尔的早期著作，作为《逻辑学》的准备，不仅展示出丰富的辩证法思想，而且清晰地展示出辩证法的实际承担者。这里所谓"实际承担者"是相对于"外观上的承担者"而言的。在黑格尔看来，唯有精神作为辩证法的承担者，才既是实体又是主体，才是现实的。在这里，精神只是形式上的承担者，而实际的承担者则是人类社会。也就是说，黑格尔通过精神概念表达出来的乃是既是实体又是主体的人类社会，马克思对《现象学》的批判性的改造的最基本工作是从黑格尔的形式上的承担者之下揭示出实际上的承担者。

所以，我们越是看重《现象学》与马克思的关系，也就越能准确地理解马克思，而把《现象学》倒过来只能是历史唯物主义的立场而不可能是一般唯物主义的立场。

第二个问题是：如何解读黑格尔的《逻辑学》？黑格尔在《哲学全书》中，最先是《逻辑学》，接下去是《自然哲学》，最后才是《精神哲学》，仿佛《自然哲学》是《逻辑学》的出路，而《精神哲学》又是《自然哲学》的出路。马克思敏锐地指出了黑格尔从逻辑学向自然哲学过渡的荒谬性：

---

① 《马克思恩格斯全集》第 42 卷，人民出版社 1979 年版，第 159 页。
② 同上书，第 162 页。
③ 《马克思恩格斯全集》第 2 卷，人民出版社 1957 年版，第 246 页。

"从逻辑学到自然哲学的这整个过渡，无非就是对抽象思维者说来如此难以达到、因而由他作了如此牵强附会的描述的从抽象到直观的过渡。"①那么，黑格尔通过这种过渡所达到的自然界是否就是现实的自然界呢？马克思的回答是否定的："但是，被抽象地孤立地理解的、被固定为与人分离的自然界，对人说来也是无。"②在马克思看来："在人类历史中即在人类社会的产生过程中形成的自然界是人的现实的自然界。"③这就是说，即使考察自然界，也必须以人类社会为媒介。马克思由此而向我们展示了一条解读黑格尔《逻辑学》的思路：《逻辑学》作为概念阴影的王国虽然是远离现实的，但仍然要洞见它与人类社会的内在联系，易言之，要揭示出逻辑范畴与人类社会生活的亲缘关系。马克思在一系列著作，如《黑格尔法哲学批判》《1844 年经济学哲学手稿》《神圣家族》《德意志意识形态》《哲学的贫困》等著作中批判地论述过黑格尔的《逻辑学》思想，但最值得注意的是《哲学的贫困》。正是在这部著作中，马克思在批评蒲鲁东的政治经济学的形而上学时，指出："人们按照自己的物质生产的发展建立相应的社会关系，正是这些人又按照自己的社会关系创造了相应的原理、观念和范畴。"④也就是说，所有的原理、观念和范畴（包括黑格尔的逻辑范畴）都是以人们的社会关系为基础的。易言之，把黑格尔的逻辑理念颠倒过来，不应该是抽象的自然界或物质世界，而应该是人类社会和社会关系。这就是马克思对《逻辑学》的解读，而这种解读方式与他对《法哲学》和《现象学》的解读是一致的，也就是从历史唯物主义，而不是从一般唯物主义出发来倒转黑格尔。

因素之三，是如何理解马克思对国民经济学的批判性研究？马克思之所以热衷于这方面的研究，其动因如下：一是在 1842—1843 年，马克思作为《莱茵报》的主编第一次遇到要对所谓物质利益发表意见的难

---

① 《马克思恩格斯全集》第 42 卷，人民出版社 1979 年版，第 178 页。
② 同上。
③ 同上书，第 128 页。
④ 《马克思恩格斯全集》第 4 卷，人民出版社 1958 年版，第 144 页。

事；二是为了对当时颇有影响的法兰西思潮进行深入的批评，马克思也必须具备经济学方面的知识；三是通过对黑格尔《法哲学》的批判性研究，马克思的注意力集中到市民社会上，而在黑格尔那里，市民社会直接涉及经济问题，这也促使马克思把注意力转向国民经济学。马克思后来在 1859 年《政治经济学批判序言》中对自己的这一研究作了概括。

我认为，这段概括是马克思对其思想发展和形成过程的最重要，也是最经典的说明。在这里，马克思既未提到他早年对自然哲学的研究，也未提到费尔巴哈对他的影响，他向我们展示的是他的思想的"三级跳"：法哲学—市民社会—经济学。在这个"三级跳"中，作为中间环节的是市民社会。所以，马克思在脱离黑格尔和青年黑格尔派的唯心主义思想的影响时，尽管费尔巴哈的唯物主义对他提供了重要的启示，但他并没有返回到他的以抽象的、直观的自然界为前提的一般唯物主义立场上，因为马克思关心的并不是抽象的自然界，而始终是作为人类历史基础的市民社会。至于费尔巴哈的唯物主义即使想涉足人的现实生活，也只能达到对市民社会的单个人的直观，并不能提供解开市民社会秘密的钥匙，而这把钥匙只能是国民经济学。因为"国民经济学——同现实的运动一样——以作为私有者同私有者的关系的人同人的关系为出发点。"[1]正是这方面的研究为马克思重新批判地考察法、道德、政治、宗教等领域提供了新的视角。所以马克思说："我的结论是通过完全经验的以对国民经济学进行认真的批判研究为基础的分析得出的。"[2]在《1844 年经济学哲学手稿》和《神圣家族》中，虽然马克思对费尔巴哈的哲学仍然作出较高的评价，但我们却不能像阿尔都塞那样认定当时的马克思的思想依然处在费尔巴哈的总体思路的支配之下。事实上，由于国民经济学研究的引入，尤其是异化劳动概念的提出，马克思已在相当程度上突破了费尔巴哈的思想框架，为以后确立自己的学说奠定了基础。由

---

① 《马克思恩格斯全集》第 42 卷，人民出版社 1979 年版，第 25 页。
② 同上书，第 45 页。

此可见，在研究青年马克思思想的转化时，如果撇开他在国民经济学方面的基础性的研究，只从"黑格尔—费尔巴哈—马克思"的哲学圆圈上去理解马克思哲学的由来，必然会把马克思的基础哲学理论理解为一般唯物主义，而把马克思的历史唯物主义降低为一般唯物主义理论在社会历史领域中的运用和推广。

通过对上面三个因素的澄清，我们就会发现，马克思的哲学观主要是在他积极地参与现实生活和斗争并批判地解读黑格尔的《法哲学》《现象学》及国民经济学著作的基础上形成并发展起来的。最为重要的是"《法哲学》（包括《现象学》）—市民社会—经济学"这一"三级跳"表明，马克思的哲学并没有一个一般唯物主义的基础和出发点，马克思通过对他始终重视的市民社会的研究，从青年黑格尔分子式的历史唯心主义者直接转化为历史唯物主义者。认识到这一点，那些多年来阻碍我们走向马克思的思想障碍就被清除掉了，马克思哲学的本质就清楚地展现在我们的面前。

究竟什么是马克思哲学？马克思哲学就是历史唯物主义。历史唯物主义与历史唯心主义是完全对立的，而前者也正是在批判后者的过程中形成和发展起来的。在马克思看来，历史唯心主义的观点在黑格尔的著作，尤其是《历史哲学》中获得了最充分的表现。这种观点的基本特征是：第一，完全忽视历史的现实基础，即人们的日常生活，把历史理解为纯粹的思想史或精神史；第二，用肤浅的目的论的观念来解释历史，"好像后一个时期历史乃是前一个时期历史的目的，例如，好像美洲的发现的根本目的就是要引起法国革命"①。一言以蔽之，这种观点以所谓独立的精神运动为参照系来透视人类的一切历史活动。马克思不仅深刻地揭示了历史唯心主义的本质，而且告诉我们，这种主张精神、观念、概念统治历史的"戏法"是如何变出来的：第一步，把统治的个人的思想同他们本身分割开来，从而承认思想和幻想在历史上的统治；第二

---

① 《马克思恩格斯全集》第 3 卷，人民出版社 1960 年版，第 51 页。

步，使这种思想的统治具有某种秩序，即在不同时代的统治思想之间建立某种神秘的联系，仿佛思想和概念完全能脱离现实生活而向前发展；第三步，为了消除这种思想和概念自身运动的神秘外观，又把它们变成在历史上代表着这些概念和思想的许多人物，如哲学家、思想家、统治者等。"这样一来，就把一切唯物主义的因素从历史上消除了，于是就可以放心地解开缰绳，让自己的思辨之马自由奔驰了。"①

通过对历史唯心主义迷雾的廓除，马克思的历史唯物主义理论开辟出一条重新理解历史的崭新的道路。这条道路是以我们前面提到的一些"抽象"为前提的。抽象之一是：一切历史的第一个前提也就是一切人类生存的第一个前提，这个前提就是："人们为了能够'创造历史'，必须能够生活。但是为了生活，首先就需要衣、食、住以及其他东西。因此第一个历史活动就是生产满足这些需要的资料，即生产物质生活本身。"②抽象之二是：已经满足了第一个需要，从而生存下来的人又产生新的需要，"这种新的需要的产生是第一个历史活动"③。抽象之三是：一开始就纳入历史过程的"生活的生产"，它由两个方面构成：一是人的生产（即生育），二是社会关系的生产。抽象之四是：在考察了上述因素之后，我们才发现人也具有意识，意识以语言为载体，它们都是在人的生存和交往的需要的推动下产生并发展起来的，尤其是随着物质劳动和精神劳动的分离，"从这时候起，意识才能摆脱世界而去构造'纯粹的'理论、神学、哲学、道德等等"④。然而，这些从外观上看来是纯粹的、独立的观念实际上也是有依附性的，一旦它们与现实生活发生了冲突，也就等于表明，现存的社会关系和现存的生产力发生了矛盾。总之，观念和意识从来就不是像历史唯心主义者所认为的那样，是独立的、自我满足和自我运动的。

---

① 《马克思恩格斯全集》第 3 卷，人民出版社 1960 年版，第 56 页。
② 同上书，第 31 页。
③ 同上书，第 32 页。
④ 同上书，第 35—36 页。

在马克思看来，不管意识的内容是如何荒诞离奇，归根到底，它总是指向人们的实际生活过程的。这样一来，马克思就从根本上打碎了认为观念和思想支配、统治着全部人类历史的历史哲学的神话，向我们展示了一条审视一切历史活动的地平线，它就是人们赖以生存、发展和从事一切精神活动的前提——生产劳动，并在此基础上表述了他的崭新的历史观："这种历史观就在于：从直接生活的物质生产出发来考察现实的生产过程，并把与该生产方式相联系的、它所产生的交往形式，即各个不同阶段上的市民社会，理解为整个历史的基础；然后必须在国家生活的范围内描述市民社会的活动，同时从市民社会出发来阐明各种不同的理论产物和意识形式，如宗教、哲学、道德等等，并在这个基础上追溯它们产生的过程。"①马克思划时代的哲学贡献也正在于他创立了这种崭新的历史观，从而使全部哲学研究都沐浴在新的阳光之下。

---

① 《马克思恩格斯全集》第 3 卷，人民出版社 1960 年版，第 42—43 页。

突破"欧洲中心论"的思维框架^①

一

众所周知,哲学的两大功能是建构与消解。在某种意义上,消解比建构更重要,因为它起着解放思想的作用,它使人们从传统思维的轨道上挣脱出来,去面对并思考新的问题。长期以来,"欧洲中心论"统治着西方人的观念,也对中国思想界产生了重大的影响。事实上,突破"欧洲中心论"的思维框架是颇为困难的,之所以如此,是因为这种理论已通过西方人的常识、语言和逻辑,特别是通过那些在世界范围内产生重大影响的文本,渗透到许多人的潜意识之中。

从 19 世纪开始,已有一些西方学者意识到"欧洲中心论"的谬误并起来批判这种理论,马克思就是这些人中的一个卓越代表。然而,遗憾的是,马克思哲学的不少追随者和研究者本身都没有突破"欧洲中心论"的思维框架,所以,不但马克思著作和手稿中的这一重要主题被耽搁下来了,而且马克思本人的思想也一再被曲解为一种

---

① 载《学术月刊》1998 年第 5 期,第 17—19 页。——编者注

"欧洲中心论"。这种倾向的具体表现是：人们只留意马克思在研究欧洲社会和历史时提出的那些著名论断，而完全忽视了马克思对非西方社会，尤其是东方社会发展历史的探索和思考，并习惯于把马克思在研究欧洲社会时提出的观念不加分析地套用到东方社会上去。事实上，马克思在世时已对自己的思想所遭到的这种曲解表示抗议。在《给〈祖国纪事〉杂志编辑部的信》中，马克思批评俄国学者米海洛夫斯基对自己思想的曲解：

> 他一定要把我关于西欧资本主义起源的历史概述彻底变成一般发展道路的历史哲学理论，一切民族，不管他们所处的历史环境如何，都注定要走这条道路，——以便最后都达到在保证社会劳动生产力极高度发展的同时又保证人类最全面的发展的这样一种经济形态。但是我要请他原谅。他这样做，会给我过多的荣誉，同时也会给我过多的侮辱。①

马克思这封未发出的重要信件是对"欧洲中心论"的深刻批判，然而，这封信自 1888 年在俄国的《司法通报》上首次发表以来，也一直没有引起研究者们的充分重视。这充分表明，在当前，回到这个主题上去有多么重要。

二

放在我们面前的《东方复兴之路》②是江丹林继《马克思的晚年反思》后出版的又一部力作，是他十年深入研究和艰苦探索的结晶。确实，无

---

① 《马克思恩格斯全集》第 19 卷，人民出版社 1963 年版，第 130 页。
② 江丹林：《东方复兴之路：非西方社会发展理论与建设有中国特色社会主义》，广东教育出版社 1996 年版。

论是从这部著作的主题所涉及的极为丰富的内容和创新意识来看，还是从它的结构和篇幅来看，都表明作者是下过大功夫的。《东方复兴之路》之所以具有较高的学术价值，不在于它对什么问题提供了现成的答案，而在于它突出了哲学的消解功能，把冲破"欧洲中心论"的思维框架作为一个中心的议题提了出来。贯穿这部著作的主线，正是对东西方流行的"欧洲中心论"思维框架的突破和超越。

这部著作的论述是以对黑格尔的历史哲学的批判为起点的。为什么要从黑格尔那里开始？因为他正是"欧洲中心论"的最大代表。在《历史哲学》一书中，黑格尔提出了这样一种理论，即世界历史是以东方为起点的，但历史运动的终点则在欧洲，特别是在普鲁士的君主立宪制度中。黑格尔是一个历史主义者，但同时他又把一种非历史的态度输入历史之中，他的真正的历史兴趣始终落在欧洲，而把东方社会看作世界历史发展的一个插曲、一个陪衬。实际上，黑格尔的历史哲学归根到底是欧洲人的一个幻觉。随着以地理上的大发现为基础的东西方民族交往的不断扩大，西方人特别是欧洲人所不熟悉的东方世界正在逐步摘去罩在自己脸上的神秘的面纱，一个未知的世界正在展示出来。幻觉破灭了，这种以"欧洲中心论"为代表的线性历史观也随之遭到严重的挑战。《东方复兴之路》这部书揭示了：最有力的挑战就是来自马克思。

从 19 世纪 40 年代后期开始，马克思在潜心研究政治经济学的同时，已通过西方人类学著作的媒介关注着非欧社会，特别是东方社会的历史发展。马克思提出了"亚细亚生产方式"的著名概念，论述了这种生产方式在欧洲的历史和现实中所起的重要作用，强调了它与欧洲社会及其生产方式的重大差异。马克思在读了贝尔尼埃的《大卧莫尔、印度斯坦、克什米尔王国等国游记》后，在给恩格斯的信中写道："贝尔尼埃完全正确地看到，东方……一切现象的基础是不存在土地私有制。这甚至是了解东方天国的一把真正的钥匙。"①晚年的马克思在致俄国学者查苏

---

① 《马克思恩格斯全集》第 28 卷，人民出版社 1973 年版，第 256 页。

利奇的信中还提出了"跨过卡夫丁峡谷"的重要设想。马克思在这方面的研究成果表明，他不仅突破了"欧洲中心论"的思维框架，而且意识到，唯有突破这种框架，才能正确地理解东方社会的特点和发展规律，从而为东方社会的革命进程提供合理的指导。

该书作者对东西方学者超越"欧洲中心论"思维框架的艰难历程的叙述并没有局限在马克思和马克思学说的后继者那里，而是向我们展示出更为宽广的历史画面——杜尔凯姆的社会秩序和社会稳定理论、韦伯的世界文明比较理论、帕森斯的人类社会进化演变模式和文化传播理论、西方发展经济学、现代化修正学派、强大政府学派、依附理论等。这些流派或理论虽然在观点上见仁见智，迥然各异，但它们的共同点是重视对非西方社会现代化道路的反思，从而不管它们自己愿意与否，均在一定程度上冲淡了"欧洲中心论"的阴影，至少在客观上为人们冲破单线历史观的影响、深入探讨非西方社会的发展问题提供了有益的启示。

值得注意的是，本书作者对"欧洲中心论"的破除并不仅仅停留在理论上，而是把它与中国现代化的实际道路紧密地结合起来。中国人从"走西方人的路"到"走俄国人的路"，最后到"走自己的路"，这一曲折的历史过程正是在逐步摆脱"欧洲中心论"影响的进程中演绎出来的。当然，突破"欧洲中心论"的思维框架并不意味着倡导"中国中心论"，而只是强调，不同地区、国家和民族的发展虽然存在着某些类似的地方，但也各有其特殊性。如果非西方国家看不到自己的特殊性，只知道跟在欧洲国家后面亦步亦趋，那是不可能成功地走出自己的现代化道路的。在这部著作的结尾处，作者强调了东方复兴之路就是走有自己特色的道路，而中国的复兴之路就是走建设有中国特色的社会主义的道路。

三

作为一部具有创新意识的学术论著，《东方复兴之路》为我们的哲学思考提供了有益的启示。

第一，只有深入批评"欧洲中心论"，才能把我们的哲学研究从形形色色的教条主义观点中解放出来，焕发出创造的活力。人所共知，教条主义的一个根本特点就是不顾本国的国情和实际情况，照搬其他国家的经验或书本上的条条。只要反思一下中国革命和建设的历史进程就会发现，这样的经验和条条主要来自欧洲，特别是西欧国家和东欧国家。这就告诉我们，教条主义的一个重要的思想基础是"欧洲中心论"。历史和实践都证明，"言必称希腊"是错误的，同样，"言必称苏联"也是错误的。过去批评教条主义之所以老是深入不下去，就是因为我们没有把这种批评与对"欧洲中心论"的批评结合起来。由于教条主义的深层的思想基础没有得到认真的清理，所以我们在思考理论问题时，总会自觉或不自觉地忽视本国的实际情况和新鲜经验，从而把本来应该是活生生的哲学思考变形为既无益又无活力的概念游戏。所以我认为，反思并超越"欧洲中心论"，应当成为当今中国理论界的一个重要话题。

第二，只有深入批评"欧洲中心论"，才能全面地、完整地、准确地理解马克思的理论。过去我们总是习惯于从欧洲特别是西欧的范围理解马克思的学说，尤其是列宁在未接触马克思关于东方社会研究的大量手稿的情况下提出的关于马克思主义的三个来源和三个组成部分的见解，使人们很容易主要局限在近代欧洲的范围内去理解马克思的学说。这实际上等于把马克思理解为欧洲主义者，而没有把他理解为世界主义者。本书作者提出的关于"马克思主义的三次降临"的见解有助于我们对马克思的理论作更全面的理解。这里的"第一次降临"是以《共产党宣言》《资本论》为代表的，"第二次降临"是以 20 世纪 30 年代出版的《1844 年经济学哲学手稿》为代表的，"第三次降临"是以 20 世纪 70 年代出版的《卡尔·马克思的民族学笔记》为代表的。作者提出这一新见解的意图很明确，即只有把"马克思主义的三次降临"综合起来考察，才能完整地塑造出马克思的理论形象。以前不少学者，特别是苏联的马克思主义哲学教科书体系的编写者只是从"第一次降临"的层面上去理解马克思，与此类似的是，一部分西方学者则只停留在"第二次降临"的层面上去理解马克思。这两种理解方式由于撇开了"第三次降临"，都不可能全面地、完整地、准确地塑造出马克思的理论形象。马克思主义的"第三次降临"之所以特别重要，因为正是这次"降临"，集中表现出马克思对"欧洲中心论"的突破，表明马克思不仅仅是一个欧洲主义者，而是一个世界主义者。

第三，只有深入批评"欧洲中心论"，现代化问题研究和比较文化研究才可能上升为科学。就现代化问题研究而言，长期以来，"现代化就是西方化"或"现代化就是欧洲化"的观念一直支配着许多人的思想。这使许多发展中的国家都盲目地模仿西方国家，从而在寻求现代化的过程中付出了沉重的代价。近几十年来，发展中国家在受到种种挫折以后，都开始从自己的国情出发，寻找自己独特的发展道路。在某种意义上，这正是冲破"欧洲中心论"的思维框架的结果。就比较文化研究而言，长期以来，人们也总是自觉或不自觉地以西方文化，尤其是欧洲文化作为考察其他种类文化的参照系。事实上，由于强势文化对弱势文化的渗透，发展中国家学术文化研究者中的相当一部分是从西方大学和研究机构中培养出来的，所以他们对"欧洲中心论"常常有一种潜意识中的认同。但近几十年来兴起的"东方主义""后殖民主义文化理论""亚洲价值论"等，都程度不同地把"西方话语霸权主义""欧洲中心论"作为批判的靶子。实际上，也只有淡化"欧洲中心论"的阴影，从人们普遍接受的传统的西方价值观念中超拔出来，才可能更深入地研究非西方社会的各种文化遗产，对它们进行客观的比较分析，并作出合理的、公正的评价。

1999年

经济哲学的三个概念[①]

近年来，关于经济哲学的讨论方兴未艾，但每一个有识之士都能发现，这些讨论并没有取得实质性的进展。究其原因，是因为人们对"经济哲学"这一概念没有经过深入的反思而获得明晰的理解。本文认为，只有提出并厘清以下三个概念的含义与关系，关于经济哲学的讨论才能避免原地踏步的现象。

第一，广义经济哲学。凡是探讨经济、经济学（关于经济问题的系统的理论表述）与哲学关系的一切学问都从属于广义经济哲学。人们在讨论中自发地、未经反思地使用的经济哲学的概念实际上就是指广义经济哲学的概念。虽然这个概念具有很大的包容性，但它只是向人们显示出一个各种素材和见解纷然杂陈的研究领域。只要人们停留在这个概念上，他们就很难在经济哲学的研究上获得真知灼见。

第二，狭义经济哲学。它像历史哲学、道德哲学、社会哲学、政治哲学等学科一样，是从属于理论哲学的。它强调的不是哲学在经济和经济

① 原载《中国社会科学》1999 年第 2 期，第 86—90 页。收录于俞吾金：《实践诠释学——重新解读马克思哲学与一般哲学理论》，云南人民出版社 2001 年版，第 239—247 页；《哲学随想录》，北京师范大学出版社 2016 年版，第 250—256 页。——编者注

学领域中的应用，而是经济事实和经济学的观念在哲学领域里的引申。易言之，它的特点是运用现代经济和经济学的眼光重新审视哲学的基本概念。在这里，作为确定性的前提出现的是经济和经济学中的基本事实和概念，作为变数出现的则是哲学中的一些基本概念和观念。当然，这一联姻的结果是，经济事实和经济学中的一些重要观念也在哲学上获得了普遍的意义。狭义经济哲学的出发点是经济和经济学，落脚点是哲学。也就是说，狭义经济哲学关注的重点不是落在经济或经济学上，而是落在哲学上。作为理论哲学的一个分支，狭义经济哲学追求的是理论上的系统性和完整性。

第三，经济的哲学。它像历史的哲学、道德的哲学、政治的哲学等学科一样，是应用哲学的一个组成部分。与狭义经济哲学相反，它强调的不是经济事实和经济学的观念在哲学领域里的引申，而是哲学理论在经济现象和经济学领域中的应用。在这里，作为确定性的前提出现的是某种哲学理论，作为变数出现的则是经济和经济学中的一些基本事实和观念。也就是说，当人们自觉地运用一定的哲学观念、哲学方法和价值观念去理解并解释经济现象或经济学中出现的基本概念及其相互关系时，他们从事的正是经济的哲学的研究。为什么我们加进了"自觉地"这个修饰词？因为任何人在研究经济现象和经济学问题时，都不可能处在不受任何哲学理论影响的状态下。换言之，任何经济学的研究本质上都蕴含着一定的哲学维度。差别只在于，人们是自发地跟着某种哲学理论走，还是自觉地运用某种哲学理论来研究经济现象和经济问题。与狭义经济哲学不同，经济的哲学的出发点是哲学，落脚点则是经济和经济学。作为应用哲学的一个组成部分，它注重的不是哲学理论本身，而是这一理论对经济现象和经济学问题的说明。它注重的是经济领域里的实效，是一个个有效的解释结果，而不是去构建哲学上的理论体系。

在厘清了上述三个概念的基本含义后，我们再来考察它们之间的关系。显而易见，广义经济哲学的概念是最宽泛的，它既包含了狭义经济哲学的概念，也包含了经济的哲学的概念。在通常的情况下，人们对经济哲学的理解不是停留在广义经济哲学这个混沌的概念上，就是下降到经济的哲学这个单向度的概念上，很少有人对我们上面提到的狭义经济哲学产生兴趣。同时，人们对经济的哲学的理解也存在着一些误解，有必要加以澄清。

狭义经济哲学是运用现代经济和经济学的眼光重新审视哲学的基本概念。在这方面，马克思的研究起着开创性的作用，他的《1844 年经济学哲学手稿》《1857—1858 年经济学手稿》《资本论》等都是狭义经济哲学的典范之作。正是由于把经济事实和经济关系作为人类生存的根本性的维度引入哲学思考中，马克思扬弃了传统哲学，创立了历史唯物主义学说。在马克思墓前的演说中，恩格斯以经典的方式表述了这种学说的基本特征："人们首先必须吃、喝、住、穿，然后才能从事政治、科学、艺术、宗教等等；所以，直接的物质的生活资料的生产，从而一个民族或一个时代的一定的经济发展阶段，便构成基础，人们的国家设施、法的观点、艺术以至宗教观念，就是从这个基础上发展起来的，因而，也必须由这个基础来解释，而不是像过去那样做得相反。"①从恩格斯的论述可以看出，正是最基本的经济事实和经济学观念的引入，导致了哲学领域里的一场革命。事实上，马克思所开创的狭义经济哲学的研究从根本上改变了我们对传统哲学及其基本概念的理解。下面，我们不妨做一些具体的分析。

首先，我们来看实践概念。尽管古希腊哲学家亚里士多德在《尼各马可伦理学》中已谈论到实践的知识，并把人们的生产活动理解为一种实践，但长期以来，哲学家们更多的是从道德修养的角度去理解实践活动的。正是马克思通过对国民经济学的深入研究，对实践概念作出了新的理解，肯定了生产劳动在人类全部实践活动中的基础的和核心的作用。这看起来是对亚里士多德思想的一种复归，然而却是一种深刻得多的复归和超越。马克思这样写道："这种活动、这种连续不断的感性劳

---

① 《马克思恩格斯选集》第 3 卷，人民出版社 1995 年版，第 776 页。

动和创造、这种生产，是整个现存感性世界的非常深刻的基础，只要它哪怕只停顿一年，费尔巴哈就会看到，不仅在自然界将发生巨大的变化，而且整个人类世界以及他（费尔巴哈）的直观能力，甚至他本身的存在也就没有了。"①正是通过生产劳动的概念，马克思形成了一种独特的生存哲学理论。按照这种理论，人类的生存活动是通过生产劳动而得以实现的。在这个意义上，生存也就是生产，而生产的最基本的形式是物质生活资料的生产，其他的形式则是人的生产、精神生产和社会关系的生产。所以我们不妨说，马克思的生存哲学实质上是一种广义生产理论。马克思还通过对异化劳动的具体表现形式的分析和批判，更新了对传统哲学的历史观的理解，并由此而形成了以扬弃私有制（异化劳动的根源）为宗旨的社会革命理论。

其次，我们来看物质和物的概念。按照传统哲学的观念，世界是由物质组成的，而物质的具体样态则是物，物存在于人们的意识之外，是不以他们的意识或意志为转移的。马克思把这样的物质观称之为"抽象的物质观"，认为它的谬误在于：它是离开人们须臾不可分离的经济生活来观察物质世界的。如果从经济生活，特别是商品经济生活的视角出发，我们就会发现，物质和物的抽象的形而上学的光芒突然消失了，它们表现为与我们的生存需要息息相关的商品世界。比如，从传统哲学的眼光看来，一张桌子只是存在于人们意识之外的一个物体，它以抽象的方式与人的意志对峙着。但从马克思的狭义经济哲学的眼光看来，这个桌子乃是人类劳动的物化，是商品。马克思写道："最初一看，商品好象是一种很简单很平凡的东西。对商品的分析表明，它却是一种很古怪的东西，充满形而上学的微妙和神学的怪诞。……桌子一旦作为商品出现，就变成一个可感觉而又超感觉的物了。它不仅用它的脚站在地上，而且在对其他一切商品的关系上用头倒立着，从它的木脑袋里生出比它

---

① 《马克思恩格斯全集》第 3 卷，人民出版社 1960 年版，第 50 页。

自动跳舞还奇特得多的狂想。"①商品的奇特之处不在于它的使用价值（商品的自然属性），而在于它的交换价值（商品的社会属性），在于它以物与物之间的关系掩盖了人与人之间的关系。所以，马克思从来不以传统哲学的方式抽象地谈论物质和物，由于狭义经济哲学眼光的切入，他的物质观的核心是通过对商品拜物教的批判，揭示出物与物关系掩盖下的人与人之间的关系。

最后，我们来看哲学基本问题。从传统哲学的眼光看来，哲学基本问题就是思维与存在的关系问题。其实，把思维与存在对立起来乃是以静观的方式思考外部世界的结果。从马克思的狭义经济哲学的眼光看来，人首先得通过生产劳动生存在这个世界上，然后才可能把世界作为沉思的对象。所以，哲学基本问题不是思维与存在的关系问题，而是实践问题，它表现为两个方面：一是人与自然（物）的关系，二是人与人的关系。只有把握住这两个方面，我们的哲学研究才不会陷入经院哲学式的争论中。

总之，当马克思把基本的经济事实和现代经济学的重要观念引入到哲学领域的时候，人们关于哲学的传统的理念将发生多么大的变化。这正是狭义经济哲学所要探索的问题。因此，狭义经济哲学是理论哲学的最有发展前景的研究领域之一。

现在我们再来考察经济的哲学的概念。我们认为，经济的哲学主要包含以下三个方面的内容：一是运用一定的哲学观念来反思经济学的理论前提和基本概念；二是运用一定的哲学方法来分析经济现象和经济学中概念之间的关系；三是运用一定的价值观念，特别是伦理观念来阐释社会经济活动和人们的经济行为规范。众所周知，第二个方面的研究已经铺张得很开了，特别是人们运用辩证法来说明各种经济现象和经济学中的问题，写下了大量论著，需要的倒是引入一些新方法，如现象学的方法、语言分析的方法、结构的方法、诠释学的方法等来解释经济现象

---

① 马克思：《资本论》第 1 卷，人民出版社 1975 年版，第 87—88 页。

和经济学中的一些基本观念。第三个方面的研究如果涉及的只是普泛性的价值观念，人们探讨的还是经济学与哲学的关系问题；如果涉及的是伦理价值观念，那实际上就是在经济伦理学的领域里进行耕耘了。当然，按照传统的学科分类方法，伦理学仍然是哲学的一个分支学科，所以关于经济伦理问题的讨论还是从属于经济的哲学的。这个方面的研究属于比较具体的层面，而且也铺张得很开了。这类研究的关键在于不要以主观主义或自然主义的方式引入某些伦理观念去规范人们的经济活动，而是要先行澄明市场经济本身所蕴含的客观价值观念，从而引申出与之相适应的伦理观念。

在经济的哲学研究中，重要的是把我们的注意力集中到第一个方面，因为这方面的研究涉及对经济学的理论前提和基本概念的反思。下面，我们不妨做些具体分析。

第一，当人们谈到"经济学""经济学史"这些概念时，常常会陷入一种幻觉，似乎存在着与这些概念相对应的、独立的研究领域，存在着纯粹的关于经济问题的学问。实际上，这样的研究领域和学问根本上是不存在的。世界（蕴含着作为观察者和思考者的我们）不过是一个流动着的整体，人们是借助人为的学科分类（如确定物理学、生物学、化学、社会学、经济学等概念）把活生生的世界切割开来的，由此而形成了所谓各自独立的研究领域和学问。其实，它们都不过是一些幻觉，当代大量边缘学科的产生已证明了这一点。所以，经济学的研究一定要摆脱上述幻觉，返回对未被学科分类肢解的、活生生的整体世界上去。换言之，要借用哲学的眼光，深入地反思经济学与政治、伦理、法律等学科的关系。不把握这种普遍联系，人们必然会在所谓纯粹经济学的研究中迷失方向。

第二，经济学家常把理性的个人解释为全部经济生活的起点。其实，个人有理性，也有情感和意志，不能说他所有的经济行为都处在理性的制约下，此其一；即使假定个人的经济行为都是理性的，但这些行为的总和并不一定就是理性的，此其二。这类理性的个人在现实生活中并不存在，他们不过是经济学家虚构出来的鲁滨孙式的人物。马克思早就指出："我们越往前追溯历史，个人，从而也是进行生产的个人，就越表现为不独立，从属于一个较大的整体：最初还是十分自然地在家庭和扩大成为氏族的家庭中；后来是在由氏族间的冲突和融合而产生的各种形式的公社中。"①可见，传统经济学赖以为出发点的这类理性的个人实际上是不存在的。因此，只有从哲学上深入反思这些基本的概念和问题，经济学的发展才能达到新的境界。

综上所述，经济哲学的研究要想取得实质性的进展，既不能停留在广义经济哲学的概念上，也不能局限在经济的哲学的概念上，而应当同时开展经济的哲学和狭义经济哲学这两个维度的研究。

---

① 《马克思恩格斯全集》第 46 卷(上册)，人民出版社 1979 年版，第 21 页。

论抽象自然观的三种表现形式①

随着现代化与科学技术的发展，人与自然的关系日益上升为哲学研究中的重大课题。然而，检视近年来发表的有关方面的论文，我们发现，抽象自然观的幽灵仍然到处游荡着。所谓"抽象自然观"，就是用非实践的方式来看待自然。换言之，就是把对自然的考察与人的目的性活动分离开来。显然，只要人们坚执于这种自然观，他们实际上探讨的就不是真正的自然或现实的自然，而是虚假的自然或抽象的自然。而在今天，这样的自然在任何地方都是不存在的。这表明，人们在研究自然问题时，对其哲学基础还缺乏深入的反思。特别需要指出的是，人们忽视了马克思这方面的思想资源。事实上，正是马克思，不遗不余力地批判了抽象自然观，把人们的整个思路引向现实的自然。

德国哲学家施密特在其博士论文《马克思的自然概念》中试图通过对抽象自然观的批判来恢复马克思自然观的真谛，但由于他没有摆脱从斯大林主义那里接受过来的辩证唯物主义的思维框

① 原载《上海交通大学学报（社会科学版）》1999 年第 4 期，第 3—8 页。收录于俞吾金：《实践诠释学：重新解读马克思哲学与一般哲学理论》，云南人民出版社 2001 年版，第 162—176 页；《重新理解马克思——对马克思哲学的基础理论和当代意义的反思》，北京师范大学出版社 2005 年版，第 116—126 页。——编者注

架，他对抽象自然观的批判仍然是肤浅的、不系统的。此外，卢卡奇在其晚期著作《社会存在本体论》中以大量的篇幅讨论了自然问题。但与其早期著作《历史与阶级意识》相比，他的理论见解反而倒退了，陷入了抽象自然观的泥坑。至于我国理论界，既未想到要认真总结施密特、卢卡奇等人在自然观上的经验教训，也未想到应该对马克思的自然观作一番深入的研究，而是津津乐道于一些新名词、新方法，以为改变一下问题的提法，问题本身也就迎刃而解了。实际上，只要人们在基础理论上仍然自觉或不自觉地受制于抽象的自然观，那么在自然观上的理论突破就仅仅是一种幻觉。

本文的主旨是：从马克思的自然概念出发，分析、批评抽象自然观的三种表现形式，以便使得整个自然问题的讨论奠定在正确的思想基础之上。

一

抽象自然观的第一种表现形式是：强调自然的自我运动，排除任何目的对自然的干预。

对这种表现形式不能简单地加以评述，而应当结合历史情景作出具体的分析。一般说来，强调自然的自我运动，相对于基督教的"神创说"来说，无疑是一个进步。恩格斯在评述 18 世纪上半叶自然科学的情况时指出："这时的自然科学所达到的最高的普遍的思想，是关于自然界的安排合乎某种目的性的思想，是浅薄的沃尔弗式的目的论，根据这种理论，猫被创造出来是为了吃老鼠，老鼠被创造出来是为了给猫吃，而整个自然界被创造出来是为了证明造物主的智慧。"[①] 显而易见，无论是"神创说"，还是在"神创说"的基础上形成的"沃尔弗式的目的论"，其共

---

① 《马克思恩格斯选集》第 4 卷，人民出版社 1995 年版，第 265 页。

同的特点都是把一种超自然的目的或意志引入自然之中，当时牛顿提出的关于神的第一推动力的假设也是自然科学还被深深地禁锢在神学中的一个例子。

恩格斯接着又指出，当时哲学的最高荣誉是，它没有被同时代的自然科学的谬误引入迷途，"它——从斯宾诺莎一直到伟大的法国唯物主义者——坚持从世界本身说明世界，而把细节方面的证明留给未来的自然科学。"①在这里，"坚持从世界本身说明世界"也就是肯定自然是自我运动的。显然，这一想法与"神创说"或"沃尔弗式的目的论"是直接对立的。毋庸讳言，强调这一对立对于自然科学的研究摆脱宗教世界观的影响来说是有积极意义的，但它同时也蕴含着一个消极的、机械的观念，即把自然与任何目的性分离开来。那么，这种观念是否仅仅是斯宾诺莎和法国唯物主义者的观念呢？我们的回答是否定的。实际上，恩格斯本人也坚持了同样的观念。

在《路德维希·费尔巴哈和德国古典哲学的终结》一书中，恩格斯在谈到人类社会的发展史时指出："但是，社会发展史却有一点是和自然发展史根本不相同的。在自然界中（如果我们把人对自然界的反作用撇开不谈）全是没有意识的、盲目的动力，这些动力彼此发生作用，而一般规律就表现在这些动力的相互作用中。在所发生的任何事情中，无论在外表上看得出的无数表面的偶然性中，或者在可以证实这些偶然性内部的规律性的最终结果中，都没有任何事情是作为预期的自觉的目的发生的。相反，在社会历史领域内进行活动的，是具有意识的、经过思虑或凭激情行动的、追求某种目的的人；任何事情的发生都不是没有自觉

---

① 恩格斯：《自然辩证法》，人民出版社1971年版，第11页。

的意图，没有预期的目的。"①在这里，恩格斯强调，社会历史是由有目的的人的活动构成的，但在研究自然界时，却可以"把人对自然界的反作用撇开不谈"。这就告诉我们，人的目的及其活动对自然界的影响是微乎其微的，甚至是可以略去不计的。这段话表明，恩格斯的自然观与斯宾诺莎及法国唯物主义者的自然观在"坚持从世界本身说明世界"这一点上是完全一致的。我们的这一见解也可以从恩格斯下面的这段话中得到印证："唯物主义的自然观不过是对自然界本来面目的朴素的了解，不附加以任何外来的成分，所以它在希腊哲学家中间从一开始就是不言而喻的东西。"②在恩格斯看来，马克思主义的自然观不同于以前的唯物主义自然观的地方仅仅在于它批判地吸收了黑格尔辩证法的成果，自觉地强调了自然界自身的运动是辩证的。

然而，我们必须记住，恩格斯在自然界领域所肯定的是自然辩证法，而不是人化自然辩证法。这两者的差异在于：前者关涉排除一切目的性后自然自身运动的辩证法，后者则关涉人的目的、活动与自然界自身运动之间的辩证关系。显然，凡是读过恩格斯的《自然辩证法》一书的人都不会怀疑，他的自然辩证法乃是撇开人的目的和活动的自然界自身运动的辩证法。一个明明白白的道理是：费尔巴哈的神学批判理论的巨

① 《马克思恩格斯选集》第 4 卷，人民出版社 1995 年版，第 247 页。当然，在有些场合下恩格斯也是看到人的活动对自然界的反作用的。比如，他在批判自然主义的历史观时曾经说过："自然主义的历史观（例如，德莱柏和其他一些自然科学家都或多或少有这种见解）是片面的，它认为只是自然界作用于人，只是自然条件到处在决定人的历史发展，它忘记了人也反作用于自然界，改变自然界，为自己创造新的生存条件。日耳曼民族移入时期的德意志'自然界'，现在只剩下很少很少了。地球的表面、气候、植物界、动物界以及人类本身都不断地变化，而且这一切都是由于人的活动，可是德意志自然界在这个时期中没有人的干预而发生的变化，实在是微乎其微的。"参见恩格斯：《自然辩证法》，人民出版社 1971 年版，第 209 页。在另一处，当恩格斯谈到人与动物的区别时指出，动物仅仅利用外部自然界，"而人则通过他所作出的改变来使自然界为自己的目的服务，来支配自然界。"参见同上书，第 158 页。为此，施密特批评说："值得注意的是，在恩格斯那里，被社会中介的自然概念与独断的形而上学的自然概念毫无关系地并存着。"参见 Alfred Schmidt：*The Concept of Nature in Marx*，London：NLB，1971，p. 206。然而，从总体上看，排除人的目的活动、强调自然自我运动的辩证法应该是恩格斯自然观中的主导思想。

② 恩格斯：《自然辩证法》，人民出版社 1971 年版，第 177 页。

大意义还没有得到充分的理解。在《基督教的本质》一书中，费尔巴哈告诉我们，属神的东西与属人的东西之间的对立是虚幻的，真正地说来，"人是基督教之上帝，人本学是基督教神学之秘密。"也就是说，神的目的归根到底是人的目的的夸张的表达。事实上，"神创说"的实质是用一种神秘的语言表达了人的目的与自然之间的关系。所以，批判"神创说"，否定神的目的对自然的干预是完全正确的，但如果走向另一个极端，即在考察自然的运动时，完全撇开人的目的对自然的干预，把洗澡水和婴儿一起倒掉，那就只能导致一种抽象的自然观。

在《1844 年经济学哲学手稿》中，马克思把黑格尔从逻辑学中外化出来的自然界称为"抽象的自然界"，并批判道："被抽象地孤立地理解的、被固定为与人分离的自然界，对人说来也是无。"①在马克思看来，哲学所要探讨的不是抽象的自然，而是现实的自然，而现实的自然是与人的目的和活动交融在一起的，所以他再三申明，哲学考察的是人类活动的两个方面，"一个方面——人们对自然的作用。另一方面，是人对人的作用……"②。有人也许会提出这样的疑问：马克思不也肯定自然界的"先在性"，即在人类诞生之前自然界就已存在了吗？③ 确实，马克思不但承认自然界是先于人类而存在的，而且还强调，如果人类在今天突然毁灭了，自然界的这种先在性仍然会保持下去。但马克思在批判费尔巴哈的抽象自然观时指出："这种先于人类历史而存在的自然界，不是费尔巴哈在其中生活的那个自然界，也不是那个除去在澳洲新出现的一些珊瑚岛以外今天在任何地方都不再存在的、因而对于费尔巴哈说来

---

① 《马克思恩格斯全集》第 42 卷，人民出版社 1979 年版，第 178 页。
② 《马克思恩格斯全集》第 3 卷，人民出版社 1960 年版，第 41 页注 1。
③ 在列宁看来，自然界的先在性问题对唯心主义者说来，是"特别毒辣的"。然而，列宁忘记了，"唯物主义"或"唯心主义"这样的用语是在认识论的话语框架中给出的，因为没有人及人的思维活动的存在，上述两个用语都是没有意义的。也就是说，只要人们一进入认识论的话语框架，作为认识者和思维者的人总是已经存在。所以在这个框架中去设想一个未被人的认识或思维"污染"的自然界是没有任何意义的。

也是不存在的自然界。"①按照马克思的看法，他和费尔巴哈正在谈论的那个自然界，既不是人类诞生之前的自然界，也不是初民时期的自然界，而是在相当程度上已被人化的、现实的自然界。撇开这个现实的自然界，谈人类诞生以前的自然界，是没有意义的。这里需要补充说明的是，自然科学家，尤其是古生物学家，常常把人类诞生以前的自然界的化石和遗迹作为研究对象，但是：第一，一旦他们开始考察、研究那些对象，那个原来显得非常遥远的、人类诞生之前的自然界就突然被拉近、被对象化、被人化了；第二，人类并不是刚诞生的时候就有能力发现自然界的先在性，事实上，当人类的发展达到一定的社会历史阶段后，人类才能通过自己的科学实验活动（人的目的活动的表现方式之一），大致推算出地球的年龄和人类诞生的时间。由此可见，就连人类诞生前的自然界也是在后来人类改造自然界的目的性活动的基础上发现出来的。马克思自然观的出发点不是排除人的目的活动的抽象的自然界的自我运动，而是人化自然，是人的目的性活动与自然变化交互关系作用下的现实的自然。

上面，我们分析了抽象自然观的第一种表现形式。这一分析表明，决不能离开人的目的性来探讨自然自身的运动。事实上，人类社会越发展，人的目的对自然的干预就越厉害，人的活动留在自然身上的痕迹就越清楚。如果撇开这方面的因素，自然发展中出现的许多现象就无法索解了。

---

① 《马克思恩格斯全集》第 3 卷，人民出版社 1960 年版，第 50 页。这段话引自马克思和恩格斯合著的《德意志意识形态》一书。正如奥古斯特·科尔纽指出的："在这部著作中，要明确指出哪一部分思想出于马克思，哪一部分思想出于恩格斯，那是困难的。"参见科尔纽的《马克思恩格斯传》第 3 卷，管士滨译，生活·读书·新知三联书店 1980 年版，第 203 页。我们认为，在形式上作出这种区分确实是很困难的，但在内容上进行区分却是可能的。在把《德意志意识形态》与马克思和恩格斯的其他著作做了比较研究以后，我们认定，至少该书的第 1 卷第一章中的基本思想是属于马克思的。所以我们在这里和下面引证这一章中的观点时，都把他们理解为马克思的观点。显然，这些观点和恩格斯晚期著作，如《自然辩证法》《路德维希·费尔巴哈和德国古典哲学的终结》等比较起来，存在着差异。本文并不全面地探讨这些差异，而只注重对自然观上的差异作出必要的说明。

二

　　抽象自然观的第二种表现形式是：把自然与历史对立起来，满足于撇开社会历史条件，泛泛地谈论自然，从而实际上使自然抽象化、虚假化和虚无化。

　　恩格斯在批判黑格尔的自然哲学时指出："对自然界的非历史观点是不可避免的。根据这一点大可不必去责备 18 世纪的哲学家，因为连黑格尔也有这种观点。在黑格尔看来，自然界只是观念的'外化'，它不能在时间上发展，只能在空间扩展自己的多样性。"①我们知道，时间（time）的复数形式 times（时代），把时间从自然的发展中排除出去，也必然会把体现人类历史不同发展阶段的时代排除出去，从而把自然与历史尖锐地对立起来。恩格斯对黑格尔自然观的批判是有充分理由的，然而，如前所述，由于恩格斯主张撇开人对自然的反作用来考察自然本身的辩证运动，所以自然的自我运动虽然被放进了时间之中，但人类史与自然史之间的互动关系却被割裂开来了。在这里，归根到底，自然与历史的关系仍然是对立的。正是在这个意义上可以说，恩格斯的自然观在某些基本方面并没有超越黑格尔的自然哲学。

　　恰恰是马克思，在这一方面迈出了一大步。在《1844 年经济学哲学手稿》中，马克思指出："整个所谓世界历史不外是人通过人的劳动而诞生的过程，是自然界对人说来的生成过程。"②这就是说，人的诞生与自然界对人的生成，通过人的劳动而交织在一起，构成了世界历史的发展。人类史和自然史不是对立的，而是统一于世界历史中的。正是从这样的前提出发，马克思写道："在人类历史中即在人类社会的产生过程

---

　　① 《马克思恩格斯选集》第 4 卷，人民出版社 1995 年版，第 229 页。
　　② 《马克思恩格斯全集》第 42 卷，人民出版社 1979 年版，第 131 页。

中形成的自然界是人的现实的自然界；因此，通过工业——尽管以异化的形式——形成的自然界，是真正的、人类学的自然界。"①在这里，马克思十分清楚地告诉我们，如果撇开人类社会发展史，孤立地谈论自然史也只能是抽象的自然史。事实上，社会并不在自然之外，社会不过是人与自然的本质上的统一。在《德意志意识形态》中，马克思在驳斥那种把自然与历史对立起来的观点时说，"好像人们面前始终不会有历史的自然和自然的历史"②。在该书的一个脚注中，马克思又写道："我们仅仅知道一门唯一的科学，即历史科学。历史可以从两方面来考察，可以把它划分为自然史和人类史。但这两方面是密切相联的；只要有人存在，自然史和人类史就彼此相互制约。"③显然，这段论述与《1844年经济学哲学手稿》中的论述的基本精神是完全一致的。

马克思不仅一般地从理论上论证了自然与历史、自然史与人类史之间的交互关系，而且进一步分析了在不同的社会历史阶段人们在自然观上的差异。在人类诞生之初，自然作为一种完全异己的、有无限威力的力量与人类相对立，人类就像牲畜一样服从它的权力，马克思把这种对自然的纯粹动物般的意识称作"自然宗教"，并指出："这里立即可以看出，这种自然宗教或对自然界的特定关系，是受社会形态制约的，反过来也是一样。这里和任何其他地方一样，自然界和人的同一性也表现在：人们对自然界的狭隘的关系制约着他们之间的狭隘的关系，而他们之间的狭隘的关系又制约着他们对自然界的狭隘的关系，这正是因为自然界几乎还没有被历史的进程所改变；但是，另一方面，意识到必须和周围的人们来往，也就是开始意识到人一般地是生活在社会中的。"④在这里，马克思以其深刻的洞见向我们揭示出人与人之间在一定的社会历史阶段形成的相互关系与他们所拥有的自然观之间的内在联系。人们所

---

① 《马克思恩格斯全集》第42卷，人民出版社1979年版，第128页。
② 《马克思恩格斯全集》第3卷，人民出版社1960年版，第49页。
③ 同上书，第20页。
④ 同上书，第35页。

处的社会历史阶段越是原始，他们之间的相互关系越是狭隘，他们的自然观也越带有自然崇拜的痕迹。当人类社会发展到商品经济阶段时，资本以其巨大的力量创造了一个新的社会阶段，"与这个社会阶段相比，以前的一切社会阶段都只表现为人类的地方性发展和对自然的崇拜。只有在资本主义制度下自然界才不过是人的对象，不过是有用物"①。这就告诉我们，人类社会发展的历史大致上可以划分为两个阶段：一是前资本主义阶段，二是资本主义阶段。在前一个阶段，人们对自然的基本态度是崇拜；在后一个阶段，人们倒过来把自然作为自己的有用物，千方百计地榨取自然以满足自己的种种需要。

马克思的这些论述启示我们，撇开人类社会发展史，泛泛地谈论自然及其发展史是没有意义的。哪怕人们谈论的是自然自身运动的辩证法，但由于"自然自身"是排除一切目的因素和历史因素的，所以这个抽象躯体的辩证法仍然没有摆脱抽象自然观的思维框架。

施密特指出："一开始就把马克思的自然概念同其他自然观区别开来的是马克思自然概念的社会—历史性质。"②这段话说得非常好，因为它道出了马克思自然观的核心思想。当然，施密特在研究马克思的自然观时，没有进一步分析我们上面提到的、马克思对人类社会发展史的两分及在这两个不同的阶段人们自然观上的差异；同时，由于他没有超出"辩证唯物主义"的传统思维框架的影响，他也没有揭示出马克思的自然观与其历史唯物主义学说之间的内在联系。尽管如此，施密特的功绩还是不可埋没的，因为他冲破了苏联和东欧的哲学教科书长期来倡导的抽象自然观，恢复了马克思自然观的本来面目。

与施密特不同的是，卢卡奇的早期著作表明他领悟了马克思自然概念的真谛。他反复重申："自然是一个社会范畴。"③并对以自然自我运

---

① 《马克思恩格斯全集》第 46 卷（上册），人民出版社 1979 年版，第 393 页。
② Alfred Schmidt, *The Concept of Nature in Marx*, London：NLB, 1973, p. 15.
③ Georg Lukacs, *History and Classical Consciousness*, Cambridge：MIT Press, 1971，p. 234.

动为基础的自然辩证法取否定的态度。然而,晚年卢卡奇的观点却发生了根本性的变化,他在回顾《历史与阶级意识》这本书时说:"这本书的基本的本体论错误是我只承认在社会中的存在才是真正的存在,由于自然辩证法被否认,马克思主义从无机自然推出有机自然,再从有机自然通过劳动范畴推出社会的那种普遍性就完全失去了。"①在《社会存在本体论》中,卢卡奇这样写道:"当我们和马克思一起把我们自己的社会存在方式的历史理解为一种不可逆的过程时,所有那些被人们称之为自然辩证法的东西就显现为这种不可逆过程的前史。"②晚年卢卡奇是从发生学的观点出发来理解自然与社会的关系的,所以他十分重视人类诞生前的自然界的基础作用,注重自然自身的辩证运动,强调自然本体论是社会存在本体论的前提。这样一来,卢卡奇实际上就退回到抽象自然观的窠臼中去了,因为他力图返回到与人的目的性活动相分离的自然界中去。这就与以社会历史性为特征的马克思的自然观相去甚远了。值得注意的是,马克思研究自然的出发点不是以时间的先后为基准的发生学方法,而是以现实的社会存在为出发点的历史唯物主义的方法。

上面,我们分析了抽象自然观的第二种表现形式。这一分析表明,决不能脱离一切社会历史条件,泛泛地谈论自然界。人类的自然观与其社会历史背景是密切相关的。只有在人类史和自然史的交互关系中来研究自然,这样的自然才是真实的。

三

抽象自然观的第三种表现形式是:把自然科学与人类的社会生活割

---

① Itvan Eorsi edited, *Georg Lukacs: Record of a Life*, London: Verso, 1983, p. 77.

② Georg Lukacs, *Zur Ontologie des gesellschaftlichen Seins* (1. *Halbband*), Darmstadt und Neuwied: Hermann Luchterhand Verlag, 1984, S. 214.

裂开来，从而最终导致自然科学与人的科学的分离与对立。

晚年恩格斯对自然科学有很多研究，也充分肯定了自然科学的发现，特别是其发现对哲学发展的巨大的推动作用。然而，恩格斯所赞同的"纯粹自然科学的唯物主义"却蕴含着使自然科学与人类的社会生活分离的倾向。在《路德维希·费尔巴哈和德国古典哲学的终结》中，恩格斯这样写道："费尔巴哈说得完全正确：纯粹自然科学的唯物主义虽然'是人类知识的大厦的基础，但不是大厦本身'。因为，我们不仅生活在自然界中，而且生活在人类社会中，人类社会同自然界一样也有自己的发展史和自己的科学。"①这段话包含着下面两层意思：第一，恩格斯同意费尔巴哈的观点，认为纯粹自然科学的唯物主义是全部自然科学和社会科学知识的基础；第二，正像自然界有自己的科学和发展史一样，人类社会也有自己的科学和发展史，但恩格斯在这里没有说明这两类科学之间的内在联系。

那么，费尔巴哈所说的"纯粹自然科学的唯物主义"又是什么意思呢？恩格斯在同书的另一处写道："我们自己所属的物质的、可以感知的世界，是唯一现实的；而我们的意识和思维，不论它看起来是多么超感觉的，总是物质的、肉体的器官即人脑的产物。物质不是精神的产物，而精神本身只是物质的最高产物。这自然是纯粹的唯物主义。但是费尔巴哈到这里就突然停止不前了。"②从上下文可以看出，"纯粹的唯物主义"与"纯粹自然科学的唯物主义"的意思相同，都强调世界是物质的、可以感知的，而精神则是物质的最高产物等。问题在于，费尔巴哈所达到的、恩格斯所赞成的这种"纯粹自然科学的唯物主义"，从其内容来看，正是与人类社会生活相分离的、抽象的自然科学的唯物主义。为什么这么说呢？因为这种费尔巴哈式的唯物主义乃是直观的唯物主义，它并没有把人理解为社会存在物，把自然理解为人化自然，也没有把外

---

① 《马克思恩格斯选集》第 4 卷，人民出版社 1995 年版，第 230 页。
② 同上书，第 227 页。

部世界理解为人的本质力量的对象化，把五官感觉理解为以往全部世界历史的产物。一言以蔽之，它完全撇开人的社会生活，只是抽象地谈论着世界、物质、感觉、思维和精神。正如马克思所指出的："那种排除历史过程的、抽象的自然科学的唯物主义的缺点，每当它的代表越出自己的专业范围时，就在它们的抽象的和唯心主义的观念中立刻显露出来。"①

按照这种费尔巴哈式的唯物主义观点去看待自然科学与人的科学之间的关系，这两种科学也必定是相互分离的。在《路德维希·费尔巴哈和德国古典哲学的终结》中，一方面，恩格斯批判了自然哲学以幻想的联系取代现实的联系，主张用"辩证的自然观"（即自然辩证法）取代自然哲学；另一方面，恩格斯又批判了历史哲学、法哲学、宗教哲学等以头脑中臆造的联系取代历史事变中的现实的联系，主张用"马克思的历史观"取代"历史领域内的哲学"。然而，在这里，自然与历史、自然科学与人的科学仍然处在相互分离的状态。

正是在马克思那里，我们看到了自然科学与人类社会生活的统一。在《1844年经济学哲学手稿》中，马克思指出："至于说生活有它的一种基础，科学有它的另一种基础——这根本就是谎言。"②事实上，自然科学已通过工业日益在实践上进入人的生活，改造人的生活，并为人的解放做准备；而工业作为人的本质力量打开了的书本，是自然界同人之间，也是自然科学同人之间的现实的、历史的关系，所以，"自然科学将失去它的抽象物质的或者不如说是唯心主义的方向，并且将成为人的科学的基础，正像它现在已经——尽管以异化的形式——成了真正人的生活的基础一样"③。正是从自然科学与人的社会生活的内在统一出发，马克思强调："自然科学往后将包括关于人的科学，正像关于人的科学

---

① 马克思：《资本论》第1卷，人民出版社1975年版，第410页。
② 《马克思恩格斯全集》第42卷，人民出版社1979年版，第128页。
③ 同上。

包括自然科学一样：这将是一门科学。"①在《德意志意识形态》中，马克思进一步批判了德国哲学家关于"纯粹的自然科学"的神话，指出自然科学也只是由于商业和工业的发展、由于人们的感性活动才获得材料并达到自己的目的的。事实上，如果撇开人类的社会生活和需求，自然科学的发展也就失去了自己的动力。

上面，我们分析了抽象自然观的第三种表现形式。这一分析表明，自然科学与人的社会生活的分离、自然科学与人的科学的分离正是费尔巴哈式的直观唯物主义或纯粹的自然科学的唯物主义使然。所以，要彻底消除抽象自然观的影响，就要恢复马克思自然观的本来面目，回到马克思的历史唯物主义的立场上去。

---

① 《马克思恩格斯全集》第 42 卷，人民出版社 1979 年版，第 128 页。

对马克思哲学与西方哲学关系的再认识①

由于受传统见解的影响，长期以来，我国理论界对马克思哲学与西方哲学的关系缺乏认真的反思，而这方面反思的缺席，无论是对马克思哲学的研究，还是对西方哲学的研究来说，都造成了一定的消极的影响。今天，重新反思这一关系的紧迫性和必要性已成为越来越多的学者的共识。

一

对马克思哲学与西方哲学关系的误解和误导主要表现为以下五种不同的类型。

第一种类型：片面地强调马克思是经济学家和社会学家，不是哲学家，或至少认为他在西方哲学史上是没有重要地位的。比如，德国著名哲学史家库诺·费舍在其两卷本的《新哲学史》中只有两行字提到马克思，而在德国另一位著名的哲

① 原载《天津社会科学》1999 年第 6 期，第 11—15 页；《中国社会科学文摘》2000 年第 2 期全文转载；《新华文摘》2000 年第 4 期全文转载；《当代国外马克思主义评论》2000 年第 1 期全文转载，第 166—177 页。收录于俞吾金：《实践诠释学——重新解读马克思哲学与一般哲学理论》，云南人民出版社 2001 年版，第 142—152 页；《重新理解马克思——对马克思哲学的基础理论和当代意义的反思》，北京师范大学出版社 2005 年版，第 15—22 页；《传统重估与思想移位》，黑龙江大学出版社 2007 年版，第 261—268 页；《哲学随想录》，北京师范大学出版社 2016 年版，第 120—126 页。——编者注

学史家余柏威的《从 19 世纪初到当代的哲学史纲要》一书中，也只有两页提到马克思和恩格斯的生平及其学说。按理说，在德国著名学者朗格的《唯物主义史》中，马克思的学说应该获得充分的论述和评价了，但实际上也没有。朗格只是在一些历史性的脚注中提到马克思，并称他为"政治经济学发展史上还活着的最伟大的专家"①。但他并没有把马克思理解为哲学家。对马克思的这种理解方式在 20 世纪 20 年代都还是很典型的。当然，这种理解方式的形成也和当时的历史条件有一定的关系，因为马克思在哲学研究上的一些重要的论著和手稿还没有得到广泛的传播，有的甚至还没有被发现。

第二种类型：片面地强调马克思哲学的科学性和逻辑性，从而在一定程度上忽略了马克思哲学与西方哲学中人文主义传统之间的关系。恩格斯在谈到马克思的历史观时说："这种历史观结束了历史领域内的哲学，正如辩证的自然观使一切自然哲学都成为不必要的和不可能的一样。……这样，对于已经从自然界和历史中被驱逐出去的哲学来说，要是还留下什么的话，那就只留下一个纯粹思想的领域：关于思维过程本身的规律的学说，即逻辑和辩证法。"②从这段话中可以引申出两个结论。其一，马克思的历史观和恩格斯本人所强调的辩证的自然观都不再是严格意义上的哲学学说。这从恩格斯的另一段话中也可得到印证。他在谈到黑格尔已经使以往所理解的哲学终结时指出："我们把沿着这个途径达不到而且任何单个人都无法达到的'绝对真理'撇在一边，而沿着实证科学和利用辩证思维对这些科学成果进行概括的途径去追求可以达到的相对真理。"③在这里，辩证的自然观或历史观都不过是对自然科学或社会科学的成果进行概括和总结的理论，哲学丧失了为一切实证科学澄明前提的基础性地位和作用。其二，哲学从自然界和历史中被驱逐出来，只留下了一个纯粹思想的领域，即纯粹逻辑和纯粹辩证法的领域。

---

① Karl Korsch, *Marxism and philosophy*, New York：NLB, 1970, pp. 29-30.
② 《马克思恩格斯选集》第 4 卷，人民出版社 1995 年版，第 257 页。
③ 同上书，第 219—220 页。

这个纯粹思想的领域既然与自然和历史都分离了，当然就不可能从根基上去关心并探讨人的问题，特别是异化劳动的问题。后来的列宁及苏联、东欧和中国的哲学教科书之所以把逻辑、辩证法和认识论的一致理解为马克思哲学的核心问题，其根源盖出于此。所以，萨特指责马克思主义哲学中出现了人学的飞地，主张用存在主义的学说来补充马克思主义，并非空穴来风。作为中国的学者，我们也很容易理解，为什么从1992年起全国会掀起一个"人文主义寻思热"。马克思哲学确有其逻辑性和科学性的一面，但更重要的却是它的人文性，它对人的价值、自由、权利和全面发展的执着的追求。只有肯定这一点，马克思哲学与西方哲学的本质联系才能被充分地揭示出来。

第三种类型：片面地强调马克思哲学是对德国哲学遗产的继承。列宁于1913年在《启蒙》杂志上发表的论文《马克思主义的三个来源和三个组成部分》中提出了一个十分有影响的观点："马克思的学说是人类在十九世纪所创造的优秀成果——德国的哲学、英国的政治经济学和法国的社会主义的当然继承者。"[1]其实，这一见解在恩格斯于1886年出版的《路德维希·费尔巴哈和德国古典哲学的终结》一书中已见端倪。毋庸讳言，这一见解在一定程度上反映了马克思哲学与西方哲学传统的关系。但问题在于，马克思哲学与西方哲学的关系只被归结为与德国哲学的关系吗？尽管在西方哲学史上德国哲学是比较晚出的，也就是说，它吸纳了以前的西方哲学的重要遗产，但这种吸纳却不能取代对以前的西方哲学发展的不同阶段的研究。事实上，马克思的《博士论文》就是研究古希腊哲学中德谟克利特和伊壁鸠鲁在自然哲学上的差异的；17、18世纪欧洲的启蒙学者，如洛克、卢梭、休谟等人的思想，特别是他们的社会政治思想曾经对马克思产生过重大的影响。[2] 据卢卡奇的看法，马克思

---

① 《列宁选集》第2卷，人民出版社1972年版，第441—442页。

② 在谈到17、18世纪的欧洲哲学家对马克思的影响时，人们常常忽视了贝克莱。其实，贝克莱对"抽象的观念"(abstract ideas)的批判通过直接的和间接的方式对马克思产生了重大的影响。马克思对抽象物质观的批判即根源于此。关于这个问题，我们将另文论及。

之所以重视对人的有目的的活动，特别是劳动问题的研究，不但受到了康德的影响，而且也受到了古希腊哲学家亚里士多德的启发。由此可见，肯定马克思的哲学思想与德国哲学有着密切的联系是对的，但对马克思哲学与西方哲学的关系的理解仅限于此又是错误的，极易把马克思哲学的来源简单化和抽象化。

第四种类型：强调马克思哲学的独创性和伟大性，以至于把它与整个西方哲学传统对立起来，把它们之间的关系仅仅理解为批判者与被批判对象的关系。在苏联、东欧和中国的哲学教科书中，这种类型的见解始终是占主导地位的。比如，迄今为止，在哲学二级学科的划分中，中国的哲学研究机构和大学里的哲学系仍然把马克思主义哲学、中国哲学和西方哲学视为最基本的二级学科。这种分类虽然突出了马克思哲学在意识形态领域中的领导作用，但却蕴含着一种危险，即把马克思哲学与西方哲学割裂开来、对立起来。它给人造成的印象是：一方面，马克思哲学成了无源之水、无本之木，它仿佛是横空出世的，从来没有受到过西方哲学传统的滋养；另一方面，马克思哲学仿佛除了对西方哲学传统进行批判和否定外，从来也没有给西方哲学的发展提供过任何积极的因素。这种类型的理解方式由于把马克思哲学与西方哲学完全对立起来，因此既不能准确地理解马克思哲学思想的来源、本质和基本特征，也不能完整地理解西方哲学的发展史。

第五种类型：强调马克思哲学是从属于近代西方哲学的，它与当代西方哲学处于对立的状态中。这种类型的见解主要受到列宁对时代判断的影响。列宁认为，从19世纪末20世纪初开始，资本主义的发展进入帝国主义阶段，帝国主义是腐朽的、垂死的、垄断的资本主义，与帝国主义相应的意识形态，特别是哲学自然也是腐朽的。由于受这种见解的影响，苏联、东欧和中国的不少研究者都把马克思哲学作为批判当代西方哲学的武器。这样一来，马克思哲学与当代西方哲学的关系就处于尖锐的对立中。实际上，正如海德格尔所指出的，马克思和尼采的学说乃是对传统的形而上学，特别是对近代形而上学的颠覆。在马克思哲学中，尽管存在着近代哲学影响的痕迹，但就其本质特征而言，马克思哲学是从属于当代西方哲学的。马克思特别通过对实践及实践的历史性的澄清，超越了以笛卡儿为肇始的近代西方哲学的心物二元论，达到了当代哲学思维的高度，从而为当代西方哲学的发展提供了重要的推动力。

在当前的研究中，那种认为马克思不是哲学家的错误见解已经随着马克思的不少哲学手稿的发现而不攻自破了。然而，其他几种类型的见解仍然拥有相当的影响，需要我们认真地加以反思和清理。

二

我们上面提到的种种错误的见解在当前的研究中表现为以下三种现象：一是把马克思的哲学思想的来源窄化，即把德国古典哲学，特别是黑格尔和费尔巴哈的学说理解为马克思哲学思想的根本来源；二是把马克思的哲学立场简单化，认为马克思和整个西方哲学传统（特别是当代西方哲学）是对立的、批判的关系，而完全忽略了这一关系中的继承的、融合的一面；三是把马克思哲学思想的内容片面化，即只强调马克思对其学说的科学性（如政治经济学的科学性、科学社会主义等）的追求，忽视了马克思与整个西方人文主义传统的继承关系。下面，我们将对这三种现象进行具体的分析。

一是把马克思哲学思想的来源窄化。在通常的哲学教科书中，马克思哲学思想的来源不但被局限在德国古典哲学的框架内，而且进一步被窄化为黑格尔的辩证法和费尔巴哈的唯物主义。传统的哲学教科书创造出了"合理内核（黑格尔的辩证法）＋基本内核（费尔巴哈的唯物主义）＝辩证唯物主义（即马克思哲学）"的神话，并把逻辑学、认识论和辩证法三者的统一视为马克思哲学关注的最基本的话题之一。由于把马克思哲学思想的来源窄化了，马克思与西方传统中非德国古典哲学部分的联系也就被掩盖起来了。下面我们举两个例子来说明这方面的问题。

第一个例子是马克思的自由观与古希腊哲学，特别是与伊壁鸠鲁哲学之间的关系。在马克思看来，古希腊哲学家德谟克利特尤其崇拜必然性："德谟克利特把必然性看作现实性的反思形式。关于他，亚里士多德说过，他把一切都归结为必然性。"①显然，在这种对必然性的崇拜中，包含着对自由的完全否定。与德谟克利特不同，伊壁鸠鲁虽然是原子论学说的坚定拥护者，但他并不赞成德谟克利特关于必然性的观念。他针锋相对地指出："被某些人当作万物的主宰的必然性，是不存在的，宁肯说有些事物是偶然的，另一些事物则取决于我们的任意性。必然性是不容劝说的，反之，偶然性是不稳定的。"②正是基于这种新的见解，伊壁鸠鲁提出了著名的"原子偏斜说"，强调原子并不直线下落，而是可以作偏斜运动，万物由此而生成。这种新的理论极大地推进了原子说的发展。为此，马克思写道："众所周知，偶然是伊壁鸠鲁派居支配地位的范畴。"③伊壁鸠鲁对必然性的否定和对偶然性的赞扬，实际上也就是对命运、天意的否定和对生活中的自由、幸福的肯定。所以，马克思评论说："他主张精神的绝对自由。"④青年马克思之所以潜心研读伊壁鸠鲁的哲学著作，写下了七个笔记，并把德谟克利特的自然哲学与伊壁鸠鲁的自然哲学的差异作为自己的博士论文来撰写，正表明体现在伊壁鸠鲁哲学中的自我意识和自由精神对他的自由观的形成产生了重大的影响。

第二个例子是马克思的平等观和民主观与法国哲学，尤其是与卢梭哲学的密切联系。这一联系也未进入苏联、东欧和中国的哲学教科书的视野。意大利学者德拉·沃尔佩在《卢梭与马克思》一书中曾对这一联系作了深入的探讨。他认为，马克思的政治哲学观念与卢梭有着直接的联

---

① 《马克思恩格斯全集》第 40 卷，人民出版社 1982 年版，第 203 页。
② 同上书，第 204 页。
③ 同上书，第 130 页。
④ 同上书，第 46 页。

系，特别是马克思的《黑格尔法哲学批判》是"一部完全充满了典型的卢梭人民主权思想的著作"①。此外，马克思在《哥达纲领批判》一书中关于"平等权利"问题的讨论也受惠于卢梭于 1755 年出版的《论人类不平等的起源和基础》一书的重大影响。德拉·沃尔佩还认为，卢梭提出的"平等的自由"的概念也对马克思产生了重大的影响。从上面的论述可以看出，马克思对西方哲学传统的解读并没有停留在德国古典哲学的范围之内。马克思是西方哲学传统的全面继承者。

二是把马克思的哲学立场简单化。即把它与整个西方哲学的传统简单地对立起来。人们之所以引申出这样的简单化的结论，与他们对马克思和恩格斯合著的《共产党宣言》中的一句话的误读不无关系。这句话是："共产主义革命就是同传统的所有制关系实行彻底的决裂；毫不奇怪，它在自己的发展进程中要同传统的观念实行最彻底的决裂。"②事实上，马克思在这里说的"传统的观念"主要是指与传统私有制密切相关的政治观念，这里说的"决裂"主要也是从政治立场着眼的，并不意味着把自己的思想同一切传统的观念割裂开来并对立起来。19 世纪 70 年代，当德国理论界把黑格尔看作一条"死狗"时，马克思却发表了如下的见解："我要公开承认我是这位大思想家的学生，并且在关于价值理论的一章中，有些地方我甚至卖弄起黑格尔特有的表达方式。"③在《1844 年经济学哲学手稿》中，马克思对黑格尔的《精神现象学》所取得的成果予以充分的肯定，他指出："黑格尔的《现象学》及其最后成果——作为推动原则和创造原则的否定性的辩证法——的伟大之处首先在于，黑格尔把人的自我产生看作是一个过程，把对象化看作失去对象，看作外化和这种外化的扬弃；因而，他抓住了劳动的本质，把对象性的人、现实的因而是真正的人理解为他自己劳动的结果。"④虽然马克思对黑格尔哲学

① Della-Volpe：*Rousseau and Marx*，London：Lawrence & Wishart，1978，p. 144.
② 《马克思恩格斯选集》第 1 卷，人民出版社 1972 年版，第 271—272 页。
③ 《资本论》第 1 卷，人民出版社 1975 年版，第 24 页。
④ 《马克思恩格斯全集》第 42 卷，人民出版社 1979 年版，第 163 页。

中的神秘主义倾向有许多批评，但总是充分肯定他思想中合理的东西。马克思用同样的态度对待西方哲学史上的其他哲学家，如他对伊壁鸠鲁哲学的赞扬、对法国启蒙运动的高度评价、对英国唯物主义者的充分肯定和对费尔巴哈历史地位的维护等，都表明马克思充分尊重并继承了西方哲学的优秀遗产。

如果看不到马克思在这方面所做的巨大的努力，把马克思哲学与整个西方哲学传统简单地对立起来，势必把他的学说曲解为一种虚无主义。列宁在批评当时俄国的具有虚无主义倾向的所谓"无产阶级文化派"时，曾经这样写道："马克思主义这一革命无产阶级的思想体系赢得了世界历史性的意义，是因为它并没有抛弃资产阶级时代最宝贵的成就，相反地却吸收和改造了两千多年来人类思想和文化发展中一切有价值的东西。"①

三是把马克思哲学的内容片面化，把它曲解为只追求科学性的学说，忽视了马克思与西方人文主义传统之间的密切联系。马克思逝世后，考茨基作为第二国际的领袖之一，竭力把马克思的哲学科学化。在他看来，既然马克思发现了人类社会运动的规律，革命就会像万有引力定律一样，自然而然地发生，革命者只要等待这样的结果出现就行了。正如本·阿格尔所指出的："科学的马克思主义往往未能超越纯粹的决定论，从而失去其指导和帮助早期革命阶级斗争的潜在能力。"②以后，在马克思主义成为主导意识形态的一部分社会主义国家中，马克思哲学的科学性不断地得到强调，而其人文特征却一再地被忽视。有趣的是，倒是存在主义的哲学家重新发现了马克思哲学的这一维度。海德格尔就说过："因为马克思在体会到异化的时候深入到历史的本质性的一度中去了，所以马克思主义关于历史的观点比其余的历史优越。但因为胡塞尔没有，据我看来萨特尔也没有在存在中认识到历史事物的本质性，所

---

① 《列宁选集》第 4 卷，人民出版社 1972 年版，第 362 页。
② ［加］本·阿格尔：《西方马克思主义概论》，慎之等译，中国人民大学出版社 1991 年版，第 122 页。

以现象学没有、存在主义也没有达到这样的一度中，在此一度中才有可能有资格和马克思主义交谈。"①萨特在《辩证理性批判》一书中也强调了存在主义与马克思学说在人的问题上的一致性。他这样写道："存在主义和马克思主义的目标是同一个，但后者把人吸收在理念之中，前者则在他所在的所有的地方，即在他工作的地方、在他家里、在街上寻找他。"②事实上，马克思哲学作为革命的实践的哲学，人文关怀和全人类的解放始终在其学说中占据着主导性的位置。只有充分理解这一点，才会明白，片面地强调马克思哲学的科学性，竭力把马克思的学说学院化，在多大的程度上曲解了马克思的本意。历史和实践一再告诫我们，在马克思的学说成为意识形态的国家里，马克思哲学的人文主义维度应该得到更多的强调，只有这样，才能把人民群众团结起来，为共同的事业而奋斗。

三

如果从思维方式的角度进行检讨的话，我们就会发现，对马克思哲学与西方哲学关系的种种误解是与人们缺乏辩证的思维方式密切相关的。

首先，我们必须看到，马克思既继承了整个西方哲学的优秀遗产，又超越了西方中心主义，特别是欧洲中心主义的视野。马克思的《资本论》出版后，俄国民粹主义者米海洛夫斯基试图把马克思关于西欧资本主义起源的论述简单地推广到一切国家（包括俄国）中去。马克思对他这种欧洲中心主义式的见解进行了严肃的批判："他一定要把我关于西欧资本主义起源的历史概述彻底变成一般发展道路的历史哲学理论，一切民族，不管他们所处的历史环境如何，都注定要走这条道路，——以便

---

① 熊伟：《存在主义哲学资料选辑》（上卷），商务印书馆 1997 年版，第 380 页。
② ［法］萨特：《辩证理性批判》，林骧华等译，安徽文艺出版社 1998 年版，第 27 页。

最后都达到在保证社会劳动生产力极高度发展的同时又保证人类最全面的发展的这样一种经济形态。但是我要请他原谅。他这样做,会给我过多的荣誉,同时也会给我过多的侮辱。"①马克思不但深入地研究了欧洲社会的历史发展,而且也借助人类学研究的资料,深入地思考了非欧洲社会发展的历史倾向及两种不同类型的社会的重大差异,并坚决反对人们把欧洲社会研究中形成的一些见解简单地推广到非欧洲社会中去。在这个意义上我们可以说,马克思既处在西方哲学文化的传统之中,但又以一个世界主义者的远大的目光超越了这一传统。

其次,马克思哲学就其本质而言,马克思哲学是从属于当代西方哲学传统的,但它又吸收了近代西方哲学中的许多合理的因素,这些因素在当代中国社会的发展中仍然具有重大的意义。正如传统的思维方式把马克思哲学视为近代哲学而与当代西方哲学尖锐地对立起来一样,当今的思维方式则走向另一个极端,又把马克思哲学作为当代的哲学而与近代西方哲学尖锐地对立起来。我们认为,这两个极端都是错误的。虽然马克思哲学作为实践哲学超越了笛卡儿的二元论,但马克思并没有对近代西方哲学采取虚无主义的态度。马克思对人的主体性的强调就是近代哲学的重要遗产,而这一遗产在当代中国社会还是极其重要的,有人主张把马克思的学说后现代主义化,提出要"消解主体性",从而把马克思哲学后现代化,这显然又从另一个极端曲解了马克思的哲学。

最后,马克思哲学既具有深厚的人文主义精神的基础,又体现出尊重客观规律的科学性。在马克思的学说中,人文精神与科学精神是一致的,正如他自己所指出的:"自然科学往后将包括关于人的科学,正象关于人的科学包括自然科学一样:这将是一门科学。"②总之,只有辩证地理解马克思的哲学,才能真正地把握它的实质,把握它与整个西方哲学传统之间的本质关系。

---

① 《马克思恩格斯全集》第 19 卷,人民出版社 1963 年版,第 130 页。
② 《马克思恩格斯全集》第 42 卷,人民出版社 1979 年版,第 128 页。

2000年

马克思仍然是我们的同时代人[①]

20 世纪已经过去了。不管人们对它怀着多么复杂的感情：是痛苦的失落，还是欣喜的回眸？是疑虑的增长，还是平静的怀旧？苹果已经从树上掉下来了，20 世纪已经消失在人类历史的巨大的黑洞之中。对于马克思主义来说，20 世纪既是一个凯歌行进的世纪，也是一个遭受重大挫折的世纪。尤其是在 20 世纪的最后十余年中，随着苏联解体与东欧剧变，马克思主义经历了一场前所未有的危机。曾几何时，"马克思主义已经死亡""共产主义已经夭折""人类历史已经终结"这样的口号响彻了西方社会的上空，然而，正如莎士比亚所嘲讽的："头晕的人以为世界在旋转"，主观愿望并不是客观现实，情绪化的口号并不是非情绪化的结果。有趣的是，历史反倒向我们证明：这些口号有多么浅薄！因为当它们的余音还萦绕在我们耳际的时候、历史的钟摆已经摆向另一个极端。

[①] 原载《文汇报》2000 年 8 月 2 日；《中国社会科学文摘》2000 年第 5 期转载；《当代国外马克思主义评论》2000 年第 1 期全文转载，第 1—10 页。收录于俞吾金：《实践诠释学：重新解读马克思哲学与一般哲学理论》，云南人民出版社 2001 年版，第 97—108 页；《重新理解马克思——对马克思哲学的基础理论和当代意义的反思》，北京师范大学出版社 2005 年版，第 371—378 页。——编者注

一、马克思研究的复兴

马克思研究的当代复兴以各种不同的方式表现出来。

一是 1992—1993 年，法国全国科研中心研究员瓦岱出版了《马克思：研究可能性的思想家》一书；法国后结构主义的代表人物、巴黎高等师范学校教授德里达出版了《马克思主义的幽灵》一书；著名哲学家阿尔都塞的学生和合作者、巴黎第十大学教授巴里巴尔出版了《马克思的哲学》一书。这些著作在法国思想界掀起了一股重读马克思、重新评价马克思的浪潮。

二是 1995 年 9 月，由法国《当代马克思》杂志发起的"国际马克思大会"在巴黎举行，上千人参加了会议，就马克思主义的历史地位、苏联和东欧剧变的历史教训等问题展开了深入的讨论。大会盛况空前，影响深远，法国《人道报》和《解放报》分别以"马克思引起了轰动"和"马克思没有死"为标题进行报道。同年 12 月，原法共马克思主义研究院改名为"马克思园地全国协会"，强调其宗旨是"探索、比较、创新"，当务之急是总结世界共产主义运动的历史经验，深化对资本主义的批判。

三是 1998 年 5 月，由"马克思园地全国协会"等单位组织发起的、纪念《共产党宣言》问世 150 周年的集会在巴黎举行，将近一千人参加了会议。隆重的集会、热烈的讨论，再一次印证了德里达在《马克思的幽灵》一书中叙述的真理："不能没有马克思，没有马克思，没有对马克思的记忆，没有马克思的遗产，也就没有将来。"①

有人也许会反驳说："你上面列举的事实都发生在法国，这是否表明，马克思主义研究的复兴只是当代法国思想界演出的喜剧呢？"我们的

---

① ［法］雅克·德里达：《马克思的幽灵》，何一译，中国人民大学出版社 1999 年版，第 21 页。

回答是否定的。

一是在苏联解体、苏共被解散以来,在独联体各国已经陆续有数十个共产党组织重新恢复或崛起。在俄罗斯,重新建立的、具有社会主义倾向的左翼团体正在聚集力量,由久加诺夫领导的俄罗斯联邦共产党已经拥有数十万党员,从而成为俄罗斯国家杜马中的第三大党团。目前,这些左翼团体正在认真总结苏联解体的历史教训,以便在未来的政治生活中发挥积极的作用。

二是东欧剧变后,虽然东欧各国的共产党相继易名,以社会民主主义为宗旨重新建党,但左翼的力量并不因此而销声匿迹。如从1990年起,罗马尼亚社会民主党(其前身是社会主义劳动党)一直处于执政地位;1993年,波兰社会民主党和农民党的左派联盟在议会大选中获胜;1994年,匈牙利社会党和保加利亚社会党相继在大选中获胜等。这些政党正在总结经验,调整政策,以重新获得人民群众的信任和支持。

三是西欧各国及美国的共产党组织虽然在东欧剧变后陷入了低潮,但大多数共产党组织经过分化、组合和整顿,重新站稳了脚跟,并通过对马克思经典著作的重新解读和对社会生活的积极参与,以求得生存和发展。

四是中国、古巴、越南、朝鲜、老挝等社会主义国家在东欧剧变后顶住了压力,积极探索适合本国特征的社会主义发展道路,取得了可喜的成绩。尤其在中国,作为"当代中国的马克思主义"的邓小平理论的地位的确立、"社会主义市场经济"口号的提出、马克思主义研究在整个理论界的复兴,都表明马克思主义仍然具有强大的生命力。

五是英国BBC公司和其他机构在两个千年交汇的时候所做的民意测验也表明,马克思仍然是全世界最受重视的伟大人物之一。

我们列举上述事实,并不表明我们对马克思和马克思主义的现实状况抱着一种盲目乐观的态度。事实上,这种不严肃的、轻佻的态度正是我们首先要加以反对的。在当前理论界,我们已经不止一次地遭遇到这种盲目乐观的态度。持有这种态度的人对马克思主义抱着一种十分天真的信念，仿佛最近十多年来马克思主义没有遭受过任何挫折和危机，仿佛马克思主义无须对当今时代人类面对的种种问题作出积极的回应和艰苦的思索，后人只要躺在马克思主义学说上睡大觉就行了。乍看起来，持有这种态度的人似乎在维护马克思主义的威信。实际上，他们力图把马克思主义理解为与现实生活相分离的、抽象的、封闭的学说，从而从根本上瓦解它的生命力。

当然，我们也不赞成与这种盲目乐观相反的、悲观的态度。这种悲观主义看不到马克思的学说和马克思的解释者的学说之间的重大的差别，习惯于把后者遭遇到的每一个困境都简单地理解为马克思学说本身的困境，从而对马克思学说本身失去了信心。正如卡西迪所说的："在许多方面，马克思的遗产被共产主义的失败掩盖住了。"持有这种悲观态度的人认为马克思主义已经过时，所以他们寄希望于那些时髦的，特别是具有后现代主义倾向的学说，试图从这样的学说中去寻找解答当代问题的思想资源。然而，他们根本就没有看到，即使是具有后现代主义倾向的思想家，如利奥塔、詹姆逊、吉登斯、德里达等，也常常到马克思的学说中去吸取灵感。

二、如何超越我们和马克思之间的历史间距

谁都无法否认，我们和马克思之间存在着历史的间距。但问题在于，我们应该如何看待这一历史间距？有的学者提出了"回到马克思那里去"的口号，其本意是通过当代人向马克思原典的回归，来缩小乃至消除这种历史间距，但这样做是可能的吗？我们认为是不可能的。在这个口号中，包含着两方面的错误思想：一方面，人们力图抛弃自己在当今世界中原有的立场和兴趣，把自己虚无化，然后像邮票一样粘贴在历史的马克思的肖像上；另一方面，人们又自觉地或不自觉地流露出顽强的崇古意识，仿佛只要退回到起点上去，退回到马克思的原典上去，一

切问题也就迎刃而解了。德里达把这种态度称为"新的理论主义中立化的麻木"①，因为在这种态度中，今人并没有带着当今生活世界中的重大问题去解读马克思，他只是给人一个模糊的印象，即要回到马克思那里去，仿佛他的全部使命就是拭去落在历史的马克思肖像上的尘埃！遗憾的是，这里存在着双重的漠视——对自己的历史意识的漠视和对马克思在当今世界中的现实意义的漠视。虽然"回到马克思那里去"的口号竭力消除今人与马克思之间的历史间距，但实际上，今人和马克思仍然对峙着。此外，这个口号也缺乏任何创新意识，我们在它身上看到的只是模仿。不是早就有新康德主义者和新黑格尔主义者提出的"回到康德那里去""回到黑格尔那里去"的口号了吗？但事实上，无论是康德、黑格尔，还是马克思那里都是回不去的，历史间距是消不去的，只有正确地认识并进入这种历史间距，才能把握马克思学说的真精神，从而在当今世界中获得合理的生活态度。

如果一定要我们提出什么口号的话，那么这个口号也许是最平淡无奇的："马克思仍然是我们的同时代人。"有人或许会反驳道：你们这个口号和"回到马克思那里去"的口号一样，不也是要取消今人与马克思之间的历史间距吗？难道这两个口号之间的唯一差别不是前者要把历史的马克思拉到今人这里来，后者则要使今人退回到历史的马克思那里去吗？我们的回答是：把马克思作为我们的同时代人，不但没有忽略我们和马克思之间的历史间距，恰恰相反，正是承认了这个间距的存在。在我们看来，"历史的马克思"和"与我们同时代的马克思"的理论形象是有差异的。前者是完整的，但却是朦胧的；后者是不完整的，但却是清晰的。事实上，当我们千方百计地试图抹去我们作为当代人所具有的生活旨趣，而回归到一个完整的、历史的马克思那里去的时候，我们已经自觉或不自觉地陷入"新的理论主义中立化的麻木"中去了。与此不同的

---

① ［法］雅克·德里达：《马克思的幽灵》，何一译，中国人民大学出版社1999年版，第46页。

是，当我们强调马克思仍然是我们的同时代人的时候，我们不但没有消去我们作为当代人的生活旨趣，恰恰相反，我们正是自觉地带着这种生活旨趣去认识马克思的。在这一认识的视野中，马克思的理论形象不再是模糊不清的了，而是突然变得透明了，特别是他思想中与当代人的生活兴趣有联系的侧面，十分清楚地向我们显现出来。所以，我们不是怀着抽象的热情回归到历史的马克思那里，而是从今人的生活旨趣出发，把历史的马克思当代化，尤其是把马克思学说中那些在今天的生活中仍然有着重大意义的思想资源凸显出来，以指导我们今天的生活。换言之，正是因为我们充分地理解了我们和马克思之间的历史间距，我们才避免了这种"新的理论主义中立化的麻木"，从而把马克思理解为我们的同时代人。这样一来，马克思的当代性和马克思主义思想资源的当代意义也就开始源源不断地展现出来了。正如凯尔纳所指出的："同那些宣称马克思主义在现时代已经逐渐过时的人相反，我认为马克思主义仍然在为解释资本主义社会的当代发展提供理论来源，并且包含着仍然能够帮助我们争取改造当代资本主义的政治来源。因此，我认为，马克思主义仍然具有对现时代进行理论概括和批判现时代的资源，马克思主义政治学至少仍然是当代进步的或激进的政治学的一部分。"

乍看起来，"马克思仍然是我们的同时代人"的口号和"回到马克思那里去"的口号之间的唯一差别在于：前者立足于从当代人的生活旨趣，并从这一旨趣出发，努力揭示历史的马克思的当代意义；后者则竭力消去自己作为当代人所具有的生活旨趣，强调对历史的马克思的返回。由于自己的立场被消去，这样的"返回"也就具有形式化的特征，从而也必然使马克思的形象变得模糊起来。在我们看来，这个差别正是至关重要的，因为它展示出对马克思和马克思主义的两种不同的，甚至对立的态度：一种是正视"诠释学循环"的实质性的态度，它旨在阐发马克思和马克思主义的当代意义；另一种是单纯崇拜历史的形式主义的态度，它完全撇开当代人的生活旨趣，一心一意要塑造出一个超时代的、完整的马克思的形象。事实上，也只有按照前一种态度，我们和马克思之间的历史间距才获得正确的把握：一方面，由于我们没有消去自己的立场，这种历史间距也就被清醒地意识到了；另一方面，由于我们从当代生活世界的视野出发，重新理解马克思的思想资源，从而把马克思理解为我们的同时代人，因而我们和历史的马克思之间的关系并不是疏远的，换言之，并没有陷于僵硬的对峙，而是处于一种相互理解的和谐之中。

当然，我们主张前一种态度，并不等于把当代人的生活旨趣理解为一种主观随意性的东西。恰恰相反，当代人要通过认真的反思来确定这种生活旨趣。在我们看来，当代人的生活旨趣并不体现在他们不同的主观的情感和思维的随意性中，而是在他们共同地置身其中的生活世界中，是生活世界中最本质的实事。这些实事就是：社会主义与发展中国家、现代化与现代性等。事实上，我们也正是从这样的生活旨趣出发，对历史的马克思提出自己的诉求的。反之，马克思和马克思主义的当代意义也正在于其提供了一个特殊的视角，以便当代人对这些来自生活世界的、困扰着自己的重大现实问题作出合理的、有效的回应。

三、马克思哲学的当代意义

首先，马克思和马克思主义的当代意义在于其历史唯物主义学说。正如海德格尔所指出的，马克思对历史的深刻理解是现象学和存在主义都无法与之匹敌的。正是历史唯物主义这一伟大学说为我们认识和理解当今生活世界的各种问题提供了一把重要的钥匙。也正是在这一意义上，波兰学者亚当·沙夫把历史唯物主义称为"马克思主义的精髓"。当然，重要的是准确地理解历史唯物主义学说，要充分地认识历史唯物主义与旧唯物主义之间存在的本质差异，避免使历史唯物主义蜕变成浅薄的"经济决定论"。其次，蕴含在马克思文本中的那种深刻的批判精神也是我们这个时代的重要思想资源。正如凯尔纳所强调的："马克思主义包含着发展现时代的一种批判理论的源泉。"我们这里所说的马克思的批判精神包含着两个侧面：一是马克思对资本主义社会的批判。当代资本主义并没有像弗兰西斯·福山所想象的那样，足以担当起终结人类全部历史的重任，相反，它在发展中所暴露出来的一系列问题表明，它也必须不断地受到批判，从而调整自己的发展道路。虽然有的学者把当代资本主义称作晚期资本主义，但马克思在资本主义的自由发展时期所作的许多论述在今天仍然有其不可磨灭的批判价值。二是马克思的自我批判的精神。德里达曾经说过："要想继续从马克思主义的精神中汲取灵感，就必须忠实于总是在原则上构成马克思主义而且首要地是构成马克思主义的一种激进的批判的东西，那就是一种随时准备进行自我批判的步骤。这种批判在原则上显然是自愿接受它自身的变革、价值重估和自我再阐释的。"①今天，强调马克思的这种自我批判的精神，在那些把马克思主义教条化的社会主义国家中具有特别重要的现实意义。再次，马克思关于社会主义的论述在当今生活世界中也具有十分重要的现实意义，尤其对于后发国家来说，在经济全球化及南北差距越来越大的情况下，如何探索性地走出一条适合于本民族发展的道路，乃是一切生活旨趣中的当务之急。而当人们这样做的时候，也必须从马克思那里汲取灵感。最后，马克思关于现代化、现代性和资本的全球发展趋向的批判性的论述在今天也具有重要的现实意义。沃勒斯坦认为，"已经死亡的是作为现代性理论的马克思主义，这一理论是与自由主义的现代性理论一起被精心制造出来的，而且它确实在很大的程度上受到自由主义的激励。而没有死亡的是作为对现代性及其历史表现、即资本主义的世界经济进行批判的马克思主义"。我们并不完全同意沃勒斯坦的上述见解，实际上，对于正在追求现代化的后发国家来说，马克思对现代化和现代性的论述仍然具有十分重要的理论价值。当然我们已经置身于经济全球化的发展时代，在这样的时代中，我们必须从自己的国情出发，既要坚持现代化

---

① ［法］雅克·德里达：《马克思的幽灵》，何一译，中国人民大学出版社 1999 年版，第124页。

和现代性，也要借助于后现代主义的眼光，对正在实施的现代化的方案作出合理的调整。总之，有一点是肯定的，即要正确地理解现代化和现代性的问题，我们仍然无法回避马克思。在这一点上，我们和沃勒斯坦又是一致的。

马克思和马克思主义的当代意义表明，马克思仍然是我们的同时代人。只有不用教条主义的态度去对待马克思，马克思的思想资源才会源源不断地向我们展现出来。

论马克思的研究方法和叙述
方法之间的关系①

　　如果我们提出如下的问题："究竟什么是马克思的方法?"人们通常会这样回答:"辩证法。"实际上,传统哲学教科书也是以这种方式来解答这个问题的。不能说这样的回答是错误的,但它毕竟太笼统了。一方面,在西方哲学发展史中,存在着各种不同的辩证法学说,而马克思的辩证法学说的特殊性在这个回答中并没有被揭示出来,当然,这方面的问题已有不少人进行探讨;另一方面,在辩证法这个大框架内,马克思也十分重视研究方法与叙述方法之间的差异和联系,而迄今为止这方面的问题还没有引起理论界的充分重视。显而易见,深入地考察马克思关于研究方法和叙述方法关系的论述,不但能从新的视角出发,深化我们对马克思方法论的认识,而且也能为人文社会科学的研究及其成果的叙述提供方法上的重要启示。

---

　　① 原载《马克思主义与现实》2000 年第 6 期,第 16—24 页。收录于俞吾金:《实践诠释学:重新解读马克思哲学与一般哲学理论》,云南人民出版社 2001 年版,第 118—142 页;《重新理解马克思——对马克思哲学的基础理论和当代意义的反思》,北京师范大学出版社 2005 年版,第 350—367 页。——编者注

一、问题的提出

在《资本论》第二版跋中，马克思这样写道："当然，在形式上，叙述方法必须与研究方法不同。研究必须充分地占有材料，分析它的各种发展形式，探寻这些形式的内在联系。只有这项工作完成以后，现实的运动才能适当地叙述出来。这点一旦做到，材料的生命一旦观念地反映出来，呈现在我们面前的就好象是一个先验的结构了。"①

从这段话中，我们可以引申出如下的结论：第一，不能抽象地、笼统地谈论方法，一涉及方法，就应当把叙述方法与研究方法严格地区分开来。第二，研究方法的主旨是占有材料，分析和探寻其发展形式之间的内在联系；而叙述方法的主旨则是把通过研究获得的成果用语言叙述出来，这里的关键是叙述的方法要合适，要让读者易于理解和接受。② 第三，从时间次序上看，研究在前，叙述在后。好的叙述方法注重各部分之间的结构关系，从而使材料在叙述中获得自己的生命力。

为什么马克思在《资本论》第 1 卷第二版跋中要提出研究方法和叙述方法之间的关系问题呢？因为《资本论》第 1 卷出版后，理论界评论的一个焦点就集中在马克思的方法问题上。正如马克思自己所指出的："人们对《资本论》中应用的方法理解得很差，这已经由各种互相矛盾的评论所证明。"③比如，德国的庸俗经济学家先是用沉默的态度对待《资本论》，当这种策略变得无效以后，他们又指责《资本论》在文体上和叙述

---

① 马克思：《资本论》第 1 卷，人民出版社 1975 年版，第 23—24 页。

② 马克思在《资本论》第 1 卷的法文版跋中写道："约·鲁瓦先生保证尽可能准确地，甚至逐字逐句地进行翻译。他非常认真地完成了自己的任务。但正因为他那样认真，我不得不对表述方法作些修改，使读者更容易理解。"由此可见，在马克思看来，叙述方法的主旨是使读者易于了解，它在形式上与研究方法之间存在着很大的差异。

③ 马克思：《资本论》第 1 卷，人民出版社 1975 年版，第 19 页。

方法上晦涩难懂；又如，俄国有的学者认为马克思的研究方法是严格的现实主义的，但叙述方法却不幸是德国辩证法式的，从而把马克思的研究方法和他的叙述方法尖锐地对立起来。当然，也有一些评论家对马克思的叙述方法作出了高度的评价，强调其"叙述的特点是通俗易懂，明确，尽管研究对象的科学水平很高却非常生动"，作者"使最枯燥无味的经济问题具有一种独特的魅力"①。

正是基于对这些相互矛盾的评论的思考，马克思觉得有必要对自己的方法做一个总体上的说明。马克思在谈到俄国学者伊·伊·考夫曼对自己的方法的评价时，顺便发挥道："这位作者先生把他称为我的实际方法的东西描述得这样恰当，并且在考察我个人对这种方法的运用时又抱着这样的好感，那他所描述的不正是辩证方法吗？"②在总体上，马克思把自己的方法称为"辩证法"，但他强调了自己的辩证法的特点：第一，它不是黑格尔式的唯心主义的辩证法，而是以唯物主义为基础的辩证法；第二，他的辩证法的本质是批判的和革命的。马克思暗示我们，他的研究方法和叙述方法都是从属于辩证法的，但在《资本论》第1卷第二版跋中，他未对研究方法和叙述方法的内容作出详尽的论述。尽管如此，马克思毕竟把这个重要的课题提出来了，值得我们深入地进行探讨。

二、马克思的研究方法

现在，我们先来考察马克思的研究方法。

第一，马克思告诉我们，真正现实的、面向生活世界的理论研究必须通过经验的方法，大量地占有材料。在马克思看来，那种撇开实际生

---

① 马克思：《资本论》第1卷，人民出版社1975年版，第19页注。
② 同上书，第23页。

活的经验、只注重文本和概念之间关系的研究方法，是不可能把研究者引向正确的结论的。马克思在谈到人们每天在生活中与之打交道的物质生活条件时指出："这些前提可以用纯粹经验的方法来确定。"①"甚至人们头脑中模糊的东西也是他们的可以通过经验来确定的、与物质前提相联系的物质生活过程的必然升华物。"②按照马克思的看法，理论研究必须注重经验，注重对第一手材料的占有，但他并不同意经验主义的研究方法。因为经验主义的研究方法从表面上看似乎排除任何理论思维的作用，实际上却总是与某些形而上学的观点联系在一起："粗率的经验主义，一变而为错误的形而上学、经院主义，挖空心思要由简单的、形式的抽象，直接从一般规律，引出各种不可否认的经验现象，或用诡辩，说它们本来和这个规律相一致。"③马克思启示我们，理论研究必须注重新鲜的、第一手的经验材料，但理论研究的方法又不能落到经验主义的窠臼之中，而应该引入正确的理论思维来统率经验材料。总之，经验材料和理论思维，两者不可偏废。

第二，马克思认为，理论研究，特别是经济学的研究，"既不能用显微镜，也不能用化学试剂。二者都必须用抽象力来代替。"④马克思这里说的"抽象力"也就是理论认识力。他在批评亚当·斯密和其他资产阶级经济学家时指出："对他来说，对一切后来的资产阶级经济学者来说，理解各种经济关系的形式区别所必要的理论认识力的缺少，都还是一个通例。他们只能对经验所与的材料粗糙地抓一抓，只对这些材料感兴趣。"⑤马克思这里提及的"各种经济关系的形式"指的是商品、货币、价值、资本等经济范畴。在他看来，研究这些经济形式，如果缺乏理论分析的能力，那是无法进行的。比如，资产阶级的经济学家由于缺乏这种

---

① 《马克思恩格斯全集》第 3 卷，人民出版社 1960 年版，第 23 页。
② 同上书，第 30 页。
③ 马克思：《剩余价值学说史》第 1 卷，人民出版社 1975 年版，第 68 页。
④ 马克思：《资本论》第 1 卷，人民出版社 1975 年版，第 8 页。
⑤ 马克思：《剩余价值学说史》第 1 卷，人民出版社 1975 年版，第 71 页。

能力，因而无法破解"商品拜物教"的秘密。而马克思则以其深邃的理论分析力阐明了"商品拜物教"的本质："商品形式的奥秘不过在于：商品形式在人们面前把人们本身劳动的社会性质反映成劳动产品本身的物的性质，反映成这些物的天然的社会属性，从而把生产者同总劳动的社会关系反映成存在于生产者之外的物与物之间的社会关系。由于这种转换，劳动产品成了商品，成了可感觉而又超感觉的物或社会的物。"①在马克思看来，"商品拜物教"同商品生产是分不开的，正是商品生产使人与人之间的社会关系获得了物与物之间关系的虚幻的形式，从而使人们产生了对物的崇拜。

按照马克思的看法，这种"抽象力"或"理论认识力"本质上是辩证的。他在谈到商品 A 和商品 B 互为价值的镜子时写道："在某种意义上，人很像商品。因为人来到世间，既没有带着镜子，也不像费希特派的哲学家那样，说什么我就是我，所以人起初是以别人来反映自己的。名叫彼得的人把自己当作人，只是由于他把名叫保罗的人看作是和自己相同的。因此，对彼得说来，这整个保罗以他保罗的肉体成为人这个物种的表现形式。"②马克思有时候也按照黑格尔的方式把商品之间的、辩证的价值关系理解为反思规定："这种反思的规定是十分奇特的。例如这个人所以是国王，只因为其他人作为臣民同他发生关系。反过来，他们所以认为自己是臣民，是因为他是国王。"③

总之，马克思认为，理论研究如果光满足于积累和占有材料，而缺乏"抽象力"的话，那就只能停留在粗糙的经验主义的水平上，达不到对研究对象的各部分之间的内在关系的把握，更谈不上对研究对象的活动规律的揭示。

第三，马克思主张，只有当理论研究者能够以自我批判的眼光看待现在的时候，才有可能正确地理解过去。马克思这样写道："人

---

① 马克思：《资本论》第 1 卷，人民出版社 1975 年版，第 88—89 页。
② 同上书，第 67 页注(18)。
③ 同上书，第 72 页注(21)。

体解剖对于猴体解剖是一把钥匙。反过来说，低等动物身上表露的高等动物的征兆，只有在高等动物本身已被认识之后才能理解。因此，资产阶级经济为古代经济等等提供了钥匙。"①在这里，马克思倡导的研究方法与达尔文提倡的进化论的方向正好相反。在达尔文看来，人们只有懂得过去，才能理解现在；只有了解猴体解剖，才能理解人体解剖。而马克思则把自己的研究方法的进程颠倒过来了，即强调只有先行地认识现在，才能正确地理解过去。人们也许会问：什么是先行地认识现在呢？在马克思看来，先行地认识现在就是置身于当今世界的研究者在开始自己的研究活动之前，先行地对当今世界获得一种自我批判的意识。为了说明这种研究方法，马克思举例说："基督教只有在它的自我批判在一定的程度上，可说是在可能范围内准备好时，才有助于对早期神话作客观的理解。同样，资产阶级经济只有在资产阶级社会的自我批判已经开始时，才能理解封建的、古代的和东方的经济。"②这就告诉我们，只要当今的研究者还不能用自我批判的眼光认识当今的生活世界，他就不能对过去的生活世界作出合理的说明。正是在这个意义上，马克思强调，"人体解剖对于猴体解剖是一把钥匙"。换一种说法，则是："已经发育的身体比身体的细胞容易研究些。"③

当然，在坚持这一研究方法的时候，也必须清醒地意识到现在与过去的差别，不能把现在的理论观念不加区别地套用到过去的生活世界中。因此，马克思告诫我们："决不是象那些抹杀一切历史差别，把一切社会形式都看成资产阶级社会形式的经济学家所理解的那样。人们认识了地租，就能理解代役租、什一税等等。但是不应当把它们等同

---

① 《马克思恩格斯全集》第 46 卷（上册），人民出版社 1979 年版，第 43 页。
② 同上书，第 44 页。
③ 马克思：《资本论》第 1 卷，人民出版社 1975 年版，第 8 页。

起来。"①也就是说，重要的是通过对现在的批判性领悟，找到研究过去问题的正确的立场和切入点，而不是把现在的观念与过去的观念简单地等同起来。总之，要辩证地理解现在与过去、人体解剖与猴体解剖之间的关系。

第四，马克思坚持，理论研究的真正出发点是现实的人。在《德意志意识形态》一书中，马克思严格地区分了两种不同的观察方法："前一种观察方法从意识出发，把意识看作是有生命的个人。符合实际生活的第二种观察方法则是从现实的、有生命的个人本身出发，把意识仅仅看作是**他们的**意识。"②马克思这里说的"前一种观察方法"指的是黑格尔和青年黑格尔派学者观察问题和研究问题的方法。显然，这是一种以为观念、概念和想法统治并决定着现实世界的唯心主义的观察、思考和研究问题的方法。马克思辛辣地嘲讽了这种方法："有一个好汉一天忽然想到，人们之所以溺死，是因为他们被**关于重力的思想**迷住了。如果他们从头脑中抛掉这个观念，比方说，宣称它是宗教迷信的观念，那末他们就会避免任何溺死的危险。"③以这种唯心主义的方法去描述现实生活，是不可能引申出正确的结论来的。

这里说的"第二种观察方法"指的正是马克思自己的观察方法和研究方法。马克思指出："这种观察方法并不是没有前提的。它从现实的前提出发，而且一刻也不离开这种前提。它的前提是人，但不是某种处在幻想的与世隔绝、离群索居状态的人，而是处在一定条件下进行的、现实的、可以通过经验观察到的发展过程中的人。"④正是从这样的观察方

---

① 《马克思恩格斯全集》第 46 卷(上册)，人民出版社 1979 年版，第 43 页。马克思也尖锐地批评了他同时代的一些人类学家把当代人的观念简单地套到古代人的身上的错误做法："欧洲的学者们大都是天生的宫廷奴才，他们把巴赛勒斯(即古代社会的酋长——引者)变为现代意义上的君主。"参阅《马克思恩格斯全集》第 45 卷，人民出版社 1985 年版，第510 页。

② 《马克思恩格斯全集》第 3 卷，人民出版社 1960 年版，第 30 页。

③ 同上书，第 16 页。

④ 同上书，第 30 页。

法和研究方法出发，马克思强调，一切人类生存的第一个前提是：人们为了能够创造历史，必须能够生活；而为了能够生活，必须要解决衣、食、住等问题；因此，人类的第一个活动就是生产满足这些需要的资料。事实上，马克思的历史唯物主义学说正是从现实的人出发引申出来的。

在强调理论研究必须从现实的人出发这一基本原则时，马克思批判了两种错误的研究方法。一种方法是以费尔巴哈为代表的。虽然费尔巴哈通过对神学的批判，复兴了人本学的研究，但他谈论的"人"不过是自然属性（饮食男女）意义上的、抽象的人，而不是处在各种社会关系中的、现实的人。所以，费尔巴哈的人本学不可能对现实生活作出实质性的批判。另一种方法是以经济学家亚当·斯密和大卫·李嘉图为代表的。他们对任何经济问题的讨论总是以笛福笔下的、鲁滨孙式的个人（单个的、孤立的渔夫或猎人）为出发点的。这样的"个人"和费尔巴哈的着眼点虽然不同，但本质上都是抽象的人。马克思指出："我们越往前追溯历史，个人，从而也是进行生产的个人，就越表现为不独立，从属于一个较大的整体：最初还是十分自然地在家庭和扩大成为氏族的家庭中；后来是在由氏族间的冲突和融合而产生的各种形式的公社中。只有到十八世纪，在'市民社会'中，社会联系的各种形式，对个人说来，才只是表现为达到他私人目的的手段，才表现为外在的必然性。但是，产生这种孤立个人的观点的时代，正是具有迄今为止最发达的社会关系（从这种观点看来是一般关系）的时代。"①

在马克思看来：第一，鲁滨孙式的个人不过是 18 世纪的市民社会的产物；第二，不应该把 18 世纪才有的"个人"的现象套用到市民社会中去；第三，即使在 18 世纪，"个人"也只是一种外观上的现象，实质上更重要的是"个人"置身于其中的"社会关系"。按照马克思的看法，只有不把"个人"理解为"个人"，而是理解为"社会关系"时，"个人"才成为

---

① 《马克思恩格斯全集》第 46 卷（上册），人民出版社 1979 年版，第 21 页。

"现实的人";同样地，只有不把资本主义生产方式中的"物"理解为抽象的"物"，而是理解为"社会关系"时，"物"的现实性才得到了把握。正是在这个意义上，马克思说："黑人就是黑人。只有在一定的关系下，他才成为**奴隶**。纺纱机是纺棉花的机器。只有在一定的关系下，它才成为**资本**。脱离了这种关系，它也就不是资本了，就像**黄金**本身并不是**货币**，沙糖并不是沙糖的**价格**一样。"①这种关系，如同一种特殊的以太，它决定着它里面显露出来的一切存在物的比重。不以孤立的、抽象的人，而以现实的、处在各种社会关系中的人作为自己观察和研究社会问题的出发点，充分表明马克思的研究方法与以普遍联系为根本特征的辩证法之间的一致性。

第五，马克思强调，理论研究的真正的兴奋点是范畴在现代社会中的结构关系，而不是它们在历史上起决定作用的先后次序。不少马克思哲学的解释者把马克思的研究方法理解为历史主义的方法，并把"逻辑与历史的一致"作为这种方法的根本特征。所谓"逻辑与历史的一致"，即强调逻辑范畴从简单到复杂的发展大致对应于历史从低级到高级的发展。这种研究方法常常把逻辑还原为历史，把历史进一步还原为对历史起点和过程的追溯。这显然是对马克思的研究方法的误解。

众所周知，"逻辑与历史一致"的研究方法最早是黑格尔提出的，但黑格尔实际上肯定的只是逻辑范畴从抽象到具体的发展与哲学史从贫乏到丰富的发展在总趋势上的对应性，他强调："哲学史总有责任去确切指出哲学内容的历史开展与纯逻辑理念的辩证开展一方面如何一致，另一方面又如何有出入。"②他说的"另一方面又如何有出入"这句话却没有引起人们的足够的重视。哲学史的发展充满了经验的偶然性，而逻辑范畴的展开则是以必然性为特征的，因此两者之间存在着本质性的差异。在马克思看来，无论是从某种逻辑范畴运动的框架出发去研究历史，还

---

① 《马克思恩格斯选集》第 1 卷，人民出版社 1972 年版，第 362 页。
② ［德］黑格尔：《小逻辑》，贺麟译，商务印书馆 1980 年版，第 191 页。

是从历史出发去探讨逻辑范畴之间的内在联系，都不可能引申出正确的结论来。

事实上，马克思也只是在历史发展和范畴发展的总趋势的限度内肯定两者之间的某种对应关系，但从未把这种充满差异和偶然性的对应关系理解为一种规律性的东西。相反，马克思强调的是："把经济范畴按它们在历史上起决定作用的先后次序来排列是不行的，错误的。它们的次序倒是由它们在现代资产阶级社会中的相互关系决定的，这种关系同表现出来的它们的自然次序或者符合历史发展的次序恰好相反。问题不在于各种经济关系在不同社会形式的相继更替的序列中在历史上占有什么地位，更不在于它们在'观念上'（蒲鲁东）（在历史运动的一个模糊表象中）的次序。而在于它们在现代资产阶级社会内部的结构。"①在马克思看来，重要的不是在外在形式上把经济范畴与历史发展一一对应起来，而是揭示出现代社会中经济范畴之间的结构关系。在对这一结构关系获得正确的认识之前，是不可能对经济发展史作出合理说明的。

也就是说，重要的是现在，而不是历史；重要的是对范畴结构的考察，而不是对历史起点和过程的回溯。也正是在这个意义上，法国哲学家阿尔都塞在1965年出版的《保卫马克思》和《阅读〈资本论〉》两书中把马克思的研究方法解释为结构主义的方法，而德国哲学家施密特则在1971出版的《历史与结构》一书中试图通过对阿尔都塞的结构主义的批判，重建马克思研究方法中结构主义与历史主义之间的张力。在我们看来，马克思的研究方法强调的是结构在先的原则，在这个原则的基础上，结构主义与历史主义的因素才获得辩证的统一。这一原则与他在《资本论》中强调的"充分地占有材料，分析它的各种发展形式，探寻这些形式的内在联系"的说法是完全一致的。区别仅仅在于，结构在先侧重于研究方法中思考的维度，而《资本论》中的说法则侧重于研究方法中的经验准备的维度。

---

① 《马克思恩格斯全集》第46卷（上册），人民出版社1979年版，第45页。

三、马克思的叙述方法

如前所述，在理论探讨中，马克思不仅重视研究方法，也重视叙述方法。在他看来，叙述方法之所以是重要的，因为它决定着读者与作者之间的交流是否可能。哪怕一个作者通过合理的研究方法而取得了重要的研究成果，但只要他的叙述方法是不合适的，他就不可能以科学的方式把自己的研究成果陈述出来，得到读者的理解和认同。长期以来，理论界一直忽视对马克思的叙述方法的探索，其实，这一方法的重要意义是不容低估的。以下是马克思关于叙述方法的主要见解。

第一，马克思区分了两种不同的叙述方法。在《1857—1858 年经济学手稿》中，马克思这样写道：**"历来的观念论的历史叙述同现实的历史叙述的关系，特别是同所谓文化史的关系**，这所谓文化史全部是宗教史和政治史。（顺便也可以说一下历来的历史叙述的各种不同的方式。所谓客观的。主观的（伦理的等等）。哲学的。）"①马克思的这段话虽然只是提要式的，没有就叙述方法的问题展开详尽的论述，但他区分了观念论的，即唯心主义的叙述方法②和现实的，即历史唯物主义的叙述方法。这一区分具有根本性的意义。

---

① 《马克思恩格斯全集》第 46 卷（上册），人民出版社 1979 年版，第 47 页。事实上，在更早出版的《哲学的贫困》一书的第一章中，马克思在批评蒲鲁东时已经指出："这就是蔑视亚当·斯密和李嘉图的'历史的叙述的方法'的蒲鲁东先生的**'历史的叙述的方法'**。"马克思还以讽刺的口吻写道："可见，蒲鲁东先生的'历史的叙述的方法'事事适用，它能答复一切和说明一切。"在第二章中批评蒲鲁东关于分工的观点时，马克思又写道："这就是蒲鲁东先生的**历史的叙述的方法**的又一标本。"参见《马克思恩格斯全集》第 4 卷，人民出版社 1958 年版，第 79、80、165 页。在这里，马克思着重批判了蒲鲁东的具有观念论倾向的叙述方法。

② 马克思写道："有必要对唯心主义的叙述方法作一纠正，这种叙述方法造成一种假象，似乎探讨的只是一些概念的规定和这些概念的辩证法。"参见《马克思恩格斯全集》第 46 卷（上册），人民出版社 1979 年版，第 97 页。

在《路易·波拿巴的雾月十八日》一书中，当马克思提到维克多·雨果的《小拿破仑》和蒲鲁东的《政变》时，曾经这样写道："维克多·雨果只是对政变的负责发动人作了一些尖刻的和机智的痛骂。事变本身在他笔下被描绘成了晴天的霹雳。他认为这个事变只是一个人的暴力行为。他没有觉察到，当他说这个人表现了世界历史上空前强大的个人主动性时，他就不是把这个人写成小人而是写成巨人了。蒲鲁东呢，他想把政变描述成以往历史发展的结果。但是，在他那里关于政变的历史构想不知不觉地变成了对政变主人公所作的历史的辩护。这样，他就陷入了我们的那些所谓**客观**历史编纂学家所犯的错误。相反，我则是证明，法国**阶级斗争**怎样造成了一种局势和条件，使得一个平庸而可笑的人物有可能扮演了英雄的角色。"①

从时间上看，虽然这段话比我们前面引证的、关于"历史叙述"的那段话更早，但通过它却能使我们对马克思的叙述方法获得一个清晰的认识。马克思告诉我们，对于路易·波拿巴的政变，存在着三种不同的叙述方法：第一种是维克多·雨果式的叙述方法。它显然是马克思批评过的"观念论的历史叙述"，而且带有较强烈的主观的色彩，因为它把政变理解为"一个人的暴力行为"和突如其来的"晴天的霹雳"，并且只是从道德上攻击政变发动者，从而事与愿违，反而夸大了政变者的历史作用。第二种是蒲鲁东式的叙述方法。它也属于"观念论的历史叙述"，与维克多·雨果的叙述方法不同的是，它带有强烈的客观主义的色彩，因为它试图把政变描绘成以往历史发展的结果，但在以这种方式进行叙述时，它又走向另一个极端，似乎一切都是客观的情况造成的，政变者主观上没有起什么作用。这样一来，叙述者不知不觉地成了政变发动者的辩护人。显而易见，这两种叙述方法都不能把我们带到历史事件的真相之前。

第三种是马克思式的叙述方法。毫无疑问，它正是马克思所主张的

① 《马克思恩格斯选集》第1卷，人民出版社1995年版，第580页。

"现实的历史叙述"，因为它从当时法国的社会现实，特别是阶级斗争的状况出发，阐明了政变发生的真正的动因和过程，也阐明了政变者的动机和手段。马克思对政变的叙述和分析是如此之准确，以至后来恩格斯这样写道："——紧接着这样一个事变之后，马克思写出一篇简练的讽刺作品，叙述了二月事变以来法国历史的全部进程的内在联系，揭示了12月2日的奇迹就是这种联系的自然和必然的结果，而他在这样做的时候对政变的主人公除了给予应得的蔑视以外，根本不需要采取别的态度。这幅图画描绘得如此高明，以致后来每一次新的揭露，都只是提供出新的证据，证明这幅图画是多么忠实地反映了实际。"①事实上，马克思的叙述方法之所以是现实的叙述方法，因为这种方法是奠基于历史唯物主义的基础之上的，因而能对历史事件作出准确的描述和深刻的分析。

第二，马克思进一步把"现实的历史叙述"区分为两种不同的类型：一种是欧洲社会演化的历史叙述。在《资本论》第 1 卷第二十四章"所谓原始积累"中，马克思叙述了西欧资本主义如何从封建社会中产生并发展的历史。另一种是东方社会演化的历史叙述。在与恩格斯的通信中，马克思这样写道："不存在土地私有制，的确是了解整个东方的一把钥匙。这是东方全部政治史和宗教史的基础。但是东方各民族为什么没有达到土地私有制，甚至没有达到封建的土地所有制呢？我认为，这主要是由于气候和土壤的性质，特别是由于大沙漠地带，这个地带从撒哈拉经过阿拉伯、波斯、印度和鞑靼直到亚洲高原的最高地区。"②马克思也把东方社会的生产方式称为"亚细亚生产方式"，而这一生产方式是以农村公社作为基础的。在《资本论》第 1 卷中他指出："这些自给自足的公社不断地按照同一形式把自己再生产出来，当它们偶然遭到破坏时，会在同一地点以同一名称再建立起来，这些公社的简单的生产机体，为揭

① 《马克思恩格斯选集》第 1 卷，人民出版社 1995 年版，第 582 页。
② 《马克思恩格斯〈资本论〉书信集》，人民出版社 1976 年版，第 80—81 页。

示下面这个秘密提供了一把钥匙：亚洲各国不断瓦解、不断重建和经常改朝换代，与此截然相反，亚洲的社会却没有变化。这种社会的基本经济要素的结构，不为政治领域中的风暴所触动。"①马克思告诉我们，在叙述东方社会历史时，如果光注意其政治上的频繁的变动，必定会导向错误的、观念论式的叙述途径；只有同时叙述出其经济生活上微乎其微的变化，才能达到现实的历史叙述。显然，马克思关于东方社会演化的叙述方法为我们理解东方社会的性质和历史提供了极为重要的启示。

马克思主张把上面两种不同类型的历史叙述方法严格地区分开来。当俄国学者米海洛夫斯基试图把马克思在《资本论》中叙述的西欧资本主义的起源和资本积累叙述成普遍性的资本主义发展道路时，马克思立即批评了这一错误的倾向："他一定要把我关于西欧资本主义起源的历史概述彻底变成一般发展道路的历史哲学理论，一切民族，不管它们所处的历史环境如何，都注定要走这条道路，——以便最后都达到在保证社会劳动生产力极高度发展的同时又保证人类最全面的发展的这样一种经济形态。但是我要请他原谅。他这样做，会给我过多的荣誉，同时也会给我过多的侮辱。"②按照马克思的看法，在进行历史叙述时，决不能使用一般历史哲学理论这把万能的钥匙，而应当把西方社会与东方社会演化的模式严格地区分开来。

第三，马克思强调，叙述方法应该是辩证的。这种辩证性主要表现在以下三个方面。

一是叙述方法是有界限的。在前面我们曾经提到，叙述的主旨是使读者易于理解被叙述的东西，这也许可以看作叙述者给自己所叙述的东西设定的主观方面的界限；而叙述也有其客观的界限，正如马克思所说："叙述的辩证形式只有明了自己的界限时才是正确的。"③马克思这里强调的"界限"也就是叙述的客观界限，换言之，即被叙述对象的性

① 马克思：《资本论》第 1 卷，人民出版社 1975 年版，第 396—397 页。
② 《马克思恩格斯全集》第 19 卷，人民出版社 1963 年版，第 130 页。
③ 《马克思恩格斯全集》第 46 卷（下册），人民出版社 1980 年版，第 513—514 页。

质。正是在这个意义上，马克思也指出："我们的叙述方法自然要取决于对象本身的性质。"①尤其在批评性的文本中是如此。比如，当时以布·鲍威尔为代表的"批判的批判"的理论水平不高，为此，马克思就觉得没有必要在《神圣家族》一书中对当时德国的理论发展情况作出相应的叙述。总之，不存在千篇一律的叙述方法，叙述方法应当是辩证的、高度灵活的，它取决于叙述者对被叙述的对象的性质的把握。

二是物质资料生产与精神生产，尤其是艺术生产之间存在着不平衡的关系。在叙述中不能把精神生产，尤其是艺术的生产简单地描述为物质资料生产的附庸，仿佛它们在历史发展进程中完全是一一对应的，即物质资料生产达到什么程度，精神生产，尤其是艺术生产也会达到什么样的程度。如果以这种方法叙述历史，历史就成了某种僵死的东西。在马克思看来，"关于艺术，大家知道，它的一定的繁盛时期决不是同社会的一般发展成比例的，因而也决不是同仿佛是社会组织的骨骼的物质基础的一般发展成比例的"②。这种辩证的、不平衡的关系表明，在物质资料生产，即经济生活方面比较落后的国家可能在精神生产方面演奏第一小提琴；而物质资料生产高度发展的国家也有可能在精神生产方面相对落后。事实上，只有在叙述方法中牢牢地把握这种辩证的、不平衡的关系，叙述本身才不会偏离方向。

三是理论叙述的进程应该是"从抽象上升到具体"的辩证的进程。马克思认为，在政治经济学理论的叙述中，存在着两种不同类型的叙述方法。一种是从具体到抽象，即从具体的、混沌的表象整体（如人口、民族、国家等）出发，在叙述中不得不走向对抽象的规定（如劳动、分工、需要、交换价值等）的分析和解释；另一种是从抽象上升到具体，即从上述抽象的规定出发，叙述出思维上的、具体的整体（如人口、民族、国家等），但这些整体已经与前面提到的混沌的表象整体完全不同，它

---

① 《马克思恩格斯全集》第2卷，人民出版社1957年版，第7页。
② 《马克思恩格斯全集》第46卷（上册），人民出版社1979年版，第48页。

们是由许多抽象的规定综合而成的、思维上的整体。在马克思看来，前一种叙述方法是经济学在它产生的时期经常使用的，而后一种叙述方法才是科学上正确的方法。"在第一条道路上，完整的表象蒸发为抽象的规定；在第二条道路上，抽象的规定在思维行程中导致具体的再现。因此，黑格尔陷入幻觉，把实在理解为自我综合、自我深化和自我运动的思维的结果，其实，从抽象上升到具体的方法，只是思维用来掌握具体并把它当作一个精神上的具体再现出来的方式。但决不是具体本身的产生过程。"①

在马克思看来，从抽象上升到具体的方法只是把具体从精神上再现出来的、叙述的方法，不应当像黑格尔那样，把这种叙述方法误解为实在本身产生的方法。事实上，马克思也只是在叙述方法的意义上肯定了黑格尔的逻辑学和法哲学所蕴含的、从抽象到具体的方法。他写道："比如，黑格尔论法哲学，是从主体的最简单的法的关系即占有开始的，这是对的。但是，在家庭或主奴关系这些具体得多的关系之前，占有并不存在。"②正如我们在前面早已指出过的，从抽象上升到具体的叙述方法，在确定其作为叙述的起始点的抽象的规定时，注重的并不是这一抽象规定在历史上出现的先后，而是从这一抽象规定出发进行叙述，最易使读者达到对思维综合体的理解。这就告诉我们，要达到真正合理的叙述方法，需要领悟并把握抽象和具体的辩证关系。捷克哲学家科西克的名著《具体辩证法》就是对这一辩证关系深入探索的一个结晶。

第四，叙述方法蕴含着对引证方法的要求。恩格斯在《资本论》第 1 卷的第三版序言中指出："最后，我说几句关于马克思的不大为人们了

---

① 《马克思恩格斯全集》第 46 卷(上册)，人民出版社 1979 年版，第 38 页。在较早撰写的《神圣家族》一书中，马克思在批判以布·鲍威尔为代表的"批判的批判"时，这样写道："对'巴黎的秘密'所做的批判的叙述的秘密，就是**思辨的黑格尔结构**的秘密。"又说："这种办法，用思辨的话来说，就是把**实体**了解为**主体**，了解为内部**的**过程，了解为**绝对的人格**。这种了解方式就是**黑格尔**方法的基本特征。"参见《马克思恩格斯全集》第 2 卷，人民出版社 1957 年版，第 71、75 页。

② 《马克思恩格斯全集》第 46 卷(上册)，人民出版社 1979 年版，第 39 页。

解的引证方法。在单纯叙述和描写事实的地方，引文（例如引用英国蓝皮书）自然是作为简单的例证。而在引证其他经济学家的理论观点的地方，情况就不同了。这种引证只是为了确定：一种在发展过程中产生的经济思想，是什么地方，什么时候，什么人第一次明确地提出的。这里考虑的只是，所提到的经济见解在科学史上是有意义的，能够多少恰当地从理论上表现当时的经济状况。"①恩格斯告诉我们，在马克思的叙述方法中，存在着两种不同的引证方法。一是单纯叙述和描写式的引证，这样的引证只限于指出事实（包括他人的代表性的观点）；二是学术史意义上的引证，其目的是阐明什么地方，什么时候，什么人第一次提出在学术发展史上有意义的某个观点。后一种的引证对叙述者的学术素养和洞见提出了很高的要求。这就启示我们，真正的叙述方法必定蕴含着高水平的引证方法。

从上面的论述可以看出，在理论研究中，叙述方法并不是可有可无的东西，它起着极其重要的作用，它是马克思整个方法论思想中的不可或缺的组成部分。

四、研究方法和叙述方法之间的辩证关系

在前面，我们已经提到马克思关于研究方法和叙述方法之间关系的一些看法，但没有展开论述。在这个部分中，我们将着重考察这一关系。必须指出，马克思并没有辟出专门的篇幅，对研究方法与叙述方法的关系进行系统的论述，他只是在探索理论问题，特别是经济问题时，论及这两者之间的关系。这就使这方面的探讨变得比较困难。幸运的是，在《剩余价值学说史》中，当马克思对英国古典经济学进行批判性的考察时，对这一关系问题作出了比较集中的说明。

---

① 马克思：《资本论》第1卷，人民出版社1975年版，第32页。

其一，从理论探索者从事自己工作的时间顺序上看，研究方法在先，叙述方法在后，这一顺序是确定无疑的。所以在一般的情况下，研究方法总会对叙述方法造成直接性的影响。比如，马克思认为，在亚当·斯密那里，政治经济学已经发展成一种体系性的理论。然而，他的思维总是陷入矛盾之中。一方面，他试图探索各种经济范畴之间的内部联系，或者说研究资本主义经济体系的内部结构；另一方面，他又按照这种联系，在竞争的现象中，在一个非科学的观察者眼里，并且是在一个实际地卷入资本主义生产过程并对这一过程有私人利益的人的眼里出现的样子，提出并探讨这种联系。"这是两种研究方法，其中一种是深入内部联系，或者说深入资产阶级体系内部的生理学；另一种却不过把日常生活过程中的某些现象，按照它们外表上显现出来的样子加以描写、加以分类，加以叙述，并列入简单系统的概念规定中。这两种研究方法，在斯密手里，不仅无拘无束地并列在一处，并且互相交错，不断地自相矛盾。"①

　　按照马克思的看法，在斯密的两种研究方法中，前一种方法的任务是试图深入资产阶级体系内部的生理学，阐明资产阶级社会内部的结构性的联系；但后一种方法的任务却试图把这个社会外部显现的生活形式描绘出来，并为这些形式找到相应的概念或术语。"这两种任务一样厉害地使他感兴趣。并且，因为这两种任务是互相独立进行的，所以这里就出现了十分矛盾的表述方法。一种方法相当正确地说明了内部的联系；另一种方法又以同样的合理性，没有任何内部联系——即与前一种研究方法没有任何联系——地说出现象上的联系。"②通过对亚当·斯密的研究方法和叙述方法关系的分析，马克思启示我们：一般说来，在这两种方法的关系中，研究方法是决定性的，它的合理与否对叙述方法的合理与否产生了直接的影响。

---

① 马克思：《剩余价值学说史》第 2 卷，人民出版社 1978 年版，第 178—179 页。
② 同上书，第 179 页。

其二，从读者了解作者(即理论探索者)的方法的时间顺序上看，总是先接触作者的著作，即通过作者的叙述方法了解和领悟他的研究方法。比如，马克思在批评李嘉图的代表作《政治经济学及赋税原理》时指出："他的著作有一种非常特殊并且必然会颠颠倒倒的结构。"①也就是说，这部著作的叙述方法是十分混乱的。全书共三十二章，其中理论部分是一至六章。在其他二十六章中，论述赋税问题的竟占十四章，其余的十二章均为第一至六章的理论上的应用、补充、说明或附录。从叙述方法上看，显得十分凌乱，缺乏系统性。在马克思看来，不仅这部著作的应用的部分在叙述上是凌乱的，而且"理论部分即前六章的有很多缺陷的结构，也并不是偶然的，那是由里嘉图自己的研究方法，由他为自己的研究确定的任务引起。这种结构表示出了，这种研究方法本身就是科学上不充分的"②。

这充分表明，在研究方法与叙述方法的关系中，叙述方法并不是完全被动的。它的合理与否，也能向读者显露出作者的研究方法的合理与否。事实上，正是通过对李嘉图的《政治经济学及赋税原理》的解读，即通过对他的叙述方法的接触，马克思也洞察到他在研究方法上存在的问题："里嘉图的方法是这样：他从商品价值量由劳动时间决定这一点出发，然后研究其他一些经济关系、范畴是否和价值的这种决定相矛盾，或者说会在多大程度内修正它。我们一眼就可以看出这种研究方法在经济学史上的历史理由，它的科学必要性，但同时也可以看出它在科学上的不充分性；这种不充分性不仅(形式地)表示在叙述的方法上，而且引出了各种错误的结论，因为它跳过了必要的中项，试图用直接的方法，论证各种经济范畴相互间的一致性。"③这种研究方法虽然有其历史价值和科学意义，但同时也暴露出它存在的种种问题。比如，在《政治经济学及赋税原理》第一章"论价值"中，李嘉图不只假定了商品的存在，而

---

① 马克思：《剩余价值学说史》第 2 卷，人民出版社 1978 年版，第 180 页。
② 同上书，第 181 页。
③ 同上书，第 178 页。

且也假定了工资、资本、利润、自然价格、市场价格等经济形式的存在。这充分表明，他的研究方法缺乏对经济范畴的系统的、有顺序的考察。

综上所述，当我们不再停留在对马克思的方法论的泛泛谈论，而是深入地反思马克思关于研究方法与叙述方法的辩证关系的课题时，蕴含在马克思方法论中的重要理论遗产才会源源不断地向我们公开出来。

马克思如何看待传统

——从《共产党宣言》的一段译文谈起①

不少东方学者由于受到传统社会的压抑，常常对自己的文化传统采取激进主义乃至虚无主义的态度。他们在译介、理解和解释马克思思想的过程中，总是自觉地或不自觉地融入自己的文化态度，从而把马克思思想魔化为一种全盘反传统的文化虚无主义理论。这种魔化在理论上和实践上都产生了严重的后果。

在《共产党宣言》中，马克思有一段关于"两个决裂"的著名论述。中文版的《马克思恩格斯选集》第 1 卷把这段话译为："共产主义革命就是同传统的所有制关系实行最彻底的决裂；毫不奇怪，它在自己的发展进程中要同传统的观念实行最彻底的决裂。"值得注意的是，马克思原文中的两个形容词 ueberlieferten 均被译为"传统的"。这样一来，这段话就很容易被人们理解为全盘反传统的文化虚无主义观点。

本文认为，这种译法是不妥当的，因为 ue-

---

① 原载《光明日报》2000 年 10 月 24 日；《新华文摘》2001 年第 1 期全文转载。收录于俞吾金：《实践诠释学：重新解读马克思哲学与一般哲学理论》，云南人民出版社 2001 年版，第 109—117 页；《哲学随想录》，北京师范大学出版社 2016 年版，第 264—271 页。——编者注

berlieferten 的基本含义应当是"流传下来的"，它的引申含义才是"传统的"。所以，在翻译 ueberlieferten 这个词时，不应当取其引申含义，把它译为"传统的"，而应当取其基本含义，把它译为"流传下来的"。所以，特别是马克思这段话的后半句应被译为"同流传下来的观念实行最彻底的决裂"；而从这段话的上下文来看，"流传下来的观念"实际上指的是对共产主义进行非难的种种观念。也就是说，马克思要与之决裂的正是这些具体的观念，而不是一般的传统观念。本文试图通过对这段话的重新翻译，遏制那种把马克思思想魔化为全盘反传统的文化虚无主义的倾向。

在东方社会，尤其是中国社会中，传统文化和习俗对人们思想、行为的束缚是十分严重的。有感于此，一部分现、当代的中国学者自然而然地形成了一种全盘反传统的文化激进主义乃至文化虚无主义的态度。当他们对马克思的著作和思想进行译介时，常常会自觉地或不自觉地把这种态度掺和进去，从而在一定程度上魔化了马克思思想，尤其是马克思关于传统的观点，把马克思曲解为一个全盘反传统的文化虚无主义者。而这种魔化倒过来又强化了东方社会，特别是中国社会中的文化激进主义和文化虚无主义的倾向。这两个方面的相互摩擦和强化，对马克思思想的传播和东方社会、文化的发展都带来了灾难性的影响。所以，要准确地理解和传播马克思的思想，积极地推进东方社会和文化的发展，就需要先行在马克思与传统的关系上做好消除魔化的工作。

一

在《共产党宣言》的第二部分"无产者和共产党人"中，马克思和恩格斯有一段十分重要的论述，其德文原文如下：

Die kommunistische Revolution ist das radikalste Brechen mit den ueberlieferten Eigentumsverhaeltnissen; kein Wunder, dass in ihrem Entwicklungsgange am radikalsten mit den ueberlieferten Ideen gebrochen wird. ①

在这段话中，引人注目的是，ueberlieferten 这一由过去分词转化而成的形容词出现了两次。显然，这两个词的翻译对于我们准确地理解马克思这段话的本意是极为关键的。我们先来看看，英国的马克思主义者大卫·麦克莱伦主编的《卡尔·马克思选集》是如何把这段话译成英文的：

The Communist revolution is the most radical rupture with traditional property relations; no wonder that its development involves the most radical rupture with traditional ideas. ②

在这段译文中，ueberliefterten 被译为 traditional，即"传统的"。《卡尔·马克思选集》的第一版出版于 1977 年，第二版出版于 2000 年。这一译法凸显英国人在理解马克思思想时的独特的视角。我们这里姑且先不做评论，再来看看中文版《马克思恩格斯选集》第 1 卷是如何翻译这段话的："共产主义革命就是同传统的所有制关系实行最彻底的决裂；毫不奇怪，它在自己的发展进程中要同传统的观念实行最彻底的决裂。"③

显然，中文的译法和英文是一致的，都把 ueberliefertern 这个词译为"传统的"。我认为，这样的译文是不妥当的。在德文中，ueberliefertern

① K. Marx, F. Engels, *Ausgewaehlte Werke*, *Band* 1, Berlin: Dietz Verlag, 1989, S. 437.

② David McLellan edited, *Karl Marx Selected Writings* (*Second Edition*), New York: Oxford University Press, 2000, p. 261.

③ 《马克思恩格斯选集》第 1 卷，人民出版社 1995 年版，第 293 页。

这个分词化的形容词来自动词 ueberliefern，而 ueberliefern 的基本含义是"递交""使流传"，与它相应的名词 Ueberlieferung 的基本含义是"递交""流传""传说"；其引申义为"传统"；同样，ueberlieferten 的基本含义是"流传（下来）的""传递（下来）的"，其引申义为"传统的"。所以，在这段话的翻译中，不用 ueberlieferten 这个词的基本含义，而用其引申含义是不妥的。有趣的是，我们发现，中文版《马克思恩格斯全集》第 4 卷的译文倒是按照 ueberlieferten 的基本含义译出来的："共产主义革命就是要最坚决地打破过去传下来的所有制关系；所以，毫不奇怪，它在自己的发展进程中要最坚决地打破过去传下来的各种观念。"[①]

这里把 ueberlieferten 译为"过去传下来的"是切合其基本含义的，但"过去传下来的"这一表达方式稍嫌冗长，不如改为"流传下来的"。综合上面各种译法，我们主张把马克思的这段话译为："共产主义革命就是同流传下来的所有制关系实行最彻底的决裂；毫不奇怪，它在自己的发展进程中要同流传下来的观念实行最彻底的决裂。"

二

现在，我们进一步从学理上来考察，为什么 ueberlieferten 这个分词化的形容词应当被译为其基本含义"流传下来的"，而不应当被译为其引申含义"传统的"。

首先，马克思是在驳斥流传下来的、对共产主义的各种非难时写下这段话的。如果说，这段话中的前一个 ueberlieferten 在基本含义和引申含义之间存在的差别还不算太大的话，那么，后一个 ueberlieferten 的基本含义和引申含义之间就存在着重大的差异。也就是说，马克思这里并不是泛指"传统的观念"，而是专指那些流传下来的、非难共产主义的各

---

① 《马克思恩格斯全集》第 4 卷，人民出版社 1958 年版，第 489 页。

种观念。所以，紧接着那段话，马克思写道：Doch lassen wir die Ein-wuerfe der Bourgeoisie gegen den Kommunismus。① 中文版的《马克思恩格斯选集》第一卷把这段话译为："不过，我们还是把资产阶级对共产主义的种种责难撇开吧。"②所以，马克思这里提到的后一个"决裂"，并不是泛指同传统观念的决裂，而是专指同流传下来的、对共产主义的种种责难的决裂。

其次，马克思本人在用语上也把严格意义上的"传统"（Tradition）概念与"流传下来的观念"（ueberlieferten Ideen）区别开来。在《路易·波拿巴的雾月十八日》一书中，马克思这样写道："所有已死先辈的传统（Tradition）像梦魇一样纠缠着活人的头脑。"③在另一处，马克思又指出："通过传统（Tradition）和教育接受了这些思想方式和人生观的单个人，会以为它们就是他的行为的真实动机和出发点。"④这两段话表明，人们生活在传统之中，人们可以对传统获得批判性的认识，但却不可能与传统进行彻底的决裂或完全从传统中摆脱出来；即使是传统的观念，人们要与之实行彻底的、完全的决裂也是不可能的。一方面是因为人们通常把通过教育接受下来的传统观念理解为自己的观念，而普通人要否定和超越自己的观念是异常困难的；另一方面是因为如果每一代人都可能对传统观念加以全面摒弃的话，那根本就不可能有人类文化史！然而，在马克思看来，与流传下来的所有制关系和对共产主义的种种责难进行决裂，却是可能的。所以，人们在翻译《共产党宣言》中的这段话时，应当尊重马克思本人的用语习惯，而不应当以自己理解的前结构去改变马克思本人的观点。

最后，如果《共产党宣言》这段话中的 ueberlieferten 被译为"传统的"

---

① K. Marx，F. Engels，*Ausgewaehlte Werke*，*Band* 1，Berlin：Dietz Verlag，1989，S. 437.

② 《马克思恩格斯选集》第 1 卷，人民出版社 1995 年版，第 293 页。

③ K. Marx，F. Engels，*Ausgewaehlte Werke*，*Band* 1，Berlin：Dietz Verlag，1989，S. 308.

④ Ibid. ，S. 337.

话，那么，马克思的思想就被魔化为"同传统的观念实行最彻底的决裂"的文化虚无主义了。事实上，只要我们深入研究一下马克思思想，特别是《共产党宣言》的基本观念在东方国家的传播史的话，就会发现，"两个决裂"，尤其是后一个决裂，即"同传统的观念实行最彻底的决裂"总是在传播的过程中不断地被强化，从而把马克思对传统和传统观念的态度改铸为赤裸裸的、全盘反传统的文化虚无主义态度。而这种被魔化、被扭曲的马克思思想又倒过来强化了东方国家的文化激进主义和文化虚无主义倾向。一方面魔化了马克思的"两个决裂"的思想；另一方面又用魔化了的马克思思想倒过来魔化了现实生活，从而给东方社会和文化的发展造成了极为严重的后果。

值得注意的是，把 ueberlieferten 译为"过去传下来的"，这是中文版《马克思恩格斯全集》第 3 卷所采纳的译法，这一卷出版于 1958 年；而把 ueberlieferten 译为"传统的"，则是中文版《马克思恩格斯选集》第 1 卷所采纳的译法，而这一卷却是在 1972 年出版的。《马克思恩格斯选集》第 1 卷虽然把马克思的这段话译得比较简洁，但同时也在某种程度上把马克思的思想魔化了。

综上所述，把马克思这段话中的 ueberlieferten 译为"流传下来的"，还是译为"传统的"，绝不仅仅是一个翻译上的技巧的问题，而是一个如何准确地理解马克思和传统关系的重大的理论问题。

三

为了消除这种对马克思思想的魔化，我们有必要来考察一下马克思本人是如何对待传统和传统观念的。无数事实表明，马克思虽然继承了康德的批判哲学的传统，主张对以前的和同时代的社会生活及思想观念进行批判性的考察，但马克思从不对传统和传统观念取轻易否定的文化虚无主义态度。

比如，在《1844 年经济学哲学手稿》中，马克思曾对费尔巴哈作出了高度的评价。他这样写道："**费尔巴哈**是唯一对黑格尔辩证法采取**严肃的、批判的**态度的人；只有他在这个领域内作出了真正的发现，总之他真正克服了旧哲学。"①后来，当马克思认识到费尔巴哈哲学的局限性时，又在《关于费尔巴哈的提纲》和《德意志意识形态》第一章中对他的思想进行了实事求是的批判。又如，在 19 世纪 40 年代，当黑格尔的辩证法十分流行时，马克思对其辩证法的神秘方面进行了深入的批判，但在 19 世纪六七十年代，当德国理论界把黑格尔当作一条"死狗"来对待时，马克思立即写道："我要公开承认我是这位大思想家的学生，并且在关于价值理论的一章中，有些地方我甚至卖弄起黑格尔特有的表达方式。"②这样的例子还可以举出许多。

事实上，无论是《博士论文》的写作，还是《哲学的贫困》的撰写；无论是对国民经济学著作的解读，还是对人类学著作的评论，马克思对前人的研究成果、对传统的观念都进行了认真的研究，尤其是《资本论》的写作，前后花了 40 多年心血，研读了 1000 多种相关的著作，充分表明马克思是人类整个文化传统的自觉的继承者和批判者。列宁在批判所谓"无产阶级文化派"时曾经指出："马克思主义这一革命无产阶级的思想体系赢得了世界历史性的意义，是因为它并没有抛弃资产阶级时代最宝贵的成就，相反却吸收和改造了两千多年来人类思想和文化发展中一切有价值的东西。"③正是列宁，准确地理解了马克思思想与传统之间的批判继承关系，坚决反对把马克思魔化为一个全盘反传统的文化虚无主义者。

当然，限于当时的历史条件，列宁还不可能把这个问题作为全局性的、重大的理论问题提出来，以期引起全社会的重视。在列宁逝世后，这种对马克思思想的魔化又重新抬头，对苏联的整个社会生活和文化事

---

① 《马克思恩格斯全集》第 42 卷，人民出版社 1979 年版，第 157—158 页。
② 马克思：《资本论》第 1 卷，人民出版社 1975 年版，第 24 页。
③ 《列宁选集》第 4 卷，人民出版社 1995 年版，第 299 页。

业的发展都造成了灾难性的影响。同样，在中国，毛泽东虽然在延安时期和中华人民共和国成立初期注意到了马克思和传统之间的关系问题，但一波又一波的文化激进主义思潮，总是不断地以极左的方式来解读马克思。

在现实生活中，虽然人们发现，文化激进主义和文化虚无主义思潮的泛滥已经造成了巨大的灾难，因而意识到必须对它们的种种表现进行深入的反思和批判，但不无遗憾的是，人们仅仅满足于对它们本身进行批判，却忽略了一个极为重要的现象，即文化激进主义和文化虚无主义总是试图通过对马克思思想的误读和魔化，使自己获得公开的、合法的表现形式，而许多人对这样的表现形式又难以识别。于是，一次次思想文化的批判和清理都没能有效地遏制文化激进主义和文化虚无主义的蔓延。由此可见，在今天，密切注意马克思思想传播过程中被魔化的现象，努力消除这种魔化，恢复对马克思思想的准确理解，正是理论界面临的刻不容缓的艰巨任务之一。

马克思的实践唯物主义及
其当代发展趋向[①]

在马克思哲学的研究中，理论界达成的一个共识是：实践概念在马克思哲学中起着基础性的、核心的作用。但究竟如何论定马克思哲学的性质，则存在不同的看法，如"实践唯物主义""实践本体论""实践一元论""物质-实践论""实践主义"等。可谓见仁见智，迥然各异。本文无意对这些看法的差异进行深入的论究，而是强调：马克思哲学的性质既不能以引证马克思的只言片语的方式去论定，也不能以阿尔都塞所批评的、黑格尔式的"分析目的论"的方式去论定，更不能从当代人的某些主观的、随意的倾向出发去论定，而应当从马克思哲学发展的内在逻辑去论定。正是从这一逻辑出发，我们认为，马克思哲学是实践唯物主义。

在本文中，我们将着重讨论以下的问题：马克思的唯物主义的历史渊源是什么？为什么说马克思哲学就是实践唯物主义？实践唯物主义有哪些特征？在当代哲学的挑战下，实践唯物主义如

[①] 原载《江苏社会科学》2000 年第 6 期，第 42—46 页；收录于俞吾金：《哲学随想录》，北京师范大学出版社 2016 年版，第 170—180 页。——编者注

何发展？

一、马克思对英、法唯物主义传统的反思

在《神圣家族》一书中，马克思对英、法唯物主义传统的演化作出了精辟的论述。他提纲挈领地写道："……法国唯物主义有**两个派别**：一派起源于**笛卡儿**，一派起源于**洛克**。后一派**主要**是**法国**有教养的分子，它直接导向**社会主义**。前一派是**机械**唯物主义，它成为真正的法国**自然科学**的财产。这两个派别在发展过程中是相互交错的。"①

按照马克思的看法，笛卡儿的形而上学和物理学是"完全分开"的。他的形而上学从"我思故我在"的命题出发，体现了主观意识的觉醒，但在他的形而上学所展示的世界中，上帝仍然是最重要的实体。与此不同的是，他的物理学却摆脱了超自然的上帝的束缚，把物质视为唯一的实体，视为存在和认识的唯一根据。然而，由于当时的数学（几何学）和自然科学（机械力学）眼界的限制，笛卡儿的唯物主义本质上是一种机械的唯物主义。

在笛卡儿的形而上学的影响下，荷兰学者斯宾诺莎和德国学者莱布尼茨进一步使 17 世纪的形而上学体系化。与此相反的是，法国学者伽桑狄通过对古代唯物主义者伊壁鸠鲁的思想的恢复来对抗笛卡儿的形而上学，英国学者霍布斯通过对英国唯物主义的始祖培根思想的张扬来批判笛卡儿的形而上学，而法国学者比埃尔·培尔则主要把自己的批判的矛头指向斯宾诺莎和莱布尼茨，从而使 17 世纪的形而上学威信扫地，为欧洲人，尤其是法国人接受笛卡儿物理学中的唯物主义思想创造了条件。

法国学者勒卢阿、卡巴尼斯、拉美特利都继承并发展了笛卡儿的唯

---

① 《马克思恩格斯全集》第 2 卷，人民出版社 1957 年版，第 160 页。

物主义。这种唯物主义虽然促进了机械的自然科学的发展，但却与霍布斯的唯物主义一样，带着抽象化的、贬低人的，甚至敌视人的特点。正如马克思在评论霍布斯的唯物主义时所指出的那样："唯物主义在以后的发展中变得**片面**了。**霍布斯把培根的**唯物主义**系统化**了。感性失去了它的鲜明的色彩而变成了**几何学家**的抽象的感性。**物理**运动成为**机械运动**或**数学运动**的牺牲品；几何学被宣布为主要的科学。唯物主义变得**敌视人了**。"①

正在这时，洛克的《人类理解研究》在英国出版了。与体现在笛卡儿物理学中的、关于物质和运动的机械唯物主义的倾向不同，洛克提出了一个以人的感觉经验为基础的、完整的唯物主义的认识论体系。它对欧洲特别是法国的影响是巨大的。如果说，法国学者孔狄亚克把洛克的唯物主义发挥成一种极端化的感觉主义的话，那么，另一位法国学者爱尔维修则把洛克的唯物主义学说运用到社会生活中，从而对人的感觉、欲望、利益、幸福、人性、人的环境和教育等问题进行了全面的论述。爱尔维修的唯物主义不但催生了以巴贝夫、傅立叶为代表的法国共产主义学说，而且返回到英国，催生了边沁的功利主义学说，而欧文则从边沁的学说出发去论证英国的共产主义，他"把**唯物主义**学说当做**现实的人道主义**学说和**共产主义的逻辑**基础加以发展"②。

从上面的考察中可以引申出下面的结论。第一，马克思之所以对英、法唯物主义的传统怀有特别的兴趣，这是由他对共产主义学说的兴趣引发的。实际上，正是通过对英、法唯物主义传统的追溯，马克思考察了欧洲共产主义学说的理论基础。第二，在马克思看来，近代欧洲的唯物主义分为两派。一派源于笛卡儿的物理学，霍布斯虽然反对笛卡儿的形而上学，但却受到了他的唯物主义的影响。这一派促进了自然科学的发展，却由于把唯物主义与人的感性对立起来而包含着敌视人的倾

---

① 《马克思恩格斯全集》第 2 卷，人民出版社 1957 年版，第 163—164 页。
② 同上书，第 167—168 页。

向；另一派源于洛克的认识论，通过爱尔维修而被导入社会生活中，从而和人的感性、人道主义贯通，并成了英、法共产主义学说的理论基础。马克思关注的是后一派的唯物主义。

二、马克思的唯物主义与费尔巴哈 的唯物主义的关系

马克思的《关于费尔巴哈的提纲》是人们探讨马克思的唯物主义与费尔巴哈的唯物主义关系的重要文件，但如果人们的考察仅仅局限在这一孤立的文本上，难免会引申出偏颇的结论。本文认为，应当结合马克思的其他文本，结合他思想发展的自身逻辑来探究这一关系，以便对它作出全面的论述。

费尔巴哈虽然不承认德国的唯物主义是来自法国的，而强调它是德国宗教改革的产物，但他关于爱、幸福和利己主义的学说明显地带有爱尔维修哲学思想的痕迹。当然，他对唯物主义这个概念抱着一种矛盾的态度。在《未来哲学原理》中，他强调："在这本书里，唯物主义，经验论，实在论，人文主义之间的区别，当然是无关紧要的。"①但在《反对身体和灵魂、肉体和精神的二元论》一文中，他又指出："唯物主义、唯心主义、生理学、心理学都不是真理；只有人本学是真理，只有感性、直观的观点是真理，因为只有这个观点给予我整体性和个别性。"②事实上，费尔巴哈坚决反对那种与人的感性相分离的"抽象的物质"及其在这一基础上形成的"抽象的唯物主义"③，而赞成蕴含着人的感性的唯物主义。也正是在这个意义上，马克思指出："**费尔巴哈在理论**方面体现了

---

① ［德］费尔巴哈：《费尔巴哈哲学著作选集》上卷，荣震华等译，商务印书馆1984年版，第140页注。
② 同上书，第205页。
③ 同上书，第111、201页。

和**人道主义**相吻合的**唯物主义**，而法国和英国的**社会主义**和**共产主义**则在**实践**方面体现了这种唯物主义。"①

　　特别要注意的是"和人道主义相吻合的唯物主义"这个概念。事实上，在费尔巴哈的《基督教的本质》(1841)发表之后到马克思的《关于费尔巴哈的提纲》(1845)撰写之前，马克思坚持的正是这样一种唯物主义。也正是从这"和人道主义相吻合的唯物主义"的立场出发，马克思和费尔巴哈一样，对"抽象的唯物主义"进行了深入的批判。在《黑格尔法哲学批判》(1843)中，马克思指出："抽象的**唯灵论**是**抽象的唯物主义**；**抽象的唯物主义**是物质的**抽象的唯灵论**。"②这两个极端之所以是相通的，是因为它们都把物质与精神割裂开来，并抽象地对立起来。马克思进一步批判了那种把自然科学与人的生活分离开来，并对立起来的错误观点，强调"自然科学将失去它的抽象物质的或者不如说是唯心主义的方向"③。事实上，只有明确了马克思对"抽象的唯物主义"的批判，才能正确地理解《关于费尔巴哈的提纲》。

　　人们通常认为：《提纲》表明，费尔巴哈的唯物主义是"直观的"，而马克思的唯物主义则是"实践的"。诚然，我们不能说这种见解是错误的，但它显然是肤浅的。因为费尔巴哈也是注重实践的，他在《关于哲学改造的临时纲要》一文中写道："从理想到实在的过渡，只有在实践哲学中才有它的地位。"④在《未来哲学原理》一书中，他进一步强调，新哲学"本质上具有一种实践倾向，而且是最高意义下的实践倾向。"⑤这表明实践概念在他的哲学思想中起着基础性的作用。由此可知，他与马克思的区别不在于讲不讲实践的问题，而在于如何理解实践这一概念的含义问题。所以，重要的是记住马克思在《提纲》第一条最后部分对费尔巴

---

① 《马克思恩格斯全集》第 2 卷，人民出版社 1957 年版，第 160 页。
② 《马克思恩格斯全集》第 1 卷，人民出版社 1956 年版，第 355 页。
③ 《马克思恩格斯全集》第 42 卷，人民出版社 1979 年版，第 128 页。
④ ［德］费尔巴哈：《费尔巴哈哲学著作选集》上卷，荣震华等译，商务印书馆 1984 年版，第 108 页。
⑤ 同上书，第 186 页。

哈的批判，他"对于实践则只是从它的卑污的犹太人活动的表现形式去理解和确定。所以，他不了解'革命的'、'实践批判的'活动的意义"①。也就是说，马克思并不只是把实践理解为个人生活中的行为，而是理解为社会革命。当然，这仅仅是马克思实践概念的一个维度，而不是它的全部内容。马克思实践概念的另一个重要的维度是生产劳动，这里契入了一个极为重要的背景，那就是马克思对英国古典经济学的批判性的解读，而在费尔巴哈那里，这个背景并不存在。

人们通常也认为：《提纲》表明，费尔巴哈的唯物主义把人的本质理解为自然的"类"，而马克思的唯物主义则把人的本质理解为一切社会关系的总和。这个看法太简单了。因为马克思在《1844 年经济学哲学手稿》中曾经提到过费尔巴哈的三个伟大功绩，其中之一是："创立了**真正的唯物主义**和**现实的科学**，因为费尔巴哈使'人与人之间的'社会关系成了理论的基本原则。"②按照这一见解，当时的费尔巴哈不但论述到"类"的问题，更重要的是他注意到了人与人之间的社会关系，并把它作为自己理论的基本原则。尽管《提纲》与《手稿》讨论社会关系的角度不同，但用这一点来表示马克思的唯物主义和费尔巴哈的唯物主义的根本差别显然是过于简单化了。

按照我们的看法，只有回到前面提到的"抽象的唯物主义"这一重要概念，马克思的唯物主义与费尔巴哈的唯物主义的差异才会清晰地显现出来。然而，我们必须注意到，在《提纲》写作的前后，马克思对"抽象的唯物主义"这一概念内涵的理解也发生了相应的变化。如前所述，在《提纲》写作之前，马克思把主张精神与物质的分离、自然科学与人的生活的分离的唯物主义称为"抽象的唯物主义"，而把费尔巴哈的"和人道主义相吻合的唯物主义"看作真正的唯物主义。因为在当时的情况下，马克思甚至把共产主义也理解为"以扬弃私有财产作为自己的中介的人

---

① 《马克思恩格斯全集》第 3 卷，人民出版社 1960 年版，第 3 页。
② 《马克思恩格斯全集》第 42 卷，人民出版社 1979 年版，第 158 页。

道主义"①。可是，在《提纲》写作以后，特别是在《德意志意识形态》中，马克思开始把当时他自己也赞成的、费尔巴哈式的"和人道主义相吻合的唯物主义"也归入"抽象的唯物主义"的概念。

马克思认为，这种唯物主义的抽象性主要表现在：无论是费尔巴哈提到的"人""人与人之间的社会关系""人本主义"都是非历史性的，即超越一切历史时代的。这样一来，他的唯物主义归根到底仍然是"抽象的唯物主义"。所以马克思写道："当费尔巴哈是一个唯物主义者的时候，历史在他的视野之外；当他去探讨历史的时候，他决不是一个唯物主义者。在他那里，唯物主义和历史是彼此完全脱离的。"②从《德意志意识形态》的写作起，马克思始终把历史性作为判断一种唯物主义是否抽象的根本标准。也正是在这个意义上，马克思在《资本论》第1卷(1867)中以更明确的口吻告诉我们："那种排除历史过程的、抽象的自然科学的唯物主义的缺点，每当它的代表越出自己的专业范围时，就在他们的抽象的和唯心主义的观念中立刻显露出来。"③

总之，只有从马克思哲学思想发展的内在逻辑出发，而不仅仅局限于《提纲》一文，才能对他的唯物主义与费尔巴哈的唯物主义的差别获得比较深入的理解。

三、马克思哲学是实践唯物主义

如前所述，在论定"马克思哲学的性质究竟是什么?"问题时，我们

---

① 《马克思恩格斯全集》第42卷，人民出版社1979年版，第174页。
② 《马克思恩格斯全集》第3卷，人民出版社1960年版，第51页。
③ 马克思：《资本论》第1卷，人民出版社1975年版，第410页。遗憾的是，在恩格斯和普列汉诺夫的影响下，列宁在《唯物主义和经验批判主义》一书中完全没有注意到马克思这方面的研究成果，从而磨平了马克思的唯物主义与旧唯物主义之间的根本差别。传统的哲学教科书强调"世界统一于物质"，一开始就把物质或自然同它的一定的历史条件和人的实践活动分离开来，从而陷入马克思屡屡批判的"抽象的唯物主义"的窠臼中。

要尊重马克思自身思想发展的逻辑。在《德意志意识形态》中,马克思写道:"实际上和对**实践的唯物主义者,即共产主义者**说来,全部问题都在于使现存世界革命化,实际地反对和改变事物的现状。"①马克思在这里使用的虽然是"实践的唯物主义者"的概念,而不是"实践唯物主义"的概念,但前一个概念的使用已经蕴含着对后一概念的认可。

马克思思想自身发展的逻辑也表明,"实践唯物主义"概念的提出是马克思长期思考的一个结晶。在《1844年经济学哲学手稿》中,马克思把共产主义称作"实践的人道主义",并把它与作为"理论的人道主义"的无神论对立起来。在《神圣家族》中,马克思指出:"**费尔巴哈在理论**方面体现了和**人道主义**相吻合的**唯物主义**,而法国和英国的社会**主义**和**共产主义则**在**实践**方面体现了这种唯物主义。"②在这里,"实践唯物主义"的概念差不多已经呼之欲出了。在《提纲》中,马克思强调:"哲学家们只是用不同的方式**解释**世界,而问题在于**改变**世界。"③这里说的"改变世界"当然也就是诉诸实践。由此可知,马克思把自己的新哲学思想称为"实践唯物主义"并不是偶然的,而是他自己的思想发展的一个必然的结果。

本文认为,马克思的实践唯物主义学说具有以下三个基本的特征。

第一,实践性。如前所述,实践概念的内涵是十分丰富的,而在马克思那里,主要突出了两个维度。一是生产劳动。在马克思看来,人类生存的第一个前提同时也是一切历史的第一个前提,那就是:"人们为了能够'创造历史',必须能够生活。但是为了生活,首先就需要衣、食、住以及其他东西。因此第一个历史活动就是生产满足这些需要的资料,即生产物质生活本身。"④众所周知,在马克思那里,"生产"的概念具有多种含义,如物质生活资料的生产、人的生产、精神生产、社会的

---

① 《马克思恩格斯全集》第3卷,人民出版社1960年版,第48页。
② 《马克思恩格斯全集》第2卷,人民出版社1957年版,第160页。
③ 《马克思恩格斯全集》第3卷,人民出版社1960年版,第6页。
④ 同上书,第31页。

生产和社会关系的生产等，而我们这里讲的"生产劳动"主要指的是物质生活资料的生产，因为正是这方面的生产制约着人类所有的活动。二是社会革命。如果说，经过爱尔维修引申的、洛克式的唯物主义是空想社会主义和共产主义的理论基础的话，那么，马克思的实践唯物主义则是科学的社会主义和共产主义的理论基础。这两种理论基础的差别在于，前者只是一个对社会生活的解释性的体系，而后者则是对现存的秩序进行根本性改造的、诉诸社会革命的、实践性的体系。

第二，历史性。旧唯物主义之所以是抽象的唯物主义，其基本特征是超越一切历史条件奢谈物质、运动、意识、精神、人这类概念，这样的谈论显然是不着边际的，因而也是没有什么意义的。马克思的实践唯物主义则是在资本主义历史条件下形成的一种唯物主义学说。它通过资本主义生产劳动这一特定的历史媒介看待一切。在它的视野中，并不存在抽象的物质，在资本主义的历史条件下，物质的样态是商品。这样一来，抽象物质的机械运动在马克思那里就成了商品的生产、流通、消费和分配；意识和精神也相应地成了"意识生产"和"精神生产"；而抽象的人也成了现实的商品生产者或交换者。正是通过对自己的唯物主义的历史特征的强调，马克思告诉我们：当代哲学本质上是经济哲学、法哲学，而不是自然哲学、逻辑学，这也正是马克思特别重视黑格尔的《法哲学》和《精神现象学》的缘故。

第三，人文性。有人也许会提出：既然马克思放弃了"和人道主义相吻合的唯物主义"的提法，为什么在这里又把人文性视为实践唯物主义的基本特征呢？诚然，我们也承认，马克思后来确实放弃了"和人道主义相吻合的唯物主义"的提法，但马克思放弃的只是以抽象的、超历史的"人"为出发点的人道主义，而并没有放弃人文主义传统的核心内容——独立人格、自由、平等、民主、公正等基本观念，而且在这一传统中融进了新的内容，如对人的异化的扬弃、人的解放等。实际上，马克思所倡导的是以现实的人为基础的新的人道主义，我们不妨把这种新的唯物主义称为实践唯物主义的"人文性"。

四、当代哲学的挑战和实践唯物主义的发展趋势

马克思的实践唯物主义学说在当代面临着种种挑战。这些挑战主要来自以下三个方面。一是马克思的实践唯物主义是以现实的生产劳动作为出发点的，而这种劳动又是以科学技术为媒介的。正如海德格尔所说："唯物主义的本质隐藏在技术的本质中；关于技术，固然已写出很多东西，但却被思得很少。"①二是马克思的实践概念，除生产劳动的含义外，主要落实在社会革命的含义上，但社会革命主要涉及人的政治活动，而道德活动、法律活动和宗教活动方面的内涵还没有凸显。也正是在这个意义上，韦伯把马克思的哲学划归到"工具理性"的范围内，并提出"价值理性"试图超越马克思。同样，哈贝马斯则试图用"交往理性"来超越马克思。三是马克思的唯物主义的人文性没有得到充分的强调，所以，虽然萨特承认马克思的思想是不可超越的，但他还是试图用"存在主义"来补充马克思的学说。

面临这样的挑战，实践唯物主义应该怎么办？我们认为，重要的是返回到康德哲学的基本思想，即理论理性（自然）和实践理性（自由）的两分上。前者涉及认识论、自然科学和技术，后者则涉及本体论，即道德、法律、宗教、政治方面的实践活动。在马克思哲学研究中，存在着的一个重要的弊端，即人们试图用理论理性去吞并实践理性，用认识论意义上的实践概念②去取代本体论意义上的实践概念，用"自然"去取代"自由"③，用科学技术和工具理性去取代价值理性。这样一来，一些基

---

① 孙周兴选编：《海德格尔选集》（上），生活·读书·新知上海三联书店 1996 年版，第 384 页。

② 在康德哲学中，"实践"概念只能在本体论意义上使用，不能在认识论意义上使用，但后人却随意地在认识论意义上使用这一概念，从而造成了思想上的混乱。

③ 这一取代是通过把自由理解为"对必然的认识"的方式来实现的。直到今天，人们还是以这样的方式给自由下定义的，这表明，他们完全是以前康德的方式进行哲学思考的。参见俞吾金：《自由概念两题议》，《开放时代》2000 年第 7 期。

本的问题被混淆了，实践唯物主义的本质性的内涵就被忽略了。限于题旨，对"实践"和"实践唯物主义"概念的重新诠释，只能另文论及了。

综上所述，必须充分理解并消化康德研究的成果，特别是他关于实践理性的论述，并从生存论的本体论的角度出发去理解马克思的实践唯物主义。这样一来，实践概念所蕴含的人文性以及人在道德、法律、宗教和政治方面的实践活动的重要性，科学技术在当代唯物主义学说中的作用等问题就会重新凸显，实践唯物主义也将获得与当代生活相适应的新的存在形式和问题域。

2001年

论马克思的唯物主义学说的基本特征①

马克思的唯物主义学说，包括马克思所使用的"唯物主义"概念，在内涵上是十分丰富的，但在马克思哲学的某些解释者那里，这一学说却被简单化、标签化了，仿佛谁只要承认"物质（或自然）是第一性的，意识（或精神）是第二性的"，谁就是一个唯物主义者；而马克思的唯物主义学说的全部价值也就是在评价不同的哲学观念时，给它们贴上"唯物主义"或"唯心主义"的标签。这种简单化、标签化的做法既是对哲学研究的误解，也是对马克思的唯物主义学说的误解。本文力图通过对马克思的唯物主义学说的主要内涵和基本特征的考察，恢复这一学说的本来面貌，从而从总体上重新认识马克思哲学的本质、地位和历史作用。

---

① 原载《上海行政学院学报》2001年第1期，第4—11页；《当代国外马克思主义评论》2001年第1期全文转载，第15—28页。收录于俞吾金：《从康德到马克思——千年之交的哲学沉思》，广西师范大学出版社2004年版，第315—329页；《哲学随想录》，北京师范大学出版社2016年版，第158—169页；《从康德到马克思——千年之交的哲学沉思》，北京师范大学出版社2017年版，第470页—487页。——编者注

一、马克思的唯物主义学说的历史性

马克思对自己的唯物主义学说的历史性的强调，是在批判传统的、抽象的唯物主义的过程中发展起来的。所谓"抽象的唯物主义"也就是把脱离一切感性事物的"抽象的物质"视为人类的全部意识或精神活动的基础。英国哲学家贝克莱在《哲学对话三篇》中，通过对话者之一菲伦诺明确地提出："哲学家所谓物质的实体委实不存在，这是我郑重的信仰。"①因为抽象的物质是无法感知的，因而也是不存在的。不少具有唯物主义倾向的哲学家对贝克莱视物质为虚无的做法表示愤慨，其实，这种愤慨是缺乏理由的，在黑格尔的《小逻辑》中，我们可以找到类似的看法："唯物论认为物质的本身是真实的客观的东西。但物质本身已经是一个抽象的东西，物质之为物质是无法知觉。所以我们可以说，没有物质这个东西，因为就存在着的物质来说，它永远是一种特定的具体的事物。然而，抽象的物质观念却被认作一切感官事物的基础，——被认作一般的感性的东西，绝对的个体化，亦即互相外在的个体事物的基础。"②与贝克莱一样，黑格尔明确地告诉我们，物质作为抽象的东西，它本身是不存在的，存在着的只是个别的、具体的事物。费尔巴哈虽然从唯物主义的立场出发批判了黑格尔的思辨唯心主义，但他也对"抽象的物质"和"抽象的唯物主义"采取了批判的态度。③ 马克思对"抽象的物质"和"抽象的唯物主义"也采取了严厉的批判态度，但他的批判却经过了以下两个不同的阶段。

在第一个阶段中，费尔巴哈的唯物主义仍然对马克思具有一定的影

---

① ［英］柏克莱：《柏克莱哲学对话三篇》，关文运译，商务印书馆 1935 年版，第 2 页。

② ［德］黑格尔：《小逻辑》，贺麟译，商务印书馆 1980 年版，第 115 页。

③ ［德］费尔巴哈：《费尔巴哈哲学著作选集》（上卷），荣震华等译，商务印书馆 1984 年版，第 111、201 页。

响。换言之，当时的马克思是从费尔巴哈式的感性和感性世界出发去抵御并反对抽象的物质和抽象的唯物主义的。在写于 1843 年的《黑格尔法哲学批判》一书中，马克思这样写道："**抽象的唯灵论**是**抽象的唯物主义**；**抽象的唯物主义**是物质的**抽象的唯灵论**。"①在这里，马克思把**抽象的唯物主义**和抽象的唯灵论（即抽象的唯心主义）看作同一个东西，这正体现了马克思深邃的理论眼光，因为他解构了传统哲学关于唯物主义和唯心主义的无谓争论，指出这两个极端在本质上是相通的。在写于 1844 年的《1844 年经济学哲学手稿》中，马克思进一步批判了自然和自然科学研究中出现的抽象物质的或抽象唯物主义的态度。他写道："被抽象地孤立地理解的、被固定为与人分离的**自然界**，对人说来也是无。"②在他看来，真正的自然界不是哲学家的大脑中抽象或幻想出来的自然界，而是在人类社会的产生过程中形成的、在马克思的时代则以工业这一异化的形式表现出来的自然界。在马克思生活的时代，工业不光是自然界同人之间，也是自然科学同人之间的历史关系，"因此，自然科学将失去它的抽象物质的或者不如说是唯心主义的方向，并且将成为**人的科学**的基础，正象它现在已经——尽管以异化的形式——成了真正人的生活的基础一样；至于说生活有它的**一种**基础，**科学**有它的另一种基础——这根本就是谎言"③。在马克思看来，真正的唯物主义并不停留在对"抽象的物质"的谈论上，而总是涉及与人的生活密切地联系在一起的具体的、感性的事物。也正是在这个意义上，马克思认为费尔巴哈"创立了**真正的唯物主义**"④。尽管当时的马克思对费尔巴哈的唯物主义做了高度的评价，但由于国民经济学研究的契入，马克思对抽象物质和抽象唯物主义的批判远比费尔巴哈深刻。在《1844 年经济学哲学手稿》中，马克

---

① 《马克思恩格斯全集》第 1 卷，人民出版社 1956 年版，第 355 页。
② 《马克思恩格斯全集》第 42 卷，人民出版社 1979 年版，第 178 页。
③ 同上书，第 128 页。
④ 同上书，第 158 页。

思甚至认为，"五官感觉的**形成**是以往全部世界历史的产物"①。人，作为社会存在物，他的全部感觉器官的演化也是与人类社会的历史发展联系在一起的，因此，真正的认识不可能停留在抽象的物质的层面上，而总是与具体的、历史的事物关联在一起的。

在第二个阶段中，由于马克思确立了自己的唯物主义学说，因而对抽象的物质和抽象的唯物主义的批判跃迁到一个新的高度。在《德意志意识形态》一书中，虽然马克思肯定了费尔巴哈的、强调感性作用的唯物主义对传统的唯物主义的优越性，但又批评道："费尔巴哈从来没有看到真实存在着的、活动的人，而是停留在抽象的'人'上，并且仅仅限于在感情范围内承认'现实的、单独的、肉体的人'，也就是说，除了爱与友情，而且是理想化了的爱与友情以外，他不知道'人与人之间'还有什么其他的'人的关系'。"②乍看起来，特别是相对于传统的唯物主义学说来说，费尔巴哈的唯物主义具有鲜明的感性的特征，但在马克思看来，这种脱离人的实践活动的感性归根到底也是抽象的唯物主义的一种表现形式。也就是说，与以前的唯物主义者一样，费尔巴哈也是以超历史的方式来谈论感性事物的。正是在这个意义上，马克思写道："当费尔巴哈是一个唯物主义者的时候，历史在他的视野之外；当他去探讨历史的时候，他决不是一个唯物主义者。在他那里，唯物主义和历史是彼此完全脱离的。"③

从上面的论述可以看出，唯物主义与历史的合一，或唯物主义的历史特征构成了马克思的唯物主义学说的一个基本特征。正是从这一基本特征出发，马克思既不像旧唯物主义者(包括费尔巴哈在内)那样奢谈抽象的物质或与人的活动相分离的自然，也不像现在的马克思主义哲学教科书那样空谈"世界统一于物质""物质是运动的""运动是有规律的"，相反，他把自然理解为"人化的自然"或"历史的自然"；同时，马克思从资

---

① 《马克思恩格斯全集》第 42 卷，人民出版社 1979 年版，第 126 页。
② 《马克思恩格斯全集》第 3 卷，人民出版社 1960 年版，第 50 页。
③ 同上书，第 51 页。

本主义经济这一历史形态出发，考察了物质的具体的样态——商品，揭示了"商品拜物教"的成因，从而阐明了资本主义经济形态中以物与物之间的关系掩盖着的人与人之间的真实关系。马克思还告诉我们："每个个人和每一代当作现成的东西承受下来的生产力、资金和社会交往形式的总和，是哲学家们想像为'实体'和'人的本质'的东西的现实基础，是他们神化了的并与之作斗争的东西的现实基础"①。也就是说，马克思的唯物主义学说从不抽象地谈论"物质决定意识"的空话，而是注重从每代人所已然接受的历史遗产——生产力、资金和社会交往形式的总和出发去揭示他们的观念的实质。比如，在某个国家的某个发展时期中，如果王权、贵族和资产阶级分享着统治的权力，那里占统治地位的思想就会是分权的学说，人们甚至会把这种学说当作永恒的规律来谈论。从这个角度出发去透视马克思的唯物主义学说，就会发现，它本质上是历史唯物主义。

二、马克思的唯物主义学说的实践性

马克思对自己的唯物主义学说的实践特征的强调，是在批判传统的、直观的唯物主义的基础上形成和发展起来的，而马克思之所以具有这样的批判意识，是与他对国民经济学和人的经济活动的研究分不开的。那么，究竟什么是"直观的唯物主义"(anschauende Materialismus)呢？马克思认为，"**直观**的唯物主义，即不是把感性理解为实践活动的唯物主义"②。也就是说，直观的唯物主义不是从人的历史的实践活动出发来考察人的全部观念，而是以静观的、被动接受的、感性的方式来考察人们的观念。这种考察方式暴露出传统的唯物主义学说的致命的弱点。

① 《马克思恩格斯全集》第 3 卷，人民出版社 1960 年版，第 43 页。
② 同上书，第 5 页。

早在《1844 年经济学哲学手稿》中，马克思已经充分地认识到实践观念在整个哲学立场中的重要性。他在强调异化的实践特征时写道："在实践的、现实的世界中，自我异化只有通过同其他人的实践的、现实的关系才能表现出来。异化借以实现的手段本身就是**实践的**。"①在马克思看来，不应该像黑格尔那样，只是在单纯精神的范围内来谈论人与人之间的关系，特别是异化的关系。不但人与人之间的关系本质上是实践的，而且异化关系借以实现的手段也是实践的。也正是出于对实践问题的高度重视，马克思在《1844 年经济学哲学手稿》中对异化劳动的本质及其扬弃异化的途径进行了深入的探索。

在《关于费尔巴哈的提纲》中，完全可以说，实践成了马克思全部论述的核心概念。马克思这样写道："从前的一切唯物主义——包括费尔巴哈的唯物主义——的主要缺点是：对事物、现实、感性，只是从**客体**的或者**直观**的形式去理解，而不是把它们当作**人的感性活动**，当作**实践**去理解，不是从主观方面去理解。"②按照马克思的看法，由于传统的唯物主义是以"直观"（Anschauung）为特征的，因而既不可能充分地肯定认识和实践主体的能动性，也不可能深刻地认识市民社会中人与人之间关系的本质，而至多只能做到对单个人的行为的直观，更不可能透彻地意识到：人的思维或观念是否具有客观性的问题，不是一个理论问题，而是一个实践的问题。如果说，旧唯物主义的根本特征是以直观的方式认识世界和解释的话，那么，马克思的新唯物主义则是以实践的方式解释世界和改造世界。③

---

① 《马克思恩格斯全集》第 42 卷，人民出版社 1979 年版，第 99 页。
② 《马克思恩格斯全集》第 3 卷，人民出版社 1960 年版，第 3 页。
③ 必须指出，《关于费尔巴哈的提纲》的第十一条"哲学家们只是用不同的方式解释世界，而问题在于改变世界"常常引起人们的误解，似乎马克思哲学是只"改变世界"而不"解释世界"的。其实，对于马克思哲学来说，"解释世界"与"改造世界"是统一在一起的。假如它不能"解释世界"，又怎么能动员人们去"改造世界"呢？事实上，《提纲》的第八条就深刻地揭示了实践的"解释世界"的功能。马克思这样写道："社会生活在本质上是实践的。凡是把理论导致神秘主义方面去的神秘的东西，都能在人的实践中以及对这个实践的理解中得到合理的解决。"参见《马克思恩格斯全集》第 3 卷，人民出版社 1960 年版，第 5 页。

在《德意志意识形态》中，马克思集中批判了费尔巴哈的唯物主义的直观性。一方面，费尔巴哈的唯物主义通过直观发现的只是"人自身"，而不是"现实的历史的人"；另一方面，费尔巴哈确信的自然科学的直观所达到的感性世界也不是某种开天辟地以来就存在的、始终如一的东西，而是人的历史的实践活动的产物。在这一批判的基础上，马克思系统地阐述了自己的实践唯物主义的立场。一方面，马克思进一步论证了实践的"解释世界"的功能，强调他的唯物主义学说"不是从观念出发来解释实践，而是从物质实践出发来解释观念的东西"①。马克思认为，不仅人类所有的观念都是在他们的实践活动的基础上产生和发展起来的，而且对旧观念的铲除也必须诉诸实践，不可能通过单纯的批判来达到自己的目的。马克思还令人信服地指出，统治阶级的思想在每一时代都是占统治地位的思想。也就是说，一个阶级以实践的方式支配着物质资料的生产，同时也就一定以理论的方式支配着精神资料的生产。在实践生活中占据着统治地位的人们，"还作为思维着的人，作为思想的生产者而进行统治，他们调节着自己时代的思想的生产和分配"②。马克思的这些论述为我们认识世界和解释世界提供了极为重要的启示。另一方面，马克思也进一步论证了实践的"改造世界"的功能。他指出："……**实际上和对实践的**唯物主义者，即**共产主义者**说来，全部问题都在于使现存世界革命化，实际地反对和改变事物的现状。"③在这里，马克思明确地提出了"实践唯物主义"的新概念，并把改造世界理解为实践唯物主义的根本使命。

目前流行的哲学教科书的一个根本缺陷是仅仅从认识论的意义上来理解马克思的实践唯物主义，换言之，仅仅承认实践概念在认识论中的优先地位和作用。这就完全忽视了马克思的实践唯物主义学说的本体论维度。本体论所关注的是存在的真理的问题，而这正是马克思的实践唯

---

① 《马克思恩格斯全集》第3卷，人民出版社1960年版，第43页。
② 同上书，第52页。
③ 同上书，第48页。

物主义所要阐明的根本。马克思在谈到生产劳动时这样写道:"这种活动、这种连续不断的感性劳动和创造、这种生产,是整个现存感性世界的非常深刻的基础,只要它哪怕只停顿一年,费尔巴哈就会看到,不仅在自然界将发生巨大的变化,而且整个人类世界以及他(费尔巴哈)的直观能力,甚至他本身的存在也就没有了。"①这段重要的论述告诉我们,马克思一开始就不是从认识论,而是从本体论的角度来确定实践活动的地位和作用的。正是实践的本体论含义决定着它的认识论含义,甚至决定着认识者是否具有自己的认识或直观的能力。这就启示我们,一方面,决不能只沿着认识论和科学技术的角度谈论实践概念,最根本的是揭示实践概念的本体论含义,并把这方面的含义理解为马克思的实践唯物主义所蕴含的最根本的含义;另一方面,应该把马克思的实践唯物主义与康德所开创的实践理性的学说结合起来,从而凸显政治实践、法律实践、道德实践和宗教实践在人类全部实践形式中的基础性的作用。只有从这样的思路出发,即从本体论而不是从认识论出发,才能真正领悟马克思的唯物主义的实践特征的真谛。

三、马克思的唯物主义学说的人文性

马克思对自己的唯物主义学说的人文性的强调,表明他批判地继承了西方人文主义,特别是费尔巴哈的人本主义的重要传统。然而,在目前流行的哲学教科书中,却存在着一个影响深远的神话:"马克思哲学＝费尔巴哈哲学的基本内核(即唯物主义)＋黑格尔哲学的合理内核(即辩证法)。"其实,马克思从费尔巴哈那里接受的哲学遗产,与其说是唯物主义,不如说是人本主义。

如果我们返回到费尔巴哈那里去的话,就会发现,他对自己的哲学

---

① 《马克思恩格斯全集》第 3 卷,人民出版社 1960 年版,第 50 页。

思想的实质常常缺乏明晰的认识。在《未来哲学原理》的一个注中，他写道："在这本书里，唯物主义，经验论，实在论，人文主义之间的区别，当然是无关紧要的。"①然而，在稍后出版的《反对身体和灵魂、肉体和精神的二元论》一文中，他却以坚定的口吻写道："唯物主义、唯心主义、生理学、心理学都不是真理；只有人本学是真理，只有感性、直观的观点是真理，因为只有这个观点给予我整体性和个别性。"②也就是说，在通常的情况下，费尔巴哈并不在乎人们如何看待他的哲学，但在比较严格的意义上，他更倾向于人们把他的哲学理解为一种人本学。事实上，马克思更多的是从费尔巴哈的人本学，而不是从他的唯物主义那里得到灵感的。

在《1844年经济学哲学手稿》中，马克思思考的一个中心问题就是人道主义与异化，这使他的唯物主义学说一开始就带有浓厚的人文性。马克思不仅指出，"在李嘉图看来，人是微不足道的，而产品则是一切"③，而在整个国民经济学的视野中，"甚至连人的存在都是十足的奢侈"④；而且深刻地揭示了异化劳动所造成的人性的沦丧，并指出，共产主义就是对人的自我异化的积极的扬弃："这种共产主义，作为完成了的自然主义，等于人道主义，而作为完成了的人道主义，等于自然主义，它是人和自然界之间、人和人之间的矛盾的**真正**解决，是存在和本质、对象化和自我确证、自由和必然、个体和类之间的斗争的真正解决。"⑤在这里，马克思强调了共产主义与人道主义之间的天然联系。在《1844年经济学哲学手稿》的另一处，马克思以更确定的口吻写道："无神论是以扬弃宗教作为自己的中介的人道主义，共产主义则是以扬弃私

---

① ［德］费尔巴哈：《费尔巴哈哲学著作选集》上卷，荣震华等译，商务印书馆1984年版，第140页。

② 同上书，第205页。

③ 《马克思恩格斯全集》第42卷，人民出版社1979年版，第72页。

④ 同上书，第137页。

⑤ 同上书，第120页。

有财产作为自己的中介的人道主义。"①充分显示出马克思的哲学与人文主义传统之间的内在联系。

在《神圣家族》一书中，马克思简要地论述了近代唯物主义的发展史，强调在培根那里，唯物主义还在朴素的形式下包含着全面发展的萌芽，但在以后的发展中它变得片面了，尤其是在霍布斯那里，"唯物主义变得**敌视人**了"②。这就告诉我们，唯物主义并不天然地与人文精神合拍，既存在着与人文精神一致的唯物主义，也存在着与人文精神敌对的唯物主义。正因为存在着这样的差别，所以马克思又指出："**费尔巴哈在理论**方面体现了和**人道主义**相吻合的**唯物主义**，而法国和英国的**社会主义和共产主义**则在**实践**方面体现了这种唯物主义。"③在这些重要的论述中，马克思不仅明确地区分了两种不同类型的唯物主义学说，而且公开地表明，社会主义与共产主义在实践上与这种"和人道主义相吻合的唯物主义"是完全一致的。马克思还对费尔巴哈把德国唯心主义哲学归结为"以自然为基础的现实的人"表示赞赏，认为他巧妙地拟定了对黑格尔的思辨以及一切形而上学批判的要点。

在《关于费尔巴哈的提纲》和《德意志意识形态》中，虽然马克思转而批判了费尔巴哈哲学中"人"的概念的抽象性，但这决不表明马克思抛弃了西方的人文主义传统，抛弃了费尔巴哈人本主义思想的精华，恰恰相反，马克思仍然是这一传统的伟大的继承者，马克思不过是把人的问题奠基在历史唯物主义的基础上加以阐明而已。马克思以后思想的发展也一再向我们证明这一点。在《共产党宣言》中，马克思把未来的共产主义社会理解为"一个以各个人自由发展为一切人自由发展的条件的联合体"④。在《1857—1858 年经济学手稿》中，马克思又指出："古代的观点和现代世界相比，就显得崇高得多，根据古代的观点，人，不管是处在

---

① 《马克思恩格斯全集》第 42 卷，人民出版社 1979 年版，第 174 页。
② 《马克思恩格斯全集》第 2 卷，人民出版社 1957 年版，第 164 页。
③ 同上书，第 160 页。
④ 《马克思恩格斯全集》第 4 卷，人民出版社 1958 年版，第 491 页。

怎样狭隘的民族的、宗教的、政治的规定上，毕竟始终表现为生产的目的，在现代世界，生产表现为人的目的，而财富则表现为生产的目的。"①在《资本论》中，马克思通过剩余价值学说，揭露了资本主义社会中人与人之间的真实关系，从而为工人阶级的解放奠定了理论基础。所有这一切都表明，马克思始终是西方人文主义传统的继承者，人文性始终是马克思的唯物主义学说的重要特征。

然而，长期以来，我们却夸大了马克思哲学与西方人文主义传统之间的对立，以致竟出现了这样的局面，即人们把人性、人道主义、人本主义、人文精神通通视为资产阶级的东西而加以否定，仿佛马克思哲学是从来不屑于谈论这些东西的，它关心的只是阶级斗争，只是人与人之间的冲突。由于这样的思维定式的形成，马克思的唯物主义学说遭到了严重的曲解，即它被变形为马克思本人批判过的霍布斯式的、"敌视人"的唯物主义。

四、马克思的唯物主义学说的辩证性

我们在这里提到的马克思的唯物主义学说的辩证性与通常所用的"辩证唯物主义"的概念并不是一回事。"辩证唯物主义"是辩证法和一般唯物主义的结合，而我们则认为，在马克思哲学中，并不存在着一般唯物主义，马克思哲学本质上也就是实践唯物主义或历史唯物主义。因此，我们这里提到的"辩证性"不是以抽象的物质或与人相分离的自然界为载体的，而是以人的历史的实践活动，尤其是人的生产劳动为载体的。一言以蔽之，我们在这里讨论"辩证性"时，强调的不是"辩证性"本身的内涵，而是它究竟是以什么东西作为自己的载体。也就是说，我们是从本体论，而不是从认识论的角度来思索唯物主义的辩证法特征的。

---

① 《马克思恩格斯全集》第 46 卷(上册)，人民出版社 1979 年版，第 486 页。

在《1844年经济学哲学手稿》中，马克思写道："黑格尔的《现象学》及其最后成果——作为推动原则和创造原则的否定性的辩证法——的伟大之处首先在于，黑格尔把人的自我产生看作一个过程，把对象化看作失去对象，看作外化和这种外化的扬弃；因而，他抓住了**劳动的**本质，把对象性的人、现实的因而是真正的人理解为他**自己的劳动**的结果。"①也就是说，马克思的唯物主义的辩证性不在于强调抽象的物质是如何运动的，而在于强调人的本质是如何在劳动的辩证过程中生成并发展起来的。换言之，在马克思那里，辩证法决不是"物质或自然自身的运动"，而始终是以人与自然之间的关系、人与人之间的关系作为自己的载体的。在《资本论》中，马克思这样写道："在某种意义上，人很象商品。因为人来到世间，既没有带镜子，也不像费希特派的哲学家那样，说什么我就是我，所以人起初是以别人来反映自己的。名叫彼得的人把自己当作人，只是由于他把名叫保罗的人看作是和自己相同的。因此，对彼得说来，这整个保罗以他保罗的肉体成为人这个物种的表现形式。"②这表明，马克思的唯物主义与那种机械论的唯物主义不同，它始终以辩证的眼光看待人的活动和人类历史的发展。

　　然而，遗憾的是，目前流行的哲学教科书总是把抽象的物质或抽象的自然作为辩证法的载体，这样一来，人的活动和人类社会这一最重要的基础就被抽掉了，辩证法成了某种类似于诡辩的东西。恢复马克思的唯物主义学说的辩证性，就是要把人的活动和人类社会作为辩证法的真正的载体。

　　综上所述，马克思的唯物主义学说的历史性、实践性、人文性和辩证性是不可分割地统一在一起的。事实上，也只有充分地认识这些基本特征，才能领悟马克思的唯物主义学说的特殊性，才能理解马克思哲学的划时代的革命意义之所在。

---

① 《马克思恩格斯全集》第42卷，人民出版社1979年版，第163页。
② 马克思：《资本论》第1卷，人民出版社1975年版，第67页。

人文关怀：马克思哲学的另一个维度^①

谁都不会怀疑，马克思哲学继承了西方人文主义的伟大传统。换言之，人文关怀构成了马克思哲学的基本维度之一。我们这里涉及的人文关怀概念的主要含义是：对人的生存状况的关注，对人的尊严和符合人性的生活条件的肯定，对人类的解放和自由的追求等。然而，我们不无遗憾地发现，在马克思哲学的传播过程中，其人文关怀的维度却被严严实实地遮蔽起来了，从而使马克思的理论形象受到了严重的歪曲。今天，重新肯定马克思哲学的人文关怀维度，恢复其本真的理论形象，具有极为重要的理论意义和现实意义。

一、处于遮蔽状态的人文关怀的维度

在马克思哲学的传播过程中，其人文关怀的维度是如何被遮蔽起来的？我们认为，主要是通

---

① 原载《光明日报》2001 年 2 月 6 日；《新华文摘》2001 年第 5 期全文转载。收录于俞吾金：《实践诠释学——重新解读马克思哲学与一般哲学理论》，云南人民出版社 2001 年版，第 153—162 页；《哲学随感录》，北京师范大学出版社 2016 年版，第 332—339 页。——编者注

过以下三种对马克思哲学的不同的理解模式而被遮蔽起来的。

第一种理解模式是：马克思哲学是阶级斗争的工具。我们不妨把这种解释模式称为"工具论"。虽然这种理论承认马克思哲学追求的根本目标是解放全人类，建设一个"每个人的自由发展是一切人的自由发展的条件"的共产主义社会，但它又坚持以下两点。

其一，这个目标是长远的，因而蕴含在这个目标中的人文关怀在眼前完全可以被搁置起来，不必深入地在理论上加以探究或在实践中加以贯彻。

其二，这个目标是通过长期的阶级斗争的方式实现的，而在阶级斗争中，马克思学说的追随者有感于阶级斗争的严酷性、曲折性和长期性，在解释其学说时，通常会自觉地或不自觉地遗忘乃至压抑马克思哲学中人文关怀的维度，而把其阶级斗争的属性加以强化或夸大，甚至干脆把它理解为阶级斗争的工具或手段。

随着这种"工具"意识的不断增强，手段和目的的位置被颠倒过来了。一方面，手段成了目的，即阶级斗争被置于最高的位置上，成了人们为之而奋斗的最根本的目的；另一方面，原来的目的，即人的自由和解放却倒过来被下降为手段。如果人们偶尔提到这方面的话题，那也只是为了唤起他们在阶级斗争中的自觉性和坚定性。更令人难以置信的是，人们甚至把马克思哲学理解为纯粹的阶级斗争学说，并使之与人文关怀尖锐地对立起来，以致问题完全走向反面，即谁只要一谈论人文关怀，谁就是在曲解或非难马克思哲学。仿佛马克思哲学只是一种冷冰冰的理论，它与任何意义上的人文关怀都截然对立，不可同日而语。显而易见，这种理解模式不仅遮蔽了马克思哲学的人文关怀维度，而且把这一维度与马克思哲学尖锐地对立起来了。

第二种理解模式是：马克思哲学是揭示人类社会发展规律的科学理论。我们不妨把这种理解模式称为"科学论"。诚然，我们也承认，马克思哲学正确地揭示了人类社会，尤其是资本主义社会发展的客观规律，但当人们仅仅着眼于从"科学论"的角度去理解马克思哲学时，马克思哲学的人文关怀的维度也会被掩盖起来。因为"科学论"关注的仅仅是马克思哲学所揭示的社会发展规律的准确性，而对马克思哲学的其他重要特征，特别是人文关怀的特征，完全不予重视。比如，法国哲学家阿尔都塞就把马克思成熟时期的思想（作为"科学"）与青年时期的马克思的思想（作为意识形态）尖锐地对立起来，简单地把青年时期的马克思的思想，尤其是他关于人道主义和异化的思想，作为费尔巴哈式的问题加以贬低乃至否定。诚然，青年马克思的思想，特别是他关于人的理论有一个发展过程，其《1844年经济学—哲学手稿》在一定程度上确实也受到费尔巴哈的影响，但我们必须清醒地意识到，异化和人道主义的思想不光是青年马克思哲学的一个重要的侧面，而且也是成熟时期的马克思哲学的一个重要的维度。此外，"科学论"还强调，在人类社会中唯一起作用的力量就是"规律"或"必然性"，这就从根本上否认了人类活动，尤其是人类争取自由和解放、追求人格尊严和人文关怀的必要性。总之，把马克思哲学的科学性与人文性尖锐地对立起来，并用前者去否定后者，必定会导致对马克思理论形象的扭曲。

第三种理解模式是：马克思哲学是认识论意义上的实践哲学。我们不妨把这种理解模式称为"实践论"。"实践论"是当前最流行的理解模式。与上述两种理解模式相比，乍看起来，"实践论"是最接近对马克思哲学的人文关怀维度的肯定的，其实不然。这里的关键在于如何理解马克思的"实践"概念的含义。人们通常是从认识论的角度出发理解马克思的生产劳动概念的。比如，晚年卢卡奇的巨著《社会存在本体论》就是沿着这样的方向来理解马克思的实践概念的。在这里，存在着对马克思"实践"概念的惊人的误解，而这一误解又是与人们对康德哲学缺乏了解联系在一起的。按照康德的看法，纯粹理性和认识论关系到自然，而实践理性和本体论则关系到自由。也就是说，当人们从认识论和科学技术（即只关注人与自然关系）的角度出发去理解生产劳动这一实践形式时，他们并不会自然而然地引起对人的问题的重视和对人文关怀的肯定；事实上，只有当人们从本体论和实践理性（即主要关注人与人的关系）的角度出发去理解生产劳动这一实践形式时，他们才会自觉地重视人的问题并把人文关怀作为一个重大的问题提出来。

综上所述，正是"工具论""科学论"和"实践论"的流行，使马克思哲学的人文关怀的维度被严重地遮蔽起来了。

二、遮蔽状态的历史成因

在马克思哲学的传播过程中，为什么上述"三论"会流行起来？这并不是偶然的，而是有其深层的历史原因的。

首先，人们在理解马克思哲学与它所继承的西方人文主义传统的关系时，为了强调马克思哲学的正确性和独特性，干脆把它从西方人文主义的传统中割裂出来，并使之与这一传统尖锐地对立起来。诚然，我们也承认，马克思对西方人文主义传统，尤其是近代以来的、以奢谈"抽象的人"和崇拜"抽象的人性"为特征的人文主义思潮做过深刻的批判，但马克思的目的并不是要否定乃至抛弃西方人文主义的伟大传统，而是要使它奠基于历史唯物主义的基础之上。总之，马克思的意图是倒掉洗澡水，留下小孩，而不是把洗澡水和小孩一起倒掉。而马克思的一些后继者在解释马克思哲学时，总是自觉地或不自觉地夸大马克思哲学与西方人文主义传统之间的差异，从而把两者尖锐地对立起来。这种做法导致的结果是：马克思哲学的解释者自己放弃了人文关怀的提法，并把这种提法让渡给资产阶级哲学家，使之成为他们的专利。显然，这种理论上的自我束缚和自我否定是十分愚蠢的，它给马克思哲学的传播造成了灾难性的影响。

其次，马克思哲学的解释者未能超越近代西方哲学的视野，因而没有自觉地意识到"人"这一特殊的存在者与其他存在者之间的本质差异。由于这一差异没有以普遍的方式进入意识的层面，所以，马克思哲学的人文关怀的维度对于解释者来说，始终是封闭的。有人也许会对我们上面的说法表示怀疑：当前理论界关于马克思的人的理论、人学、人道主义和异化问题的讨论不都涉及人文关怀的维度吗？

我们也承认，这些问题的讨论在一定的程度上关涉马克思哲学的人文关怀的维度，但如果人们认为只要讨论这些问题而不去触动传统哲学教科书对马克思哲学基础理论的错误理解，就已经恢复了它的人文关怀维度，那就把问题看得太简单了。传统哲学教科书把马克思哲学的基础误解为一般唯物主义，因此，它是从"世界统一于物质"这一基本命题出发去解释马克思哲学的。正是在这个基本命题中，"人"这一特殊的存在者与其他存在者之间的差异被磨平了。从这样的基础出发去论述马克思哲学，必定会遮蔽其人文关怀的维度。事实上，只要这一哲学基础还没有成为反思的对象，哪怕人们天天在讨论马克思的人学理论，人文关怀仍然像一张贴到马克思哲学上的邮票，随时都可以被撕下来。在当代西方哲学家中，正是德国哲学家海德格尔，通过其"本体论差异"的理论，阐明了作为人之存在的"此在"与其他存在者之间的差异。在海德格尔看来，马克思哲学是意识到这种"本体论差异"的，因此，它比胡塞尔的现象学和萨特的存在主义都来得深刻。"人们尽管可以以不同的方式来看待共产主义学说及其论据，但从存在的历史看来，一种具有世界历史意义的基本经验确实已在共产主义学说中自行表露出来了。"①这就启示我们，只要人们还把一般唯物主义理解为马克思哲学的基础，那么马克思哲学的人文关怀的维度终究会被掩蔽起来，甚至完全被遗忘。

最后，社会主义国家最初是在东方建立起来的，由于东方社会长期以来处在亚细亚式的、专制主义的统治下，所以独立人格及其在这一基础上形成起来的人文关怀在东方社会中缺乏相应的土壤。这就使东方社会的学者在解读马克思哲学文本时，自然而然地把马克思哲学的这一维度给遮蔽起来了。这种遮蔽是如此之严重，以致一些东方国家进入了社

---

① Martin Heidegger, *Ueber Den Humanismus*, Frankfurt am Main: Vittorio Kloster-mann, 1949, S. 27-28.

会主义建设阶段后，仍然强调"以阶级斗争为纲"，而完全不谈马克思哲学的人文关怀的维度。直到这些国家进入了改革开放的历史时期，这种局面才有所改变。由此可见，遮蔽乃至遗忘马克思哲学的人文关怀的维度是有深层的理论原因和历史原因的。只有深入地检讨这些原因，才可能恢复马克思哲学的完整的理论形象。

三、恢复马克思哲学的人文关怀维度

每一个认真地研读过马克思著作的人都会发现，马克思哲学充满了人文精神。无论是他青年时期写下的《青年在选择职业时的考虑》，还是《博士论文》或《1844 年经济学—哲学手稿》；无论是他思想成熟时期写下的《资本论》，还是《1857—1858 年经济学手稿》或《人类学笔记》，无一不包含着马克思对人的尊严、自由和权利的执着追求，无一不洋溢着深厚的人文关怀的情愫。

首先，马克思是西方人文主义传统的伟大继承者。马克思不仅通过对伊壁鸠鲁的"原子偏斜说"的肯定，张扬了"自由"这一人类追求的最高价值，不仅通过对"异化劳动"的批判，揭示了劳动者的真实处境和人性复归的可能性，而且以自己的方式重新解读了西方哲学，特别是作为德国古典哲学的集大成者的黑格尔哲学，强调其本质乃是对人的问题的真正关注。在《神圣家族》中，马克思这样写道："在**黑格尔**的体系中有三**个因素**：斯宾诺莎**的实体**，费希特**的自我意识**以及前两个因素在黑格尔那里的必然的矛盾的统一，**即绝对精神**。第一个因素是形而上学地改了装的、脱离人的自然。第二个因素是形而上学地改了装的、脱离自然的**精神**。第三个因素是形而上学地改了装的、以上两个因素的统一，**即现实的人**和现实的**人类**。"①事实上，马克思正是沿着西方人文主义的伟大

---

① 《马克思恩格斯全集》第 2 卷，人民出版社 1957 年版，第 177 页。

传统从事自己的哲学思考的。当传统的哲学教科书把马克思哲学的基础理解为"一般唯物主义"的时候，完全忘记了马克思在批判霍布斯的机械唯物主义学说时所说的话："唯物主义变得**敌视人**了。"①

其次，马克思哲学的出发点是"从事实际活动的人"。马克思既不赞成历史唯心主义者脱离现实的生活条件，奢谈想象的主体的想象的活动，也不赞成抽象的经验论者撇开人的社会特性奢谈人的本性。马克思强调，他自己在哲学上采用了一种独特的观察方法："这种观察方法并不是没有前提的。它从现实的前提出发，而且一刻也不离开这种前提。它的前提是人，但不是某种处在幻想的与世隔绝、离群索居状态的人，而是处在一定条件下进行的、现实的、可以通过经验观察到的发展过程中的人。"②实际上，马克思也正是从这样的"现实的人"或"从事实际活动的人"出发来探讨社会历史问题和哲学问题的。在这个意义上可以说，人的问题和人文关怀不是贴到马克思哲学上的一张邮票，而是贯穿马克思全部学说，尤其是其哲学思想的一条红线。

最后，马克思哲学的宗旨是追求人类的自由和解放。传统哲学教科书把马克思哲学曲解为侈谈"世界统一于物质"的高头讲章，完全看不到马克思物质理论的实质。在马克思看来，物质表现为具体的样态——物体，而在资本主义生产方式中，物体通常表现为商品；商品具有使用价值（自然属性）和交换价值（社会属性）；从社会属性看，商品反映出资本主义生产中人与人之间的社会关系，但"商品拜物教"却把商品的这种社会属性误解为其自然属性，从而产生了对物本身的崇拜；哲学的任务就是通过对"商品拜物教"的批判，揭示出资本主义生产方式中人与人之间的真实关系。由此可见，马克思物质理论的实质并不是奢谈"抽象的物质"，而是通过对资本主义生产方式中物质的普遍样态——商品的拜物教的批判，提出"剩余价值理论"，全面揭示人与人之间的真实关系，并

① 《马克思恩格斯全集》第 2 卷，人民出版社 1957 年版，第 164 页。
② 《马克思恩格斯全集》第 3 卷，人民出版社 1960 年版，第 30 页。

鼓励劳动者起来在实践上改变这种关系。在《资本论》第 3 卷中，马克思在谈到生产领域时指出："这个领域内的自由只能是：社会化的人，联合起来的生产者，将合理地调节他们和自然之间的物质变换，把它置于他们的共同控制之下，而不让它作为盲目的力量来统治自己；靠消耗最小的力量，在最无愧于和最适合于他们的人类本性的条件下来进行这种物质变换。"①这段话充分体现出马克思对人的自由和人文关怀的重视和追求。

综上所述，人文关怀构成马克思哲学的一个根本性的维度。我们完全应该理直气壮地探讨并阐发这个维度，恢复马克思哲学的本真精神，用以指导我们的现实生活。

_____

① 马克思：《资本论》第 3 卷，人民出版社 1975 年版，第 926—927 页。

存在、自然存在和社会存在

——海德格尔、卢卡奇和马克思本体论思想的比较研究①

在当代哲学研究，特别是本体论②研究中，"存在""自然存在"和"社会存在"这三个概念十分频繁地被加以使用，尤其是"存在"这个术语，随着海德格尔哲学研究的兴起，几乎成为人文社会科学各研究领域中的常用词。可是，人们在使用这些概念的时候，却很少深入地去思考，它们的确切含义是什么，它们相互之间的关系是什么，仿佛这些概念的含义和关系都是自明的，无须我

---

① 原载《中国社会科学》2001 年第 2 期，第 54—65 页。收录于俞吾金：《实践诠释学：重新解读马克思哲学与一般哲学理论》，云南人民出版社 2001 年版，第 248—278 页；《重新理解马克思——对马克思哲学的基础理论和当代意义的反思》，北京师范大学出版社 2005 年版，第 217—239 页；《实践与自由》，武汉大学出版社 2010 年版，第 399—423 页。——编者注

② 在当今中国哲学界，一个十分流行的做法是把 Ontologie 这个德语单词译为"存在论"，而不译为"本体论"。这从 Ontologie 这个词的词源和它所意指的内容来看，都有一定的道理。但这些道理能否成为"存在论"这一译法的充分理由呢？我觉得还是可以斟酌的。况且，"存在论"和"存在"这两个词有时也会凑在一起，造成翻译上的困难。如卢卡奇的著作 *Zur Ontologie des gesellschaftlichen Seins*，我们通常译为《社会存在本体论》，但如果把其中的 Ontologie 译为"存在论"，那么这本书的名字就成了《社会存在存在论》了。港台的学者则倾向于把 Ontologie 译为"存有论"，但这种译法也会引起误解，因为在"存有论"的译法中，既有"存在"(Sein)的含义在内，又有"有"(Haben)的含义在内，而 Haben 和 Sein 这两个词在德语中的含义是有重大区别的。比如，德国学者弗洛姆的一部著作的名称是 *Haben order Sein*，人们把它译为《占有还是存在》。这本书是专门讨论"占有"和"存在"之间的差异的。所以，我们在这里仍然把 Ontologie 译为"本体论"。毋庸讳言，"本体论"这一译法也存在着一些问题，需要加以说明。但限于本文的题旨，我们只能另文论及了。

们再加以深究似的。然而，哲学与常识的根本差异正在于，哲学的思考是从人们从不怀疑的、自明的东西入手的。正如海德格尔所指出的："如果'自明的东西'，而且只有'自明的东西'，即康德所说的'通常理性的秘密判断'应当成为并且始终是分析工作(即'哲学的事业')的突出课题的话，那么在哲学基本概念的范围内，尤其涉及'存在'这个概念时，求助于自明性就是一种可疑的方法。"①所以，与其在哲学研究上夸夸其谈，还不如对这些通常理性以为是自明的概念进行一番刨根究底的诘问，或许可以在本体论探讨中获得一些新的识见。

一、海德格尔对"存在的意义"的探究

在 1927 年出版的《存在与时间》这部重要的著作中，海德格尔别开生面地提出了"存在的意义"问题。为什么海德格尔要提出这个问题呢？因为在他看来，在当代哲学研究中，虽然出现了形而上学的复兴，但这个使古代哲学家的思想不得安宁的、形而上学的基础问题，即"存在的意义"问题却以其表面上的自明性而逸出了人们的视野，甚至被牢牢地遮蔽起来了。

为什么会形成这样的局面呢？海德格尔认为，除了表面上的自明性阻挠着人们去深思这个问题外，还有如下两个重要的原因。

一是人们通常认为，"存在"(Sein)这个概念是最具普遍性的概念，即最高的种概念。但海德格尔不同意这样的看法，他认为，存在的普遍性不是种的普遍性。如果存在者在概念上是按照种和类来进行区分和联系的话，那么存在却并不是对存在者的最高领域的界定。换言之，存在不是存在者的最高的种概念，按照中世纪的本体论的表述方式，存在是"一个'超越者'"。这里的"超越者"的含义是，存在这一概念不能用适合

---

① M. Heidegger，*Sein Und Zeit*，Tubingen：Max Niemeyer Verlag，1986，S. 4.

于存在者的种、类的区分和联系加以论定。在这个意义上，最普遍的概念决不等于最清楚的概念。事实上，在海德格尔看来，"宁可说'存在'这个概念是最晦暗的概念"①。

二是人们通常抱有这样的见解，即"存在"这个概念是无法定义的。因为从传统逻辑学的眼光看来，给一个对象下定义，也就是：对象所属的最近的种概念＋把这个对象与同种的其他对象区分开来的属差。但是，存在既然是一个最高的、最普遍的概念，在它之上就不可能存在任何其他的种概念，那就等于说它是不可定义的，而对不可定义的对象我们又如何进行探讨呢？海德格尔也不同意这种流行的见解。在他看来，存在概念不可定义，并不等于说它不构成任何问题，也不等于说我们无法对它进行探讨。我们应该引申出来的结论反倒是：存在不是类似于存在者的某种东西，所以用来规定存在者的、传统逻辑的下定义的方式，虽然在一定的范围内是正当的，但这种方式并不适用于存在。因为甚至连传统逻辑本身也是植根于始源性的东西——古希腊的本体论的，而存在概念同样是始源性的东西，所以它不属于传统逻辑发挥作用的领域，而属于作为传统逻辑基础的本体论研究的范围。也正是在这个意义上，海德格尔这样写道："存在的不可定义性并没有取消存在的意义问题，而是要我们正视这个问题。"②

从海德格尔上面的论述中可以发现，阻挠人们对存在的意义问题进行深入探究的最核心的思想障碍是，人们把存在者与存在简单地等同起来，把适用于探讨存在者问题的传统逻辑与适用于探讨存在问题的始源性的本体论简单地等同起来了。所以海德格尔强调："存在者的存在本身不'是'一个存在者。"③在肯定存在和存在者之间的差异的基础上，海德格尔还向那种力图磨平"人"这种特殊的存在者与其他存在者之间的差异的观念提出了挑战，他主张把"存在者"（Seienden）区分为以下两大部

---

① M. Heidegger, *Sein Und Zeit*, Tubingen: Max Niemeyer Verlag, 1986, S. 3.

② Ibid., S. 4.

③ Ibid., S. 6.

分：一是作为人的存在的"此在"（Dasein）①，二是其他存在者。而在所有的存在者中间，只有此在才能询问存在的意义。那么，此在究竟通过什么样的方法去询问存在的意义呢？海德格尔说得很明白："使存在从存在者中显露出来，并对存在本身进行解释，这是本体论的任务。"②是不是从古代以来的各种本体论学说都有资格成为询问存在的意义的方法呢？海德格尔的回答是否定的。在他看来，传统的本体论理论不但不能通达存在的意义问题，相反，由于它们看不到存在与存在者之间的差异，而把这个问题严严实实地遮蔽起来了。只有通过"现象学本体论"这样的研究方法，隐蔽着的存在的意义才会显现出来；而存在的意义并不在远处，它通过此在的先天的生存结构而显现出来。他认为，此在就是"在世界之中存在"，而这种存在本质上又是与"他人""共在"的。从生存论上看，"烦"是此在在世的先天性结构，正如海德格尔所说："烦作为始源性的结构整体在生存论上先天地处于此在的任何实际的'行为'和'境况''之前'。"③而在"烦"的整体结构中隐藏着"畏"，而"畏"之所畏归根到底是"死"，"死是此在刚一存在就承担起来的一种去存在的方式。'一个人刚一降生就老得足以去死'"④。在这个意义上可以说，此在之

---

① Dasein 这个德语单词在黑格尔的《逻辑学》中出现时，贺麟先生把它译为"定在"，因为黑格尔只是把 Dasein 理解为一种规定性的存在，并没有通过这个概念来揭示人这种特殊的存在者与其他存在者之间的差异；但当 Dasein 这个词在海德格尔的著作中出现时，熊伟先生把它译为"亲在"。熊伟先生的译法是有其道理的，因为 Dasein 由副词 da 和名词 Sein 构成。Da 在汉语中可以译为"那里"（相当于英语中的 there），也可以译为"这里"（相当于英语中的 here）。译为"亲在"的意思是要说明，只有人这种存在者才是最亲近"存在"（Sein）的，但这里的"亲"毕竟有意译的成分在内，所以把 Dasein 译为"此在"是比较合适的，因为"此"的意义充分体现在 da 这个副词上。但人们或许会问，海德格尔为什么不直接用"人"（Mensch）这个明白易懂的概念来取代 Dasein 呢？海德格尔是这样解答的："在'人是什么'这个问题能够从哲学上被讨论以前，必须先使那先天的东西显露出来。此在的生存论分析先于任何心理学、人类学，更不用说生物学。"（参见 *Sein und Zeit*，S. 45）也就是说，"人"这个概念是与后天的，即经验的心理学、人类学、生物学这些学科联系在一起的。海德格尔的此在本体论则是先于所有这些经验性的学科，并为它们奠定基础的，所以海德格尔才借助于 Dasein 这一概念来展开他的先验的分析工作。

② M. Heidegger, *Sein Und Zeit*, Tubingen：Max Niemeyer Verlag, 1986, S. 27.

③ Ibid.，S. 193.

④ Ibid.，S. 245.

存在本质上是"向死之存在"。

海德格尔认为，此在在世具有两种不同的样式：一种是"本真的"，另一种是"非本真的"。后者在生存中依从"常人"的生活样式，满足于模仿和闲谈，从而陷入"沉沦"状态之中；前者则正视"烦"之生存结构，在"向死之存在"中唤起"良知"，从而自觉地为"自由"而进行"决断"。在他看来，此在的本真性的生存也就是存在的意义，而存在的意义又是在本真的"时间性"和"历史性"的基础上显示出来的。所以，"只有当死、罪责、良知、自由和有终性同样始源地共居于一个存在者的存在中，就像共居于烦中，这个存在者才能以命运的方式生存，即才能在其根据中是历史性的。"①

上面，我们简要地论述了海德格尔在其代表作《存在与时间》一书中对存在的意义问题的探索。我们认为，这一探索具有重要的理论意义。首先，海德格尔通过对存在与存在者之间的差异的揭示，对西方哲学传统的基础——本体论作出了深刻的反思和批判。正是通过这一批判，海德格尔使我们的哲学思考渗入到一个始源性的层面上。其次，海德格尔对传统的批判并没有停留在单纯否定的阴影中，他提出了"现象学本体论"的新理论，由于他把这种新的本体论理解为其他一切本体论的基础，所以这种本体论也可以称作"基础本体论"。特别要注意的是，海德格尔这里说的"基础"这个词具有"先天主义"的含义在内，因为在他看来，"'先天主义'是任何一种科学的哲学领悟自身的方法"②。事实上，也只有运用这种先天主义的方法，哲学研究才不会纠缠在人类学、心理学的层面上，才能揭示出真正始源性的现象，并引申出具有普遍必然性的结论来。再次，海德格尔揭示了同样始源的、先天的时间性和历史性。事实上，正是凭借本真的时间性和历史性，存在的意义才得以透显出来。

---

① M. Heidegger, *Sein Und Zeit*, Tubingen：Max Niemeyer Verlag, 1986, S. 385.

② Ibid., S. 50.

但是，海德格尔的探索也存在着误区。首先，他对此在在世的"本真的"样式和"非本真的"的样式的区分显露出其哲学的精英主义倾向。在他看来，人类历史的发展系于那些能唤起"良知"并下"决断"的精英人物的腰带上。所以，按照萨弗兰斯基的看法，海德格尔在纳粹获得政权的第一个年头里，就完全被希特勒这个"邪恶的天才"迷住了。他在1933年11月3日发表的《向德国大学生的呼吁书》的结语中指出："你们的存在规则既不是什么原理，也不是什么'理念'，唯有领袖本人'是'今天和未来的德国的现实和它的法律。"①这种精英哲学的另一个侧面是对多元主义的民主制度的蔑视，而这种蔑视正体现在他对所谓"常人"政治的指责中。其次，海德格尔的"基础本体论"是一种始源性的、先天主义的理论，如何把它与瞬息万变的经验生活连接起来，这个课题并没有进入他的视野，他只是限于强调，始源性的东西是经验性的东西的基础。所以萨弗兰斯基指出："海德格尔的基础本体论——包括他的本己本真性哲学含有如此的不确定、可塑性，以致为政治上作多种不同的选择提供了广阔空间。"②再次，海德格尔探讨存在问题的入手处是此在，而此在作为人的存在指的是个体。尽管他强调个体在生存中总是处于"共在"的状态中，但在生存的决定性问题上，每个个体都必须单独面对。在这里，个体仍然是中心。直到他在后期著作中把世界理解为"天""地""神""有朽者"(即人)的"四重整体"，这种此在或个体的中心主义才得到某种程度的遏制。

在《存在与时间》一书中，尽管海德格尔没有沿着存在、自然存在和社会存在之间的关系的思路进行思考，但他的别具一格的探索方式毕竟为存在问题研究的复兴开辟了道路。

---

① ［德］吕迪格尔·萨弗兰斯基：《海德格尔传》，靳希平译，商务印书馆1999年版，第316页。

② 同上书，第229页。

二、卢卡奇对存在、自然存在和社会存在关系的反思

在某种意义上，正是海德格尔、哈特曼、萨特等人关于存在问题的研究启发了卢卡奇，使他走上了本体论探索的道路。与海德格尔不同，卢卡奇对本体论的思考融入了马克思哲学的因素，特别是马克思的《1857—1858 年经济学手稿》的因素，从而其关注的重点更多地落到"存在""自然存在"和"社会存在"概念的关系上。在卢卡奇看来，他的社会存在本体论的使命是双重的。一方面，它要纠正哈特曼本体论之弊，因为哈特曼没有在自然（存在）本体论的基础上发挥出社会存在本体论；另一方面，它也要纠正海德格尔、萨特之弊，因为他们只讲社会存在本体论，而完全抽去了作为社会存在本体论的基础的自然（存在）本体论。《社会存在本体论》是卢卡奇晚年未完成的巨著，正是在这部著作中，他对存在、自然存在和社会存在的关系进行了系统的论述。

首先，卢卡奇认为，存在可以划分为三大类型，即"无机自然""有机自然"和"社会"。他指出："我们的考察首先要确定社会存在的本质和特征。然而，仅仅为了能够更明智地论述这样一个问题，就不应该忽视一般的存在问题，确切些说，不应该忽视这三大存在类型（无机自然、有机自然、社会）之间的联系和差别。如果没有把握这种联系及其动力，也就不能阐述真正的社会存在本体论问题，更不用说按照这种存在的性质相应地解决这类问题了。"[1]为什么卢卡奇要把存在划分为三大类型呢？因为在他看来，人的诞生、成长乃至生命的终结，都与人从属于有机界这一事实相关联，而人的生命的新陈代谢又是离不开无机界的，所以这三大存在类型具有"共存性"，即它们是相互联系、相互交错、相互

---

① G. Lukacs, *Zur Ontologie des gesellschaftlichen Seins* (1. *Halbband*), Darmstadt und Neuwied: Hermann Luchterhand Verlag, 1984, S. 8.

影响的。为了论述的简便，卢卡奇也经常把"无机自然"和"有机自然"合称为"自然存在"；把"社会"称之为"社会存在"。在这个意义上也可以说，他的"存在"概念是由"自然存在"与"社会存在"一起构成的。

其次，卢卡奇认为，"自然存在"是"社会存在"的基础，存在本身的秘密深藏于不同存在类型的历史发展过程中。所以，与海德格尔不同，卢卡奇主张运用历史学的、发生学的方法来探讨存在问题。虽然人在其社会生活中获得了某种超无机界和超生物学界的生存方式，但这并不等于人已经割断了与无机界和有机界的联系。在某种意义上，人永远是自然存在物；同样，虽然人可以通过对自己的周围世界和生活方式的改变不断地把社会存在方面的规定性覆盖到自己的自然属性上去，但这种自然属性在人身上是不会消失的。卢卡奇指出："人作为生物学意义上的生物，其肉体的再生产始终是每一种社会存在的本体论基础。"[1]扩而言之，不管人类社会发展到什么样的历史阶段，自然存在始终是社会存在的基础。所以卢卡奇坚持："社会存在本体论只能建立在自然本体论之上。"[2]

最后，卢卡奇认为，社会存在的本质特征是"目的性"。在社会存在中，人的实践，尤其是劳动始终占据着基础的、核心的位置，而正是"劳动把目的性和因果性的二元基础作为统一的、相互之间的关系引入到存在中，而在劳动产生之前，自然界只有因果过程。……这样一来，改造现实的目的性设定这一模式，就成了人的每一个社会实践的本体论基础。然而，自然界的情形则相反，它只有单纯的因果关联、因果过程等，没有任何类型的目的性关联、目的性过程等。"[3]正是目的性构成了社会存在的基本特征，而它的其他特征，如价值性、历史性等也都可以

① G. Lukacs: *Zur Ontologie des Gesellschaftlichen Seins*（2. *Halbband*），Darmstadt und Neuwied：Hermann Luchterhand Verlag，1986，S. 205.

② G. Lukacs: *Zur Ontologie des Gesellschaftlichen Seins*（1. *Halbband*），Darmstadt und Neuwied：Hermann Luchterhand Verlag，1984，S. 472.

③ Ibid.，S. 14-15.

从目的性中引申出来。按照卢卡奇的看法，在社会存在所包含的所有的社会存在物中，"实践"，尤其是作为"第一实践"的"劳动"始终起着基础的、核心的作用，而意识、观念等虽然也是社会存在物，却是在人们的实践过程中形成并发展起来的。同样，目的性也构成了社会存在与自然存在之间的根本差别。在自然界中，由于只有因果性而没有目的性，所以它至多只能达到"无声的合类性"，而在社会中，人们不仅能够自觉地意识到自己的"类本质"，并且能够用有声的语言把它表达出来。

卢卡奇的社会存在本体论及他对存在、自然存在和社会存在关系的探讨是有其积极意义的。一方面，他的探索没有停留在存在概念上，而是通过类型理论的引入，把存在分为自然存在（无机自然、有机自然）和社会存在两大类，从而以自己的方式提出并解答了自然存在与社会存在的关系问题；另一方面，他特别重视社会存在，并把它视为自己的本体论思想的核心部分。这样一来，他就把当代本体论研究与马克思的思想资源融合起来了。这无疑是卢卡奇在存在问题研究史上作出的卓越贡献。

然而，卢卡奇的探索也存在着严重的问题。首先，他对自己所探索的存在、自然存在和社会存在等概念的内涵都没有明确的界定。他喋喋不休地重复着各种见解，却缺乏明晰的、简洁的表述。在《社会存在本体论》中，他甚至没有把自然存在与自然存在物、社会存在与社会存在物的概念严格地区分开来。比如，他说人们只能追猎一只存在的兔子，只能采集存在的草莓等。但他忘了，"一只存在的兔子"并不等于兔子的存在；"存在的草莓"也不等于"草莓的存在"。在讨论存在这类高度抽象的概念时，怎么能把它与具体的存在物简单地等同起来呢？这至少表明，卢卡奇没有深入地探讨并领悟海德格尔的"本体论差异"的学说，也表明他的思想的根基仍然是传统唯物主义所主张的朴素实在论的观点。其次，他运用历史学的、发生学的方法来反思自然存在与社会存在之间的关系，从而突出了自然存在的基础作用，反而把社会存在的根本性作用弱化了。最后，他不是把社会存在本体论作为他全部思考的基础，反而强调社会存在本体论的基础仍然是自然（存在）本体论，这就退回到传统唯物主义的立场上去了。

存在、自然存在和社会存在之间的关系这一如此重大的课题竟在卢卡奇的手中轻轻地滑过去了。然而，值得庆幸的是，卢卡奇把当代哲学关于存在问题的思考接上了马克思思想的源头活水，这就为后人的研究提供了极为重要的启发。

三、马克思对存在、自然存在和社会存在关系的思索

我们认为，马克思哲学的实质不是自然哲学，而是实践哲学；不是历史哲学，而是经济哲学；不是逻辑学，而是法哲学。传统的自然哲学以静观的方式去探讨自然界，而马克思的实践哲学则通过人的实践活动的媒介去研究自然界[①]；传统的历史哲学侈谈人类历史发展的一般规律，而马克思的经济哲学则注重于对资本主义社会的经济发展规律的研究[②]；传统的、黑格尔式的逻辑学研究的是概念之间的辩证关系，而马克思的法哲学注重的则是对资本主义社会中人与人、人与物之间的法的关系做哲学探讨。[③]

搞清了马克思哲学的实质的基础上，其基本特征也就自然而然地呈

[①] 参见俞吾金：《论马克思的人化自然辩证法》，《学术月刊》1992 年第 12 期；《论抽象自然观的三种表现形式》，《上海交通大学学报（哲学社会科学版）》1999 年第 4 期。

[②] 参见俞吾金：《历史性和历史主义》，《光明日报》1995 年 9 月 7 日；《马克思哲学是历史哲学吗?》，《光明日报》1995 年 12 月 7 日；《经济哲学的三个概念》，《中国社会科学》1999 年第 2 期。

[③] 列宁在《哲学笔记》中提出了一个著名的观点："不钻研和不理解黑格尔的全部逻辑学，就不能完全理解马克思的《资本论》，特别是它的第一章。因此，半世纪以来，没有一个马克思主义者是理解马克思的。"参阅《哲学笔记》，人民出版社 1956 年版，第 191 页。而我们的看法则是：不钻研和不理解黑格尔的《法哲学》和《现象学》，就不能完全理解马克思的《资本论》。参阅《重新认识马克思的哲学和黑格尔哲学的关系》，载《哲学研究》1995 年第 3 期。

现出来。一是实践性。马克思哲学不仅肯定生产劳动是人的实践活动的最基本形式，而且强调了改造世界的革命实践活动的必要性。二是历史性。马克思哲学不仅肯定当代资本主义社会这一历史形态是主要的研究对象，而且强调对资本主义以前的一切社会形态的研究都要奠基于对当代资本主义社会的历史性的领悟。三是人文性。马克思哲学，特别是他的本体论不是课堂上关于"存在"这一抽象概念的逻辑推演，而是对人的异化了的生存状态的深刻批判，对人的尊严、自由、解放和价值的热切关怀。

弄明白马克思哲学，尤其是其本体论的实质和基本特征之后，现在我们有条件来探讨马克思对存在、自然存在和社会存在这三个概念所作出的原创性的探索了。

首先，马克思不赞成以抽象的方式谈论存在问题，他区分了"想象的存在"和"现实的存在"这两个新概念。所谓"想象的存在"就是单纯主观方面的需要、激情和愿望；所谓"现实的存在"就是已经达成的感性的存在。比如，我因不能步行而想坐邮车，但如果我身上没有钱，那么我的这种愿望不过是"想象的存在"；如果我有钱并且已经坐上了邮车，那么我的愿望就成了一种"现实的存在"。正是在这个意义上，马克思强调，货币是真正的创造力，它使"想象的存在转化为现实的存在"①。在这里，马克思把货币理解为"想象的存在"和"现实的存在"之间的媒介，这充分表明，他不是从传统哲学，而是从经济哲学出发来思索存在概念的。

在马克思看来，"想象的存在"不过是抽象的观念，不过是阴影的王国。同样，当人们以脱离人的感性活动和具体事物的方式来谈论"物质"和"物"的概念时，这些概念也不过是"想象的存在"或抽象的观念而已。马克思在批判黑格尔的唯心主义观点时指出："同样明显的是，自我意识通过自己的外化所能设定的只是物性，即抽象的物，抽象物，而不是

---

① K. Marx, *Pariser Manuskripte*, Berlin: Dietz Verlag, 1985, S. 111.

现实的物。"①在这里，马克思同样区分出"抽象的物"与"现实的物"的概念。在《1844年经济学哲学手稿》的另一处，马克思批评了那种把自然科学与人的活动分离开来的、"抽象物质的或者不如说唯心主义的方向"②，坚决反对以传统哲学的抽象方式谈论"物质""物性""物"或"事物"这样的概念，他强调："只有当事物按照人的方式与人发生关系时，我才可能在实践上按人的方式与事物发生关系。"③在《关于费尔巴哈的提纲》中，马克思更是完全用实践哲学的具体的眼光取代了传统自然哲学的抽象的眼光，所以其实践哲学与经济哲学完全是一致的。

其次，马克思从经济哲学和法哲学的眼光出发，把资本主义社会形态中的"现实的物"理解为"商品"，"商品首先是一个外在的对象，一个靠自己的属性来满足人的各种需要的物"④。作为"现实的物"，商品取得了"两重存在"：一是商品的使用价值，即"自然存在"；二是商品的交换价值，即"纯经济的存在"或"社会存在"。按照马克思的看法，"在土地所有制处于支配地位的所有社会形式中，自然关系还是占优势的。在资本占统治地位的社会形式中，社会、历史所创造的因素占支配地位"⑤。在前一种社会形式中，土地被看作不依赖于人的自然存在；但在后一种社会形式中，土地则成了劳动的要素，"一切关系都是由社会决定的，不是由自然决定的"⑥。马克思强调，在资本主义社会中，商品交换是商品生产的根本目的，而商品交换又是通过货币的媒介来进行的，所以货币是一种特殊的商品，它"表现为与商品的自然存在形式相

---

① K. Marx, *Pariser Manuskripte*, Berlin：Dietz Verlag, 1985, S. 123.

② Ibid., S. 89. 事实上，当传统的哲学教科书脱离人的活动和社会生活，奢谈所谓"世界的物质性"时，他们已经悄悄地踏上了这种"抽象物质的或者不如说是唯心主义的方向"。

③ K. Marx, *Pariser Manuskripte*, Berlin：Dietz Verlag, 1985, S. 86.

④ K. Marx, F. Engels, *Werke*, *Band* 23, Berlin：Dietz Verlag, 1973, S. 49. 商品同时也是财富，而财富在一定的法的关系中表现出自己的归属，从而引申出占有、让渡、合同等法的关系。在这个意义上，经济哲学与法哲学总是勾连在一起的。

⑤ K. Marx, *Grundrisse*, Berlin：Dietz Verlag, 1974, S. 27.

⑥ Ibid., S. 187.

分离的社会存在形式"①。同样，资本、价值等也都表现为纯粹的社会存在。在马克思看来，商品拜物教的特点就是不理解商品的社会存在所具有的神奇力量，而把这种力量误解为商品的自然存在的功能。人们一旦认识到商品存在的两重性，认识到其社会存在所具有的神奇力量，商品拜物教也就自行瓦解了。

最后，马克思强调，人是"自然存在物"和"社会存在物"的统一。在《1844年经济学哲学手稿》中，马克思写道："人不仅是自然存在物，而且是人的自然存在物，也就是说是为自身而存在着的存在物，因而是类存在物。"②在这里，马克思通过存在物（Wesen）这个词把"存在物"与"存在"（Sein）严格地区分开来。说人是"自然存在物"，这是很好理解的，因为人是自然的一部分，人有种种自然的欲望，但人与自然界中的其他存在者（如其他动物）的区别恰恰在于，人是"人的自然存在物"，是"类存在物"。正是"类存在"和"类意识"表明人同时也是社会存在物。所以，马克思指出："个人是社会存在物。"③马克思还反复强调，就其本质特征而言，人是社会存在物："不仅我的活动所需的材料，甚至思想家用来进行活动的语言本身，都是作为社会产品给予我的，而且我本身的存在就是社会活动；所以，我从自身出发所做的，也就是我为社会所做的，并且意识到自己是社会存在物。"④马克思这方面的论述充分体现出他与费尔巴哈之间存在着的思想分歧。如果后者主要把人理解为自然存在物，那么前者则主要把人理解为社会存在物。

在《1857—1858年经济学手稿》中，马克思进一步指出，在商品经济的前提下，"个人只是作为交换价值的生产者才获得存在，而这已经包含着对个人的自然存在的完全否定，因而个人完全是由社会规定的"⑤。

---

①　K. Marx，*Grundrisse*，Berlin：Dietz Verlag，1974，S. 63.

②　K. Marx，*Pariser Manuskripte*，Berlin：Dietz Verlag，1985，S. 125.

③　Ibid.，S. 84.

④　Ibid.，S. 84.

⑤　K. Marx，*Grundrisse*，Berlin：Dietz Verlag，1974，S. 159.

这样一来，马克思实际上把存在的最本质的特征——历史性表现出来了，即在现代社会中，无论是人还是物，其首要的特征都是社会历史性。只有抓住历史性，才能破解现代社会的种种神话，而商品拜物教不过是诸多神话中的一种。

马克思关于存在、自然存在和社会存在关系的论述表明，他不愿意按照传统的、形而上学的思路，以超时空的方式去思索存在问题，而是把这个问题置于资本主义社会的特定语境之中。他认为，在以雇佣劳动和商品交换为特征的现代资本主义社会中，社会存在是最基本的存在方式。唯有从社会存在出发，才能索解存在和自然存在的意义。即存在不是"想象的存在"，而是"现实的存在"；同样，自然存在也不是与人相分离的、孤立的存在形式，正如马克思所指出的："只有在社会中，人的自然的存在对他说来才是他的人的存在，而自然界对他来说才成为人。"①马克思的社会存在概念以及在这一概念的基础上形成的社会存在本体论思想是西方本体论发展史上的一个划时代的贡献，而且其伟大意义并不因当代以海德格尔为代表的、存在主义本体论学说的出现而消减。正如卢卡奇所指出的："从本体论上认识现实的尝试在理论上已经陷入窘境，要想现实地改变这种状况，从一定的意义上说就得完全从头开始，而且除了马克思所奠基的那种本体论的方法之外，只有在极少数的问题上需要借鉴历史上的先行者。"②他确信，在海德格尔本体论学说流行的背景下，复兴对马克思的社会存在本体论的研究反倒显得更为急迫了。

值得注意的是，马克思不是在其哲学著作，而通常是在其经济学著作中论及存在、自然存在和社会存在问题的。从表面上看来，马克思对这些概念及它们之间的关系的论述不是很系统的，但这恰恰构成马克思本体论思想的特点，即它是在实践哲学、经济哲学和法哲学的背景下陈

---

① K. Marx, *Parier Manuskripte*, Berlin: Dietz Verlag, 1985, S. 85.
② G. Lukacs, *Zur Ontologie des gesellschaftlichen Seins* (1. *Halbband*), Darmstadt und Neuwied: Hermann Luchterhand Verlag, 1984, S. 11.

述出来的。正如马克思没有写过史学专著，但他的《路易·波拿巴的雾月十八日》却显露出极为卓越的历史眼光。

四、马克思、海德格尔与卢卡奇本体论思想的比较

为了说明在海德格尔，甚至卢卡奇以后重新研究马克思的必要性，我们将从马克思社会存在本体论的基本见解出发，对海德格尔和卢卡奇的本体论思想进行批判性的考察。下面，我们先从马克思出发来考察海德格尔本体论学说的得失。

首先，海德格尔坚持存在与存在者之间的差异，又进而坚持存在者中作为人之存在的此在与其他存在者之间的差异，并主张让存在的意义在此在的生存中自行显现出来，由此而建立了以此在为出发点的"基础本体论"。这是海德格尔对本体论研究的积极推进，但对上述两个差异的强调又使他走向另一个极端，即他忽视了非"此在"的存在者，特别是"物"如何通过此在与存在发生关联的问题。在《存在与时间》一书中，尽管他强调人在生存活动中总是与常用的"物"，即"工具"打交道，并进而区分了工具的"现成在手状态"（Vorhandenheit）和"当下上手状态"（Zuhandenheit），但并没有像他的后期论著，如《技术的追问》《物》《泰然任之》那样，从存在的意义的历史大背景下来认识"物"与存在之间的关系。

而马克思则通过对资本主义社会条件下的"物"（即商品）、"物化"和"拜物教"的考察，深入地反思了"物"与人类生存和发展之间的本质联系。马克思甚至提出了"三大社会形态"理论：第一大形态表现为"人的依赖关系"；第二大关系表现为"以物的依赖性为基础的人的独立性"；第三大形态则表现为"建立在个人全面发展和他们共同的社会生产能力成为他们的社会财富这一基础上的自由个性"①。马克思的本体论思想

① K. Marx, *Grundrisse*, Berlin: Dietz Verlag, 1974, S. 75.

启示我们，既要看到作为人之存在的"此在"与其他"存在者"之间的区别，又要看到在资本主义社会这一历史背景下它们之间的密切的、普遍的联系。只有对资本主义社会中普遍存在的"异化"和"物化"现象作出深入的反思，才能真正把握存在的意义。

其次，海德格尔强调从此在入手去询问存在的意义，并强调此在的生存方式是共在，即此在总是与他人杂然共存。但他主要是沿着此在生存中的"烦""畏""死"的进路，而没有沿着共在的思路去思索存在的意义。共在这个先天的术语在经验世界中表现为家庭、社会、政党、阶级、国家等各种共同体。由于在先天的层面上缺乏对共在结构的深入反思，所以在共在的某些经验形式，如纳粹问题上，海德格尔迷失了方向。

而马克思的本体论却给予共在（即人与人之间的社会关系）以高度的重视。在《黑格尔法哲学批判》的导言中，马克思写道："人就是人的世界，就是国家，社会。"①在《关于费尔巴哈的提纲》中，马克思进一步指出："人的本质并不是单个人所固有的抽象物，在其现实性上，它是一切社会关系的总和。"②这些论述表明，马克思所重视的并不是对单个人的直观，而是对人与人之间的社会关系的探索。马克思之所以特别重视对异化劳动和商品拜物教的批判，其目的无非是在物与物的关系下揭示出人与人之间的真实关系。所以，比较起来，海德格尔更重视的是作为这种关系载体的此在，而马克思更重视的则是这种关系本身，而马克思实践哲学的目标也正是要诉诸对资本主义社会关系，尤其是生产关系的改造。事实上，海德格尔本人也惊叹马克思思想的深刻性，所以他在《人道主义的书信》中这样写道："因为马克思在体验异化时深入到历史的本质性维度中去了，因此，马克思主义的历史观优越于其他的历史学。但因为胡塞尔没有，据我看来萨特迄今也没有在存在中认识到历史

---

① Marx-Engels, *Werke*, *Band* 1, Berlin: Dietz Verlag, 1970, S. 378.
② Marx-Engels, *Werke*, *Band* 3, Berlin: Dietz Verlag, 1969, S. 6.

事物的本质性，所以无论是现象学还是存在主义都没有达到可能与马克思主义进行建设性谈话的这一维度。"①

最后，海德格尔的"基础本体论"虽然是对传统本体论的深刻批判，但他的思考仍然停留在对存在的意义的探究中，没有通过对自然存在与社会存在的自觉区分而深入到社会存在的维度上去，因而未能完全摆脱传统本体论思路的影响。

传统本体论的一个基本的趋向是把存在仅仅理解为自然存在，虽然它们没有明确提出自然存在的概念，但却充满了对自然（存在）的崇拜。马克思在谈到资本主义社会时指出："与这一社会阶段相比，以前的所有阶段都不过表现为人类的地方性发展和对自然的崇拜。"②事实上，传统本体论之所以磨平了存在与存在者、此在与其他存在者之间的差异，正是从自然存在出发去思考存在的必然结果。海德格尔看到了传统本体论的弊端，却没有从这一维度出发去揭示这些弊端的根源。由于这一维度的缺失，海德格尔从此在的"烦"的结构和"向死的存在"出发去论述存在的历史性，总显得苍白，显得缺乏力度。而马克思从社会存在这一概念出发，自然蕴含着对存在的历史性的高度重视。正如卢卡奇所说的："按照马克思主义的正确理解，存在的历史性作为存在的根本特征构成了正确地理解所有问题的本体论的出发点。"③

下面，我们再从马克思出发来考察卢卡奇本体论学说的得失。

一方面，卢卡奇把马克思哲学理解为社会存在本体论，无论是就当代本体论研究而言，还是就当代马克思哲学研究而言，都是一个卓越的贡献。但他强调，这种本体论又必须以一般本体论或自然（存在）本体论

① M. Heidegger, *Ueber Den Humanismus*, Frankfurt am Main: Vittorio Kloster-mann, 1949, S. 27. 海德格尔不仅在他的著作中多次提到马克思，而且在1969年还和朋友讨论过马克思的《关于费尔巴哈的提纲》。参见［德］吕迪格尔·萨弗兰斯基：《海德格尔传》，靳希平译，商务印书馆藏1999年版，第538页。

② K. Marx, *Grundrisse*, Berlin: Dietz Verlag, 1974, S. 313.

③ G. Lukacs, *Zur Ontologie des gesellschaftlichen Seins* (1. *Halbband*), Darmstadt und Neuwied: Hermann Luchterhand Verlag, 1984, S. 86

为前提，却是对马克思思想的误解。

早在《1844 年经济学哲学手稿》中，马克思已经指出："被抽象地自为地理解的、被固定为与人相分离的自然界，对人来说也是无。"①那么，究竟什么样的自然界才是现实的自然界呢？马克思的回答是："在人类社会历史，即在人类社会产生的过程中形成的自然界，才是人的现实的自然界。"②在这里，马克思的眼光是逻辑在先，即强调从社会存在的思想前提出发去考察自然存在。事实上，也只有在这样的考察中，自然界才不会成为脱离人的、抽象的自然界；与马克思不同的是，卢卡奇却从时间在先的眼光出发，力图去追溯一个人类社会尚未存在时的自然界，而这样的自然界恰恰缺乏任何现实性。总之，卢卡奇前进了一步，把马克思哲学理解为社会存在本体论，但同时又后退了一步，把马克思的本体论奠基于传统的自然（存在）本体论之上，从而磨平了马克思本体论与传统本体论之间的本质差异。

另一方面，卢卡奇在马克思之后重新提出自然存在与社会存在概念，这在当代本体论研究中开出了一个新方向，但在他所使用的自然存在和社会存在的概念中，存在都是用 Sein 来表达的；而马克思虽然有时也用 Sein，但在大多数场合下，他是用 Dasein 或 Existenz 来表示自然存在和社会存在的。

比较起来，Sein 这个概念更多地带着传统形而上学和本体论的痕迹，而 Dasein 和 Existenz 这两个概念则具有更多的现实性。比如，马克思在《1844 年经济学哲学手稿》中讽刺国民经济学的人口理论时说，"甚至连人的存在（das Dasein der Menschen）都是十足的奢侈"③。在这里，我们看到了海德格尔与马克思的某种类似，因为海德格尔也正是借助于 Dasein（此在）和 Existenz（生存）来阐发存在的意义的。而卢卡奇完全用 Sein 这个词来表示马克思的自然存在与社会存在概念，表明他未完全摆

---

① K. Marx, *Pariser Manuskripte*, Berlin: Dietz Verlag, 1985，S. 133.

② Ibid. , S. 89.

③ Ibid. , S. 97

脱传统本体论思路的影响。

上述考察表明，我们既不能从海德格尔出发去解读马克思，也不能从卢卡奇出发去解读马克思，而应当从马克思本人的文本出发去解读马克思。当然，这样做并不等于我们拒绝从海德格尔和卢卡奇思想中汲取灵感。

五、我们对存在、自然存在和社会存在关系的理解

在对海德格尔、卢卡奇和马克思的本体论学说做了简要的考察之后，现在我们有条件对存在、自然存在和社会存在的关系做一个综合性的论述了。

首先，我们必须厘清存在、自然存在和社会存在各自的含义及相互之间的关系。

众所周知，传统的哲学教科书通常把存在理解为"物质"，进而把物质理解为客观实存的东西，但正如恩格斯所指出的，物质并不是感性地存在着的东西，而是"一个纯粹的思想创造物和抽象"[①]。所以把存在说成是物质，实际上等于什么也没有说。海德格尔已经启示我们，应当从两个不同的层面出发来理解存在概念。在形式逻辑的层面上，存在是一个最高的、最抽象的种概念，它指称所有的存在者（或存在物）；而存在者又可以分为两大类：一是作为人的存在的此在，二是非此在的存在者。在比形式逻辑更始源的本体论层面上，存在是一个超越性的概念，它指引人们去思索此在在世的意义。显然，海德格尔重视的是本体论意义上的存在概念，并试图通过此在把这两个不同的层面沟通起来。但由于他没有沿着共在的思路作深入的思考，所以他没有注意到，更重要的是把存在所指称的所有存在者区分为自然存在和社会存在，而社会存在

---

① F. Engels, *Dialektik der Natur*, Berlin: Dietz Verlag, 1952, S. 271.

这一概念将比此在更本质地沟通存在概念的形式逻辑层面与本体论层面。把存在区分为自然存在和社会存在正是马克思和卢卡奇的卓越贡献。

那么，什么是自然存在呢？它指的是以自然的方式存在着的存在者（或存在物）；什么是社会存在呢？它指的是以社会的方式存在着的存在者（或存在物）。讨论到社会存在与存在的关系，传统的哲学教科书总是引证马克思在《〈政治经济学批判〉序言》中的一段重要的论述："不是人们的意识决定他们的存在（Sein），相反，是他们的社会存在（gesellschaftliches Sein）决定了他们的意识。"①遗憾的是，它们按照自己的方式曲解了马克思的原意。它们在"辩证唯物主义"部分把存在与意识抽象地对立起来，在"历史唯物主义"部分又把社会存在与社会意识抽象地对立起来。仿佛意识本质上不是社会意识似的，也仿佛存在完全可以脱离社会存在而被思考，而社会存在也完全可以与任何意识相分离。事实上，不仅社会存在与存在是不可割裂地联系在一起的，社会存在与自然存在也是不可割裂地联系在一起的。比如人既是自然存在物，又是社会存在物，把任何一个方面抽取掉都不可能达到对人的完整的认识。

其次，古代本体论思想的一般特征是从自然存在出发解读存在的意义，而现、当代本体论思想的一般特征则是从社会存在出发解读存在的意义。在古代社会，由于自然联系在人们的生活中起着根本性的作用，因而古代社会的意识是以自然崇拜为基本特征的。虽然古代的各种本体论学说没有明确地提出自然存在和社会存在的概念，但它们实质上坚持的是自然（存在）本体论，习惯于从自然存在出发解读存在的意义。传统哲学教科书尽管拒绝谈论本体论问题，但它之所以把存在解读为"物质"或"自然"，并完全无视人这种特殊的存在者与其他存在者的本质差异，原因在于它从来就没有离开过传统自然（存在）本体论的思想基地。同

---

① K. Marx，F. Engels，*Ausgewaehlte Werke*，Band 2，Berlin：Dietz Verlag，1989，S. 503.

样，它们也习惯于从自然存在出发解读社会存在。它们总是把自然问题置于社会问题之先。这样的思维方式也对传统哲学教科书产生了严重的影响。比如，它把世界理解为自然、社会和思维，把研究自然的辩证唯物主义置于研究社会的历史唯物主义之先，都体现了传统本体论的特征。当卢卡奇反复强调自然本体论是社会存在本体论的基础时，他也陷入了同样的思维方式。

在现、当代社会中，由于自然成了人类的使用价值，社会关系起着根本性的作用，所以现、当代的意识是以对社会问题的深入反思为基本特征的，从而现、当代的本体论学说不仅意识到并明确地提出了自然存在与社会存在的概念，还把社会存在置于基础性的层面上。一方面，它们总是自觉地或不自觉地从社会存在出发去解读存在的意义，从而把作为人的存在的此在与其他的存在者严格地区分开来，并对人的异化问题予以高度的关注；另一方面，它们也从社会存在出发去解读自然存在的意义，因而总是主张经过人的社会实践活动的媒介去认识自然，即不谈抽象的自然辩证法，而谈具体的人化自然辩证法；不谈抽象的、与人类社会相分离的辩证唯物主义，而谈以人类社会和人化自然作为研究对象的历史唯物主义。从上面的论述可以引申出如下的结论，即在当代本体论研究中，只有自觉地从社会存在这一基础出发，才能真正地理解并通达自然存在和存在问题。否则，我们关于存在的问题谈论得越多，离真理也就越远。

最后，马克思的社会存在本体论，就其实质而言，乃是社会生产关系本体论。马克思对资本主义背景下社会存在的各种形式，如商品（社会的物）、人（社会存在物）、抽象劳动（具有社会性质的劳动）以及货币、价值、资本乃至全部经济范畴都进行了深入的研究，从而得出了这样的结论，即社会存在本质上体现为一种关系。马克思这样写道："一个黑人就是一个黑人。只有在一定的关系中，他才成为奴隶。一架纺纱机就是一架纺棉花的机器。只有在一定的关系中，它才成为资本。脱离了这种关系，它就不再是资本了，就像黄金本身不是货币，沙糖本身不是沙糖的价格一样。"①在马克思看来，人们一旦脱离了"一定的关系"去看待任何一个对象，它就只能是抽象的。那么，马克思这里说的"一定的关系"究竟是指什么呢？马克思回答道："个人在其中从事生产的社会关系，就是社会生产关系，它是随物质生产资料、生产力的变化和发展而改变的。生产关系在其综合中构成所谓社会关系，构成所谓社会，而它总是处于一定历史发展阶段上的、具有自己的特征的社会。"②这就告诉我们，马克思说的"一定的关系"也就是指"社会生产关系"。虽然社会生产关系是随着物质生产资料和生产力的发展而变化的，但它并不是一种纯粹消极的、受动的东西，与物质生产资料和生产力相比，它是一种看不见、摸不着、隐藏在深处的东西。它宛如一种无处不在的普照的光亮，一切存在者都在这种光亮中显出自己特有的比重。

正是在这个意义上，我们认为，马克思的社会存在本体论实质上就是"社会生产关系本体论"。充分地领悟这一点，就为当代本体论研究打开了新的方向。

---

① K. Marx, F. Engels, *Ausgewaehlte Werke*, *Band* 1, Berlin：Dietz Verlag, 1989, S. 574.

② Ibid., S. 575.

论马克思对西方哲学传统的扬弃
——兼论马克思的实践、自由概念与康德的关系^①

马克思哲学与西方哲学，尤其是德国古典哲学的关系是一个极为重要的理论问题。然而，长期以来，在种种错误观念的引导下，这个问题不是被简单化或教条化了，就是被边缘化或干脆被遮蔽起来了。由于这种总体关系的缺失，无论是西方哲学的研究，还是马克思哲学的研究都受到了严重的影响。

马克思哲学中的实践概念和自由概念被误解就是一个典型的例子。在当今理论界，不少学者频繁地引证和谈论马克思关于实践问题的各种论述，甚至干脆把马克思哲学理解为"实践哲学""实践唯物主义"或"实践本体论"，但令人惊奇的是，他们对马克思的实践概念的真正含义却缺乏正确的理解。同样，马克思的自由概念也被笼罩在种种误解的迷雾之中。^② 要搞清楚这两个概念

① 原载《中国社会科学》2001年第3期，第18—24页。收录于俞吾金：《重新理解马克思——对马克思哲学的基础理论和当代意义的反思》，北京师范大学出版社2005年版，第23—32页，题为《马克思与康德》；《从康德到马克思——千年之交的哲学沉思》，北京师范大学出版社2017年，第133—149页。——编者注

② 尤其是国内美学研究中出现的不同级别。几乎无例外地误解了马克思的实践概念和自由概念，从而使美学沦为认识论的附庸。这表明美学研究者们从来没有认真地研究过康德的《判断力批判》，特别是这部著作的"导论"部分。参见《美学研究新论》，《学术月刊》2000年第1期。

的基本含义，就不能仅仅停留在马克思的文本内，而必须反观西方哲学，尤其是康德哲学的传统。郑昕先生说过："超过康德，可能有新哲学，掠过康德，只能有坏哲学。"①要正确地领悟马克思语境中的实践概念和自由概念的含义乃至马克思哲学的本质，就要认真地反省西方哲学，特别是康德哲学的传统，并阐明马克思是如何批判地继承这一传统的。

一、一个被遮蔽了的问题

作为德国哲学家，马克思自然而然地从属于西方哲学的传统。然而，由于马克思哲学的某些解释者受到激进主义或虚无主义观点的影响，把马克思对西方哲学传统的批判误解为对这一传统的全面否定，把马克思在哲学领域里实现的划时代的革命误解为凭空而来的创造活动。这样一来，马克思哲学与以前哲学之间的继承关系就被严严实实地遮蔽起来了，而下述因素又进一步加剧了这种遮蔽状态。

一是马克思哲学的某些解释者把马克思对西方传统中的某些哲学观念的批判误解为对整个西方哲学传统的否定。在《德意志意识形态》一书中，马克思写道："思辨终止的地方，即在现实生活面前，正是描述人们的实践活动和实际发展过程的真正实证的科学开始的地方。关于意识的空话将销声匿迹，它们一定为真正的知识所代替。对现实的描述会使独立的哲学失去生存环境，能够取而代之的充其量不过是从对人类历史发展的观察中抽象出来的最一般的结果的综合。"②马克思这里说的"对现实的描绘会使独立的哲学失去生存环境"常被理解为马克思宣布了整个西方哲学传统的终结。这显然是一种误解。其实，只要认真地领悟这

---

① 郑昕：《康德学述》，商务印书馆1984年版，第1页。
② 《马克思恩格斯全集》第3卷，人民出版社1960年版，第30—31页。

段话的上下文，就会发现，马克思这里说的"独立的哲学"主要指的是以黑格尔和青年黑格尔派为代表的思辨哲学，因为思辨哲学完全撇开现实生活，把哲学理解为范畴的独立运动。此外，马克思也并没有以"真正实证的科学"来取代思辨哲学。在他看来，能够取代思辨哲学的"不过是从对人类历史发展的观察中抽象出来的最一般的结果的综合"，而这些"综合"正是马克思在这段话的下面所论述的历史唯物主义的基本原理。

二是马克思哲学的某些解释者把唯物主义和唯心主义的关系简单化了。如苏联的理论家日丹诺夫认为："哲学史是科学唯物主义世界观孕育、产生和发展的历史，是唯物主义和唯心主义斗争的历史。"[①]按照这种简单化的观点，马克思哲学至多只与历史上的唯物主义流派有一定的联系，而对唯心主义流派则采取了全盘否定的态度。这种说法完全割断了马克思哲学与西方哲学中唯心主义传统之间的批判继承关系。

三是马克思哲学的某些解释者，在哲学学科分类中把"马克思主义哲学"与"西方哲学"对立起来，并进一步从"马克思主义哲学"中再划分出"马克思主义哲学原理""马克思主义哲学史""马克思主义原著研究"等分支学科。这样一来，就产生了一种分类上的错觉，似乎"马克思主义哲学"是一个拥有独立历史的、封闭的学科系统，它与西方哲学没有任何直接的、本质性的联系。在某种意义上，这种分类方法剪断了把马克思哲学与西方哲学传统联系起来的最后的脐带。

对于上面的论述，有人也许会提出这样的疑问：恩格斯和列宁不是强调德国古典哲学是马克思哲学的重要的思想来源吗？确实，恩格斯和列宁在许多不同的场合下强调过马克思哲学和德国古典哲学之间的内在联系，但他们的这些论述却无法阻止马克思哲学与西方哲学总体上的分离和对立的趋向。尽管我们也承认，马克思哲学与德国古典哲学之间的联系是十分重要的，但单纯地强调这一联系，也就在一定程度上忽略了

---

① 参见罗森塔尔、尤金：《简明哲学辞典》，三联出版社1973年版，第62页。

马克思与其他哲学家，如德谟克利特、亚里士多德、西塞罗、伊壁鸠鲁；英国的培根、洛克、休谟；法国的笛卡儿、培尔、卢梭、爱尔维修等人之间的关系。事实上，不全面地认识马克思与整个西方哲学传统之间的关系，要完整地、准确地理解他的哲学思想是不可能的。

何况，马克思哲学的某些解释者在探讨马克思哲学与德国古典哲学的关系时也出现了偏差。他们倾向于把"黑格尔—费尔巴哈—马克思"理解为西方哲学发展史上的一个圆圈，进而引申出如下的结论：黑格尔哲学的"合理内核"（即辩证法）＋费尔巴哈的"基本内核"（即唯物主义）＝马克思哲学（即辩证唯物主义和历史唯物主义）。我们姑且撇开对这一结论的评价，光是针对其表述形式就可以提出如下问题。第一，黑格尔哲学的合理因素只能归结为辩证法吗？费尔巴哈哲学的合理因素只能归结为唯物主义吗？第二，德国古典哲学家中的康德、费希特和谢林，又与马克思保持着什么样的联系呢？比如，法国哲学家阿尔都塞把马克思1842年前的哲学思想称为"理性自由主义的阶段"，强调马克思在这一阶段中写下的著作"存在一个康德和费希特类型的总问题"①。尽管我们不完全同意阿尔都塞的观点，但马克思与康德、费希特、谢林等哲学家的关系却不应该逸出研究者们的视野。换言之，马克思哲学与德国古典哲学之间的关系不能简单地归结为马克思与黑格尔、费尔巴哈的某些哲学观念的关系。

总之，马克思哲学与西方哲学传统的关系，至多只是在一些局部的、个别性的关系上引起某些解释者的注意，至于马克思哲学与西方哲学传统的总体性的关系，特别是与实现了西方哲学重大转折的康德哲学的关系，却被严严实实地遮蔽起来了。这种遮蔽作用由于马克思哲学的某些解释者对19世纪下半叶以来的现代西方哲学采取全盘否定的态度而进一步加剧了。长期以来，由于这一总体性的关系一再逸出研究者们的视野，所以造成了马克思哲学研究与西方哲学研究之间"鸡犬之声相

---

① ［法］阿尔都塞：《保卫马克思》，顾良译，商务印书馆1984年版，第16页。

闻，老死不相往来"的局面。这种局面的形成不仅影响了某些解释者对马克思哲学本质的理解，也导致了他们对马克思哲学中一些基本概念的误解。

二、被误解了的实践概念和自由概念

迄今为止，马克思哲学中的实践概念和自由概念就一直处于被误解的状态中。由于这两个概念是马克思哲学中最基本的概念，所以这种误解必然导致对马克思哲学本质的误解。如前所述，尽管马克思哲学的某些解释者很少讨论马克思哲学与西方哲学，特别是近代西方哲学传统的关系，但他们的研究活动却深受这一传统的影响。近代西方哲学偏重认识论和方法论，这一倾向对这些解释者产生了不可低估的影响。于是，在他们那里，存在问题，尤其是人的生存问题作为研究对象的本体论问题几乎完全被搁置了，代之而起的则是以认识的起源、本质和界限作为研究对象的认识论。

这样一来，实践概念就失去了本体论的维度，成了认识论中的一个环节。什么是实践呢？在传统的马克思哲学的认识论中，实践是指人们改造客观世界的一切活动。它的基本形式是生产劳动、科学实验和阶级斗争。实践既是人类认识活动的来源，也是"实践—认识—再实践—再认识"过程中的一个环节，更是检验认识的真理性的唯一标准。从一方面看，上述理解方式充分肯定了实践在马克思认识论中的基础的和核心的地位，相对于以往的西方认识论来说，这无疑是一个巨大的进步；但从另一方面看，这一理解方式又包含着对马克思实践概念的根本含义的误解，因为它把这一概念牢牢地囚禁在认识论中，忽视了它的根本的、首要的含义是本体论方面的。

对于这一看法，也许有人会提出如下异议：生产劳动、科学实验和阶级斗争实际上不也同时关系到存在问题，尤其是人的生存问题吗？我们的回答是：只要本体论眼光是缺席的，实践活动的上述形式就只具有认识论的意义。在传统的马克思哲学的教科书中，人们常常发现这样的陈述："生产实践还给认识不断提供新的技术工具，加强了人的感官，帮助人们深入自然，揭示它的秘密。"①在这里，生产劳动与人的生存之间的本质联系并没有被本体化，受到重视的仅仅是生产劳动与认识发展之间的联系。至于科学实验这种实践形式，也完全是从认识不断深化的角度上得到估价的。乍看起来，倒是阶级斗争这种实践形式似乎作为政治问题而超越了单纯认识论的视界，实际上，这里的阶级斗争也完全被认识化了，即人们通过阶级斗争只是为了获得对人类社会发展的新的认识。总之，只要我们停留在单纯认识论的视野里，实践概念的本体论维度就永远不会向我们敞开。

同样，在马克思哲学的某些解释者那里，自由概念也是在认识论的语境中被陈述的。苏联哲学家罗森塔尔和尤金主编的《简明哲学辞典》曾对自由概念作了如下的论述："自由并不在于想象中的脱离自然规律，而在于认识这些规律，并能够把它们用到实践活动中去……自然界的必然性、规律性是第一性的，而人的意志和意识是第二性的。在人没有认识必然性以前，他是盲目地、不自觉地行动的。一旦人认识到必然性，他就能学会掌握它，利用它为社会谋福利。因此，只有在认识必然性的基础上才能有自由的活动。自由是被认识了的必然性。"②这是一段经典性的论述，几乎所有的马克思哲学的教科书都是以这种方式来阐述自由概念的。从这段论述中，我们可以引申出如下的结论：第一，马克思的自由概念是从属于认识论的，在这里，自由的本体论含义完全没有引起解释者的重视；第二，自由是与必然性，即自然界的规律联系在一起的；第三，自由不是在想象中摆脱必然性，而是对必然性的正确认识。

乍看起来，把自由概念放在认识论的范围内似乎是无可厚非的，因

---

① 艾思奇：《辩证唯物主义 历史唯物主义》，人民出版社 1978 年版，第 163 页。
② 罗森塔尔、尤金：《简明哲学辞典》，三联出版社 1973 年版，第 171—172 页。

为人对自然必然性的认识越是深入，人的行为和认识的自由度也就越大。其实，这完全是一种似是而非的见解。如果真是这样的话，人们就不得不作出如下的推论：即最了解自然必然性的科学家是世界上最自由的人。假如这个推论能够成立，那么人类通过社会运动和社会革命来争取自由和解放就成了无意义的举动，只要去学习自然科学就行了。这样一来，对人类的生存说来是如此之重要的自由概念就蜕化为一个单纯的认识论概念。在这样的概念的引导下，甚至连伦理学这样的学科也无法建立起来，因为伦理学的基础是人的自由意志，如果自由只不过是对必然的认识，那么又有哪个人需要对自己的行为承担道德责任呢？实际上，自由的根本含义是本体论（伦理学也属于这一领域）的，而不是认识论的。

从上面的论述可以看出，把马克思的实践概念和自由概念囚禁在认识论的范围内，完全撇开其根本性的、本体论的维度，是对马克思哲学理解上的重大失误。这种失误表明，人们通常是以"前康德的"方式来解读马克思的哲学文本的。事实上，只有认真地阅读并理解康德，才能从对马克思的误解中挣脱出来。

三、康德对实践概念和自由概念的理解

康德哲学是西方哲学发展史上的一个重要的转折点。康德的伟大在于他对哲学中的一系列基本问题都进行过反思，并按照自己的方式作出了解答。他对实践概念和自由概念的论述是他最富于原创性的哲学见解之一，在他之后的任何人都无法撇开他来研究这两个概念。

我们先来考察康德的实践概念。古希腊哲学家亚里士多德已经初步区分了作为生产劳动的实践活动和作为道德行为的实践活动，但在他那里，这种区分还没有以严格的用语表达出来。康德继亚氏之后明确地区分了哲学的两种不同的类型：一种是"理论哲学"，它关涉自然概念，是在现象界的范围内展开的，其中起立法作用的是知性；另一种是"实践哲学"，它关涉自由概念，是在本体界的范围内展开的，其中起立法作用的是理性。在康德看来，决不能把"遵循自然概念的实践"与"遵循自由概念的实践"混淆起来，因为这两种实践形式存在着根本性的差异，前者属于现象界，是人的认识指导下的实践活动，后者属于本体界，是道德法则指导下的实践活动。正是在这种意义上，康德指出："假如规定因果性的概念是一个自然概念，那么这些原理就是技术地实践的；但是如果它是一个自由的概念，那么这些原理就是道德的实践的。"①也就是说，严格意义上的实践概念应当属于实践哲学或实践理性的范围，但流俗的见解把现象界范围内的活动也称为实践，这样一来，就不得不区分两种不同意义的实践活动：一种是"遵循自然概念的实践"，即科学技术或认识论意义上的实践；另一种是"遵循自由概念的实践"，即道德或本体论意义上的实践。

值得注意的是，康德坚持的是先验的道德论，它与经验生活中的幸福论是对立的。所以在他那里，道德行为具有严格的限定，即这种行为必须服从理性立法，服从以善良意志为基础的道德法则。事实上，在康德看来，也只有这样的道德行为才是"遵循自由概念的实践"。如果人们出于自然本能或世俗的愿望去追求幸福，那么这种行为就仍然属于"遵循自然概念的实践"的范围。由此可见，在康德那里，"遵循自由概念的实践"具有非常狭隘的内容。

康德对自由概念的论述是从因果性入手的，他区分了两种不同的因果性：一种是"自然的因果性"，另一种是"自由的因果性"。康德这样写道："与作为自由的因果性概念不同，作为自然必然性的因果概念只涉及在时间中可规定的物的实存，因而作为现象与它的作为物自体的因果性相对立。假如人们把时间中的物的实存的规定看作是物自体自身的规

---

① I. Kant, *Kritik der Urteilskraft*, Frankfurt am Main: Suhrkamp Verlag, 1989, S. 79.

定（这是最常见的观念），那么因果关系中的必然性不但以任何方式都无法与自由统一起来，而且它们是以矛盾的方式相互对立着的。"①这段重要的论述告诉我们三点。第一，自然的因果性或自然必然性的因果性是属于时间起作用的现象界的，这种因果性中的"因"和"果"都是经验生活中的事或事态；而自由的因果性则属于超经验、超时间的本体界或物自体领域，这种因果性中的"因"是先天的道德法则，"果"则是在这一法则指导下的自由的道德行为。第二，这两种因果性内涵完全不同，因而是相互对立的。第三，通常的见解由于把现象和物自体混淆起来，因而试图把仅适合于现象界的自然因果性和仅适合于本体界的自由统一起来，然而，在自然因果性中是永远得不出自由来的。

在肯定自由概念属于本体论领域的前提下，康德进一步区分了"消极意义上的自由"和"积极意义上的自由"这两个不同的概念。前者强调在行为中不违反道德法则，后者则强调自觉地以道德法则来指导自己的行为。总之，在康德那里，自由是建基于先天的道德法则的，它既与自然的因果性无关，也与人的意志在自然本能驱使下追求幸福的行为无关。如果人们一定要在自然因果性或自然本能的基础上谈论自由，那么这种自由"也就是一个旋转的烤肉叉式的自由，一旦人们给它上紧了发条，它就会自动地完成自己的运动"②。

按照康德的看法，在严格的意义上，实践和自由这两个概念都属于本体论的范围，也只能在本体论的范围内加以讨论。但流俗的见解总是把现象界与本体界混淆起来，从而造成了这两个概念的误用。于是康德不得不区分出"遵循自然概念的实践"和"遵循自由概念的实践"。虽然康德没有提出"认识论意义上的自由"和"本体论意义上的自由"这样的概念，但在我们看来，"认识论意义上的自由"是与"遵循自然概念的实践"相一致的，而"本体论意义上的自由"则是与"遵循自由概念的实践"相一

① I. Kant, *Kritik der Praktischen Vernunft*, Frankfurt am Main: Suhrkamp Verlag, 1989, S. 219.

② Ibid., S. 222.

致的。

康德的巨大功绩是把自由的因果性与自然的因果性区分开来，从而在理论哲学的旁边为实践哲学留下了地盘。然而，一方面，由于康德哲学的二元论的特点，它没有把本体界与现象界真正地统一起来；另一方面，它把先天的道德法则或理性立法置于意志的自由之前，从而也就使自由成了一个空洞的字眼。正如叔本华所批评的："这显然是一伸手就可以抓住的矛盾，既称意志是自由的，又要为意志立法，说意志应该按照法则而欲求——'应该欲求'——真是木头的铁！"①在叔本华看来，生存意志不仅是自由的，而且是万能的，它就是物自体，就是世界的本质。叔本华的观点为我们重新理解实践和自由概念提供了重要的启发。

四、马克思的历史唯物主义和实践、自由概念

马克思哲学的不少研究者都没有注意到马克思在评价黑格尔和康德时在用语上的重要差异。如果说，马克思把黑格尔的思辨哲学理解为 17 世纪形而上学的"**胜利的和富有内容的复辟**"②的话，那么，他却把康德哲学理解为"法国革命的**德国理论**"③。在马克思看来，康德的实践理性和善良意志乃是法国自由主义在德国采取的独特的形式，虽然具有革命的内涵，但"康德只谈'善良意志'，哪怕这个善良意志毫无效果他也心安理得，他把这个善良意志的**实现**以及它与个人的需要和欲望之间的协调都推到**彼岸世界**。"④

---

① A. Schopenhauer, *Die Welt als Wille und Vorstellung*, Frankfurt am Main: Suhrkamp Verlag, 1986.

② 《马克思恩格斯全集》第 2 卷，人民出版社 1957 年版，第 159 页。

③ 《马克思恩格斯全集》第 1 卷，人民出版社 1956 年版，第 100 页。

④ 《马克思恩格斯全集》第 3 卷，人民出版社 1960 年版，第 211—212 页。

马克思不赞成康德把此岸世界(现象界)与彼岸世界(本体界)割裂开来，他把这两者统一在他所创立的历史唯物主义学说中，但他又继承了康德关于实践哲学(本体论)优先于理论哲学(认识论)的基本思想。在这个意义上，我们首先应该把历史唯物主义理解为马克思在本体论领域里发动的一场划时代的革命，事实上，马克思哲学或历史唯物主义本质上也就是生存论的本体论。正如马克思所说的："一切人类生存(aller menschlichen Existenz)的第一个前提也就是一切历史的第一个前提，这个前提就是：人们为了能够'创造历史'，必须能够生活。"[1]

马克思正是从历史唯物主义或生存论的本体论的立场出发来论述自己的实践概念和自由概念的。在《关于费尔巴哈的提纲》一文中，马克思指出："社会生活在本质上是**实践的**。凡是把理论导致神秘主义方面去的神秘东西，都能在人的实践中以及对这个实践的理解中得到合理的解决。"[2]由此可见，马克思的实践概念首先是一个本体论意义上的概念，即使他在谈论实践的基本形式——生产劳动时，也首先是从本体论着眼的，所以他关心的不是人通过生产劳动去认识什么，而是在私有制情况下人的劳动的异化的本质，以及如何通过消灭私有制来扬弃异化，达到人性的复归。在马克思那里，即使存在着"认识论意义上的实践"或康德所说的"遵循自然概念的实践"，这一实践形式也必须在"本体论意义上的实践"或"遵循自由概念的实践"的基础上获得理解。

同样，在马克思那里，自由也首先是一个本体论意义上的概念。马克思写道："作为纯粹观念，平等和自由仅仅是交换价值的交换的一种理想化的表现；作为在法律的、政治的、社会的关系上发展了的东西，平等和自由不过是另一次方的这种基础而已。"[3]马克思还把共产主义社会理解为"一个以各个人自由发展为一切人自由发展的条件的联合

---

① 《马克思恩格斯全集》第3卷，人民出版社1960年版，第31页。
② 《马克思恩格斯选集》第1卷，人民出版社1972年版，第18页。
③ 《马克思恩格斯全集》第46卷(上册)，人民出版社1979年版，第197页。

体"①。这就告诉我们，马克思从不以抽象认识论的方式谈论自由概念。如果人们一定要谈论"认识论意义上的自由"，那么这种自由也只有奠基于"本体论意义上的自由"才能获得理解，因为从生存论的本体论的观点看来，人类的认识活动不过是其生存在世的一种样式。这样一来，认识论的独立的外观就被解构了。

由于马克思哲学的某些解释者以"前康德的"方式解读马克思，并在实证主义思潮的影响下，对形而上学（包括本体论）采取拒斥的态度，于是，实践概念和自由概念的本体论维度均为认识论维度所吞并，从而把马克思哲学实证化，变成了一种与实践理性相分离的、抽象的认识论。马克思·韦伯关于"工具的合理性"和"价值的合理性"的区分、哈贝马斯关于"劳动"（工具的行为）和"相互作用"（交往的行为）的区分，都包含着把马克思哲学理解为"工具的合理性"，把马克思的实践概念简化为"劳动（工具的行为）"的倾向。无疑，这种倾向蕴含着对马克思哲学的误解。由于上面提到的种种误解，马克思哲学的核心问题竟被解释成认识论、辩证法和逻辑的一致性，而本体论或实践理性所关注的问题，如政治哲学、道德哲学、法哲学、宗教哲学、人道主义、异化和终极关怀等，似乎都成了与马克思哲学无关的东西。人们完全忘记了马克思下面这段重要的论述："实际上和对**实践的**唯物主义者，即**共产主义者**说来，全部问题都在于使现存世界革命化，实际地反对和改变事物的现状。"②

马克思哲学，尤其是他的实践概念和自由概念所遭到的普遍的误解表明，决不能把马克思哲学从西方哲学的传统，特别是康德哲学的传统中割裂出来。事实上，马克思是西方哲学传统的伟大的继承者、批判者和扬弃者。马克思哲学的研究者只有恢复与西方哲学的研究者之间的创造性的对话，马克思在本体论领域里实行的划时代的革命的意义才能充分地向我们展示出来。

---

① 《马克思恩格斯全集》第 4 卷，人民出版社 1958 年版，第 491 页。
② 《马克思恩格斯全集》第 3 卷，人民出版社 1960 年版，第 48 页。

马克思哲学中的人文关怀^①

人文关怀是马克思哲学的基本维度之一。人文关怀是对人的生存状况的关注、对人的尊严与符合人性的生活条件的肯定和对人类的解放与自由的追求等。每一个认真地研读过马克思著作的人都会发现，马克思哲学充满了人文精神。无论是他青年时期写下的《青年在选择职业时的考虑》，还是《博士论文》或《1844年经济学哲学手稿》；无论是他思想成熟时期写下的《资本论》，还是《1857—1858年经济学手稿》或《人类学笔记》，无不包含着对人的尊严、自由和权利的执着追求，无不洋溢着深厚的人文关怀。

首先，马克思是西方人文主义传统的伟大继承者。他不仅通过对伊壁鸠鲁的"原子偏斜说"的肯定，张扬了"自由"这一人类追求的最高价值，不仅通过对"异化劳动"的批判，揭示了劳动者的真实处境和人性复归的可能性，而且以自己的方式重新解读了西方哲学，特别是作为德国古典哲学的集大成者的黑格尔哲学，强调其本质乃是对人的问题的真正的关注。在《神圣家族》中，马克思这样写道："在黑格尔的体系中有三个因素：斯宾诺莎的实体，费希特的自我意识以及前两个

---

① 载《河南日报》2001年7月6日。——编者注

因素在黑格尔那里的必然的矛盾的统一，即绝对精神。第一个因素是形而上学地改了装的、脱离人的自然。第二个因素是形而上学地改了装的、脱离自然的精神。第三个因素是形而上学地改了装的以上两个因素的统一，即现实的人和现实的人类。"①事实上，马克思正是沿着西方人文主义的伟大传统来从事自己的哲学思考的。

其次，马克思哲学的出发点是"从事实际活动的人"。马克思既不赞成历史唯心主义者脱离现实的生活条件，奢谈想象的主体的想象的活动，也不赞成抽象的经验论者撇开人的社会特性侈谈人的本性。马克思强调，他自己在哲学上采用了一种独特的观察方法："这种观察方法并不是没有前提的。它从现实的前提出发，而且一刻也不离开这种前提。它的前提是人，但不是处在某种幻想的与世隔绝、离群索居状态的人，而是处在于一定条件下进行的现实的、可以通过经验观察到的发展过程中的人。"②实际上，马克思也正是从这样的"现实的人"或"从事实际活动的人"出发来探讨社会历史问题和哲学问题的。在这个意义上可以说，人的问题和人文关怀决不是贴到马克思哲学上去的一张邮票，而是贯彻马克思全部学说，尤其是其哲学思想的一条红线。

最后，马克思哲学的宗旨是追求人类的自由和解放。马克思物质理论的实质并不是奢谈"抽象的物质"，而是通过对资本主义生产方式中物质的普遍样态——商品的拜物教的批判，提出"剩余价值理论"，全面揭示人与人之间的真实关系，并鼓励劳动者起来在实践中改革这种关系。在《资本论》第 3 卷中，马克思在谈到生产领域时指出："这个领域内的自由只能是：社会化的人，联合起来的生产者，将合理地调节他们和自然之间的物质变换，把它置于他们的共同控制之下，而不让它作为一种盲目的力量来统治自己；靠消耗最小的力量，在最无愧于和最适合于他们的人类本性的条件下来进行这种物质变换。"③这段话充分体现出马克

---

① 《马克思恩格斯全集》第 2 卷，人民出版社 1957 年版，第 177 页。
② 《马克思恩格斯选集》第 1 卷，人民出版社 1972 年版，第 31 页。
③ 马克思：《资本论》第 3 卷，人民出版社 1975 年版，第 26—27 页。

思对人的自由和人文关怀的重视和追求。综上所述，人文关怀构成马克思哲学的一个根本性的维度。我们应该探讨并阐发这个维度，恢复马克思哲学的本真精神，用以指导我们的实际生活。

马克思哲学研究中的方法论问题①

正如老黑格尔早就告诉我们的，方法不是某种外在的、可以弃之不顾的东西，它总是内在于整个哲学研究和叙述的过程中。在探讨马克思哲学的当代价值时，我们同样不能忽略方法论问题。我觉得，特别需要注意的是以下两点。

其一，追求概念的明晰性。尽管我们并不像早期维特根斯坦一样，主张在人工的、理想的语言环境中讨论哲学问题，但当我们运用日常语言来讨论哲学问题时，寻求概念上的相对的明晰性还是必要的。比如，"马克思哲学"与"马克思主义哲学"这两个概念之间就存在着重大的差异。这种差异甚至连马克思本人都不加以否认，恩格斯在1890年8月5日致康·施米特的信中这样写道：

> 正像马克思就70年代末的英国"马克思主义者"所曾经说过的："我只知道我自己不是马克思主义者。"②

---

① 原载《中国社会科学》2001年第5期。收录于俞吾金：《从康德到马克思——千年之交的哲学沉思》，广西师范大学出版社2004年版，第229—230页；《哲学随想录》，北京师范大学出版社2016年版，第151—152页；《从康德到马克思：千年之交的哲学沉思》，北京师范大学出版社2017年版，第570—572页。——编者注
② 《马克思恩格斯选集》第4卷，人民出版社1995年版，第691页。

在我们看来，"马克思哲学"指的是蕴含在马克思本人的著作、手稿、书信、谈话等"原始资料"中的马克思的哲学思想，而"马克思主义哲学"在最广泛的意义上指的则是马克思同时代的或以后的研究者在对马克思哲学思想的理解和解释中形成的各种文本，也就是我们通常所称的"第二手资料"。在这样的理解和解释的过程中，由于研究者的先入之见，必然会形成多元的或复数的"马克思主义哲学"，如苏联模式的马克思主义哲学、当代中国的马克思主义哲学、西方马克思主义哲学，等等。所以，我们首先要探讨的应该是以原始资料为基础的"马克思哲学"的当代价值，而不是以第二手资料为基础的"马克思主义哲学"的当代价值。

其二，避免落入"分析目的论"的窠臼。法国哲学家阿尔都塞在《保卫马克思》一书中曾经批判过这种错误的方法论思想。所谓"分析目的论"指的是人们在研究历史人物时，极易把人们已经掌握的历史人物的晚期思想作为目的引入到对他的早期思想的分析中。如有的学者批评维克多·法里阿斯在其《海德格尔和纳粹》一书中竟把海氏青年时期的一举一动都写成纳粹的模样，这里显然有"分析目的论"在起作用。同样地，当我们研究马克思的早期哲学思想时，也要避免这样的做法，即把他的晚期哲学思想作为预先悬挂在那里的目的引入到对他的早期哲学思想的分析中。这种"分析目的论"的方法不但会使研究者忽略青年马克思的哲学思想与当时的现实生活之间的互动关系，把马克思哲学思想的发展理解为不同文本之间的更替，也会导致对马克思哲学思想理解的简单化。所以在方法论上，我们应该把两种不同的视角综合起来：一是"源"，即现实生活与马克思哲学思想之间的关系；二是"流"，即传统的或同时代的哲学文本与马克思哲学思想之间的关系。只有运用正确的方法，才能再现马克思哲学思想的真谛和它的全部丰富性。

在实践中丰富马克思关于
个人全面发展的理念[①]

　　个人全面发展的问题是马克思哲学理论中的一个重大的课题，也是他对未来共产主义社会中个人的存在和发展方式的预言。由于历史条件的限制，马克思的主要工作是通过对私有制前提下普遍存在的异化现象的揭露，阐明资本主义社会中个人全面发展必然陷入的困境，从而强调：只有借助于共产主义的革命，才能实现人性的复归，才能为个人全面发展的理念创造现实的条件。马克思逝世后，他所倡导这一理念引起了他的后继者，特别是当代中国的理论研究者的广泛兴趣。人们普遍关注的问题是：在作为共产主义的初级阶段的社会主义社会中，个人全面发展的理念究竟是否可能实现？如果可能的话，又如何来实施个人全面发展的战略？而在新的历史条件下，个人全面发展的内涵又有哪些新的变化？在解答这些问题并实施个人全面发展战略的实践过程中，当代中国的理论界作出了自己的贡献，但也留下了一些问题和困惑。所以有必要对这一理

　　① 原载《学术界》2001年第5期，第11—16页。收录于俞吾金：《散沙集》，人民出版社2004年版，第101—108页；《重新理解马克思——对马克思哲学的基础理论和当代意义的反思》，北京师范大学出版社2005年版，第252—258页。——编者注

念的来龙去脉和基本含义做一个历史的考察，以便对马克思的这一理念的精神实质获得全面的、准确的认识。

一、如何理解马克思关于个人全面发展的理念

众所周知，马克思关于个人全面发展的理念是在他的著名的"三大社会形态"理论的框架内提出来的。在《1857—1858 年经济学手稿》中，马克思这样写道：

> 人的依赖关系（起初完全是自然发生的），是最初的社会形态，在这种形态下，人的生产能力只是在狭窄的范围内和孤立的地点上发展着。以物的依赖性为基础的人的独立性，是第二大形态，在这种形态下，才形成普遍的社会物质变换，全面的关系（der universalen Beziehungen），多方面的需求以及全面的能力（universeller Vermoegen）的体系。建立在个人全面发展（die universelle Entwicklung der Individuen）和他们共同的社会生产能力成为他们的社会财富这一基础上的自由个性（freie Individualitaet），是第三个阶段。第二个阶段为第三个阶段创造条件。①

在这段重要的论述中，马克思提出了"三大社会形态"理论：一是以"人的依赖关系"为基础的社会形态，即传统的、前商品经济的社会形态；二是以"物的依赖性"为基础的社会形态，即以商品经济为主导的社会形态；三是以"个人全面发展"为基础的社会形态，即以产品经济为特征的、未来共产主义的社会形态。正是在"三大社会形态"理论的基础上，

---

① 《马克思恩格斯全集》第 46 卷（上册），人民出版社 1979 年版，第 104 页。参阅 Karl Marx：Grundrisse Der Kritik Der Politischen？konomie，Berlin：Dietz Verlags，1974，s. 75。

马克思提出了"个人全面发展"的理念。在马克思的论述中，我们必须注意以下三点。

第一，马克思在这里提出的是"个人全面发展"的理念，而不是"人的全面发展"的理念。马克思使用的德语名词 Individuum（复数为 Individuums 或 Individuen），专指"个人"，而不是指一般意义上的"人"。在德语中，一般意义上的"人"通常用另一个名词 Mensch（复数为 Menschen）来表示。Individuum 和 Mensch 这两个词之间的差别是显而易见的：前者的着眼点是具体的个人，后者的着眼点则是一般意义上的人或人类的整体。事实上，只有当人们使用 einer Mensch（一个人）或 jeder Mensch（每个人）这样的表达方式时，其含义才与 Individuum 接近。这就告诉我们，马克思并不是泛泛地谈论"人的全面发展"，他注重的是"个人全面发展"和"自由个性"的确立。这从马克思在《共产党宣言》中写下的那句名言——"每个人的自由发展是一切人的自由发展的条件"（die freie Entwicklung eines jeden die Bedingung fuer die freie Entwicklung aller ist）①——中也可得到印证。在这里，jeden 和 aller 分别以省略的方式表示"每个人"和"一切人"，而既然马克思把每个人的自由发展看作一切人的自由发展的前提，这就表明：在他的心目中，个人和一切人之间不但存在着重大的差别，而且比较起来，个人居于基础的层面上。

第二，马克思在这里说的"个人全面发展"主要是指个人"能力"（Vermoegen），特别是"生产能力"（Produktivitaet）的全面发展。因此，说得更确切些，马克思在这里提出的实际上是"个人能力的全面发展"的问题。

第三，虽然马克思在《1857—1858 年经济学手稿》和其他的著作中对商品经济社会中普遍存在的异化现象进行了深入的批判，但这并不妨碍他同时承认，唯有在第二大社会形态，即以商品经济为主导的社会形态

---

① 《马克思恩格斯选集》第 1 卷，人民出版社 1995 年版，第 294 页。参见 K. Marx, F. Engels, *Ausgewaehlte Werke*, *Band* 1, Berlin：Dietz Verlag, 1989, S. 438。

中，个人之间的"全面的关系"和与个人的多方面的需求相适应的"全面的能力"才会形成起来，从而为第三大社会形态中"个人全面发展"奠定基础。

显而易见，马克思关于"个人全面发展"的理念，主要是在批判资本主义社会（从属于第二大社会形态）中普遍存在的异化和强制性的分工所导致的、个人能力的片面的，甚至畸形的发展方式的基础上提出来的。在马克思看来，资本主义社会的分工不仅"使人成为高度抽象的存在物，成为旋床等等，直至变成精神上和肉体上畸形的人"，而且也"表现出异化的物对人的全面统治"①。在这个意义上可以说，马克思关于"个人全面发展"的理念既是对未来社会的憧憬，也是对资本主义社会的批判。

二、如何看待理论界对这个问题的新思考

马克思关于"个人全面发展"的理念引起了理论研究者，特别是当代中国的理论研究者的广泛兴趣。事实上，理论界只要一讨论到人、人性、人的本质、人道主义、社会主义和共产主义等问题，也必定会牵涉马克思的这一理念。

有趣的是，在东方社会，尤其是中国社会中，马克思的"个人全面发展"的理念被不知不觉地转换为"人的全面发展"的理念。为什么会发生这样的现象呢？因为在以自然经济为基础的、传统的东方社会内，个人，特别是与作为伟大人物相对应的普通人是没有地位的。正如马克思在批判以亚当·斯密和卢梭为代表的错误见解，即认为远古时代就已经存在着独立的个人这种见解时所指出的：

> 我们越往前追溯历史，个人（Individuum），从而也是进行生产

---

① 《马克思恩格斯全集》第42卷，人民出版社1979年版，第29页。

的个人，就越表现为不独立，从属于一个较大的整体……。只有到十八世纪，在"市民社会"中，社会联系的各种形式，对个人说来，才只是表现为达到他私人目的的手段，才表现为外在的必然性。①

在马克思看来，真正独立的个人在远古时代是不可能存在的，它乃是近代世界的产物。事实上，在中国传统社会中，人只是作为依附性的臣民而存在，不是作为一个真正独立的个人而存在。在辛亥革命后，虽然传统的中国社会解体了，但传统的观念仍然束缚着人们的大脑。肖前等人主编的《历史唯物主义原理》一书虽然辟出第八章"人民群众和个人在历史上的作用"来探讨个人的历史地位和作用，但随即写道："在个人中，按其对历史影响的大小，可以分为普通个人和历史人物。"②在这里，"普通个人"被归属到"人民群众"的概念中，成了其中的一个不起眼的片段，而只有"历史人物"，即作为伟大人物的个人才成为探讨的对象。这就告诉我们，不管编者多么强调"人民群众"的作用，"普通个人"仍然是缺乏独立性的，而把马克思的"个人全面发展"的理念潜移默化地转换为"人的全面发展"的理念，也正是"普通个人"的独立性在潜意识中仍然没有得到充分认可的一个明证。

然而，即使是在探讨"人的全面发展"的理念时，当代中国理论界仍然以自己的方式，展开了多层次的探索。

第一个层次：沿着马克思的"三大社会形态"的理论和经济学研究的思路，从"能力"的层面上，深入探索了人的全面发展问题。第二个层次：沿着广义教育学和社会主义精神文明建设的思路，从"素质"的层面上，全面探索了人的思想道德素质和科学文化素质的同步发展问题。第三个层次：沿着主体间性和可持续性发展的思路，从"公共理性"的层面上，既创造性地探索了人民群众在推进政治体制改革，发展社会主义民

---

① 《马克思恩格斯全集》第 46 卷(上册)，人民出版社 1979 年版，第 21 页。
② 肖前等：《历史唯物主义原理》，人民出版社 1983 版，第 363 页。

主政治，健全社会主义法治，充分行使民主选举、民主决策、民主监督等方面的权利，又创造性地探索了经济发展与人口、资源、环境之间的关系，以重建人和自然之间的和谐状态。

总之，当代中国理论界的探索丰富了马克思关于"个人全面发展"的理念。这些探索不仅表明，在社会主义时期提出并实施"个人全面发展"的战略是必要的，而且也启示我们，在新的历史条件下，"个人全面发展"的内涵必将获得更为丰富的、多层次的理解。

三、如何推进这一话题的发展

站在当今时代的高度上，准确地认识并继续推进马克思关于"个人全面发展"的理念的实现，这是当今中国理论界面临的一项重要任务。

一方面，我们应该清醒地认识到，"人的全面发展"的提法与"个人全面发展"的提法之间存在的重要的差异。如前所述，在马克思看来，"人"的提法适合于称谓一切历史时期的人，而"个人"则是近代社会的产物。所以，马克思说"个人全面发展"和"自由个性"是有其严格的理论含义的，而"人的全面发展"这种转换性的提法可能会模糊，甚至遮蔽马克思本人所要表达的理论意向。事实上，唯有马克思的提法才会使我们真正地关注"普通个人"的全面发展。在社会主义市场经济的背景下，我们必须把"个人""个人主义"与"极端个人主义""自私自利"严格地区分开。一般说来，我们应该反对"极端个人主义"，批评"自私自利"，但却应该肯定"个人"的独立人格和基本权利，肯定"个人主义"对"个人"的权利和义务之间的张力的维系。总之，我们应该准确地把握马克思关于"个人全面发展"的理念的精神实质。

另一方面，我们也应该全面地看待资本主义社会的异化现象。实际上，马克思对异化现象的评论包含着两个不同的视角。一是道德的视角。从这一视角出发，马克思强烈地谴责了资本主义社会中工人阶级所遭受的非人的待遇。二是历史的视角。从这一视角出发，马克思又肯定了异化在历史上的必然性和积极的意义。然而，几乎所有的研究者在探讨马克思关于"个人全面发展"的理念时，注意的都是马克思的第一个视角。这样一来，马克思的第二个视角就完全被忽略了。人们忘记了马克思下面的重要论述：

> 全面发展的个人（Die universal entwickelten Individuen）——他们的社会关系作为他们自己共同的关系，也是服从于他们自己的共同控制的——不是自然的产物，而是历史的产物。要使这种个性（diese Individualitaet）成为可能，能力的发展就要达到一定的程度和全面性，这正是以建立在交换价值基础上的生产为前提的，这种生产才在产生出个人同自己和同别人的普遍异化的同时，也产生出个人关系和个人能力的普遍性和全面性。①

在这里，一方面，马克思始终谈论的是"个人"的"全面发展"，而不是泛泛而论"人的全面发展"；另一方面，马克思作为历史唯物主义的创始人，在从道德上谴责异化的同时，始终清醒地注意到异化在历史上的某种积极的作用。在他看来，不经过这种"普遍异化"的炼狱，个人能力的全面发展实际上是不可能的。正是在这个意义上，马克思强调："第二个阶段为第三个阶段创造条件。"所以我们必须看到资本主义社会的异化与人的全面发展之间的辩证关系。资本主义的分工造成了个人的片面发展，但普遍异化又为个人的全面发展奠定了物质基础。综上所述，马克思关于"个人全面发展"的理念是一个重要的理论宝库，我们应该通过深入的研究，在实践中不断地丰富和推进这一理念。

---

① 《马克思恩格斯全集》第 46 卷（上册），人民出版社 1979 年版，第 108—109 页。参阅 Karl Marx, *Grundrisse Der Kritik Der Politischen Oekonomie*，Berlin：Dietz Verlag，1974，S. 81-82。

马克思本体论研究中的一些基本概念^①

近年来，对马克思本体论思想的探讨已经成为哲学基础理论研究中的一个热点，这确实是一项返本开新式的工作，将对今后的整个哲学研究产生重大的影响。然而，在中国的传统思维方式和语境中讨论问题，一个严重的不足是对所论及的基本概念缺乏深入的分析和严格的界定。在对马克思本体论思想的研究中，同样存在着这种情况。为了实质性地推进这方面的研究，有必要对这一讨论必定会涉及的下面这些基本概念的内涵作出明确的界定。本文尝试在这方面做一些工作，以求教于学界同仁。

一、形而上学，还是知性
形而上学的思维方法？

有人也许会问：讨论本体论问题，为什么要

---

① 原载《哲学动态》2001 年第 10 期，第 2—6 页。收录于俞吾金：《从康德到马克思——千年之交的哲学沉思》，广西师范大学出版社 2004 年版，第 231—239 页；《重新理解马克思——对马克思哲学的基础理论和当代意义的反思》，北京师范大学出版社 2005 年版，第 189—196 页；《哲学随想录》，北京师范大学出版社 2016 年版，第 181—189 页；《从康德到马克思——千年之交的哲学沉思》，北京师范大学出版社 2017 年版，第 401—411 页。——编者注

把形而上学扯进来呢？这并不奇怪，因为在传统哲学中，本体论不过是形而上学的一个组成部分，要弄明白本体论的含义，必须先搞清楚形而上学的含义是什么。

众所周知，"形而上学"（Metaphysics）是亚里士多德的一部哲学著作的名称，后人安德鲁尼科在编纂亚氏著作时，把放在物理学后面的那部分称作"Metaphysics"，即"物理学之后"。亚氏把"物理学"称之为"第二哲学"，把讨论"存在者之为存在者"，即探讨事物终极原因的那部分学问称之为"第一哲学"。所以，Metaphysics 也就相当于亚氏的"第一哲学"。后来，笛卡儿写《第一哲学沉思录》，他所谓"第一哲学"也就是探讨事物终极原因的形而上学。他在《哲学原理》一书中还强调，哲学就如一棵树，其中形而上学是根，物理学是干，别的一切科学就是干上生出来的枝。在这个比喻中，我们发现，笛卡儿把哲学理解为一门包罗万象的学问，而形而上学则是哲学的基础部分。在以后的发展中，沃尔夫概括了前人和同时代人的研究成果，进一步把形而上学的内容具体化了。正如梯利所指出的：

> 沃尔夫根据灵魂的两种机能，即认识和嗜欲，把科学分成为理论的和应用的两种。前者包括本体论、宇宙论、心理学和神学，这都属于形而上学；后者包括伦理学、政治学和经济学。……逻辑是一切科学的导论。①

沃尔夫这里说的"科学"也就是哲学，他把形而上学视为哲学的理论部分，而这一部分又可进一步细分为本体论、心理学、宇宙论和神学。康德在《纯粹理性批判》和《未来形而上学导论》、黑格尔在《小逻辑》中所批判的形而上学概念基本上都是沃尔夫意义上的。

从上面的论述可以看出，传统意义上的形而上学构成哲学的基础理

---

① ［美］梯利：《西方哲学史》（下册），葛力译，商务印书馆 1979 年版，第 146 页。

论，它由本体论、心理学、宇宙论和神学四个部分组成。我们知道，黑格尔在《小逻辑》中把康德以前的形而上学称为"知性形而上学"，并批评其思维方法是机械的、非此即彼的。深受黑格尔思想影响的恩格斯在《反杜林论》中进一步演绎了黑格尔的思想：

> 在形而上学者看来，事物及其在思想上的反映即概念，是孤立的、应当逐个地和分别地加以考察的、固定的、僵硬的、一成不变的研究对象。他们在绝对不相容的对立中思维；他们的说法是："是就是，不是就不是；除此以外，都是鬼话。"①

在恩格斯看来，与这种形而上学的思维方式不同的是，"辩证法在考察事物及其在观念上的反映时，本质上是从它们的联系、它们的联结、它们的运动、它们的产生和消逝方面去考察的"②。

在这里，形而上学问题的讨论出现了新的转折：第一，恩格斯没有像黑格尔那样，把"康德以前的形而上学"和"康德以来的形而上学"区分开来③；第二，受到近代哲学片面地注重认识论、方法论思想倾向的影响，恩格斯没有深入考察传统形而上学的内容，他着重批判的只是知性形而上学的思维方法，并使之与辩证法对立起来。传统的马克思主义哲学的研究者们深受恩格斯思想的影响，加之他们在西方哲学史方面的素养的欠缺，所以他们完全撇开了传统的形而上学的内容，而仅仅把形而上学理解为一种与辩证法对立的、非此即彼的思维方法。④

---

① 《马克思恩格斯选集》第3卷，人民出版社1995年版，第360页。

② 同上书，第361页。

③ 实际上，经过康德的批判，特别是康德的"先验辩证论"，康德以来的形而上学不再像以前的知性形而上学一样，用非此即彼的方式看待一切。在黑格尔那里，形而上学和逻辑学直接等同起来了，更是超出了传统的知性形而上学的思维方式。

④ 在理论界，甚至于出现了这样的看法，提倡本体论研究，但否定形而上学的研究。显然，持这种看法的人并没有从哲学的基础理论这一内涵上去理解形而上学，而仅仅把它看作黑格尔和恩格斯所批评的知性形而上学的错误的思维方法。

所以，要对本体论的问题有一个准确的认识，就有必要先把传统哲学意义上的形而上学概念与恩格斯以来的、作为一种思维方法的形而上学概念严格地区分开来。也就是说，我们必须超越近代西方哲学片面地重视认识论、方法论的思维框架，才不会把形而上学问题仅仅还原为一个思维上的方法问题。记得黑格尔在分析形而上学研究出现的衰微状况时曾经说过：

> 一个有文化的民族竟没有形而上学——就象一座庙，其他各方面都装饰得富丽堂皇，却没有至圣的神那样。①

由此可见，必须把作为哲学基础理论的形而上学概念与人们在马克思主义哲学研究的语境中通常理解的、作为非此即彼的思维方法的形而上学概念严格地区分开。事实上，形而上学不能也不应该被还原为一种单纯的思维方法，只有把它理解为哲学的基础理论，作为形而上学的组成部分的本体论研究的重要性和必要性才会显露出来。

二、本体论，还是世界观？

如前所述，在近代哲学片面地注重认识论、方法论的思想倾向的影响下，传统的马克思主义哲学的研究者们通常把形而上学理解为一种单纯的、错误的思维方法加以抛弃。在这样的背景和语境下思考问题，作为形而上学的组成部分的本体论也就失去了自己的存在价值和意义。全部哲学研究也就在认识论和方法论的视域内展开了。然而，那些不喜欢使用形而上学、本体论这样的概念的马克思主义哲学的研究者们仍然无法回避传统哲学在形而上学的名义下所进行的哲学基础理论的研究。

---

① ［德］黑格尔：《逻辑学》（上卷），杨一之译，商务印书馆1981年版，第2页。

为了从这个僵局中走出来，他们决定用"世界观"的概念来取代形而上学，特别是本体论的概念。乍看起来，他们与传统的哲学观念似乎已经实行了"彻底的决裂"，但他们的主观想象并没有使他们真正地脱离传统哲学研究的地基。事实上，他们使用的世界观的概念相当于形而上学中的"宇宙论"。正如黑格尔在《小逻辑》中所指出的：

> 形而上学的第三部分是宇宙论，探讨世界，世界的偶然性、必然性、永恒性、在时空中的限制，世界在变化中的形式的规律，以及人类的自由和恶的起源。①

既然世界观相当于形而上学中的宇宙论，而宇宙论又不过是形而上学中的一个部分，那么它当然是无法取代形而上学概念的。同样，它也无法取代本体论的概念。因为在传统的形而上学中，本体论是最基础的部分，它探讨的是存在的真理和意义，是为其他三个部分——心理学、宇宙论和神学奠定基础的，也是它们所无法取代的。事实上，以往关于世界观问题的探讨之所以十分肤浅，就是因为这一讨论是脱离本体论的基础展开的。

现在，我们再来看看，传统的马克思主义哲学的研究者们谈论的世界观的实质和困境究竟是什么。平心而论，他们并没有把"世界"理解为一个基础性的、十分重要的哲学概念，而仅仅是从自然科学的宇宙起源论或自然哲学的本原论的角度出发来理解世界概念的。也就是说，他们只是从时间在先的意义上关注世界是如何发生的，而并不重视从逻辑在先的意义上来思考世界的本质是什么。所以在传统的马克思主义哲学教科书中，世界是一个如海德格尔所批评的那样，完全被"跳"过去的现象。要言之，他们关心的并不是世界的本质，而是世界是如何发生的。总之，重大的哲学基础理论在这里被实证化了，被转化为一个轻飘飘

---

① ［德］黑格尔：《小逻辑》，贺麟译，商务印书馆 1980 年版，第 104 页。

的、边缘化的问题。

如果我们真正从哲学上、从逻辑在先的角度出发思考问题，那么世界观研究的真正的困难就会显露出来。首先，传统的马克思主义哲学的研究者们通常把世界理解为一个整体，把世界观理解为关于整体世界的观念。但是，每个人都只是世界的一个部分，部分能够把握整体吗？康德认为，当人们运用知性范畴去把握世界时，必然会陷入二律背反；维特根斯坦认为，世界的意义在世界之外，它是无法说出来的。其次，当传统的马克思主义哲学的研究者们喋喋不休地谈论世界的起源、人的诞生、人和世界之间的关系时，他们谈论的只是自然科学意义上的世界，而不是哲学意义上的世界。因为哲学意义上的世界不但无法与人分离，而且它本身就是人的生存活动的展示方式。也正是在这个意义上，海德格尔的基础本体论强调，作为人之存在的"此在"（Dasein）乃是"在世界之中的存在"（das in-der-Welt-sein）。海氏之所以用连字符号来表达"此在"概念，就是要表明，世界与人是不可分离地关联在一起的。在哲学上，我们既不能离开人来谈论世界，也不能离开世界来谈论人。而传统的马克思主义哲学的研究者在"辩证唯物主义"部分谈论"世界"，在"历史唯物主义"部分谈论"人"，这就完全把人与世界分离开来了，也就是说，他们与真正的世界概念失之交臂了。

由此可见，一方面，世界观的概念无法取代形而上学，尤其是本体论的概念；另一方面，没有真正的本体论意义上的、对存在意义的先行的领悟，世界观始终只是自然科学意义上的概念，而不是哲学概念。

三、存在，还是存在者?

自从恩格斯在《路德维希·费尔巴哈和德国古典哲学的终结》一书中提出"思维和存在的关系问题"，并把它视之为全部哲学，特别是近代哲学的基本问题之后，传统的马克思主义哲学的研究者们对这个问题无不青眼有加。但令人困惑不解的是，存在问题属于本体论研究的领域，既然摒弃了本体论的研究，为什么又要谈论存在问题呢？在这样的思维格局中谈论存在问题，这个问题必定会落入认识论的窠臼中，事实上也正是如此。所以，传统的马克思主义哲学的研究者们真正关心的问题是：思维和存在究竟有没有同一性，换言之，人的思维究竟是不是能够认识和把握存在。如果能够认识，那就是可知论者，如果不能认识，那就是不可知论者。在这里体现出来的仍然是近代哲学片面地重视认识论和方法论的思想倾向。令人遗憾的是，由于人们只是从认识论的角度出发来思考存在问题，所以，本体论角度的研究就始终被搁置起来了。这一搁置造成的最大后果是存在问题没有得到深入的反思，人们把存在与存在者不加区分地等同起来了。

事实上，在海德格尔之前，传统西方哲学也充斥着把存在与存在者等同起来的倾向。具体地说，人们在探讨存在问题时，出现了如下的偏差：一是把存在理解为某一个存在者，即用谈论某一个存在者的方式来谈论存在问题。正如海德格尔所说的："存在者的存在本身不'是'一个存在者。"①二是把存在理解为所有的存在者的总和。这种理解方式仍然没有摆脱把存在存在者化的倾向。三是把存在理解为最高的种概念，从逻辑学上看，这样的概念是无法定义的，所以存在问题本身是无法加以探讨的，只能通过对存在者的探讨来接近存在问题。这里同样存在着误解。正如海德格尔所说的："存在的不可定义性并没有取消存在的意义问题，而是要我们正视这个问题。"②由于把存在存在者化，哲学研究就被实证科学化了。另外，在对存在者的探讨中，人们也没有把人这种特殊的存在者和人以外的其他存在者区分开来，甚至把人这种特殊的存在

---

① M. Heidegger, *Sein Und Zeit*, Tuebingen: Max Niemeyer Verlag, 1986, S. 6. 有趣的是，我们发现，即使是在海德格尔以后，人们仍然把存在与存在者简单地等同起来。卢卡奇的《社会存在本体论》就是一个典型的例子。他说，人们只能追猎存在着的兔子、采集存在着的草莓等等，但他忘记了，存在着的兔子、存在着的草莓并不等于兔子的存在和草莓的存在。

② Ibid. , S. 4.

者也统一在以物的方式表现出来的存在者中，这就完全抹杀了人与物之间的差异。由于人是存在意义的唯一的询问者，当人们说"世界统一于物质"，从而把人与物之间的差异完全磨平的时候，哲学研究中的本体论维度也就完全被封闭起来了。所以，重要的是认识存在和存在者之间的差异，在存在者中则要认识人这种存在者和人之外的其他存在者之间的差异；重要的是撇开认识论和方法论的维度，进入到本体论的维度中，存在的本质和意义才能真正地被揭示出来。

四、"自在之物"，还是"为我之物"？

众所周知，康德所提出的"自在之物"的概念是形而上学，尤其是本体论发展史上的一个关键性的概念。如何理解这个概念呢？恩格斯在《路德维希·费尔巴哈和德国古典哲学的终结》一书中写道：

> 对这些以及其他一切哲学上的怪论的最令人信服的驳斥是实践，即实验和工业。既然我们自己能够制造出某一自然过程，按照它的条件把它生产出来，并使它为我们的目的服务，从而证明我们对这一过程的理解是正确的，那么康德的不可捉摸的"自在之物"就完结了。动植物体内所产生的化学物质，在有机化学开始把它们一一制造出来以前，一直是这种"自在之物"；一旦把它们制造出来，"自在之物"就变成为我之物了，例如茜草的色素——茜素，我们已经不再从地里的茜草根中取得，而是用便宜得多、简单得多的方法从煤焦油里提炼出来了。①

恩格斯的这段论述也是从认识论上着眼的，即人们只要认识了一个

---

① 《马克思恩格斯选集》第 4 卷，人民出版社 1995 年版，第 225—226 页。

对象，并能在实践中把它制造出来，康德的"自在之物"也就完结了。恩格斯的这一见解对马克思主义哲学的研究者们产生了极为重要的影响。然而，在康德那里，"自在之物"指的是上帝、自由和灵魂不朽，它们是从属于超验的本体论领域的，它们具有如下三个特征：第一，它们显现出来的现象是感性认识的来源；第二，它们是理论理性认识的界限；第三，它们是实践理性的范导性的假设。这就告诉我们，"自在之物"是不可能转化为"为我之物"的，因为"为我之物"所能达到的只是"自在之物"显现出来的现象，却达不到"自在之物"本身，达不到超验的本体论的领域。换言之，"自在之物"是不可知的，是理论理性越不过去的界限，它们只适合于实践理性。如果认为"自在之物"可以转化为"为我之物"，理论理性和认识论势必取代实践理性和本体论。长期以来，由于这种不合理的取代，认识论和方法论成了全部哲学研究的中心，而与实践理性相关的政治哲学、法哲学、道德哲学和宗教哲学却长期得不到重视。这正是我们的哲学研究退回到康德以前的一个明证，也是我们从未认真地消化康德哲学的一个明证。① 事实上，"为我之物"的概念只能在经验的、现象的范围内使用，要探讨"自在之物"，决不能借助于理论理性和认识论，而只能诉诸实践理性和本体论。

上面，我们就本体论研究和马克思本体论研究必定会涉及的一些基本概念作出了初步的梳理，希望这样的梳理能够澄清一些基础性的问题和观点，从而为马克思本体论思想的研究提供有益的借鉴。

---

① 另外，在这里，恩格斯也是从认识论的角度出发来使用的"实践"概念的，而康德则是从本体论的角度出发来使用"实践"概念的。参阅俞吾金：《论马克思对西方哲学传统的扬弃兼论马克思的实践、自由概念与康德的关系》，《中国社会科学》2001年第3期。

马克思哲学是社会生产关系本体论[①]

马克思哲学是当代哲学研究中的显学。马克思哲学不仅在东方社会受到普遍的重视，而且在西方社会中，几乎每出现一种新的思潮，这种思潮就会立即与马克思哲学结合起来，形成新的、富有创造意识的哲学流派或观念。在这个意义上可以说，马克思哲学的影响是无与伦比的。然而，随着马克思哲学的影响的扩大，有些问题也开始越来越多地困扰研究者的思想，即究竟如何看待马克思哲学的实质？究竟如何理解马克思哲学革命的意蕴？

在这些根本性的问题上，历来存在着不同的见解。如何通过对这些不同的见解的批判性的考察，获得一种确定性的、有充分理据的认识，无疑是马克思哲学的研究者们所应该肩负起来的一个重要的历史使命。笔者经过多年的思考，在这方面形成了一些想法，今不揣浅陋，公之于众，以求正于方家。

[①] 原载《学术研究》2001 年第 10 期，第 5—12 页。收录于俞吾金：《被遮蔽的马克思》，人民出版社 2012 年版，第 209—225 页。——编者注

一、如何看待马克思哲学

在当前理论界，就如何看待马克思哲学的问题，存在着两种截然不同的态度：一是教条主义的态度，二是虚无主义的态度。显而易见，这两种态度都是偏颇的，只有走出它们的阴影，才能迈出准确理解马克思的第一步。

我们先来分析教条主义的态度。这种态度又有以下两种不同的表现方式。

一种是"硬的教条主义"。按照这种见解，不管是在青年时期，还是在成年时期；不管是正面论述自己的思想，还是在与他人论战中表述自己的思想，马克思的全部哲学思想都是正确的，都必须无条件地加以肯定和坚持。如果人们接受这种见解的话，那么任何真正的研究工作实际上都已经退场，崇拜将取代探索，引证将取代论证，信仰将取代真理。

其实，这种见解和马克思历来倡导的严格的自我批判精神是直接相冲突的。马克思在 1843 年致卢格的信中这样写道：

> 新思潮的优点就恰恰在于我们不想教条式地预料未来，而只是希望在批判旧世界中发现新世界。到目前为止，一切谜语的答案都在哲学家们的写字台里，愚昧的凡俗世界只需张开嘴来接受绝对科学的烤松鸡就得了。①

一方面，马克思告诉我们，不应该把任何一种哲学思想理解为现成的答案，仿佛我们只要躺在这些答案上睡大觉就行了。另一方面，马克思强调，以他和另外一些青年人为代表的新思潮的优点恰恰不在于提供现成

---

① 《马克思恩格斯全集》第 1 卷，人民出版社 1956 年版，第 416 页。

的教条，"而只是希望在批判旧世界中发现新世界"。马克思在这里倡导的批判精神，不光继承了康德哲学的传统，而且赋予它以更宽泛的含义，特别是自我批判的含义。在《资本论》第 1 卷第二版跋中，马克思在一个注中写道：

> 德国庸俗经济学的油嘴滑舌的空谈家，指责我的著作的文体和叙述方法，没有人会比我本人更严厉地评论《资本论》的文字上的缺点。①

当然，这种严厉的自我批判的精神不仅表现在文体和叙述方法上，更表现在观念上。马克思和恩格斯在《共产党宣言》1872 年的德文版序言中，曾经指出：

> 不管最近 25 年来的情况发生了多大的变化，这个《宣言》中所阐述的一般原理整个说来直到现在还是完全正确的。某些地方本来可以作一些修改。这些原理的实际运用，正如《宣言》中所说的，随时随地都要以当时的历史条件为转移，所以第二章末尾提出的那些革命措施根本没有特别的意义。如果是在今天，这一段在许多方面都会有不同的写法了。……其次，很明显，对于社会主义文献所作的批判在今天看来是不完全的，因为这一批判只包括到 1847 年为止；同样也很明显，关于共产党人对待各种反对党派的态度的论述（第四章）虽然在原则上今天还是正确的，但是就其实际运用来说今天毕竟已经过时，因为政治形势已经完全改变，当时所列举的那些党派大部分已被历史的发展彻底扫除了。②

---

① 马克思：《资本论》第 1 卷，人民出版社 1975 年版，第 18 页。
② 《马克思恩格斯选集》第 1 卷，人民出版社 1995 年版，第 248—249 页。

从马克思和恩格斯的论述可以看出，他们从不固守己见，从不把自己的研究成果视为神圣不可侵犯的教条。事实上，他们始终强调，自己的哲学思想是与时俱进的。

另一种是"软的教条主义"。按照这种见解，马克思哲学的基本原理是永远正确、不变的，而这些基本原理的具体运用或从它们那里引申出来的具体的结论则可能会过时。乍看上去，这种见解是十分合理的，实际上，它是对马克思哲学所采取的教条主义态度的一种更加隐蔽的形式。

这种见解在相当程度上源自人们对我们上面引证过的、马克思和恩格斯在《共产党宣言》1872 年德文版序言中说的那段话的误解。我们注意到，正是在那段话中，马克思和恩格斯把《宣言》的"一般原理"（allgemeine Grundsaetze）和"这些原理的实际运用"（die praktische Anwendung dieser Grundsaetze）区分开来了。在他们看来，《宣言》的一般原理"整个说来直到现在还是完全正确的"，而这些原理的实际运用则可能"已经过时"。人们把马克思和恩格斯评论《宣言》的话拿过来评论整个马克思的哲学思想。

这里的问题是：为什么说肯定马克思哲学的基本原理是永远正确的和不变的是对马克思和恩格斯思想的误解呢？为什么说这种见解仍然没有跳出教条主义的思维框架呢？我们认为，症结在于，马克思和恩格斯说的"一般原理"乃是指他们所创立的历史唯物主义的根本原理。关于这一根本原理，马克思在 1859 年的《政治经济学批判》序言中做了经典性的表述：

> 我所得到的、并且一经得到就用于指导我的研究工作的总的结果，可以简要地表述如下：人们在自己生活的社会生产中发生一定的、必然的、不以他们的意志为转移的关系，即同他们的物质生产力的一定的发展阶段相适合的生产关系。这些生产关系的总和构成社会的经济结构，即有法律的和政治的上层建筑竖立其上并有一定

的社会意识形式与之相适应的现实基础。物质生活的生产方式制约着整个社会生活、政治生活和精神生活的过程。不是人们的意识决定人们的存在，相反，是人们的社会存在决定人们的意识。社会的物质生产力发展到一定阶段，便同它们一直在其中运动的现存生产关系或财产关系（这只是生产关系的法律用语）发生矛盾，于是这些关系便由生产力的发展形式变成生产力的桎梏。那时，社会革命的时代就到来了。随着经济基础的变更，全部庞大的上层建筑也或慢或快地发生变革。①

马克思关于历史唯物主义的这些"一般原理"是既不能加以改变，也不能加以修正的。在这个意义上，马克思哲学的这些"一般原理"是不可能与时俱进的。如果人们抛弃了这些"一般原理"，也就等于抛弃了马克思的整个哲学思想。换言之，马克思哲学的这些"一般原理"也就是马克思哲学的根本立场，它们是不会改变的，也是我们自始至终必须加以坚持的。在马克思看来，除了历史唯物主义这一根本的立场之外，自己哲学思想中的其他所有的观念都是可以变化的，即既可能过时，也可能在发展中获得新的契机和内涵。

那么，"软的教条主义"者所谈论的马克思哲学的"基本原理"指的又是什么呢？他们指的实际上是马克思思想中具有一定的普遍性，但又受具体历史条件制约的某些观念，如物质世界和哲学基本问题的观念、阶级斗争和国家的观念、社会主义和集体主义的观念、无产阶级的历史作用及无产阶级专政的观念等。其实，这些"基本原理"并不等同于上面提到的"一般原理"，它们不过是"一般原理"在不同的历史条件下的具体运用而已。这些被人们称为"基本原理"的观念完全是可以变化的。反之，人们一旦把这类观念视为马克思哲学的、不变的"基本原理"，也就以一种看起来似乎十分合理的方式把马克思哲学教条主义化了。

---

① 《马克思恩格斯选集》第 2 卷，人民出版社 1995 年版，第 32—33 页。

总之，笔者既不赞成"硬的教条主义"，也不赞成"软的教条主义"。在笔者看来，需要坚持的只是马克思的历史唯物主义的根本立场①。我们应该从这一根本立场出发，以具体问题具体分析的灵活态度来解读马克思的其他哲学观念。

　　我们再来分析虚无主义的态度。这种态度也有以下两个不同的表现方式：

　　一种是激进的虚无主义。这种见解或者认为，马克思哲学实际上是"历史决定论"或"经济决定论"。既然历史发展的进程预先被决定了，那么作为历史主体的无产阶级的活动本质上就是没有意义的。反之，如果要肯定历史主体活动的意义的话，那么就必须放弃"决定论"。这似乎是一个两难的问题，实际上，这个两难问题的成立正是以曲解马克思的哲学思想为前提的。仿佛早已预见到这种曲解的可能性，恩格斯在1890年致约·布洛赫的信中就已指出：

　　　　……根据唯物史观，历史过程中的决定性因素归根到底是现实生活的生产和再生产。无论马克思或我都从来没有肯定过比这更多的东西。如果有人在这里加以歪曲，说经济因素是唯一决定性的因素，那么他就是把这个命题变成毫无内容的、抽象的、荒诞无稽的空话。②

在恩格斯看来，经济因素只是在"归根到底"的层面上制约着人类社会的发展，而现实情况是无限复杂的。事实上，任何其他因素，如政治的、法律的和哲学的理论，宗教的信仰等都可以直接地引发或决定某一历史事件的发生。"否则把理论应用于任何历史时期，就会比解一个最简单

---

①　当然，随着时代条件的变化，马克思的历史唯物主义也能改变自己的表述方式，但是马克思的历史唯物主义的根本性的哲学立场的实质却是不变的。

②　《马克思恩格斯选集》第4卷，人民出版社1995年版，第695—696页。

的一次方程式更容易了。"①由此可见，这种激进的虚无主义是缺乏充分的理据的。

这种激进的虚无主义见解或者认为，马克思哲学已经完全被意识形态化了，它已经成了信仰的对象，而不再是探讨的对象。既然如此，那就完全没有必要再对它进行研究。这种见解在一定程度上也激励了一部分青年人的逆反心理。他们往往不肯下苦功去读马克思的哲学著作，却轻率地断言："马克思哲学已经过时了！"在笔者看来，这种轻率的见解本来就是十分可笑的。如果人们真正采取严格的科学态度，那么不管是否定一个人的哲学思想，还是肯定一个人的哲学思想，首先必须认真地阅读和理解他的哲学著作；而且在作出肯定或否定的结论时都应该有充分的理据。

在相当程度上，马克思哲学确实有被意识形态化和权力话语化的倾向。但反过来说，正因为存在着这种现象，所以才需要理论研究者深入探讨马克思的哲学原典，辨明马克思哲学思想和意识形态化的马克思哲学思想之间存在的重大差异，从而恢复马克思哲学思想的本真精神。如果不分青红皂白地把意识形态化和权力话语化的马克思与本真的马克思等同起来，那么这种做法岂不正是对这种倾向，即把马克思意识形态化的倾向的一种参与和共谋？

另一种是温和的虚无主义。这种见解对马克思哲学采取"抽象的肯定和具体的否定"的做法。这种做法一方面肯定马克思哲学的批判的维度，但对其建设性的维度，即马克思正面阐述的哲学观点却取否定的态度；另一方面肯定马克思哲学作为一种研究社会现象的方法是有意义的，但对马克思运用自己的方法引申出来的具体结论却简单地加以拒斥。

这种做法的主要理由是：马克思已经逝世 100 多年了，他的哲学思想也早已过时了，现在研究他已经没有什么价值了。这样的理由当然是

①　《马克思恩格斯选集》第 4 卷，人民出版社 1995 年版，第 696 页。

不值得一驳的。如果它的逻辑能够成立的话，那么人们为什么要去研究2000多年前的柏拉图和亚里士多德的哲学思想呢？

总之，在笔者看来，无论是对马克思的哲学思想采取"激进的虚无主义"的态度，还是"温和的虚无主义"的态度，都无益于我们对人类伟大的思想遗产的继承。事实上，这样的虚无主义的态度也是无效的，即使人们对马克思的哲学思想采取"鸵鸟政策"，仍然无损于马克思的哲学精神在西方文化传统中的地位和作用。正如法国哲学家德里达所指出的：

> 不能没有马克思，没有马克思，没有对马克思的记忆，没有马克思的遗产，也就没有将来：无论如何得有某个马克思，得有他的才华，至少得有他的某种精神。①

综上所述，笔者认为，只有拒斥教条主义和虚无主义的态度，马克思哲学思想的伟大资源才会向我们显现出来。

二、如何认识青年马克思和中、老年马克思的关系

只要人们一着手探讨马克思的哲学思想，就一定会涉及他的具体的哲学论著。而这些哲学论著，有些是他在青年时期写下的，也有些是在他中、老年时期写下的。他的哲学思想，从青年时期到中、老年时期究竟有没有变化？如果有的话，又是沿着怎样的轨迹发生变化的？要解答这些问题，就不能回避对青年马克思和中、老年马克思的关系的思索。在某种意义上可以说，认真地探索青年马克思与中、老年马克思的关系，是我们在准确地理解马克思哲学的道路上迈出的第二步。

---

① ［法］德里达：《马克思的幽灵》，何一译，中国人民大学出版社1999年版，第21页。

在对青年马克思和中、老年马克思的关系的理解上历来存在着两种相反的态度。一种态度是高度评价青年马克思的哲学思想，甚至认为其重要性超过了中、老年马克思。另一种态度是高度评价中、老年马克思的哲学思想，而对青年马克思的哲学思想基本上持否定态度。

我们先来看第一种态度。德国学者马尔库塞和弗洛姆可以看作这种态度的代表人物。马尔库塞写道：

> 马克思在 1844 年写的《1844 年经济学-哲学手稿》的发表必将成为马克思主义研究史上的一个划时代的事件。这些手稿使关于历史唯物主义的由来、本来含义以及整个"科学社会主义"理论的讨论置于新的基础之上。①

马尔库塞之所以把《手稿》的问世理解为"一个划时代的事件"，不仅因为它揭示了青年马克思哲学思想的重要来源，而且因为它显示出青年马克思与西方人文主义传统的紧密关系。弗洛姆也强调《手稿》的出版"具有重大意义"，因为与许多存在主义者的思想一样，青年马克思的哲学也是对人的异化的抗议和对人的潜在才能实现的关怀。弗洛姆批判了有些人主张成年马克思抛弃了青年马克思思想的错误观点，指出：

> 如果他们能够证明这种主张是有根据的话，那么人们可能还是宁愿要青年马克思，而不愿要老年马克思，还是希望把社会主义跟前者联系起来，而不是跟后者联系起来。②

这段话表明，弗洛姆甚至把青年马克思哲学思想的重要性置于中、老年马克思之上。当然，弗洛姆强调，人们没有必要把青年马克思与中、老

---

① 复旦大学哲学系现代西方哲学研究室：《西方学者论〈1844 年经济学—哲学手稿〉》，复旦大学出版社 1983 年版，第 93 页。

② 同上书，第 78 页。

年马克思对立起来，

　　　　事实上，在《经济学哲学手稿》中马克思所表达的关于人的基本的思想和在《资本论》中所表达的老年马克思的思想之间并没有发生根本的转变；马克思没有象上面提到的那些人所断言的那样抛弃了他的早期观点。①

　　在笔者看来，第一种态度充分肯定了青年马克思的哲学思想的重要性，这是正确的，但其局限性是夸大了这种重要性，甚至简单地把马克思等同于存在主义哲学家，这就使马克思哲学的实质及其贡献变得模糊起来。如果把青年马克思理解为只热衷于谈论人、人性、异化和人道主义的人，那么他和费尔巴哈或后来的存在主义者的差别又体现在什么地方呢？显然，这种态度并不能把我们引向马克思哲学的本真精神。

　　我们再来看第二种态度。这种态度的代表是阿尔都塞。阿尔都塞把马克思从他的博士论文到 1844 年写下的著作、手稿都称为"马克思青年时期的著作"，把马克思在 1845 年撰写的《关于费尔巴哈的提纲》和《德意志意识形态》称作"断裂时的著作"。他认为，在马克思哲学思想的发展中存在着"一个认识论的断裂"。在断裂前，即在青年时期的著作中，马克思的哲学思想还处在费尔巴哈的"人道主义和异化"的问题框架的影响下。也就是说，青年马克思的哲学思想是从属于"意识形态"的；从断裂时期起，马克思才在哲学上确立起自己的问题框架，从而其哲学思想才从"意识形态"转变为"科学"。在这里，阿尔都塞把中、老年时期的马克思和青年时期的马克思尖锐地对立起来，并对青年马克思的哲学思想采取了否定的态度。他激烈地抨击了那些抓住青年马克思的哲学思想大做文章的人：

---

　　① 复旦大学哲学系现代西方哲学研究室：《西方学者论〈1844 年经济学—哲学手稿〉》，复旦大学出版社 1983 年版，第 78 页。

我们甚至没有读过马克思成熟时期的著作，因为我们太热衷于·在马克思青年时期著作的意识形态火焰里重新发现自己炽烈的热情。①

不可否认，阿尔都塞的见解是富于独创性的，因为他坚持这样的观点，即马克思的哲学思想并不是在他生下来的时候就成熟的，它经历了一个发展的过程，而在这一发展中存在着"一个认识论的断裂"。但其见解的局限性在于，他以另一种方式把青年马克思与中、老年马克思尖锐地对立起来了。诚然，青年马克思的哲学思想有其不成熟的方面，但他通过对国民经济学著作的解读、对法律和政治著作的钻研、对黑格尔的《精神现象学》和《法哲学》的探索，已经具备了与费尔巴哈不同的、许多新的思想酵素。其实，正是这些思想酵素，当然也包括马克思对当时的现实斗争的参与，对马克思哲学思想发展中出现的"认识论断裂"产生了决定性的影响。因而决不能把青年马克思的哲学思想简化为"意识形态"，不然，我们就无法解释马克思哲学思想在"断裂"时期发生的重大变化。

综上所述，笔者认为，在认识青年马克思和中、老年马克思的关系时，第一种态度和第二种态度都是偏颇的。正确的态度应该是：第一，在青年马克思和中、老年的马克思的哲学思想之间，确实存在着重大的转折，这从马克思所用的术语的变化上也可以看出来。这一重大转折的实质就是马克思创立了历史唯物主义学说。第二，既要看到马克思思想转折时表现出来的非连续性和断裂性，也要看到其连续性和一致性。比如，马克思在青年时期的手稿和著作中频繁使用的"异化"概念在晚年的《资本论》及其手稿中仍然不断地出现。事实上，不管是青年马克思也好，还是中、老年的马克思也好，始终都是西方人文主义传统的伟大的继承者。在《1857—1858年经济学手稿》中，马克思在批评资本主义社会

---

① ［法］阿尔都塞：《保卫马克思》，顾良译，商务印书馆1984年版，第3页。

的非人道主义的倾向时曾经指出：

> 古代的观点和现代世界相比，就显得崇高得多，根据古代的观点，人，不管是处在怎样狭隘的民族的、宗教的、政治的规定上，毕竟始终表现为生产的目的，在现代世界，生产表现为人的目的，而财富则表现为生产的目的。①

第三，毫无疑问，我们在探讨马克思哲学思想的实质时，应以中、老年马克思对自己的哲学思想的经典性表述作为主要的基准。笔者认为，从1845年《关于费尔巴哈的提纲》的写作起到晚年马克思的其他论著，马克思的哲学思想仍然处在发展的过程中，但基本上是在历史唯物主义的框架内发展自己的思想。我们不妨把马克思在这个时段内关于哲学所做的表述都理解为经典性的表述。

三、如何理解马克思哲学的实质

如何理解马克思哲学的实质，这是我们在准确地理解马克思哲学的道路上迈出的第三步。恩格斯在《反杜林论》的引论中曾经说过：

> 这两个伟大的发现——唯物主义历史观和通过剩余价值揭开资本主义生产的秘密，都应当归功于马克思。②

如果说，剩余价值的发现是马克思在经济领域里的伟大发现，那么，历史唯物主义的创立则是马克思在哲学领域里的伟大发现。在这一点上，

---

① 《马克思恩格斯全集》第46卷（上册），人民出版社1979年版，第486页。
② 《马克思恩格斯选集》第3卷，人民出版社1995年版，第366页。

研究者们的观念似乎是比较一致的，即马克思哲学的实质是历史唯物主义。然而，在如何理解历史唯物主义与马克思的整个哲学体系的关系上却存在着严重的分歧。

第一种见解认为，马克思哲学就是辩证唯物主义，而辩证唯物主义在历史领域里的推广和应用才形成历史唯物主义。这种见解滥觞于恩格斯、普列汉诺夫、列宁和斯大林，在苏联和中国的哲学教科书中得到了经典性的表达。[①] 这种见解面临的困难是：其一，它假定马克思先创立了辩证唯物主义，然后再创立历史唯物主义，但事实上，马克思从青年时期起关心的就是社会历史领域里的问题，这种"推广说"缺乏学理上的根据。其二，如果历史唯物主义只是社会历史领域里的一种应用性的成果，那么能不能运用它来考察自然呢？其三，如果历史唯物主义不过是辩证唯物主义的应用性成果，那么为什么不说创立辩证唯物主义才是马克思在哲学领域里的伟大发现呢？总之，这种见解不但缩小了历史唯物主义的理论价值，而且也磨平了马克思哲学与以前的旧唯物主义哲学之间的本质差异。

第二种见解认为，马克思哲学的基础和核心是历史唯物主义，辩证唯物主义是在历史唯物主义的基础上推广出来的。这种见解实际上是第一种见解的颠倒，当然这个颠倒是理论上的一个重要的突破，因为它肯定了历史唯物主义是马克思全部哲学思想的基础和核心，但它的思考方式仍然是陈旧的：其一，它接受了第一种见解的基本预设，即辩证唯物主义是研究自然的，历史唯物主义是研究社会历史的。这样一来，自然和社会历史、辩证唯物主义和历史唯物主义依然处在二元对立的状态中。其二，它依然把历史唯物主义理解为一种缺乏普适性的、只适合于社会历史领域的理论。

笔者提出的第三种见解是：历史唯物主义就是马克思的全部哲学思

---

① 比如列宁在《向报告人提十个问题》中提出的第一个问题就是："报告人是否承认马克思主义哲学是辩证唯物主义？"参见《列宁选集》第 2 卷，人民出版社 1995 年版，第 10 页。

想，也就是说，马克思从未提出过历史唯物主义以外的任何其他的哲学理论。① 按照马克思的看法，只有抽象的自然界才是与社会历史相分离的，而现实的自然界则是人化自然界，即以社会历史为中介的自然界。马克思在《1844 年经济学哲学手稿》中说过：

> **社会**是**人**同自然界的完成了的本质的统一，是自然界的真正复活，是人的实现了的自然主义和自然界的实现了的人道主义。②

既然自然界与社会是统一的，并且必须通过社会历史的媒介才能认识自然界，所以根本就没有必要在历史唯物主义之外再假定一个辩证唯物主义。历史唯物主义就能说明社会、以社会为媒介的自然界和以社会为媒介的人类思维。也就是说，我们这里说的历史唯物主义对应的"社会"概念是一个广义的概念，即不是传统哲学所说的"自然界、社会、思维"结构中的、狭义上的"社会"概念，而是广义的、蕴含自然界和思维在内的"社会"概念。所以，如果一定要保留辩证唯物主义这个名称，那么只能把它理解为历史唯物主义的一个别名，即这个别名主要凸显了广义的"社会"发展的辩证的特征。

总之，按照笔者的观点，马克思哲学就是历史唯物主义，而历史唯物主义就是马克思的全部哲学思想。

四、如何领悟马克思的哲学革命

如何领悟马克思所发动的哲学革命的性质，可以说是我们在准确地理解马克思哲学的道路上迈出的第四步。人们几乎无例外地认为，马克

---

① 参见俞吾金：《论两种不同的历史唯物主义概念》，《中国社会科学》1995 年第 6 期。
② 《马克思恩格斯全集》第 42 卷，人民出版社 1979 年版，第 122 页。

思在哲学领域里发动了一场革命，但在如何判定马克思哲学革命的性质的问题上却存在着严重的分歧。

传统的见解认为，马克思的哲学革命主要是方法论意义上的革命。恩格斯就说过：

> 马克思和我，可以说是把自觉的辩证法从德国唯心主义哲学中拯救出来并用于唯物主义的自然观和历史观的唯一的人。①

在《路德维希·费尔巴哈和德国古典哲学的终结》一书中，恩格斯进一步批判了黑格尔哲学体系和他的方法论之间的矛盾，强调要抛弃他的保守的哲学体系，批判地继承他的辩证法。恩格斯还指出，实证科学的发展不断地剥夺着哲学的世袭领地。

> 这样，对于已经从自然界和历史中被驱逐出去的哲学来说，要是还留下什么的话，那就只留下一个纯粹思想的领域：关于思维过程本身的规律的学说，即逻辑和辩证法。②

在恩格斯看来，甚至今后哲学发展的主要领地是逻辑和方法论。这些论述表明，恩格斯主要是从方法论的意义上来理解马克思所发动的哲学革命的。

笔者认为，虽然马克思的哲学革命也蕴含着方法论上的含义，但从根本上看，这一革命应当是本体论意义上的革命。换言之，马克思通过历史唯物主义的创立，不仅为我们提供了一种新的认识问题的视角和方法，更重要的是，他引入了一种新的立场。如果人们仅仅局限在方法论的意义上理解马克思的哲学革命，如果哲学只剩下了逻辑和辩证法，那

---

① 《马克思恩格斯选集》第 3 卷，人民出版社 1995 年版，第 349 页。
② 《马克思恩格斯选集》第 4 卷，人民出版社 1995 年版，第 257 页。

么人的问题又放到什么地方去讨论呢？把马克思的哲学革命理解为本体论意义上的革命，这是我们认识上的一个重大的突破。但在本体论框架内理解马克思哲学时，仍然存在着以下三种不同的见解。

第一种见解："实践本体论"。这种见解批评了传统哲学教科书把实践的作用限制在认识论的范围内的做法，强调实践概念不仅是认识论、方法论中的核心概念，更是本体论中的核心概念。虽然传统的哲学教科书把"本体论"这一概念作为旧哲学的遗产而加以抛弃，并用"世界观"的概念取而代之。但认为变换一个概念就等于改变了问题的实质的看法是十分天真的。事实上，传统哲学教科书始终坚持的是旧唯物主义的"物质本体论"，强调"世界统一于物质"就是以物质本体论为出发点的一个明证。

在某种意义上可以说，实践本体论是"实践唯物主义"的学院化的表达。人们之所以把马克思哲学理解为"实践唯物主义"，主要是基于马克思在《德意志意识形态》一书中写下的一段话：

> ……实际上和对**实践的**唯物主义者，即**共产主义**者说来，全部问题都在于使现存世界革命化，实际地反对和改变事物的现状。①

虽然马克思在这里使用的概念是"实践唯物主义者"，但这个概念的使用无疑地蕴含着对"实践唯物主义"的认可。所谓"实践唯物主义"也就是以实践为中介的唯物主义，这种唯物主义把实践，而不是把物质作为考察和理解一切其他现象的出发点。

作为"实践唯物主义"的学院化表达，实践本体论更注重以实践为中介来讨论存在的意义。比如，恩格斯认为：

> 世界的统一性并不在于它的存在，尽管世界的存在是它的统一

---

① 《马克思恩格斯全集》第3卷，人民出版社1960年版，第48页。

性的前提，因为世界必须先存在，然后才能是统一的。在我们的视野的范围之外，存在甚至完全是一个悬而未决的问题。世界的真正的统一性在于它的物质性，而这种物质性不是由魔术师的三两句话所证明的，而是由哲学和自然科学的长期的和持续的发展所证明的。①

在这里，恩格斯所坚持的仍然是物质本体论，因为他把物质性作为所有存在物的统一性。然而，如果把人的生存实践活动（简言之也可称为"实践性"）理解为一切存在物的统一性，那么我们就进入到实践本体论的视域中去了。比如，马克思就说过：

> 只有当物按人的方式同人发生关系时，我才能在实践上按人的方式同物发生关系。②

与传统的物质本体论相比，实践本体论更切合马克思哲学革命的本意。然而，实践本体论的提法也有它的局限性。其一，按照传统的哲学观念，本体论是从属于形而上学的，而形而上学则属于超验的范围，但"实践"是一个具有经验意义的概念，因而实践本体论的提法就似乎缺乏充分的理据。其二，"实践"概念具有无限丰富的含义，在解释过程中经常出现各种歧义，从而导致把握上的困难。

第二种见解：社会存在本体论。由于晚年卢卡奇的巨著《社会存在本体论》的影响，这种见解也在理论界广为流行。这种见解无疑比实践本体论更深刻地领悟了马克思哲学革命的本质，因为"社会存在"是超验的、既看不见也摸不着的东西，而马克思真正重视的正是隐蔽在一切实践活动背后的社会存在。比如，商品的交换价值、货币、资本、经济形

---

① 《马克思恩格斯选集》第 3 卷，人民出版社 1995 年版，第 383 页。
② 《马克思恩格斯全集》第 42 卷，人民出版社 1979 年版，第 124 页。

式等。马克思在《资本论》第一版序言中曾经写道：

> 分析经济形式，既不能用显微镜，也不能用化学试剂。二者都必须用抽象力来代替。①

事实上，只有当我们的讨论开始触及社会存在概念时，才真正地进入马克思本体论的论域。然而，我们必须注意到，卢卡奇对社会存在本体论的论述也存在着诸多问题。其一，他强调自然存在本体论是社会存在本体论的基础，这就使社会存在失去了那种把自己的意义赋予全部存在物（包括自然存在物）的统一性和普遍性，相反，这种统一性落到了自然存在的身上，而自然存在本体论实质上也就是物质本体论。其二，他把超验性的社会存在理解为经验性的实践活动，所以他的社会存在本体论实际上只是我们前面提到过的实践本体论。其三，"社会存在"概念同样具有丰富的内涵，容易作出各种不同的阐释，从而导致对马克思哲学理解上的模糊性。

第三种见解也是笔者的见解：社会生产关系本体论。众所周知，社会生产关系也是看不见摸不着的，它是社会关系的一部分，而整个社会关系又表现为社会存在的本质。也就是说，一切社会存在形式本质上都是人与人之间的社会关系。

在《关于费尔巴哈的提纲》一文中，马克思这样写道：

> 人的本质不是单个人所固有的抽象物，在其现实性上，它是一切社会关系的总和。②

在马克思看来，只有全面地把握一个人的社会关系，才能准确地认识他

---

① 马克思：《资本论》第 1 卷，人民出版社 1975 年版，第 8 页。
② 《马克思恩格斯选集》第 1 卷，人民出版社 1995 年版，第 56 页。

的本质。在《雇佣劳动与资本》一文中，马克思进一步指出：

> 人们在生产中不仅仅影响自然界，而且也互相影响。他们只有以一定的方式共同活动和互相交换其活动，才能进行生产。为了进行生产，人们相互之间便发生一定的联系和关系；只有在这些社会联系和社会关系的范围内，才会有他们对自然界的影响，才会有生产。①

而每个人借以进行生产的社会关系，也就是"社会生产关系"，而社会生产关系正是使人的最基本的实践活动——生产劳动得以展开的本体论前提。列宁非常清晰地阐明了在马克思那里社会生产关系的基础性作用，他指出，马克思"从社会生活的各个领域中划分出经济领域，从一切社会关系中划分出生产关系，即决定其余一切关系的基本的原始的关系"②。

从上面的论述可以看出，马克思不但从"社会存在"的概念深入到作为"社会存在"本质的"社会关系"概念，而且进一步从"社会关系"的概念深入到作为"社会关系"的基础和核心的"社会生产关系"的概念，并在这一概念上确立了自己的本体论。也正在这个意义上，马克思指出：

> 在一切社会形式中都有一种一定的生产决定其他一切生产的地位和影响，因而它的关系也决定其他一切关系的地位和影响。这是一种普照的光，它掩盖了一切其他色彩，改变着它们的特点。这是一种特殊的以太，它决定着它里面显露出来的一切存在的比重。③

所以，笔者认为，马克思哲学革命的性质乃在于他创立了"社会生产关系本体论"，正是这一理论为我们透视一切社会现象提供了一把钥匙。

---

① 《马克思恩格斯选集》第 1 卷，人民出版社 1995 年版，第 344 页。
② 《列宁选集》第 1 卷，人民出版社 1995 年版，第 6 页。
③ 《马克思恩格斯全集》第 46 卷（上册），人民出版社 1979 年版，第 44 页。

当然，马克思的社会生产关系本体论也存在着不足之处。在某种意义上，当代西方哲学家，尤其是西方马克思主义者所作的重要努力之一就是要化解其不足之处。当然，限于本文的篇幅，这方面的内容只能另文论及了。

马克思的权力诠释学及其当代意义①

　　在常人，甚至正统的诠释学史家的眼光中，马克思哲学与诠释学似乎是风马牛不相及的。在当代学者，特别是詹姆逊等人的研究中，这种传统的眼光才被打破，人们开始思考马克思对诠释学理论的重大贡献。然而，即使像詹姆逊这样的学者，也未能真正把握马克思的诠释学的实质及其丰富的内涵。本文认为，马克思的诠释学实质上是一种权力诠释学，它滥觞于马克思的实践诠释学思想，但又进一步强调，实践活动的最本质的维度是政治维度，而政治维度的核心则是无所不在的权力。如果我们不抽象地谈论人的理解活动和解释活动，就会发现，它们总是在政治意识（或无意识）和权力磁场的背景下展开的。由于马克思敏锐地领悟到这一点，所以他对资本主义社会及其文化理论的解读是无比深刻的。同时，他也启发我们，革命必然蕴含着新的政治权力和文化—意识形态领导权的确立。由此可见，马克思的诠释学才是真正现实的诠释学，它不是从抽象

　　① 原载《天津社会科学》2001年第5期，第17—21页。收录于《从康德到马克思：千年之交的哲学沉思》，北京师范大学出版社2017年版，第506—518页；《从康德到马克思——千年之交的哲学沉思》，广西师范大学出版社2004年版，第346—356页；《被遮蔽的马克思》，人民出版社2012年版，第160—169页；《哲学随想录》，北京师范大学出版社2016年版，第230—239页。——编者注

的、价值中立的理论态度出发去探索人的理解和解释活动，而是把实践活动，特别是政治活动（有意识的或无意识的）的具体意向看作人的一切理解和解释活动的本质。事实上，马克思揭示了一切理解和解释活动的真正的秘密。当代哲学的发展趋向表明，马克思的权力诠释学必将引起人们的广泛重视，并在诠释学发展史上获得无可争议的位置。

一、马克思的权力诠释学的理论基础

上面提到的那种根深蒂固的见解，即认为马克思的哲学与诠释学是风马牛不相及的见解，在相当程度上导源于人们对马克思的《关于费尔巴哈的提纲》一书中的第十一条条文——"哲学家们只是用不同的方式解释世界，问题在于改变世界"①——的误读。粗心的人们以为，马克思并不重视"解释世界"，他关心的仅仅是"改变世界"。其实，这里存在着双重的误解。一方面，马克思在前半句话——"哲学家们只是用不同的方式解释世界"中使用的"只是"（nur）这个词表明，马克思并不反对哲学家们"解释世界"，他反对的是哲学家们"只是"满足于"解释世界"的那种纯粹的理论态度。另一方面，马克思的后半句话——"问题在于改变世界"也不表明马克思不关注"解释世界"而只重视"改变世界"。不难发现，马克思的整句话的意图是：哲学家们不但应该从理论上解释世界，而且应该以实践的方式改变世界，马克思从来没有把"改变世界"与"解释世界"尖锐地对立起来。事实上，撇开"解释世界"，"改变世界"根本上就是不可能的。因为人们要"改变世界"，就要预先设定"改变"的方向，而要设定"改变"的方向，就要先行地对世界本身作出合理的理解和解释。换言之，人是有目的的存在物，当人不能对世界作出新的理解和解释的时候，也就不可能有相应的改变世界的行动。由此看来，人们不应

---

① 《马克思恩格斯选集》第 1 卷，人民出版社 1995 年版，第 57 页。

该轻易地从这段话中引申出马克思并不重视人的理解和解释活动的结论来。

我们对马克思的文本的解读越深入，就越会发现，马克思不但十分重视对人的理解和解释活动的研究，而且从自己的理论立场——历史唯物主义出发，形成了一套崭新的诠释学的理论。我们不妨把马克思这方面的研究成果称为"实践诠释学"①，而实践诠释学也正是其权力诠释学的理论基础。马克思的实践诠释学确定了如下的原则：

首先，应当从人的物质实践活动出发去理解和解释人的观念和文本。马克思在谈到自己的历史唯物主义的立场时指出：

> 这种历史观和唯心主义历史观不同，它不是在每个时代中寻找某种范畴，而是始终站在现实历史的基础上，不是从观念出发来解释实践，而是从物质实践出发来解释观念的东西，由此还可得出下述结论：意识的一切形式和产物不是可以用精神的批判来消灭的，也不是可以通过把它们消融在"自我意识"中或化为"幽灵"、"怪影"、"怪想"等等来消灭的，而只有实际地推翻这一切唯心主义谬论所由产生的现实的社会关系，才能把它们消灭；历史的动力以及宗教、哲学和任何其他理论的动力是革命，而不是批判。②

这段重要的论述从正反两个不同的角度告诉我们，人类的物质实践活动不仅决定着观念和文本的内涵和实质，而且也决定着观念和文本的演化、更替和被扬弃的命运。决不可能存在与人们的物质实践活动相分离的、独立的观念和文本的运动。所以，尽管青年黑格尔派的思想家满口讲的都是震撼世界的词句，而实际上他们却是最大的保守主义者，因为他们永远停留在抽象的理论态度上，永远只满足于与现实的影子，而

---

① 参见《俞吾金集》，黑龙江教育出版社1995年版，第536—554页；也可参见《实践诠释学：重新解读马克思哲学与一般哲学理论》，云南人民出版社2001年版。
② 《马克思恩格斯全集》第3卷，人民出版社1960年版，第43页。

不是现实本身作斗争。

其次，即使是模糊的、荒谬的、神秘主义的观念和文本归根到底也导源于人的实践活动。马克思这样写道："全部社会生活在本质上是实践的。凡是把理论引向神秘主义的神秘东西，都能在人的实践中以及对这个实践的理解中得到合理的解决。"①与马克思同时代的、以布·鲍威尔、施蒂纳和费尔巴哈为代表的青年黑格尔主义者之所以在宗教批判中迷失了方向，是因为他们的理论批判和诠释活动始终是在观念之间和文本之间展开的，他们从来没有注意过观念、文本与物质实践活动之间的内在联系。正如马克思所指出的：

> 甚至人们头脑中模糊的东西也是他们的可以通过经验来确定的、与物质前提相联系的物质生活过程的必然升华物。因此，道德、宗教、形而上学和其他意识形态，以及与它们相适应的意识形式便失去独立性的外观。它们没有历史，没有发展；那些发展着自己的物质生产和物质交往的人们，在改变自己的这个现实的同时也改变着自己的思维和思维的产物。②

在马克思看来，一旦人们迷惑于观念和文本发展的"独立性的外观"，他们的全部理解、解释和诠释活动必然会误入歧途。

最后，确定人们的理解和解释活动是否正确的标准仍然是实践活动。正如马克思所指出的：

> 人的思维是否具有客观的[gegenständliche]真理性，这不是一个理论的问题，而是一个实践的问题。人应该在实践中证明自己思维的真理性，即自己思维的现实性和力量，自己思维和此岸性。关

---

① 《马克思恩格斯选集》第 1 卷，人民出版社 1995 年版，第 56 页。
② 《马克思恩格斯全集》第 3 卷，人民出版社 1960 年版，第 30 页。

于离开实践的思维的现实性或非现实性的争论，是一个纯粹经院哲学的问题。"①

在马克思看来，人们关于理解和解释活动、关于观念和文本的任何争论，一旦离开了实践活动这一现实的标准，就成了无意义的事情。

正是实践诠释学的上述基本观点为权力诠释学的提出奠定了理论基础。当我们的考察进一步深入的时候，就会发现，在任何存在着阶级利益冲突的社会中，统治阶级总是从整体上掌握着物质实践活动的领导权，从而也掌握着精神生产领域的领导权。而这种权力场的影响是无处不在的，它渗透到人们的全部理解和解释活动中，在冥冥中决定着人们理解和解释活动的内涵、实质和界限。马克思的权力诠释学理论的提出从根本上解构了语言、观念和文本的独立性和中立性的外观，使诠释学的发展走上了一条真正的现实性的道路。

二、马克思的权力诠释学的基本内容

马克思本人从来没有使用过"权力诠释学"的概念，但只要我们对马克思的文本的理解不拘泥于字面的话，就会发现，在马克思的著作中确实存在着一种权力诠释学，它为我们解读错综复杂的社会现象、观念和文本提供了一把钥匙。

为了准确地理解马克思的权力诠释学，我们有必要先弄清"权力"概念在马克思的语言中的含义。在马克思看来，无论是国家还是权力都不是第一性的、基础性的东西，

那些决不依个人"意志"为转移的个人的物质生活，即他们的相

---

① 《马克思恩格斯选集》第1卷，人民出版社1995年版，第58—59页。

互制约的生产方式和交往方式，是国家的现实基础，而且在一切还必需有分工和私有制的阶段上，都是完全不依个人的意志为转移的。这些现实的关系决不是国家政权创造出来的，相反地，它们本身就是创造国家政权的力量。①

这就是说，马克思是从历史唯物主义的理论出发来论定权力，特别是政治权力起作用的范围的。从这里也可看出，权力诠释学始终是以实践诠释学为基础的。正是人们的生存实践活动的状况决定着权力的分布和分配，从而也决定着权力诠释学的内涵和本质。马克思的权力诠释学主要包含如下的内容。

第一，统治阶级的思想在每一时代都是占统治地位的思想。马克思这样写道：

> 一个阶级是社会上占统治地位的物质力量，同时也是社会上占统治地位的精神力量。支配着物质生产资料的阶级，同时也支配着精神生产的资料，因此，那些没有精神生产资料的人的思想，一般地是受统治阶级支配的。②

在这里，马克思通过自己的研究向我们揭示了一个重要的真理，即在物质生产资料的生产上占支配地位的阶级，也必定会在相应的精神生产资料的生产上支配地位，而在一般情况下，正是这一点决定着这一历史时期人们的一切理解和解释活动的基本内容和方向。易言之，人们的理解和解释活动并不是随心所欲的，而是在一个先定的权力的磁场中进行的。如果他们不具有占有物质生产资料和精神生产资料的权力或不认同这种权力，那么他们的理解和解释活动就不可能成为那个历史时期的主

---

① 《马克思恩格斯全集》第 3 卷，人民出版社 1960 年版，第 377—378 页。
② 同上书，第 52 页。

导性的活动，至多只具有依附性和边缘性的特征。

第二，占统治地位的思想不过是占统治地位的物质关系在观念上的表现。马克思举例谈到，在某一个国家里，某个时期，王权、贵族和资产阶级争夺统治，因而在那里统治是以分享的方式存在的。于是在那里占统治地位的思想就会是关于分权的学说，人们甚至会把分权当作"永恒的真理"来谈论。这样一来，传统诠释学所主张的中立的理论态度的神话也就被解构了。实际上，马克思告诉我们，一切理解和解释活动本质上都是一种实践态度，都从属于一定的政治维度，或者说，一切诠释学都是政治诠释学。[①] 一旦我们接受这样的观念，传统诠释学理论的抽象性便暴露无遗了。

第三，统治阶级通过权力调节着自己时代的思想的生产和分配。马克思强调，构成统治阶级的个人，"作为思维着的人，作为思想的生产者而进行统治，他们调节着自己时代的思想的生产和分配"[②]。有时候，统治阶级内部的不同成员和不同权力之间也可能发生冲突，但一旦整个阶级的统治受到威胁，这种冲突的假象就会消失。统治阶级内部的大部分成员都会联合起来、一致对外，以维护本阶级的利益。马克思对普鲁士书报检查制度的批判就是一个典型的例子。他这样写道：

> 书报检查制度是为政府所垄断的批评。但是，当批评不是公开的而是秘密的，不是理论上的而是实践上的时候，当它不是超越党派而是本身变成一个党派的时候，当它不是带着理智的利刃而是带着任性的钝剪出现的时候，当它只想进行批评而不想受到批评的时候，当它由于自己的实现而否定了自己的时候，最后，当它如此缺

---

① 正如詹姆逊在谈到政治解释的优越性时所说的："它不把政治视角想象为某种补充性的方法，也不把它想象为当今流行的其他方法——心理分析或神话批评的、文体的、伦理的、结构的方法——的选择性的辅助方法，而是把它理解为一切阅读和一切解释的绝对视界。"Fridric Jameson，*The Political Unconscious*，New York：Cornell University Press，1985，p. 17.

② 《马克思恩格斯全集》第3卷，人民出版社1960年版，第52页。

乏批判能力，以致错误地把个人当作普遍智慧的化身，把权力的要求当作理性的要求，把墨渍当作太阳上的黑子，把书报检查官涂改时画的叉叉杠杠当作数学作图，而把要弄拳脚当作强有力的论据的时候，——在这种情况下，难道批评不是已失掉它的合乎理性的性质了吗？①

统治阶级对思想的生产和分配最集中地反映在他们所制定的新闻检查制度中。他们通过手中的权力，排斥不同的见解，贯彻自己的意志，从而牢牢地维护着与本阶级的根本利益一致的、占统治地位的思想。

第四，革命阶级为了使自己获得统治地位，必须夺取政权，确立自己的诠释权。马克思这样写道：

> 每一个力图取得统治的阶级，如果它的统治就像无产阶级的统治那样，预定要消灭整个旧的社会形态和一切统治，都必须首先夺取政权，以便把自己的利益说成是普遍的利益，而这是它在初期不得不如此做的。②

革命阶级在其初期的行动中之所以不得不把自己的利益说成是普遍利益，换言之，之所以赋予自己的思想以普遍性的形式，目的是动员更多的人起来参与革命；而革命阶级之所以把夺取政权理解为最重要的历史使命之一，也正是为了使自己的全部诠释活动，乃至全部新的统治活动获得合法性。必须指出，正是马克思向我们揭示出这一其他的诠释学家都没有告诉过我们的、有趣的现象——诠释的错位，即一个阶级通常会把自己的利益诠释成适合于全社会绝大多数成员的普遍利益。只有充分地认识到权力诠释学的语境及"诠释的错位"现象的存在，才能在诠释学

---

① 《马克思恩格斯全集》第1卷，人民出版社1956年版，第172页。
② 《马克思恩格斯全集》第3卷，人民出版社1960年版，第38页。

的研究中真正地获得批判性的眼光。

综上所述，马克思的权力诠释学深刻地揭示了人类的诠释活动与无所不在的政治权力之间的内在联系，即每一历史时期的、现实的诠释活动总是不可避免地在一定的权力的阴影下展开的；还阐明了每个历史时期占统治地位的思想就是统治阶级的思想的伟大真理，从而为一切真正批判的诠释活动的展开澄明了理论前提。

三、马克思的权力诠释学的当代意义

马克思的权力诠释学以独特的视角展示出现实的诠释活动所无法规避的真理，而在正统的诠释学发展史上，这些真理却是蔽而不明的。在当今理论界，正统的诠释学已经获得巨大的影响，然而在正统的诠释学家那里，马克思仍然是一个讳莫如深的"他者"。在这种情况下，阐发马克思的权力诠释学的当代意义就成了刻不容缓的事情。

其一，正是马克思的权力诠释学使我们摆脱了正统诠释学的抽象的理论态度。以施莱尔马赫、狄尔泰等人为代表的传统的诠释学主要把诠释活动理解为准确地解读文本的方法。自从海德格尔把诠释活动理解为"此在"在世的样式，传统的诠释理论发生了重大的转折。在海德格尔的基础上，伽达默尔进一步系统化了海德格尔的思想，从而使当代诠释学得以确立。然而，无论是传统的诠释学，还是当代的诠释学，本质上都是抽象的，因为它们没有揭示出现实的诠释活动得以展开的真实的境况和实际的界限。

这里所谓的"真实的境况"是指每一个历史时期统治阶级政治权力对一切诠释活动的渗透。正统的诠释学理论，不管是它的传统形式，还是当代形式，由于抽去了政治权力这一根本性的维度来探索诠释活动的基础，这一基础始终是不完整的、抽象的。虽然海德格尔把诠释活动理解为"此在"在世的样式，进而把"此在"划分为"本真的此在"和"非本真的此在"，但这种划分不但没有澄明"此在"的政治维度，反而模糊了这一维度。海德格尔对纳粹的认同就是他的诠释活动的出发点模糊不清的一个明证。① 其实，按照马克思的看法，我们只能在统治者和被统治者、权力和话语的互动关系中来理解一切诠释活动。撇开这种真实的、历史的境遇，诠释活动的基础和出发点就显得模糊不清了。

这里所谓的"实际的界限"是指一定历史时期的统治阶级对一切诠释活动的合法性界限的规定。对于统治阶级来说，活跃于一切诠释活动中的理性不应当是漫无边际的，它的实际的边际即它的合法性，而所谓"合法性"，也就是对统治阶级的权力的认同，换一种说法，就是不危及统治阶级的统治。这样一来，任何诠释活动是否得到认可的一个潜在的、根本性的标志开始进入我们的视野，它就是：合法的(legal)，还是非法的(illegal)？这里关系到的正是权力诠释学的核心。在这个意义上甚至可以说，一切现实的诠释学都是权力诠释学。② 这就启示我们，只有返回到马克思那里，诠释学的发展才能从抽象走向具体。

其二，正是马克思的权力诠释学使我们确立了一种实质性的批判态度。由于一切诠释活动都是在政治权力的背景下展开的，所以在人们对一定历史时期的政治权力状况获得正确的认识之前，是不可能在文本解读中真正地确立起批判意识的。海德格尔虽然强调诠释者应当确立追寻存在的意义的视角，从而正确地进入诠释学活动，但只要诠释者对自己置身其中的政治权力结构不甚了了，那么，不管他如何侈谈"存在的意义"，他都难以正确地进入诠释活动，也难以揭示被诠释对象的实质。

---

① 有趣的是，美国哲学家罗蒂认为，"海德格尔是一个偶然的纳粹主义者"。在他看来，海氏之所以加入纳粹，乃是"政治上无知"的结果。参见［美］罗蒂：《后哲学文化》，黄勇译，上海译文出版社1992年版，第38—39页。但另一些学者，如勒维特却表达了另一种见解。勒维特在谈到海氏时指出："他对国家社会主义的忠诚就存在于他的哲学精髓之中。"参见［美］理查德·沃林：《存在的政治》，周宪等译，商务印书馆2000年版，第21页。

② 我们往往发现这样的现象：在现代社会中，几乎任何一个机构在公布某一个与一些人的利益关系相关的文本时，总不会忘记写上这样一句话——"本文的解释权属于本机构。"这里关涉的正是诠释的权力和合法性的问题，同时也泄露了如下的秘密，即一切诠释学本质上都是权力诠释学。

正如我们在前面已经指出的，如果人们不了解某一个国家在某个历史时期王权、贵族和资产阶级争夺统治地位这一背景，人们也就很难对当时流行的、关于分权理论的文本的来龙去脉和实质作出合理的诠释。

其三，正是马克思的权力诠释学使我们认识到文化—意识形态领导权的重要性。一方面，在物质资料的生产上占统治地位的阶级也必定会牢牢地把握文化—意识形态的领导权，以巩固自己的统治地位；另一方面，任何革命阶级为了使自己上升为统治阶级，也必定会高度重视文化—意识形态领域里争夺领导权的斗争。列宁的《国家与革命》、卢卡奇的《历史与阶级意识》、葛兰西的《狱中札记》等著作都蕴含着对马克思这一思想的敏锐的领悟。在某种意义上，文化—意识形态领导权的问题也就是谁把握文化诠释权的问题，也就是谁具有合法性的问题，而这正是我们一进入权力诠释学的视域必定会遭遇到的问题。反之，也只有确立起批判的权力诠释学的标尺，文化—意识形态领导权的重要性才会真正地显露出来。

总之，唯有马克思的奠基于实践诠释学的权力诠释学理论才为诠释学的发展铺就了一条真正通向现实生活的、批判的道路。

论马克思对黑格尔思辨哲学的批判^①

在当代哲学研究中，我们注意到一种有趣的现象，即形容词"思辨的"（spekulativ）或名词"思辨"（Spekulation）频繁地出现在各种哲学文本中，甚至也作为著作的书名而出现。如王元化先生的著作就用过《思辨短简》《思辨发微》和《思辨随笔》的书名。他在《〈思辨短简〉序》一文中曾经说起，起先他自己给这本书取的名字是《文史辨》，后来编辑部的一位老友出于对书籍的销路的考虑，建议他用"思辨"一词，他才用了《思辨短简》这一书名。王元化先生说："虽然有一时期我曾倾倒于黑格尔，但本书取名并不含有推重思辨哲学之意。……我以'思辨'两字为书名，不过是表示我在思想辨析方面企图发掘较深层的某些意蕴而已。"^②从王元化先生的话中我们可以引申出以下三个结论：第一，"思辨"这个词既然和书的销路有关，表明这个词在学术界是广为人知的；第二，使用这个词并不一定有推重黑格尔的思辨哲学之意；第三，王元化先生是在象征性的或不严

---

① 原载《马克思主义哲学研究》，2001 年第 1 期，第 25—33 页。收录于俞吾金：《从康德到马克思——千年之交的哲学沉思》，广西师范大学出版社 2004 年版，第 128—145 页；该文的修改版收录于《问题域的转换——对马克思和黑格尔关系的当代解读》，人民出版社 2007 年版，第 237—261 页。——编者注

② 王元化：《思辨随笔》，上海文艺出版社 1994 年版，第 368—369 页。

格的意义上，即在"思想辨析""发掘意蕴"的意义上来使用这个词的。这个词也频繁地出现在各种哲学式的谈话中。比如，人们在评价一个善于进行哲学思维的人时，常常说"他很思辨"，这里用"思辨"这个词明显地带有推重他人的意思。

如果人们在不严格的意义上使用这个词，当然是无可厚非的；但如果人们是在严格的哲学意义上来使用这个词的，那就有必要在使用它之前先对它进行一番批评性的考察。由于黑格尔把自己的哲学称为"思辨哲学"，所以特别需要对这个词在黑格尔哲学中的含义，甚至他的"思辨哲学"本身做一个批评性的考察。而在这个方面，马克思做了大量的工作，但他的卓越贡献却一直没有引起理论界的充分重视。在某种意义上，"思辨"这个词的流行正是马克思不在场的一个明证。显然，弄清楚"思辨"和"思辨哲学"的确切含义，深刻地领悟马克思批判黑格尔思辨哲学的旨归，对于我们走出黑格尔哲学的消极因素所造成的阴影，超越近代哲学的视野和重新理解马克思划时代哲学变革的思路历程，都具有重要的意义。

一

什么是"思辨"呢？人们通常认为，思辨是"一种抽象的、空洞的理论思维；这种思维是任意的构想，在经验和现实中缺乏基础"①。也就是说，思辨是一种超越经验的理论思维。那么，什么是"思辨哲学"呢？这个在一般的哲学辞典中不容易找到的答案却可以在《韦氏大辞典》中发现：

---

① A. Huegli und P. Luebcke Hg.，*Philosophiielexikon*，Rowohlt Taschenbuch Verlag GmbH 1997，S. 585.

思辨哲学首先是这样一种哲学，它奠基于直观的或先天的洞见，尤其是对绝对者或神性的洞见；在更广泛的意义上，它是一种超验的或缺乏经验基础的哲学；其次，它是与论证性的哲学对立的理论哲学。①

这段话表明，人们通常把思辨哲学理解为一种超验的、诉诸直观或先天洞见的、以绝对或神性作为研究对象的学说。

研究康德哲学的人都知道，康德有一个影响深远的说法："我坦率承认，就是休谟的提示在多年以前首先打破了我教条主义的迷梦，并且在我对思辨哲学的研究上给我指出来一个完全不同的方向。"②在康德的视野里，传统的形而上学的见解，特别是大陆唯理论的见解属于思辨哲学的范围，而他自己在前批判时期曾经深受莱布尼茨—沃尔夫思辨哲学的影响。在康德的批判哲学中，"思辨的"与"纯粹的"（rein）是同样意义的形容词，而"纯粹的"则意谓先天的知识尚未杂有经验的事物。康德常常把"思辨理性"作为"纯粹理性"而与"实践理性"区分开来。在《实践理性批判》一书中，他这样写道：

我们根本不能向纯粹实践理性提出这样的过分要求：隶属于思辨理性，因而颠倒次序，因为一切关切归根到底都是实践的，甚至思辨理性的关切也仅仅是有条件的，只有在实践的应用中才是完整的。③

在这段话中，康德既阐明了思辨理性与实践理性的区别，又阐明了它们之间的联系，并赋予实践理性以优先性。康德在研究中发现，思辨理性

---

① *Webster's Thrid New International Dictionary*，G. & C. Merriam Company，1976，p. 2189.

② ［德］康德：《形而上学导论》，熊伟、王庆节译，商务印书馆 1978 年版，第 9 页。

③ ［德］康德：《实践理性批判》，韩水法译，商务印书馆 1999 年版，第 133 页。

有一种内在的趋向，那就是把知性范畴运用到总体性的超验的对象上去，从而自然而然地陷入谬误之中。因而批判哲学的一个基本任务就是"告诫我们决不可以思辨理性超越经验的限度"①。

黑格尔不赞成康德对思辨理性的限制。他写道："康德哲学的显豁的学说，认为知性不可超越经验，否则认识能力就将变成只不过产生脑中幻影的理论的理性；这种学说曾经从科学方面，为排斥思辨的思维作了论证。"②黑格尔从自己的绝对唯心主义的立场出发，对思辨、思辨理性和思辨哲学提出了不同的看法。他认为："在日常生活里，'思辨'一词常用来表示揣测或悬想的意思，这个用法殊属空泛，而且同时只是使用这词的次要意义。"③也就是说，在对思辨这个词的通常理解中，它具有主观的任意的特点，但在黑格尔看来，真正的哲学意义上的思辨与日常生活中的理解存在着重大的差异，他指出：

> 思辨的东西（das Spekulative），在于这里所了解的辩证的东西，因而在于从对立面的统一中把握对立面，或者说，在否定的东西中把握肯定的东西。这是最重要的方面，但对于尚未经训练的、不自由的思维能力说来，也是最困难的方面。④

在黑格尔看来，"思辨"这个词在哲学方面的根本含义是"从对立面的统一中把握对立面，或者说，在否定的东西中把握肯定的东西"。这一含义似乎与我们通常理解的辩证法的含义是一致的，但在德国古典哲学的语境中，我们却不能匆忙地下结论。

黑格尔在讨论逻辑学概念的进一步划分时写道：

---

① Kant，*Kritik der reinen Vernunft* 1，Frankfurt am Main：Suhrkamp Verlag，1988，S. BXXIV-XXV.

② ［德］黑格尔：《逻辑学》（上卷），杨一之译，商务印书馆1966年版，第1页。

③ ［德］黑格尔：《小逻辑》，贺麟译，商务印书馆1980年版，第183页。

④ ［德］黑格尔：《逻辑学》（上卷），杨一之译，商务印书馆1966年版，第39页。

逻辑思想就形式而论有三个方面：(a)抽象的或知性的方面，(b)辩证的或否定的理性的方面，(c)思辨的或肯定理性的方面。①

这三个方面并不构成逻辑学的三个部分，而是包含在每一逻辑真实体内的不同的环节。这里所谓"抽象的或知性的方面"指的是传统的知性形而上学所拘执的、非此即彼的思维方式。所谓"辩证的或否定的方面"指的是康德的批判哲学所达到的思维方式，《纯粹理性批判》中的"先验辩证论"表明，康德已经意识到，当思辨理性去思考超验的对象时，必然会陷入先验的幻象之中。他写道："我们曾经称一般的辩证法为一幻象的逻辑。"②康德强调了辩证法和矛盾对于理性的必然性，但又把它们理解为否定性的东西而加以排除，认为思辨理性是不可能认识超验的对象的。康德哲学的贡献是打破了知性形而上学的僵硬性和非此即彼性，但他的辩证法又停留在单纯的、否定性的阴影中，黑格尔称其为"对世界事物的一种温情主义"③。所谓"思辨的或肯定理性的方面"则指黑格尔本人所倡导的思维方式。按照这种思维方式，思辨理性并不会停留在单纯否定的阴影中，而能够结出肯定的成果，即能够认识超验的对象。所以黑格尔强调：

　　对于思辨意义的概念与通常所谓概念必须加以区别。认为概念永不能把握无限的说法之所以被人们重述了千百遍，直至成为一个深入人心的成见，就是由于人们只知道狭义的概念，而不知道思辨意义的概念。④

---

　　① ［德］黑格尔：《小逻辑》，贺麟译，商务印书馆 1980 年版，第 172 页。

　　② Kant, *Kritik der reinen Vernunft* 1, Frankfurt am Main: Suhrkamp Verlag, 1988，B350/A293，294.

　　③ ［德］黑格尔：《小逻辑》，贺麟译，商务印书馆 1980 年版，第 131 页。

　　④ 同上书，第 49 页。

黑格尔所说的"思辨意义的概念"也就是在否定中包含肯定、在有限中包含无限的概念辩证法。但黑格尔语境中的"辩证法"已与康德语境中的"辩证法"判然有别。所以，在通常的、不严格的叙述中，我们可以把"思辨的"和"辩证的"视为意义相同的概念，但在严格的哲学探讨中，却必须认真地区分"辩证的"一词在康德和黑格尔那里的差别。

为什么黑格尔总是在逻辑学的语境中谈论思辨概念呢？他在谈到精神现象学的终结和纯粹的、脱离感性经验的知识因素的形成时，以十分明确的语言解答了这个问题："正是这些知识因素自己组织为整体的那种运动，就是逻辑学或思辨哲学（die Logik oder spekulative Philosophie）。"①这就是说，黑格尔的逻辑学也就是思辨哲学。如前所述，"思辨的"也就是"纯粹的"或"脱离经验的"，所以在黑格尔看来，思辨问题只能在逻辑学中加以讨论。黑格尔没有系统地追溯过思辨哲学的历史，但在谈到莱辛时代的人们像对待一条死狗一样地对待斯宾诺莎时，不无愤怒地写道："可以说，对得起斯宾诺莎哲学和思辨哲学，这是我们所能要求的最低限度的'公正'。"②在黑格尔看来，斯宾诺莎哲学无疑是一种不能忽视的思辨哲学。或许受到黑格尔这一见解的影响，费尔巴哈在《关于哲学改造的临时纲要》一文中指出："斯宾诺莎是近代思辨哲学真正的创始者，谢林是它的复兴者，黑格尔是它的完成者。"③

综上所述，在黑格尔那里，"思辨"或"思辨的"这样的概念主要是在逻辑学的范围内使用的，也正是在这个意义上，黑格尔的思辨哲学也就是他的逻辑学。他的逻辑学虽然是思辨概念阴影的王国，但又是以巨大的历史感作为自己的基础。换言之，黑格尔的思辨哲学体现了对传统的知性形而上学的思维方式和康德式的否定的理性的思维方式的扬弃和

---

① G. W. F. Hegel: *Phaenomenologie des Geistes*, Frankfurt am Main: Suhrkamp Verlag, 1986, S. 39.

② ［德］黑格尔：《小逻辑》，贺麟译，商务印书馆 1980 年版，第 10 页。

③ ［德］费尔巴哈：《费尔巴哈哲学著作选集》（上卷），荣震华等译，商务印书馆 1984 年版，第 101 页。

综合。问题是，对这样一种充满了黑格尔意义上的辩证法精神的思辨哲学，马克思为什么要取批判的态度呢？

二

如果我们单纯从哲学上着眼，就会发现，马克思对黑格尔思辨哲学即逻辑学的批判，受到费尔巴哈一定的影响。正如恩格斯在《路德维希·费尔巴哈和德国古典哲学的终结》中所说的，费尔巴哈的《基督教的本质》(1841)一书的出版，直截了当地使唯物主义重新登上了王座，"这部书的解放作用，只有亲身体验过的人才能想象得到。那时大家都很兴奋：我们一时都成为费尔巴哈派了"①。

费尔巴哈对黑格尔的思辨哲学的批判主要指向其神秘主义和唯心主义的特征。他敏锐地指出：

> 神学的秘密是人本学，思辨哲学的秘密则是神学——思辨神学。思辨神学与普通神学的不同之点，就在于它将普通神学由于畏惧和无知而远远放到彼岸世界的神圣实体移置到此岸世界中来，就是说：将它现实化了，确定了，实在化了。②

这一批判路向对马克思产生了深远的影响。

在写于 1843 年的《黑格尔法哲学批判》一书中，马克思在批评黑格尔关于家庭、市民社会和国家关系的论述时指出：

> 理念变成了独立的主体，而家庭和市民社会对国家的现实关系

---

① 《马克思恩格斯选集》第 4 卷，人民出版社 1972 年版，第 218 页。
② ［德］费尔巴哈：《费尔巴哈哲学著作选集》(上卷)，荣震华等译，商务印书馆 1984 年版，第 101 页。

变成了理念所具有的想象的内部活动。实际上，家庭和市民社会是国家的前提，它们才是真正的活动者；而思辨的思维却把这一切头足倒置。①

由于马克思与费尔巴哈的学思历程不同，即费尔巴哈是从神学进入哲学，马克思则是从法学进入哲学；也由于他们对现实的关切不同，即费尔巴哈主要关注的是学术，而马克思主要关注的则是政治，所以虽然他们都在揭露黑格尔思辨哲学的唯心主义和神秘主义的特征，但他们的切入点却有很大的差异。费尔巴哈直接抨击黑格尔的《逻辑学》，而马克思的批判则从黑格尔的《法哲学》入手。马克思写道：

> 德国的国家哲学和法哲学在黑格尔的著作中得到了最系统、最丰富和最完整的阐述；对这种哲学的批判不但是对现代国家和对同它联系着的现实的批判性分析，而且也是对到目前为止的德国政治意识和法意识的整个形式的最彻底的否定，而这种意识的最主要、最普遍、升为科学的表现就是思辨的法哲学本身。②

然而，马克思的批判并没有停留在黑格尔法哲学的框架内，因为他清醒地意识到，在黑格尔的哲学全书体系中，逻辑理念外化为自然哲学，然后又通过精神哲学而返回自身，而法哲学不过是精神哲学中的一个环节。归根到底，法哲学只是逻辑学的一种应用。事实上，黑格尔的《法哲学》在许多地方都给人留下了这样的印象，即"注意的中心不是法哲学，而是逻辑学"③。马克思敏锐地注意到这种现象并指出："整个法哲学只不过是对逻辑学的补充。"④这个清醒的认识表明，马克思批判的矛

---

① 《马克思恩格斯全集》第 1 卷，人民出版社 1956 年版，第 250—251 页。
② 同上书，第 459—460 页。
③ 同上书，第 263 页。
④ 同上书，第 264 页。

头必然会深入思辨哲学的最核心的部分，即逻辑学中去。

在《1844年经济学哲学手稿》中，马克思直截了当地指出：

> 逻辑学是精神的货币，是人和自然界的思辨的思想的价值——人和自然界的同一切现实的规定性毫不相干的、因而是非现实的本质，——是外化的因而从自然界和现实的人抽象出来的思维，即抽象思维。[①]

乍看起来，黑格尔十分重视历史的运动，但他的哲学，特别是逻辑学，不过是这种运动的抽象的、思辨的表达；乍看起来，黑格尔的逻辑学，尤其是作为其整个哲学的"真正诞生地和秘密"的《精神现象学》"尽管已有一个完全否定的和批判的外表，尽管实际上已包含着那种往往早在后来发展之前就有的批判，黑格尔晚期著作的那种非批判的实证主义和同样非批判的唯心主义——现有经验在哲学上的分解和恢复——已经以一种潜在的方式，作为萌芽、潜能和秘密存在着了"[②]。这就不仅揭示了《逻辑学》的秘密，而且告诉我们，这种秘密在《精神现象学》中就以萌芽的方式表现出来了。

在《神圣家族》一书中，马克思通过历史性的考察，对思辨哲学的本质作出了进一步的诊断：

> 被法国启蒙运动特别是18世纪的法国唯物主义所击败的17世纪的形而上学，在德国哲学中，特别是在19世纪的德国思辨哲学中，曾有过胜利的和富有内容的复辟。[③]

马克思认为，黑格尔就是思辨哲学的集大成者，而思辨哲学则是17世

[①] 《马克思恩格斯全集》第42卷，人民出版社1979年版，第160页。
[②] 同上书，第161—162页。
[③] 《马克思恩格斯全集》第2卷，人民出版社1957年版，第159页。

纪的形而上学在 19 世纪哲学中的复辟。

马克思还专门辟出"思辨结构的秘密"这一节，对黑格尔的思辨哲学进行了透彻的批判，他深刻地揭示出思辨结构的秘密。第一步：从现实的苹果、梨、草莓、扁桃中得出"果实"这个抽象的观念。第二步：把这一抽象的观念视为独立存在着的本质。这样一来，"果实"就成了苹果、梨、草莓、扁桃的实体。换言之，苹果、梨、草莓、扁桃就倒过来成了"果实"的简单的存在形式或样态。

> 思辨的理性在苹果和梨中看出了共同的东西，在梨和扁桃中看出共同的东西，这就是"果实"。具有不同特点的现实的果实从此就只是虚幻的果实，而它们的真正的本质则是"果实"这个"实体"。①

第三步：现在的问题是，"一般果实"怎么会忽而表现为苹果，忽而表现为草莓，忽而表现为梨或扁桃呢？"思辨哲学家答道：这是因为'一般果实'并不是僵死的、无差别的、静止的本质，而是活生生的、自相区别的、能动的本质。"②也就是说，正是通过"果实"这一本质的自我活动、自相区别和自我规定，苹果、梨、草莓、扁桃等便被创造出来了，而"果实"的这种自我活动也就是绝对主体的自我活动。马克思为此总结道：

> 这种办法，用思辨的话来说，就是把实体了解为主体，了解为内部的过程，了解为绝对的人格。这种了解方式，就是黑格尔方法的基本特征。③

在揭示思辨结构秘密的基础上，马克思进一步批判了蕴含在黑格尔思辨

---

① 《马克思恩格斯全集》第 2 卷，人民出版社 1957 年版，第 72 页。
② 同上书，第 73 页。
③ 同上书，第 75 页。

哲学中的错误观念。首先，黑格尔的思辨哲学故弄玄虚，具有浓厚的神秘主义倾向。马克思指出：

> 思辨哲学，特别是黑格尔哲学认为：一切问题，要能够给以回答，就必须把它们从正常的人类理智的形式变为思辨理性的形式，并把现实的问题变为思辨的问题。①

这就告诉我们，思辨哲学不仅仅是一种方法，更重要的是一种神秘主义的世界观。当人们用思辨的方式来表达自己的思想时，他们不仅借贷了黑格尔的方法，而且也不自觉地借贷了他的整个世界观。其次，黑格尔思辨哲学的历史观的前提是绝对精神，而人类仅仅是这种精神的有意识或无意识的承担者，"因此，思辨的、奥秘的历史在经验的、明显的历史中的发生是黑格尔一手促成的"②；同时，这种历史观又具有强烈的目的论的倾向，它包含了"思辨的高见：人和历史所以存在，是为了使真理达到自我意识"③。再次，黑格尔的思辨哲学把人仅仅视为精神或观念运动中的一个抽象的环节。马克思引证了黑格尔《法哲学》第 190 节中的一段话："从需要的观点看来，观念的具体对象就是我们称之为人的那种东西；因此，在这里——实际上也只是在这里——是在这个意义上来谈论人的。"④并且他指出，黑格尔和其他思辨哲学家在一切场合下谈到人的时候，指的都不是具体的人，而是抽象的人，"思辨的思维把现实的人看得无限渺小"⑤。

　　马克思还指出，在黑格尔去世以后，施特劳斯和鲍威尔虽然批判了黑格尔哲学，

---

① 《马克思恩格斯全集》第 2 卷，人民出版社 1957 年版，第 115 页。
② 同上书，第 108 页。
③ 同上书，第 100—101 页。
④ 同上书，第 49 页。
⑤ 同上。

> 但同时他们两人都继续停留在黑格尔思辨的范围内，……只有费尔巴哈才是从黑格尔的观点出发而结束和批判了黑格尔的哲学。费尔巴哈把形而上学的绝对精神归结为"以自然为基础的现实的人"，从而完成了对宗教的批判。同时也巧妙地拟定了对黑格尔的思辨以及一切形而上学的批判的基本要点。①

在这里，马克思充分肯定了费尔巴哈对黑格尔思辨哲学的批判。当然，不久以后，马克思又认识到了费尔巴哈观点的局限性，并在随后的《关于费尔巴哈的提纲》中对他的思想进行了深刻的批判。

在写于 1845—1846 年的《德意志意识形态》一书中，马克思进一步指出，费尔巴哈的哲学立场未能从根本上超越黑格尔体系的基地，他所说的"人"归根到底仍是抽象的人，唯有以现实的人为出发点的历史唯物主义的新观念才能从根本上扬弃并超越黑格尔思辨哲学的立场。马克思写道：

> 思辨终止的地方，即在现实生活面前，正是描述人们的实践活动和实际发展过程的真正实证科学开始的地方。②

综上所述，马克思在批判黑格尔思辨哲学的时候，注重的是这一哲学理论的基本立场、内在结构和引申出来的主要结论。正是这种彻底的、批判的立场使马克思超越了青年黑格尔主义者的立场，完成了哲学发展史上划时代的革命。当代人在解读黑格尔哲学时却倾向于把"思辨"或"思辨的"作为辩证法的同名词加以运用，完全不顾这种思辨运思的载体是什么，完全撇开思辨哲学的神秘主义的非批判主义的唯心主义的立

---

① 《马克思恩格斯全集》第 2 卷，人民出版社 1957 年版，第 177 页。
② 《马克思恩格斯全集》第 3 卷，人民出版社 1960 年版，第 30—31 页。

场。于是，这种解读就蜕化为"形式主义的解读"①。当然，当代人完全可以从当代生活的兴趣出发去解读以前的文本，但效果历史仍然是有自己的限度的，那就是不能违背历史的真实。

<h1 style="text-align:center">三</h1>

通过对黑格尔思辨哲学的基本立场的批判和颠倒，马克思所倡导的新的立场究竟是什么呢？这是一个异常重要的问题，但遗憾的是，这个问题却逸出了许多马克思哲学研究者的视野。我们认为，在马哲史上存在着两条不同的解释路线。

第一条解释路线以恩格斯和列宁为代表，至今仍然拥有广泛的影响。在某种意义上，这条解释路线可以追溯到费尔巴哈。他在《关于哲学改造的临时纲要》中指出：

> 我们只要经常将宾词当作主词，将主体当作客体和原则，就是说，只要将思辨哲学颠倒过来，就能得到毫无掩饰的、纯粹的、显明的真理。②

费尔巴哈主张恢复自然（物质）和人的地位，他所坚持的乃是一般唯物主义的立场。也就是说，在他那里，"颠倒"意味着以自然（物质）和人去取代黑格尔思辨哲学中的精神（观念）和自我意识。这种解读方式对恩格斯产生了重大的影响。在《路德维希·费尔巴哈与德国古典哲学的终结》一

---

① 甚至可以说，连费尔巴哈也没有停留在"形式主义的解读"中。他一针见血地指出："思辨哲学的本质不是别的东西，只是理性化了的，实在化了的，现实化了的上帝的本质。思辨哲学是真实的，彻底的，理性的神学。"参见［德］费尔巴哈：《费尔巴哈哲学著作选集》（上卷），荣震华等译，商务印书馆1984年版，第123页。

② ［德］费尔巴哈：《费尔巴哈哲学著作选集》（上卷），荣震华等译，商务印书馆1984年版，第102页。

书中，恩格斯这样写道："归根到底，黑格尔的体系只是一种就方法和内容来说唯心主义地倒置过来的唯物主义。"①这一见解直接影响了列宁。列宁在《哲学笔记》中写道："恩格斯说得对，黑格尔的体系是颠倒过来的唯物主义。"②在对黑格尔的《逻辑学》做总体评价时，列宁又写道："在黑格尔这部最唯心的著作中，唯心主义最少，唯物主义最多。'矛盾'，然而是事实！"③这条解释路线造成了这样一种思维定式，即把黑格尔思辨哲学颠倒过来，就是一般唯物主义。再把一般唯物主义与从黑格尔哲学中提取出来的辩证法结合起来，就形成了所谓"辩证唯物主义"，而"辩证唯物主义"＝费尔巴哈的"基本内核"（即一般唯物主义）＋黑格尔的"合理内核"（即辩证法）。按照这一解释路线，把黑格尔的思辨哲学颠倒过来，也就是自然（物质）辩证法了。

人们通常认为，这条解释路线在基本立场上是对费尔巴哈唯物主义的回归。但甚至可以说，连这种回归也是不完全的，这里的"不完全的"含义是：人们忽略了费尔巴哈哲学中比一般唯物主义立场更为重要的东西——人本主义。费尔巴哈说过：

> 唯物主义、唯心主义、生理学、心理学都不是真理；只有人本学是真理，只有感性、直观的观点是真理，因为只有这个观点给予我整体性和个体性。④

马克思哲学的研究者通常对费尔巴哈的这段话采取批判的态度，指责他的立场不坚定，因为他居然把人本学置于唯物主义和唯心主义的理论分野之上！然而，对人本学以及蕴含在其中的感性、个体性和整体性的肯

---

① 《马克思恩格斯选集》第4卷，人民出版社1995年版，第226页。
② 列宁：《哲学笔记》，人民出版社1956年版，第252页。
③ 同上书，第253页。
④ ［德］费尔巴哈：《费尔巴哈哲学著作选集》（上卷），荣震华等译，商务印书馆1984年版，第205页。

定，正是费尔巴哈最重要的哲学贡献之所在。也正是这一点，而不是费尔巴哈的一般唯物主义立场，才是引起马克思思想共鸣的地方。马克思在叙述英国机械唯物主义者霍布斯的哲学时曾经指出："唯物主义变得敌视人了。"①这就告诉我们，在唯物主义和人本主义（或对人的尊严和价值的重视）这两者之间并不存在着必然的逻辑联系；也正是基于这样的考虑，马克思强调说："费尔巴哈在理论方面体现了和人道主义相吻合的唯物主义，而法国和英国的社会主义和共产主义则在实践方面体现了这种唯物主义。"②这里，特别需要注意的是马克思所使用的"和人道主义相吻合的唯物主义"的概念。而马克思哲学的研究者自以为对费尔巴哈有透彻的了解，实际上却抛弃了他哲学中最有价值的东西。在第一条解释路线中，"唯物主义"的概念不但不包含人本主义的内涵，而且还与任何人本主义的思想倾向处于激烈的对抗状态中。

第二条解释路线是马克思本人的解释路线。从马克思留下的手稿就可以看出，在解读黑格尔的文本时，他更重视的是《精神现象学》和《法哲学》，不是《逻辑学》和《自然哲学》。由于《精神现象学》和《法哲学》是以人类社会历史为基础来展开思辨哲学的，所以把它们颠倒过来，不会像第一条解释路线那样，得到一个抽象的、与人相分离的自然界（或物质世界），而是人类社会和现实的人。

如果说，马克思颠倒黑格尔《法哲学》的思辨唯心主义的结果是市民社会的话，那么他颠倒《精神现象学》的思辨唯心主义的结果则是现实的人和人类关系。在《神圣家族》一书中，他这样写道："黑格尔的'现象学'尽管有其思辨的原罪，但还是在许多方面提供了真实地评述人类关系的因素。"③正是基于这样的批判，马克思制定了解读并解释黑格尔思辨哲学的总体思路和战略：

---

① 《马克思恩格斯全集》第 2 卷，人民出版社 1957 年版，第 164 页。
② 同上书，第 160 页。
③ 同上书，第 246 页。

在黑格尔的体系中有三个因素：斯宾诺莎的实体，费希特的自我意识以及前两个因素在黑格尔那里的必然的矛盾的统一，即绝对精神。第一个因素是形而上学地改了装的、脱离人的自然。第二个因素是形而上学地改了装的、脱离自然的精神。第三个因素是形而上学地改了装的以上两个因素的统一，即现实的人和现实的人类。①

在马克思看来，把黑格尔的思辨哲学颠倒过来，不是抽象的自然界或物质世界，而是"现实的人和现实的人类"。

如前所述，在《关于费尔巴哈的提纲》《德意志意识形态》等论著中，马克思进一步反思了费尔巴哈的人本主义的根本缺陷：

费尔巴哈从来没有看到真实存在着的、活动的人，而是停留在抽象的"人"上，并且仅仅限于在感情范围内承认"现实的、单独的、肉体的人"，也就是说，除了爱与友情，而且是理想化了的爱与友情以外，他不知道"人与人之间"还有什么其他的"人的关系"。②

与此同时，马克思从现实的、从事生产劳动的人出发，叙述了他的历史唯物主义的基本立场和观点。由此可见，历史唯物主义与一般唯物主义的根本差别在于，前者批判地继承了人本主义的传统，而后者则常常把人抽象化并视为"物"，从而与整个人本主义的传统处于对立的关系中。

马克思的解释路线在他的另一部重要著作《哲学的贫困》中得到了经典性的叙述。马克思在分析蒲鲁东的政治经济学的形而上学时，揭示了其隐蔽的思想渊源，即把世界上的事物视为逻辑范畴这种底布上的花彩的黑格尔思辨哲学，并针锋相对地指出：

---

① 《马克思恩格斯全集》第 2 卷，人民出版社 1957 年版，第 177 页。
② 《马克思恩格斯全集》第 3 卷，人民出版社 1960 年版，第 50 页。

人们按照自己的物质生产的发展建立相应的社会关系，正是这些人又按照自己的社会关系创造了相应的原理、观念和范畴。所以，这些观念、范畴也同它们所表现的关系一样，不是永恒的。它们是历史的暂时的产物。①

这就告诉我们，把逻辑范畴颠倒过来，引申出来的不应该是抽象的"自然"或"物质"，而应该是人与人之间的现实的社会关系。马克思在《资本论》第 1 卷中谈到黑格尔逻辑学中的反思规定时，也把这种规定颠倒为人与人之间的社会关系。他这样写道：

这种反思的规定是十分奇特的。例如，这个人所以是国王，只因为其他人是作为臣民同他发生关系。反过来，他们所以认为自己是臣民，是因为他是国王。②

这就告诉我们，按照马克思的解释路线，黑格尔的思辨哲学应该颠倒为历史唯物主义，而不是一般的唯物主义。

总之，马克思对黑格尔思辨哲学的批判在今天仍然具有重要的理论意义。它不但使我们对黑格尔思辨哲学的实质和马克思批判这一哲学的意向获得了清晰的认识，而且也使我们明白，决不能简单地借用"思辨"或"思辨的"这样的概念，而必须对这样的概念所蕴含的基本哲学立场和意向作出透彻的分析。

---

① 《马克思恩格斯全集》第 4 卷，人民出版社 1958 年版，第 144 页。
② 马克思：《资本论》第 1 卷，人民出版社 1975 年版，第 72 页注(21)。

2002年

今天马克思仍然"在场"[①]

  在马克思的哲学中，人和物是不可分割地统一在一起的。实际上，只有把人和物统一起来，才算真正地把握了马克思哲学的本真精神。何以言之呢？一方面，马克思认为，人要活在这个世界上，就得解决吃、喝、住、穿的问题，为此就不得不从事物质生活资料的生产，并不得不与各种物打交道。在马克思设想的共产主义社会里，实行"各尽所能，按需分配"原则，这里所谓"按需分配"，也就是对人类劳动的产物进行分配。在这里我们不但遭遇到了物，而且物的重要性也以前所未有的方式表现出来。因为在马克思看来，只有当作为产品的物无限丰富、充分涌流，达到"按需分配"的程度时，共产主义的理想才可能化为现实。我们能说马克思只重视人不重视物吗？显然不能。

  另一方面，马克思在分析和批判资本主义社会中普遍存在的拜物教的现象时坚决反对人们把人与物之间的关系割裂开来，强调要从物与物之间的关系中洞察到人与人之间的真实的社会关系。马克思即使在批判资本主义社会存在的普遍

---

  ① 原文作者为杨耕、俞吾金等，本文选取俞吾金发言部分，载《光明日报》2002 年 4 月 18 日。——编者注

物化的现象时，也从历史评价的角度指出了这种现象的积极的方面，即没有普遍的物化和异化，也不可能有个人能力的全面发展。我们能说马克思只重视物不重视人吗？显然不能。

综上所述，在研究马克思哲学时，决不应该把人与物的关系割裂开来并对立起来。否则，我们做得越多，离开真理也就越远。

"人的全面发展"问题之我见①

  "人的全面发展"是当今理论界普遍关注的话题之一。然而，遗憾的是，人们对这个话题谈得很多，却理解得很少。因此，完全有必要对这个问题的理论内涵和实质做一番先行的、深入的考察②，然后才能对它作出合理的、有效的说明。

一、"人的全面发展"和"个人全面发展"

  马克思和恩格斯在 1848 年出版的《共产党宣言》中写下了一句名言："每个人的自由发展是一切人的自由发展的条件。"（die freie Entwicklung eines jeden die Bedingung fuer die freie Entwicklung aller ist）③在这里，jeden 和 aller 分别以省略

---

① 原载《探索与争鸣》2002 年第 8 期，第 6—8 页。收录于俞吾金：《从康德到马克思——千年之交的哲学沉思》，广西师范大学出版社 2004 年版，第 284—291 页；《被遮蔽的马克思》，人民出版社 2012 年，第 422—428 页；《哲学随感录》，北京师范大学出版社 2016 年版，第 340—347 页；《从康德到马克思——千年之交的哲学沉思》，北京师范大学出版社 2017 年版，第 460—469 页。——编者注

② 参阅俞吾金：《在实践中丰富马克思关于个人全面发展的理念》，《学术界》2001 年第 5 期。

③ 《马克思恩格斯选集》第 1 卷，人民出版社 1995 年版，第 294 页。参阅 K. Marx, F. Engels, *Ausgewaehlte Werke*, Band 1, Berlin: Dietz Verlag, 1989, S. 438。

的方式表示"每个人"和"一切人"。不难看出，既然马克思把每个人的自由发展看作是一切人的自由发展的前提，这就表明，在他的心目中，个人和一切人之间不但存在着重大的差别，而且比较起来，个人居于基础性的层面上。

在《1857—1858年经济学手稿》中，马克思在叙述其"三大社会形态"理论时进一步指出：

> 人的依赖关系（起初完全是自然发生的），是最初的社会形态，在这种形态下，人的生产能力只是在狭窄的范围内和孤立的地点上发展着。以物的依赖性为基础的人的独立性，是第二大形态，在这种形态下，才形成普遍的社会物质变换，全面的关系（der universalen Beziehungen），多方面的需求以及全面的能力（universeller Vermoegen）的体系。建立在个人全面发展（die universelle Entwicklung der Individuen）和他们共同的社会生产能力成为他们的社会财富这一基础上的自由个性（freie Individualitaet），是第三个阶段。第二个阶段为第三个阶段创造条件。①

必须注意，马克思在这里提出的是"个人全面发展"的理论，而不是"人的全面发展"的理论。马克思使用的德语名词 Individuum（复数为 Individuums 或 Individuen），专指"个人"，而不是指一般意义上的"人"。在德语中，一般意义上的"人"通常用另一个名词 Mensch（复数为 Mcnschen）来表示。Individuum 和 Mensch 这两个词之间的差别是显而易见的：前者的着眼点是具体的个人，后者的着眼点则是一般意义上的人或人类的整体。这就告诉我们，马克思并不是泛泛地谈论"人的全面发展"，他注重的是"个人全面发展"和"自由个性"的确立。

---

① 《马克思恩格斯全集》第46卷（上册），人民出版社1979年版，第104页。参阅 Karl Marx, *Grundrisse Der Kritik Der Politischen Oekonomie*, Berlin：Dietz Verlags, 1974, S. 75。

有趣的是，在东方社会，马克思的"个人全面发展"的提法被不知不觉地转换为"人的全面发展"的提法。为什么会发生这样的现象呢？因为在以自然经济为基础的、传统的东方社会内，个人，特别是与作为伟大人物的个人相对待的普通的个人是没有任何地位的。正如马克思在批判以亚当·斯密和卢梭为代表的错误见解，即认为远古时代就已经存在着独立的个人这种见解时所指出的：

> 我们越往前追溯历史，个人（Individuum），从而也是进行生产的个人，就越表现为不独立，从属于一个较大的整体……。只有到十八世纪，在"市民社会"中，社会联系的各种形式，对个人说来，才只是表现为达到他私人目的的手段，才表现为外在的必然性。①

在马克思看来，真正独立的个人在远古时代是不可能存在的，它乃是近代世界的产物。

　　事实上，近代中国的启蒙运动的核心观念也就是把个人从各种束缚中解放出来。无论是鲁迅等学者关于"娜拉出走"问题的讨论，还是巴金的小说《家》《春》《秋》，都是围绕个人的自由和个性的解放来展开的。后来，诚如李泽厚先生所指出的，救亡的主题（集体至上）压倒了启蒙的主题（个体至上），于是，个人解放的问题被掩蔽起来了。在1949年以后出版的《历史唯物主义》的教材虽然也谈论"伟大人物和人民群众"，但普通的个人只是作为一个片段被归入人民群众中，只有伟大人物的个体性存在才成为反思的焦点。"文化大革命"后出现的"新启蒙"思潮所要继续的正是"五四"前后才开始的普通个人解放的道路。随着市场经济的发展和传统社会的身份制度向当代社会的契约制度的转化，个人本位和个性解放已经成为当代生活和文化的基础。事实上，只有领悟当代生活的实

---

　　① 《马克思恩格斯全集》第46卷（上册），人民出版社1979年版，第21页。参阅 Karl Marx, *Grundrisse Der Kritik Der Politischen Oekonomie*, Berlin: Dietz Verlag, 1974, S. 6.

际诉求，才能充分理解马克思为什么会提出"个人全面发展"的理论。

二、个人能力的全面发展和个人素质的全面发展

马克思强调的"个人全面发展"，实际上是指个人的能力的全面发展。马克思这样写道：

> 全面发展的个人——他们的社会关系作为他们自己的共同的关系，也是服从于他们自己的共同的控制的——不是自然的产物，而是历史的产物。要使这种个性成为可能，能力（Vermoegen）的发展就要达到一定的程度和全面性，这正是以建立在交换价值基础上的生产为前提的，这种生产才在产生出个人同自己和同别人的普遍异化的同时，也产生出个人关系和个人能力（Faehigkeiten）的普遍性和全面性。[①]

这里的两个德文词 Vermoegen 和 Faehigkeiten 在中文里都可以译为"能力"。在马克思看来，全面发展的个人蕴含着其全面发展的能力，而全面发展的能力的造就又是以一定的历史条件为前提的。马克思之所以从能力的角度来谈论个人的全面发展，因为他深受德国诗人席勒的《美育书简》的影响。席勒敏锐地发现，在西方社会中，随着分工变得越来越细，个人能力的发展显得越来越片面。马克思的上述理论，在某种意义上，是对席勒的见解的一个回应。但是，在马克思看来，在资本主义社会内，个人的全面发展是不可能的，唯有在共产主义社会内，这样的理想才可能实现。

[①] 《马克思恩格斯全集》第 46 卷（上册），人民出版社 1979 年版，第 108—109 页。参阅 Karl Marx, *Grundrisse Der Kritik Der Politischen Oekonomie*，Berlin：Dietz Verlag，1974，S. 79-80。

那么，从当代人的角度来看，什么是"能力"呢？显然，能力是指人的才能、才华。比如，一个人会开汽车，会讲英语，会操作电脑，会弹钢琴，等等，这些都属于能力的范围。在生活中，我们说一个人是"多才多艺"的，实际上也就是承认他具有多方面的能力。显然，一个人越是多才多艺，他的能力的发展也就越全面，而他的能力越发展，也就越印证他是一个全面发展的个人。

马克思关于个人能力全面发展的理论，在中国理论界获得了新的诠释。从现代化和市场经济发展的现实状况出发，不少中国学者提出了个人素质全面发展的问题。这里的"素质"既具有能力的含义，又是一个在总体精神境界上比能力更高的概念。要言之，素质也就是一个人在世界上安身立命的基本的品质。一个人是否具有人文情怀，是否拥有崇高的道德观念、高度的政治自觉和强烈的法律意识，都涉及他的素质的高低。所以，一方面，个人素质的全面发展蕴含着个人能力的全面发展；另一方面，个人素质的全面发展在立足点上又要高于个人能力的全面发展。我们认为，个人素质全面发展的最核心的内容，也就是强调科学精神和人文精神在个人身上的统一。科学精神的基本内容是尊重事实、尊重真理、尊重客观规律、为真理而献身等；人文主义精神的基本内容则是尊重人格、尊重人的基本权利和义务、强调平等、自由、民主和社会公正等。

由此可见，个人素质的全面发展和个人能力的全面发展并不是矛盾的，更不是对立的。事实上，个人素质全面发展的提法，是在新的历史条件下，对马克思的个人能力全面发展理论的积极推进。

三、理想状态中的全面发展和现实状态中的片面发展

我们必须清醒地意识到，马克思说的个人能力的全面发展和中国学者提出的人的素质的全面发展都是理想状态中的目标。事实上，随着科

学技术的发展和人文精神内涵的发展，"全面发展"的含义也在不断地发生变化。所以，每一个时代对"全面发展"的内涵的理解都只具有相对的意义。恩格斯在谈到文艺复兴时代出现的一系列伟大人物的时候，曾经这样写道：

> 那时，差不多没有一个著名人物不曾作过长途的旅行，不会说四五种语言，不在几个专业上放射出自己的光芒。……那时的英雄们还没有成为分工的奴隶，分工所具有的限制人的、使人片面化的影响，在他们的后继者那里我们是常常看到的。但他们的特征是他们几乎全都处在时代运动中，在实际斗争中生活着和活动着……因此就有了使他们成为完人（ganzen Maennern）的那种性格上的完整和坚强。①

在某种意义上，我们也可以把恩格斯所说的"完人"理解为那个时代的全面发展的个人。而在当代，人们对全面发展的个人必定会提出更高的要求。换言之，个人的全面发展是永无止境的，是人们在理想状态中追求的目标。无疑，这个理想中的目标会对每个人的发展产生巨大的激励作用。

然而，对于现实生活中的每个个人来说，却应该辩证地理解全面发展和片面发展之间的关系。人们应该清醒地认识到，当今时代是知识和信息爆炸的时代。一个人要知道和掌握所有的知识是绝对不可能的。试图无所不知，结果只能一无所知。因此，我们如果从现实生活的视角出发来探索个人的全面发展的话，我们仅仅把它理解为人文精神和科学精神的统一就已经足够了。事实上，当今世界的任何个人，要在素质上达到人文精神和科学精神的全面发展已属不易，遑论把更高的理想境界作

---

① 恩格斯：《自然辩证法》，人民出版社 1971 年版，第 7—8 页。参阅 F. Engels, *Dialektik der Natur*, Berlin: Dietz Verlag, 1952, S. 8-9。

为现实的目标来追求。也就是说，在现实生活中，我们至多只能把个人的全面发展理解为其人文素质和科学素质的全面发展。

只要一个人不陷入幻觉之中，他应该懂得的另一个生活的真理，即他永远只能片面地发展自己。也就是说，他必须有自知之明，必须对自己的天赋、能力和现状进行认真的反思，并片面地发展自己身上最见长的、最有可能获得成功的那些因素。莎士比亚之于戏剧、莫扎特之于作曲、帕格尼尼之于小提琴、毕加索之于绘画，正是片面发展的结果。如果一个人试图全面地发展自己的专长，这个人必将一事无成。

歌德说过："有人说得很对，人的才能最好是得到全面发展，不过这不是人生来就可以办到的。每个人都要把自己培养成某一种人，然后才设法去理解人类各种才能的总和。"①歌德不但自己努力做到不旁驰博骛，而且经常告诫他的秘书爱克曼也这样做，以致爱克曼写道：

> 从我和歌德接近以来，他一直要我提防一切分心的事，经常力求把精力集中在一门专业上。如果我表现出一点研究自然科学的兴趣，他总是劝我莫管那些闲事，目前且专心致志地在诗方面下功夫。如果我想读一部对我的专业没有帮助的书，他也总是劝我不要读，说它对我毫无实用。②

从这段话可以看出歌德在治学上对爱克曼的严格要求。

无独有偶，片面地发展自己的专长、严格地限制自己的研究范围，也是黑格尔最重要的治学经验。在《小逻辑》一书中，黑格尔指出：

> 一个志在有大成就的人，他必须，如歌德所说，知道限制自己。反之那些什么事都想做的人，其实什么事都不能做，而终归于

---

① ［德］爱克曼辑录：《歌德谈话录》，朱光潜译，人民文学出版社1978年版，第78页。
② 同上书，第80页。

失败。世界上有趣味的东西异常之多：西班牙诗、化学、政治、音乐都很有趣味，如果有人对这些东西感觉兴趣，我们决不能说他不对。但一个人在特定的环境内，如欲有所成就，他必须专注于一事，而不可分散他的精力于多方面。①

在《法哲学原理》一书中，他几乎以同样的口吻写道："歌德说，立志成大事者，必须善于限制自己。人惟有通过决断，才投入现实，不论作出决定对他来说是怎样的艰苦。"②也正是在这个意义上，黑格尔对那些老是停留在全面发展的志向中，而不肯做任何决断的人进行了辛辣的讽刺："单纯志向的桂冠就等于从不发绿的枯叶。"③这就深刻地启示我们，一个人要有所造就，决不能同时发展自己各方面的兴趣，也不能停留在单纯的志向中，而应该诉诸行动，发展自己最有特长的方面。

综上所述，探讨人的全面发展问题，不仅要注意到这一问题的基本概念所涉及的实质性的含义，而且要注意到这一探讨所面对的两个不同的视角：一个是理想的视角，另一个是现实的视角。我们必须把这两个不同的视角综合起来，从而既不失理想的高度，又不失现实生活中的可操作性。

---

① ［德］黑格尔：《小逻辑》，贺麟译，商务印书馆1980年版，第174页。

② ［德］黑格尔：《法哲学原理》，范扬、张企泰译，商务印书馆1961年版，第24—25页。

③ 同上书，第128页。

广义生产理论：普照的光[①]

马克思曾经说过："在一切社会形式中都有一种一定的生产决定其他一切生产的地位和影响，因而它的关系也决定其他一切关系的地位和影响。这是一种普照的光，它掩盖了一切其他色彩，改变着它们的特点。这是一种特殊的以太，它决定着它里面显露出来的一切存在的比重。"[②] 这段话之所以重要，因为它阐述了马克思本体论的最基本的思想。

笔者认为，马克思哲学从属于现代西方哲学。马克思在哲学上划时代的贡献是创立了历史唯物主义，历史唯物主义乃是本体论革命的产物，换言之，历史唯物主义也就是马克思的新本体论。这种新本体论，就其实质而言，乃是生存论的本体论，而在马克思那里，生存也就是生产。按照马克思的论述，狭义的生产是指物质生活资料的生产，这对于人的基本的生存活动来说是不可缺少的；广义的生产不但包括物质资料的生产，还包括人的生产、精神生产和社会关系的生产。一言以蔽之，广义的生产乃是指整个社会

---

① 原载《社会科学报》2002 年 9 月 26 日。收录于俞吾金：《哲学随想录》，北京师范大学出版社 2016 年版，第 216—217 页。——编者注

② 《马克思恩格斯全集》第 46 卷（上册），人民出版社 1979 年版，第 44 页。

或全部社会生活的生产和再生产。

在马克思的广义生产理论中，核心的部分乃是物质生活资料的生产和这种生产在其中得以展开的社会生产关系。正如物质生活资料的生产从根本上制约着其他生产活动一样，社会生产关系也从根本上制约着其他的社会关系。那么，究竟如何理解物质生活资料的生产与社会生产关系的生产之间的关系呢？在这里，正确理解的前提是超越分析理性和抽象观念的影响。也就是说，既不存在与任何社会生产关系相分离的物质生活资料的生产，也不存在与任何物质生活资料的生产相脱离的、空洞的生产关系。事实上，这两者是不可分割地统一在任何物质生活资料生产的现实过程中的。

从传统的哲学观点来看，本体论属于形而上学的领域；而按照康德的观点，整个形而上学都处在超验的领域里。这正是本体论研究的独特之处。而在物质生活资料生产的现实过程中，生产本身属于经验的领域，而看不见、摸不着的社会生产关系则属于超验的领域。也就是说，从本体论研究的角度看，马克思的广义生产理论的实质是社会生产关系，而马克思关于实践、异化、意识形态、上层建筑和社会革命的理论都是从这种广义生产理论的基础上引申出来的。

如何理解马克思的实践概念[1]

　　2001年2月6日，我在《光明日报》学术版上发表了《人文关怀：马克思哲学的另一个维度》一文。这篇论文的基本观点是：人文关怀是马克思哲学的一个基本维度，但在马克思哲学的传播过程中，这个维度被遮蔽起来了，甚至当人们把马克思哲学理解为实践哲学（亦可简称为"实践论"）时，仍然会发生这样的遮蔽现象。拙文的这一见解引起了一些学界同仁的困惑，杨学功先生在《也谈马克思哲学的人文关怀：兼与俞吾金先生商榷》一文（载《哲学研究》2002年第6期。以下简称"杨文"）中，虽然肯定拙文"把人在马克思哲学中的地位提到了一个新的高度"，但又对我的一些具体的观点存在不同的看法，他写道："我尤其不能同意《俞文》的这样一种看法，即认为：'实践论'的哲学解释框架也会导致马克思哲学中人文关怀维度的丧失和遮蔽。"在杨文看来，"只有把实践的观点理解为一种哲学解释框架或哲学视界，才能把握到它对于马克思哲学的全局性和

　　[1]　原载《哲学研究》2002年第11期，第16—21页，题为《如何理解马克思的实践概念——兼答杨学功先生》。收录于俞吾金：《从康德到马克思——千年之交的哲学沉思》，广西师范大学出版社2004年版，第264—280页；《哲学随想录》，北京师范大学出版社2016年版，第190—205页；《从康德到马克思——千年之交的哲学沉思》，北京师范大学出版社2017年版，第439—459页。——编者注

根本性意义。而这样的'实践论'，不仅不会导致对人的遮蔽，相反，它为马克思哲学中人文关怀维度的凸显提供了根本的哲学前提。"

显然，杨文忽视了两个根本性的问题：第一，马克思本人对实践概念的表述与马克思的追随者对马克思的实践概念的理解和解释是否可能存在差异？第二，在人们把马克思哲学理解为实践哲学的前提下，是否必定会肯定并弘扬马克思哲学所蕴含的人文关怀的维度？在这里，杨文和拙文之间的根本分歧点在于：究竟如何理解马克思的实践概念？毋庸讳言，澄清这个分歧点对于当前的理论界来说具有特别重要的意义。事实上，在今天，又有谁不把马克思的哲学理解为实践哲学呢？又有谁在反驳别人的观点时不声称自己是站在实践哲学一边的呢？正因为马克思的实践概念遭到了普遍的误解和滥用，因而有必要正本清源，恢复其本真含义，从而走出理论上的某些误区。

一、两种不同的实践概念

在西方哲学史上，古希腊哲学家亚里士多德最早对人的活动的不同类型进行了思考。在《大伦理学》中，他批评了苏格拉底关于"美德就是知识"的著名观点，认为这一观点混淆了人类灵魂的两个不同的部分，从而也混淆了人的两种不同的活动类型。在他看来，人类的灵魂是由两个部分组成的：一个部分是理性，它涉及人的感觉、认识、理智和思辨，关系到人的制作、生产和技术方面的活动；另一个部分是非理性，它涉及人的激情、欲望和意志，关系到人的德性和伦理、正义和政治方面的活动。苏格拉底说的"美德"是属于灵魂的非理性部分的，而"知识"则是属于灵魂的理性部分的，这两者不能等同起来，与它们相对应的也是两种不同的活动类型。

在《尼各马可伦理学》中，亚里士多德明确地区分出人的活动的两种不同的类型：一种是"制作"（making），即人们生产、制造所需物品的活动，这种活动是受理智指导的，人们通过自己的理智来确定哪些东西是真的，哪些东西是假的；另一种是"行动"(acting or action)，是受"实践的智慧"(practical wisdom)指导的，而"实践智慧关系到行动。"①"实践的智慧"告诉我们哪些是善的，哪些是恶的。亚里士多德强调：

> 行动不是制作，制作也不是行动。②

由此可见，亚里士多德已经初步区分出作为生产劳动的活动和作为伦理、政治行动的活动。按照他的看法，只有后一种活动，才是真正意义上的实践活动，因为在这种类型的活动中，活动者的意志是完全自由的，因而他必须承担与自己的活动相应的、伦理的和政治方面的责任。正如《西方哲学辞典》的作者所指出的：

> 按照这种比较，伦理行动(ethical actions)不同于技术上的操作(technological performances)，它们是由于自身的缘故而被实施并被评价的。③

当然，在当时的历史条件下，这种区分还没有被亚里士多德以严格的用语表达出来，而这种区分的重要意义也还没有充分地显示出来。

在亚氏之后，康德明确地区分了理性的两种主要的类型：一种是"思辨理性"(die spekulative Vernunft)，它关涉自然必然性(我们通常称为自然规律)的概念，是在现象界的范围内展开的，其中起立法作用的是知性；另一种是"实践理性"(die praktische Vernunft)，它关涉自由概

---

① R. McKeon edited, *The Basic Works of Aristotle*, New York: Random House, 1941, 1141b.

② Ibid. , 1140a.

③ N. Bunnin and Jiyuan Yu edited, *Dictionary of Western Philosophy*, Beijing: People's Publishing House, 2001, p. 19.

念，是在本体界的范围内展开的，其中起立法作用的则是善良意志。在康德看来，思辨理性涉及人与自然之间的关系，人通过自己的认识活动和技术发明活动去把握和利用自然的必然性；而实践理性涉及人与人之间的关系，人通过建立伦理规范来追求并实现自己的自由。与亚里士多德相同的是，在比较严格的意义上，康德也只把后一种活动看作是实践活动；与亚里士多德不同的是，康德以更明确的见解揭示了这两种活动之间的差异，并对与后一种活动直接相关的实践理性作出了高度的评价：

> 人们完全不应该提出使纯粹实践理性隶属于思辨理性这样过分的要求，从而颠倒了两者之间的次序，因为所有的旨趣归根到底都是实践的（alles Interesse zuletzt praktisch ist），甚至思辨理性的旨趣也是有条件的，惟有在实践的应用中才是完满的。①

然而，康德意识到，在日常生活中，人们并没有按照他关于"思辨理性"和"实践理性"的严格区分来考察人的活动。人们不但像康德一样把以本体论为基础的、与自由相关的伦理、政治方面的活动称为"实践"；而且也把康德所不赞成的、以认识论和技术主义为基础的、利用自然规律以改变和控制外部自然界的活动也称为"实践"。这样一来，就形成了两个不同的实践概念。

在《判断力批判》的导论中，康德这样写道：

> 但是，迄今为止，在不同原理和哲学的分类上应用这些术语时，流行着一种引人注目的误用：人们把遵循自然概念的实践（das Praktische nach Naturbegriffen）和遵循着自由概念的实践（dem

---

① I. Kant, *Kritik der praktischen Vernunft*, Berlin: Suhrkamp Verlag, 1989, S. 252.

Praktische nach dem Freiheitsbegriffe)认作是同一个东西……①

在康德看来，决不能把"遵循自然概念的实践"与"遵循自由概念的实践"混淆起来，因为这两种实践形式之间存在着根本性的差异，前者属于现象界，是人的认识指导下的实践活动，后者属于本体界，是道德法则指导下的实践活动。正是在这种意义上，康德进一步指出：

> ……假如规定因果性的概念是一个自然概念，那么这些原理就是技术的实践的(technisch-praktisch)；但是如果它是一个自由的概念，那么这些原理就是道德的实践的(moralisch-praktisch)。②

也就是说，严格意义上的实践概念应当属于实践理性的范围，但流俗的见解把现象界范围内的活动也称为实践，这样一来，就不得不区分出两种不同意义的实践活动：一种是"遵循自然概念的实践"，即认识论和技术主义意义上的实践；另一种是"遵循自由概念的实践"，即本体论和伦理学意义上的实践。

要言之，我们不妨把前一种实践概念称为"认识论或技术主义解释框架内的实践概念"；把后一种实践概念称为"本体论或伦理学解释框架内的实践概念"。这样，借助于对哲学史的考察，我们发现了两个不同的实践概念，而对这两种不同的实践概念的把握之所以重要，是因为它们为我们准确地理解马克思的实践概念奠定了基础。

二、马克思实践概念的本真含义

与亚里士多德和康德比较起来，马克思具有更宽广的理论视野。他

---

① I. Kant, *Kritik der Urteilskraft*, Berlin: Suhrkamp Verlag, 1989, S. 78.
② Ibid., S. 79.

不但深入地研究了哲学、法学、数学、自然科学、政治学、伦理学和宗教学，而且也深入地研究了国民经济学，并试图把所有这些知识的领域综合起来。他不赞成亚里士多德和康德关于实践概念的偏狭的观点，即把实践仅仅理解为伦理、政治等领域中的活动，而主张把经济领域和其他一切领域中的实际活动都理解为实践。在《关于费尔巴哈的提纲》一文中，马克思指出：

> 全部社会生活在本质上是实践的。凡是把理论引到神秘主义方面去的神秘东西，都能在人的实践中以及对这个实践的理解中得到合理的解决。①

马克思把实践理解为全部社会生活的本质，但这样一来，他是否也像康德所批评的那样，把两种不同的实践概念混淆起来了呢？其实，马克思这样做是有自己的深意的。

虽然马克思把康德哲学理解为"法国革命的德国理论"②。但在他看来，"康德只谈'善良意志'，哪怕这个善良意志毫无效果他也心安理得，他把这个善良意志的实现以及它与个人的需要和欲望之间的协调都推到彼岸世界"③。马克思不赞成康德把此岸世界（现象界）与彼岸世界（本体界）割裂开来；从而也把两种不同的实践活动割裂开来。马克思认为，人的生活世界是统一的，人的实践活动也是统一的。

现在的问题是：在整个实践活动中，构成其统一之基础的究竟是哪一种实践形式呢？显而易见，在马克思看来是生产劳动，因为人们为了创造历史，必须能够生活；而为了生活，就要先解决衣、食、住等问题；"因此第一个历史活动就是生产满足这些需要的资料，即生产物质

---

① 《马克思恩格斯全集》第 3 卷，人民出版社 1960 年版，第 8 页。
② 《马克思恩格斯全集》第 1 卷，人民出版社 1956 年版，第 100 页。
③ 《马克思恩格斯全集》第 3 卷，人民出版社 1960 年版，第 211—212 页。

生活本身"①。在批判费尔巴哈的直观唯物主义的时候，马克思进一步指出：

> 这种活动、这种连续不断的感性劳动和创造、这种生产，是整个现存感性世界的非常深刻的基础，只要它哪怕只停顿一年，费尔巴哈就会看到，不仅在自然界将发生巨大的变化，而且整个人类世界以及他（费尔巴哈）的直观能力，甚至他本身的存在也就没有了。②

这就告诉我们，马克思是在生存论的本体论的基础上统一全部实践活动的。

如前所述，按照亚里士多德和康德的观点，制作或生产劳动属于"认识论解释框架内的实践概念"，而现在马克思把生产劳动理解为"本体论解释框架内的实践概念"，是不是把两种不同实践活动的内容掺合起来了？我们的回答是否定的。实际上，马克思的生产劳动概念同时蕴含着这两个不同的维度。当人们从人与自然界的关系的角度，即人改造、控制自然的角度去考察问题时，生产劳动就成了"认识论解释框架内的实践概念"；而当人们从人与人之间的生产关系乃至整个社会关系的角度，即人改造社会生活和政治制度的角度去考察问题时，生产劳动又成了"本体论解释框架内的实践概念"。

现在的关键在于，在考察马克思的生产劳动乃至整个实践活动的概念时，究竟认识论维度是根本性的，还是本体论维度是根本性的？马克思下面这段话为我们提供了重要的启示。他这样写道：

> ……实际上和对实践的唯物主义者，即共产主义者说来，全部

---

① 《马克思恩格斯全集》第 3 卷，人民出版社 1960 年版，第 31 页。
② 同上书，第 50 页。

问题都在于使现存世界革命化，实际地反对和改变事物的现状。①

这段话告诉我们，马克思始终是在本体论的意义上谈论实践活动的。也就是说，在马克思的实践概念中，本体论维度是根本性的，认识论维度则是植根于本体论维度的。一旦人们撇开本体论维度，从单纯的认识论维度去理解并解释马克思的实践概念，尤其是他的生产劳动概念，必定会否弃马克思实践概念的本真含义。

从上面的论述出发，我们可以把马克思的实践概念的本真含义归纳为以下三点：第一，马克思实践哲学的本质是生存论的本体论，马克思的实践概念本质上是"本体论解释框架内的实践概念"。第二，马克思扬弃了亚里士多德和康德关于两种实践的观念，把实践概念理解为一个涵盖人类全部社会生活的统一的概念。这样一来，人的各种活动就不再处在离散性的状态下。第三，正如斯宾诺莎把笛卡儿学说中的两个实体——思维和广延改造为上帝所具有的两个不同的属性一样，马克思也把亚里士多德和康德的两种实践的观念改造为同一个实践活动，尤其是生产劳动的两个不同的维度。第四，生产劳动构成马克思实践概念中的基础性的层面，"这是一种特殊的以太，它决定着它里面显露出来的一切存在的比重"②。因此，对马克思的生产劳动概念首先应该从本体论，而不是从认识论的角度加以把握。如果也需要从认识论的角度来理解马克思的实践概念的话，那么这种理解必须以马克思的生存论的本体论的维度作为自己的前提，否则就会迷失方向。

三、被误解了的马克思的实践概念

在某种意义上可以说，马克思的实践概念遭到了双重的误解：一种

---

① 《马克思恩格斯全集》第 3 卷，人民出版社 1960 年版，第 48 页。
② 《马克思恩格斯全集》第 46 卷(上册)，人民出版社 1979 年版，第 44 页。

误解来自传统的马克思主义者以及在他们思想的影响下编写出来的哲学教科书；另一种误解来自当代的某些马克思思想的研究者。

我们先来检讨第一种误解。这种误解滥觞于马克思的某些理论上的追随者，而在关于马克思主义哲学的教科书中得到了充分的表现。这些理论上的追随者虽然对马克思哲学与西方传统哲学之间的关系缺乏认真的研究，但在思想方法上却深受西方哲学中两大潮流的影响。一是近代西方哲学中重认识论、方法论的潮流；二是由现代西方哲学家孔德所肇始的、拒斥形而上学（当然也包括形而上学的基础部分本体论）的实证主义潮流。

在这两大潮流的冲击下，一方面，本体论问题被悬置起来了。确切地说，不管这些追随者是否愿意使用"本体论"这一术语，本体论承诺始终是存在的，而他们自觉地或不自觉地承诺的本体论正是亚里士多德、霍尔巴赫、费尔巴哈所主张的抽象物质的本体论。于是，在某些马克思主义哲学的教科书中，我们总是可以找到这样的见解：

> 世界是物质的世界，物质世界永远按照自己固有的规律运动着，发展着。这是辩证唯物主义世界观的出发点。①

其实，这正是对马克思的物质理论和本体论学说的误解。在《1844 年经济学哲学手稿》中，马克思批评了自然科学研究中存在的那种"抽象物质的（abstract materielle）或者不如说是唯心主义的方向"②，并写道：

> 只有当物（die Sache）按人的方式同人发生关系时，我才能在实践上（praktisch）按人的方式同物发生关系。③

---

① 艾思奇：《辩证唯物主义 历史唯物主义》，人民出版社 1978 年版，第 29 页。
② 《马克思恩格斯全集》第 42 卷，人民出版社 1979 年版，第 128 页。
③ 同上书，第 124 页注②。

也就是说，马克思从来不像传统哲学家那样去谈论与人的实践活动相分离的抽象物质，马克思关注的是物质的具体样态——物在人的实践活动中与人之间的关系。在《关于费尔巴哈的提纲》一文中，马克思开宗明义地指出：

> 从前的一切唯物主义——包括费尔巴哈的唯物主义——的主要缺点是：对事物、现实、感性，只是从客体的或者直观的形式去理解，而不是把它们当作人的感性活动，当作实践（Praxis）去理解，不是从主观方面去理解。①

在这里，马克思更明确地指出，应该从实践，而不是从传统哲学家所说的、与人的活动相分离的物质或事物出发看问题。这些论述清楚地表明，马克思的本体论绝不是被他的某些追随者所误解的抽象物质的本体论，而是一种实践唯物主义，即生存论的本体论。事实上，正如我们在前面已经指出过的那样，在《德意志意识形态》一书中，马克思对自己的生存论的本体论做了全面的论述。

另一方面，认识论以及在认识论的地平线上展开的方法论则成了这些追随者理解并解释马克思哲学，尤其是他的实践概念的根本的出发点。他们不但简单化地把整个马克思哲学归结为认识论，而且把其基础的和核心的概念——实践概念也完全纳入认识论解释框架之内。在这个解释框架内，实践成了马克思认识论的首要的、基本的观点。有的学者这样写道：

> 马克思主义哲学最显著的特点之一，就是它的实践性。认识是从实践中产生，随着实践的发展而发展的，它又转过来为实践服务，并在实践中得到检验和证明。人的认识一点也离不开实践，一

---

① 《马克思恩格斯全集》第3卷，人民出版社1960年版，第3页。

切否认实践的重要性、企图使认识离开实践的观点，都是错误的。把实践作为认识的基础，强调认识对于实践的依赖关系，这是辩证唯物主义认识论同以前的一切认识论相区别的一个根本标志。马克思主义哲学第一次把实践引到认识论中来，从而科学地解决了认识论的一系列问题，克服了旧形而上学认识论的缺陷，彻底驳倒了唯心主义的认识论。①

这段耳熟能详的论述虽然充分肯定了实践概念在马克思哲学中的重要地位，但却把这种重要地位仅仅理解并归结到认识论的领域内。这样一来，马克思哲学革命的本体论维度和实践概念的本体论维度都被遮蔽起来了，马克思的实践概念成了单纯"认识论解释框架内的实践概念"。

同样，当人们分析实践活动的基本形式——生产劳动时，也忽视了生产劳动所蕴含的根本性的、本体论的维度。事实上，只要本体论的眼光是缺席的，生产劳动和实践活动的其他形式一样，也就只具有认识论的意义。比如，有的学者在谈到生产劳动的作用时指出，它"给认识不断提供新的技术工具，加强了人的感官，帮助人们深入自然，揭示它的秘密"②。可见，在单纯认识论的眼光中，生产劳动只在它如何有利于人们认识自然、改造和控制自然的意义上得到肯定，而人们在生产中结成何种关系，这种关系如何异化，又如何通过政治革命和社会革命来改变这种关系，等等，就完全逸出了人们的视野。

我们再来检讨另一种误解。如果说，马克思的某些理论上的追随者和传统的哲学教科书从肯定意义上把马克思的实践概念误解为"认识论解释框架内的实践概念"；那么，当代的某些马克思思想的研究者则从否定的意义上把它误解为"认识论解释框架内的实践概念"。我们可以借

---

① 艾思奇：《辩证唯物主义 历史唯物主义》，人民出版社1978年版，第159页。
② 同上书，第163页。

助汉娜·阿伦特和哈贝马斯这两位学者的观点来剖析这种误解的具体表现形式。

深受海德格尔思想影响的阿伦特，试图通过对古希腊的某些见解，尤其是亚里士多德在《政治学》和《尼各马可伦理学》中关于人的活动的不同类型的见解的复归，对实践概念作出新的诠释。在她的名作《人的条件》中，她把人的活动分为三种基本的类型：一是"劳动"(labor)，作为生命本身，它主要涉及人与自然之间的关系；二是"工作"(work)，作为文化创造活动，它主要涉及人与人工世界之间的关系；三是"行动"(action)，作为人们在一个共同体内进行的政治活动，主要涉及公共领域里人与人之间的实践关系。① 在阿伦特看来，在古代城邦社会中，公共领域里的行动乃是最重要的活动形式之一，但是，随着人类社会的发展，特别是现代社会的兴起和发展，劳动作为私人领域里的活动，其作用显得越来越重要，而在劳动这种活动形式逐步受到推崇的过程中，洛克、亚当·斯密，尤其是马克思起着极为重要的作用。她写道：

> 马克思的劳动哲学与 19 世纪进化与发展理论(个体生命过程从有机体生命的最低形式向高级动物形式——人类的出现进化)的不谋而合令人瞩目。②

而随着私人领域里的劳动的重要性的凸显，公共领域和行动这一活动方式也就衰弱下去了。按照阿伦特的观点，马克思主要是在劳动的层面上谈论人的活动。言下之意，他对工作和活动都缺乏重视。阿伦特对马克思的误解在于，她只是从人与自然的关系，即"认识论解释框架内的实践概念"的意义上来理解马克思的劳动概念，这就完全忽略了马克思的劳动概念，尤其是异化劳动概念中所蕴含的本体论维度。

---

① 参见[美]汉娜·阿伦特：《人的条件》，竺乾威等译，上海人民出版社 1999 年版，第 1 页。
② 同上书，第 102 页。

阿伦特的见解也对哈贝马斯产生了重要的影响。哈贝马斯主要把人的活动分为两种类型：一是"劳动"（Arbeit）；二是"相互作用"（Interaktion）。他写道：

> 我的出发点是劳动和相互作用之间的根本区别。①

所谓劳动，也就是按照经验知识和技术规则进行的工具性的活动；所谓相互作用，也就是按照人们共同认可的规范、以符号为媒介的交往活动。哈贝马斯正是从这一根本区别出发去批评马克思的实践概念的。他指出：

> 马克思对相互作用和劳动的联系并没有做出真正的说明，而是在社会实践的一般标题下把相互作用归之劳动，即把交往活动归之为工具活动。②

显然，哈贝马斯对马克思的实践概念的批评也是站不住脚的。正如我们在前面已经指出过的，在马克思那里，社会实践，包括其基本形式——生产劳动在内，都具有认识论和本体论这两个不同的维度，而后一个维度则是根本性的。事实上，哈贝马斯在相互作用的概念下讨论的内容正体现在马克思的实践概念的本体论维度中。然而，由于哈贝马斯同阿伦特一样，只是从认识论的角度出发去理解马克思实践概念③，必然导致对这一概念的误解。

---

① ［德］哈贝马斯：《作为"意识形态"的技术与科学》，李黎、郭官义译，学林出版社1999年版，第48—49页。

② 同上书，第33页。

③ 哈贝马斯在论述到马克思《关于费尔巴哈的提纲》的第一条的内容时，甚至评论道，这里"并没有人类学的意义，而是具有认识论的意义"。（参见［德］哈贝马斯：《认识与兴趣》，郭官义、李黎译，学林出版社1999年版，第22页）实际上，当他从认识论角度出发去理解这一条提纲时，也就完全丢失了马克思实践要领的本体论维度。

从上面我们分析可以看出，上述两种误解方式分别从肯定和否定的不同角度出发，把马克思的实践概念理解为单纯"认识论解释框架内的实践概念"，这样一来，马克思实践概念的本体论维度被严严实实地遮蔽起来了。显而易见，如果人们对这方面的误解听之任之，不认真地加以清除，马克思实践概念的本真含义也就始终在他们的视野之外。

四、马克思实践概念与人文关怀的内在联系

当人们把马克思哲学理解为实践哲学的时候，它所蕴含的人文关怀维度是不是必定会向理解者敞开呢？我们的回答是并不一定。正如我们在前面已经指出过的那样，人们一旦把马克思的实践概念理解为"认识论解释框架内的实践概念"，马克思哲学中的人文关怀的维度不但不会敞开，反而会被遮蔽起来。何以见得呢？我们不妨做些具体的分析。

其一，当人们把马克思的实践概念"囚禁"在认识论的牢笼中时，在本体论上就会出现空场，而这个空场通常是由抽象物质的本体论来填补的。既然抽象物质是与人的活动相分离的物质，那么，以这样的抽象物质为出发点的哲学，怎么可能重视具体的人呢？正如马克思所指出的：

> 非对象性的存在物是非存在物（Unwesen）。[1]

事实上，当一种哲学见解建筑在与人的活动相分离的抽象物质上时，它是不可能向人文关怀的观念敞开的。马克思在批评崇拜抽象实体的机械运动的唯物主义者霍布斯时就曾说过："唯物主义变得敌视人了。"[2]所以，人们一旦忽视了马克思实践概念的本体论维度，马克思哲学的人文

---

[1] 《马克思恩格斯全集》第42卷，人民出版社1979年版，第168页。
[2] 《马克思恩格斯全集》第2卷，人民出版社1957年版，第164页。

关怀的意蕴也就自行闭合起来了。

其二，人们不但把马克思的实践概念"囚禁"在认识论的牢笼内，而且进一步把认识论圈定在辩证唯物主义的范围内。据说，历史唯物主义是研究人和社会的，辩证唯物主义则是研究与人和社会相分离的抽象的自然界的，既然如此，隶属于辩证唯物主义的认识论怎么可能去探讨人的问题，尤其是人与自然的关系呢？马克思说过：

> 被抽象地孤立地理解的、被固定为与人分离的自然界，对人说来也是无。①

这种抽象自然的本体论的渗入同样会把人文关怀的维度封闭起来。

其三，由于整个认识论是研究认识的起源和本质的，所以，实践概念的内涵也势必被这一研究范围窄化，人们无法通过这个概念把人文关怀的全部内容都安顿到认识论中来。人们曾经以唐·吉诃德式的热情做过这样的尝试，即企图把人文关怀中的核心概念——自由引入认识论中。苏联哲学家罗森塔尔和尤金主编的《简明哲学辞典》曾对自由概念作了如下的论述：

> 自由并不在于想象中的脱离自然规律，而在于认识这些规律，并能够把它们用到实践活动中去……因此，只有在认识必然性的基础上才能有自由的活动。自由是被认识了的必然性。②

显然，这是一种前康德的哲学观点。其实，康德早就告诉我们，思辨理性和认识论关系到自然规律，而实践理性和本体论才与自由有关。换言

---

① 《马克思恩格斯全集》第 42 卷，人民出版社 1979 年版，第 178 页。参见：《抽象自然观的三种表现方式》，载俞吾金《实践诠释学：重新解读马克思哲学与一般哲学理论》，云南人民出版社 2001 年版，第 162—176 页。

② 罗森塔尔、尤金编：《简明哲学辞典》，三联出版社 1973 年版，第 171—172 页。

之，自由只关系到社会规范及人与人之间的关系，不涉及人与自然的关系。如果认为认识了自然规律就进入了自由，那么科学家和技师就是世界上最自由的人了。而对于康德来说，这种所谓自由"也就是一个旋转的烤肉叉式的自由，一旦人们给它上紧了发条，它就会自动地完成自己的运动"①。

其四，认识论的宗旨是通过实践的概念凸显人的主体地位，从而达到认识自然、控制自然的目的。然而，当代科学技术的发展和生态环境的破坏表明，蕴含在认识论研究中的这一宗旨恰恰是与人文关怀相冲突的。只有自觉地植入生存论的本体论的视域，认识论才有可能反躬自省，限制主体的无限的欲望，并把自然理解为人的伴侣，而不是千方百计地加以征服的对象。所以，当杨文谈到实践概念和"凸显人的主体地位"时，显然忘记了，对人文关怀的背离很可能已经潜伏在这种无节制的实践活动中。

一言以蔽之，只要人们停留在"认识论解释框架内的实践概念"上，马克思哲学中的人文关怀的维度就会自行闭合起来。事实上，只要看看苏联的哲学纪事和中国"文化大革命"结束前的哲学争论的主题，就会发现，人们把所谓"认识论（或认识论意义上的实践论）、辩证法（方法论）和逻辑的一致性问题"理解为马克思哲学的最根本的问题，而人文关怀的整个问题域，如人的尊严和自由、人的权利和责任、人的关系和异化等则完全被边缘化了，与此相应的是，本体论、政治哲学、伦理哲学、法哲学和宗教哲学方面的研究也被边缘化了。历史教训和理论省思一再启示我们，并不存在把人们从"认识论解释框架内的实践概念"带向马克思的人文关怀学说的洛西南特。②

这就是说，我们必须把对马克思哲学，尤其是对他的实践概念的考察转移到本体论的立场上。但这种本体论既不是传统哲学中的世界本原

---

① I. Kant, *Kritik der praktischen Vernunft*, Berilin: Suhrkamp Verlag, 1989, S. 222.

② 洛西南特为唐·吉诃德的坐骑。

论(实际上是宇宙起源论)或理性本体论，也不是抽象物质的本体论或抽象自然的本体论，而是马克思意义上的生存论的本体论。从这样的本体论出发，马克思的实践概念首先就是"本体论解释框架内的实践概念"，说得更确切些，就是"生存论本体论解释框架内的实践概念"。基于这样的理解，人为了生存在世，必须从事生产，生产劳动乃是实践的基本形式。如果说，认识论引导人们从人与自然的关系（即人改造自然、控制自然）的角度去理解生产劳动，那么，本体论则引导人们从人与人之间的关系（即生产关系、制度约束、社会规范和人的自由等）的角度去理解生产劳动。正是在生存论的本体论的视域内，人文关怀的全部内容才会向我们敞开。在我们看来，认识论不但不能为本体论奠基，相反，只有生存论的本体论才能为认识论奠基。其实，只有当人们对抽象认识论进行解构，把全部认识理解为生存活动的展现方式的时候，认识论才不会再处在飘荡无根的状态下。

综上所述，在人人都在谈论实践概念，而马克思的实践概念又遭到普遍误解和滥用的情况下，从马克思的经典文本和历史经验出发，恢复这一概念的本真含义就成了一项刻不容缓的理论任务。事实上，只有当人们走出单纯或抽象的认识论的解释框架，进入生存论的本体论的解释框架时，准确地理解马克思的实践概念才变得可能，而马克思人文关怀的全部内容也会自行向我们展现出来。

2003年

从"道德评价优先"到"历史评价优先"

——马克思异化理论发展中的视角转换①

一

自从马克思的《1844 年经济学哲学手稿》于
1932 年面世后，异化问题在西方理论界掀起了
轩然大波。但是，随着法西斯主义的兴起和第二
次世界大战的爆发，这个问题曾一度沉寂下来。
战后，异化问题再度成为热门话题，并迅速地波
及苏联和东欧诸国。当这股理论思潮蔓延到中国
时，中国理论界正处在对"文化大革命"的沉痛的
反思之中。顷刻之际，这个问题成了中国理论界
的第一话题，相关的论著犹如雨后春笋般地涌现
出来。然而，时隔数年，异化这个词又突然神秘
地从中国的理论话语中消失了，仿佛它从来就没
有引起过人们的注意！如何解释这种忽冷忽热、

①　原载《中国社会科学》2003 年第 2 期，第 95—105 页。收录于俞吾金：《从康德到
马克思——千年之交的哲学沉思》，广西师范大学出版社 2004 年版，第 292—314 页；《重
新理解马克思——对马克思哲学的基础理论和当代意义的反思》，北京师范大学出版社
2005 年版，第 313—330 页；《实践与自由》，武汉大学出版社 2010 年版，第 308 页—328
页；《从康德到马克思——千年之交的哲学沉思》，北京师范大学出版社 2017 年版，第
573—600 页。——编者注

大起大落的理论现象呢？我认为，这种现象主要是由下面的原因引起的。

第一，一般说来，人们是以情绪化的态度来看待异化问题的。而"异化"正是道出普遍的疏离感和压抑感的哲学概念。在这个意义上，与其说"异化热"具有理论探索的性质，不如说具有情绪宣泄的特征。换言之，人们不是在理论上探索异化，而只是在情绪上感受异化。无论是"异化热"的突然兴起，还是它的迅速退潮，似乎都印证了这一点，即它仅仅是情绪上的"热"，而不是真正的理论研究上的"热"。

第二，从根本上看，人们只是集中从单一维度去理解马克思异化概念的含义。迄今为止已经发表的几乎所有的论文都认为，马克思的异化概念主要指的是私有制背景下，尤其是资本主义私有制背景下存在的种种消极的因素，马克思运用这个概念的目的是从伦理上批判资本主义社会，表达他对这一社会的道德上的义愤。人们几乎从来没有注意到，马克思是否也曾以积极的、肯定的方式理解并谈论过异化现象。换言之，人们只是从道德评价的维度去理解并解释马克思的异化概念，完全忽视了这一概念所蕴含的积极的、肯定性的历史评价维度。① 事实上，在成熟时期的马克思那里，异化作为客观的历史现象具有其积极的含义。

第三，在相当的程度上，人们忽视了异化概念在马克思的历史唯物主义理论中的重要地位。正如匈牙利学者 M. 瓦依达所指出的："如果我们要想在过去几十年所发表的'官方'马克思主义著作中去寻找马克思的异化概念，那将是徒劳的。马克思历史哲学的这个极为重要的范畴，

---

① 个别学者，如薛德震先生在其论文《驳在异化问题上所谓两个马克思对立的观点》中曾经独具慧眼地指出："马克思作为唯物史观的创始人，他对于资本主义条件下的劳动异化和人的本质的异化，并不只是停留于发泄道德学上的义愤，而是进而揭示了这种物化和异化的历史必然性，指出它是人类社会发展的一定阶段，一方面是历史的进步，另一方面又是在一定的狭隘的生产关系内个人之间自发的必然的联系。"（参见中国社会科学院哲学研究所《国内哲学动态》编辑部：《人性、人道主义问题讨论集》，人民出版社 1983 年版，第 462 页）可惜的是，薛德震先生没有沿着这个方向继续思考下去，并提出一种系统的想法来纠正人们对马克思的异化概念的根本性误解。

甚至在总结马克思历史哲学体系的大量历史唯物主义教科书中都根本没有被提到。"①人们通常认为，青年马克思使用过异化概念，但当他创建了自己的学说——历史唯物主义后，这个概念也就被弃之不用了，即使马克思在成熟时期的著作中偶尔提到这个概念，它也只具有象征性的或边缘性的意义。②按照这种流行的见解，异化概念似乎只是思想尚未成熟的青年马克思的专利品，在历史唯物主义的理论中它不但没有实质性的地位，甚至完全可以不予涉及。显然，持有这种见解的人没有深入地解读成熟时期的马克思的异化理论，并对这一理论与历史唯物主义理论的内在联系作出认真的反思。

显然，只有冷静的、深入的理论思索，才能真正地揭示出隐藏在马克思异化概念中的谜团，从而对马克思的异化概念的含义、实质及其在历史唯物主义理论中的重要地位作出合理的说明。所以，在今天，当我们冒着可能被流俗的见解讥笑的危险，而独自面对马克思的异化概念这一问题时，我们正是在偿清历史的宿债。换言之，我们不愿意马克思理论中的一颗明珠长久地被尘埃所覆盖。本文提出如下的见解。

其一，马克思一生都使用异化概念，这一概念的发展史大致可以划分为以下三个阶段：第一阶段主要包括马克思的《博士论文》(1840 年下半年到 1841 年 3 月)、《黑格尔法哲学批判》(1843 年夏天)、《论犹太人问题》(1843 年秋)、《黑格尔法哲学批判导言》(1843 年末到 1844 年 1 月)、《詹姆士·穆勒〈政治经济学原理〉一书摘要》(1844 年上半年)、《1844 年经济学哲学手稿》(1844 年 4—8 月)等著作。第二阶段主要包括马克思的《神圣家族》(1844 年 9—11 月)、《关于费尔巴哈的提纲》(1845

---

① 陆梅林等编：《异化问题》(上)，文化艺术出版社 1986 年版，第 378 页。

② 甚至像奥古斯特·科尔纽这样的学者也认为："由于对经济和社会关系进行深刻分析的结果，异化作为一个中心概念，越来越坚决地被实践这一基本概念所排挤和代替。"(参见[法]奥古斯特·科尔纽：《马克思恩格斯传》(2)，刘丕坤等译，生活·读书·新知三联书店，1965 年版，第 232 页)科尔纽之所以得出这一错误的结论，是因为他没有觉察出马克思异化概念发展中的"视角转换"，也没有对成熟时期的马克思的异化理论(包括"拜物教"的理论)作出深刻的反思。而在这方面，卢卡奇的理论敏感性则远远地超越了他。

年春)、《德意志意识形态》(1845—1846)、《反克利盖的通告》(1846 年 5 月)、《哲学的贫困》(1847 年上半年)、《道德化的批评和批评化的道德》(1847 年 10 月底)、《共产党宣言》(1847 年 12 月—1848 年 1 月)等著作。第三阶段主要包括《1857—1858 年经济学手稿》、《1861—1863 年经济学手稿》、《剩余价值学述史》(1861—1863)和《资本论》(1867)等著作。

其二,在马克思异化概念的发展中,存在着一个根本性的"视角转换"。这一转换主要发生在上面提到的第二个阶段上。我们认为,青年马克思是从"道德评价优先"①的视角出发去看待异化现象的,而成熟时期的马克思则是从"历史评价优先"的视角出发去看待异化现象的。这两个视角之间存在着根本性的差异。从前者看来,异化现象是消极的,应该从道德上加以谴责;从后者看来,异化现象在历史上的出现是客观的、必然的,应该从历史评价的维度上充分肯定其积极意义。从总体思路上看,前者从属于以抽象的人的本质为基础的、伦理意义上的共产主义或人道主义,后者则从属于以历史演化的客观必然性为基础的历史唯物主义。②

其三,异化概念在马克思的历史唯物主义理论中的地位不是象征性的、边缘性的,而是实质性的、基础性的。如果说,作为异化的特殊表现方式的"拜物教"揭开了传统的抽象物质观的神秘面纱,从而为人们接受历史唯物主义扫清了思想障碍,那么,异化的一般表现方式则揭示了

---

① 美国学者奥尔曼认为:"我倾向于这样的见解,即马克思并没有一个伦理理论。" See B. Ollman, *Alienation: Marx's Conception of Man in Capitalist Society*(*second edition*), Cambridge: Cambridge University Press, 1976, p. 44. 当然,退一万步说,即使马克思没有其独立的伦理理论,也并不妨碍他从伦理学维度出发进行思考和评价。事实上,正因为奥尔曼没有区分出马克思异化概念中存在的两个不同的视角,所以他的《异化:马克思关于资本主义社会中的人的观念》一书并没有提出实质性的新见解。

② 有的学者,如胡福明先生在《"异化劳动"理论初探》一文中指出:"分清马克思早期著作中的异化思想与《资本论》中异化概念的不同性质,是很重要的。"(参见中国社会科学院哲学研究所《国内哲学动态》编辑部:《人性、人道主义问题讨论集》,人民出版社 1983 年版,第 440 页)这一见解无疑是重要的,但由于胡福明先生未意识到马克思异化概念发展中存在的这一"视角转换",所以他的上述见解并没有引申出实质性的研究成果。

人类社会发展的客观趋向，从而使作为历史唯物主义拱顶石的"三大社会形态"理论得以确立。

二

我们先来考察马克思异化概念发展的第一个阶段，即青年马克思的异化理论。众所周知，推动青年马克思思想发展的文化背景是异常丰富的：一是黑格尔的思想，二是费尔巴哈的人本学，三是空想共产主义的理论，四是对国民经济学的研究。

这四个方面大体构成青年马克思思想的主要背景，而青年马克思的异化概念的形成也是与这一背景息息相关的。如果说，在黑格尔那里，异化主要是指精神上的异化，即绝对理念在运动中异化或外化出自然界，那么，在青年黑格尔派那里，异化获得了不同的含义。费尔巴哈把异化概念运用到宗教批判中，把上帝理解为人的本质的异化，并在这个意义上强调，神学的本质就是人类学，这一见解无疑是振聋发聩的。在费尔巴哈的基础上，布·鲍威尔以更宽泛的方式提出了人的"自我异化"的问题。正如戴维·麦克莱伦所说："鲍威尔是'自我异化'（Selbstent-fremdung，self-alienation）这个词的创造者，这个词在青年黑格尔派中间很快就流行了起来。"[①]如果说，马克思在《博士论文》中还主要是在黑格尔的意义上使用异化概念，那么，在《黑格尔法哲学批判》《论犹太人问题》和《黑格尔法哲学批判导言》中，马克思已经更多地在费尔巴哈和鲍威尔的意义上使用异化概念。值得注意的是，在《詹姆士·穆勒〈政治经济学原理〉一书摘要》和《1844 年经济学哲学手稿》中，由于引入了对国民经济学的研究，马克思的异化概念显示出自己的特点，即马克思提出了

---

① ［英］戴维·麦克莱伦：《青年黑格尔派与马克思》，夏威仪等译，商务印书馆 1982 年版，第 65—66 页。

"异化劳动"的新概念，并分析了这一概念的四层含义。①

在青年马克思异化概念的形成和发展过程中，国民经济学研究维度的引入起着极为重要的作用。正是通过这一新的维度的引入，马克思超越了黑格尔、费尔巴哈、鲍威尔和赫斯等人的视域，把异化问题的研究推进到一个崭新的层面上。但与此同时，我们也必须清醒地意识到，青年马克思考察异化问题的总体思路仍然停留在以抽象的人的本质为基础的、伦理意义上的"人道主义"或"共产主义"的理论框架内，而正是这一思路决定了青年马克思考察异化问题的独特视角，即"道德评价优先"的视角。

比如，在《詹姆士·穆勒〈政治经济学原理〉一书摘要》中，马克思指出，乍看起来，在资本主义社会内，信用业所强调的人与人之间在道德上的信任关系是对人的自我异化的扬弃，但是，"这种扬弃异化、人向自己因而也向别人**复归**，仅仅是一个**假象**；何况这是**卑劣的**和**极端的**自我异化，非人化，因为它的要素不再是商品、金属、纸币，而是**道德的**存在、**社会的**存在、人自己的**内在生命**，更可恶的是，在人对人**的信任**的假象下面隐藏着极端的**不信任**和完全的异化"②。在马克思看来，信贷仅仅把"有支付能力的人"理解为道德上"诚实的人"。在信贷中，人不但没有获得自己的尊严，反而被降低为可供抵押的商品、货币、资本或利息，而债务人（通常是穷人）的死亡则被理解为债权人的资本连同利息的死亡。马克思一针见血地指出："**信贷**是对一个人的**道德**作出的**国民经济学**的判断。"③在这里，马克思正是从"道德评价优先"的视角出发来

---

① 事实上，黑格尔在耶拿时期撰写的《伦理体系》（1802—1803）、《实在哲学》（1803—1806）中已经触及"劳动"和"异化"的关系问题，但马克思却在未见到这部手稿的情况下，凭借自己对《精神现象学》的解读和天才的猜测，在《1844年经济学哲学手稿》中提出了"异化劳动"的新理论。无独有偶，卢卡奇也在尚未接触马克思的《1844年经济学哲学手稿》的情况下，通过对马克思的《资本论》的解读和天才的猜测，在《历史与阶级意识》（1923）中创造性地提出了"物化"问题，从而对当代西方思想的发展产生了重大的影响。
② 《马克思恩格斯全集》第42卷，人民出版社1979年版，第21—22页。
③ 同上书，第22页。

考察资本主义社会中人与人之间的关系中普遍存在的异化现象的。

又如，在《1844年经济学哲学手稿》中，马克思进一步从"道德评价优先"的视角出发，揭露了资本主义社会中普遍存在的异化现象。他充满愤慨地写道："劳动为富人生产了奇迹般的东西，但是为工人生产了赤贫。劳动创造了宫殿，但是给工人创造了贫民窟。劳动创造了美，但是使工人变成畸形。"①与此同时，马克思还谴责了国民经济学对这种异化现象的掩蔽："国民经济学，尽管它具有世俗的和纵欲的外表，却是真正道德的科学，最最道德的科学。它的基本信条是：自我克制，对生活和人的一切需要克制。你越少吃，少喝，少买书，少上剧院、舞会和餐馆，越少想，少爱，少谈理论，少唱、少画、少击剑等等，你就越能**积攒**，你的既不会被虫蛀也不会被贼盗的宝藏，即你的**资本**，也就会**越大**。你的**存在**越微不足道，你表现你的生命越少，你的**财产**就越多，你的**外化**的生命就越大，你的异化的本质也积累越多。"②尤其是在国民经济学的人口理论中，那些在两性关系上表现节制的工人则成了真正的"道德的"人。青年马克思从道德批判的角度上强烈地谴责了资本主义社会的异化现象以及国民经济学对这一现象的掩蔽。

那么，青年马克思对异化现象进行道德批判的出发点究竟是什么呢？他下面这段话集中地解答了这个问题："**共产主义是私有财产即人的自我异化的积极的扬弃**，因而是通过人并且为了人而对**人**的本质的真正的**占有**；因此，它是人向自身、向**社会的**（即人的）人的复归，这种复归是完全的、自觉的而且保存了以往发展的全部财富的。这种共产主义，作为完成了的自然主义，等于人道主义，而作为完成了的人道主义，等于自然主义……"③在这里，"共产主义""人道主义"和"自然主义"都是意义相近的概念。如果说，"共产主义"这一概念体现出青年马克思与法国空想共产主义学说之间的理论渊源关系，那么，"人道主义"

---

① 《马克思恩格斯全集》第42卷，人民出版社1979年版，第93页。
② 同上书，第135页。
③ 同上书，第120页。

和"自然主义"（人与自然的一致）则体现出他与费尔巴哈人本学之间的思想联系。

这两种学说的本质究竟是什么呢？科尔纽在批评当时法国空想共产主义者时曾经写道："他们只是立足于一般的人，把阶级的对立变成道德观念的对立，并用善与恶、正义与非正义的对立代替了阶级斗争，因而阶级斗争就具有道德对立的性质。"①同样，在一定程度上受到法国空想共产主义思潮影响的费尔巴哈，也把社会冲突理解为利己主义和利他主义之间的道德冲突，"因此，人的发展的性质和目的，在本质上就是道德上的了。费尔巴哈的这种伤感的空想的哲学，最终成了一种暧昧的伦理学，成了一种所谓普遍幸福和爱的无形的宗教"②。

上面的分析表明，这两种学说的本质都是以抽象的人的本质为基础的伦理观念。虽然青年马克思对资本主义社会中的异化现象进行了深刻的揭露，也提出了"**整个所谓世界历史**不外是人通过人的劳动而诞生的过程，是自然界对人说来的生成过程"③这样重要的历史见解，但他的总体思路仍然是以抽象的人的本质为基础的、伦理意义上的共产主义或人道主义，他考察异化和其他社会问题的视角仍然是"道德评价优先"。如果马克思偶尔也对异化现象做过历史评价的话，那么这种评价始终只具有边缘性的、从属性的意义。

三

我们再来考察马克思异化概念发展的第二个阶段，即"视角转换"阶段。在这个阶段中，马克思通过对人类历史的深入研究，创立了历史唯

---

① ［法］奥古斯特·科尔纽：《马克思的思想起源》，王谨译，中国人民大学出版社1987年版，第55页。

② 同上书，第59页。

③ 《马克思恩格斯全集》第42卷，人民出版社1979年版，第131页。

物主义学说，与此同时，马克思对异化问题的考察也逐步从"道德评价优先"的视角转换为"历史评价优先"的视角。

在《神圣家族》中，马克思在批判黑格尔和以布·鲍威尔为代表的青年黑格尔派的唯心史观时指出：历史活动是群众的事业，"群众绝不会把自己的自我异化的这些后果仅仅看作观念的幻影，看作**自我意识**的单纯的**异化**，同时也不想通过纯粹**内在**的**唯灵论**的活动来消灭**物质**的异化"①。也就是说，马克思不再赞成青年黑格尔派从单纯观念，尤其是道德观念出发来看待异化现象，而是主张从对现实的历史活动的考察出发，来解读异化现象。这一"视角转换"尤其表现在下面这段重要的论述中："有产阶级和无产阶级同是人的自我异化。但有产阶级在这种自我异化中感到自己是被满足的和被巩固的，它把这种异化看作**自身强大**的证明，并在这种异化中获得人的生存的**外观**。而无产阶级在这种异化中感到自己是被毁灭的，并在其中看到自己的和非人的生存现实。"②如果说，在《1844年经济学哲学手稿》中，马克思以充满道德情感的、美文学的笔调来描绘无产阶级在异化劳动中的悲惨处境的话，那么，在《神圣家族》中，马克思已经开始从历史的观点出发，客观地评价异化现象，他现在首先关注的不再是有产阶级对异化中处于悲惨地位的无产阶级所应承担的道德责任，而是有产阶级本身也不过是异化的客观的、历史的产物。

在《德意志意识形态》中，马克思写道："无产阶级只有**在世界历史意义上**才能存在，就像它的事业——共产主义一般只有作为'世界历史性的'存在才有可能实现一样。而各个个人的世界历史性的存在就意味着他们的存在是与世界历史直接联系的。"③这段论述表明，青年马克思的以抽象的人的本质为基础的共产主义和人道主义的总体思路已经被超越了，马克思褪去了费尔巴哈人本学的道德外衣，开始转到历史唯物主

---

① 《马克思恩格斯全集》第2卷，人民出版社1957年版，第104页。
② 同上书，第44页。
③ 《马克思恩格斯全集》第3卷，人民出版社1960年版，第40页。

义的立场上来。按照马克思初步论述的历史唯物主义的观点，人们应当从物质生产和交往方式的发展出发去解释宗教、哲学、道德等意识形式的兴衰存亡。这意味着马克思在考察一切社会现象，包括异化现象时，开始抛弃那种与实在的历史相分离的"道德评价优先"的视角。马克思这样写道，"共产主义者根本不进行任何**道德**说教，施蒂纳却进行大量的道德说教"①；也意味着马克思开始确立"历史评价优先"的理论视角。事实上，也正是从这一新的视角出发，马克思批评了施蒂纳对"现实个人的现实异化和这种异化的经验条件"②的漠视。在马克思看来，异化首先是历史现象，而不是单纯心理上的、道德上的现象，对异化现象的任何考察都应该以对实在的历史的正确解读作为出发点。

在《反克利盖的通告》《哲学的贫困》《道德化的批评和批评化的道德》等论著中，马克思进一步清算了"浪漫派""人道学派""博爱学派""真正的社会主义"等流派的抽象的道德说教，阐明了"道德评价优先"视角的空幻性和无效性。马克思在批判蒲鲁东把经济范畴独立化和永恒化的错误倾向时进一步指出："这些观念、范畴也同它们所表现的关系一样，不是永恒的。它们是**历史的暂时的产物**。"③这一历史唯物主义的见解为人们走出异化"永远存在"的神话，认识异化概念的历史特征奠定了思想基础。

在《共产党宣言》中，马克思的"历史评价优先"的视角在下面这句话中得到了集中的体现："资产阶级在历史上曾经起过非常革命的作用。"④在这里，马克思既对资产阶级的客观的历史作用，也对资本主义社会中普遍异化所包含的客观的历史意义作出了肯定性的评价。这充分表明，马克思已经完全摆脱青年时期的"道德评价优先"的视角所蕴含的感伤主义，把"历史评价优先"作为考察一切社会历史现象（包括异化现

---

① 《马克思恩格斯全集》第3卷，人民出版社1960年版，第275页。
② 同上书，第317页
③ 《马克思恩格斯全集》第4卷，人民出版社1958年版，第144页。
④ 同上书，第468页。

象)的根本出发点。

从上面的论述可以看出，正是在马克思异化概念发展的第二个阶段上，马克思彻底抛弃了青年时期以抽象的人的本质为基础的、伦理意义上的共产主义和人道主义，并在历史唯物主义的基础上对共产主义和人道主义做出了新的诠释。与此同时，马克思考察异化问题的视角也由"道德评价优先"转换到"历史评价优先"上。

四

最后，我们来探讨马克思异化概念发展的第三个阶段。有趣的是，在这个阶段中，马克思异化概念的内涵表现得最为丰富，也最为深刻，但却遭到了研究者们的最大忽视。下面，我们重点论述马克思在《1857—1858 年经济学手稿》和《资本论》中的异化理论。

在《1857—1858 年经济学手稿》中，马克思提出了著名的"三大社会形态"理论："人的依赖关系(起初完全是自然发生的)，是最初的社会形态，在这种形态下，人的生产能力只是在狭窄的范围内和孤立的地点上发展着。以**物的**依赖性为基础的人的独立性，是第二大形态，在这种形态下，才形成普遍的社会物质变换，全面的关系，多方面的需求以及全面的能力的体系。建立在个人全面发展和他们共同的社会生产能力成为他们的社会财富这一基础上的自由个性，是第三个阶段。第二个阶段为第三个阶段创造条件。"[1]这段重要的论述包含以下三层含义：其一，当人类历史的发展进入第二大社会形态时，异化和物化的现象才存在。作为历史现象，异化和物化既具有客观必然性，又具有历史短暂性。其二，这种异化和物化具有积极的历史意义，因为它们使"普遍的社会物质变换，全面的关系，多方面的需求以及全面的能力的体系"得以形成。

---

① 《马克思恩格斯全集》第 46 卷(上册)，人民出版社 1979 年版，第 104 页。

其三，正是这个以物的依赖性为基础的异化阶段客观上为第三大社会形态——共产主义社会提供了物质基础。

正是基于这样的思考，马克思在谈到"全面发展的个人"时写道："要使**这种**个性成为可能，能力的发展就要达到一定的程度和全面性，这正是以建立在交换价值基础上的生产为前提的，这种生产才在产生出个人同自己和同别人的普遍异化的同时，也产生出个人关系和个人能力的普遍性和全面性。"[①]也就是说，普遍异化和个人能力的全面发展，作为人类历史进程中的两个侧面是一起降临的，绝不应该从"道德评价优先"的视角出发来看待资本主义社会中的异化现象，而应该坚持"历史评价优先"的视角，首先看到异化现象在历史上的积极意义。事实上，没有这种现实的、普遍的异化作为媒介，共产主义和全面发展的个人就永远不过是一个美好的神话。在马克思看来，试图撇开普遍的异化来谈论个人的全面发展，乃是一种"浪漫主义观点"。

当然，共产主义是对普遍异化和物化现象的扬弃，但这种扬弃绝不是凭空进行的，相反，正是在普遍异化和物化的历史条件下才得以进行的。正如马克思所说："在资本对雇佣劳动的关系中，劳动即生产活动对它本身的条件和对它本身的产品的关系所表现出来**的极端的异化形式**，是一个必然的过渡点，因此，它已经**自在地**、但还只是以歪曲的头脚倒置的形式，包含着一切**狭隘的生产前提**的解体，而且它还创造和建立无条件的生产前提，从而为个人生产力的全面的、普遍的发展创造和建立充分的物质条件。"[②]这充分表明，成熟时期的马克思完全是从"历史评价优先"的视角出发来考察异化现象的。

在《资本论》中，马克思的异化概念沿着两个侧面展开：一方面，通过"自然历史过程"这一新概念的提出，"历史评价优先"获得了更为明确的表述。在《资本论》第一版序言中，马克思写道："我决不用玫瑰色描

---

① 《马克思恩格斯全集》第 46 卷（上册），人民出版社 1979 年版，第 108—109 页。
② 同上书，第 520 页。

绘资本家和地主的面貌。不过这里涉及的人，只是经济范畴的人格化，是一定的阶级关系和利益的承担者。我的观点是：社会经济形态的发展是一种自然历史过程。不管个人在主观上怎样超脱各种关系，他在社会意义上总是这些关系的产物。同其他任何观点比较起来，我的观点是更不能要个人对这些关系负责的。"①在这里，马克思强调，当我们观察各种社会现象，当然也包括经济生活中的异化现象时，首先不是从抽象的人性或人的本质出发去追究个人的主观动机和道德责任，而应该从历史运动的客观规律出发，去阐明这些现象（包括异化现象）何以在历史发展的一定的阶段成为可能。要言之，这里的着眼点是客观的历史运动和历史评价，而不是主观的道德观念和抽象的道德评价。在马克思看来，庸俗经济学之所以对"各种经济关系的异化的表现形式"②丧失了批判能力，正是因为他们缺乏这种"历史评价优先"的视角。

另一方面，马克思着重揭露了资本主义社会中异化的最主要的表现形式——商品拜物教，从而扫清了人们接受历史唯物主义理论的最后的思想障碍。哲学家们总是满足于谈论"抽象物质"，而马克思则告诉我们，在资本主义这一历史形式中，抽象物质的具体样态乃是堆积如山的商品，而"商品形式的奥秘不过在于：商品形式在人们面前把人们本身劳动的社会性质反映成劳动产品本身的物的性质，反映成这些物的天然的属性，从而把生产者同总劳动的社会关系反映成存在于生产者之外的物与物之间的社会关系"③。作为异化的典型表现形式的商品拜物教的实质是以物与物之间的虚幻关系掩盖人与人之间的真实关系，而历史唯物主义的物质观的宗旨绝不是侈谈什么"世界统一于物质"，而是要揭露隐藏在物质的具体样态——商品背后的人与人之间的真实关系，从而对资本主义社会进行革命性的改造。换言之，在这个机械复制的时代，不管人们写出多少本关于马克思哲学的教科书，只要它们撇开马克思对异

---

① 马克思：《资本论》第 1 卷，人民出版社 1975 年版，第 12 页。
② 马克思：《资本论》第 3 卷，人民出版社 1975 年版，第 923 页。
③ 马克思：《资本论》第 1 卷，人民出版社 1975 年版，第 88—89 页。

化，尤其是商品拜物教的批判，而热衷于以抽象的方式谈论"世界的物质性"，那么它们至多只能达到霍尔巴赫式的传统唯物主义的水平，而根本不可能进入历史唯物主义的视域。一言以蔽之，马克思的历史唯物主义不但没有抛弃异化（包括拜物教）概念，相反，正是依靠这一概念，其理论的完整性和批判性才得到充分的彰显。

总体来看，成熟时期的马克思考察异化问题的出发点已经完全转换到"历史评价优先"的视角上。那么，这是否意味着马克思对道德评价采取了完全否弃的态度？我们的回答是否定的。事实上，马克思虽然抛弃了"道德评价优先"的视角，但他并没有抛弃道德评价这一维度，而是对它进行了两方面的改造：一是把布尔乔亚式的、多愁善感的道德立场转换为无产阶级的道德立场；二是把道德评价置于历史评价的基础上。比如，马克思在叙述亚细亚生产方式时曾经指出："古代的观点和现代世界相比，就显得崇高得多，根据古代的观点，人，不管是处在怎样狭隘的民族的、宗教的、政治的规定上，毕竟始终表现为生产的目的，在现代世界，生产表现为人的目的，而财富则表现为生产的目的。"①在这段话里包含着马克思对"现代世界"的道德谴责和对"古代"社会的道德褒扬，但人们不应该把这段话理解为马克思对道德评价和历史评价关系的割裂与对立，似乎马克思以一种反历史的态度肯定了古代社会的合理性和道德上的高尚性。事实上，马克思的这一道德评价完全是以历史评价为前提的，而按照马克思的历史评价，"现代世界"不但优于"古代"社会，而且必定会取其而代之。正是在这个意义上，马克思说："留恋那种原始的丰富，是可笑的，相信必须停留在那种完全空虚之中，也是可笑的。"②在《资本论》中，虽然马克思从"历史评价优先"的视角出发，强调社会经济形态的发展是一个自然历史过程，但在论述资本主义的异化现象，尤其是资本原始积累的进程时，马克思也发出了强烈的道德控

---

① 《马克思恩格斯全集》第 46 卷（上册），人民出版社 1979 年版，第 486 页。
② 同上书，第 109 页。

诉："资本来到世间,从头到脚,每个毛孔都滴着血和肮脏的东西。"①
这就启示我们,在成熟时期的马克思那里,道德评价和历史评价是统一
的,但这个统一的前提是把历史评价置于首位。

<h1 style="text-align:center">五</h1>

通过上面的探讨,我们可以引申出以下四点结论。

第一,异化概念是贯穿马克思一生理论思考的基本概念,这一概念
在历史唯物主义理论中起着十分重要的作用。②

然而,我们发现,不少研究者仍然坚持下面的错误观念,即认为成
熟时期的马克思已经完全抛弃了异化理论。他们的主要论据如下:一是
马克思在《德意志意识形态》中批判施蒂纳的异化概念时曾经说过,施蒂
纳"只是把一切现实的关系和现实的个人都预先宣布为异化的(如果暂时
还用一下这个哲学术语),把这些关系和个人都变成关于异化的完全抽
象的词句。这就是说,他的任务不是从现实个人的现实异化和这种异化
的经验条件中来描绘现实的个人,他的做法又是:用关于异化、**异物**、
圣物的空洞思想来替代一切纯经验关系的发展。"③人们常常抓住马克思
的这句话"如果暂时还用一下这个哲学术语",推断马克思以后放弃了异
化概念。显然,这样的推断是缺乏说服力的。从这句话的上下文可以看
出,马克思在这里主要批评的是施蒂纳不谈"现实个人的现实异化",而
只满足于搬弄异化这个抽象术语的错误倾向。事实上,马克思在以后的
论著中并没有停止使用异化概念。二是马克思在《共产党宣言》中批评德

---

① 马克思:《资本论》第 1 卷,人民出版社 1975 年版,第 829 页。

② 正如苏联学者纳尔斯基在《论"异化"概念在哲学史上的发展》一文中所指出的:
"我们认为,把异化范畴应用于社会生活范围之外是不正确的。这是历史唯物主义的范
畴。"参见陆梅林等:《异化问题》(上),文化艺术出版社 1986 年版,第 214 页。

③ 《马克思恩格斯全集》第 3 卷,人民出版社 1960 年版,第 316—317 页。

国著作家时写下的一段话："他们在法文的原文下面添进了自己的一套哲学胡说。例如，他们在批评货币关系的法文原稿下面添上了'人性的异化'，在批评资产阶级国家的法文原文下面添上了所谓'抽象普遍物的统治的废除'等等。"①在这段话中，虽然马克思指责"人性的异化"是"哲学胡说"，但这并不表明他将放弃作为严肃的学术理论的异化概念。实际上，马克思在这里批评的只是某些德国著作家对异化概念的滥用。三是马克思在 1859 年出版的《〈政治经济学批判〉序言》中论述其历史唯物主义的基本理论时，没有提到异化。人们因而推断马克思已经抛弃了异化概念。显然，这样的推断也是缺乏说服力的，因为马克思在《〈政治经济学批判〉序言》出版前后撰写的一系列文本，如《1857—1858 年经济学手稿》《1861—1863 年经济学手稿》《剩余价值学述史》《资本论》中均使用了异化概念。

　　一个无可置疑的事实是，异化概念伴随着马克思一生的理论思考，但为什么在有些著作中马克思大量使用异化概念，而在另一些著作中又很少使用，甚至完全不用这一概念呢？其实，人们只要改变一下考察问题的角度，上述现象就能得到合理的解释。虽然马克思从未停止过对异化概念的使用，但他清醒地意识到，异化是一个普通人不易理解的晦涩的哲学术语，所以他在运用这个概念时，常常区分两种不同的文本：一种是"内部研究文本"，如《1844 年经济学哲学手稿》《1857—1858 年经济学手稿》等，是马克思写给自己看的。在这样的文本中，马克思总是大量地使用异化概念；另一种是"公开出版的、论战性的文本"。在这样的文本中，马克思通常很少使用异化概念。这里的道理很简单：一方面，为了便于缺乏哲学基础的普通读者理解自己的思想，马克思当然要尽量少用像异化这样的哲学术语；另一方面，当时的德国著作家特别喜欢滥用异化概念，在与这样的著作家进行论战时，马克思为了表明自己和论战对象的区别，也会尽量少用异化概念。但这种叙述方法上的差异绝不

---

① 《马克思恩格斯全集》第 4 卷，人民出版社 1958 年版，第 495 页。

能成为那种认为成熟时期的马克思已经抛弃了异化概念的错误观念的依据。相反，我们应该看到，马克思作为一个伟大的学者注意到了研究方法和叙述方法之间的差异。事实上，在后一类文本中，虽然马克思很少使用，甚至不使用异化概念，但这一概念所要表达的含义却到处喷涌出来。① 这就启示我们，重要的是把握问题的实质，而不是做表面文章。

第二，马克思异化概念发展中的"视角转换"（transformation of per-spective）与阿尔都塞在描述马克思思想发展时提出的"认识论断裂"（e-pistemological break）之间存在着根本性的差别。

这一差别的具体表现形式是：其一，阿尔都塞研究的是整个马克思思想的演化史，而本文研究的则是马克思异化概念的发展史。虽然这两者之间存在着部分重叠的关系，但着眼点毕竟是不同的。其二，"认识论断裂"这样的概念蕴含着一个前设，即把青年时期的马克思和成熟时期的马克思尖锐地对立起来。阿尔都塞认为，青年马克思的思想处在意识形态（异化和人道主义）的问题框架中，而"认识论断裂"后的马克思则确立了自己理论（科学的世界观）的问题框架。本文认为，这种解释方法是缺乏说服力的，因为成熟时期的马克思既未抛弃异化概念，也未抛弃人道主义的精神。在这里，重要的是马克思的总体思路发生了根本性的转变，即从青年时期的、以抽象的人的本质为基础的伦理意义上的共产主义和人道主义转向成熟时期的、以历史唯物主义为基础的共产主义和人道主义；与此相应的是，马克思考察异化问题的视角也发生了根本性的转换，即从"道德评价优先"转换到"历史评价优先"。显然，与"认识论断裂"的简单化的说法比较起来，"视角转换"的见解更为合理，因为它既揭示了青年时期的马克思和成熟时期的马克思之间存在的思想差

---

① 比如，成熟时期的马克思常常使用的"雇佣劳动"概念与青年时期的马克思使用的"异化劳动"的概念虽然在称谓上不同，其实质却是完全相同的。马克思本人也向我们指明了这一点："从资本和雇佣劳动的角度来看，活动的这种物的躯体的创造是在同直接的劳动能力的对立中实现的，这个物化的过程实际上从工人方面来说表现为劳动的异化过程，从资本方面来说，则表现为对他人劳动的占有，……"参见《马克思恩格斯全集》第 46 卷（下册），人民出版社 1980 年版，第 360 页。

异，又阐明了这两个时期的内在联系。其三，阿尔都塞把"断裂"时期的著作确定为《德意志意识形态》，而把《关于费尔巴哈的提纲》确定为"断裂的前岸"①。本文认为，在马克思异化概念的发展史上，"视角转换"时期应该是比较长的，因为在这个时期中，马克思必须完成两项工作：一是在总体思路上批判以抽象的人的本质为基础的、伦理意义上的共产主义和人道主义学说，抛弃"道德评价优先"的理论视角。比如，马克思写于 1847 年 10 月底的《道德化的批判和批判化的道德》的直接批判对象虽然是卡尔·海因岑，实际上也是对自己青年时期的"道德评价优先"的理论视角的进一步清算；二是确立历史唯物主义这一新的理论出发点，对原先关于共产主义和人道主义的理念进行根本性的改造，并确立相应的"历史评价优先"的理论视角。正是基于这样的考虑，我们把从《神圣家族》的写作到《共产党宣言》的问世这一时期都称为马克思异化概念发展的"视角转换"时期。

第三，历史唯物主义在考察异化和其他一切社会现象时，既坚持历史评价优先，又兼顾道德评价的维度。

如果说，"历史评价优先"和"道德评价优先"这两个理论视角是非此即彼、相互对立的，那么，历史评价和道德评价这两个维度是可以结合在一起的。前者不能取代后者，后者也不能取代前者。我们发现，在马克思异化概念发展的第一个阶段中，道德评价不仅是优先的，而且是占绝对优势的，我们不妨称它为"强评价"。虽然青年马克思偶尔也会诉诸历史评价，但归根到底，这种评价方式处在边缘化的、弱势的状态中，我们不妨称它为"弱评价"；在马克思异化概念发展的第二个阶段，即"视角转换"阶段中，随着马克思总体思路的改变，道德评价失去了自己的优先的、强势的地位，渐渐转变为"弱评价"；与此相反，历史评价的地位不断地上升，一旦"历史评价优先"的理论视角确立起来了，历史评

---

① ［法］路易·阿尔都塞：《保卫马克思》，顾良译，商务印书馆 1984 年版，第 13—14 页。

价就成了"强评价"；在马克思异化概念发展的第三个阶段中，历史评价的优先性得到了全面的、彻底的贯彻，但马克思并没有放弃道德评价，他使道德评价在应顺历史评价的客观诉求的平台上得以展开，从而消除了以往道德评价中常见的感伤主义和浪漫主义的情绪，使它获得了真正的现实性。

第四，在对马克思异化概念的解读中，只有当人们自身完成了"从道德评价优先"到"历史评价优先"的"视角转换"，潜伏在马克思异化概念发展进程的深处的"视角转换"才会向他们呈现出来。

长期以来，在对马克思异化概念的研究中，"道德评价优先"的视角一直占据着支配性的位置，人们习惯于对马克思所揭露的资本主义社会中普遍存在的异化现象倾泻出高尚的道德义愤和道德谴责，但与此同时，由于历史评价维度的缺席或边缘化，他们始终看不到异化作为历史现象的客观必然性及它本身所蕴含的积极意义。事实上，没有以物的依赖性为基础的普遍异化和物化，全面发展的个人就无从产生，而以这样的自由个性为基础的共产主义社会也无由降临。当然，共产主义要通过废除私有制的途径来扬弃异化，但总得先有异化才有可能扬弃异化。所以，重要的是从"历史评价优先"的视角出发来考察并理解异化这一客观的历史现象，抽象的、高尚的道德义愤是无济于事的。

我们发现，人们对马克思的异化概念的理解始终停留在青年马克思对异化概念理解的水平上，他们没有看到马克思异化概念本身的发展以及在这一发展中完成的、根本性的"视角转换"。历史和实践一再表明，只有当人们真正地把握历史唯物主义的理论，深入地研究成熟时期的马克思著作，从而使自己的视角转到"历史评价优先"的立场上来时，马克思异化概念的本真含义才会向他们敞开。

论两种不同的自然辩证法的概念

——兼论康德哲学的一个理论贡献①

一、问题的提出

正如黑格尔屡次指出过的那样，熟知的东西并不一定就是真知的东西。对于那些主要是在马克思主义哲学的理论话语中思索问题和叙述问题的人来说，"自然辩证法"无疑是一个熟知的概念，但人们是否已经真的把握了这个概念的含义了呢？我们的回答是否定的。在我们看来，要谈论"自然辩证法"，就须先对"自然"概念的含义获得一个明确的认识。在这里，我们并不打算引入海德格尔式的、具有强烈的主观倾向的词源学的方法来解读"自然"概念，我们不妨直接引证 J. S. 密尔的一段广有影响的话来阐明这个概念：

> 自然这个词有两个主要的含义：它或者

① 原载《哲学动态》2003 年第 3 期，第 6—12 页。收录于俞吾金：《从康德到马克思——千年之交的哲学沉思》，广西师范大学出版社 2004 年版，第 46—59 页；《从康德到马克思——千年之交的哲学沉思》，北京师范大学出版社 2017 年版，第 90—105 页。——编者注

意谓作为所有属性的集合体的事物的整个体系；或者意谓事物在不受人的干扰的情况下成其所是。①

密尔的这段话说出了"自然"概念的两个主要的含义，但他对"自然"的第二个含义的表述显得过于狭窄。何以见得呢？因为密尔谈论的是"不受人的干扰的情况下"的各种事物。事实上，一个人在不受任何其他人干扰的情况下，也会成其所是，即他的本性也会按照自己的方式流露出来，甚至人的理性的本性在不受他人的批判意识的干扰的情况下，也会自然而然地流露出来。用通俗易懂的话把上面的意思概括起来，可以这样说："自然"这个概念有以下两个主要的含义：一是指人们通常所说的自然界；二是指事物或有生命的存在物，当然也包括人，尤其是人的理性在内，在不受任何干扰因素的影响下显露出来的自然状态或倾向。显而易见，既然"自然"概念具有两种不同的含义，也就相应地具有两种不同类型的自然辩证法。

然而，长期以来，人们一直单向度地把"自然辩证法"理解为"自然界的辩证法"，完全忽略了另一种类型的"自然辩证法"，即人的理性在不受干扰的情况下陷入的那种"自然辩证法"，而揭示这种"自然辩证法"的存在，正是德国古典哲学，尤其是康德哲学的伟大理论贡献之一。遗憾的是，人们在研究自然辩证法问题时，从未对康德这方面的成果产生过感激之情。更为遗憾的是，人们即使是在探讨"自然界的辩证法"时，也是如此地漫不经心，从未认真地思考过这一概念的来源及它的本质含义。这就迫使我们不得不对上述两种自然辩证法的概念都作出相应的论述。

---

① 引自尼古拉斯·布宁和余纪元编著的《西方哲学英汉对照辞典》，人民出版社2001年版，第662页。原中译文把自然的第一个含义译为"表示事物的整个系统，即所有事物特性的集合体"显然不妥。因为自然只能是各种事物的集合体，而各个事物则是不同属性的集合体。另外，就自然的第二个含义而言，不应把 as they would be 译为"成其所然"，而应译为"成其所是"。"然"具有"原因"的含义，而这里的 would be 只是陈述事物自己所处的状态，并没有追索其原因的含义在内。上述译文是根据我自己的理解翻译出来的。

二、作为自然界辩证运动的自然辩证法

众所周知，恩格斯在 19 世纪 50 年代的时候起，已经对自然哲学的研究发生浓厚的兴趣。在 1858 年 7 月 14 日给马克思的信中，他这样写道：

> 顺便提一下：请把已经答应给我的黑格尔的《自然哲学》寄来。目前我正在研究一点生理学，并且想与此结合起来研究一下比较解剖学。在这两门科学中包含着许多从哲学观点来看非常重要的东西，但这全是新近才发现的；我很想知道，所有这些东西老头子（黑格尔，编者注）是否一点也没有预见到。毫无疑问，如果他现在要写一本《自然哲学》，那么论据会从四面八方向他飞来。可是，人们对最近三十年来自然科学所取得的成就却一无所知。①

在同一封信中，恩格斯还谈到生物学研究中细胞的发现、物理学研究中各种力之间的相互关系及黑格尔关于量变质变理论在自然科学研究中的意义等。在这封信中，恩格斯虽然谈到了黑格尔的辩证法和自然科学研究之间的某种关系，并对其《自然哲学》表示热切的关注，但他还没有使用"自然辩证法"的概念。

事实上，第一个使用"自然辩证法"概念的并不是恩格斯，而是德国哲学家杜林。1865 年，杜林出版了他的著作《自然辩证法·科学和哲学的新的逻辑基础》(*Natuerliche Dialektik. Neue logische Grundlegungen*

---

① 《马克思恩格斯全集》第 29 卷，人民出版社 1972 年版，第 324 页。阿尔弗莱特·施密特在《马克思的自然概念》一书的一个注中提到了恩格斯这封信，并指出："从 1858 年以来，恩格斯已经试图对自然科学进行辩证的重构。"Alfred Schmidt, *The Concept of Nature in Marx*, London：NLB, 1971, p. 206.

der Wissenschaft und Philosophie)。在以后的著作中，杜林多次提到自己的这部著作，比如他在《哲学教程》中写道：

> 早年，我曾经在《自然辩证法》这个简明的标题下，以言简意赅的形式和原则上是最重要的材料，对这门属于一个种类的科学作过阐述。①

我们也知道，杜林的《自然辩证法》一书出版后曾经引起马克思和恩格斯的注意。在 1868 年 1 月 11 日致恩格斯的信中，马克思曾以嘲讽的口吻提到：

> 在博物馆里，我只翻了翻目录，就这样我也发现**杜林**是个伟大的哲学家。譬如，他写了一本**《自然辩证法》**来反对黑格尔的"非自然"辩证法。……德国的先生们（反动的神学家们除外）认为，黑格尔的辩证法是条"死狗"。就这方面说，费尔巴哈是颇为问心有愧的。②

从这段论述可以看出，马克思对杜林试图通过自己的《自然辩证法》一书来反对黑格尔表示不满。在马克思看来，杜林的这种做法迎合了当时德国学术界把黑格尔的辩证法看作"死狗"的浅薄的时尚，而造成这一时尚的根源之一是费尔巴哈在批判黑格尔哲学时轻易地抛弃了他的辩证法思想。在 1868 年 3 月 6 日致路德维希·库格曼的信中，马克思再度提到了杜林和他的这部著作：

> 我现在能够理解杜林先生的评论中的那种异常困窘的语调了。

---

① ［德］杜林：《哲学教程——严密科学的世界观和人生观》，郭官义、李黎译，商务印书馆 1991 年版，第 495 页，也可参见同书第 513、519 页上的论述。
② 《马克思恩格斯全集》第 32 卷，人民出版社 1975 年版，第 18 页。

一般说来，这是一个极为傲慢无礼的家伙，他俨然以政治经济学中的革命者自居。他做了一件具有两重性的事情。首先，他出版过一本(以凯里的观点为出发点)《国民经济学说批判基础》(约五百页)。和一本新《自然辩证法》(反对黑格尔辩证法的)。我的书(《资本论》第1卷，编者注)在这两方面都把他埋葬了。他是由于憎恨罗雪尔等等才来评论我的书的。此外，他在进行欺骗，这一半是出自本意，一半是由于无知。他十分清楚地知道，我的叙述方法和黑格尔的**不同**，因为我是唯物主义者，黑格尔是唯心主义者。黑格尔的辩证法是一切辩证法的基本形式，但是，只有在剥去它的神秘的形式**之后**才是这样，而这恰好就是**我的**方法的特点。至于说到李嘉图，那么使杜林先生感到伤心的，正是在我的论述中**没有**凯里以及他以前的成百人曾用来反对李嘉图的那些弱点。因此，他恶意地试图把李嘉图的局限性加到我身上。但是，我们不在乎这些。我应当感谢这个人，因为他毕竟是谈论我的书的第一个专家。①

我们之所以把这一长段论述全部加以引证，因为它在内容上具有连贯性，是不可割裂的。在这段论述中，马克思阐明了以下几层意思：第一，就杜林是谈论《资本论》第1卷的第一位专家而言，应当感谢他；就其著作的语调而言，他是个傲慢无礼的家伙；就其见解而言，又是充满错误的。第二，如果说，杜林的自然辩证法以反对黑格尔的辩证法作为自己的出发点，那么，他的经济学思想则是以凯里的庸俗经济学为出发点的。第三，杜林的自然辩证法的宗旨是反对黑格尔辩证法。第四，马克思的辩证法就其基本立场而言，与黑格尔完全不同，但杜林试图把它们混淆起来。第五，杜林竭力抹杀马克思与李嘉图在经济思想上的根本差异。人所共知，恩格斯在《反杜林论》(1878)中也以蔑视的口气提到杜

---

① 《马克思恩格斯全集》第32卷，人民出版社1975年版，第525—526页。

林"惯用的、被他称为'自然的辩证法'的那套变戏法的手法"①。

现在的问题是，既然"自然辩证法"的概念是由杜林最先提出来的，而且他提出这个新概念的意图是反对黑格尔的辩证法，而马克思和恩格斯对他的《自然辩证法》一书又进行了无情的批判，那么为什么恩格斯仍然把自己生前未完成的、关于自然科学研究方面的手稿命名为"自然辩证法"呢？恩格斯和杜林的"自然辩证法"概念除了内容上的根本差别（这些差别在《反杜林论》一书中得到了明晰的说明）外，是否还存在着表述上的差异呢？所有这些问题都是我们必须弄清楚的。

在 1873 年 5 月 30 日致马克思的信中，恩格斯写道：

> 今天早晨躺在床上，我脑子里出现了下面这些关于自然科学的辩证思想。②

在这封信中，恩格斯谈到了物理学和各种运动的形式、化学和有机体等问题。同年，恩格斯在"自然科学的辩证法"（Dialektik der Naturwissenschaft）的小标题下写下了类似的内容。③ 人们通常把这封信看作恩格斯酝酿并写作《自然辩证法》的开端。然而，恩格斯在这里使用的是"自然科学的辩证法"的概念，而不是"自然辩证法"的概念。

恩格斯对"自然辩证法"的研究从 1873 年一直延续到 1886 年。马克思于 1883 年逝世后，恩格斯倾注全力编纂、出版《资本论》的余稿，直到 1895 年逝世前仍未能完成相应的著作，而留下了四束亲自冠有不同标题的手稿。据中央编译局译本的说明，第三束手稿的标题是"自然辩证法"④。然而，由于这一译本未标明是从哪个德文本译出的，所以我

---

① 《马克思恩格斯选集》第 3 卷，人民出版社 1995 年版，第 518—519 页。

② 《马克思恩格斯全集》第 33 卷，人民出版社 1973 年版，第 82 页。

③ Friedrich Engels, *Dialektik Der Natur*, Berlin：Dietz Verlag, 1952，S. 264，并参阅恩格斯：《自然辩证法》，人民出版社 1971 年版，第 226 页。

④ 参见恩格斯：《自然辩证法》，人民出版社 1971 年版，第 290—291 页，未注明其德文的对应表达式是什么。

们无法进行判断和评论。但据柏林狄茨出版社 1952 年德文本"前言"中的说明，恩格斯第三束手稿的标题应为"辩证法和自然"(Dialektik und Natur)①。究竟哪个标题是恩格斯生前亲自写下的，只能留待新的研究资料来说明。但有一点是可以肯定的，至少在上面提到的手稿和书信中，恩格斯都是用 Naturdialektik 这个复合词来标识自己关于"自然辩证法"的思想的。此外，虽然恩格斯没有给自己的手稿冠以 Naturdialektik 的总的书名，但 1882 年 11 月 23 日致马克思的信中的提法表明，至少恩格斯有过以 Naturdialektik 来指称自己这方面研究的全部手稿的意向。然而，1925 年，当恩格斯的手稿在莫斯科以德俄对照本的形式出版时，编者给全部手稿按上了《自然辩证法》的书名，但这个书名的德文表述方式却是 Dialektik der Natur，既不同于杜林的 Natuerliche Dialektik，也不同于恩格斯的 Naturdialektik.

我不知道，我国的研究者在探讨自然界和自然科学中的哲学问题时，常常漫不经心地使用的"自然辩证法"概念究竟对应于哪一种德文的表达式。也许他们会认为，搞清楚这个概念的不同德语表述式是没有意义的，然而，一旦他们必须运用外语来表达自己的见解时，这恐怕就是一个实质性的问题了。限于题旨，我在这里不讨论恩格斯的"自然辩证法"思想与马克思的自然观的差别②，而只对这个概念的来龙去脉作出必要的说明。

三、作为理性自然倾向的自然辩证法

现在，我们来考察另一种不同的"自然辩证法"的概念。它是由

---

① Friedrich Engels，*Dialektik Der Natur*，Berilin：Dietz Verlag，1952，S. xvii.

② 参见《论马克思的人化自然辩证法》，载《俞吾金集》，黑龙江教育出版社 1995 年版，第 489—499 页；《抽象自然观的三种表现方式》，载俞吾金：《实践诠释学：重新解读马克思哲学与一般哲学理论》，云南人民出版社 2001 年版，第 162—176 页。

德国哲学家康德提出来的。我们发现，这一概念在康德的批判哲学中起着极为重要的作用，但长期以来几乎从未引起过理论研究者们的注意。

在康德的理论话语体系中，当纯粹理性运用只适合于经验范围的知性范畴去认识和解释超经验的理念——灵魂、世界和上帝时，就会陷入种种困境。康德把纯粹理性的这种意向及其困境称作"先验辩证法"（die transzendentale Dialektik）。令人困惑不解的是，《纯粹理性批判》（1781）的中译本通常把 die transzendentale Dialektik 译为"先验辩证论"，然而，"论"在德语中的对应词是 Theorie，但 Dialektik 并不含有"论"的意思在内，所以我在这里把这个德语表达式直译为"先验辩证法"。在康德看来，先验辩证法也就是纯粹理性的自然辩证法。这里的"自然"也就是发自理性本性的、不可避免的倾向。在日常语言中，我们常常用"自然而然"来表达这样的倾向。在《纯粹理性批判》的"先验辩证法"篇中，有一则附录的标题是"人的理性的自然辩证法的最终目的"（Von der Endabsicht der Natuerlichen Dialektik der menschlichen Vernunft）①。在这里，康德直接使用了"自然辩证法"（der Natuerlichen Dialektik，此处为第二格）的概念。我们下面的论述将表明，康德绝不是以偶然的、心血来潮的方式使用这个概念的。

在《纯粹理性批判》中，康德这样写道：

> 因而存在着一种纯粹理性的自然的和不可避免的辩证法（eine natuerliche und unvermeidliche Dialektik der reinen Vernunft），这种辩证法既不是一个缺乏知识的拙劣工匠陷入的自我困境，也不是一个诡辩家故意杜撰出来以扰乱理性的人们进行思考的东西，事实上它和人的理性是不可分离的。即使我们已经知觉到它的虚幻

---

① Immanuel Kant，*Kritik der reinen Vernunft*，Berlin：Suhrkamp Verlag，1988，B697/A669.

性，它依然会使理性不断地陷入迷乱之中，从而时时需要得到纠正。①

这段话明确地告诉我们，康德把人的理性在其本性的驱使下自然而然地、不可避免地陷入虚幻境地的倾向和过程称为"自然辩证法"。这种辩证法是理性的本性使然。即使人们已经自觉地意识到这种辩证法，也不等于他们在思考中就可以轻易地摆脱它。在康德看来，"自然辩证法"具有三种不同的形态：当纯粹理性试图运用知性范畴去认识超经验的、主观上的统一体——灵魂时，就会陷入"误谬推论"（Paralogismus）②之中；当纯粹理性试图运用知性范畴去认识超经验的、客观上的统一体——世界时，就会陷入"二律背反"（Antinomie）③；当纯粹理性试图运用知性范畴去认识超经验的、主客观的统一体——上帝时，就会陷入"理想"（Ideal）④。

在《道德形而上学原理》（1785）中，康德进一步把"自然辩证法"的含义具体化为人的自然"倾向"（Neigung）和道德"责任"（Pflicht）之间的冲突。在该书第一章中谈到人的自然倾向与理性所颁发的道德责任及道德规范之间的矛盾时，康德指出：

> 从这里产生出一种自然辩证法（eine natuerliche Dialektik），这是一种对责任的严格法则进行诡辩的嗜好，对其有效性，至少是对其纯洁性和严肃性进行怀疑，并且在可能的地方，使它们适应于我们的欲望和倾向，也就是说，从根本上败坏它们，使它们完全失去

① Immanuel Kant, *Kritik der reinen Vernunft*, Berlin: Suhrkamp Verlag, 1988, B354, 355/A298.
② Ibid., B399, 400/A341, 342.
③ Ibid., A405, 406.
④ Ibid., B505, 506/A567, 568.

自己的尊严……①

在《实践理性批判》(1788)中，康德强调，与思辨理性一样，实践理性也会陷入自然辩证法：

> 在纯粹理性的思辨应用中，那种自然辩证法(jene natuerliche Dialektik)如何得到解决，此外，那个源于自然假象的错误又应该如何进行防范，人们能够在对那个能力的批判中见到详尽的论述。但是，理性在其实践应用中的情况也不见得更好。②

那么，在实践理性的范围内，自然辩证法的表现形式又是什么呢？与《道德形而上学原理》中的表述略有不同，在《实践理性批判》中，康德提出了"纯粹实践理性辩证法"(Dialektik der praktischen Vernunft)③，这一辩证法也就是康德所说的实践理性范围内的自然辩证法，因为它也是实践理性自然而然地、不可避免地会陷入进去的一种困境。其叙述方式是：康德把最高的善的概念称为"至善"(das hoechstes Gut)，"至善"是由"德行"(Tugend)和"幸福"(Glueckligkeit)构成的，而这两者在人们的行为中常常处在二律背反的情况下。伊壁鸠鲁派和斯多葛派就是这一自然辩证法中的两个极端。如果说前者用幸福来取代德行的话，那么后者则用德行来取代幸福。从康德的先验论的立场出发，当然更重视德行，

---

① Immanuel Kant，*Werkausgabe Band* Ⅶ，Berilin：Suhrkamp Verlag，1989，BA23. H. J. 帕通在《论证分析》中对康德在道德领域里提出的"自然辩证法"作出了如下的阐释："普通人需要哲学，因为对快乐的渴望诱使他成为自欺的人，用诡辩的方式以论证来对付在道德上看来是难容的要求。这样就产生了康德所谓的自然辩证法，醉心于那些相互矛盾的、似是而非的论证，用这种方法来架空对责任的要求。"参见［德］康德：《道德形而上学原理》，苗力田译，上海人民出版社1986年版，第133页。

② Immanuel Kant，*Werkausgabe Band* Ⅶ，Berilin：Suhrkamp Verlag，A194.

③ Immanuel Kant，*Werkausgabe Band* Ⅶ，Berilin：Suhrkamp Verlag，A192，193. 显然，中译本把这个德语表达式译为"纯粹实践理性辩证论"也是不确切的，因为它并不包含"论"的含义。

他甚至把道德和幸福尖锐地对立起来，但是正如叔本华所批评的，他既然把幸福作为至善的内容之一，这就表明，他的先验主义的道德理论仍然是不彻底的。

康德的《判断力批判》(1790)与前两个《批判》有着类似的结构。在目的论判断力的讨论中，他专门辟出一个部分，把它称为"目的论判断力的辩证法"(Dialektik der Teleologischen Urteilskraft)①，并指出：

> 在反思判断力的这些必要的准则之间能够发现一个冲突，即二律背反；它是以一种辩证法为基础的，如果两个相互冲突的准则中的每一个在认识能力的本性中都有其基础的话，那么，这种辩证法就可以称之为一种自然辩证法(eine natuerliche Dialektik)，它是一种不可避免的假象，人们应该在批判中揭露它、解决它，以便不受它的迷惑。②

为了说明这种蕴含在目的论判断力中的自然辩证法，康德还举了这样的例子进行分析："正题：所有质料性的事物及其形式的产生都必须按照单纯的机械规律才可能被判断。反题：质料性的自然的某些产品是不可能按照单纯的机械规律被判断的……"③

综上所述，在康德看来，无论是在纯粹理性中，还是在实践理性和判断力中，都存在着自然辩证法，而这种辩证法既不是偶然的，也不是从外面加诸理性的，而是内在于理性的本性之中的。

---

① Immanuel Kant，*Werkausgabe Band X*，Berlin：Suhrkamp Verlag，B310，311，312/A307，308. 同样地，中译本把这个德语表达式译为"目的论判断力的辩证论"也是不妥的，因为它也不包含"论"的意思在内。

② Immanuel Kant，*Werkausgabe Band X*，Berilin：Suhrkamp Verlag，B313/A309.

③ Ibid.，B314，315/A310，311.

四、简短的结论

从上面的探讨中我们可以引申出如下的结论。

第一，"自然辩证法"的概念最先是由康德提出来的，而康德意义上的"自然辩证法"乃是作为理性自然倾向的辩证法。虽然这种辩证法发自理性的本性，但其作为先验幻象，却是一种消极性的东西。为此，黑格尔批判康德对世界事物采取了一种"温情主义"的态度："他似乎认为世界的本质是不应具有矛盾的污点的，只好把矛盾归于思维着的理性，或心灵的本质。"①而在黑格尔看来，这种理性矛盾或理性辩证法的真正积极的意义，在于认识一切现实之物都包含有相反的规定于自身之内。换言之，在黑格尔那里，矛盾和辩证法被理解为积极的东西。

第二，作为自然界辩证运动的"自然辩证法"的概念是由杜林率先提出来的。在德语表达式上，他的"自然辩证法"概念与康德是一致的，但它所指称的对象却是自然界，并且是在反对黑格尔辩证法的语境中被阐述出来的。

第三，马克思与黑格尔的辩证法在基本立场上是正相反对的，但他又坚决反对杜林的《自然辩证法》一书对黑格尔的辩证法所采取的虚无主义的态度。

第四，恩格斯创制了 Naturdialektik 这个新的德语复合词，使之与杜林的表达式 Natuerliche Dialektik 对立起来；恩格斯在书信中虽然有用 Naturdialektik 来指称自己相关的全部手稿的意图，但他在逝世前并没有在自己的手稿上明确地标出总的书名，而恩格斯手稿的编者却以 Dialektik der Natur 这种表达方式取代了恩格斯创制的那个复合词。

---

① [德]黑格尔：《小逻辑》，贺麟译，商务印书馆 1980 年版，第 131 页。

《共产党宣言》与西方哲学的发展态势①

　　马克思和恩格斯合著的《共产党宣言》(以下简称《宣言》)问世于 1848 年 2 月。《宣言》是划时代的伟大文献,它不仅宣告马克思主义的共产主义学说已经作为一种崭新的政治学说登上了世界历史舞台,而且也宣告了马克思主义的新哲学观、新历史观和新世界观的诞生。从哲学上认真地回顾《宣言》发表前西方哲学的状况和《宣言》发表 150 多年来西方哲学的演化,深入地反思现、当代西方哲学的发展态势及对马克思主义提出的挑战,认真地汲取现、当代西方哲学中的合理因素,创造性地回应这种挑战,对于当代中国社会来说,具有不可忽视的理论意义和现实意义。

一、《宣言》发表前西方哲学的状况

　　在 19 世纪三四十年代,对马克思和恩格斯的哲学思想产生重大影响的主要是德国古典哲学、法国哲学和英国哲学。

　　一是德国古典哲学。在从康德、费希特、谢

---

　　① 　原载《文汇报》2003 年 5 月 4 日;《新华文摘》2003 年第 8 期全文转载。收录于俞吾金:《哲学随想录》,北京师范大学出版社 2016 年版,第 272—278 页。——编者注

林到黑格尔、费尔巴哈的德国古典哲学家中，对马克思思想影响最大的是康德、黑格尔和费尔巴哈。康德的批判哲学和批判精神对马克思产生了巨大的影响。几乎可以说，马克思主要著作的正标题或副标题都离不开"批判"一词，如《黑格尔法哲学批判》《神圣家族，或对批判的批判所做的批判》《德意志意识形态：对费尔巴哈、布·鲍威尔和施蒂纳所代表的现代德国哲学以及各式各样先知所代表的德国社会主义的批判》《资本论：政治经济学批判》等。这充分表明，马克思继承了德国古典哲学的批判哲学的传统。

黑格尔对马克思思想的最大的影响是他的历史辩证法及他对自由的向往和追求。在 1837 年 11 月寄自柏林的、给父亲的信中，马克思写道："在患病期间，我从头到尾读了黑格尔的著作，也读了他大部分弟子的著作。"①马克思在信中还谈到他当时如何参加青年黑格尔派的"博士俱乐部"，和他的朋友一起探讨共同关心的理论问题。马克思的博士论文之所以写《德谟克利特的自然哲学和伊壁鸠鲁的自然哲学的差别》作为课题，因为黑格尔在《哲学史讲演录》中强调，伊壁鸠鲁哲学象征着自由和自我意识的觉醒。应当看到，对马克思思想产生最大影响的是黑格尔哲学。马克思写于 1843 年的《黑格尔法哲学批判》和 1844 年的《1844年经济学哲学手稿》表明，在黑格尔哲学体系中，他最关注的是《法哲学》和《精神现象学》。应当指出，马克思从黑格尔哲学中汲取的从来就不是抽象的辩证法，而是历史辩证法（蕴含着市民社会运动的辩证法和劳动辩证法）；同时，马克思在《资本论》中谈论的"自由王国"的概念也来自黑格尔的《法哲学》。

费尔巴哈的人本主义和异化、唯物主义和感性活动的学说也对马克思产生过重大的影响。《1844 年经济学哲学手稿》、《神圣家族》(1844)、《关于费尔巴哈的提纲》(1845)和《德意志意识形态》(1845—1846)等著作表明了马克思和费尔巴哈之间的思想联系。恩格斯在《路德维希·费尔

---

① 《马克思恩格斯全集》第 47 卷，人民出版社 2004 年版，第 15 页。

巴哈和德国古典哲学的终结》一书中谈到费尔巴哈的《基督教的本质》
(1841)时写道:"它直截了当地使唯物主义重新登上王座……这部书的
解放作用,只有亲身体验过的人才能想象得到。那时大家都很兴奋:我
们一时都成为费尔巴哈派了。马克思曾经怎样热烈地欢迎这种新观点,
而这种新观点又是如何强烈地影响了他(尽管还有种种批判性的保留意
见),这可以从《神圣家族》中看出来。"①当然,马克思很快就超越了费
尔巴哈,但费氏对他的影响仍然构成他思想发展中的一个重要环节。

在当时的德国哲学家中,后期谢林的天启哲学有明显的非理性主义
的倾向,青年恩格斯曾对谢林进行过尖锐的批判。另一位非理性主义的
哲学家叔本华虽然在 1819 年就出版了他的代表作《作为意志和表象的世
界》,但在《宣言》发表前的德国,他的影响还是微弱的。

二是法国哲学。在近代以来的法国哲学家中,对马克思影响最大的
是皮埃尔·培尔和卢梭。培尔的怀疑主义精神给马克思留下了极为深刻
的印象,以致当马克思的女儿问他的座右铭是什么时,马克思回答道:
"怀疑一切。"马克思认为,培尔的作用还不止于此。他写道:"**皮埃尔·
培尔**不仅用怀疑论摧毁了形而上学,从而为在法国接受唯物主义和合乎
健全理智的哲学作了准备,而且他还**证明**,由清一色的无神论者所组成
的社会是**能够**存在的,无神论者**能够**成为可敬的人,玷辱人的尊严的不
是无神论,而是迷信和偶像崇拜,通过这种**证明**,他宣告了不久将要开
始存在的**无神论社会**的来临。"②

卢梭在《论社会不平等的起源和基础》《社会契约论》等著作中论述的
关于民主、自由、公意和平等的观念对马克思和恩格斯都产生了重大的
影响。这从《德意志意识形态》、《哥达纲领批判》(1875)和《反杜林论》
(1876—1878)等著作中清晰地体现出来。意大利学者德拉·沃尔佩出版
的《卢梭和马克思》一书(1957)就深入地探讨了马克思思想中的卢梭

---

① 《马克思恩格斯文集》第 4 卷,人民出版社 2009 年版,第 275 页。
② 《马克思恩格斯文集》第 1 卷,人民出版社 2009 年版,第 330 页。

因素。

圣西门和傅立叶的空想社会主义理论也曾对马克思和恩格斯产生重大的影响，但与其说这种影响是哲学方面的，不如说是社会学方面的。孔德作为圣西门的学生，他创立的实证主义学说对 19 世纪思想界产生了巨大的影响，晚年恩格斯的思想在相当程度上受到他的影响，但马克思却始终与实证主义保持着应有的距离，当然他也没有专门批判实证主义的思潮。

三是英国哲学。在近代英国哲学中，对马克思的思想产生最大影响的是培根和洛克，他们的唯物主义学说和注重实验、注重经验的思想方法都在马克思心目中留下了深刻的印象。马克思后来关于政治经济学的研究就深受这种思想方法的影响。

综上所述，马克思之所以能够在 19 世纪 40 年代站在哲学的制高点上，创立历史唯物主义学说，并在这一学说的基础上发表《宣言》，因为他批判地综合了德国哲学、法国哲学和英国哲学的研究成果。

二、《宣言》发表 150 多年来西方哲学的演化

为了更清楚地展示西方哲学 150 多年来发展的轨迹，我们大致上把这段时间划分为三个阶段。第一个阶段：从 1848 年至 19 世纪末。马克思逝世于 1883 年，恩格斯逝世于 1895 年，我们大致上可以把这个阶段理解为马克思和恩格斯在世的阶段；第二个阶段：从 20 世纪初至 20 世纪 40 年代。在这段时间里，社会主义国家作为一种新兴的力量在世界范围崛起，二次世界大战的爆发迫使人们重新思考哲学基础问题。第三个阶段：从 20 世纪 50 年代初至 20 世纪末，西方科学技术的飞速发展、后现代主义思潮的兴起，对马克思主义哲学提出了新的挑战。

我们先来看第一个阶段。在这个阶段中，最大的理论事件如下：第一，黑格尔学派的解体与新黑格尔主义的诞生。在 19 世纪 60、70 年

代，黑格尔成了"一条死狗"，但马克思在 1873 年《资本论》第二版跋中谈到这一现象时却指出："我要公开承认我是这位大思想家的学生，并且在关于价值理论的一章中，有些地方我甚至卖弄起黑格尔特有的表达方式。"①从 19 世纪 70、80 年代起，以格林、布拉德雷为代表的英国新黑格尔主义和以罗伊斯为代表的美国新黑格尔主义随之兴起。这一思潮后来波及意大利、德国。第二，新康德主义的诞生。19 世纪 60、70 年代，德国哲学家李普曼、朗格等提出了"回到康德去"的口号。随后，以柯亨为代表的马堡学派和以文德尔班为代表的弗莱堡学派进一步扩大了新康德主义的影响。第三，叔本华、尼采的唯意志主义学说开始产生重大的影响，西方理性主义的传统受到巨大的冲击。第四，法国哲学家孔德创立的实证主义，经过英国哲学家斯宾塞、奥地利哲学家马赫等人的推进，也对学术界产生了深远的影响。实证主义的主要口号是"拒斥形而上学"，拒绝对一切超验的、终极目的的研究，只崇尚实证科学和实证知识。这一思潮对恩格斯产生了一定的影响，恩格斯在《终结》中论述到黑格尔的包罗万象的哲学体系已经终结了传统哲学的时候指出："我们把沿着这个途径达不到而且任何单个人都无法达到的'绝对真理'撇在一边，而沿着实证科学和利用辩证思维对这些科学成果进行概括的途径去追求可以达到的相对真理。"②

我们再来看第二个阶段。在这个阶段中，最重要的理论事件如下：第一，以詹姆士、杜威为代表的实用主义思潮在美国兴起。这一思潮强调"有用即真理"的观念，它通过杜威对中国哲学家胡适等人产生了重大的影响。第二，以德国哲学家狄尔泰和法国哲学家柏格森为代表的生命哲学的兴起，生命哲学主要从非理性的体验、直觉的角度出发来理解生命，从而也构成对理性主义传统的巨大冲击。第三，以克罗纳为代表的德国新黑格尔主义，在狄尔泰的生命哲学的影响下，把黑格尔解释为世

---

① 《马克思恩格斯全集》第 23 卷，人民出版社 1972 年版，第 24 页。
② 《马克思恩格斯文集》第 4 卷，人民出版社 2009 版，第 273 页。

界上最大的非理性主义者。这一思潮与生命哲学、尼采的唯意志主义结合起来，成了纳粹主义的思想基础。第四，以德国哲学家弗雷格、英国哲学家罗素、维特根斯坦为代表的分析哲学的兴起，该派强调哲学的主要功能是进行语言和逻辑上的分析和批判。早期维特根斯坦的思想影响了以卡尔纳普为代表的维也纳学派，晚期维特根斯坦的思想则影响了以赖尔为代表的牛津日常语言学派。第五，以胡塞尔为代表的现象学与以海德格尔为代表的存在主义的兴起。现象学的主要贡献是提供了一种反传统的彻底的思维方法，即现象学方法，海德格尔把这种方法运用到对存在问题的研究中，从而创立了存在主义的学说。存在主义后经法国哲学家萨特的弘扬而产生了广泛的影响。20 世纪公认的最伟大的哲学家是海德格尔，但海氏加入过纳粹党，从而遭到许多学者的批评。第六，以霍克海默、哈贝马斯为代表的法兰克福学派，这一学派继承了康德和马克思的传统，创立了"社会批判理论"，重点批判资本主义，同时也批判苏联模式的社会主义。

最后我们来看第三个阶段。在这个阶段中，最重要的理论事件如下：第一，以列维·斯特劳斯为代表的结构主义和以德里达为代表的解构主义在法国兴起。20 世纪 50、60 年代，斯特劳斯把结构主义的方法运用到对人类学的研究中；阿尔都塞则用结构主义方法研究马克思思想的发展，其名著《保卫马克思》和《阅读资本论》产生了重大的影响。1968 年法国爆发的"五月风暴"改变了法国哲学家的观念，从 20 世纪 70 年代起，德里达的一系列著作奠定了解构主义的基础。这种学说猛烈地抨击传统的逻各斯（理性）中心主义，用"延异""踪迹""播撒"等概念来表明语言、结构、思想的不确定性，从而为后现代主义思潮的兴起奠定了思想基础。第二，以德国哲学家伽达默尔为代表的哲学诠释学的兴起。诠释学是关于人们如何理解、解释文本的学说。这派学说受海德格尔的影响，把理解和解释视为人的生存活动的样式。第三，以波普尔为代表的科学哲学的兴起和发展。这派哲学主要探讨科学发现的逻辑和科学史发展的规律。第四，以法国哲学家马里坦为代表的新托马斯主义的兴起。

这派学说主张在现代人的生活高度异化的背景下放弃以人类为中心的"人道主义"，回归"神道主义"。第五，以法国哲学家利奥塔为代表的后现代主义的兴起。这派学说主张，现代性意义上的"大叙事"方式已经过时，现代性已经被颠覆，目的论已经被解构，"大写的"哲学已经衰微，起作用的是"小写的"哲学，是生活中的当下的、琐细的东西。

综上所述，20世纪西方哲学的变化是非常大的，特别是实用主义、现象学、存在主义、哲学诠释学、后现代主义、法兰克福学派等都对中国学术界产生了重大的影响。

三、如何回应现、当代西方哲学提出的挑战

应当看到，现、当代西方哲学是在批判地思考西方资本主义社会的现实的基础上形成并发展起来的。我们应当在认真了解、研究现、当代西方哲学的基础上作出合理的回应，即抛弃错误的东西，汲取合理的因素。

第一，坚持马克思的历史唯物主义的哲学立场。当然，马克思主义是与时俱进的，在新的条件下应该获得新的表述方式，这正是当代中国理论工作者的首要的责任。

第二，从中国的具体国情出发，坚持现代性的价值观念和现代化的道路，但又充分重视后现代主义反思现代性的成果，借鉴这些成果，用以对现代性的观念和现代化的道路作出必要的修正。

第三，重视对一般哲学本体论和马克思主义的哲学本体论的研究，从而在新时代中重新确立自己的思想基础。现、当代西方哲学发展的历史表明，没有对思想基础的深入反思，理论创新是不可能的。

第四，重视康德对理论理性（以自然界的现象作为研究对象）和实践理性（以人与人之间的关系作为研究的对象）的区别，积极推进实践理性，特别是政治哲学、法哲学、道德哲学和宗教哲学的研究，用以指导

我们的现实生活。

第五，重视对存在主义思潮的研究，深入反思马克思主义和人道主义的关系，深刻认识马克思主义哲学的人文关怀的特征，在市场经济和科学技术高度发展的背景下具有特别重要的意义。

第六，重视对科学技术高度发展所产生的环境、生态、伦理等诸问题的研究。

具有两种不同类型的自然辩证法。

然而，长期以来，人们一直单向度地把"自然辩证法"理解为"自然界的辩证法"，完全忽略了另一种类型的"自然辩证法"，即人的理性在不受干扰的情况下陷入的那种"自然辩证法"，而揭示这种"自然辩证法"的存在，正是德国古典哲学，尤其是康德哲学的伟大理论贡献之一。遗憾的是，人们在研究自然辩证法问题时，从未对康德这方面的成果产生过感激之情。更为遗憾的是，人们即使是在探讨"自然界的辩证法"时，也是如此地漫不经心，从未认真地思考过这一概念的来源及它的本质含义。这就迫使我们不得不对上述两种自然辩证法的概念都作出相应的论述。

四、作为自然界辩证运动的自然辩证法

恩格斯在 19 世纪 50 年代的时候，对自然哲学的研究发生浓厚的兴趣。在 1858 年 7 月 14 日给马克思的信中，他这样写道：

> 顺便提一下，请把已经答应给我的黑格尔的《自然哲学》寄来。目前我正在研究一点生理学，并且想与此结合起来研究一下比较解剖学。在这两门科学中包含着许多从哲学观点来看非常重要的东西，但这全是新近才发现的；我很想知道，所有这些东西老头子（黑格尔，编者注）是否一点也没有预见到。毫无疑问，如果他**现在**

要写一本《自然哲学》，那么论据会从四面八方向他飞来。可是，人们对最近三十年来自然科学所取得的成就却一无所知。①

在同一封信中，恩格斯还谈到生物学研究中细胞的发现、物理学研究中各种力之间的相互关系及黑格尔关于量变质变理论在自然科学研究中的意义等。在这封信中，恩格斯虽然谈到了黑格尔的辩证法和自然科学研究之间的某种关系，并对其《自然哲学》表示热切的关注，但他还没有使用"自然辩证法"的概念。

事实上，第一个使用"自然辩证法"概念的并不是恩格斯，而是德国哲学家杜林。1865 年，杜林出版了他的著作《自然辩证法·科学和哲学的新的逻辑基础》（*Natuerliche Dialektik*. *Neue logische Grundlegungen der Wissenschaft und Philosophie*）。在以后的著作中，杜林多次提到自己的这部著作，比如他在《哲学教程》中写道：

> 早年，我曾经在《自然辩证法》这个简明的标题下，以言简意赅的形式和原则上是最重要的材料，对这门属于一个种类的科学作过阐述。②

我们也知道，杜林的《自然辩证法》一书出版后曾经引起马克思和恩格斯的注意。在 1868 年 1 月 11 日致恩格斯的信中，马克思曾以嘲讽的口吻提到：

> 在博物馆里，我只翻了翻目录，就这样我也发现**杜林**是个伟大

---

① 《马克思恩格斯全集》第 29 卷，人民出版社 1972 年版，第 324 页。阿尔弗莱特·施密特在《马克思的自然概念》一书的一个注中提到了恩格斯这封信，并指出："从 1858 年以来，恩格斯已经试图对自然科学进行辩证的重构。"Alfred Schmidt, *The Concept of Nature in Marx*, London：NLB, 1971, p. 206.

② ［德］杜林：《哲学教程——严密科学的世界观和人生观》，郭官义、李黎译，商务印书馆 1991 年版，第 495 页，也可参见同书第 513、519 页上的论述。

的哲学家。譬如，他写了一本《**自然辩证法**》来反对黑格尔的"非自然"辩证法。……德国的先生们（反动的神学家们除外）认为，黑格尔的辩证法是条"死狗"。就这方面说，费尔巴哈是颇为问心有愧的。①

从这段论述可以看出，马克思对杜林试图通过自己的《自然辩证法》一书来反对黑格尔表示不满。在马克思看来，杜林的这种做法迎合了当时德国学术界把黑格尔的辩证法看作"死狗"的浅薄的时尚，而造成这一时尚的根源之一是费尔巴哈在批判黑格尔哲学时轻易地抛弃了他的辩证法思想。在 1868 年 3 月 6 日致路德维希·库格曼的信中，马克思再度提到了杜林和他的这部著作：

> 我现在能够理解杜林先生的评论中的那种异常困窘的语调了。一般说来，这是一个极为傲慢无礼的家伙，他俨然以政治经济学中的革命者自居。他做了一件具有两重性的事情。首先，他出版过一本（以凯里的观点为出发点）《**国民经济学说批判基础**》（约五百页）。和一本新《**自然辩证法**》（反对黑格尔辩证法的）。我的书（《资本论》第 1 卷，编者注）在这两方面都把他埋葬了。他是由于憎恨罗雪尔等等才来评论我的书的。此外，他在进行欺骗，这一半是出自本意，一半是由于无知。他十分清楚地知道，我的叙述方法和黑格尔的**不同**，因为我是唯物主义者，黑格尔是唯心主义者。黑格尔的辩证法是一切辩证法的基本形式，但是，只有在剥去它的神秘的形式**之后**才是这样，而这恰好就是**我的**方法的特点。至于说到李嘉图，那么使杜林先生感到伤心的，正是在我的论述中**没有**凯里以及他以前的成百人曾用来反对李嘉图的那些弱点。因此，他恶意地试图把李嘉图的局限性加到我身上。但是，我们不在乎这些。我应当感谢

---

① 《马克思恩格斯全集》第 32 卷，人民出版社 1975 年版，第 18 页。

这个人，因为他毕竟是谈论我的书的第一个专家。①

我们之所以把这一长段论述全部加以引证，因为它在内容上具有连贯性，是不可割裂的。在这段论述中，马克思阐明了以下几层意思：第一，就杜林是谈论《资本论》第 1 卷的第一位专家而言，应当感谢他；就其著作的语调而言，他是个傲慢无礼的家伙；就其见解而言，又是充满错误的。第二，如果说，杜林的自然辩证法以反对黑格尔的辩证法作为自己的出发点，那么，他的经济学思想则是以凯里的庸俗经济学为出发点的。第三，杜林的自然辩证法的宗旨是反对黑格尔辩证法。第四，马克思的辩证法就其基本立场而言，与黑格尔完全不同，但杜林试图把它们混淆起来。第五，杜林竭力抹杀马克思与李嘉图在经济思想上的根本差异。人所共知，恩格斯在《反杜林论》(1878)中也以蔑视的口气提到杜林"惯用的、被他称为'自然的辩证法'的那套变戏法的手法"②。

现在的问题是，既然"自然辩证法"的概念是由杜林最先提出来的，而且他提出这个新概念的意图是反对黑格尔的辩证法，而马克思和恩格斯对他的《自然辩证法》一书又进行了无情的批判，那么为什么恩格斯仍然把自己生前未完成的、关于自然科学研究方面的手稿命名为"自然辩证法"呢？恩格斯和杜林的"自然辩证法"概念除了内容上的根本差别（这些差别在《反杜林论》一书中得到了明晰的说明）外，是否还存在着表述上的差异呢？所有这些问题都是我们必须弄清楚的。

在 1873 年 5 月 30 日致马克思的信中，恩格斯写道：

> 今天早晨躺在床上，我脑子里出现了下面这些关于自然科学的辩证思想。③

---

① 《马克思恩格斯全集》第 32 卷，人民出版社 1975 年版，第 525—526 页。
② 《马克思恩格斯选集》第 3 卷，人民出版社 1995 年版，第 518—519 页。
③ 《马克思恩格斯全集》第 33 卷，人民出版社 1973 年版，第 82 页。

在这封信中，恩格斯谈到了物理学和各种运动的形式、化学和有机体等问题。同年，恩格斯在"自然科学的辩证法"（Dialektik der Naturwissenschaft）的小标题下写下了类似的内容。[①] 人们通常把这封信看作是恩格斯酝酿并写作《自然辩证法》的开端。然而，恩格斯在这里使用的是"自然科学的辩证法"的概念，而不是"自然辩证法"的概念。

众所周知，恩格斯对"自然辩证法"的研究从 1873 年一直延续到 1886 年。马克思于 1883 年逝世后，恩格斯倾注全力编纂、出版《资本论》的余稿，直到 1895 年逝世前仍未能完成相应的著作，而留下了四束亲自冠有不同标题的手稿。据中央编译局译本的说明，第三束手稿的标题是"自然辩证法"[②]。然而，由于这一译本未标明是从哪个德文本译出的，所以我们无法进行判断和评论。但据柏林狄茨出版社 1952 年德文本"前言"中的说明，恩格斯第三束手稿的标题应为"辩证法和自然"（Dialektik und Natur）[③]。究竟哪个标题是恩格斯生前亲自写下的，只能留待新的研究资料来说明。但有一点是可以肯定的，至少在上面提到的手稿和书信中，恩格斯都是用 Naturdialektik 这个复合词来标识自己关于"自然辩证法"的思想的。此外，虽然恩格斯没有给自己的手稿冠之以 Naturdialektik 的总的书名，但 1882 年 11 月 23 日致马克思的信中的提法表明，至少恩格斯有过以 Naturdialektik 来指称自己这方面研究的全部手稿的意向。然而，1925 年，当恩格斯的手稿在莫斯科以德俄对照本的形式出版时，编者给全部手稿按上了《自然辩证法》的书名，但这个书名的德文表述方式却是 Dialektik der Natur，既不同于杜林的 Natuerliche Dialektik，也不同于恩格斯的 Naturdialektik。

我不知道，我国的研究者在探讨自然界和自然科学中的哲学问题

---

① Friedrich Engels, *Dialektik Der Natur*, Berlin：Dietz Verlag，1952，S. 264，并参见恩格斯：《自然辩证法》，人民出版社 1971 年版，第 226 页。

② 参见恩格斯：《自然辩证法》，人民出版社 1971 年版，第 290—291 页，未注明其德文的对应表达式是什么。

③ Friedrich Engels, *Dialektik Der Natur*, Berilin：Dietz Verlag，1952，S. xvii.

时，常常漫不经心地使用的"自然辩证法"概念究竟对应于哪一种德文的表达式？也许他们会认为，搞清楚这个概念的不同德语表述式是没有意义的，然而，一旦他们必须运用外语来表达自己的见解时，这恐怕就是一个实质性的问题了。限于题旨，我在这里不讨论恩格斯的"自然辩证法"思想与马克思的自然观的差别①，而只对这个概念的来龙去脉作出必要的说明。

五、作为理性自然倾向的自然辩证法

现在，我们来考察另一种不同的"自然辩证法"的概念。它是由德国哲学家康德提出来的。我们发现，这一概念在康德的批判哲学中起着极为重要的作用，但长期以来几乎从未引起过理论研究者们的注意。

在康德的理论话语体系中，当纯粹理性运用只适合于经验范围的知性范畴去认识和解释超经验的理念——灵魂、世界和上帝时，就会陷入困境。康德把纯粹理性的这种意向及其困境称作"先验辩证法"(die transzendentale Dialektik)。令人困惑不解的是，《纯粹理性批判》(1781)的中译本通常把 die transzendentale Dialektik 译为"先验辩证论"，然而，"论"在德语中的对应词是 Theorie，但 Dialektik 并不含有"论"的意思在内，所以我在这里把这个德语表达式直译为"先验辩证法"。在康德看来，先验辩证法也就是纯粹理性的自然辩证法。这里的"自然"也就是发自理性本性的、不可避免的倾向。在日常语言中，我们常常用"自然而然"来表达这样的倾向。在《纯粹理性批判》的"先验辩证法"篇中，有一则附录的标题是："人的理性的自然辩证法的最终目的"(Von der Endab-

---

① 参见《论马克思的人化自然辩证法》，载《俞吾金集》，黑龙江教育出版社 1995 年版，第 489—499 页；《抽象自然观的三种表现方式》，载俞吾金：《实践诠释学：重新解读马克思哲学与一般哲学理论》，云南人民出版社 2001 年版，第 162—176 页。

sicht der Natuerlichen Dialektik der menschlichen Vernunft)①。在这里，康德直接使用了"自然辩证法"(der Natuerlichen Dialektik，此处为第二格)的概念。我们下面的论述将表明，康德绝不是以偶然的、心血来潮的方式使用这个概念的。

在《纯粹理性批判》中，康德这样写道：

> 因而存在着一种纯粹理性的自然的和不可避免的辩证法(eine natuerliche und unvermeidliche Dialektik der reinen Vernunft)，这种辩证法既不是一个缺乏知识的拙劣工匠陷入的自我困境，也不是一个诡辩家故意杜撰出来以扰乱理性的人们进行思考的东西，事实上它和人的理性是不可分离的。即使我们已经知觉到它的虚幻性，它依然会使理性不断地陷入迷乱之中，从而时时需要得到纠正。②

这段话明确地告诉我们，康德把人的理性在其本性的驱使下自然而然地、不可避免地陷入虚幻境地的倾向和过程称为"自然辩证法"。这种辩证法是理性的本性使然。即使人们已经自觉地意识到这种辩证法，也不等于他们在思考中就可以轻易地摆脱它。在康德看来，"自然辩证法"具有三种不同的形态：当纯粹理性试图运用知性范畴去认识超经验的、主观上的统一体——灵魂时，就会陷入"误谬推论"(Paralogismus)③之中；当纯粹理性试图运用知性范畴去认识超经验的、客观上的统一体——世界时，就会陷入"二律背反"(Antinomie)④；当纯粹理性试图运用知性范畴去认识超经验的、主客观的统一体——上帝时，就会陷入"理想"(Ideal)⑤。

---

① Immanuel Kant, *Kritik der reinen Vernunft*, Berlin: Suhrkamp Verlag, 1988, B697/A669.

② Ibid., B354, 355/A298.

③ Ibid., B399, 400/A341, 342.

④ Ibid., A405, 406.

⑤ Ibid., B505, 506/A567, 568.

在《道德形而上学原理》(1785)中，康德进一步把"自然辩证法"的含义具体化为人的自然"倾向"(Neigung)和道德"责任"(Pflicht)之间的冲突。在该书第一章中谈到人的自然倾向与理性所颁发的道德责任及道德规范之间的矛盾时，康德指出：

> 从这里产生出一种自然辩证法(eine natuerliche Dialektik)，这是一种对责任的严格法则进行诡辩的嗜好，对其有效性，至少是对其纯洁性和严肃性进行怀疑，并且在可能的地方，使它们适应于我们的欲望和倾向，也就是说，从根本上败坏它们，使它们完全失去自己的尊严……①

在《实践理性批判》(1788)中，康德强调，与思辨理性一样，实践理性也会陷入自然辩证法：

> 在纯粹理性的思辨应用中，那种自然辩证法(jene natuerliche Dialektik)如何得到解决，此外，那个源于自然假象的错误又应该如何进行防范，人们能够在对那个能力的批判中见到详尽的论述。但是，理性在其实践应用中的情况也不见得更好。②

那么，在实践理性的范围内，自然辩证法的表现形式又是什么呢？与《道德形而上学原理》中的表述略有不同，在《实践理性批判》中，康德提

---

① Immanuel Kant, *Werkausgabe Band Ⅶ*, Berilin：Suhrkamp Verlag，1989，BA23. H. J. 帕通在《论证分析》中对康德在道德领域里提出的"自然辩证法"做出了如下的阐释："普通人需要哲学，因为对快乐的渴望诱使他成为自欺的人，用诡辩的方式以论证来对付在道德上看来是难容的要求。这样就产生了康德所谓的自然辩证法，醉心于那些相互矛盾的、似是而非的论证，用这种方法来架空对责任的要求。"参见［德］康德：《道德形而上学原理》，苗力田译，上海人民出版社1986年版，第133页。

② Immanuel Kant, *Werkausgabe Band Ⅶ*, Berilin：Suhrkamp Verlag，A194.

出了"纯粹实践理性辩证法"(Dialektik der praktischen Vernunft)①，这一辩证法也就是康德所说的实践理性范围内的自然辩证法，因为它也是实践理性自然而然地、不可避免地会陷入进去的一种困境。其叙述方式是：康德把最高的善的概念称为"至善"(das hoechstes Gut)，"至善"是由"德行"(Tugend)和"幸福"(Glueckligkeit)构成的，而这两者在人们的行为中常常处在二律背反的情况下。伊壁鸠鲁派和斯多葛派就是这一自然辩证法中的两个极端。如果说前者用幸福来取代德行的话，那么后者则用德行来取代幸福。从康德的先验论的立场出发，当然更重视德行，他甚至把道德和幸福尖锐地对立起来，但是正如叔本华所批评的，他既然把幸福作为至善的内容之一，这就表明，他的先验主义的道德理论仍然是不彻底的。

康德的《判断力批判》(1790)与前两个《批判》有着类似的结构。在目的论判断力的讨论中，他专门辟出一个部分，把它称为"目的论判断力的辩证法"(Dialektik der Teleologischen Urteilskraft)②，并指出：

> 在反思判断力的这些必要的准则之间能够发现一个冲突，即二律背反；它是以一种辩证法为基础的，如果两个相互冲突的准则中的每一个在认识能力的本性中都有其基础的话，那么，这种辩证法就可以称之为一种自然辩证法(eine natuerliche Dialektik)，它是一种不可避免的假象，人们应该在批判中揭露它、解决它，以便不受它的迷惑。③

---

① Immanuel Kant, *Werkausgabe Band Ⅶ*, Berilin：Suhrkamp Verlag，A192，193. 显然，中译本把这个德语表达式译为"纯粹实践理性辩证论"也是不确切的，因为它并不包含"论"的含义。

② Immanuel Kant, *Werkausgabe Band X*，Berilin：Suhrkamp Verlag，B310，311，312/A307，308. 同样，中译本把这个德语表达式译为"目的论判断力的辩证论"也是不妥的，因为它也不包含"论"的意思在内。

③ Immanuel Kant, *Werkausgabe Band X*，Berilin：Suhrkamp Verlag，B313/A309.

为了说明这种蕴含在目的论判断力中的自然辩证法，康德还举了这样的例子进行分析："正题：所有质料性的事物及其形式的产生都必须按照单纯的机械规律才可能被判断。反题：质料性的自然的某些产品是不可能按照单纯的机械规律被判断的……"①

综上所述，在康德看来，无论是在纯粹理性中，还是在实践理性和判断力中，都存在着自然辩证法，而这种辩证法既不是偶然的，也不是从外面加诸于理性的，而是内在于理性的本性之中的。

六、简短的结论

从上面的探讨中我们可以引申出如下的结论。

第一，"自然辩证法"的概念最先是由康德提出来的，而康德意义上的"自然辩证法"乃是作为理性自然倾向的辩证法。虽然这种辩证法发自理性的本性，但其作为先验幻象，却是一种消极性的东西。为此，黑格尔批判康德对世界事物采取了一种"温情主义"的态度："他似乎认为世界的本质是不应具有矛盾的污点的，只好把矛盾归于思维着的理性，或心灵的本质。"②而在黑格尔看来，这种理性矛盾或理性辩证法的真正积极的意义，在于认识一切现实之物都包含有相反的规定于自身之内。换言之，在黑格尔那里，矛盾和辩证法被理解为积极的东西。

第二，作为自然界辩证运动的"自然辩证法"的概念是由杜林率先提出来的。在德语表达式上，他的"自然辩证法"概念与康德是一致的，但它所指称的对象却是自然界，并且是在反对黑格尔辩证法的语境中被阐述出来的。

第三，马克思与黑格尔的辩证法在基本立场上是正相反对的，但他

---

① Immanuel Kant, *Werkausgabe Band X*, Berilin: Suhrkamp Verlag, B314, 315/A310, 311.

② ［德］黑格尔：《小逻辑》，贺麟译，商务印书馆 1980 年版，第 131 页。

又坚决反对杜林的《自然辩证法》一书对黑格尔的辩证法所采取的虚无主义的态度。

第四，恩格斯创制了 Naturdialektik 这个新的德语复合词，使之与杜林的表达式 Natuerliche Dialektik 对立起来；恩格斯在书信中虽然有用 Naturdialektik 来指称自己相关的全部手稿的意图，但他在逝世前并没有在自己的手稿上明确地标出总的书名，而恩格斯手稿的编者却以 Dialektik der Natur 这种表达方式取代了恩格斯创制的那个复合词。

论恩格斯与马克思哲学思想的差异
——从《终结》和《提纲》的比较看①

长期以来，在马克思主义哲学研究的领域中存在着一个禁区，即难以深入地讨论马克思和恩格斯哲学思想之间的差异。其实，就马克思个人来说，他青年时期的思想与成熟时期的思想之间也存在差异，更何况马克思和恩格斯是两个人，他们在学术研究上有不同的侧重点，所以在哲学思想上存在差异是十分自然的。后人发现并研究这种差异正是为了更深入地理解并把握马克思哲学的本真精神。

最先意识到马克思和恩格斯在哲学思想上的差异的是西方马克思主义者。比如，卢卡奇在《历史与阶级意识》(1923)中就从以下两个方面阐明了恩格斯与马克思哲学思想的差异：一方面，卢卡奇批评了恩格斯关于自然辩证法的思想，认为这一思想撇开人的活动去讨论所谓自然的自身运动，不过是谢林和黑格尔的自然哲学思想的一种残余。卢卡奇认为，按照马克思的观点，自然

---

① 原载《江苏社会科学》2003年第4期，第35—40页；《中国社会科学文摘》2003年第6期转载。收录于俞吾金：《从康德到马克思——千年之交的哲学沉思》，广西师范大学出版社2004年版，第240—256页；《重新理解马克思——对马克思哲学的基础理论和当代意义的反思》，北京师范大学出版社2005年版，第88—98页；《从康德到马克思——千年之交的哲学沉思》，北京师范大学出版社2017年版，第412—430页。——编者注

是一个社会范畴，是以人的实践活动为媒介的。因而自然辩证法是不存在的，唯一存在的是社会历史辩证法。我们知道，马克思和恩格斯在自然观方面的差异后来在萨特的论文《科学和辩证法》(1961)和施密特的著作《马克思的自然概念》(1962)中得到了进一步的论述。另一方面，卢卡奇也不同意恩格斯在《路德维希·费尔巴哈与德国古典哲学的终结》中把实践仅仅理解为"实验和工业"，在他看来，马克思首先把实践理解为革命斗争，理解为对现存世界的批判和改造。卢卡奇虽然说得不是很明确，但他实际上暗示，恩格斯受到了当时的实证主义思潮的影响，他主要从科学性和技术主义的角度来理解并阐释马克思的哲学思想，从而已经暗含着后来被第二国际的理论家推向极端的"科学的马克思主义"的萌芽。尽管晚年卢卡奇在《社会存在本体论》(1971)中重新肯定了恩格斯关于自然辩证法的思想，但马克思和恩格斯之间在一系列哲学问题上的差异是无法否认的。

为了更清晰地认识这些差异，我们找到了下面这个新的切入点：凡是熟悉马克思主义哲学发展史的人都知道，1888 年，恩格斯出版了他在哲学研究方面的代表性著作——《路德维希·费尔巴哈和德国古典哲学的终结》(以下简称《终结》)，并在书后附上了马克思写于 1845 年的《关于费尔巴哈的提纲》(以下简称《提纲》)，但恩格斯对《提纲》的文字做了一些改动，并把这个附录称为《马克思论费尔巴哈》(以下简称《论》)。平心而论，在恩格斯做过改动的《论》和马克思的原文《提纲》之间并不存在着实质性的差别，然而，我们在研究中发现，在恩格斯的《终结》和马克思的《提纲》所叙述的哲学思想之间却存在着一些重要的差异，值得引起我们的思考。我们认为，这些差异主要表现在以下三个方面。

一、从实践出发，还是从自然界出发

在《提纲》中，马克思这样写道："全部社会生活在本质上是**实践的**。

凡是把理论引向神秘主义的神秘东西，都能在人的实践中以及对这个实践的理解中得到合理的解决。"①这段重要的论述启示我们，社会实践是全部社会生活的基础和核心，任何社会现象，包括具有神秘主义倾向的理论文本在内，都可以通过对人们的社会实践的理解得到合理的说明。也正是在这个意义上，马克思阐述了自己的实践唯物主义的立场与以前的一切唯物主义学说之间的本质差别："从前的一切唯物主义（包括费尔巴哈的唯物主义）的主要缺点是：对对象、现实、感性，只是从**客体的或者直观**的形式去理解，而不是把它们当作**感性的人的活动**，当作**实践**去理解，不是从主体方面去理解。"②也就是说，旧唯物主义的出发点是"从客体或者直观的形式"出发去理解整个外部世界（包括全部社会现象），而马克思的实践唯物主义则主张"从主体方面"、从"实践"出发去理解这一切。正是出发点上的差异构成了马克思与旧唯物主义的哲学思想之间的本质差别。

在《终结》的序言中，虽然恩格斯把《提纲》称为"包含着新世界观的天才萌芽的第一个文件"③，但我们发现，恩格斯叙述哲学基本问题的出发点仍然与马克思的出发点存在着重要的差异。在《终结》的第二部分中，恩格斯开宗明义地写道："全部哲学，特别是近代哲学的重大的基本问题，是思维和存在的关系问题。"④有人也许会辩解说：恩格斯这里谈论的哲学基本问题并没有把马克思哲学蕴含在内。但这种辩解显然是站不住脚的，因为恩格斯认为，"全部哲学"都是以思维与存在的关系作为基本问题的，显然，在"全部哲学"这个术语中不可能不包含着马克思的哲学。

我们再来看看，恩格斯这里说的思维与存在关系的实质究竟是什么。他写道："思维对存在、精神对自然界的关系问题，全部哲学的最

---

① 《马克思恩格斯选集》第 1 卷，人民出版社 1995 年版，第 56 页。
② 同上书，第 54 页。
③ 《马克思恩格斯选集》第 4 卷，人民出版社 1995 年版，第 213 页。
④ 同上书，第 223 页。

高问题，像一切宗教一样，其根源在于蒙昧时代的愚昧无知的观念。"①
也就是说，在恩格斯那里，"存在"相当于"自然界"，"思维"相当于"精神"。

那么，在思维与存在、自然界与精神的关系中，恩格斯的关注点究竟在哪里呢？他解释道："哲学家依照他们如何回答这个问题而分成了两大阵营。凡是断定精神对自然界说来是本原的，从而归根到底承认某种创世说的人（而创世说在哲学家那里，例如在黑格尔那里，往往比在基督教那里还要繁杂和荒唐得多），组成唯心主义阵营。凡是认为自然界是本原的，则属于唯物主义的各种学派。除此之外，唯心主义和唯物主义这两个用语本来没有任何别的意思，它们在这里也不是在别的意义上使用的。"②显而易见，恩格斯的关注点是：从自然界（或存在）出发来解释精神（或思维），还是从精神（或思维）出发来解释自然界（或存在）。

不用说，作为唯物主义者，恩格斯是主张从自然界出发来解释精神的。也就是说，恩格斯和马克思在哲学的出发点问题上存在着不同的看法。也许有人会辩解说：恩格斯这里说的自然界也是以人的实践活动为媒介的。确实，在有些场合下，如在《自然辩证法》中恩格斯也说过："人的思维的最本质的和最切近的基础，正是**人所引起的自然界的变化**，而不单独是自然界本身；人的智力是按照人如何学会改变自然界而发展的。"③然而，在大多数场合下，恩格斯强调的是自然界自身的运动。在《自然辩证法》一书中，他也说过："唯物主义的自然观不过是对自然界本来面目的朴素的了解，不附加任何外来的成分，所以它在希腊哲学家中间从一开始就是不言而喻的东西。"④这里说的"不附加任何成分"显然也蕴含着对人的实践活动的拒斥。事实上，在《终结》中，恩格斯对这一点做了更明确的说明："但是，社会发展史却有一点是和自然发展史根

---

① 《马克思恩格斯选集》第 4 卷，人民出版社 1995 年版，第 224 页。
② 同上书，第 224—225 页。
③ 恩格斯：《自然辩证法》，人民出版社 1971 年版，第 209 页。
④ 同上书，第 177 页。

本不相同的。在自然界中(如果我们把人对自然界的反作用撇开不谈)全是没有意识的、盲目的动力,这些动力彼此发生作用,而一般规律就表现在这些动力的相互作用中。"①当恩格斯主张"把人对自然界的反作用撇开不谈"时,人的实践活动对自然界的影响也就从自然界中被抹掉了。

也正是在这个意义上,施密特评论道:"在恩格斯那里,被社会中介过的自然概念和独断的、形而上学的自然概念确实毫无联系地并存着。"②这个评论启示我们,恩格斯并没有深入地反思过马克思在《提纲》中叙述的实践唯物主义的出发点与一切旧唯物主义的出发点之间存在着的本质的差异。事实上,蕴含在马克思的实践唯物主义学说中的自然界必定是被人的实践活动中介过的自然界,早在《1844 年经济学哲学手稿》中马克思已经提出了"人化的自然界"的概念,并强调:"被抽象地孤立地理解的、被固定为与人分离的**自然界**,对人说来也是无。"③在批评阿·瓦格纳的政治经济学教科书时,马克思也说过:"在一个学究教授看来,人对自然的关系首先并不是**实践的**即以活动为基础的关系,而是**理论的**关系……但是,人们决不是首先'处在这种对外界物的理论关系中。'"④可见,马克思始终把人的实践活动作为哲学思考的出发点。正是在这个意义上,施密特指出:"在马克思看来,自然概念是人的实践的要素,又是存在着的万物的总体。"⑤同时,施密特也对恩格斯的自然观作出了如下的评论:"在恩格斯那里,自然和人不是被首要意义的历史的实践结合起来的,人作为自然过程的进化产物,不过是自然过程的受动的反射镜,而不是作为生产力出现的。"⑥

---

① 《马克思恩格斯选集》第 4 卷,人民出版社 1995 年版,第 247 页。

② [德]A·施密特:《马克思的自然概念》,欧力同、吴仲昉译,商务印书馆 1988 年版,第 44 页注③。

③ 《马克思恩格斯全集》第 42 卷,人民出版社 1979 年版,第 126、178 页。

④ 《马克思恩格斯全集》第 19 卷,人民出版社 1963 年版,第 405 页。

⑤ [德]A·施密特:《马克思的自然概念》,欧力同、吴仲昉译,商务印书馆 1988 年版,第 15 页。

⑥ 同上书,第 50 页。

由于恩格斯主要坚持从非实践的，即排除人的作用的自然界出发来谈论哲学，所以，这种谈论方式本质上仍然停留在"从客体或者直观的形式"出发的旧唯物主义的思考方式之内。正如费尔巴哈在《关于哲学改造的临时纲要》中所说的："观察自然，观察人吧！在这里你们可以看到哲学的秘密。"①显然，费尔巴哈也是从自然出发来谈论哲学问题的。尽管恩格斯在《终结》中批评费尔巴哈时说"无论关于现实的自然界或关于现实的人，他都不能对我们说出任何确定的东西"②，但一旦恩格斯撇开人的实践活动这一被马克思所发现的、新哲学的出发点，他是否有可能对自然和人的问题作出与旧唯物主义者完全不同的结论来呢？

二、从本体论维度理解实践，还是从认识论维度理解实践？

只要我们认真地解读《提纲》的话，就会发现，马克思首先是从本体论的维度出发来理解并阐发实践活动的。一方面，马克思批判了作为旧唯物主义的典型代表的法国唯物主义者所持有的环境或教育决定论的机械观念，指出："环境的改变和人的活动或自我改变的一致，只能被看作是并合理地理解为**革命的实践**（revolutionaere Praxis）。"③也就是说，在人类社会中，环境或教育并不起着本体论意义上的前提性的作用，这个作用只能由革命的实践来承担。另一方面，马克思也批评了费尔巴哈的直观唯物主义的观念，指出："费尔巴哈不满意**抽象的思维**而喜欢**直观**；但是他把感性不是看作**实践的**、人的感性的活动。"④在马克思看

---

① 北京大学哲学系外国哲学史教研室：《十八世纪末—十九世纪初德国哲学》，商务印书馆 1975 年版，第 600 页。

② 《马克思恩格斯选集》第 4 卷，人民出版社 1995 年版，第 240 页。

③ 《马克思恩格斯选集》第 1 卷，人民出版社 1995 年版，第 55 页。

④ 同上书，第 56 页。

来，费尔巴哈的感性直观乃是一种静态的直观，他没有把直观者理解为动态的、实践着的人。这也意味着：直观并不是本体论上的初始性现象，相反，它是第二性的，是在人的实践活动的基础上得以展开的。正是人的实践活动决定着人可能会去直观甚至改变哪些对象。马克思还批评费尔巴哈不理解革命的、实践批判的活动的意义，因而他的全部思考活动只停留在宗教世界的范围内，他没有想到，应该把这个宗教世界归结为它的世俗的基础，而"对于这个世俗基础本身应当在自身中、从它的矛盾中去理解，并在实践中使之革命化"①。正是有感于这种本体论意义上的实践意识的普遍匮乏，马克思指出："哲学家们只是用不同的方式**解释**世界，问题在于**改变**世界。"②

事实上，马克思一直是从本体论维度出发去理解实践活动的。早在《1844 年经济学哲学手稿》中，马克思就说过："只有当物按人的方式同人发生关系时，我才能在实践上按人的方式同物发生关系。"③显而易见，马克思把人的实践活动看作理解人与物的关系的本体论的基础。马克思还把自己的学说作为"实践的人道主义"与无神论的"理论的人道主义"对立起来。④ 在《德意志意识形态》中，马克思写道："这种活动、这种连续不断的感性劳动和创造、这种生产，是整个现存感性世界的非常深刻的基础，只要它哪怕只停顿一年，费尔巴哈就会看到，不仅在自然界将发生巨大的变化，而且整个人类世界以及他（费尔巴哈）的直观能力，甚至他本身的存在也就没有了。"⑤所有这些论述都表明，马克思不是从一般本体论的意义上来肯定实践活动的重要性，而是从生存论的本体论的意义上来强调这一点的。不用说，在马克思的实践概念中也蕴含着认识论的维度，但对他说来，首要的始终是本体论的维度。正是在这

---

① 《马克思恩格斯选集》第 1 卷，人民出版社 1995 年版，第 55 页。
② 同上书，第 57 页。
③ 《马克思恩格斯全集》第 42 卷，人民出版社 1979 年版，第 124 页注 2。
④ 同上书，第 174 页。
⑤ 《马克思恩格斯全集》第 3 卷，人民出版社 1960 年版，第 50 页。

个意义上，马克思所创立的实践唯物主义本质上乃是本体论上的革命。

然而，在《终结》中，恩格斯对思维与存在或精神与自然界关系的思考始终蕴含着一个传统唯物主义的本体论立场。按照这一立场，与人的实践活动相分离的存在或自然界是第一性的。正是在这一基础上，恩格斯着重从认识论框架内来讨论思维与存在的关系问题，并引出实践问题。他这样写道："但是，思维和存在的关系还有另一个方面：我们关于我们周围世界的思想对这个世界本身的关系是怎样的？我们的思维能不能认识现实世界？我们能不能在我们关于现实世界的表象和概念中正确地反映现实？"①恩格斯认为，大多数哲学家都对这个问题作出了肯定性的回答。然而，"还有其他一些哲学家否认认识世界的可能性，或者至少是否认彻底认识世界的可能性。……对这些以及其他一切哲学上的怪论的最令人信服的驳斥是实践，即实验和工业。既然我们自己能够制造出某一自然过程，按照它的条件把它生产出来，并使它为我们的目的服务，从而证明我们对这一过程的理解是正确的，那么康德的不可捉摸的'自在之物'就完结了。动植物体内所产生的化学物质，在有机化学开始把它们一一制造出来以前，一直是这种'自在之物'；一旦把它们制造出来，'自在之物'就变成为我之物了，例如茜草的色素——茜素，我们已经不再从地里的茜草根中取得，而是用便宜得多、简单得多的方法从煤焦油里提炼出来了。"②从这段重要的论述中我们可以引申出如下的结论。

第一，恩格斯是在驳斥认识论中的不可知论的语境中引出实践问题的。在他看来，像休谟、康德这样的哲学家都是认识论研究中的不可知论的典型代表，而对不可知论的最有力的驳斥则是实践。也就是说，当人们在实践中按照自己的目的复制出某一自然过程的时候，不可知论本身也就自行瓦解了。

---

① 《马克思恩格斯选集》第4卷，人民出版社1995年版，第225页。
② 同上书，第225—226页。

第二，实践是认识论中的一个环节。如果说，认识就是使"自在之物"转化为"为我之物"的过程，那么，促使这一转化过程得到实现的便是人的实践活动。恩格斯的这一见解对后来的马克思主义哲学的解释者产生了重大的影响。列宁在《哲学笔记》中写道："理论观念（认识）和实践的统———要注意这点——这个统一正是在认识论中。"①然而，恩格斯显然没有注意到，在康德哲学的语境中，"自在之物"具有两方面的含义：就认识论的含义而言，它是感性刺激的来源和知性认识的界限；就本体论而言，它是实践理性的范导性假设。说"自在之物"可以转化为"为我之物"，也印证了恩格斯是在单纯认识论的语境中考察实践问题的。

第三，当恩格斯说，"实践，即实验和工业"的时候，他并没有把马克思在《提纲》中提出的"革命的实践"考虑进去。尽管恩格斯在其他场合中涉及这个问题，但在《终结》一书的语境中，他主要是从认识论角度出发去理解实践概念的。事实上，当恩格斯谈论从笛卡儿到黑格尔、从霍布斯到费尔巴哈这一长时期内哲学思想的发展时，也指出："真正推动他们前进的，主要是自然科学和工业的强大而日益迅猛的进步。"②在这段论述中，恩格斯也撇开了革命的实践活动，如尼德兰革命、英国革命和法国革命对这些哲学家思想发展的重要影响。

显然，恩格斯对实践活动的理解角度表明，他对马克思的《提纲》所蕴含的哲学革命的实质和意义还没有获得充分的认识。

三、从人的问题着眼，还是从纯粹思想的问题着眼？

在某种意义上，马克思的《提纲》也是他的新哲学观——实践唯物主义的一份宣言书，所以，《提纲》不仅是对费尔巴哈哲学思想的一种批判

① 列宁：《哲学笔记》，人民出版社 1974 年版，第 236 页。
② 《马克思恩格斯选集》第 4 卷，人民出版社 1995 年版，第 226 页。

和清算，而且也是对哲学研究领域的新的界定。马克思写道："人的思维是否具有客观的[genstaendliche]真理性，这不是一个理论的问题，而是一个**实践的**问题。人应当在实践中证明自己思维的真理性，即自己思维的现实性和力量，自己思维的此岸性。关于思维——离开实践的思维——的现实性或非现实性的争论，是一个纯粹**经院哲学**的问题。"①人们通常认为，马克思这段话的主旨是强调：人的实践活动是检验理论性认识是否正确的标准。马克思的这段论述包含着这层意思，但更重要的是要看到，马克思对传统的哲学研究方式进行了透彻的批判。在他看来，撇开人的实践，在纯粹思维或思想领域中从事哲学研究，这样的研究必然会蜕变成经院哲学式的空谈。不用说，马克思的这一批判同时也蕴含着他对实践唯物主义这一新哲学观的研究方式的思考，即新哲学观不应该脱离人的问题，尤其是人的实践活动来探讨任何理论问题。

马克思对人的问题的思考并没有停留在对人的实践活动的考察上，在《提纲》中，他还指出："费尔巴哈把宗教的本质归结于**人的**本质。但是，人的本质不是单个人所固有的抽象物，在其现实性上，它是一切社会关系的总和。"②在马克思看来，与传统的哲学观（包括传统的唯物主义者的观点在内）把人理解为抽象的、孤立的个体的见解不同，新哲学观的根本特征之一就是把人理解为社会存在物。早在《1844年经济学哲学手稿》中，马克思就对人的本性和本质的问题（包括人的异化问题）表现出高度的关注。他指出："首先应当避免重新把'社会'当作抽象的东西同个人对立起来。个人**是社会存在物**。因此，他的生命表现，即使不采取**共同的**、同其他人一起完成的生命表现这种直接形式，也**是社会生活**的表现和确证。"③在马克思看来，要对人的本性、本质和异化问题获得批判的洞见，就必须把人理解为社会存在物。在《黑格尔法哲学批判导言》中，马克思也指出："人并不是抽象地栖息在世界以外的东西。人

---

① 《马克思恩格斯选集》第1卷，人民出版社1995年版，第55页。
② 同上书，第56页。
③ 《马克思恩格斯全集》第42卷，人民出版社1979年版，第122—123页。

就是人的世界，就是国家，社会。"①所有这些论述都表明，在马克思的视野里，哲学研究绝对不能撇开人的问题，而在探讨人的问题时又绝对不能撇开人置身其中的社会关系，而费尔巴哈式的唯物主义的肤浅就表现在只能对单个人进行直观，既看不到社会关系对人的本质的塑造，也看不到它对人的行为的根本性的影响。

在上述思考的基础上，马克思还进而指出："旧唯物主义的立脚点是市民社会，新唯物主义的立脚点则是人类社会或社会人类。"②在这里，"人类社会或社会人类"的提法既体现出马克思的新唯物主义所蕴含的更为宽泛的社会基础和解放全人类的伟大的历史使命感，也体现出马克思在探讨人的问题时，对一个特殊的、生机勃勃的阶级——无产阶级的热切关注和巨大希望。事实上，早在《黑格尔法哲学批判导言》中，马克思已经指出："哲学把无产阶级当作自己的**物质**武器，同样，无产阶级也把哲学当作自己的**精神**武器；思想的闪电一旦彻底击中这块素朴的人民园地，**德国人**就会解放成为人。"③这些论述表明，《提纲》作为"包含着新世界观的天才萌芽的第一个文件"，始终把人的问题视为新哲学研究的核心问题。

毫无疑问，在《终结》中，恩格斯在评论费尔巴哈的哲学思想时，也对他的人学观念做过一定的批评。他这样写道："在费尔巴哈那里情况恰恰相反。就形式讲，他是实在论的，他把人作为出发点；但是，关于这个人生活的世界却根本没有讲到，因而这个人始终是在宗教哲学中出现的那种抽象的人。这个人不是从娘胎里生出来的，他是从一神教的神羽化而来的，所以他也不是生活在现实的、历史地发生和历史地确定了的世界里面；虽然他同其他的人来往，但是任何一个其他的人也和他本人一样是抽象的。"④显而易见，恩格斯对费尔巴哈的抽象的人学观念的

---

① 《马克思恩格斯全集》第 1 卷，人民出版社 1956 年版，第 452 页。
② 《马克思恩格斯选集》第 1 卷，人民出版社 1995 年版，第 57 页。
③ 《马克思恩格斯全集》第 1 卷，人民出版社 1956 年版，第 467 页。
④ 《马克思恩格斯选集》第 4 卷，人民出版社 1995 年版，第 236 页。

批判和马克思的观点大致是接近的，然而，在对新哲学的思考中，他却没有为人的问题留下应有的空间。

在《终结》的结尾部分，在谈到马克思的历史唯物主义观点的时候，恩格斯写道："这种历史观结束了历史领域内的哲学，正如辩证的自然观使一切自然哲学都成为不必要的和不可能的一样。现在无论在哪一个领域，都不再要从头脑中想出联系，而要从事实中发现联系了。这样，对于已经从自然界和历史中被驱逐出去的哲学来说，要是还留下什么的话，那就只留下一个纯粹思想的领域：关于思维过程本身的规律的学说，即逻辑和辩证法。"①在这段极为重要的论述中，我们可以引申出如下的结论。

第一，在恩格斯看来，正如辩证的自然观取代了传统的自然哲学一样，马克思的历史观也取代了传统的历史哲学。由于这两种取代，哲学就从自然界和社会中被驱逐了。按照这一见解，马克思的历史观并不属于哲学的范围，那么，它应该属于什么学科呢？显然，它只能从属于历史这门实证性的学科了。马克思的历史观和传统的史学研究的唯一差别是它强调历史运动的辩证性。然而，如果马克思的历史观或历史唯物主义不是哲学思想，而只是某一门实证科学中的新观念或新方法的话，它又如何对整个哲学社会科学发挥它的指导作用呢？要言之，在这一理解方式中，历史唯物主义这一新的、划时代的世界观被实证化了。

第二，就马克思的新哲学观来说，虽然它蕴含着对传统的自然哲学和历史哲学的批判，但这绝不意味着，马克思主张把哲学研究与自然研究和社会研究分离开来。正如我们在前面已经指出过的那样，虽然马克思不赞成费尔巴哈以直观的方式去对待自然界，但他主张新哲学应该通过实践活动的媒介去观察和认识自然界。同样，既然马克思把人看作社会存在物，把人的本质理解为一切社会关系的总和，把作为社会人类的无产阶级当作新哲学的立脚点，那么当然他也不会主张使哲学与社会分

---

① 《马克思恩格斯选集》第4卷，人民出版社1995年版，第257页。

离开来。

　　第三，如果新的哲学研究面对的只是"一个纯粹思想的领域"，那么，马克思极为关注的人、人的本性和本质、人的异化和异化的扬弃这类重大的问题又放到哪个领域中去讨论呢？正如我们在前面已经指出过的那样，马克思在《提纲》中竭力加以避免的正是脱离人的实践活动的那种纯粹思维或纯粹思想式的争论，而按照恩格斯的设想，如果新哲学应该撇开自然界、社会、人和人的实践活动来探讨纯粹思想的问题，那么它如何避免马克思所担忧的"纯粹经院哲学"的结局呢？

　　综上所述，我们发现，在恩格斯的《终结》和马克思的《提纲》所蕴含的哲学思想之间存在着若干重要的差异。对这些差异视而不见或千方百计加以掩饰并不是马克思主义者所应有的实事求是的态度。事实上，正是恩格斯在《终结》中所阐发的思想对以后的马克思主义哲学的解释者们的思想产生了重大的影响。长期以来，东方学术界之所以把逻辑、辩证法和认识论的一致看作马克思哲学的最根本问题，正是《终结》的影响使然。事实上，在出版《终结》的时候，连恩格斯自己也没有注意到他自己和马克思的思想之间存在这些重要的差异。今天，结合东方社会主义国家在现实生活中的经验教训，深入地反思恩格斯与马克思思想之间的差异，从而恢复马克思哲学的本真精神具有重大的意义。

马克思究竟从何时何处开始批判"抽象的人"的学说

——从恩格斯记忆上的一个纰漏说起①

一、问题的提出

在写于 1886 年初的《路德维希·费尔巴哈和德国古典哲学的终结》(以下简称《终结》)一书的第三部分的结尾处,恩格斯这样写道:

der Kultus des abstrakten Menschen, der den Kern der Feuerbachschen neuen Religion bildete, musste ersetzt werden durch die Wissenschaft von den wirklichen Menschen und ihrer geschichtlichen Entwicklung. Diese Fortenwicklung des Feuerbachschen Standpunkts ueber Feuerbach hinaus wurde eroeffnet

---

① 原载《教学与研究》2003 年第 5 期,第 47—49 页。收录于俞吾金:《从康德到马克思——千年之交的哲学沉思》,广西师范大学出版社 2004 年版,第 257—263 页;《重新理解马克思——对马克思哲学的基础理论和当代意义的反思》,北京师范大学出版社 2005 年版,第 240—245 页;《哲学随想录》,北京师范大学出版社 2016 年版,第 279—285 页;《从康德到马克思——千年之交的哲学沉思》,北京师范大学出版社 2017 年版,第 431—438 页。——编者注

1845 durch Marx in der "Heiligen Familie". ①

这段话的中译文是：

> 对抽象的人的崇拜，即费尔巴哈的新宗教的核心，必定会由关于现实的人及其历史发展的科学来代替。这个超出费尔巴哈而进一步发展费尔巴哈观点的工作，是由马克思于 1845 年在《神圣家族》中开始的。②

这段文字基本上译出了恩格斯的原意。③ 我们从中可以引申出两点结论：第一，《神圣家族》写于 1845 年；第二，在《神圣家族》中，马克思已经开始批判费尔巴哈关于"抽象的人"的学说，并主张用"现实的人及其历史发展的科学"（die Wissenschaft von den wirklichen Menschen und ihrer geschichtlichen Entwicklung）来取代费尔巴哈"对抽象的人的崇拜"（der Kultus des abstrakten Menschen）。蕴含在恩格斯这段话中的这两个结论都是与事实有出入的。它们表明，晚年恩格斯在记忆上存在着纰漏，而纠正这一纰漏，确定马克思批判费尔巴哈关于"抽象的人"的学说的准确的起始点，对于马哲史的研究来说，无疑地具有十分重要的意义。

二、事实的澄清

在某种意义上可以说，在马哲史上，由马克思和恩格斯合著的《神

---

① K. Marx, F. Engels, *Ausgewaehlte Werke*, Band Ⅵ, Berlin: Dietz Verlag, 1990, S. 294.

② 《马克思恩格斯选集》第 4 卷，人民出版社 1995 年版，第 241 页。

③ 但译文还可斟酌。如第一个德文句子中的第三人称动词 bildete 的意思未译出。按照拙见，此句应译为："对抽象的人的崇拜构成费尔巴哈的新宗教的核心。"

圣家族》一书的写作时间似乎从未引起过任何争论，即它写于 1844 年
9—11 月，1845 年以单行本的方式在美因河畔的法兰克福出版，当时的
署名方式是"弗里德里希·恩格斯、卡尔·马克思合著"。现在收入《马
克思恩格斯全集》第 2 卷中。

有人也许会申辩说：既然《神圣家族》出版于 1845 年，所以恩格斯
在上面说的"这个超出费尔巴哈而进一步发展费尔巴哈观点的工作，是
由马克思于 1845 年在《神圣家族》中开始的"似乎并不是记忆上的一个纰
漏。乍看起来，《神圣家族》写于 1844 年，出版于 1845 年，恩格斯说
1844 年或 1845 年似乎都无碍大局。然而，我们必须注意到，1845 年正
是马克思哲学立场发生根本性转折的时期。法国哲学家阿尔都塞甚至把
马克思写于 1845 年的著作称为"断裂时的论著"。他指出：

> 我建议用断裂时的论著(the works of the Break)这个新的表述
> 来称谓 1845 年断裂时的论著，即《关于费尔巴哈的提纲》和《德意志
> 意识形态》，它们最先介绍了马克思的新的总问题，尽管这个总问
> 题往往还带着部分否定、尖锐争论和批判的形式。①

尽管阿尔都塞的上述见解不一定为人们普遍接受，但有一点却是可
以肯定的，即 1845 年确实是马克思哲学思想发生根本性变化的时期，
尤其是马克思对费尔巴哈的态度发生根本性转折的时期。事实上，在
1844 年撰写《神圣家族》时，马克思不但没有像恩格斯所说的那样，开始
批判费尔巴哈"对抽象的人的崇拜"，并主张用"现实的人及其历史发展
的科学"取代费尔巴哈的学说，而且还对费尔巴哈的学说，特别是他关
于人的学说做了高度的评价。

我们知道，在写于 1844 年 4—8 月的《1844 年经济学哲学手稿》（以
下简称《手稿》）中，马克思多次对费尔巴哈的哲学思想做了高度的评价。

---

① Louis Althusser, *For Marx*, London：NLB, 1977, p. 34.

比如，他这样写道：

> **费尔巴哈**是唯一对黑格尔的辩证法采取**严肃的、批判的**态度的人；只有他在这个领域内作出了真正的发现，总之他真正克服了旧哲学。①

在紧接着《手稿》撰写的《神圣家族》中，马克思同样以赞赏的口吻提到费尔巴哈的唯物主义，特别是他关于人的学说：

> **费尔巴哈在理论**方面体现了和**人道主义**相吻合的**唯物主义**，而法国和英国的**社会主义**和**共产主义**则在**实践**方面体现了这种唯物主义。②

也就是说，在 1844 年撰写《神圣家族》时，马克思还没有对费尔巴哈的人的学说进行批判，事实上，他把费尔巴哈的唯物主义称作"和人道主义相吻合的唯物主义"，乃是对费尔巴哈的唯物主义和人的学说的充分肯定。我们在这里可以做一个有趣的比较，即马克思在谈到英国的机械唯物主义者霍布斯时曾经说过："唯物主义变得**敌视人了**。"③这就启示我们，当时的马克思并不赞成那种与人道主义相分离的唯物主义，这也是他在 1844 年撰写《神圣家族》时仍然继续认同费尔巴哈学说的一个重要的证明。

更值得注意的是，马克思在撰写《神圣家族》时非但没有以自己的"现实的人及其历史发展的科学"去取代费尔巴哈"对抽象的人的崇拜"，反而仍然肯定费尔巴哈所说的人是"现实的人"。在谈到施特劳斯和布·鲍威尔依然停留在黑格尔思辨哲学的范围内时，马克思写道：

---

① 《马克思恩格斯全集》第 42 卷，人民出版社 1979 年版，第 157—158 页。
② 《马克思恩格斯全集》第 2 卷，人民出版社 1957 年版，第 160 页。
③ 同上书，第 164 页。

只有**费尔巴哈**才是从**黑格尔**的**观点**出发而结束和批判了**黑格尔**的哲学。费尔巴哈把形而上学的**绝对精神**归结为"**以自然为基础的现实的人**"（den wirklichen Menschen auf der Grundlage der Natur），从而完成了**对宗教的批判**。同时也巧妙地拟定了**对黑格尔的思辨**以及**一切形而上学的批判的基本要点**。①

虽然马克思这里使用的概念是"以自然为基础的现实的人"，但在1844年，马克思仍然以为，当费尔巴哈从自然界出发来谈论人时，他所说的人已经是"现实的人"了。

综上所述，马克思在1844年撰写《神圣家族》一书时，他不但尚未开始批判费尔巴哈"对抽象的人的崇拜"，而且还肯定费尔巴哈所说的人是"以自然为基础的现实的人"。所有这些都表明，恩格斯在《终结》中的回忆存在着与事实不符的地方。

三、我们的看法

那么，马克思究竟是从何时何处（即哪部论著）中开始以自己的"现实的人及其历史发展的科学"取代费尔巴哈"对抽象的人的崇拜"的呢？如上所述，我们能够断定，时间是1845年，但论著不是《神圣家族》，而必须到马克思1845年撰写的其他论著中去寻找。

我们认为，马克思是在《关于费尔巴哈的提纲》（1845）中开始批判费尔巴哈的"抽象的人"的学说的，这尤其反映在第六、七两条提纲中：

六

费尔巴哈把宗教的本质归结于人的本质。但是，人的本质不是单个

---

① 《马克思恩格斯全集》第2卷，人民出版社1957年版，第177页。K. Marx, F. Engels, *Werke*, *Gesamtausgabe Band 2*, Berlin: Dietz Verlag, 1969, S. 147.

人所固有的抽象物(dem einzelnen Individuum inwohnendes Abstraktum)，在其现实性上，它是一切社会关系的总和。

费尔巴哈没有对这种现实的本质进行批判，因此他不得不：

(1)撇开历史的进程，把宗教感情固定为独立的东西，并假定有一种抽象的—孤立的—人的个体((ein abstract-isoliert-menschliches Individuum)。

(2)因此，本质只能被理解为"类"，理解为一种内在的、无声的、把许多个人自然地联系起来的普遍性。

七

因此，费尔巴哈从来没有看到，"宗教感情"本身是社会的产物，而他所分析的抽象的个人(das abstrakte Individuum)，是属于一定的社会形式的。①

不用说，马克思这里提到的"单个人所固有的抽象物""一种抽象的—孤立的—人的个体"和"抽象的个人"等，无不都是在叙述费尔巴哈的"对抽象的人的崇拜"的学说；而马克思之所以强调人的本质"在其现实性上，它是一切社会关系的总和"；强调不能"撇开历史的进程"来谈论宗教情感；强调任何抽象的个人都是"属于一定的社会形式的"，其目的正是为了以自己的"现实的人及其历史发展的科学"去取代费尔巴哈"对抽象的人的崇拜"。

在《德意志意识形态》的第1卷第一部分中，马克思第一次明确地叙述了自己创立的历史唯物主义学说，并对费尔巴哈的"抽象的人"的见解提出了更明确的批判：

> 费尔巴哈从来没有看到真实存在着的、活动的人，而是停留在抽象的"人"(dem Abstraktum "Der Mensch")上，并且仅仅限于在

---

① 《马克思恩格斯选集》第4卷，人民出版社1995年版，第56页。K. Marx, F. Engels, *Werke*, *Gesamtausgabe Band* 4, Berlin：Dietz Verlag, 1969, S. 6-7.

感情范围内承认"现实的、单独的、肉体的人"(den "wirklichen, in-dividuellen, leibhaftigen Menschen"），也就是说，除了爱与友情，而且是理想化了的爱与友情以外，他不知道"人与人之间"还有什么其他的"人的关系"。①

综上所述，恩格斯在《终结》中的那段话与历史事实是有出入的。其实，"这个超出费尔巴哈而进一步发展费尔巴哈观点的工作"不是在《神圣家族》，而是在《关于费尔巴哈的提纲》中开始的，而在《德意志意识形态》中得到了更明确的叙述。

---

① 《马克思恩格斯全集》第 3 卷，人民出版社 1960 年版，第 50 页。K. Marx, F. Engels, *Werke*, *Gesamtausgabe Band* 3, Berlin: Dietz Verlag, 1969, S. 44.

对马克思实践观的当代反思

——从抽象认识论到生存论本体论①

一个有趣的现象出现在当前关于马克思哲学的讨论中：有谁不把马克思哲学理解为实践哲学呢？又有谁在驳斥别人关于马克思哲学的错误观点时，不指责他忽略了实践问题呢？然而，奇怪的是，人们很少对马克思的实践观进行寻根究底的思索。本文认为，长期以来，马克思的实践观一直被囚禁在抽象认识论的牢笼内，只有当人们自觉地把马克思哲学理解为生存论的本体论，并从这一新的视角出发重新审视其实践观时，马克思实践观的实质和丰富内涵才会清晰地展现出来。

一、抽象认识论维度中的实践观

在传统教科书关于马克思哲学体系——辩证唯物主义和历史唯物主义——的理解模式中，认识论是放在辩证唯物主义部分中进行论述的。然

---

① 原载《哲学动态》2003 年第 6 期，第 2—4 页。收录于俞吾金：《重新理解马克思——对马克思哲学的基础理论和当代意义的反思》，北京师范大学出版社 2005 年版，第 300—312 页。——编者注

而，由于社会和作为社会存在物的人要放到历史唯物主义部分中去叙述，所以，与这些社会要素相分离的认识论只能是抽象的认识论。由于这种认识论没有意识到作为自己基础的社会存在的作用，因而是一种无根的认识论。同样，当人们在抽象认识论的框架内去理解并叙述马克思的实践观时，这一观念的本真意义和丰富内涵也必定会逸出他们的视野。

以笛卡儿为肇始的近代哲学的一个基本特征是注重对认识论（包括认识活动中的方法论）的研究。显然，这一倾向也对马克思哲学的阐释者产生了巨大的影响。当他们解读马克思的《关于费尔巴哈的提纲》(1845)时，不但没有全面地理解马克思关于实践问题的表述，而且热衷于从抽象认识论的观点出发理解马克思下面的论述："人的思维是否具有客观性的(gegenständliche)真理性，这不是一个理论问题，而是一个**实践的**问题。人应该在实践中证明自己思维的真理性，即自己思维的现实性和力量，自己思维的此岸性。关于思维——离开实践的思维——的现实性或非现实性的争论，是一个纯粹**经院哲学**的问题。"①人们从马克思的这段论述中引申出如下的结论：第一，实践是一切认识活动的源泉和基础；第二，实践是检验认识真理性的客观标准。在我们看来，问题不在于这些结论有什么不妥之处，而在于人们把马克思的实践观完全理解为认识论的一个组成部分。

事实上，列宁在《哲学笔记》(1895—1911)中就是以这种方式理解马克思的实践观的："当马克思把实践的标准列入认识论时，他的观点是直接和黑格尔接近的，见关于费尔巴哈的提纲。"②在《唯物主义和经验批判主义》(1908)中，他也以确定无疑的口吻指出："生活、实践的观点，应该是认识论的首要的和基本的观点。"③从这些论述可以看出，列宁已经为马克思的实践观划定了一个理解的范围，那就是认识论的范

---

① 《马克思恩格斯选集》第 1 卷，人民出版社 1995 年版，第 55 页。
② 列宁：《哲学笔记》，人民出版社 1974 年版，第 228 页。
③ 《列宁选集》第 2 卷，人民出版社 1995 年版，第 103 页。

围。从此以后，当人们谈论马克思的实践观时，总是把它置于抽象认识论的范围之内。毛泽东甚至认为："实践、认识、再实践、再认识，这种形式，循环往复以至无穷，而实践和认识之每一循环的内容，都比较地进到了高一级的程度。这就是辩证唯物论的全部认识论，这就是辩证唯物论的知行统一观。"①显而易见，在这种理解方式中，马克思实践观的本体论维度完全被遮蔽起来了。

抽象认识论维度中的实践概念只关注人与自然的关系，即只关注人如何发现自然规律，从而改造自然界的问题。乍看起来，这种实践观似乎完全撇开了本体论维度，但实际上，本体论维度是撇不开的，于是只能偷偷地借助旧唯物主义的抽象的物质本体论作为自己的基础。然而，持有这一见解的人显然忘记了马克思对抽象物质观的批判。

二、生存论本体论维度中的实践观

我们必须清醒地意识到，尽管马克思的实践观蕴含着一个认识论的维度，但其基础性的、根本性的维度则是本体论维度。如果说，旧唯物主义者坚持的是抽象的物质本体论，那么，马克思坚持的则是生存论的本体论。在马克思看来，实践概念的认识论维度或理论关系是植根于生存论的本体论维度之上的。在《评阿·瓦格纳的"政治经济学教科书"》一文（1879—1880）中，马克思指出："人们决不是首先'处在这种**外界物**的理论关系中'。正如任何动物一样，他们首先是要**吃**、**喝**等等，也就是说，并不'处在'某一种关系中，而是**积极地活动**，通过活动来取得一定的外界物，从而满足自己的需要。"②也就是说，生存是一切人类面临的前提性问题，生存不是一种静观式的认识论态度，而是一种实践态度，

---

① 《毛泽东选集》（第 1 卷），人民出版社 1991 年版，第 296—297 页。
② 《马克思恩格斯全集》第 19 卷，人民出版社 1963 年版，第 405 页。

即人类是在活动(最基本的活动形式是生产)中解决自己的生存问题的。正是在这个意义上可以说,生存论的本体论维度乃是马克思实践观的第一个维度。

在《德意志意识形态》(1845—1846)中,马克思把这个道理说得更为明确:"这种活动、这种连续不断的感性劳动和创造、这种生产,是整个现存感性世界的非常深刻的基础,只要它哪怕只停顿一年,费尔巴哈就会看到,不仅在自然界将发生巨大的变化,而且整个人类世界以及他(费尔巴哈)的直观能力,甚至他本身的存在也就没有了。"①在马克思看来,只有首先把实践理解为生存论本体论意义上的活动,才能真正地超出旧唯物主义的眼界,把握实践概念的真谛。

假如说,抽象认识论维度内的实践概念关注的是人与自然界之间的关系,那么,生存论本体论维度内的实践概念关注的则是人与人之间的关系。在《雇佣劳动与资本》一文(1847)中,马克思写道:"为了进行生产,人们相互之间便发生一定的联系和关系;只有在这些社会联系和社会关系的范围内,才会有他们对自然界的影响,才会有生产。"②由此可见,同样是对马克思的生产劳动(实践的基本形式)的考察,存在着两个不同的路向:一个是单纯认识论的路向,即只关心生产劳动中人与自然界之间的关系;另一个是生存论本体论的路向,即首先关心生产劳动中人与人之间的关系。如果说,前一个路向与自然科学、自然规律(laws)和技术的发展联系在一起,那么,后一个路向则与人文社会科学,尤其是政治学、经济学、伦理学、法学和宗教学等学科所阐述的、处理人与人之间关系的规范(norms)或规则(rules)联系在一起;假如说,前一个路向往往导致"技术决定论",那么,后一个路向才可能引导人们走出这种决定论,并引起人们对人文精神的普遍重视。

综上所述,只要人们仍然停留在近代哲学所信奉的、单纯的、抽象

---

① 《马克思恩格斯全集》第 3 卷,人民出版社 1960 年版,第 50 页。
② 《马克思恩格斯选集》第 1 卷,人民出版社 1995 年版,第 344 页。

认识论的维度内看待马克思的实践观，这一实践观的实质和丰富内涵就会处在被遮蔽的状态下。与此相反，只有当人们在当代哲学的启发下，自觉地把生存论的本体论理解为马克思实践观的根本维度，才会相应地重视对政治学、经济学、伦理学、法学和宗教学等学科的研究，从而为人文精神的存在和发展留下一个巨大的空间。与此同时，认识论的研究才能告别"无根的"状态。事实上，认识论研究只有脱离旧唯物主义的抽象的物质本体论的基地，自觉地把自己的立场转换到生存论的本体论的基础上，才能抛弃"抽象性"，使自己获得丰富的内涵和灿烂的发展前景。不用说，知识社会学就是其发展的重要前景之一。

作为全面生产理论的马克思哲学①

  马克思哲学的一个基本特征是把经济学研究中的某些重要的概念和问题提升到哲学的普遍性的层面上，这使马克思对任何哲学问题的探索都显示出与众不同的眼光。马克思对实践问题的探索也是如此。事实上，只要我们深入地研究马克思的实践观，就不可避免地会涉及在马克思的著作中大量出现的"生产"概念。而在传统的哲学教科书的解读方式中，人们通常把"生产"理解为单纯经济学意义上的概念，认为它指称的只是物质生活资料的生产活动。我们不能说这种解读方式是完全不适当的，因为马克思在许多场合下使用的生产概念确实需要从经济学的角度加以理解，但至少可以说，这种解读方式是片面的，因为它忽略了马克思使用的另一种生产概念，即哲学含义上的生产概念。在哲学上，马克思提出了"全面生产"的理论，即把人类的全部活动，乃至整个社会的延伸都理解为生产的过程和结果。马克

---

  ① 原载《哲学研究》2003 年第 8 期，第 16—22 页。收录于俞吾金：《从康德到马克思——千年之交的哲学沉思》，广西师范大学出版社 2004 年版，第 330—345 页；《重新理解马克思——对马克思哲学的基础理论和当代意义的反思》，北京师范大学出版社 2005 年版，第 379—390 页；《被遮蔽的马克思》，人民出版社 2012 年版，第 389—401 页；《从康德到马克思——千年之交的哲学沉思》，北京师范大学出版社 2017 年版，第 488—505页。——编者注

思对生产概念的后一种理解和阐释，既构成他创立的历史唯物主义学说的核心，也是他对哲学研究，特别是实践问题研究的划时代贡献。只要人们在理解马克思哲学时忽略了这一维度，那么通向马克思哲学的实质性的路径就仍然处于被遮蔽的状态中。

为便于理解，不妨把马克思的生产理论划分为两种不同的类型：一是单纯经济学意义上的、狭义的生产理论，即关于物质生活资料的生产和再生产的理论；二是哲学意义上的、广义的生产理论，即关于整个人类社会生产和再生产的"全面生产"理论。显然，马克思的狭义生产理论只是他的广义生产理论的一个组成部分，而本文的目的则是通过全面生产理论对马克思哲学作出新的阐释。

一、概念含义的澄清

在马克思的著作中，出现过"全面生产""生活的生产""两种生产"等重要概念。必须先行地弄清楚这些概念各自的含义及它们相互之间的关系。

先来看"全面生产"的概念。在《1844年经济学哲学手稿》中，马克思写道："动物的生产是片面的（einseitig），而人的生产是全面的（universell）；动物只是在直接的肉体需要的支配下生产，而人甚至不受肉体需要的支配也进行生产，并且只有不受这种需要的支配时才进行真正的生产；动物只生产自身，而人再生产整个自然界；动物的产品直接同它的肉体相联系，而人则自由地对待自己的产品。"[①]在这段论述中，马克思不仅区分了"动物的生产"和"人的生产"，而且把它们作为"片面的"生产和"全面的"生产对立起来。然而，光凭这段论述，人们对"人的生产是全面的"这句话还不能获得清晰的认识。

---

① 《马克思恩格斯全集》第42卷，人民出版社1979年版，第96—97页。

在同书的另一处，马克思以明确的口吻指出："宗教、家庭、国家、法、道德、科学、艺术等等，都不过是生产的一些**特殊的**方式，并且受生产的普遍规律的支配。……**正象**社会本身生产**作为人的人**一样，人也**生产**社会。"①这就告诉我们，"全面的"生产不光包括前面的论述中提到的物质生活资料的生产（蕴含着"再生产整个自然界"），也包括人的生产（家庭）、精神生产（宗教、法、道德、科学、艺术）和社会关系的生产（社会、国家）。众所周知，马克思把社会理解为人和自然界的本质的统一。在这个意义上可以说，"全面的"生产也就是整个人类社会的生产和再生产。

在马克思那里，"全面的"生产并不是一个偶然出现的观念。在《德意志意识形态》中，当马克思谈到个人的精神财富取决于他的现实关系的财富时，进一步指出："仅仅因为这个缘故，各个单独的个人才能摆脱各种不同的民族局限和地域局限，而同整个世界的生产（也包括精神的生产）发生实际联系，并且可能有力量来利用全球的这种全面生产（人们所创造的一切）。"②尽管马克思这里提出的"全面生产"（diese allseitige Produktion）概念中的"全面的"（allseitige）这个形容词与《1844 年经济学哲学手稿》中所使用的形容词"全面的"（universell）不同，但其含义完全是相同的。"全面生产"也就是指人们所创造的一切，也就是指整个人类社会的生产和再生产。

再来看"生活的生产"和"两种生产"的概念。在《德意志意识形态》中，马克思也提出了"生活的生产"的新概念。他写道："生活的生产（die Produktion des Leben）——无论是自己生活的生产（通过劳动）或他人生活的生产（通过生育）——立即表现为双重关系：一方面是自然关系，另一方面是社会关系。"③显而易见，马克思这里说的"生活的生产"包括以下两种生产：一是物质生活资料的生产（通过劳动），表现为社会关系；

---

① 《马克思恩格斯全集》第 42 卷，人民出版社 1979 年版，第 121 页。
② 《马克思恩格斯全集》第 3 卷，人民出版社 1960 年版，第 42 页。
③ 同上书，第 33 页。

二是人的生产（通过生育），表现为自然关系。但马克思并没有把"生活的生产"称作"两种生产"。

我们知道，恩格斯后来发挥了马克思的"生活的生产"的理论，并直截了当地把它称为"两种生产"。在《家庭、私有制和国家的起源》的第一版序言中，恩格斯写道："根据唯物主义观点，历史中的决定因素，归根结底是直接生活的生产和再生产。但是，生产本身又有两种。一方面是生活资料即食物、衣服、住房以及为此所必需的工具的生产；另一方面是人自身的生产，即种的繁衍。一定历史时代和一定地区内的人们生活于其下的社会制度，受着两种生产（beide Arten der Produktion）的制约：一方面受劳动的发展阶段的制约；另一方面受家庭的发展阶段的制约。"①由此可见，在恩格斯的理论话语中，"生活的生产"，即"直接生活的生产和再生产"，也就是"两种生产"（物质生活资料的生产＋人的生产）。

然而，值得注意的是，马克思也使用过"两种生产"的概念，但却赋予它不同的含义。马克思把物质生活资料的生产（简称"物质生产"）和"精神生产"合称为"两种生产"。他在批判地总结亚当·斯密的生产理论时曾经指出："最后，这两种生产的相互作用和内部联系，也不在他的考察范围内。"②

综上所述，我们可以引申出如下的结论：第一，马克思所说的"全面生产"乃是指整个人类社会的生产和再生产，而马克思的广义生产理论也就是全面生产理论。第二，马克思把物质生产和人的生产合称为"生活的生产"，恩格斯则把它称为"直接生活的生产和再生产"，并进而称为"两种生产"。马克思也使用过"两种生产"的说法，但与晚年恩格斯不同，他把"物质生产"和"精神生产"合称为"两种生产"。第三，无论是恩格斯意义上的"两种生产"，还是马克思意义上的"两种生产"，在内涵

---

① 《马克思恩格斯选集》第 4 卷，人民出版社 1995 年版，第 2 页。
② 马克思：《剩余价值学说史》第 1 卷，人民出版社 1975 年版，第 306 页。

上都不过是"全面生产"的一部分，因而不能代表马克思的广义生产
理论。

二、全面生产的主要内容

马克思哲学本质上是生存哲学，下面这段话也许是对他哲学的这一
根本属性的最好说明："我们首先应当确定一切人类生存(aller menschli-
chen Existenz)的第一个前提也就是一切历史的第一个前提，这个前提就
是：人们为了能够'创造历史'，必须能够生活。但是为了生活，首先就
需要衣、食、住以及其他东西。因此第一个历史活动就是生产满足这些
需要的资料，即生产物质生活本身(die Produktion des materiellen Leb-
ens selbst)。"①这段话不仅显示出马克思哲学的生存论属性，而且启示
我们，马克思的生存哲学不同于其他任何类型的生存哲学的地方在于，
马克思同时把"生存"(Existenz)理解为"生产"(die Produktion)，并进而
把生产理解为人的本质性的、始源性的历史行动："这些个人使自己和
动物区别开来的第一个历史行动并不是在于他们有思想，而是在于他们
开始**生产自己所必需的生活资料**。"②当然，马克思在这里说的"生产"乃
是狭义的生产，即物质生活资料的生产。如果说，狭义生产理论构成马
克思哲学的基石，那么，广义生产，即全面生产理论则构成整个马克思
哲学。换言之，马克思哲学就是全面生产理论。全面生产主要是由以下
四种生产组成的。

一是物质生活资料的生产，即"物质生产"。这种生产作为奠基性的

---

① 《马克思恩格斯全集》第 3 卷，人民出版社 1960 年版，第 31 页。

② 同上书，第 23 页注 1。在《詹姆斯·穆勒〈政治经济学原理〉》中，马克思指出：
"我们的生产同样是反映我们本质的镜子。"参见《马克思恩格斯全集》第 42 卷，人民出版
社 1979 年版，第 37 页。这就启示我们，对人的本质的任何探讨都无法离开人的生产这
面"镜子"。

生产形式,不仅是人类第一个始源性的历史行动,而且也是任何社会结构得以存在和发展的第一个前提。正如马克思在批判费尔巴哈的直观唯物主义时所强调的:"这种活动,这种连续不断的感性劳动和创造、这种生产,是整个现存感性世界的非常深刻的基础,只要它哪怕只停顿一年,费尔巴哈就会看到,不仅在自然界将发生巨大的变化,而且整个人类世界以及他(费尔巴哈)的直观能力,甚至他本人的存在也就没有了。"①在这一基础性的意义上可以说,人类的生存活动也就是物质生产活动;人类的历史也就是物质生产活动的历史。

二是人的生产,即人的生育。我们知道,单纯的物质生产可以使生产者和通过生产可能被养活的人生存下去,然而,一代人乃至数代人的生存仍然无法解决整个人类种族繁衍的问题。所以,马克思强调:"每日都在重新生产自己生活的人们开始生产另外一些人,即增殖。这就是夫妻之间的关系,父母和子女之间的关系,也就是**家庭**。这个家庭起初是唯一的社会关系,后来,当需要的增长产生了新的社会关系,而人口的增多又产生了新的需要的时候,家庭便成为(德国除外)从属的关系了。"②按照马克思的看法,在现代资本主义的生产方式下,人的生产,正如任何其他商品的生产一样,是由社会的需求来调节的。如果供给大于需求,一部分工人就要沦为乞丐或者饿死,从而使人的生产的步伐大大减缓;反之,则会导致人的生产的步伐的加快和人口的增加。

三是精神生产。在《德意志意识形态》中,马克思写道:"思想、观念、意识的生产最初是直接与人们的物质活动,与人们的物质交往,与现实生活的语言交织在一起的。观念、思维、人们的精神交往在这里还是人们物质关系的直接产物。表现在某一民族的政治、法律、道德、宗教、形而上学等的语言中的精神生产也是这样。"③在这里,马克思既使用了"精神生产"的概念,也使用了"思想、观念、意识的生产"的概念,

---

① 《马克思恩格斯全集》第 3 卷,人民出版社 1960 年版,第 50 页。
② 同上书,第 32—33 页。
③ 同上书,第 29 页。

这两个概念究竟有什么区别呢？如果我们借用黑格尔的术语来表达，可以说，"思想、观念、意识"属于主观精神的范围，是人们对周围世界的主观认知。所以马克思说："我对我的环境的关系是我的意识。"①而"精神"实际上指的就是客观精神，即"某一民族的政治、法律、道德、宗教、形而上学等"。要言之，在马克思当时的理论话语中，"思想、观念、意识"主要是主观性的，尚未形成广泛的社会影响；而"精神"则主要是客观性的，已经为人们所普遍地接受。我们不妨把"思想、观念、意识的生产"看作"精神生产"的准备，而把"精神生产"看作"思想、观念、意识的生产"的提升和完成。因此，"精神生产"在内容上可以涵盖"思想、观念、意识的生产"，也可以涵盖马克思在其他场合下使用的"艺术生产"的含义。不用说，精神生产也是马克思全面生产中的一个不可或缺的环节。

四是社会关系的生产。在《1844 年经济学哲学手稿》中，马克思在分析异化劳动时指出："通过异化劳动，人不仅生产出他同作为异己的、敌对的力量的生产对象和生产行为的关系，而且生产出其他人同他的生产和他的产品的关系，以及他同这些人的关系。"②正如马克思在前面已经指出过的那样，社会关系的生产最初表现在家庭中，随着需要的发展和地域性的、血族关系的打破，它开始更多地表现在市民社会和国家中。在马克思的全面生产中，社会关系的生产同样是一个不可或缺的环节。

综上所述，四种不同种类的生产相互渗透、相互关联，构成了马克思全面生产理论的基本内容。

三、全面生产的结构分析

需要进一步追问的是：在马克思所说的全面生产中，上述四种生产

---

① 《马克思恩格斯全集》第 3 卷，人民出版社 1960 年版，第 34 页注 2。
② 《马克思恩格斯全集》第 42 卷，人民出版社 1979 年版，第 99 页。

究竟是以何种结构关系共存共处的？我们发现，这一结构关系展现为三个不同的层面——基础层面、最高层面和中介层面。

所谓"基础层面"，是由物质生产和人的生产这两种生产构成的。如果说，物质生产是个人、家庭、社会、国家存在的根本性前提，那么，人的生产则是人类种族繁衍的根本性前提，从而也是家庭、社会、国家以历史的方式不断向前延伸的根本性前提。要言之，这两种生产尤其是物质生产，乃是全面生产中最根本的生产形式。

这两种生产，按照马克思的说法，可以称为"生活的生产"，而按照晚年恩格斯的看法，则可以称为"两种生产"。在人类社会发展的初期阶段，这两种生产中究竟哪一种生产发挥着更为基础性的作用呢？在这一点上，马克思和恩格斯的见解存在着某种差异。在恩格斯看来，人类社会越往前追溯，人自身的生产，即人的生产所起的作用就越大，从而社会制度就在较大的程度上受到血族关系的支配，而随着私有制、交换和劳动生产率的发展，物质生产的作用就越来越大，血族关系的主导地位则渐渐地被社会关系所取代。而当马克思谈到物质生产时则指出："在一切社会形式中都有一种一定的生产决定其他一切生产的地位和影响，因而它的关系也决定其他一切关系的地位和影响。这是一种普照的光，它掩盖了一切其他的色彩，改变着它们的特点。这是一种特殊的以太，它决定着它里面显露出来的一切存在的比重。"[1]显然，在马克思看来，物质生产作为"一切历史的第一个前提"，即使在初民社会中，比起人的生产来，也处在更为基础性的位置上。事实上，恩格斯所说的血族关系在人类社会早期阶段的社会制度中之所以能起支配性的作用，归根到底也要用当时的物质生产的落后状态来加以说明。

所谓"最高层面"，也就是精神生产的层面。之所以说精神生产在全面生产中居于最高的层面上，不仅因为精神生产从属于"整个思想上层

---

① 《马克思恩格斯全集》第 46 卷（上册），人民出版社 1979 年版，第 44 页。

建筑"①，而且在全面生产的整个结构中，它一般地处于被奠基的位置上。然而，以青年黑格尔主义分子为代表的唯心主义者则力图把精神、精神生产和精神发展理解为某种独立自足的，甚至是奠基性的社会现象。马克思尖锐地批判了这种错误观念，强调精神不过是物质生活的必然升华物，"因此，道德、宗教、形而上学和其他意识形态，以及与它们相适应的意识形式便失去独立性的外观"②。马克思还通过对人类历史的深入研究引申出如下的结论："支配着物质生产资料的阶级，同时也支配着精神生产的资料，因此，那些没有精神生产资料的人的思想，一般地是受统治阶级支配的。"③所有这些论述都表明，一般说来，精神生产在全面生产中处于被奠基的、最高的层面上。当然，这并不等于说，马克思把精神和精神生产理解为由物质生产分泌出来的、消极的存在物。马克思也十分重视精神生产的相对独立性。在叙述精神生产中的艺术生产时，马克思就提到过**"物质生产的发展例如同艺术生产的不平衡关系"**④。

所谓"中介层面"，也就是社会关系的生产的层面。在马克思看来，社会关系的生产介于生活的生产和精神生产之间，起着极为重要的中介作用。一方面，社会关系的生产与生活的生产，特别是其中的物质生产之间存在着本质性的联系。在《雇佣劳动与资本》中，马克思写道："为了进行生产，人们相互之间便发生一定的联系和关系；只有在这些社会联系和社会关系的范围内，才会有他们对自然界的影响，才会有生产。"⑤显而易见，社会关系的生产与物质生产同样具有始源性。也就是说，既不存在着无一定的社会关系的物质生产，也不存在着无一定的物质生产的社会关系。事实上，历史唯物主义的根本宗旨就是要在资本主

① 《马克思恩格斯全集》第 3 卷，人民出版社 1960 年版，第 432 页。
② 同上书，第 30 页。
③ 同上书，第 52 页。
④ 《马克思恩格斯全集》第 46 卷(上册)，人民出版社 1979 年版，第 47 页。
⑤ 《马克思恩格斯选集》第 1 卷，人民出版社 1995 年版，第 344 页。

义生产方式所涉及的物与物之间的关系下揭示出人与人之间的真实的社会关系。

另一方面，社会关系的生产与精神生产之间也存在着本质性的联系。马克思在批判施蒂纳关于个人的欲望取决于意识或善良意志的错误观点时指出："这不决定于**意识**，而决定于**存在**；不决定于思维，而决定于生活；这决定于个人生活的经验发展和表现，这两者又决定于社会关系。"①这段重要的论述表明，社会关系的生产和再生产对人们的意识乃至整个精神生产都起着决定性的作用。这种作用还反映在马克思对人的本质的独特的理解中。与费尔巴哈不同，马克思认为，"人的本质不是单个人所固有的抽象物，在其现实性上，它是一切社会关系的总和"②。既然人的本质在其现实性上是一切社会关系的总和，那么社会关系的生产就必定会给一切精神生产和精神消费活动打上自己的烙印。

总之，无限丰富的人类现实生活使上述四种生产处于活跃的互动关系中，而我们上面对它们之间的结构关系的分析则是从历史唯物主义的一般理论出发的。当我们从一般理论下降到对任何具体对象的考察时，必须坚持具体问题具体分析的原则。

四、对马克思哲学的新阐释

马克思的全面生产理论不但为我们重新阐释马克思哲学提供了一把钥匙，而且这种重新阐释必定会导致这样的结果，即马克思哲学也就是全面生产理论。以往对马克思哲学的阐释都是以马克思的狭义生产理论，即物质生产理论作为出发点的。由于这种阐释方式割裂了物质生产与其他三种生产形式之间的有机联系，通常会导致以下两个结果。

---

① 《马克思恩格斯全集》第 3 卷，人民出版社 1960 年版，第 295 页。
② 《马克思恩格斯选集》第 1 卷，人民出版社 1995 年版，第 56 页。

一是"经济决定论"。由于物质生产主要是在经济领域内得到阐释的，因而在强调它的基础性作用时极易导致"经济决定论"的发生。恩格斯在逝世前已经意识到这种倾向的危害性，他在 1890 年 9 月 21 日致约·布洛赫的信中指出："根据唯物史观，历史过程中的决定性因素**归根到底**是现实生活的生产和再生产。无论是马克思或我都从来没有肯定过比这更多的东西。如果有人在这里加以歪曲，说经济因素是**唯一**决定性的因素，那么他就是把这个命题变成毫无内容的、抽象的、荒诞无稽的空话。"①恩格斯告诉我们，在现实生活中，上层建筑的各种因素，如阶级斗争的政治形式，法律、哲学、政治理论，宗教观念，等等，也会发挥重要的作用，必须认真地考察一切因素之间的相互作用，"否则把理论应用于任何历史时期，就会比解任何一个最简单的一次方程式更容易了"②。恩格斯的批评无疑是正确的，但是他停留在"生活的生产"、即物质生产＋人的生产的层面上，而没有提到精神生产和社会关系的生产的重要地位和作用。

二是"辩证唯物主义和历史唯物主义论"。由于物质生产涉及人与自然之间的关系，而人的生产又涉及人与人之间的自然关系，所以，只要人们停留在对马克思生产理论的狭义的、片面的理解上，就必定会把他的哲学的基础部分理解为以自然为对象的理论，这正是以自然作为自己对象的辩证唯物主义应运而生的一个原因。然后，人们再在辩证唯物主义的基础上推广出以社会作为对象的历史唯物主义。这种"辩证唯物主义和历史唯物主义论"不仅使马克思哲学二元化了，而且磨平了它与一般唯物主义的本质差别。有人也许会申辩说：辩证唯物主义不同于一般唯物主义，因为辩证法已经融入唯物主义中去了。但辩证唯物主义仍然是以抽象的物质作为自己的基础的，只要它不更换这个基础，即使给它穿上辩证法的外套也是无济于事的。

---

① 《马克思恩格斯选集》第 4 卷，人民出版社 1995 年版，第 695—696 页。
② 同上书，第 696 页。

必须指出，造成这种阐释结果的决定性原因之一乃是对与物质生产和人的生产同步的精神生产和社会关系的生产的忽视。举例来说，当人们在辩证唯物主义中的认识论部分讨论人的认识机制时，如果人的精神生产，特别是社会关系的生产的维度是缺席的，那么认识机制，甚至于认识者和认识对象的本质就不可能得到正确的把握。马克思曾经说过："黑人就是黑人。只有在一定的关系下，他才成为**奴隶**。纺纱机就是纺棉花的机器。只有在一定的关系下，它才成为**资本**。脱离了这种关系，它也就不是资本了，就像**黄金**本身并不是**货币**，砂糖并不是砂糖的**价格**一样。"①所以，认识论的研究如果脱离先行地制约着认识者和认识对象的社会关系，它就是一个空洞的、无意义的领域。

当我们把全面生产理论阐释为马克思哲学的时候，不但可以避免像"经济决定论"或"辩证唯物主义和历史唯物主义论"这样错误的阐释结果的出现，而且也克服了把马克思哲学二元化的阐释方式，从而使马克思哲学的整体生命获得了再现。众所周知，马克思哲学的出发点不是想象的主体的想象的活动，而是"从事实际活动的人"②，而人的全部实际活动也就是全面生产。正是从全面生产，即物质生产、人的生产、精神生产和社会关系的生产的有机统一的理论出发，马克思哲学的全部内容得到了完整的显示，因为马克思所思索的一切哲学问题，如人、家庭、市民社会、生产力、生产关系、阶级、国家、意识形态、权力、社会革命、实践、物质、世界、自然、异化、时间、空间、认识、真理、科学、辩证法、价值等，都可以通过全面生产的理论得到合理的说明。

然而，在现代社会生活的背景下，我们对这四种生产之间的结构关系的理解和阐释必须从马克思那里获得新的引导。马克思在谈到现代土地制度的变迁时指出："一切关系都是由社会决定的，不是由自然决定的。"③同样，马克思在谈到现代社会中的个人只有作为交换价值的生产

---

① 《马克思恩格斯选集》第1卷，人民出版社1995年版，第344页。
② 《马克思恩格斯全集》第3卷，人民出版社1960年版，第30页。
③ 《马克思恩格斯全集》第46卷（上册），人民出版社1979年版，第234页。

者才能存在时，也指出："这种情况就已经包含着对个人的自然存在的完全否定，因而个人完全是由社会所决定的。"①那么，马克思所说的"社会"又是什么意思呢？他告诉我们："社会不是由个人构成，而是表示这些个人彼此发生的那些联系和关系的总和。"②也就是说，马克思所说的"社会"本质上就是"社会关系"。这就启示我们，应当把马克思对一切哲学问题的思索都恢复到社会关系的框架中去。我们这里之所以用"恢复"这个词，因为它始终内在于马克思的全部哲学理论中，只不过是马克思哲学的阐释者把它完完全全地遗忘了。也就是说，在现代社会中，社会关系的生产是最具本质性的生产形式，因为它像一只看不见的手，不仅贯通在物质生产、人的生产和精神生产的整个过程中，也贯通在马克思所探索的一切哲学领域和哲学问题中，并深刻地透显出马克思哲学的基本倾向和革命态度。要言之，在现代社会中，哲学本质上是社会哲学，因此，应该充分认识社会关系的生产在全面生产中的前提性的地位和作用。

综上所述，为了恢复马克思哲学的本真精神，必须对它重新进行阐释，而全面生产理论正是重新阐释马克思哲学的尝试之一。

---

① 《马克思恩格斯全集》第 46 卷(上册)，人民出版社 1979 年版，第 200 页。
② 同上书，第 220 页。

"解释世界"和"改变世界"的统一[①]

在《关于费尔巴哈的提纲》一文中，马克思曾经说过："哲学家们只是用不同的方式**解释**世界，问题在于**改变**世界。"[②]一些研究者在理解马克思的这句名言的时候，把"解释世界"和"改变世界"简单地割裂开来并对立起来，似乎马克思主义的哲学只"改变世界"而不"解释世界"。事实上，马克思在这里批判的是：传统的哲学家"只是用不同的方式解释世界"，而丝毫没有考虑"改变世界"的问题。言下之意是：马克思主义哲学要超越传统的哲学，就不光要"解释世界"，而且更重要的是"改变世界"。也就是说，在马克思的这段话中，"解释世界"和"改变世界"是不可分离地统一在一起的。

为了更深刻地领悟"解释世界"和"改变世界"之间的统一关系，我们姑且把改变前的世界称之为"世界Ⅰ"，改变后的世界称之为"世界Ⅱ"。马克思主义者为了引导人们在自己的实践活动中把"世界Ⅰ"改变为"世界Ⅱ"，他们就不得不向人们解释，为什么"世界Ⅱ"比"世界Ⅰ"更好。在这

---

① 原载《文汇报》2003 年 10 月 5 日，《新华文摘》2003 年第 12 期全文转载。收录于俞吾金：《哲学随感录》，北京师范大学出版社 2016 年版，第 51—53 页。——编者注

② 《马克思恩格斯选集》第 1 卷，人民出版社 1995 年版，第 57 页。

里，"解释世界"的重要性就充分地体现出来了。在某种意义上，"改变世界"是奠基于"解释世界"之上的，因为人是有目的的存在物，人在诉诸行动之前，必定先对自己的行动有所理解、解释和认同。如果人们不能理解或解释为什么"世界Ⅱ"比"世界Ⅰ"更好，他们怎么可能去"改变世界"呢？晚年海德格尔在讨论班上提到马克思的上述名言时，曾经指出："[让我们]来考察以下这个论题：解释世界与改变世界之间是否存在着真正的对立？难道对世界每一个解释不都已经是对世界的改变了吗？对世界的每一个解释不都预设了：解释是一种真正的思之事业吗？另一方面，对世界的每一个改变不都把一种理论前见（Vorblick）预设为工具吗？"①

在海德格尔看来，"解释是一种真正的思之事业"，用我们的语言来表达，研究马克思主义哲学是如何"解释世界"的，正是我们理论工作者的义不容辞的任务。显然，在马克思主义哲学对世界的解释中，基础理论起着根本性的作用。然而，在革命斗争的年代中，由于人们偏重"改变世界"而忽视了"解释世界"的维度，从而导致了基础理论研究的长期缺位。事实上，在那个时期的理论研究中，人们偏重的是哲学方法论及其在革命斗争中的相应的表现——策略，但对革命成功后必然会产生出来的一系列重大的问题，如社会主义历史时期应以什么为纲的问题、社会主义和民主的关系问题、经济建设和发展生产力的问题、经济体制和政治体制改革的问题、普通个人的权利和人道主义的问题、新意识形态的建设问题、民族之间和地区之间的关系问题、执政党和其他党派的关系问题等，还缺乏深入的思考和研究。而这些重大的问题无不关系到马克思主义哲学研究中的基础理论，如社会存在本体论（即历史唯物主义理论）、人道主义和异化论、人化自然论、真理论、意识形态论、国家论等。

---

① F. 费迪耶、丁耘：《晚期海德格尔的三天讨论班纪要》，载《哲学译丛》2001 年第 3 期。

在当今时代，我们不仅面临着国际关系格局的重大变化，也面临着中国社会生活的转型。这就自然而然地使马克思主义哲学基础理论的研究上升为根本性的课题。实际上，我们天天都在强调的马克思主义哲学的指导作用并不是空的，这种指导作用正是通过对一系列重大的哲学基础理论问题的研究和解答的方式来实现的。历史和实践一再启示我们，只有深入地研究马克思主义哲学的基础理论问题，认真地解答当今时代和现实生活提出的一系列重大的现实问题，社会主义事业才能沿着健康的轨道向前发展。

总之，要"改变世界"，就必须先行地"解释世界"，而在当今时代，要"解释世界"，又必须先行地理解并创造性地掌握马克思主义哲学的基础理论。正如恩格斯早就指出过的那样，一个缺乏理论思维的民族是不可能站在世界历史发展的前列的。

编者说明

(一)本卷收录了俞吾金先生 1981 年至 2003 年发表的马克思主义哲学研究相关论文 81 篇，按首次发表时间排序。

(二)各篇文章的版本选择，以完整性和修改时间为标准。即：如不同版本差别较大，则收录内容最完整的版本；如各版本主体内容大致一致，不过有小的差别，则收录时间上靠后的修订版本；如各版本基本相同，则收录最初发表的版本。

(三)各篇文章的格式按照《俞吾金全集》的统一体例进行了相应调整。由引文格式的时代差异等原因造成的引用文献版本信息不明确的注释，编者尽可能进行了查找和增补。

(四)各篇文章的版本信息以及注释等方面调整或增补，都以编者注的形式予以标注。编者对原文文字进行了校订。

(五)本卷由方珏、吴猛、赵明哲编校。

《俞吾金全集》编委会
2022 年 2 月

图书在版编目（CIP）数据

马克思主义哲学研究文集：上、下/俞吾金著 . —北京：北京师范
大学出版社，2024.9
　（俞吾金全集）
　ISBN 978-7-303-28638-6

Ⅰ.①马…　Ⅱ.①俞…　Ⅲ.①马克思主义哲学－研究
Ⅳ.①B0-0

中国国家版本馆 CIP 数据核字（2023）第 015977 号

营 销 中 心 电 话　010-58805385
北 京 师 范 大 学 出 版 社
主题出版与重大项目策划部

MAKESIZHUYI ZHEXUE YANJIU WENJI

出版发行：北京师范大学出版社　www.bnupg.com
　　　　　北京市西城区新街口外大街 12-3 号
　　　　　邮政编码：100088
印　　刷：北京盛通印刷股份有限公司
经　　销：全国新华书店
开　　本：730 mm×980 mm　1/16
印　　张：106.25
字　　数：1480 千字
版　　次：2024 年 9 月第 1 版
印　　次：2024 年 9 月第 1 次印刷
定　　价：428.00 元（全二册）

策划编辑：祁传华　　　　　　责任编辑：林山水
美术编辑：王齐云　　　　　　装帧设计：王齐云
责任校对：段立超　陶　涛　　责任印制：马　洁　赵　龙